高效HR

企业劳动用工合规实务指南

EFFICIENT HR

CORPORATE LABOR COMPLIANCE PRACTICE GUIDE

谢炳城◎著

法律出版社
LAW PRESS·CHINA
北京

图书在版编目（CIP）数据

高效 HR：企业劳动用工合规实务指南 / 谢炳城著.
北京：法律出版社，2025. -- ISBN 978 - 7 - 5197 - 9712 - 6

Ⅰ. D922.5

中国国家版本馆 CIP 数据核字第 202435MW97 号

高效 HR：企业劳动用工合规实务指南
GAOXIAO HR：QIYE LAODONG YONGGONG HEGUI SHIWU ZHINAN

谢炳城 著

责任编辑 陈昱希
装帧设计 汪奇峰 苏 慰

出版发行 法律出版社
编辑统筹 法规出版分社
责任校对 张红蕊
责任印制 耿润瑜
经　　销 新华书店

开本 710 毫米×1000 毫米 1/16
印张 56.25 **字数** 990 千
版本 2025 年 1 月第 1 版
印次 2025 年 1 月第 1 次印刷
印刷 保定市中画美凯印刷有限公司

地址：北京市丰台区莲花池西里 7 号（100073）
网址：www.lawpress.com.cn
投稿邮箱：info@lawpress.com.cn
举报盗版邮箱：jbwq@lawpress.com.cn

销售电话：010 - 83938349
客服电话：010 - 83938350
咨询电话：010 - 63939796

书号：ISBN 978 - 7 - 5197 - 9712 - 6
定价：128.00 元

凡购买本社图书，如有印装错误，我社负责退换。电话：010 - 83938349

作者简介

谢炳城

广东驰纳律师事务所专职律师，深圳市劳动人事争议仲裁委员会兼职仲裁员，深圳市宝安区劳动人事争议仲裁委员会兼职仲裁员，国家一级人力资源管理师，国家一级劳动关系协调师。

曾在企业从事人力资源管理工作长达十余年，有着丰富的劳动关系管理实战经验，长期专注劳动和社会保障法实务研究，擅长疑难、复杂的劳动争议处理，在《人力资源》《中国人力资源社会保障》《中国劳动保障报》《中国商报》《中国妇女报》等刊物发表劳动法专业文章200余篇。

邮箱：bcxie@qq.com

自 序

正值本书付梓之际，我爱人问，这本书你整得跟砖头一样厚，会有人买吗？我说，会吧。她又问，你怎么认为别人会买，换句话说，你觉得你这本书对得起人家掏的一百多块钱吗？我说，读者买来后既可以用来了解劳动法知识，也可以用来垫桌脚，还可以用来当枕头，一书三用，高低不亏。

玩笑归玩笑。这本书真的会有人买吗，或者说，人家凭什么买你的，你的书到底有什么价值？

我也在思考这个问题。

转行做律师之前，我曾在企业里做过十多年的HR，既在四千多人的大型工厂工作过数年，也曾在百十来人的小微企业待过，十余年间，我直接或间接地处理过数十起劳动争议案件。其间，我考取了一级人力资源管理师和一级高级劳动关系协调师两个国家职业资格证书。

所谓“久病成医”，随着劳动法知识的不断增长，处理劳动争议的实务经验日渐丰富，我开始通过微信聊天、线下授课、撰写文章等方式向HR同行分享劳动法知识，介绍处理劳动纠纷的经验。截至2024年年底，我已在全国各大报纸杂志发表劳动法专业文章200余篇。

这可能是我与大多数律师不一样的地方。

十余年的企业人力资源管理工作经历，让我深知企业在劳动用工过程中存在哪些问题，应该怎么解决这些问题，解决这些问题需要具备哪些能力，而这些往往都不是从法条中能直接找到答案的。

于是我想写本书。

写书是我的梦想，且实现这个梦想的愿望越来越强烈，恨不得一股脑儿把自己所学的知识全倾注在纸上，呈现在广大读者朋友面前。

如今，这个梦想终于得以实现。

那么，这本书主要有哪些特色呢，正如我爱人所说，能不能对得起读者掏的一百多块钱?

一是全流程。我把人力资源和劳动法结合起来，从员工招聘到离职，中间贯穿试用期、规章制度、劳动合同、工资、休息休假、竞业限制等劳动用工的各个环节，以及发生劳动争议后应如何处理，结合现行劳动法规定全面介绍各个用工环节的基本知识，给企业提供劳动用工合规管理的全流程顾问。

二是案例化。案例是最有说服力的，也是最有学习价值的，本书共使用了约500个已经生效的真实司法案例，每个案例均带有法院裁判案号，均可在中国裁判文书网查询到裁判文书原文。本书案例分大案例和小案例两类，大案例采用“案题＋案号＋案情＋审理结果＋案例简评”的体例呈现，小案例则采用“案号＋法院认为”的体例呈现，便于读者理解。

三是实务指南。HR学习劳动法重在解决劳动关系管理工作中的实际问题，能解决实际问题才是生产力。本书在每小节的后面均附有“HR实务指南”，针对该小节所讨论的内容给出实务处理建议，供HR参考。

四是观点展示。劳动法具有很强的地域性，同一个法律规定经常会发生各地裁判观点不同以及司法实践中观点不同的现象，对于存在重大争议的观点，本书都会尽量呈现，并且附上各种观点的真实案例供读者参考，便于读者更全面地掌握、了解各种不同的观点。

感谢法律出版社的陈昱希老师为本书的出版付出了大量心血，也感谢我爱人对我写作的大力支持。囿于我本人水平有限，本书内容难免有错漏，恳请各位读者批评指正。

最后，我想用一首打油诗来表达我此刻的心情：

挑灯奋笔四百天，
呕心沥血著鸿篇。
企业经营利为首，
合规用工法当先。
一盏青灯书劳法，
五百案例话劳权。
全程顾问风险防，
分享知识乐心间。

谢炳城

2024 年 11 月于深圳

目录

第一章　招聘与入职

第二章　试用期

第三章　规章制度

第六章　工　资

第八章　女职工“三期”与未成年工保护

第十一章　特殊用工

第十二章 民主管理

第十三章　劳动争议处理

第十四章 社会保险

案例索引

01

第一章

招聘与入职

俗话说，病从口入。在企业人力资源管理实务中，员工招聘与入职即为“入口”，各种各样的劳资纠纷往往从办理员工招聘和入职时就已经开始产生，部分企业由于缺乏规范管理，忽视风险防范，埋下了诸多劳动争议的隐患。

|第一节|　新员工招聘

所谓招聘，是指为了实现组织的经营管理目标和完成工作任务，通过一定的方法和工具考察和筛选，把外部具有本单位所需要的相关能力和综合素质的人员吸收到空缺岗位上的过程。招聘是企业人力资源管理六大模块之一，是企业人力资源管理过程的第一道“工序”，也是一切劳动争议产生的开端。在实施招聘工作前，健全招聘管理制度，完善招聘流程，使招聘的各个环节合规化，规避因招聘工作带来的法律风险，是企业人力资源（Human Resources，HR）的必修课，也是企业建立合规用工体系的重要课题。

构建和谐美好劳动关系，从充分做好招聘前的准备工作开始。

一、如何撰写一份招聘广告

招聘广告又称招聘简章，是企业招聘工作的“门面”，求职者与企业第一次“见面”，往往就是通过企业发布的广告，除能了解到企业所招聘的岗位、任职条件、薪资待遇等信息外，还能从招聘广告上感知这是一家什么样的企业。然而，很多 HR 忽略了招聘广告的重要性，随意性较大，甚至还出现诸多错别字和语法错误。撰写一份合格的招聘广告，是 HR 工作的第一课。

1. 招聘广告的内容

一般而言，招聘广告的内容应分为企业信息和招聘岗位信息两部分。前者一般包括招聘企业的名称、简介、地址、联系电话等，后者一般包括所招聘岗位的名称（工种）、工作职责、任职资格、薪资福利范围等。

HR 在实际撰写招聘广告时，可以根据不同的岗位确定广告的内容。通常而言，招聘关键岗位人员和招聘普通工人，广告内容是不一样的。前者需对其工作职责、任职资格等作出尽量详细、具体介绍，减少误差，避免模棱两可，企业信息也要尽量具体一些，包括企业成立时间、行业类型、主要产品、规模（员工人数、年销售量等），获得了哪些政府奖项，取得了哪些知识产权证书等，甚至还需配上企业的宣传视频、照片，这些都是求职者需要了解到的。后者则不然，只需简单写一下薪资待遇、上班时间、是否两班倒等即可，甚至有些企业只写“招聘普工××名”并张贴在门口，这样也是可以的。

两类员工所关注的内容不一样，前者更加关心企业的情况、岗位发展前景等，后者则更关心上班时间多长、工资待遇如何、是否两班倒、是否包吃住等，至于企业的行业、产品、规模等，往往关心较少。那么，HR在撰写招聘广告时，就要有所区别。

招聘广告的内容怎么写、写多少，与发布的平台也有关系。如果在网络招聘平台发布，不受篇幅限制，可以写得具体点。如果印成纸质的海报发布，则篇幅有限，在招聘的岗位较多时，可以简略地写，每个岗位只简单写一下任职条件即可，岗位职责部分可以略去。比如：

（1）电子工程师2名，要求电子相关专业统招本科学历，3年以上同岗位经验；

（2）资深装配电工1名，要求持中级电工证，5年以上非自动化设备电气装配经验。

总之，招聘广告内容没有定式，企业HR不妨站在求职者的角度，想象一下求职者希望了解到的信息，根据招聘广告发布的载体、平台以及其他实际情况对其内容进行增减，灵活掌握。

2．招聘广告应注意的事项

·忌就业歧视

就业歧视是指企业在招聘新员工或者日常用工过程中，没有法律上的合法目的和原因而基于民族、种族、宗教信仰等原因，采取区别对待、排斥等违反平等权的措施侵害劳动者劳动权利的行为。企业在撰写招聘广告时，应注意避免出现就业歧视的描述，如被求职者起诉索赔，则为时已晚。

《就业促进法》第3条规定，劳动者依法享有平等就业和自主择业的权利。劳动者就业，不因民族、种族、性别、宗教信仰等不同而受歧视。

因就业歧视内容颇多，且在HR工作中又非常重要，本书将在下文对就业歧视进行专节讨论。

·忌模棱两可

模棱两可是指招聘广告内容语焉不详，描述得可左可右，让求职者感到迷惑，云里雾里。比较常见的如“月工资 3000~10,000 元”，跨度太大，到底是 3000 元还是 10,000 元？求职者看不懂；又如，“试用期 1~6 个月”，到底是 1 个月还是 6 个月？让求职者无所适从。本书认为，企业 HR 在撰写招聘广告时，应尽量描述确定信息，实在无法确定的，也应尽量将范围缩小，避免模棱两可、似是而非。

通常而言，普通工人的底薪一般都是确定的，加班费计算基数和计算倍数也都是确定的，那就直接写确定的内容，没必要写“底薪 2000~5000 元”了。当然，因每个月加班时间不同，员工的综合工资会有一定幅度的差别，可以写“月综合工资 4000~5000 元”，而不宜写“月综合工资 4000~10,000 元”。

招聘中高级管理人员和中高级技术人员时，薪资范围往往就比较宽，但跨度一般不宜超过 50%，比如“月工资 10,000~15,000 元”，如果能缩小点更好，如“10,000~12,000 元”，无论如何都要避免跨度太大，如“10,000~30,000 元”。

· 忌废话连篇

首先是要尽量简明扼要，能一句话写完的就不要用两句话，招聘普通工人通常没必要花大量篇幅写几百个字的企业介绍，能应聘普通工人的，更关心的是干一个月能拿多少钱、要不要上夜班等信息。

其次是语言要通俗易懂，简练准确，没有歧义。

最后是避免居高临下，忌用不礼貌的用语，比如，有些招聘广告中出现类似“非诚勿扰”“不符合条件者勿扰”的字眼，让人看了不舒服。

· 忌格式错误

首先是排版要美观、大方，重点突出。一张好的招聘海报，是能让人看着感到舒服的。如果是在网络招聘平台发布，则不存在这个问题，平台会提供模板，企业不能修改，只能照着平台提供的模板填写相应的招聘信息。

其次是要避免出现错别字和错误的标点符号。虽然错别字和标点符号错误一般不影响阅读，但却反映出 HR 的专业素养不高，工作态度不够认真，拉低了企业在求职者心目中的评价，使企业形象大打折扣。

· 忌虚假招聘

虚假招聘本质上就是欺骗，企业通过欺骗手段吸引求职者，使求职者陷入错误认识而前来应聘，以达到某些不正当目的。劳动法禁止企业虚假招聘，损害求职者利益。根据《就业服务与就业管理规定》的规定，企业招用人员时提供虚假招聘信息，发布虚假招聘广告的，由劳动保障行政部门责令改正，并可处以 1000 元以下的罚款，对当事人造成损害的，应当承担赔偿责任。

以下两种情形是比较常见的虚假招聘：

第一，夸大企业实力或者隐瞒企业不足。一是故意将企业规划、员工人数、营业额等夸大。比如，员工人数只有100人不到，说成是500人，年营收1000万元说成是1亿元。二是对企业严重拖欠工资等情况故意隐瞒，明明已经濒临倒闭或已经好几个月发不出员工工资了，仍说成是准时发薪。企业采用此类手段，以骗取求职者入职。

第二，企业以招聘为由套取求职者智力成果。这种情况在实践中并不少见，企业根本就没有招聘的打算，但是为了解决某些问题，故意开出高薪发布招聘信息。求职者前来应聘时，考试题目是就某一问题（其实就是企业存在的问题）提出解决方案。求职者为获得入职机会，往往就会尽力地做出解决方案，企业免费获得求职者的劳动成果，但根本没有招聘打算。

企业招聘应遵守诚实信用原则，任何损害求职者利益的行为都是不可取的。

·忌不正当竞争

有些企业为了拉拢同行业中的高端人才为已所用，在招聘广告中发布了不利于同行的言论，甚至以回扣、折扣、佣金、咨询费、介绍费等名义招聘人员，这是法律所不允许的。根据《就业服务与就业管理规定》第15条规定，用人单位不得以诋毁其他用人单位信誉、商业贿赂等不正当手段招聘人员。

案例001

招聘广告载明“免费住宿”但每月扣除员工住宿费是否合法

北京市第二中级人民法院（2023）京02民终252号

江某于2018年5月入职甲公司，先后担任见习经理、副店长、店长职务。双方于2022年1月8日解除劳动合同。2021年2月后，江某月工资标准为6400元，该工资标准包括基本工资和职务补助，其中，甲公司每月扣除住宿费330元。江某申请劳动仲裁，主张由甲公司返还住宿费用8000余元等。江某称，甲公司的招聘信息承诺提供免费住宿，并提交了招聘广告作为证据，招聘广告显示，甲公司招聘餐厅全职员工的福利待遇为每月工资4400~5500元，免费住宿，免费工作餐等。甲公司则主张“全职员工”仅限于服务员，不包括见习经理，而江某系见习经理，其亦知晓“全职员工”的范围，因此不属于免费住宿人员的范围。劳动仲裁委员会支持了江某的诉求，裁决甲公司向江某返还住宿费 8448 元。甲公司不服，诉至法院。

审理结果

法院认为，“全职员工”按照文义解释应包括见习经理在内的所有全职工作人员，甲公司并未举证证明曾就“全职员工”的内涵向江某作出说明，江某亦不予认可，因此，甲公司扣除江某住宿费用，缺乏依据，应予退还。

HR 实务指南

第一，诚实招聘，追求双赢。企业发布招聘信息应遵守诚实信用原则，如实描述招聘需求和工资待遇，把求职者当成企业的合作伙伴来对待，双方共同成长，追求双赢，切忌为了所谓的“方便操作”而使用过度不确定的描述，更不得以招聘之名行窃取求职者劳动成果之实。

第二，尽量使用数据描述企业。数据是最直观的，能够直接让求职者感受到企业的实力。比如员工人数多少、年销售额多少、取得了多少个发明专利、获得过哪些权威机构颁发的奖项、服务过哪些知名客户、承接过哪些成功项目等。数字化描述比类似“公司实力雄厚”这样的笼统描述要好得多。

第三，配上企业的宣传小视频或者实景照片。比起文字描述，企业宣传小视频或者实景照片更能让求职者直观感受到企业的真实情况，园林式的工业园区、干净整洁的生产车间、宽敞明亮的办公环境、丰富生动的员工活动等，都能给求职者留下深刻美好的印象。

二、如何撰写一份录用通知书

经过面试后，企业 HR 需要向拟录用的求职者发出一份录用通知，告知求职者已经通过了企业的面试，邀请其前来入职。一般来说，企业 HR 应向拟录用的求职者发出加盖企业印章的书面录用通知书，一来书面通知显得正式，让求职者心里踏实，口头通知往往会让求职者担心企业变卦；二来书面通知上可以清晰地载明拟录用的工作岗位、工作职责、薪资待遇以及其他有关事项，方便求职者查看，不至于忘记。

1．录用通知书的内容

录用通知书的内容没有统一的范式，HR 可根据实际需要撰写。本书认为，越重要越关键的岗位，录用通知书就应越具体、越详细，让拟录用的求职者清晰地看到企业所承诺的薪资待遇、工作时间等，以及该岗位所需要具备的入职条件，减少信息误差，为求职者顺利入职奠定基础。

录用通知书可以包括以下几个方面的内容：

（1）岗位相关信息。包括拟录用的工作岗位名称（工种、职务）、工作地点、工作时间、工作职责、拟签订劳动合同的期限、试用期、薪酬待遇（包括基本工资、岗位津贴、职务津贴、绩效工资、年终奖等各类奖金和补贴等）、休息休假、保密与竞业限制相关、社会保险及商业保险、住房公积金等。如果需要出差，或者在多个工作地点中调动，则一并载明。

（2）反馈期限及报到入职时间。反馈期限即回复期限，就是提示拟录用者多长时间内要回复同意或者不同意入职，回复不同意或者逾期未回复的，则该通知失效，比如可以指定在收到本通知后一周内回复。报到入职时间是指定一个比较具体的时间前来报到入职，比如“请你于 2023 年 6 月 1 日前来本公司报到入职”。实际操作过程中可以通过电话、微信等及时沟通，协商具体的回复时间及报到入职时间，灵活把握即可。

（3）入职报到所需材料。包括身份证原件、毕业证书原件、学位证书原件、职称或职业资格证书原件、语言等级证书原件、上家单位解除劳动合同证明或者离职证明原件、近期免冠小一寸照片等。一般要求提交原件供企业审查，审查后退还，保留复印件存档。

（4）背景调查授权。载明接受录用即表示同意授权企业对其进行背景调查，也可以要求拟录用者提供最近工作过的一家或两家企业相关负责人的电话以便于调查。

（5）入职体检安排。载明需要体检的项目及体检医院的等级（如二甲以上人民医院），并取得合格体检报告，若在半年（或者 3 个月）内有过体检并取得合格报告的，可以直接提供体检报告。

（6）失效条件。也叫作废条件，是指在某些情况出现时，本通知失效。常见的失效事由有未及时反馈是否同意录用、未及时报到入职、提供的体检报告不合格、未能提供相关材料等。

（7）特别说明。比如可以载明违反承诺的法律后果，防止有些应聘者乱承诺甚至同时向多家企业承诺入职却不前来报到入职；又如可以载明本通知内容若与入职后所签订的劳动合同不一致的，一律以劳动合同约定为准。

（8）企业相关信息。包括负责对接拟录用者的 HR 人员、联系电话，以及前来报到入职的地点、交通线路等。

2. 录用通知书≠劳动合同

在发布招聘信息、简历筛选、预约面试、甄选录用、报到入职整个招聘流程中，企业向拟录用者发放录用通知书是中间的一个环节，表达了企业想要同某一特定的应聘者建立劳动关系的意愿，是企业单方面作出的要约。在通知形式上，企业可以口头通知，也可以书面通知，法律上没有特别规定。因发放录用通知书是发生在双方建立劳动关系之前，所以劳动法对企业是否发放、如何发放录用通知书并没有作出规定。

劳动合同则是劳动法规定的法律文件，根据《劳动合同法》第 7 条、第 82 条第 1 款规定，企业与员工建立劳动关系，必须签订书面劳动合同，超过 1 个月不满 1 年没有签订的，企业需向员工支付 2 倍工资。由此可见，法律对劳动合同的规制是非常严格的，企业必须遵守，不像录用通知书那样随意。

因此，企业 HR 需认识到，录用通知书并不等于劳动合同，即便给应聘者发放了录用通知书，其报到入职后也应依法签订书面劳动合同，否则需承担支付未签劳动合同 2 倍工资差额的风险。关于这一问题，本书将在下文有关劳动合同的章节中具体探讨。

案例 002

录用通知书内容与劳动合同约定不一致怎么办？

广东省深圳市中级人民法院（2020）粤 03 民终 14698 号

周某于 2017 年 2 月 16 日入职深圳甲公司，在入职之前，该公司向其发放的录用通知书中载明，周某的月工资为 7500 元，年终双薪（每年 12 月发放双份月薪）。周某入职后，双方签订了书面劳动合同，未约定年终双薪。双方就

2018年度的年终双薪是否支付未能达成一致意见，2019年9月12日，周某离职，随后申请劳动仲裁，主张甲公司支付2018年度年终双薪。甲公司认为，录用通知书是双方建立劳动关系之前公司向周某所发放，建立劳动关系后，双方签订了书面劳动合同，并未约定年终双薪，该约定是对录用通知书所载工资的变更，签订劳动合同是双方的真实意思表示，应以劳动合同约定为准，周某不享受年终双薪。

审理结果

法院认为，录用通知书的效力需根据实际情况区别对待，在劳动合同明确约定录用通知书条款不再执行时，视为双方达成了新的合意，此时应以劳动合同为依据；在录用通知书载明的内容没有在劳动合同中出现时，录用通知书应作为劳动合同的附件，与劳动合同具有同等法律效力。该案中，双方签订的劳动合同并未约定不再执行录用通知书中的内容，录用通知书中约定的年度双薪亦未体现在劳动合同中，此时录用通知书可以作为劳动合同的附件，对双方均具有约束力，周某据此要求甲公司支付2018年年度双薪，应予支持。

录用通知书内容与劳动合同约定不一致到底以哪个为准，实务中存在两种不同的观点。

一种观点认为应以劳动合同约定为准。这一观点认为，录用通知书和劳动合同均是双方合意所形成，是双方的真实意思表示，均具有法律效力，当两份文件对同一项劳动条件（工资待遇、工作时间等）约定不一致时，因录用通知书发放在前，劳动合同约定在后，在后的劳动合同应视为对录用通知书的变更。

另一种观点则认为应采取“就高不就低”原则。这一观点认为，在劳动关系中企业往往处于优势地位，企业与员工是管理与被管理的关系，双方之间的地位并不平等，如果采用劳动合同约定为准，企业则很容易利用优势地位损害员工利益。以工资为例，假设发放录用通知书时所承诺的月工资是10,000元，应聘者入职后签订劳动合同时故意降低至9000元或者8000元，这时应聘者已经入职，处于弱势地位，企业提出比录用通知书上低的工资，应聘者是签呢还是不签呢？在多数情况下，员工只能选择签，不签就只能离职了。根据倾向保护员工利益的劳动法立法原则，应采取“就高不就低”原则，劳动合同约定的工资高于录用通知书的，以劳动合同约定为准，反之则以录用通知书所载为准。

本书赞同第二种观点，如果录用通知书或者劳动合同没有明确约定录用通知书失效条件且该条件出现，当两份文件对同一内容约定不一致时，应以有利于员工进行认定，工资数额如果不一致，则采取“就高不就低”原则，哪个高则按哪个。

3. 录用通知书的发放

一般来说，企业 HR 写好录用通知书之后，应打印出来加盖企业印章（公章、人力资源部门章、招聘录用专用章均可），以示正式和重视。然后再扫描或者拍照通过微信或者邮件发送给拟录用者。现在网络发达，极少使用快递方式发放，发放方式没有固定形式，HR 可以先电话或微信与拟录用者沟通后确定具体的发放方式，只要对方能收到即可。

HR 实务指南

第一，企业应制作录用通知书的模板。在企业招聘录用环节中，录用通知书是一份需要反复使用的文书，企业可以制作一个常规模板，需要使用时，根据实际情况稍作修改即可。

第二，认真审查录用通知书的格式和内容。格式上，应采用正式行政文书的标准格式行文，表述清晰明了，忌错别字。内容上，企业可以根据实际需要载明前文所述几项内容中的全部或者其中数项，也可以增加内容，没有统一标准。

三、如何制定一份员工入职表

员工入职表，又称员工入职申请表、员工入职登记表，是指企业所招用的新员工办理入职手续时所填写的含有员工基本信息、教育经历、工作经历等内容的材料。员工入职表的作用非常大，除收集员工信息、建立员工人事档案外，一旦发生劳动争议，其往往也是重要证据之一。

1. 员工入职表的内容

有关员工入职表的内容和格式，各家企业大同小异，会做的自己做一个，不会做的直接网上下载一个就能用。在格式上，一般为单面，也有些企业用双面的，一般是一张 A4 纸，笔者也曾见过好几张纸的，非常详细，实则没必要。在内容上，一般包括以下几个部分：

（1）员工基本信息。包括员工姓名、性别、年龄、身份证号、家庭住址、民族、最高学历、婚姻状况、政治面貌、联系电话等，有些还包括血型、星座、身高、体重等。这部分内容主要收集新入职员工的个人基础信息。

（2）受教育和培训经历。何时至何时在何学校学何专业取得了何证书、何时取得了何资格相关证书、何时参加过何培训等。

（3）工作经历。何时至何时在何单位任何职、主要负责哪些工作、取得过哪些成绩或者做过哪些成功项目等。

（4）家庭成员及紧急联络人等。

如果还有一些特别提示，也可以一并列出，让新员工填写。比如，深圳旧版的社会保险系统需要勾选员工的“利手”，企业就可以在员工入职表加上“利手”选项让员工勾选。再如，该员工需要经常出差的，也可以在入职表中提示。

2. 员工承诺不可少

入职表有必要加上“员工承诺”，即将一些有必要让员工作出承诺的内容印上去，让员工签名。本书认为，至少应让新入职员工作出以下几点承诺：（1）上述填写的信息以及本人提供的所有证件均属实，如有虚假，本人愿承担一切后果，公司可以随时解除劳动关系，不承担任何赔偿或补偿责任。（2）若公司因经营需要需安排加班，本人自愿接受加班。（3）本人已与前单位彻底解除劳动关系，并且不存在竞业限制约定。（4）本人户籍地址和联系电话为本人法律文书的有效送达地址。

这几项承诺看似无关重要实则大有作用，一来可以让员工清晰地了解到自己承诺过什么，在提供相关资料和信息时会更加慎重，对员工有心理上的约束；二来如果以后双方发生争议，企业可以作为证据使用，这样的承诺通常会被认定为有效。

案例 003

员工入职表信息填写不真实，企业解雇合法

上海市第一中级人民法院（2015）沪一中民三（民）终字第 725 号

邱某于 2014 年 2 月 9 日入职甲公司并担任人事经理职务，双方签订了书面劳动合同，约定试用期 3 个月，试用期工资为每月 8000 元，转正后每月工资 10,000 元。邱某入职时填写员工入职登记表，在工作经历一栏中写明“2012 年 3 月至 2013 年 11 月在乙公司担任人事经理”，同时，邱某在该表上签字确认“求职者本人确保以上填写各项均属事实，如不属实，求职者将被取消应聘资格或接受受雇后除名之处分”。后法院查明，邱某 2012 年 4 月至 2013 年 6 月在乙公司工作，6 月 17 日至 11 月在丙公司工作。2014 年 8 月 25 日，甲公司以邱某“提供虚假信息等行为严重违反公司的规章制度及劳动者基本诚信”为由解除了劳动合同。邱某申请劳动仲裁，主张恢复与甲公司的劳动关系等，未全部获支持。邱某诉至法院。

审理结果

法院认为，劳动者与用人单位缔结劳动关系后，对用人单位负有忠实义务，应当遵循诚实信用原则，邱某未如实填写工作经历，违反了诚信原则，且邱某在入职登记表上签字确认“求职者本人确保以上填写各项均属事实，如不属实，求职者将被取消应聘资格或接受受雇后除名之处分”，故该公司解除劳动合同并无不当，邱某要求该公司恢复劳动关系并支付恢复期间工资的请求，缺乏依据，不予支持。

3. 入职须知是个宝

入职须知并不是员工入职表的必备内容，往往被很多 HR 忽略。笔者拟了一个入职须知参考文本，包括试用期、工作内容和工作地点、工作时间和休息休假、考勤管理、工资福利、劳动纪律和规章制度、社会保险、保密与竞业限制、离职管理及其他注意事项等内容，HR 可以根据企业实际情况对这些内容进行增减。

入职须知的内容以一页 A4 纸篇幅为限，可以打印在员工入职表的背面，落款处让员工签名，对企业来说几乎是零成本，无非是让员工多签一个名字而已，但其作用却很大，能够有效地降低企业的用工风险。

入职须知（范本）

一、试用期

1. 主管级别及以上者、工程师及以上者，试用期六个月，其他员工试用期二个月，均从入职之日起算。

2. 员工试用期被证明不符合录用条件者，公司有权解除劳动关系，无需支付任何补偿或赔偿。

3. 试用期工资为 2360 元 / 月，双方劳动合同或另外有书面约定的，按约定。

二、工作内容和工作地点

4. 工作岗位及工作内容以公司制定的工作岗位说明书或劳动合同约定为准。工作地点为深圳市。

三、工作时间和休息休假

5. 公司实行标准工时制，每周工作五天，每天工作八小时，周一至周五为正常工作日，周六、日为休息日。每天上班时间为 09:00~12:30、13:30~18:00。

6. 员工依法享有婚假、丧假、产假、年休假、病假、工伤假、法定节假日等假期，具体按劳动法规定执行。

四、考勤管理

7. 员工上下班需打卡，忘带卡、忘打卡者需按规定签卡。严禁员工代打卡。

8. 员工请假需按规定填写请假单，遇紧急情况时需先电话请假，经公司批准后方可休假。

9. 员工不得迟到、早退、旷工、未经批准休假，否则按违反劳动纪律和规章制度处理。

10. 总监及以上职务者不适用本考勤规定。

五、工资福利

11. 每月 12 日前发放上月工资，发放方式为银行转账。

12. 加班费的计算基数为劳动合同约定的基本工资，各种津贴、奖金、补助等不作为加班费计算基数。

13. 公司依法向员工提供法定福利，法定福利以外的福利，以劳动合同约定或规章制度规定为准。

14. 由员工承担的社会保险费、住房公积金、个人所得税等费用，公司代扣代缴，从员工每月工资中扣除。

六、劳动纪律和规章制度

15. 员工应当遵守公司规章制度，遵守劳动纪律，遵守职业道德，勤勉敬业，诚实守信，忠实于公司，违反者公司有权给予处罚。

16. 员工因个人原因给公司造成经济损失的，公司有权要求员工赔偿，具体按劳动法相关规定执行。涉嫌违反治安管理处罚法或刑法的，移交公安机关处理。

17. 员工违反《劳动法》第 25 条或《劳动合同法》第 39 条的，公司可以解除劳动合同，无需支付任何补偿或赔偿。

七、社会保险

18. 公司依法为员工参加社会保险，社会保险费按劳动法规定由公司和员工共同承担。

八、保密与竞业限制

19. 员工必须保守公司商业秘密，包括但不限于产销策略、客户信息、货源信息、产品报价、生产配方、工艺流程、设计图纸、专利技术等。

20. 公司实行薪资保密制度，禁止员工之间谈论薪资，禁止以任何方式打听他人工资或将自己工资告知他人。

21. 员工保守公司商业秘密的期间为在职期间及离职后五年。

22. 公司对掌握商业秘密的员工实行竞业限制，具体由双方另行约定，未约定的，不实行竞业限制。

九、离职管理

23. 员工辞职需按劳动法规定提前向公司递交书面辞职信；员工以其他方式离职的（如劳动合同终止、经济性裁员等），按劳动法规定办理。

24. 员工无论以任何形式离职，均需做好工作交接，擅自离职或即辞即走者，给公司造成损失的，应承担赔偿责任。

25. 员工在试用期间未经请假连续缺勤两天及以上的（俗称自离），视为与公司解除劳动关系，自缺勤之日起双方劳动关系解除，公司不再另行送达相关书面通知。

十、其他

26. 本须知为对全体新入职员工的一般告知及规范，内容若与双方劳动合同或其他双方签订的书面约定有冲突，则以劳动合同或其他书面约定为准。

27. 为防止新入职员工忘记本须知内容，请将本页内容拍照保存。

案例 004

企业未让员工填写入职表，入职时间如何认定？

陕西省西安市中级人民法院（2018）陕 01 民终 9953 号

2016 年 7 月 31 日，甲公司与张某签订劳动合同，合同期限为 2016 年 8 月 1 日至 2017 年 7 月 31 日。2017 年 7 月，甲公司的北厂被政策性关停，甲公司告知员工可以到其合资公司乙公司工作，劳动关系保持不变，不愿意去乙公司上班的，也可以选择到甲公司的南厂、西厂工作。合同到期后，张某既未前往乙公司上班，也未去甲公司的南厂或西厂上班，双方劳动关系就此终结。随后张某申请劳动仲裁，主张确认其于 2010 年 3 月 1 日至 2017 年 7 月 31 日与甲公司存在劳动关系以及其他相关权利。张某诉称，其从 2010 年 3 月 1 日即进入甲公司工作，在 2016 年 7 月 31 日以前，甲公司未与其签订劳动合同。张某提供了 2010 年 4 月开立某市商业银行的账户信息以及现金流信息，以证明其入职时间。甲公司辩称张某入职时间为 2016 年 8 月 1 日，但未提供其他相关证据予以证明。

审理结果

法院认为，依据《劳动合同法》第 7 条及相关司法解释规定，劳动者的入职时间应由用人单位举证，用人单位应当建立职工名册，并通过职工名册、入职登记表等，记录包括劳动者的入职时间等内容。甲公司仅提供双方签订的劳动合同，意在说明张某入职时间为劳动合同签订时间，未提供职工名册及劳动者签字认可的入职登记表，依据上述法律规定，甲公司不能充分有效证明张某的入职时间，应当承担举证不能的法律后果。

HR 实务指南

第一，员工入职表应载有“入职承诺”内容。将一些必要的事项列入承诺内容，比如已与前单位解除劳动合同等，既能督促员工兑现承诺内容，又可以在发生争议时作为证据使用。

第二，员工入职表应载有“入职须知”。一是将员工入职后的应知应会内容告知员工，使其尽快融入集体；二是万一遗漏了签订劳动合同，入职须知还可以当作劳动合同进行抗辩。

|第二节| 企业“录而不用”与应聘者“录而不去”

应当说，发放录用通知书是一件很严肃的事情，虽然没有签订劳动合同那么严格，但也不可随意，录用通知书一经发出，即具有法律约束力，HR 对此需有深刻的认识。从法律角度讲，应聘者在与企业建立劳动关系之前，双方不受劳动法调整，因此，发放录用通知书属于受民法调整的民事法律行为。根据合同法原理，企业发出录用通知书属于要约（也有人认为属于要约邀请），录用通知书送达拟录用者时，即对企业产生约束力，拟录用者承诺后，合同成立并生效，对双方均产生约束力。如果一方违约，则往往需承担赔偿责任。因此，企业 HR 应在确定录用时方发出录用通知书。

一、“录而不用”和“录而不去”的法律责任

1. 企业“录而不用”的法律责任

所谓“录而不用”，是指企业向应聘者发出书面录用通知书之后又取消录用。应聘者收到录用通知书后，往往基于对企业的信赖而为报到入职做准备，企业取消录用，损害了应聘者的信赖利益，依法应当承担相应的法律责任。

企业“录而不用”是属于违约还是属于缔约过失？对此，司法实践中有不同观点。

然而，对企业而言，承担哪种责任并不重要，重要的是要承担责任。因此，企业在向应聘者发出录用通知书前，应经过充分的评估和论证，确定要录用该应聘者，方向其发出录用通知书，以免发出后又“变卦”。

当然，信赖利益保护是双向的，如果应聘者承诺入职后又“放鸽子”，企业基于对应聘者准时报到入职的信赖而遭受损失，同样可以向应聘者主张赔偿责任。

案例 005

企业“录而不用”，法院判赔 17,000 余元

江苏省无锡市滨湖区人民法院（2019）苏 0211 民初 7229 号

2019 年 7 月 10 日，宋某通过位于江苏无锡的甲公司的面试，拟入职该公司担任辖下某事业部总经理，随后甲公司向宋某发送了《录用通知书》，载明宋某于 2019 年 7 月 29 日 9 时入职，试用期 6 个月，月工资 10,179 元等信息。收到《录用通知书》后，宋某向正在供职的上海乙公司提出辞职，并顺利离职。7 月 22 日，甲公司邀请宋某参加月度会议，7 月 27 日，宋某从上海开车前往无锡参加甲公司月度会议，其间产生加油费 260 元、住宿费 246 元及 193 元、高速公路过路费等共 900 余元。7 月 29 日，甲公司发微信给宋某告知录用流程出了问题，需请示公司总经理，7 月 31 日，甲公司告知宋某总经理那边还没有回复，8 月 12 日，甲公司回复宋某，取消该职位的录用。双方因此成讼。

审理结果

法院认为，宋某与甲公司的纠纷发生于劳动合同缔约过程中，此时双方虽未签订正式的劳动合同，甲公司与宋某仍应遵从诚实信用原则为劳动合同的订立进行积极磋商和准备。甲公司的行为足以使宋某产生甲公司将正式录用并与其订立劳动合同的合理信赖，然而，在宋某与上一家公司办理了离职手续后，甲公司以宋某的录用流程卡在董事长处没有回复为由不予录用，对此给宋某造成的损失应承担缔约过失的赔偿责任。法院最终判决甲公司向宋某赔偿 17,000 余元。

2. 应聘者“录而不去”的法律责任

如前所述，司法实践中主流观点认为录用通知书属于要约，企业向应聘者发出录用通知书，即向应聘者发出要约，应聘者收到后一旦承诺，合同即成立。任何一方违约，守约方均可向其追究违约责任。因此，应聘者“录而不去”，同样需承担违约责任。

案例 006

应聘者“录而不去”，法院判赔 51,000 余元

上海市第二中级人民法院（2020）沪 02 民终 3126 号

周某于 2019 年 6 月应聘甲公司市场经理一职，经面试后，甲公司于 7 月 25 日向周某发出《录用通知书》，载明周某的入职日期为 8 月 26 日，月工资为 51,500 元，并约定若一方违约，违约方需向守约方支付相当于一个月工资即 51,500 元的违约金。周某当日即在《录用通知书》上签名并以扫描件形式发还给甲公司。8 月 22 日，周某向甲公司明确表示拒绝入职，8 月 26 日，周某未前往甲公司报到入职，8 月 27 日，甲公司发送邮件，要求其支付违约金 51,500 元，9 月 1 日，周某向甲公司回复邮件，表示不同意支付违约金。甲公司遂诉至法院。

审理结果

法院认为，周某经该公司多轮面试后，收到该公司向其发出的《录用通知书》，载明了周某的工作岗位、工作地点、劳动合同期限、工资福利待遇等内容，并约定了周某入职签订劳动合同具体日期。周某在该通知书上签名并回复确认。该案双方实际上以《录用通知书》的形式约定在将来一定期限内订立劳动合同，双方之间成立预约合同，而《录用通知书》中载明的将来周某作为劳动者所享有的权益内容清楚完备且不违反法律规定，基本上不存在双方还需要进一步磋商的未决事项。故《录用通知书》对双方均具有法律拘束力，双方应按照《录用通知书》载明的入职日期订立相应的劳动合同，任何一方违反上述约定，均应承担相应的违约责任。周某拒绝入职之后，甲公司可以依据法律规定请求周某承担违反预约合同的违约责任。

案例简评

前述两个案例，一个是企业“录而不用”，损害了应聘者的信赖利益，最终被法院判决赔偿应聘者的损失；另一个是应聘者“录而不去”，企业根据录用通知书约定，向其主张违约金，获得法院支持。前案认定为缔约过失，后案则认定为违约。

民事主体从事民事活动应当遵循诚实信用原则。诚实信用原则是民事主体从事民事活动最重要的基本原则，被称为民法的“帝王条款”，根据《民法典》

第 7 条规定，所有民事主体从事任何民事活动时，包括行使民事权利、履行民事义务、承担民事责任时，都应该秉持诚实、善意，恪守自己的承诺。在上述两个案例中，无锡的甲公司作为企业法人，周某作为完全民事行为能力人，理应诚实守信，恪守承诺，不可违背。

二、企业"录而不用"赔偿数额应如何确定

以企业承担缔约过失责任为例，基于缔结劳动合同产生的信赖利益包括缔约费用（如面试交通费、通信费等）、为准备履行劳动合同所花费的费用（如租房费用、体检费用等）和机会损失（丧失与他人订立劳动合同的机会造成的损失）。一般而言，由法院根据利益衡平、诚实信用、公平原则等对拟录用者的工资标准、试用期限、所支出的各项费用等经济损失进行酌定。

笔者在中国裁判文书网随机查看了 10 多份关于企业"录而不用"的判决书，以求职者 1~3 个月工资标准酌定企业赔偿的居多。比如湖南省长沙市中级人民法院（2019）湘 01 民终 9595 号、广东省深圳市中级人民法院（2020）粤 03 民终 670 号、云南省德宏傣族景颇族自治州中级人民法院（2020）云 31 民终 271 号、江苏省无锡市滨湖区人民法院（2019）苏 0211 民初 7229 号等判决书，均酌定以求职者 3 个月工资作为赔偿标准。

三、企业"录而不用"，应聘者体检费应由谁承担

实务中，大量企业在招聘新员工时，对于达成初步录用意向的应聘者，会要求其进行入职前体检（指普通体检，不含职业健康体检，下同），以便了解应聘者的身体健康状况，应聘者取得合格报告后方可入职。入职前体检是一种普遍现象，企业和应聘者都觉得"理所当然"，由于体检费用一般不高，一般也不会对体检费的承担问题进行约定，应聘者为了获得入职机会，极少会对企业要求入职前体检提出异议。

然而，如果应聘者体检合格入职或者体检合格但是企业"录而不用"，体检费该由谁来承担？这个问题在实践中存在争议。

本书认为，入职前体检费应由应聘者承担。

笔者在中国裁判文书网检索到部分案例，摘录如下：

广东省东莞市第二人民法院（2017）粤1972民初999号民事判决书认为，张某提交了一份某医院的医疗费收据，载明收费科室为体检科，名称为“甲公司”，金额为35元。甲公司确认系其要求员工体检，且张其提交的体检费收据载明的客户名称为“甲公司”，故该体检费应由甲公司承担。

广东省广州市白云区人民法院（2023）粤0111民初686号民事判决书认为，甲公司要求何某在入职时提交体检报告，何某自费体检后向甲公司提交了体检报告，双方并未对入职体检费进行约定，且未见何某入职后就入职体检费问题向甲公司提出过主张或异议，故何某主张入职体检费，事实和法律依据不足，不予支持。

浙江省台州市椒江区人民法院（2022）浙1002民初6844号民事判决书认为，李某入职甲公司后，在试用期间以“无法适应公司工作强度”为由向甲公司提出离职，李某主张由甲公司报销体检费380元，甲公司辩称其已明确告知李某体检费在试用转正后报销，李某对此认可，故对李某的该项诉请，法院不予支持。

HR 实务指南

第一，慎重发出录用通知书。对拟录用者应作深入充分的面试了解，将拟录用者的专业、工作能力、经验等，与拟聘用的岗位进行匹配，对拟录用者还存疑且影响入职后工作的，可以再进行沟通，必要时可以多安排一次面试，尽量做到双方均充分了解，减少不确定性。企业发出每一份录用通知书，都应该是慎重的，一旦发出，即产生法律效力，若“录而不用”，则需承担法律后果。

第二，对拟录用者进行基本的背景调查。比如，可以通过中国裁判文书网查询其与前面供职的企业是否有过劳动纠纷案件，通过中国执行信息公开网查询其是否被列入失信人名单，通过学信网查询其学历证书信息，等等。

第三，完善招聘录用流程并严格遵守。HR应与用人部门进行充分沟通，严格按照招聘审批流程，对录用某个应聘者加以确认，以避免出现发出录用通知书后“领导不同意”或者用人部门不同意而无法安排入职的情形。

第四，与拟录用者保持密切沟通。HR发出录用通知书后要及时跟进和沟通，以确定拟录用者能够按时前来报到入职，中途若出现不确定性，或者被拟录用者“放鸽子”，企业也好及时止损，趁早另做打算，另外招人并做好工作安排，而不至于到入职当天才知道被对方“放鸽子”了。

| 第三节 | 就业歧视

就业歧视是指企业在招用员工时或者在生产经营过程中基于种族、肤色、性别、宗教、政治见解、民族或社会出身等原因，在就业机会或待遇及其他方面做出的区别、排斥或优惠等违反平等就业权、损害员工合法权益的行为。一直以来，就业歧视都是我国劳动用工领域普遍存在的现象，社会上很多企业为了追求利益最大化，往往在招聘广告规定的招聘条件中或者在日常用工过程中对部分员工存在明显的歧视。

一、就业歧视的法律规制

我国法律对反就业歧视进行了明确规定。《劳动法》第 3 条第 1 款、第 12 条分别规定，劳动者享有平等就业和选择职业的权利；劳动者就业，不因民族、种族、性别、宗教信仰不同而受歧视。《就业促进法》第 3 条、第 26 条分别规定，劳动者依法享有平等就业和自主择业的权利，劳动者就业，不因民族、种族、性别、宗教信仰等不同而受歧视；用人单位招用人员、职业中介机构从事职业中介活动，应当向劳动者提供平等的就业机会和公平的就业条件，不得实施就业歧视。《妇女权益保障法》第 41 条、第 43 条第 5 项、第 44 条第 1 款分别规定，国家保障妇女享有与男子平等的劳动权利和社会保障权利；用人单位在招录（聘）过程中，除国家另有规定外，不得实施其他以性别为由拒绝录（聘）用妇女或者差别化地提高妇女录（聘）用标准的行为；用人单位在录（聘）用女职工时，应当依法与其签订劳动（聘用）合同或者服务协议，劳动（聘用）合同或者服务协议中应当具备女职工特殊保护条款，并不得规定限制女职工结婚、生育的内容。

2019 年 2 月 18 日，人力资源和社会保障部、教育部等九部门联合发布《关于进一步规范招聘行为促进妇女就业的通知》（人社部发〔2019〕17 号）指出，依法禁止招聘环节中的就业性别歧视，并对各类用人单位、人力资源服务机构在招聘过程中不得限制性别进行了细化规定。

2020年12月18日，人力资源和社会保障部发布《网络招聘服务管理规定》（人力资源和社会保障部令第44号），该规定第15条第1款规定，用人单位向人力资源服务机构提供的单位基本情况、招聘人数、招聘条件、用工类型、工作内容、工作条件、工作地点、基本劳动报酬等网络招聘信息，应当合法、真实，不得含有民族、种族、性别、宗教信仰等方面的歧视性内容。再次明确企业在招聘员工时不得含有就业歧视内容。

此外，最高人民法院于2020年12月29日最新修改的《民事案件案由规定》，在“人格权纠纷”项下设置了“平等就业权纠纷”，可见，平等就业权属于民事案件的案由之一。

二、就业歧视的主要表现形式

就业歧视的表现形式多种多样，如前述《就业促进法》第3条规定，劳动者依法享有平等就业和自主择业的权利，劳动者就业，不因民族、种族、性别、宗教信仰等不同而受歧视。立法者用了“等”字，是指除列举的几种情形属于就业歧视外，还应包括随着社会的发展和就业环境的变化而出现的其他就业歧视情形。

综合而言，我国企业在招用员工时比较常见的就业歧视情形有以下几种。

1. 民族、种族、性别、年龄、宗教信仰就业歧视

这是比较常见的就业歧视表现形式，其中又以性别和年龄歧视最为常见。

性别歧视历史深远，是就业歧视所有类型中影响范围最广的一种歧视，在就业歧视中往往表现为对女性的歧视。企业在招聘或者生产经营过程中，由于员工性别或者与性别相关的婚姻、生育等因素而排斥女性，导致女性的就业机会较少，职业发展空间受限。

年龄歧视，顾名思义，就是企业在用工过程中对员工年龄实行职业上的不公或者限制。

案例 007

57 岁老司机应聘司机因年纪大遭拒，法院判企业败诉

广东省广州市增城区人民法院（2016）粤 0183 民初 901 号

2015 年 11 月，甲运输公司发布客车司机招聘启事：

招聘岗位：大客车司机；岗位职责：驾驶营运客车或公交车；学历：不限；专业：不限；性别：男；年龄：18~45 岁；工作年限：1 年以上驾驶经验；其他条件：有 A1 牌驾驶证；需求数量：10 名；备注：月均工资 5000 元，购买五险一金。

陈某截至 2015 年 11 月已年满 57 周岁，持有 A1 牌驾驶证，是一名有着 30 年驾龄的老司机，除年龄超限外，其他条件完全符合该企业的招聘条件。陈某前往应聘，该企业拒绝录用，并出具了书面通知，载明“陈某于 2015 年 11 月 30 日前来我单位面试，我单位决定不录用。不录用原因：陈某已经超出我司招聘年龄。”陈某被拒绝录用后，将甲公司诉至法院。

审理结果

法院认为，劳动者的平等就业权依法受到国家法律保护，任何公民都平等地享有就业的权利和资格，不因民族、种族、性别、年龄、身高、宗教信仰、经济能力等受到限制。根据公安部发布的《机动车驾驶证申领和使用规定》（2012 年）第 50 条第 1 款规定，年龄在 60 周岁以上的，不得驾驶大型客车。陈某持有准驾车型为 A1 的驾驶证，依法可驾驶大型客车至 60 周岁。甲公司自行设定的高于法律规定的且与个人能力无关的年龄标准，显然超出了依法行使用人自主权的界限，侵犯了陈某的平等就业权。

法院最终判决甲公司向陈某口头赔礼道歉，并向陈某支付精神损害抚慰金 3000 元。

2. 残疾人员就业歧视

残疾人即肢体、语言、听力、精神、智力或多重存在长期缺损的人。我国法律明确规定禁止企业限制残疾人员就业，但事实上仍有大量的企业对残疾人员歧视就业。《就业促进法》第 29 条第 3 款规定，用人单位招用人员，不得歧视残疾人。

《残疾人保障法》第33条中规定，国家实行按比例安排残疾人就业制度。国家机关、社会团体、企业事业单位、民办非企业单位应当按照规定的比例安排残疾人就业，并为其选择适当的工种和岗位。

3. 身体健康就业歧视

身体健康歧视主要是指求职者因身高、外貌及身材等身体特征，或身体残疾及疾病等原因而受到就业歧视。实务中，许多企业在招聘时都习惯注明“气质佳，五官端正”，这无可厚非，但也有一些企业直接具体量化，比如要求“身高170cm以上”，这其实就已经构成就业歧视了。

此外，对患有特定疾病人员的就业歧视也很常见，这都是法律所不允许的。《就业促进法》第30条明确规定，企业不得以是传染病病原携带者为由拒绝录用。可见，国家是反对企业对患有特定疾病人员进行就业限制的。

4. 户籍、地域就业歧视

户籍歧视主要是指企业在招聘或者生产经营过程中，对农村户籍人员进行就业限制。这种情况相对比较少见，对农业户口人员进行就业限制毫无意义，因此大多数企业就不爱干这种吃力不讨好的事了。《就业促进法》第31条也明确规定了农村劳动者进城就业享有与城镇劳动者平等的劳动权利，不得对农村劳动者进城就业设置歧视性限制。

地域歧视在2000年前后比较常见，当时企业较少，务工人员较多，往往企业招10名员工却有上百人前来应聘，这种供过于求的劳动力市场决定了企业拥有巨大的选择优势，于是就有了类似“不要某地人”这样苛刻的聘用条件。随着社会的发展，务工人员的素质在不断提高，劳动力市场也发生了巨大变化，劳动力从原来的供过于求转变为现在的供不应求，很多企业甚至都招不到工人，地域限制的现象有所缓解。

案例 008

求职者应聘时因是“某省人”而被拒，法院判企业赔偿并道歉

浙江省杭州市中级人民法院（2020）浙 01 民终 736 号

2019 年 7 月，甲公司在某招聘平台发布招聘信息。7 月 3 日，闫某向甲公司投递了求职简历，闫某的简历包含了姓名、性别、出生年月、现居住城市等个人基本信息，其中户口所在地填写为“乙省丙市”，现居住城市填写为“丁省戊市己区”。7 月 4 日，闫某的简历被招聘企业查看，招聘企业对闫某的应聘给出岗位不合适的结论，“不合适原因：某省人”。被拒绝的闫某遂将该公司诉至法院，请求判令该公司支付精神抚慰金 60,000 元，并在《人民日报》等媒体公开登报道歉等。

审理结果

法院认为，甲公司作为用人单位，虽享有用人自主权，但平等就业权是劳动者生存和发展的前提，是劳动者的一般人格权之所在，用人单位对用人自主权的行使应始终谨守权利的边界，不得以实施就业歧视的方式侵犯劳动者的平等就业权。该公司以“某省人”为由拒绝给予闫某就业机会的行为已经构成就业歧视，其存在侵权的主观过错，该就业歧视行为造成闫某丧失了就业机会，侵害了闫某作为劳动者的人格尊严，该公司构成对闫某平等就业权的侵害，应当承担赔偿责任。

上述两案是比较典型的就业歧视案例，企业因为在招聘过程中违反了就业歧视规定而被求职者起诉，最终承担相应的法律责任。《民法典》第 990 条规定，人格权是民事主体享有的生命权、身体权、健康权、姓名权、名称权、肖像权、名誉权、荣誉权、隐私权等权利；除人格权外，自然人享有基于人身自由、人格尊严产生的其他人格权益。据此，公民享有平等就业的人格利益，我国法律历来禁止企业歧视劳动者，保障公民的平等就业权。

第一，企业不得违反就业歧视规定。企业违反就业歧视规定一般分为两个阶段：一是招聘阶段，也就是针对尚未入职的求职者所实施的；二是用工阶段，也就是针对已建立劳动关系的员工。前者主要表现为以下几个方面：一是招聘信息用词不当，比如年龄、性别、身高、种族等在招聘启事里列得清楚明白，这种情形非常常见，综观各大招聘网站，违反就业歧视规定的招聘信息比比皆是；二是面试时使用了违反就业歧视规定的不当言语，比如面对面口头表述，或者通过微信、QQ 等社交工具面试时发送的信息中，由于招聘人员的“大意”，含有违反就业歧视规定的用语；三是拒绝求职者时使用违反就业歧视规定的不当用语，前述 “不要某省人”就业歧视案即属这类表现。

第二，特殊情形下，企业不构成就业歧视。在一些特殊情形下，法律对企业“违反”就业歧视规定的行为可以豁免其法律责任。也就是说，企业招用员工是否构成就业歧视，主要看有没有合理事由，有合理事由的，一般不认为构成就业歧视。合理事由一般包括企业正当的生产经营需要、所招用岗位的特殊资格需求、法律法规明确的免责事由等。比如，煤矿企业招聘井下挖煤工人，通常只能招用男性，企业在招聘信息中限定只招男性，不构成就业歧视。

第三，企业违反就业歧视规定的，需承担法律责任。根据《就业促进法》第 62 条规定，企业实施就业歧视的，劳动者可以向人民法院提起诉讼。根据《民法典》第 179 条规定，停止侵害、赔偿损失、赔礼道歉等均为民事主体承担民事责任的具体方式，可以单独适用，也可以合并适用。据此，企业实施就业歧视，被侵权人通常可以主张企业赔礼道歉、赔偿损失、赔偿精神抚慰金等，具体由人民法院根据实际情况进行酌定。

第四，就业歧视有违社会主义核心价值观。2022 年 2 月 23 日，最高人民法院发布第二批人民法院大力弘扬社会主义核心价值观典型民事案例，其中“遭遇就业地域歧视可请求赔偿精神抚慰金——闫某某诉某公司平等就业权纠纷案”（前述“不要某省人”就业歧视案）入选。最高人民法院在“典型意义”中评价道，“平等就业权是每个劳动者依法享有的权利……本案通过厘清权利的边界，依法对用人单位用工自主权予以规范，旗帜鲜明地否定侵害劳动者平等就业权的歧视行为，对遭受侵害的劳动者给予及时和充分救济，维护了社会公平正义，体现了文明、平等、公正的社会主义核心价值观，为助力形成公平、高效的用工秩序和市场环境，构建和谐劳动关系，更好满足人民日益增长的美好生活需要提供了有力的司法保障。”

HR 实务指南

第一，对相关人员进行反就业歧视法律知识培训，提高风险意识。一是培训人事部门人员，人事部一般负责员工招聘、面试、录用，在这个过程中最容易违反就业歧视规定，非常有必要掌握反就业歧视相关法律知识，从而在工作中尽量避免；二是培训其他部门的管理人员，员工入职后，企业在用人过程中也有可能违反就业歧视规定，因此企业各部门管理人员同样需要了解反就业歧视相关法律知识，以防“踩雷”。

第二，完善招聘制度和流程，避免出现就业歧视的相关内容。比较常见的是“只招女性”“年龄 18~30 岁”“需本地户口或由本地人提供担保”“只招未婚者”，这些都是违反就业歧视规定的。企业应完善招聘制度，发布的招聘信息尽量把招聘条件写得宽泛一些，避免使用过于绝对、刚性的用语，应使用较为缓和的用语，比如“女性优先”“30 岁以下更佳”等。招聘信息写好后，还需对其内容进行合法性审查，避免出现违反就业歧视规定的内容，避免“授人以柄”。

第三，在录用环节尽量避开就业歧视的相关要件。企业对求职者的简历进行筛选后，应以求职者的工作能力、工作经历、学历及专业等作为评价是否录用的标准，尽量不因年龄、性别、婚否等因素对求职者进行限制录用。

第四，在面试过程中尽量避免说出违反就业歧视规定的言辞。一是面对面面试或视频面试时，尽量避免使用违反就业歧视规定的语言，防止有个别求职者录音；二是在与求职者通过微信、QQ、邮件等网络工具进行面试时，避免使用违反就业歧视规定的用语。

|第四节| 新员工入职

企业经过招聘、面试、发放录用通知书等程序后，就到了办理新员工入职的环节了。新员工的加入，意味着双方正式建立劳动关系，双方法律关系开始由劳动法调整。《劳动合同法》第 7 条规定，用人单位自用工之日起即与劳动者建立劳动关系。毋庸置疑，对于 HR 来说，新员工入职程序中有许多工作要做。

一、入职审查

入职审查是指企业就所获知的员工信息进行合法性和真实性审查。入职审查一般要在新员工报到入职之前进行，若发现审查异常（发现有不符合入职资格的情况），企业应及时中止或终止发放录用通知书，必要时可积极与拟录用者沟通，请其作出相关说明。若已发放录用通知书，则在发现审查异常后第一时间与拟录用者沟通，告知其中止或者终止报到入职。

在新员工入职程序中，企业对拟入职的新员工进行入职审查无疑是 HR 的一项重要工作。入职审查是双方日后产生劳动争议的第一道“防火墙”，入职审查做得好，可以在以后的用工过程中避免诸多风险。

1. 企业与员工的知情权

建立劳动关系，企业与员工应以诚实信用为基础，对劳动合同相关信息和内容履行如实告知义务，双方均享有了解对方履行劳动合同相关的信息和内容的知情权。根据《劳动合同法》第 8 条的规定，企业应如实告知员工工作内容、工作条件、工作地点、职业危害、安全生产状况、劳动报酬，以及员工要求了解的其他情况；企业有权了解员工与劳动合同直接相关的基本情况，员工应如实说明。

· 企业的告知义务

企业的告知义务是一项法定义务，企业招用员工，必须将上述法律规定的内容告知应聘者，可以在招聘广告上进行阐述说明，也可以在新员工报到入职时告知，要充分保障员工的知情权。除上述法定内容外，若新员工询问与履行劳动合同相关的其他事项，企业也应当如实告知。

· 员工的说明义务

企业有权了解员工的基本情况，员工应当如实说明。但仅限于与履行劳动合同相关的情况，包括姓名、年龄、家庭住址、学历、职业技能、工作经历等。反之，对于与履行劳动合同无关的情况，员工可以拒绝说明。

企业了解员工的相关情况，可以直接询问，也可以通过通知填写员工入职表及相关入职所需要的表格表单进行了解，还可以通过背景调查或者其他合法方式进行了解。

案例 009

员工入职时隐婚，企业解雇合法吗？

广东省广州市中级人民法院（2018）粤 01 民终 12990 号

林某于 2017 年 4 月 7 日入职甲公司并担任人事行政专员职务，双方约定试用期 3 个月，试用期月工资 3500 元。6 月 14 日，甲公司向林某送达了《辞退通知书》，解除了与林某的劳动关系，辞退理由是林某在应聘时提交的《应聘信息登记表》及《新员工入职申请表》中“婚姻状况”所填写的内容与事实不符，严重违背相关法律法规及两表中关于资料真实性的约定条款。经查，林某已于 2015 年办理了结婚登记，属于“已婚”，而林某在上述入职材料中填写的是“未婚”，且在《新员工入职申请表》中签名承诺，其填写的内容真实无误，若有不实，承诺与公司解除劳动合同，接受公司的处理，不要求任何补偿。该公司获知其已婚后，将其辞退。双方因此成讼。

审理结果

法院认为，根据《劳动合同法》第 8 条规定，劳动者的告知义务是附条件的，只有在用人单位要求了解的是劳动者与劳动合同直接相关的基本情况时，劳动者才有如实说明的义务。劳动者对于与工作无关且侵害个人隐私权的问题，有权拒绝说明，对于与劳动合同没有直接联系的信息（如身高、体重、婚姻状况、血型等）的填写，除非用人单位在招聘时已对某项信息作出明确的要求，否则，即使劳动者填写有不实之处，用人单位也不能以此为由解除与劳动者的劳动合同。对于实践中用人单位“若有不实处，愿无条件接受公司处罚甚至辞退”的规定，应理解为劳动者对与劳动合同直接相关的基本情况（如健康状况、学历、专业、工作经历、教育背景等）的填写如有不实的，月人单位可解除劳动合同。法院最终认定甲公司解除劳动合同违法，判决该公司向林某支付违法解除劳动合同赔偿金 3500 元。

2. 入职审查的内容

入职审查的内容并没有统一标准，企业可以根据岗位需要和实际情况进行审查。一般而言，入职审查分为基本审查和普通审查，前者如身份证、年龄、身体健康状况、学历信息等，后者如工作经历（经验）、竞业限制情况等。

· 身份证审查

主要审查两项内容，一是身份证是否存在假证，二是身份证是否其本人。假身份证的制作材质、字体字号、文字颜色、底色花纹等，与真实身份证均有较大差别，一般情况下用肉眼即可识别。有条件的企业，可以购买一台识别身份证的机器，快速便捷，准确率高，一刷即知真假。自我国启用第二代居民身份证后，用假身份证找工作的现象已经很少见了。

但是，借用他人身份证找工作却屡见不鲜。由于新员工是借用了别人的身份证，所以身份证本身是真的，靠刷机是无法识别的，机器只能识别这个证的真假，而无法识别是否持证人本人，这是机器的局限性。因此，只能靠 HR 肉眼识别，HR 在审查时一定要仔细，认真核对是否持证人本人，如果发现疑问，可以就身份证所载内容询问持证者。

比如，身份证上载明户籍地址是“广东省乐昌市沙坪镇”，则可以问持证人乐昌市属哪个地级市管辖，如其流利答出，则可以继续问沙坪镇的周边都有哪些镇；再如，可以问持证人生日是哪天，如其答出，则可以继续问其出生当年的生肖。如果持证人是证件主人，一般都能流利答出，借用他人证件者往往难以掌握证件上的信息，他们没有想到企业会如此提问，因此会“措手不及”。如果持证人犹豫一会儿才答出，或者答不出来，则应进一步严格审查，避免其是借用他人身份证入职。

案例 010

员工借用他人身份证入职后发生工伤且社保拒赔，工伤责任由谁承担？

广东省东莞市中级人民法院（2016）粤 19 民终 4473 号

2014 年 6 月 9 日，李某入职甲公司工作，李某入职时，借用了张某的身份证，该公司在招用李某时，未能认真审查其身份证，误以为其就是张某，随后甲公司与“张某”签订了《招聘合同书》，并用张某的姓名及身份证号代其参加了社会保险。2015 年 7 月 22 日，“张某”发生工伤，随后，“张某”被人力资源和社会保障局认定为工伤，并被东莞市劳动能力鉴定委员会鉴定为伤残八级。因受伤人与参保人不是同一人，工伤保险基金处拒绝支付李某的工伤保险待遇。2016 年 1 月 13 日，李某申请劳动仲裁，主张公司支付工伤保险待遇等。双方因此成讼。公司诉称，公司已经依法履行了义务，依法为“张某”缴纳了社会保险，因李某的过错，导致无法获得工伤保险基金赔付工伤待遇，该责任应该由李某自己承担，不应由公司承担。

审理结果

法院认为，李某借用他人的身份证，以“张某”的名义入职，导致发生工伤事故时不能享受由工伤保险基金支付的工伤保险待遇。对此，李某存在过错，应承担主要责任即被告自行承担工伤保险基金应支付工伤待遇金额的 70%，甲公司未能认真核实被告的身份信息，亦存在过错，应承担次要责任即承担工伤保险基金应支付工伤待遇金额的 30%。

· 年龄审查

主要审查是否符合法定劳动年龄，一是审查其是否已满 16 周岁，劳动法严令禁止企业招用不满 16 周岁的童工；二是审查其是否已超过法定退休年龄。借用他人身份证者，多是因为年龄达不到 16 周岁或者 18 周岁（有些企业招用员工要求 18 周岁以上），也有一些是因为身份证丢失未来得及补办，暂时借用他人身份证“应个急”。

需要提醒的是，工厂尤其要注意，每年 7 月，有在校中学生出来打暑假工，他们中间很多人年龄太小，达不到工厂招聘员工的最低年龄要求，为了能被工厂录用，往往借用他人身份证应聘，工厂 HR 如果审查不仔细，很容易让不满 16 周岁的童工混进来。因此，每年 7 月工厂在招聘时，要特别注意审查求职者身份证，确保“人证同一”。

· 学历及资格证书审查

对于中高级管理人员和中高级技术人员以及其他关键岗位人员，企业往往要求相应的学历、所学专业、职称、资格资质等相关证书，甚至还要求统招本科或者硕士毕业，所毕业的高校是 985 或者 211 等。企业对新员工所提供的学历证书、学位证书，以及其他相关的职称证书、职业资格证书等，均应认真审查真实性，不可大意。

· 身体健康状况审查

员工的身体是否健康，直接影响到入职后能否正常完成工作任务，达到企业所期望的产出，因此，对新员工的身体健康状况进行审查，也是入职审查环节的重要内容之一。企业可以通过让新员工进行入职体检来获得其健康状况信息。关于入职体检，下文将作具体论述，此处不再赘述。

· 是否与前单位解除劳动合同审查

根据《劳动法》第 99 条规定，企业招用尚未解除劳动合同的员工，对原单位造成经济损失的，该企业应当依法承担连带赔偿责任。最高人民法院《关于审理劳动争议案件适用法律问题的解释（一）》（以下简称《劳动争议司法解释（一）》）第 27 条第 1 款和第 3 款规定，企业招用尚未与前单位解除劳动合同的员工，原单位以新单位和员工共同侵权为由提起诉讼的，新单位和员工列为共同被告。可见，不做入职审查或者审查不仔细，一不小心招用了尚未与前单位解除劳动合同的员工，有可能吃官司。

通常来说，企业无法判断应聘者是否与前单位解除了劳动合同，一般是通过要求员工提供前单位离职证明来判断，不能提供的，则让其写一份已与前单位解除劳动合同的承诺书，以尽到必要的审查义务。

· 是否解除竞业限制协议审查

同理，如果因企业审查不严格招用了与前单位尚未解除竞业限制的员工，企业同样也会面临用工风险。主要表现为两个方面：

其一，企业如果知道或者应当知道员工与前单位签署了竞业限制协议且尚未解除，仍招其入职，有可能要承担连带责任。比如，《深圳经济特区企业技术秘密保护条例》（2019 年修正）第 35 条第 3 款规定，具有业务竞争关系的相关企业知道或者应当知道该员工负有竞业限制义务，仍然招用该员工的，应当承担连带责任。

其二，企业如果因招用了尚未与前单位解除竞业限制协议的员工而因此侵犯他人商业秘密，根据《反不正当竞争法》第 9 条第 3 款和第 21 条的规定，企业不但要承担民事侵权损害赔偿责任，还可能承担行政责任，面临行政机关的处罚。

实务中，企业往往难以判断应聘者是否与前单位有竞业限制约定，通常而言，可以根据其在前单位的工种或者岗位来进行大概区分。在前单位属于“两高一密”的人员（指《劳动合同法》第 24 条第 1 款规定的高级管理人员、高级技术人员和其他负有保密义务的人员，下同），应通过书面形式询问其与前单位是否有竞业限制约定，或者让其出具与前单位无竞业限制约定的承诺书，以避免招用到尚未与前单位解除竞业限制协议的人员。在前单位不属于“两高一密”的人员，比如普通生产员工、仓库管理员、行政前台、货车司机等岗位应聘者，可以不要求其出具承诺书，招用入职一般风险不大。

案例 011

企业招用未解除竞业限制协议的员工，被判承担连带责任

广东省深圳市中级人民法院（2021）粤 03 民终 8384 号

胡某于2018年1月入职甲公司并担任结构师，双方约定月基本工资8800元。双方签订了《竞业限制协议》，约定了胡某离职后在一定期限内不得在与甲公司生产同类产品、经营同类业务或者有其他竞争关系的企业任职或者提供服务。2020年4月7日，胡某离职，甲公司依约定向胡某支付了竞业限制补偿金。随后，甲公司发现胡某数次出入与甲公司有竞争关系的乙公司，甲公司经过调查取证后确认胡某已经加入了乙公司，并将相关证据进行了公证。甲公司申请劳动仲裁，请求胡某支付违反竞业限制义务违约金500万元，乙公司对此承担连带责任。劳动仲裁委员会裁决胡某向甲公司支付违约金100万元，乙公司承担连带责任。各方均不服，诉至法院。

审理结果

法院认为，关于乙公司对胡某应付违约金的连带责任，依据《深圳经济特区企业技术秘密保护条例》第35条的规定，具有业务竞争关系的相关企业知道或应当知道员工负有竞业限制义务，仍然招用该员工的，应承担连带责任。该案中，乙公司明知或应尽而未尽审查义务，招用从具有竞争关系的甲公司处离职并负有竞业限制义务的胡某，其应当对胡某应付的竞业限制违约金承担连带责任。

·外国人就业许可审核

根据我国法律规定，我国境内企业因有特殊需要，需聘用外国人的，可以聘用外国人，但不得违反我国相关规定，同时，对所聘用的外国人也作出了比我国公民更为严格的条件。根据《外国人在中国就业管理规定》第5条的规定，我国境内企业聘用外国人须为该外国人申请就业许可，经获准并取得《外国人就业许可证书》后方可聘用。企业若招用外国人就业，则应对其就业许可进行审查。

值得一提的是，在2018年以前，台港澳居民在我国大陆（内地）就业的，需办理就业许可。2018年7月28日，国务院印发《关于取消一批行政许可事项的决定》（国发〔2018〕28号），正式取消台港澳人员在大陆（内地）就业许可。8月23日，人力资源和社会保障部颁布《关于废止〈台湾香港澳门居民在内地就业管理规定〉的决定》（人力资源和社会保障部令第37号），至此，台港澳人员在我国大陆（内地）企业就业的，无须再办理就业许可。

在员工入职审查环节中，除上述列举的内容需要审查外，还有其他内容也应进行审查，如员工的驾驶证、语言等级证等，HR可以根据企业的实际需要对审查内容进行增减。

3. 入职审查的方法和渠道

·入职审查的方法

HR可以自行审查，也可以通过第三方专业机构对新员工进行详细全面的背景调查。一般而言，基本审查可以由HR自己做，无须委托第三方进行，比如身份证审查、学历及资格证书审查、是否被列为失信人等，审查成本低，且审查难度小，HR完全可以自己进行。但一些深度审查，往往操作难度大，比如工作经历、在过往企业中的工作表现等，HR往往做不了，这些内容对企业来说又非常重要，则有必要委托第三方专业机构对其进行有深度的背景调查，获得企业所需要的信息。

· **入职审查的渠道**

HR 可以从以下渠道了解到员工的相关信息：

①企业可以通过以下渠道查询员工的学历和资格证书信息：中国高等教育学生信息网（https://www.chsi.com.cn/，教育部学生服务与素质发展中心主办）查询其学籍学历信息，技能人才评价证书全国联网查询系统（http://zscx.osta.org.cn/，人力资源和社会保障部职业技能鉴定中心主办）查询其职业资格信息和职业技能等级信息，中国人事考试网（http://www.cpta.com.cn/，人力资源和社会保障部人事考试中心主办）查询其专业技术资格信息。

②在中国裁判文书网（https://wenshu.court.gov.cn/）、人民法院案例库（https://rmfyalk.court.gov.cn/）查阅其在过往工作中有没有发生过劳动争议纠纷。

③在中国执行信息公开网（http://zxgk.court.gov.cn/）查阅其是否被列入失信人名单。

④让员工提供前单位出具的离职证明，确认其已与前单位解除劳动合同，不能提供的，则要求其出具已与前单位解除劳动合同的承诺书。

⑤让员工提供与前单位不存在竞业限制协议或者竞业限制协议已经解除的相关证明或者承诺，确认其与前单位没有竞业限制负担。

⑥让员工参加体检并取得合格体检报告或者提供近期（一般为 6 个月内）的合格体检报告，确认其身体健康状况符合企业的招用要求。从事职业危害岗位的，还应让其进行上岗前职业危害健康体检并获得合格体检报告。

⑦让员工提供由参保地人力资源和社会保障部门出具的过往社会保险参加记录，确认其过往供职单位的真实性。

入职审查的方法和渠道没有确定的规则和方法，HR 可以根据企业实际情况，结合自己的经验进行增减。总之一句话，以实用、成本低、效率高为原则，获取企业所希望了解的信息即可。

HR 实务指南

第一，培养入职审查的意识。入职审查是 HR 招聘工作的一门必修课，有效的入职审查，可以防止持假身份证、伪造学历证等人员混入企业，给企业用工带来风险。

第二，将入职审查写入招聘作业流程内。企业应制定招聘作业手册，将入职审查写入作业流程，HR 在办理新员工入职时，必须按照流程进行标准化作业，防止个别招聘人员不用心，忽略了对新员工的审查。

二、入职体检

在企业人力资源管理实务中，员工带病入职的现象屡见不鲜。这里所说的“病”，包括职业病和较严重或者带传染性的普通疾病。前者是指员工在入职企业前，就已患职业病或者疑似职业病；后者是指一般疾病，如一些传染性疾病。员工带病入职，不但给其他员工带来被传染的威胁，也给企业用工带来风险，影响劳动合同的履行。为防止员工带病入职，做好员工入职体检非常必要，通过体检，可以了解到员工是否患有相关疾病。

1. 特殊体检

特殊体检是针对特殊行业和特殊岗位而言的。在特殊行业，比如食品生产行业，国家法律法规对从业人员的健康状况是有特殊要求的，企业应按照法律规定对新入职的员工进行相应的体检，体检合格的，方可上岗。特殊岗位，主要是指接触职业病危害的岗位，根据《职业病防治法》第 35 条第 1 款规定，员工从事有职业病危害的岗位，企业应当给其做岗前、在岗和离岗的职业健康体检。

职业健康体检是法律强制性规定，企业应当按照法律规定操作，对从事接触职业病危害作业的新员工，依法安排入职职业健康体检，把已经患有职业病或疑似职业病以及有职业禁忌的人员筛选出去，规避用工风险。当然，对接触职业病危害的员工，企业也应在其调离职业危害岗位或者离职时，做离岗职业危害健康体检，确认体检合格方可让其离岗或者离职。

案例 012

企业未安排新员工进行职业健康检查，患职业病后企业担全责

广西壮族自治区南宁市中级人民法院（2022）桂 01 民终 1229 号

胡某在 2005 年至 2018 年 11 月，曾在多家石业公司从事钻工工作，在此期间一直接触粉尘。2018 年 12 月 6 日，胡某入职甲采石场从事钻工工作，采石场未安排胡某进行上岗前职业健康体检，亦未为胡某缴纳工伤保险费。2019 年 11 月 15 日，甲采石场组织职工进行职业健康检查，检查出胡某疑患尘肺病。胡某入院治疗，并被诊断为职业性矽肺三期。经申请，胡某被人力资源和社会保障局认定为工伤，后经劳动能力鉴定委员会鉴定为伤残等级三级。胡某申请劳动仲裁，双方因此成讼。

审理结果

法院认为，用人单位依法对新入职的从事接触职业病危害的职工进行上岗前职业健康检查，且不安排未经上岗前职业健康检查的劳动者从事接触职业病危害的作业，可以有效避免该用人单位对其职工在入职前已经形成的职业病承担赔偿责任。

该案中，胡某于 2018 年 12 月 6 日入职甲采石场时，采石场未依法对胡某进行上岗前职业健康检查，即安排胡某从事接触粉尘的钻工工作，胡某于 2019 年 11 月 15 日检查出疑患尘肺病，后人力资源和社会保障局认定胡某患职业病为工伤。甲采石场既未尽健康检查义务，又未尽社会保险费缴纳义务，应当对胡某应享受的各项工伤保险待遇承担全部赔偿责任。

2. 普通体检

对大多数企业、大多数员工来说，其从事的既不是特殊行业，也不是特殊岗位，只需做普通体检即可。我国法律并没有对员工入职体检作强制性规定，因此，企业可以要求员工做入职体检，也可以不要求。然而，为了防止员工带病入职，企业可以把入职体检作为一项强制环节列入入职流程，这能够有效地降低企业用工风险。

企业可以对入职体检提出相关要求。一是体检医院，比如要求在二甲以上医院进行体检，有些企业会指定在某家医院体检。为方便员工体检，本书建议要求员工去一定等级的医院体检即可，不建议指定医院体检。二是体检内容，医院一般都有比较固定的入职体检项目，无须企业特别指定，如果企业有特殊需要，也可以另行指定员工进行某些项目的检查，但以不违反法律法规规定为前提。

需要注意的是，根据国家规定，企业不得要求员工入职或就业过程中进行乙肝项目检测，也不得询问员工是否为乙肝表面抗原携带者，更不得以此作为是否准许入职的条件。

HR 实务指南

第一，将普通体检作为入职的必经程序。未经体检或者经体检未取得合格报告的，不得安排入职，防止带病入职，给企业用工带来风险。

第二，涉及职业危害的岗位必须做上岗前职业健康检查。根据《职业病防治法》第 35 条的规定，对于有职业禁忌者，企业不得安排其从事其所禁忌的作业。此外，职业健康检查的费用应由企业承担。

三、入职手续办理

给新员工办理入职手续是招聘环节中的最后一道“工序”，办理完入职手续，就正式进入用工阶段了。根据《劳动合同法》第 7 条规定，自用工之日起双方即建立劳动关系。

那么，HR 应如何办理新员工入职手续，入职手续又包括哪些内容呢？

1. 建立员工人事档案

员工人事档案是企业用工的基本材料，不可谓不重要。其一，企业应根据《劳动合同法》第 7 条及《劳动合同法实施条例》第 8 条、第 33 条规定建立员工名册，花名册应包括员工姓名、性别、公民身份号码、户籍地址及现住址、联系方式、用工形式、用工起始时间、劳动合同期限等内容。可见，建立员工名册是企业用工管理中的法定义务，企业违反该义务的，由劳动行政部门责令限期改正，逾期不改正的，处以罚款。其二，一旦发生劳动争议，员工人事档案中的诸多材料均是解决争议的有效证据。

根据原劳动部、国家档案局 1992 年颁布的《企业职工档案管理工作规定》（劳力字〔1992〕33 号）第 9 条规定，企业职工档案应包括以下内容：（1）履历材料；（2）自传材料；（3）鉴定、考核、考察材料；（4）评定岗位技能和学历材料（包括学历、学位、学绩、培训结业成绩表和评定技能的考绩 、审批等材料）；（5）政审材料；（6）参加中国共产党、共青团及民主党派的材料；（7）奖励材料；（8）处分材料；（9）招用、劳动合同，调动、聘用、复员退伍、转业、工资、保险福利待遇、出国、退休、退职等材料；（10）其他可供组织参考的材料。

这些档案材料的内容一般适用于党政机关、事业单位以及国企，普通民营企业可以参考，但如果不是生产经营所需，不必完全照着这个内容目录去建立档案，比如政审材料，民营企业一般就用不上。

本书认为，一份较为完整的员工人事档案，一般包括以下材料：（1）员工入职表；（2）身份证复印件；（3）学历、学位证书及职称、职业资格证书复印件；（4）银行账号资料（发放工资用）；（5）劳动合同及劳动合同签收表；（6）体检报告或健康证（特种岗位）；（7）上家单位的离职证明原件；（8）保密及竞业限制协议；（9）定薪单（计薪单）；（10）过往供职单位的社会保险参保明细；（11）廉洁承诺书；（12）第三方背景调查材料；（13）录用通知书及面试评估表；（14）驾驶证、厨师证、电工证、会计证等证件复印件。

在这些档案材料中，其中前 6 项属于基本材料，适用于所有员工，后面的属于特殊材料，一般适用于管理人员和技术人员，普通员工则一般不强调。

员工档案材料没有统一范式，企业可以根据实际需要进行增减，比如可以将员工应聘时的个人简历附在人事档案中，也可以将员工所签署的规章制度、工作岗位说明书、绩效考核制度等附在人事档案中。

2. 公示规章制度

根据《劳动合同法》第 4 条第 4 款规定，企业应当将直接涉及劳动者切身利益的规章制度和重大事项决定向员工公示。企业可以通过张贴、培训、微信发送、邮件发送、OA 办公平台发布、员工阅读签收等方式向员工公示规章制度。就新入职员工而言，企业应在办理其入职手续时，采取合适的方式向其公示规章制度，保障其充分知晓规章制度的具体内容。

当然，劳动法并没有规定企业一定要在新员工入职时公示规章制度，企业也可以在其入职后公示。然而，根据劳动法规定，未向员工公示的规章制度，对员工不产生约束力。因此，对于新入职的员工，企业应在办理入职手续时向其告知规章制度，以免其入职后发生违章违纪时不能依据规章制度对其进行处罚。

3. 禁止扣押员工证件、收取押金或者要求提供担保

在实务中，常常有一些企业巧立各种名目向员工收取押金、材料费、培训费、服装费、保证金等，或者要求员工提供担保。因其确实能够更加充分地“保障”企业的利益，所以向员工收取各种费用的现象在现实社会中具有一定的普遍性和广泛性。

根据《劳动合同法》第 9 条和原劳动部《关于贯彻执行〈中华人民共和国劳动法〉若干问题的意见》第 24 条等规定，企业扣押员工证件、要求员工提供担保，或者以各种名义向员工收取财物，都是国家所不允许的。

案例 013

酒店收取员工服装费，法院判其退还

广东省韶关市中级人民法院（2016）粤 02 民终 1234 号、1235 号

周某于 2018 年 5 月入职甲酒店担任西餐厅服务员一职。由于经营需要，酒店规定员工上班时间必须统一着装，周某入职后，酒店给其发放了工作服两套，同时收取了周某 200 元，并开具了收据，项目为“服装费”。一个月后，酒店以试用不合格为由解除了与周某的劳动合同，周某对此无异议。当周某拿着工作服退还给酒店并要求酒店退还 200 元时，遭到了拒绝。双方沟通未果，周某申请了劳动仲裁。周某诉称，酒店不应收取员工财物，而今周某离职，酒店应全额退还。酒店辩称，并非收取员工财物，而是把服装“出售”给员工，员工自愿“购买”，属于一般市场交易行为，与在商场购买服装无异，现今周某将衣服穿了一个多月了，已不具备“退货”条件，因此不应退还该“服装费”。

审理结果

法院认为，根据《劳动合同法》第 9 条规定，酒店以服装保证金名义收取周某 200 元，与法律规定明显不符，酒店主张系周某支付 200 元购买服装，但从酒店开具的收据来看，其已明确载明是服装保证金，与酒店现主张的事实不符，酒店也未提供任何证据推翻原收据记载事实，故酒店主张周某支付 200 元购买服装的事实不能成立，法院不予支持。酒店应向周某返还该 200 元服装保证金。

对于企业向员工收取财物，在实践中存在两种不同的观点。

第一种观点认为应允许企业有条件地收取费用。

企业招用新员工后，往往需要投入财力、物力对员工进行技能培训、发放工作服等，如果一味地禁止企业收费，必将助长许多员工“学完即走”的心理，等于替竞争对手培养了人才，或者员工“穿上即走”，上午员工报到时企业发放了两套工作服，下午员工就不来了，这样的现象确实普遍存在。员工的权益需要保护，企业的利益同样也需要保护，仅保障了员工利益却损害了企业利益，有违公平原则，因此，企业收取合理数额的培训费、服装费等，并承诺一段时间后退还，应予允许。立法时应严格规制收费行为，既要防止企业滥收费，又要制约员工的不诚信行为，现在“一刀切”禁止收费的法律规制，则难免显得僵硬，欠缺灵活。

第二种观点则认为应禁止企业收取费用。

劳动关系是企业与员工两个不平等主体之间的法律关系，如果允许企业有条件地收取费用，企业则会利用优势地位巧立各种名目收费或者变相收费，将违法行为“合法化”，员工作为弱势一方，维权成本高，如果向企业提出异议，轻则被“穿小鞋”，重则被解雇，因此为了保住工作，往往会选择“忍气吞声”“委曲求全”。鉴于此，如果允许企业收取费用，则员工的合法利益难以得到保障，因此立法者作出禁止企业收取费用的法律规制，也不无道理。

本书倾向于第二种观点。

从实务层面上讲，在笔者过去多年从事劳动法咨询工作过程中，见证过太多的企业向员工收取财物的案例，收取方式五花八门，有直接收取的，有从工资里扣的，也有以“出售商品”的名义将工作服“卖”给员工的，还有要求提供担保的。企业这些收取财物的行为大多有一个共同点，那就是利用企业在劳动关系中的优势地位，以各种名目向员工收取或变相收取费用，或者要求员工提供担保、扣押员工证件等。因此，立法者采取“一刀切”的规制方式禁止企业向员工收取财物大有必要，那些向员工收取财物的企业，看似很“冤”，其实也没那么“无辜”。

从法律层面上讲，既然已有明文规定，无论是否合理，企业均应遵守。为了防止企业滥用优势地位，切实保护员工的合法权益，我国劳动立法历来禁止企业收取费用或扣押证件，以构建和谐劳动关系，推动社会健康稳定发展。对于那些违反规定的企业，法律同样给出了惩罚措施，《劳动合同法》第 84 条规定，企业违法扣押员工证件或者收取财物的，除应退还给员工外，劳动行政部门还可以视情节轻重进行处罚。正所谓“法律不是嘲笑的对象”，既然已经明文规定，被法律调整的对象应无条件遵守，否则就应承担相应的责任。

HR 实务指南

第一，监督员工签署劳动合同、员工入职表等相关文件。一是应由 HR 提供专用签字笔供员工签署，原则上不允许员工自带笔签署，以免被一些别有用心之人故意自带特制的褪色笔，所签署的文件当时没问题，若干时间过后则自动褪去字迹，变成了空白。二是签署文件应加按手印，采用“签名 + 捺手印”的模式，起到“双保险”的作用。三是要在 HR 的眼睛注视下填写和签署，不得让其“自由”签署，防止一些别有用心之人在 HR 不注意时让他人代写代签代捺手印，甚至还有些人说把劳动合同“先拿回家看看”，次日交上来已经签好的劳动合同，其实该签名并非员工本人所签，发生劳动争议时员工称该劳动合同不是其本人所签，企业即使申请做笔迹鉴定，也难以证明是其本人所签，因而陷入非常被动的状态，这无疑增加了用工风险，企业将面临支付未签劳动合同 2 倍工资差额的风险。

第二，让员工在其提供的材料上签名。员工入职时所提供的身份证、学历学位证、职业资格证、职称证等复印件，HR 除要核对与原件一致外，还应要求员工在复印件上签名。企业可以刻一个长方形的印章，上书“本件由本人提供。签名：__________”，盖章后让员工在该划线上签名确认。

第三，向员工公示规章制度。在多种公示方式中，最有效、最便捷的公示方式，就是向员工发放规章制度文本让其阅读并签名。很多企业将主要规章制度装订成一本册子，名为《员工手册》，在册子的前几页做成签名表格，让员工在表格中签名，就是一个很不错的公示方法。

第四，禁收押金、财物，或者要求员工提供担保。企业在招用新员工时，以任何方式向员工收取或者变相收取押金、财物以及扣押员工证件，或者要求员工提供担保，都是违反劳动法规定的。

四、入职培训

培训与开发是企业人力资源管理的六大模块之一，员工入职培训则是企业实施培训体系的“第一道工序”，入职培训做得好，可以给新进员工留下美好印象，起到留住员工的作用。对于新入职员工而言，企业的一切都是新鲜而陌生的，入职培训则是一个非常好的切入点，让新员工快速了解企业，尽快地融入企业中。

新员工入职培训可以按照以下步骤进行：

第一步：设计培训内容。

通常而言，新员工入职培训主要包括以下内容：（1）企业概况：企业的发展历史、创始人、主要产品、组织架构、经营理念、企业文化等。（2）规章制度：录用条件、严重违纪、考勤、绩效、薪酬、奖惩、劳动纪律等。（3）应知应会：工作时间、着装礼仪、行为规范、用餐、住宿等。（4）岗位职责：部门职责、岗位职责、工作流程、工作任务、工作标准等。（5）安全生产：安全生产法规、标准和安全知识，企业安全生产规章制度、安全纪律，安全生产形势及重大事故案例教训，新员工的安全生产责任制，紧急疏散知识及逃生技巧等。安全生产培训一般适用于制造类企业，非制造类企业一般则只需要简单讲解一下紧急疏散知识和逃生技巧即可。

新员工入职培训的内容并非千篇一律，企业可以根据实际情况确定需要培训的内容。

第二步：做好培训课件。

HR 应根据确定好的培训内容，提前做好 PPT 课件，在办理入职手续的当天对新员工进行入职培训。既可以当面讲授，也可以提前录制好培训视频向新员工播放。

第三步：确定培训讲师。

通常情况下，新员工入职培训的大部分内容由 HR 部门负责讲授，但也有小部分内容会由跨部门的人员进行讲授。比如，安全生产部分一般安排企业的注册安全工程师或者安全管理员进行讲授，而岗位职责部分则一般由用人部门主管进行讲授。

就 HR 部门而言，也要提前确定好授课讲师。比如，薪酬、绩效部分可以安排薪酬绩效主管进行讲授，考勤、劳动纪律等部分可以安排劳动关系主管进行讲授等。

第四步：开展培训活动。

原则上，新员工入职培训在企业办理完入职手续后进行，完成入职培训后才移交给用人部门正式上岗。但是，有时新入职的员工较少，只有两三个人，培训极为不便。在这种情况下，企业可以安排每周培训一次，将本周新入职的员工集中起来培训。

第五步：签署培训记录表。

对员工进行入职培训并非“一训了之”，培训结束后，HR 应要求全体参训者签署培训记录表。这就要求 HR 提前制作好培训记录表，以便在培训结束后签署使用。培训记录表通常包括培训主题、培训时间、培训地点、培训讲师、培训主要内容、受训人员签名等。

第六步：培训考核。

为检查受训人员的学习效果，企业可以设置培训考核环节，设计好考核题目，对参训人员进行考核。考核内容主要是入职培训中讲授过的一些必须要掌握的重点知识，考核方式可以是笔试，也可以是口试。

HR 实务指南

第一，将入职培训作为办理新员工入职的必备程序。劳动法并没有规定企业一定要对新员工进行入职培训，也就是说，入职培训并不是企业必须履行的法定程序。然而，无论是对企业来说，还是对员工而言，入职培训都相当重要，既是员工快速融入企业这一集体的有效方法，也是企业提高生产效率、降低用工成本的重要措施。因此，企业应将入职培训作为新员工入职的必备程序，并将其列入招聘作业流程固定下来。

第二，逐步完善入职培训的内容和方式。企业可以按照前述步骤设计新员工入职培训课程，在不断地实践过程中逐步完善其内容和方式，最终制定出一套适合企业自身实际需求的入职培训方案。

02 第二章 试用期

试用期是指双方当事人建立劳动关系时，在签订劳动合同的同时，在劳动合同期限之内特别约定的一个供当事人双方互相考察的、合同解除条件无严格限制的期间。一般而言，是否约定试用期、约定多久的试用期，都是由企业提出，员工表示被动同意，由于劳动关系双方主体地位的不平等性，员工一般没有太多的谈判筹码，往往只能表示同意，如果不同意，恐怕就只能“走人”了。

第一节 试用期期限

根据《劳动合同法》第 19 条第 1 款的规定，企业与员工可以约定最长不超过 6 个月的试用期。员工试用期管理是企业 HR 工作的重要内容之一，企业通过在试用期内对员工的考察，最终确定是否正式录用。对于考察后发现不符合录用条件的员工，要及时解除劳动关系。当然，试用期是相互考察的，如果员工经考察后认为不适合继续留在企业工作，只需提前 3 日向企业提出辞职，即可解除双方劳动关系。

一、试用期的法定期限

试用期的法定期限是指劳动法规定的对企业与员工约定试用期的期限。劳动法根据劳动合同的期限规定了对应的试用期期限，企业应当在法律规定范围内约定试用期。

1. 企业和员工可以约定试用期

根据《劳动合同法》第 17 条第 2 款的规定，企业与员工可以约定试用期。可见，试用期是“可以”约定，而非“应当”约定。

在法律的世界里，“可以”表述的是法律主体的权利，是否采取特定的法律行为取决于法律主体自身的意愿和选择，在法律允许的范围内无论其最终选择的是何种行为，都将得到法律的认可和保护。“应当”表述的则是法律主体的义务，法律主体必须要履行“为”或者“不为”的义务，若有违反将承担相应的法律后果。全国人大常委会法制工作委员会 2009 年发布的《立法技术规范（试行）（一）》第 14 条指出，法律在表述义务性规范时，一般用“应当”。

前述法条中用的是“可以”，也就是劳动关系双方可以约定试用期，也可以不约定，是否约定完全取决于双方的意思，法律并不强行干预。但是，双方一旦约定了试用期，则应当遵守约定，违法约定的除外。

2. 试用期法定上限

试用期法定上限是指劳动法规定可约定试用期的最长期限，在法律规定的最长期限内，劳动关系双方可以自由约定。

根据《劳动合同法》第19条第1款的规定，试用期上限为6个月，在任何情况下，企业都不得与员工约定超过6个月的试用期，否则即属于违法约定试用期，企业要承担相应的法律后果。

具体而言，试用期期限规定如下（见表2-1-1）：

（1）劳动合同期限3个月以上不满1年的，试用期不得超过1个月；

（2）劳动合同期限1年以上不满3年的，试用期不得超过2个月；

（3）3年以上固定期限和无固定期限的劳动合同，试用期不得超过6个月。

表2-1-1　劳动合同期限与试用期对照

劳动合同期限	试用期
3个月≤劳动合同期限＜1年	试用期≤1个月
1年≤劳动合同期限＜3年	试用期≤2个月
劳动合同期限≥3年	试用期≤6个月
无固定期限劳动合同	

劳动法没有单独规定“以上”“以下”“不满”等是否包括本数，一般适用民法规定。根据《民法典》第1259条规定，“以上”“以下”“以内”“届满”，包括本数，“不满”“超过”“以外”，不包括本数。因此，劳动法所规定的“一年以上”，则包括1年本数，即包括1年整。

关于“以上”“以下”是否包括本数这个问题值得深入探讨。

笔者这些年在提供劳动法咨询过程中，经常遇到有HR认为“三年以上”不包括3年整，而将劳动合同期限约定为3年零1天或者零2天。比如约定劳动合同期限为2022年6月16日至2025年6月16日，由于企业想约定6个月的试用期，担心“3年整”不够“3年以上”，有违法约定试用期的风险，干脆多约定1天，确保“安全”。甚至还有人认为3年零1天也不是很保险，干脆多约定2天，保证百分之百“安全”。

劳动合同期限多约定1天或2天当然没问题，确实很“安全”。但是另一个问题又产生了，如果劳动合同期满企业不愿意续签，根据《劳动合同法》第46条、

第 47 条规定支付经济补偿时，得多计算半个月，多约定的一天属于“不满 6 个月的，向劳动者支付半个月工资的经济补偿”的情形，“3 年整”对应的是 3 个月工资的经济补偿金，而“3 年零 1 天”则对应 3.5 个月工资。员工当然是乐意的，但对企业来说就是一笔完全不必要的支出。

本书认为，多约定一两天大可不必，约定 1 年整或者 3 年整也很安全。一个好的 HR，既要保障员工的合法利益，也要考虑企业的利益，约定整数可以更方便计算补偿金避免发生争议。

案例 014

幼儿园违法约定教工试用期，法院判其承担赔偿责任

广东省韶关市中级人民法院（2018）粤 02 民终 1378 号

刘某于 2016 年 9 月 5 日入职甲幼儿园担任教师职务，双方签订了书面劳动合同，期限为 2016 年 9 月 5 日至 2017 年 9 月 4 日，约定试用期 3 个月，试用期月工资 1600 元，试用期满后月工资 1800 元。2018 年 2 月 20 日，刘某离职。随后刘某申请劳动仲裁，主张幼儿园支付违法约定试用期赔偿金 1800 元等，未获支持。刘某不服，诉至法院。

审理结果

法院认为，根据《劳动合同法》第 19 条、第 83 条规定，劳动合同期限 1 年以上不满 3 年的，试用期不得超过 2 个月，违法约定的试用期已经履行的，由用人单位以劳动者试用期满月工资为标准，按已经履行的超过法定试用期的期间向劳动者支付赔偿金。该案中，幼儿园与刘某签订了 1 年期限劳动合同，依法试用期不得超过 2 个月，该案劳动合同约定的试用期为 3 个月，违反了上述法律规定，因此，刘某主张被告支付 1 个月赔偿金 1800 元，于法有据，法院予以支持。

案例简评

本案是违法约定试用期的典型案例。实务中，违法约定试用期的现象屡有发生，大多数都是因为 HR 甚少了解有关试用期的规定，想当然地随意约定一个自认为对企业有利的期限，殊不知因此交了“学费”，实属不该。

具体到该案。其一，幼儿园与刘某签订了1年期限劳动合同，根据劳动法规定约定试用期不得超过2个月，幼儿园约定了3个月，超过法定上限，属于违法约定。其二，违法约定的1个月试用期已经实际履行，幼儿园应当承担赔偿责任，赔偿标准为刘某试用期满后的月工资，即1800元。

HR 实务指南

第一，学习劳动法关于试用期的规定。HR应深入学习了解劳动法有关试用期期限的规定，掌握不同的合同期限对应的试用期上限，约定试用期不得超过法定上限。

第二，若已违法约定了试用期，应及时“止损”。具体为：

（1）若违法约定的试用期尚未履行，则及时发出书面补正文书，将试用期补正到法定范围内；

（2）若已经实际履行但尚未履行完毕，则及时向员工发出转正通知，结束试用，对于已经实际履行的部分，可以与员工协商适当支付赔偿，并签订协议；

（3）若已经全部实际履行，不可逆转，则可以与员工协商适当支付赔偿，并签订协议。

第三，及时总结，杜绝再次发生。“亡羊补牢，为时未晚。”HR应审查相关规章制度，检讨作业流程，及时修正不合法的制度和操作程序，杜绝类似事件再次发生。

二、试用期的延长

试用期延长是指企业与员工在双方约定的试用期届满前，由于某些原因，经双方协商一致延长试用期且延长后的试用期不超过法定上限的行为。试用期能否延长，在实践中尚存争议。

1. 试用期能不能延长

试用期能不能延长，在国家层面的法律法规中并没有明确规定，在实践中也存在两种不同的观点。

第一种观点认为不能延长。

这一观点认为，《劳动合同法》第 19 条第 2 款规定了“同一用人单位与同一劳动者只能约定一次试用期”，这里所说的“一次试用期”，是指在任何情况下，同一企业与同一员工终身最多只能约定一次试用期，不问原因、不分责任、不看理由，“一刀切”，无论是员工离职 10 年后再入职，还是员工在职期间改变工作岗位或工种，都不得再次约定试用期，即便是双方协商一致在原约定试用期限的基础上延长，也是不允许的。

例如，北京市高级人民法院（2017）京民申 1290 号民事裁定书认为，甲公司与吴某在签订劳动合同时明确约定，试用期自 2015 年 8 月 19 日起至 11 月 18 日止，现公司以延长试用期的行为系经过双方协商一致，且延长后的试用期未超过法定期间为由，主张其公司延长试用期行为合法，显属违反了现有法律的强制性规定。

笔者在进行案例检索时发现，北京市高级人民法院似乎一直都认为不得延长试用期，如（2023）京民再 132 号民事判决书亦持此观点。该案中，2021 年 6 月 7 日，甲公司与贾某签订的劳动合同约定试用期 3 个月，2021 年 8 月 30 日双方签订试用期延长协议，延长试用期 3 个月。北京市高级人民法院再审认为，甲公司与贾某约定第 2 个试用期的行为，无疑会导致贾某在第 2 个试用期内除工资标准外的其他待遇标准有别于其正式入职后的待遇标准，甲公司的上述行为损害了贾某作为劳动者的合法权利，其应按照法律规定以贾某试用期满月工资为标准，按已经履行的超过法定试用期的期间向贾某支付赔偿金。

可见，北京市高级人民法院直接将双方协商一致延长试用期的行为认定为二次约定试用期，属于违法行为。

又如，湖南省长沙市开福区人民法院（2017）湘 0105 民初 4361 号民事判决书认为，甲公司辩称双方协商一致延长 1 个月试用期，但未举证证明，且试用期期限系法律强制性规定，不以当事人约定为准。

再如，广东省深圳市中级人民法院（2016）粤 03 民终 19382 号民事判决书认为，同一用人单位与同一劳动者只能约定一次试用期，故夏某与甲公司约定试用期延长 3 个月违反法律规定。

第二种观点则认为满足一定条件时可以延长。

这一观点认为，延长试用期本质上是劳动合同变更，而非多次约定试用期。《劳动合同法》第35条规定了双方协商一致可以变更劳动合同。这里说的“变更”，是指劳动合同依法签订后，在合同尚未履行或尚未履行完毕之前，经劳动关系双方当事人协商一致，对劳动合同内容做部分修改、补充或者删减的法律行为。劳动合同的变更是原劳动合同的派生，是双方已存在的劳动权利义务关系的发展。根据这一定义，延长试用期属于变更劳动合同的行为。

人力资源和社会保障部微信公众号2024年10月24日推送《试用期可以延长吗》一文中认为，用人单位与劳动者协商一致可以变更试用期期限，但变更后的试用期期限不得超过《劳动合同法》规定的试用期期限上限。

我国部分地区规定可以延长试用期。比如，浙江省高级人民法院民事审判第一庭、浙江省劳动人事争议仲裁院《关于审理劳动争议案件若干问题的解答（五）》（浙高法民一〔2019〕1号）第6条指出，用人单位与劳动者约定了试用期，试用期内双方协商一致以书面形式约定延长试用期，延长后累计的试用期仍在法定期限内的，不属于同一用人单位与同一劳动者多次约定试用期的情形，该约定合法有效。笔者于2018年4月在《人力资源》杂志发表的《延长试用期，依法操作不违规》一文即持此观点。

再看一个司法判例。浙江省嘉兴市中级人民法院（2016）浙04民终1969号民事判决书认为，虽然法律规定用人单位与劳动者只能约订一个试用期，但该规定的目的是充分保护劳动者的合法权益。由于杨某未能在第一个试用期内得到用人单位的肯定，用人单位延长了3个月的试用期，其实是重新给了杨某一个工作机会，该行为不但未损害劳动者的合法权益，而且是对劳动者有利的行为，且得到了劳动者的同意，更重要的是由于双方签订的是一份长达3年的劳动合同，按规定试用期只要不超过6个月即可，因此用人单位延长3个月的试用期并未违反法律的禁止性规定，该延长行为合法有效。

本书倾向于第二种观点，在满足一定条件时，可以延长试用期。

在企业劳动关系管理实务中，往往存在以下几种情形：

其一，员工在试用期内表现平平，但也不是太差，原本约定的试用期即将届满，企业没能对其工作能力看得清楚，于是有意向适当延长一段时间再考察看看。

其二，员工在试用期内考核不合格或者有其他不符合录用条件的情形，企业依法可以解除与该员工的劳动关系，可是一时招不到更合适的人员进行替补，眼前这个员工虽然差了点，可总体来说也还过得去，但又不愿意直接让其转正，于是想延长一段时间的试用期再看看。

其三，企业准备对试用不合格或者有其他不符合录用条件情形的员工解除劳动关系时，该员工由于一时找不到合适的工作，或者很期望获得这份工作，想继续留下来，于是主动向企业提出延长试用期并让企业继续考察一段时间，以期通过继续考察而获得录用机会。

其四，企业本来可以对员工进行正常考察，可是由于员工在试用期间请事假过多或者恰好遇到春节放假，原本约定的试用期期限客观上“缩短”了，导致企业难以正常考察，于是想延长一段时间补足“缩短”的试用期期限。

诸如此类，不一而足。本书认为，出现上述情形时，企业采取与员工友好协商延长试用期这种“折中”的方式来进一步考察员工，符合我国企业用工的现实状况，应予准许。

案例 015

企业与员工协商一致延长试用期，法院判决合法

辽宁省大连市甘井子区人民法院（2017）辽 0211 民初 4813 号

宛某于 2016 年 3 月 17 日入职甲公司工作，双方签订了 3 年固定期限书面劳动合同，约定试用期 3 个月（3 月 17 日至 6 月 16 日）。宛某在试用期间多次迟到，6 月 6 日，公司与宛某协商一致，延长宛某试用期至 6 个月（至 9 月 16 日）。自 8 月 19 日起，宛某连续旷工多日，8 月 31 日，公司以严重违反规章制度为由解除了与宛某的劳动合同。2017 年 2 月 27 日，宛某申请劳动仲裁，请求公司补发违法多次约定试用期的工资差额等，获支持。甲公司不服，诉至法院。

审理结果

法院认为，双方经协商一致延长试用期 3 个月，根据《劳动合同法》第 35 条和司法解释的相关规定，属于变更劳动合同，且变更后的劳动合同已经实际履行超过 1 个月，宛某没有对延长试用期及工资发放不足额提出异议，该延长试用期当属有效。

2. 延长试用期需满足哪些条件

尽管本书倾向认为可以延长试用期，但是必须要满足以下条件，缺一不可，否则不得延长。

· 须经双方当事人协商同意

如前所述，经企业与员工协商一致，可以变更劳动合同约定的内容。变更劳动合同是法律赋予合同双方当事人的权利，是授权性法律规范。在实务中，企业或者员工任何一方，认为需要延长试用期的，均可以向对方提出意向（一般是企业向员工提出），发出要约，对方在接到要约后，作出相关意思表示，或拒绝，或同意，或进一步协商。无论哪种意思表示，双方当事人都应当在完全自愿的前提下，表达自己的真实意思。需进一步协商的，双方当事人可以就延长的期限、待遇等，根据平等自愿、诚实信用的原则，进行充分沟通，任何一方不得将自己的意思强加在对方身上。任何一方不同意延长的，另一方不得单方面延长。

· 应在试用期届满前提出

其一，劳动合同双方当事人任何一方认为需要延长试用期的，必须在试用期届满前提出，这是提出延长试用期的合法要件。试用期届满后，试用期已经不存在了，也就无从谈延长试用期了，如果试用期届满后提出延长，本质上属于多次约定试用期，是违反劳动法规定的。

比如，张三的试用期是 9 月 1 日至 10 月 31 日，双方任何一方提出延长试用期的，都必须在 10 月 31 日前，一旦过了 10 月 31 日，则张三试用期届满，不得再延长试用期。

其二，双方签订劳动合同时没有约定试用期的，在用工之日前，双方当事人任何一方均可向对方提出增加试用期的意向，用工之后，不得再提出增加试用期。企业开始用工后，表示放弃了对员工进行试用的权利，不得再提出增加试用期。延长试用期以试用期存在为前提，若双方未约定试用期，也就不存在延长之说了。

比如，甲公司在 3 月 1 日参加某大学校园招聘会时看中了学机械制造专业的应届本科生张三，但张三需 7 月 1 日毕业后才能入职，经协商，甲公司同意张三毕业后再入职，双方签订了劳动合同，但没有约定试用期，那么，在 7 月 1 日之前，甲公司可以向张三提出增加试用期（事实上是变更了双方签订的劳动合同），张三一旦入职，则甲公司不得再提出增加试用期。

· 延长后的试用期不得超过法定期限

劳动合同双方当事人经协商一致延长试用期的，延长后的试用期限不得超过

《劳动合同法》第 19 条第 1 款规定的试用期上限。

比如，甲公司与张三签订了 3 年固定期限劳动合同，按前述法律规定可以约定不超过 6 个月的试用期，但双方只约定了 3 个月试用期，在 3 个月期限届满前，双方经协商一致又延长了 2 个月试用期，那么，前面约定的 3 个月试用期加上后面延长的 2 个月，则没有超过法定上限的 6 个月。

· 延长试用期应采用书面形式

其一，根据《劳动合同法》第 10 条、第 35 条、第 69 条的规定，除非全日制用工外，企业与员工无论是新签订劳动合同，还是变更劳动合同，均应采用书面形式。因此，劳动合同双方当事人经协商就延长试用期达成一致意见的，应签订书面的劳动合同变更协议，载明变更内容，双方当事人在协议文本上签字盖章。

其二，劳动合同变更协议由企业和员工各执一份，作为劳动合同附件保存，与劳动合同具有同等法律效力。

· 仅可延长一次试用期

如果说延长试用期具有一定的合理性和必要性，那么，根据诚实信用原则，试用期仅可延长一次，如果延长一次后又再次延长，则有违诚实信用原则，绝不能让延长试用期沦为某些无良企业合法“耍流氓”的工具。

2022 年 11 月 10 日，中央广播电视总台官方微信公众号“央视网”推送了一篇题为《说好的试用期，怎么说延长就延长？》的文章，报道了北京市第三中级人民法院审理的一起劳动争议案件，该案中，陈某入职两年多，企业与陈某签订了 5 份劳动合同，约定了 5 次试用期，其中有 4 次试用期被延长。对此，央视网评价道：“就像去买水果，跟老板商量一下，尝一两个试试酸甜还行，可是一直尝，又不买，这就有点不合适了吧？”本书深以为然。

案例 016

员工试用期满后企业不给转正，法院判企业承担赔偿责任

北京市第一中级人民法院（2022）京 01 民终 3375 号

刘某于 2019 年 1 月 11 日入职甲公司并担任人力行政总监职务，约定试用期 3 个月，月工资 18,400 元，转正后月工资 23,000 元，后调岗为行政总监。试用期满后，公司一直未为刘某办理转正，并一直按照试用期工资标准向其发放工资。2020年2月，刘某离职。刘某申请劳动仲裁，主张违法延长试用期赔偿金25万余元。甲公司辩称，公司经试用，认为刘某不能胜任人力行政总监一职，经双方口头协商一致，将刘某岗位调整为行政总监，工资也调整为18,400元，且后来一直按每月18,400元的工资标准向刘某支付工资，刘某未提出异议。劳动仲裁委员会未支持刘某的诉求。刘某不服，诉至法院。

审理结果

法院认为，当事人对自己提出的主张，有责任提供证据，甲公司作为具有管理职责的用人单位应就劳动合同期限、试用期期限、是否转正、双方已协商一致降薪等承担举证责任，甲公司未就上述事项充分举证，故法院采信刘某所述。法院最终判决甲公司向刘某支付违法约定试用期赔偿金17万余元。

HR实务指南

第一，准确评估对员工的考察时间，避免中途延长。如前文所述，延长试用期在司法实践中存在争议，贸然延长试用期会给企业带来违法约定试用期的赔偿风险，因此，最安全的做法就是不延长。这就要求企业在招用每一个员工时，准确评估该员工所需要的考察时间，以此约定试用期的期限。通常情况下，普通基层员工约定1~2个月试用期为宜，中层管理人员和技术人员则约定3~6个月为宜，高级管理人员和技术人员以及部分关键岗位，约定6个月为宜。

第二，及时对员工进行考察，避免延长试用期。企业需制定相关制度，确定各个岗位的考核指标，督促用人部门对新入职员工及时考察试用，并作出评价。切忌试用期都快满了，用人部门对该员工的工作表现、业绩、工作态度等还是一无所知。

第三，确实需要延长试用期的，需严格按照相关程序进行。若实在无法避免，确实需要延长试用期，则必须同时满足前文所述的几个条件，并按照相关程序进行，避免被认定为违法约定试用期而承担赔偿责任。

三、试用期的中止

所谓试用期中止，是指在员工未提供劳动期间对其试用期暂停计算，待正常提供劳动时再恢复计算，如员工在试用期间患病需住院治疗、企业因疫情防控等停工放假等。国家层面的法律法规并没有对试用期中止进行规定，从这个角度讲，企业中止员工试用期没有法律依据。试用期能不能中止，实务中存在不同观点。

第一种观点认为不能中止。

这一观点认为，试用期限是法定的，劳动法并没有规定试用期中止制度，据此，非经双方协商一致变更劳动合同，企业不可单方面中止试用期。至于试用期间是否存在停工放假等情形，则在所不问。

第二种观点认为企业可以单方面中止。

这一观点认为，在满足特定条件时，企业可以单方面中止员工试用期。比如，员工因患病需要较长时间的治疗，企业因客观原因停工放假等。员工客观上没有正常提供劳动，企业试用目的无法实现，应当允许其单方面中止员工试用期。

我国有部分地区规定了试用期可以中止。比如，《江苏省劳动合同条例》第15条第2款规定，劳动者在试用期内患病或者非因工负伤须停工治疗的，在规定的医疗期内，试用期中止。北京、浙江、上海等地也作了类似规定。

需要注意的是，上述地区虽然规定了可以中止试用期，但对试用期中止作出了限制条件，防止企业滥用中止权，损害员工合法权益。

第三种观点认为经双方协商一致可以中止。

这一观点介于前两种观点之间，可以中止试用期，但需双方协商一致，否则企业不得单方面中止。

比如，天津市人力资源和社会保障局发布的《天津市贯彻落实劳动合同法若干问题实施细则》（津人社规字〔2023〕7号）第16条指出，劳动者在试用期内患病或者非因工负伤的，经用人单位与劳动者协商一致，试用期可以中止。

本书赞同第二种观点。在满足特定条件时，企业可以单方面中止员工试用期。归纳言之，试用期中止的条件主要有：

（1）**员工因患病或非因工负伤需停工治疗。**这里所说的停工治疗，指的是较长时间的停工，而不是指平常的感冒发烧去医院打个针或回家休息两三天。比如，试用期为一个月的，停工治疗时间超过半个月，试用期为两个月的，停工治疗时间超过一个月，则属于停工治疗。

（2）**员工因疫情防控等客观原因无法正常上班。**原理与员工患病停工治疗一样，都是员工客观上较长时间没有正常提供劳动，使企业的试用目的无法实现。

本书认为，江苏等地区所规定的试用期中止条件，是比较客观且符合我国企业用工实际的，在企业利益和员工利益之间取得了相对的平衡，体现了公平原则，有利于劳动合同的履行。

案例 017

企业因疫情停工，中止员工试用期合法吗？

上海市第二中级人民法院（2021）沪 02 民终 3031 号

李某于 2019 年 10 月 17 日入职甲公司并担任设计副组长职务，双方签订了 3 年固定期限劳动合同，约定试用期 6 个月，月工资 10,000 元，转正后月工资 13,000 元。2020 年 1 月 18 日，该公司春节放假，随后疫情暴发，该公司于 3 月 15 日复工。4 月 21 日，公司对李某的考核结果为不合格，根据相关规定应对李某不予录用，但考虑到疫情停工时间较长，无法综合反映李某的工作能力，为此，甲公司与李某协商延长试用期 1.5 个月，遭到李某拒绝。随后，甲公司以试用不合格为由解除了与李某的劳动合同。双方因此成讼。

李某诉称，李某的试用期在 2020 年 4 月 17 日已经届满，公司要求在试用期满后延期 1.5 个月试用期的行为，构成重复约定试用期，且超过法定的最长 6 个月试用期。甲公司辩称，不可抗力导致试用期合同不能履行，公司提出延长试用期的请求合情合理。

审理结果

法院认为，通常情况下，用人单位招聘人员时，除对劳动者的基本条件及初步印象外，还需要在试用期内对劳动者的个人品性、责任心、忠诚心和实际工作能力等进行综合考察，最终决定劳动者是否符合录用条件。众所周知，2020 年 1 月底，全国范围内暴发新冠疫情，甲公司因受疫情影响于 2020 年 3 月 15 日复工，确存在对李某考察期限受阻的情况，故对甲公司抗辩因疫情的不可抗力导致试用期中止的意见予以采信。

HR 实务指南

第一，尽量约定较长的试用期。较长的试用期可以让企业有充分的时间对员工进行考察，只要不超过法定期限就行，即使中间出现有一定时期内员工客观上没有提供劳动，也不会对员工的试用考察有太大影响。

第二，通过劳动合同约定或者规章制度规定可以中止试用期。除部分地区外，我国大部分地区没有规定试用期中止制度，企业若需中止试用期，则存在无法律依据的风险。因此，企业可以通过在劳动合同中约定或者在规章制度中规定，非企业原因导致员工未能正常提供劳动达到较多时日的，企业可以中止其试用期，等相关情形消失时恢复试用，以“补足”对员工的试用考察时间，达到试用目的。

第三，协商一致中止试用期。若确有必要中止试用期，且双方劳动合同没有约定，规章制度也没有规定，HR 在操作时，需尽量说服员工同意，争取双方协商一致，并签订相关协议，尽量避免企业单方面中止试用期。

四、试用期的约定限制

劳动法作出试用期制度安排的目的是让劳动关系双方可以有一个互相考察试用的期间，以确定是否继续合作。然而，实务中有些用工情形不宜约定试用期，但是企业滥用优势地位约定试用期的现象屡见不鲜。因此，劳动法还规定了试用期约定的限制规则。

1. 禁止单独约定试用期

实务中，有些企业为了“方便操作”，与员工单独签订试用期合同，试用合格后再签订正式的劳动合同，试用不合格则直接解雇，这是劳动法不允许的。《劳动合同法》第 19 条第 4 款规定了禁止企业单独约定试用期，试用期应包含在劳动合同期限内，劳动合同仅约定试用期的，试用期不成立，该期限为劳动合同期限。这就相当于没有约定试用期。

2. 不得约定试用期的三种情形

根据《劳动合同法》第 19 条第 3 款、第 70 条规定，以下三种情形劳动合同不得约定试用期：

（1）以完成一定工作任务为期限的劳动合同；

（2）期限不满3个月的劳动合同，注意，是“不满3个月”，不包括3个月整，如果3个月整，则属于“3个月以上”，可以约定试用期；

（3）非全日制用工。

案例 018

非全日制用工约定了6个月试用期，企业被判赔1.8万元

北京市第二中级人民法院（2022）京02民终12017号

2018年6月1日，姚某与甲公司签订了非全日制用工合同，约定试用期6个月。2021年1月，甲公司向姚某发出解除劳动合同通知，解除了与姚某的劳动合同。姚某申请劳动仲裁，主张甲公司赔偿违法约定试用期赔偿金18,000余元，获劳动仲裁委支持。甲公司不服，诉至法院。

审理结果

法院认为，双方于2018年6月1日签署的劳动合同明确约定为非全日制用工合同，根据《劳动合同法》规定，非全日制用工双方当事人不得约定试用期，双方约定了姚某6个月试用期的行为违反法律规定，故甲公司应当按照6个月的期限支付姚某违法约定试用期的赔偿金18,000余元。

3. 只能约定一次试用期

《劳动合同法》第19条第2款规定了试用期约定的次数，同一企业与同一员工只能约定一次试用期，即“三个一”。

这一规定可以简单理解为，只要是同一企业、同一员工，终生只能约定一次试用期。比如，员工张三在甲公司担任采购员，工作了2年后辞职离开，10年以后再入职甲公司担任会计员，虽然这中间隔了10年，并且前后所担任的工作岗位或工种也不一样，依照前述法律规定，理论上是不能再次约定试用期的。

这一规定主要是防止企业滥用优势地位，反复约定员工试用期，损害员工合法权益，本书在前文所引用的微信公众号“央视网”所推送的案例即属此列，同一企业与同一员工签订了 5 次劳动合同，约定了 5 次试用期，这就是典型的企业利用优势地位通过反复约定试用期损害员工合法权益的例子。

需要说明的是，在《劳动合同法》施行以前，当符合一定条件时是可以多次约定试用期的。原劳动部 1994 年 9 月 5 日发布的《关于〈中华人民共和国劳动法〉若干条文的说明》（劳办发〔1994〕289 号）第 21 条指出，试用期适用于初次就业或再次就业时改变劳动岗位或工种劳动者。也就是说，如果同一员工改变劳动岗位或者工种，企业是可以再次约定试用期的。2008 年 1 月 1 日施行的《劳动合同法》则把这一规则改了，不再允许多次约定试用期。

广东省高级人民法院（2018）粤民申 12712 号民事裁定书载明，王某于 2016 年 10 月 17 日入职甲公司，双方签订了 3 年固定期限劳动合同，约定试用期 6 个月。王某于 2017 年 3 月 31 日离职，后又于同年 6 月 1 日再次入职该公司，双方又签订了 3 年固定期限劳动合同，并约定试用期 7 个月（6 月 1 日至 12 月 31 日），同年 9 月 18 日，王某离职，随后申请劳动仲裁，主张该公司支付违法约定试用期的赔偿金。法院认为，王某于 2017 年 6 月 1 日重新入职该公司，双方签订的劳动合同又约定试用期，公司的这一行为属于违法约定试用期。法院最终判决该公司向王某支付赔偿金 9180 元。

案例 019

员工试用期满后企业又两次延长试用期，合法吗？

上海市第一中级人民法院（2022）沪 01 民终 13192 号

康某于 2021 年 4 月 19 日入职甲公司并担任总裁一职，双方签订了 3 年固定期限劳动合同，约定试用期 3 个月（4 月 19 日至 7 月 18 日），月工资 10,000 元。2021 年 8 月 4 日、19 日，双方又签订了两份延长试用期协议，约定将康某的试用期期限延长至 2021 年 10 月 17 日。2021 年 9 月 17 日，甲公司以康某严重违反公司管理规定解除了与康某的劳动合同。康某申请劳动仲裁，主张甲公司支付 2021 年 7 月 18 日至 9 月 17 日违法约定试用期赔偿金 12 万余元等。

审理结果

法院认为，双方签订了为期 3 年的劳动合同，在该份劳动合同中双方约定了3个月试用期，此后又分两次签订了延长试用期协议，约定康某的试用期延长至2021年10月17日，上述约定的试用期期间并未超过法定标准，且双方两次签订的延长试用期协议系对双方劳动合同所约定的试用期进行变更，并不属于多次约定试用期，故对康某主张甲公司支付违法约定试用期赔偿金，法院不予支持。

案例简评

该案历经一裁两审，最终以两次延长试用期属于合法变更劳动合同定论，甲公司无须向康某支付违法约定试用期赔偿金。本书对此判决不敢苟同。

其一，试用期已经届满，不得再变更或者延长试用期。变更或者延长试用期的前提是试用期尚未结束，如果试用期已经届满，则不得再变更或者延长试用期。该案中，康某的试用期已于2021年7月18日届满，届满后试用期不复存在，何谈变更试用期？

其二，试用期未超过法定上限，就可以随意延长或变更？当然不是。如前所述，变更或延长试用期，必须建立在试用期尚未结束的基础上，如果试用期已经届满，再延长试用期，这就是赤裸裸的二次约定了。《劳动合同法》规定的违法约定试用期，并不只是指试用期期限超过法定上限，也包括多次约定试用期，该案则属于后者。

其三，试用期“三个一”应如何理解？退一步说，如果试用期结束后继续多次延长都不算多次约定试用期，那怎么样才算多次约定？“同一用人单位与同一劳动者只能约定一次试用期”这条规定要怎么样才能适用？

笔者检索到，上海市高级人民法院官方微信公众号“上海高院”2023年9月18日推送了一篇题为《试用期3个月期满后又+3个月，6个月到期后却又开除我？》的文章［原案一审案号：上海市宝山区人民法院（2022）沪0113民初7359号］，根据推文描述，甲公司与王某约定了3个月试用期，在试用期满前双方协商一致延长试用期至6个月。上海市宝山区人民法院认为，甲公司在约定的3个月试用期临近届满时与王某协商延长试用期至6个月，虽未超过法定最高期限，但《劳动合同法》第19条第2款明确规定同一用人单位与同一劳动者只能约定一次试用期，在劳动者工作内容与岗位均无变化的情况下，上述延长试用期的行为实质为二次约定试用期。甲公司上诉后，上海市第二中级人民法院维持原判。

以上两案均发生在上海，判决却大相径庭。一个是试用期届满后，在试用期已不复存在的情况下，企业与员工两次延长试用期，法院认定为变更试用期，属合法行为；另一个是试用期内延长试用期，法院认定为二次约定试用期，属违法行为。

4. 试用期仅适用于初次就业

前述原劳动部《关于〈中华人民共和国劳动法〉若干条文的说明》规定了试用期仅适用于初次就业，包括《劳动合同法》在内的后来法律法规没有就初次就业或者再次就业作出规定，因此依然适用“初次就业”规定。

比如，员工张三于 2022 年 6 月 1 日入职甲公司，双方签订了 1 年固定期限劳动合同，没有约定试用期，在劳动合同履行过程中或者劳动合同期满续签时，甲公司不得再与张三约定试用期，简单地说，初次就业（张三首次入职甲公司）时双方可以约定试用期，如果没有约定，则不得再约定。

案例 020

员工离职一年后再入职，企业是否可以再次约定试用期？

四川省成都市中级人民法院（2018）川 01 民终 3671 号

2010 年 9 月，王某入职甲公司并担任按揭业务管理部清欠律师职务，双方签订了劳动合同，约定试用期 3 个月，月工资 3200 元。2014 年 5 月 12 日，王某离职。2015 年 9 月 14 日，王某再次入职该公司担任信用风控部清欠律师职务，双方签订了劳动合同，约定试用期 3 个月，月工资 2424 元。2016 年 1 月，甲公司以旷工为由解除了与王某的劳动合同。王某申请劳动仲裁，主张公司支付违法约定试用期赔偿金 53,523 元等，部分主张获支持。双方均不服，分别诉至法院。

审理结果

一审法院认为，王某与甲公司之间第二次劳动关系的建立与第一次劳动关系的结束时间相隔一年有余，两次劳动关系之间不具有时间上的连续性，且第二次订立劳动合同时工作部门、工资待遇等方面均与第一次订立的劳动合同完全不同，双方在 2015 年 9 月 14 日订立的劳动合同所建立的劳动关系是全新的，公司就一个全新的劳动关系与劳动者约定试用期并无不当。因此，王某主张甲公司支付违法约定试用期的赔偿金的请求不能成立，一审法院不予支持。

二审法院认为，禁止多次约定试用期，其主旨在于避免用人单位利用试用期，降低对劳动者劳动保障的基准，变相损害劳动者合法权益。因此，对于劳动者离职后再次返回用人单位工作，不能一概而论，而应根据前后两段劳动合同的间隔时间长短、岗位内容是否发生变化等情况综合分析再次约定试用期的合理性与正当性。该案中，从合同约定内容看，王某主张双方两次签订劳动合同的岗位均为“清欠律师”，工作内容基本相同，而且两段劳动合同间隔时间较短，再次约定试用期不具有合理性和正当性。故甲公司再次约定试用期实质上不符合法律规定，依法应当向王某支付违法约定试用期的赔偿金。

案例简评

一审法院认为员工离职后再入职且部门、工资待遇不同则可以再次约定试用期，这一判决是错误的，对此，二审法院撤销了一审判决并改判为不可多次约定试用期，本书对此不持异议。

但是，本书对二审法院的说理有不同看法。二审认为不得再次约定试用期的原因是“工作内容基本相同”，能否再次约定试用期“不能一概而论”，要综合分析是否具有“合理性和正当性”，本书对此观点不敢苟同。如前文所述，《劳动合同法》第 19 条第 2 款规定“同一用人单位与同一劳动者只能约定一次试用期”，采用的是“一刀切”形式，没有但书，没有例外。前后两次入职的工作内容或者工种是否相同，在所不问，法律明文规定，法院对此并没有自由裁量权。因此，本书对二审法院的判决不持异议，但不赞同其说理。

HR 实务指南

第一，切忌签订只有试用期的劳动合同。只有试用期的劳动合同等于没有试用期，试用期期限即劳动合同期限，相当于企业放弃了约定试用期的权利。

第二，切忌对三种劳动合同约定试用期。分别是以完成一定工作任务为期限的劳动合同、期限不满 3 个月的劳动合同、非全日制用工的劳动合同。

第三，切忌对同一员工多次约定试用期。哪怕是该员工上次从本企业离职已经过去 10 年，现在再次入职，也不得再次约定试用期，否则有多次约定试用期的风险。

第四，切忌对“老员工”约定试用期。企业只可对初次就业的员工约定试用期，如果该员工第一次入职本企业时没有约定试用期，则以后均不得再约定。

五、违法约定试用期的法律责任

1. 违法约定试用期的几种情形

企业与员工违法约定试用期表现为以下几种情形：

（1）企业与同一员工多次约定试用期，违反《劳动合同法》第 19 条第 2 款规定的同一企业与同一员工只能约定一次试用期。

（2）约定的试用期期限超过法定上限，违反《劳动合同法》第 19 条第 1 款有关试用期期限上限的规定。

（3）对不得约定试用期的劳动合同约定了试用期，违反《劳动合同法》第 19 条第 3 款、第 70 条规定。

（4）员工首次入职时企业放弃约定试用期，后又约定试用期，违反原劳动部《关于〈中华人民共和国劳动法〉若干条文的说明》第 21 条关于试用期仅适用于初次就业的规定。

2. 违法约定试用期的法律责任

《劳动合同法》第 83 条规定了企业违法约定试用期的法律责任，规制企业约定试用期的行为，对违反规定的企业进行惩罚。主要有以下法律责任：

- **由劳动行政部门责令改正**

这是企业应当承担的行政责任，企业只要构成违法约定试用期，无论是否已经履行，劳动行政部门都应责令其改正。

- **向员工承担赔偿责任**

承担赔偿责任以违法约定的试用期已经履行为前提，如果已经构成违法约定试用期但尚未履行的，则无须承担赔偿责任。

第一，企业只需对已经履行的违法约定试用期的部分承担赔偿责任，尚未履

行的部分则无须赔偿。

例如，张三于2022年6月1日入职甲公司，双方签订了1年固定期限劳动合同，约定了6个月的试用期（6月1日至11月30日），月工资8000元，转正后月工资10,000元，9月15日，甲公司书面通知张三即日起转正。根据《劳动合同法》第19条第1款之规定，1年固定期限劳动合同可以约定的试用期上限为2个月，因此6月1日至7月31日为合法约定，8月1日至11月30日这4个月为违法约定的期间，实际履行至9月15日，因此，甲公司只需对8月1日至9月15日这1.5个月承担赔偿责任。

第二，赔偿金是在原劳动报酬基础上额外支付。

上例中，甲公司应向张三额外支付8月1日至9月15日这1.5个月的赔偿金共15,000元，张三原本的应得工资不受影响。注意，是额外支付，不是支付转正工资与试用期工资的差额（10,000元-8000元）×1.5。要知道，这个差额若仅约定了2个月试用期，则属于合法约定，8月1日至9月15日甲公司应按转正工资即每月10,000元支付。

第三，赔偿金是按试用期满的月工资标准进行计算的。

上例中，违法约定试用期的赔偿金是按张三的转正月工资标准即10,000元乘以已经实际履行的违法约定的试用期期间进行计算的，而不是按试用期月工资8000元计算。

案例021

违法约定试用期且已实际履行，企业是否要支付2倍赔偿金？

湖北省武汉市武昌区人民法院（2017）鄂0106民初6560号

程某于2012年9月3日入职甲公司并担任工程监理职务，双方签订了书面劳动合同及岗位聘任协议书，劳动合同以完成一定工作任务为期限，约定试用期3个月。2016年2月16日，程某离职，离职前12个月平均工资为3920元。程某申请劳动仲裁，主张公司支付违法约定试用期赔偿金23,000余元，未获支持，程某诉至法院。

审理结果

法院认为，以完成一定工作任务为期限的劳动合同或者劳动合同期限不满3个月的，不得约定试用期，违法约定试用期且已经履行的，由用人单位以劳动者试用期满月工资为标准，按已经履行的超过法定试用期的期间向劳动者支付赔偿金。该案中，甲公司与程某签订的劳动合同为以完成一定工作任务为期限的书面劳动合同，合同中约定试用期为3个月，这违反了《劳动合同法》关于试用期的规定，故对于程某要求公司向其支付违法约定试用期赔偿金的请求，法院予以支持，支付标准为23,520元（3920元×3个月×2倍）。

案例简评

根据《劳动合同法》第19条第3款的规定，以完成一定工作任务为期限的劳动合同不得约定试用期，该案中，甲公司违反规定约定了3个月试用期且已经实际履行，法院判决甲公司向程某支付赔偿金，本书不持异议。

笔者看不懂的是赔偿金的数额为何是2倍。根据《劳动合同法》第83条的规定，企业违法约定试用期且已经履行的，由企业以员工试用期满月工资为标准，按已经履行的超过法定试用期的期间向员工支付赔偿金。该案中，甲公司应当向程某支付3个月的赔偿金即3920元×3个月即可，法院何以要判决该公司支付2倍赔偿金?

只有一种可能，那就是违法约定试用期的期间（2012年9月3日至12月2日）甲公司没有向程某支付工资，法院所判的2倍，其中一倍是甲公司应当支付的工资，另一倍是违法约定试用期的赔偿金。

即便如此，法院的判决也是值得商榷的。

其一，违法约定的试用期期间是在2012年，而程某离职是在2016年，时隔4年，程某在劳动仲裁请求中并没有主张支付2012年的工资，说明当时是已经付过工资的。

其二，退一步说，抛开超判不谈，假设甲公司当时确实没有向程某支付试用期3个月的工资，法院在判决说理时也应当说清楚该赔偿金包括了公司未支付的工资，以免造成误读。

HR 实务指南

第一，统一约定劳动合同期限和试用期期限，防止违法约定试用期。比如，可以将新入职员工分为员工和职员两大类，员工的劳动合同期限统一为 2 年，试用期统一为 2 个月，职员的劳动合同期限统一为 3 年，试用期为 6 个月。无论谁负责与新员工签合同，均按此标准进行约定，不得更改。有特殊情况需要更改上述期限的，报人力资源部门负责人特批。这种方法是借鉴工业管理上的“防呆法”，防呆设计可以防止因负责劳动合同管理的 HR 不了解试用期规定导致约定的试用期违法。

第二，定期检查新员工试用期约定情况。比如每月一检，可以采取抽查的方式进行，检查劳动合同中所约定的试用期是否超过法定上限，保证不存在违法约定试用期的情形。检查人员可以是人力资源部门负责人，也可以是负责签订劳动合同的 HR 以外的其他人员。

第三，发现违法约定试用期的，及时纠正。若发现违法约定试用期，应立即进行纠正，并且对新进员工所签订的劳动合同进行全面检查，防止有“漏网之鱼”。

|第二节|　试用期工资

客观地说，一直以来，试用期都是我国企业劳动用工争议的“重灾区”，实践中有企业故意利用试用期侵害员工权益，最常见的如压低工资、不买社保、随意解雇等。

很显然，立法者也注意到了这一现象。2006 年 12 月 24 日，时任全国人大原法律委员会副主任委员胡光宝在第十届全国人大常委会第二十五次会议上作《关于〈劳动合同法（草案）〉修改情况的汇报》时提到，有些常委委员提出，实践中用人单位滥用试用期、压低试用期工资、试用期间任意解除劳动合同等侵害劳动者权益的情形比较突出，对此应作出严格规定。最终定稿的《劳动合同法》也因此对试用期工资标准作出了明确规定。

试用期员工的工资由法定和约定两部分组成。法定部分是指劳动法规定的最低标准，试用期员工正常工作时间内工资不得低于这个标准，最低工资标准具有强制性，排除双方自由约定。约定部分则遵从双方意思自治，可以自由约定，法律不予干预。

具体而言，企业应当根据员工的工作岗位、能力水平、工作职责、工作业绩、实际贡献等，在考虑劳动力市场薪酬水平的基础上，与员工协商一致后合理确定员工工资水平，并在劳动合同或者相关薪酬协议中予以明确，只要不违反法律法规强制性规定，都是可以的。

就试用期员工而言，在员工正常提供劳动的情况下，双方所约定的试用期工资标准不得低于本企业相同岗位最低档工资或者劳动合同约定工资的 80%，并不得低于企业所在地的最低工资标准。

1. 不得低于当地的最低工资标准

为了维护员工取得劳动报酬的合法权益，保障员工个人及家庭成员的基本生活，我国实施员工工资保障制度。

《最低工资规定》第 3 条规定，最低工资标准是指劳动者在法定工作时间或依法签订的劳动合同约定的工作时间内提供了正常劳动的前提下，用人单位依法应支付的最低劳动报酬。

根据这一规定，只要员工提供了正常劳动，所获得的劳动报酬不得低于当地最低工资标准。

由于我国各地经济发展不均衡，各地区的最低工资标准也有所差异，人力资源和社会保障部 2024 年 10 月 12 日发布的《全国各省、自治区、直辖市最低工资标准情况（截至 2024 年 10 月 1 日）》显示，我国目前每月最低工资标准最高的是上海，为 2690 元，江苏、浙江并列第二，为 2490 元，北京第三，为 2420 元。其他地区的最低工资标准，见本书第六章第一节“工资标准”相关内容。

需要提示的是，实践中还经常出现劳动合同履行地与企业注册地不一致的情况，那么，最低工资标准应按何地的标准执行呢？根据《劳动合同法实施条例》第 14 条规定，原则上按劳动合同履行地的规定执行，但是，企业注册地规定的标准高于劳动合同履行地，且企业与员工约定按照企业注册地规定的标准执行的，从其约定。也就是说，即使是企业注册地最低工资标准高于劳动合同履行地，也不必然就按企业注册地标准执行，还需双方约定才行。

2. 不得低于本企业相同岗位最低档工资的 80% 或者劳动合同约定工资的 80%

不得低于本企业相同岗位最低档工资的 80%，其本质是引导企业实行同工同酬。现实中有一些企业认为，员工在试用期间，往往处于培训和学习阶段，不能像正式员工那样高效率地工作，为了“降低”用工成本，故意压低员工试用期间的工资，甚至随便约定个工资数额。

法律赋予了劳动关系双方约定试用期的权利，企业可以对新招用的员工进行试用考察，无可厚非，但是，试用期员工对企业产生的价值并不必然就比正式员工低，很多企业习惯性地认为试用期员工的绩效产出不如正式员工，实则是一种误解。

立法者在本企业相同岗位最低档工资的 80% 和劳动合同约定工资的 80% 之间用了“或者”，即“二选一”的意思，这两个标准到底按哪个标准执行，一般理解为“就高不就低”原则，哪个高则按哪个。

那么问题来了，根据上述规定，假设双方约定试用期工资 8000 元，没有约定转正后工资，是否就可以推定转正工资为 10,000 元？答案是否定的。劳动法规定试用期工资不得低于“两个 80%”，是从员工的合法利益角度出发，对试用期工资作出的“不低于”保护性规定。

也就是说，只要双方约定的试用期工资标准等于或者高于转正工资标准的 80%，且不低于当地最低工资标准，就属合法，而不强调试用期工资必然是转正工资的 80%，法律并不禁止双方约定试用期工资与转正后工资为同一数额。

事实上，现实中两个工资标准约定为同一数额的现象也很普遍，最常见的是大量工厂的生产工人，往往试用期工资和转正工资都是当地最低工资标准。

当然，原则上也不能发生工资“倒挂”的情形，比如约定试用期工资 10,000 元，转正后工资 8000 元，虽然法律并不禁止出现工资“倒挂”，但转正工资比试用期还低，于情于理也确实说不过去。

有趣的是，关于试用期工资标准，《劳动合同法》立法时出现了语法错误，表述为“不得低于本单位相同岗位最低档工资或者劳动合同约定工资的百分之八十”。那么，把这句话前后拆开应该怎么理解呢？是按“不得低于本单位相同岗位最低档工资”和“不得低于劳动合同约定工资的百分之八十”进行理解，还是按“不得低于本单位相同岗位最低档工资的百分之八十”和“不得低于劳动合同约定工资的百分之八十”进行理解？语义上出现了歧义。

幸好，随后颁布施行的《劳动合同法实施条例》把这个“漏洞”给补上了，纠正了《劳动合同法》的语法错误，表述为“不得低于本单位相同岗位最低档工资的 80% 或者不得低于劳动合同约定工资的 80%”，即不得低于“两个 80%”，至此再无歧义。

案例 022

试用期工资 5600 元，转正后必须给 7000 元？

广东省珠海市香洲区人民法院（2018）粤 0402 民初 11524 号

高某于 2016 年 8 月 16 日入职甲公司，双方签订了劳动合同，约定合同期限 5 年，试用期 6 个月，工资 3200 元 / 月，并约定高某对工资金额和计算方式如有异议，应在工资条公布之日起 5 日内向公司书面提出，逾期提出视为高某确定工资金额和计算方式，并认可公司已足额支付劳动报酬。事实上，该公司一直按 5600 元 / 月向高某计发工资。2018 年 7 月 27 日，公司以严重违反规章制度为由解除了与高某的劳动合同。高某随后申请劳动仲裁，主张补发 2017

年3月至2018年7月（转正后）的工资差额23,800元。高某诉称，其试用期工资为5600元/月，根据劳动法相关规定，试用期工资为转正工资的80%，因此其转正工资应为7000元/月，公司应补发其转正后17个月的工资差额。双方因此成讼。

审理结果

法院认为，双方劳动合同约定工资标准为3200元/月，实际上该公司按5600元/月的标准向高某支付工资，该标准高于劳动合同约定的工资标准。公司向高某支付的试用期工资与转正后工资数额相同，并不违反法律规定，且超过劳动合同约定的工资数额，高某并未就工资数额及计算方式向公司提出过异议。高某以其试用期工资5600元/月倒推其转正后工资为7000元/月，并要求公司补足转正后的工资差额，缺乏事实及法律依据，法院不予支持。

3.“试工期”是否可以不发工资

现实中还有这样一种现象，企业要求新招用的员工（一般是基层员工）在正式工作之前试做一段时间的工作，一般为3~7天，从员工入职之日起算，称为“试工期”。试工合格的，予以录用并正式上班，工资从入职之日起计发，也有试工期间不计发工资的，工资从试工期满之日起计发；试工不合格的，则不予录用，试工期间没有工资。有些求职者一时找不到合适的工作，或者只想在某个区域（如经常生活居住的小范围区域）找工作，虽然对企业试工不给工资的无理要求不情愿，但为了获得这份工作也只好“忍气吞声”，期望能够通过企业的试工并被留下来。

试工并不是一个法律术语，试工不支付工资无疑是不合法的。但是，长期以来，因其具有一定的“合理性”而备受一些企业青睐。

试工行为无疑提高了企业的用工风险，不利于企业长期健康稳定发展。本书认为，企业大可不必如此占“小便宜”，合法合规就好，违法是需要付出代价的，既有产生劳动纠纷的风险，又不利于增强企业凝聚力和向心力，实在是得不偿失。

案例 023

试工 3 天没有工资？违法！

广东省珠海市中级人民法院（2019）粤 04 民终 2291 号

弥某于 2018 年 10 月 4 日入职甲餐饮店并担任厨工职务，双方未签订劳动合同，双方口头约定弥某月工资 5000 元，日常上班不需要考勤，试工 3 天，试工期间没有工资。3 天后，餐饮店认为弥某无法达到相关岗位要求，以不符合录用条件为由将其辞退，因为当初约定试工 3 天没有工资，所以餐饮店没有给弥某结算工资。2019 年 1 月 21 日，弥某申请劳动仲裁，请求该餐饮店支付工资、违法解雇赔偿金等，劳动仲裁委不予受理，弥某诉至法院。

审理结果

法院认为，弥某在甲餐饮店试工 3 天，相当于在甲餐饮店工作了 3 天，虽然经试用不符合餐饮店的录用条件，但弥某 3 天内付出了劳动，应获得劳动报酬。法院最终判决甲餐饮店向弥某支付工资 690 元。

案例简评

实务中类似的企业还真不少，一般是在规章制度中规定或者在入职须知、劳动合同中约定，试工多少天，试工期间没有工资，有员工签字认可。那么，该签字是否有效？答案是否定的。

首先，对于员工付出的劳动，企业应当支付工资。《劳动合同法》第 30 条第 1 款规定了企业应当向员工及时足额支付劳动报酬，劳动报酬是企业因员工为其提供了劳动而向员工支付的对价，在劳动关系中，员工的主要义务是提供劳动，而其享受的主要权利是获得劳动报酬，只要员工事实上提供了劳动，企业就应当依法支付劳动报酬，不得附加任何条件，更不得无故克扣。

其次，企业制定的规章制度必须合法。如前所述，企业在规章制度中规定了试工 N 天且试工期间不计发工资，若该规章制度已向员工公示，是否就可以抗辩可以不支付试工期间的工资？答案依然是否定的。规章制度合法需同时具备三个要素：一是实体合法，又称内容合法，指的是规章制度的所有内容、条款，不得与法律法规相抵触；二是程序合法，规章制度须经过法定的民主程序；三是公示，即告知全体员工。规章制度规定试用期间不支付工资，属于内容不合法，不得作为约束员工的依据。

最后，企业克扣员工工资，需承担法律责任。《劳动保障监察条例》第26条第1项和《工资支付暂行规定》第18条第1款第1项以及诸多的法律法规，都规定了企业克扣员工工资的法律责任，试工期间不计发工资，即属于克扣员工工资，企业应承担法律责任。

HR 实务指南

第一，员工试用期工资不得低于当地最低工资标准。一是员工提供正常劳动的情况下，企业所支付的工资不得低于最低工资；二是试用期工资等于当地最低工资时，该工资不得再拆分，比如拆分为“固定工资＋绩效工资”；三是实行计件的员工在试用期内的计件工资不得低于当地最低工资。

第二，避免违反“两个80%”。比如，劳动合同约定员工转正后月工资10,000元，则试用期月工资应在8000~10,000元为宜。如果劳动合同约定了工资数额，则优先适用劳动合同约定，只有未签劳动合同或者劳动合同未约定工资时，才适用“本企业相同岗位最低档工资的80%”评价试用期工资标准。

第三，避免约定工资“倒挂”。比如，劳动合同约定员工转正后月工资10,000元，试用期月工资13,000元，则属于工资“倒挂”，虽然劳动法没有规定试用期工资不得高于转正后工资，也就是说工资“倒挂”并不违法，但这种工资约定不符合常理，可能会产生一定风险，HR应尽量避免这样约定。

| 第三节 | 试用期考核与解雇

企业通过招聘、面试、筛选、发送录用通知书等一系列程序后，对符合条件的应聘者办理入职，双方正式建立劳动关系，进入试用阶段（也有少数企业不约定试用期的）。在试用期间，企业通过对员工的能力、职业道德、业务水平等各方面的深入考察，考核其是否达到了企业所期望的用人标准，最终确定是否录用为正式员工。经考核被证明不符合录用条件的员工，企业可以将其解雇，且无须支付经济补偿。

一、不符合录用条件

我们讨论不符合录用条件，首先要讨论什么是录用条件。

所谓录用条件，是指由企业制定的、必须告知试用期员工并由其确认的，要求试用期员工符合某个工作岗位的具体要求所包括的全部条件，也是企业最终确定正式聘用试用期员工的唯一条件。企业解雇不符合录用条件的员工，需承担举证责任，包括证明解除行为的合法性与合理性，处理程序的合法性与正当性等。

根据《劳动合同法》第 39 条第 1 项之规定，员工在试用期间被企业证明不符合录用条件的，企业可以解除劳动合同。这句话有三个构成要件：一是在试用期间，二是被证明，三是不符合录用条件，三个要件需同时具备，缺一不可。这一规定既保障了企业的用工自主权，又严格限制了企业利用优势地位滥用解除权。

《劳动争议司法解释（一）》第 44 条则规定了企业对员工作出的开除、除名、辞退、解除劳动合同、减少劳动报酬、计算工作年限等决定而发生的劳动争议，企业要承担举证责任。

具体而言，企业最少需要举证以下四项内容：

第一，什么是不符合录用条件，企业要有成文的东西拿出来，不能只是空口白话地说员工不符合录用条件；

第二，员工如何不符合录用条件，企业要举证对应哪条哪款，不符合录用条件的说明要具体、详细，要对应具体规定；

第三，企业对不符合录用条件的定义要合法并且已向员工公示；

第四，企业解雇不符合录用条件的员工的程序要合法。

试用期不符合录用条件的规定属于企业劳动规章制度的内容，为方便读者阅读理解，本书将这部分内容放在试用期这一章节中进行讨论。

1. 不符合录用条件的制定

劳动法赋予了企业解雇试用期员工的权利，但并不是让企业想解雇谁就解雇谁。企业想要以不符合录用条件为由解雇试用期员工，前提是企业得有一个不符合录用条件的相关规定，并且在员工入职前或者入职时向其公示，确保员工对该制度知晓并充分理解，方能成为解雇试用期员工的依据。

何为不符合录用条件，劳动法没有作细化规定，也没有必要作细化规定，而是交由企业自行定义。本书认为，企业制定不符合录用条件应注意以下几个要点：

· 条款定义要合法、合理

企业制定的任何规章制度，合法是第一位的，如果制度不合法，则不能作为解雇或者处罚员工的依据。在合法的基础上，还要合理，严重不合理的制度，本质上就是不合法。

所谓合法，指的是不能与法律法规相抵触；所谓合理，指的是要合乎情理。合法的规章制度，并不一定合理。比如，企业定义“试用期内迟到 1 次属于不符合录用条件”，这一定义并不违法，但是不合理，根据前述法律规定，员工试用期最长 6 个月，谁又能保证上 6 个月的班不发生一次迟到，睡过头、路上堵车，都有可能导致迟到，迟到 1 次就不符合录用条件，这就太过于苛刻了，不合乎情理。

据报道，广州一女子入职某公司 58 天，迟到 16 次，除去放假，实际出勤 36 天，平均每两天迟到 1 次，公司实在受不了她，于是与她谈离职，公司愿意支付她当月全勤工资，额外再多发 10 天工资作为补偿，该女子不同意，要求公司赔偿她 1.5 个月工资，公司无奈将其解雇，该女子申请劳动仲裁。

如果该女子尚在试用期内，且该公司制定的规章制度中规定，员工在试用期间，一个自然月内累计迟到 5 次以上则属于不符合录用条件，那么，该公司在该女子试用期满前以不符合录用条件为由将其解雇，是合法合理的，无须支付经济补偿或者赔偿金。

案例 024

试用期员工拒绝超时加班，企业以不符合录用条件为由解雇合法吗？

人力资源和社会保障部、最高人民法院《劳动人事争议典型案例（第二批）》

张某于 2020 年 6 月入职某快递公司，双方订立的劳动合同约定试用期为 3 个月，试用期月工资为 8000 元，工作时间执行某快递公司规章制度相关规定。某快递公司规章制度规定，工作时间为早 9 时至晚 9 时，每周工作 6 天。2 个月后，张某以工作时间严重超过法律规定上限为由拒绝超时加班安排，某快递公司即以张某在试用期间被证明不符合录用条件为由与其解除劳动合同。张某不服，遂申请劳动仲裁。

审理结果

劳动人事争议仲裁委员会认为，劳动法规定了企业安排员工加班的时间上限以及违反该上限的法律责任，该企业规定“工作时间为早 9 时至晚 9 时，每周工作 6 天”的内容，严重违反法律关于延长工作时间上限的规定，应认定为无效，张某拒绝违法超时加班安排，系维护自己合法权益，不能据此认定其在试用期间被证明不符合录用条件。劳动人事争议仲裁委员会裁决某快递公司支付张某违法解除劳动合同赔偿金 8000 元（终局裁决），并将案件情况通报劳动保障监察机构，劳动保障监察机构对某快递公司规章制度违反法律、法规规定的情形责令其改正，给予警告。

· 采用“列举 + 兜底”或者“列举 + 概括表述”模式制定

“列举 + 兜底”模式是我国法律惯用的立法技术，在众多法律法规中都极为常见。企业在制定规章制度时，既可以借鉴“列举 + 兜底”模式，也可以采用“列举 + 概括表述”模式。

列举，就是一个一个或者一项一项地举出来。列举法，就是对同一事物的特定对象从逻辑上进行分析并将其本质内容全面地一一罗列出来。难以全部列举的，在具体列举之后，再作兜底式表述或者概括式表述。

具体到企业制定试用期不符合录用条件的相关规定，可以先对已经明确定义为不符合录用条件的情形进行一一列举，比如：

（1）使用虚假身份证件、借用他人身份证件或者有其他同类行为的；

（2）隐瞒既往病史或者现有疾病、以欺骗方法取得合格体检报告或者提供虚假合格体检报告的；

（3）试用期间迟到 / 早退 5 次以上、请事假 5 天以上、旷工半天以上，或者有其他类似违反考勤制度行为的。

难以全部列举的，在具体列举之后，再作兜底式或者概括式表述，比如，员工因故意或者重大过失造成企业直接经济损失价值 1000 元以上的。

这种概括式表述有利于企业在无法穷尽列举时对不符合录用条件进行认定，有可能是财务人员因疏忽大意转错账，也有可能是采购人员因没有仔细审查报价单的物料名称而下错单，造成损失的情形有千万种，企业只需举证员工因故意或者重大过失造成的经济损失价值达到 1000 元以上，就可以定义为不符合录用条件而将其解雇。

· 条款定义要尽量具体且可量化

企业在制定不符合录用条件规定时，尽量采用列举法，将企业认为的不符合录用条件的具体情形一一列举出来。在列举时，尽量做到明确、准确、具体、可量化、没有歧义，忌模棱两可，可左可右，尽量避免完全凭企业管理人员的主观意见进行判断。

· 条款并不是越多越好

有些 HR 认为，对于不符合录用条件的定义，当然是越详细、越具体越好，设定条款越多就对企业越有利，企业就越掌握主动权。笔者在提供劳动法咨询的这些年里，曾见过有企业将不符合录用条件写到 300 多条的，只有你没想到的，没有他没写到的。

写得太多太细，看上去似乎有好处，实则不然。法律虽然赋予了企业制定不符合录用条件的权利，但企业不宜过于苛刻，应适可而止，将一些比较重要的原则性的行为或者条件定义为不符合录用条件即可，既有利于培育良好的企业文化氛围，增强企业凝聚力，也有利于留住优秀人才，让员工工作得有尊严。

· 不符合录用条件≠试用不合格≠试用期考核不合格≠不能胜任工作

不符合录用条件、试用不合格、试用期考核不合格、不能胜任工作……实务中有很多 HR 朋友搞不清楚这些概念。在劳动法的世界里，这些概念有特定含义，分别产生于不同的用工阶段，并分别适用于不同的情形，它们之间有些属于包含关系，有些是交叉关系，但不能互相等同。

首先，并非都是正式法律术语。

试用不合格和试用期考核不合格并不是正式的法律术语，劳动法并没有对“试用不合格”或者“试用期考核不合格”作出相关规定，不符合录用条件和不能胜任工作则是正式的法律术语，分别规定在《劳动合同法》第 39 条和第 40 条，不符合录用条件仅适用于试用期员工，不能胜任工作则适用于包括试用期员工在内的所有员工。

其次，各概念之间的关系不同。

不符合录用条件、试用不合格、试用期考核不合格是包含关系，三者的外延和范围依次缩小，通常来说，不符合录用条件包括试用不合格，而试用不合格又包含了试用期考核不合格。

但也不一定是绝对包含，比如，企业如果没有将试用期考核不合格定义为不符合录用条件，严格来讲，即使企业对某个试用期员工经考核得出了不合格的结果，也不必然就构成不符合录用条件，也就不能用不符合录用条件来解雇该员工了，试用期考核不合格并不是不符合录用条件的当然之义。这话听起来有点绕，但事实确实如此。

在实务中，裁审机构（指劳动人事争议仲裁委员会和人民法院，下同）一般都不会抠得这么细，只要企业能够充分举证员工在试用期间考核不合格的，即使企业没有将试用期考核不合格定义为不符合录用条件，也都会被认定为解雇合法。同理，试用不合格的外延又要比试用期考核不合格大，前者既包括考核，也包括诸如提供虚假证件、证书等非考核情形，后者则一般仅指考核，包括工作业绩考核、工作态度考核、工作任务完成率考核、工作错误率考核等。

最后，不符合录用条件与不能胜任工作既可能是包含关系又可能是交叉关系。

如果企业将不能胜任工作定义为不符合录用条件，则二者是包含关系，否则就可能是交叉关系。此外，在某种程序上，试用期考核不合格是可以等于不能胜任工作的，两者都是无法达到企业所期望的产出。

但是，根据《劳动合同法》第 39 条、第 40 条、第 46 条规定，笔者强烈不建议企业以不能胜任工作为由解雇试用期员工，原因很简单，用不符合录用条件（包含了试用期考核不合格）解雇，无须支付经济补偿，而用不能胜任工作解雇，则需要支付经济补偿，甚至还可能加付“代通知金”（见表 2-3-1）。

表 2-3-1　不符合录用条件与不能胜任工作

不符合录用条件	不能胜任工作
劳动者提供的信息或工作表现与岗位要求不相符合	劳动者不能按要求完成劳动合同约定的工作量或同工种同岗位的工作量
偏重于劳动者的自身条件，适用于试用期的劳动者	偏重于劳动者的业绩指标考核，适用于试用期和非试用期的劳动者
用人单位可以直接解除劳动合同，无须支付经济补偿金	用人单位需先经过培训或调整工作岗位，仍然不能胜任工作的，方可解除劳动合同，并支付经济补偿金

2. 录用条件的内容

本书认为，录用条件应包括以下几个方面：

（1）硬条件。也就是试用期员工的资质条件，如学历、所学专业、技术职称、工作经验、身体健康状况、电脑能力、外语水平、书面表达能力等。

（2）软条件。其包括工作能力和职业道德两部分。前者如业绩完成情况、出勤情况、团队合作情况、性格表现、工作积极性等，后者如是否诚信，是否有打架斗殴、赌博吸毒、违法违纪、偷盗、伪造证件等行为。

劳动法没有对录用条件进行细化规定，由企业自由定义，只要不违反法律法规规定且合乎情理，不违背公序良俗，不构成就业歧视，一般都认为是有效的。拟定录用条件，是企业用工自主权的体现。

也有些地区对何为不符合录用条件和何为录用条件给出了指导性意见。

比如，北京市高级人民法院、北京市劳动人事争议仲裁委员会《关于审理劳动争议案件解答（一）》（京高法发〔2024〕534 号）第 78 问中指出，就劳动者是否符合录用条件的认定，在试用期的认定标准可适当低于试用期届满后的认定标准。劳动者不符合录用条件的情况主要有以下情形：（1）劳动者违反诚实信用原则对影响劳动合同履行的自身基本情况有隐瞒或虚构事实的，包括提供虚假学历证书、假身份证、假护照等个人重要证件，对履历、知识、技能、业绩、健康等个人情况说明与事实有重大出入的；（2）在试用期间存在工作失误的，对工作失误的认定以劳动法相关规定、用人单位规章制度以及双方合同约定内容为判断标准；（3）双方约定属于用人单位考核劳动者试用期不符合录用条件的其他情况。

又如，湖北省高级人民法院《关于审理劳动争议案件若干问题的意见（试行）》

（2004 年 3 月 21 日）第 15 条指出，《劳动法》第 25 条第 1 款中的“录用条件”，以法定最低就业年龄等基本录用条件以及用人单位招用时规定的文化、技术、身体、品质等条件为标准。

3. 录用条件≠招聘条件

需要说明的是，录用条件并不等于招聘条件。企业在招聘时，为了吸引更多的求职者前来应聘，往往会将条件放得宽些，甚至都没条件。早几年在一些制造业发达的地区，一线普工紧缺，大家都在“抢”人。当市场上某些工种紧缺时，企业为了完成生产任务，就会降低条件，甚至没有条件，只要有个人就行，先招进来再说，不然活没人干，货出不了。

而录用条件则相对严格一些，企业通过试用期对员工进行综合评价，如果说招聘是第一次筛选（海选），那么正式录用则是第二次筛选（精选），因此往往更为严格（见表 2–3–2）。

表 2–3–2 招聘条件与录用条件对比

类型	招聘条件	录用条件
内容	为吸引更多的潜在求职者应聘，招聘条件通常制定得比较粗糙、宽松	应当具体、详细，当应聘者资源缺乏时，用人单位可能降低录用条件
适用主体	社会上不确定的潜在应聘者	符合招聘条件拟予以录用并在试用期内的具体劳动者
适用阶段	入职以前的应聘者	入职之后、试用期届满之前的具体劳动者
法律性质	用人单位设定招收员工的初步资格，招聘结束即失去意义。应聘者入职后，用人单位不得以不符合招聘条件为由解除劳动合同	用人单位设定录用员工的条件，应聘者入职后生效，劳动者在试用期内被证明不符合录用条件的，用人单位可以与其解除劳动合同，无须支付经济补偿金
成立前提	用人单位单方面制定，无须告知应聘者	用人单位单方面制定，必须告知劳动者并得到劳动者确认

4. 不符合录用条件的公示

企业制定了不符合录用条件的相关规定，需要向员工进行充分公示，保证员工知晓其内容。企业可以通过公开张贴、印制员工手册、培训等方式公示，并保留公示的相关证据。

最保险的办法就是让员工在不符合录用条件规定的文本上签收。一般而言，不符合录用条件规定需在员工入职前或者入职时向其公示，如果员工不愿意签收，企业完全可以拒绝其入职。在用工过程中（如入职1个月时）才向其公示并要求其签收的，如果员工不肯签，企业就会很被动。虽然公示不等于签收，但签收是最有证明力的公示，如果企业无法证明已向员工公示，则该不符合录用条件规定不能对该员工适用，理论上说也就不得依据该规定解雇试用期员工。经过员工签收的规定，一旦发生争议，可以减少企业的举证难度。

案例 025

不符合录用条件未向员工公示，企业解雇被判违法

重庆市第一中级人民法院（2019）渝01民终799号

唐某于2018年3月15日入职甲公司并从事机器设备的配件采购工作，双方未签订书面劳动合同。6月9日，甲公司向唐某发出解除劳动关系通知，理由为"通过试用，你不适合本公司配套工作"，唐某于当天办理了工作交接并离职。随后，唐某申请劳动仲裁，请求甲公司支付违法解除劳动合同赔偿金等，获劳动人事争议仲裁委员会支持。甲公司不服，诉至法院。

审理结果

法院认为，《劳动合同法》规定了劳动者在试用期间被证明不符合录用条件的，用人单位可以解除劳动合同，该案中，甲公司认为唐某在试用期工作表现不好、不符合工作要求、不遵守公司规章制度，甲公司单方解除行为系合法行为，但是，公司既未举证证明其在唐某入职前已明确告知岗位的录用标准，也未举证证明唐某试用考核结果未达到录用标准，故甲公司的单方解除行为构成违法解除。法院最终判决该公司向唐某支付违法解除劳动合同赔偿金6000余元。

5. 不符合录用条件的应用

企业制定了不符合录用条件规定，也已在员工入职前或者入职时向其公示，该规定就已经基本具备了合法要件，企业可以依据该规定对不符合录用条件的试用期员工进行解雇，也就是不符合录用条件的应用。

· 员工的条件或者行为要对应到不符合录用条件的情形

通俗地说，企业认为员工不符合录用条件，得将员工的条件或者行为与不符合录用条件的具体情形匹配上，有点类似法律推理“三段论”，大前提（企业对不符合录用条件的具体定义）、小前提（员工的条件或者行为达到了不符合录用条件某一情形的事实）、结论（企业可以将该员工解雇）。

· 必须是试用期员工

其一，企业以不符合录用条件为由解雇的，只能是尚处于试用期的员工，一旦试用期满，则不得再适用这一规定解雇，否则可能构成违法解雇，企业需依法承担赔偿责任。

其二，必须在试用期满前作出解雇决定并解雇，这一点尤为重要，却又容易被 HR 忽略。笔者曾被咨询过这样一个案子，甲公司招用张三，职务为电子工程师，试用期 2 个月（5 月 31 日至 7 月 30 日），7 月 29 日，即试用期满的前一天，甲公司证明了张三不符合录用条件，向其发出书面通知，让其当天即办理离职，张三对此并无异议，但是其向甲公司口头提出，可否让其多干两天，干满这个月（指 7 月），一是整月出勤公司好结算工资，二是方便他多两天时间投简历找工作，疫情期间工作不好找。HR 一听有道理，且对公司也没有什么损失，举手之劳，就同意了。7 月 31 日，HR 通知张三办理离职手续时，张三声称他已过试用期，公司不得以不符合录用条件为由将其解雇。HR 一听都懵了，双方就此展开争论，HR 称，公司已经在试用期满前书面通知张三离职，是张三提出多干两天，公司出于对张三的好意帮助才同意的，现在反倒说其已经过了试用期，不能解雇了。张三则称，公司是向他发出过解雇通知，但是后来经双方协商一致不解雇了，张三客观上也在继续上班，如今试用期已过，公司又“出尔反尔”要将其解雇，当然不行，其从来没提出过“多干两天”的要求，公司所言不属实。笔者经与 HR 沟通，认为如果强行解雇风险很大，极有可能构成违法解雇，毕竟对张三提出的“多干两天”没有证据。最后是公司向张三额外支付了 3000 元，张三方同意离职。

· 要发出书面解雇通知

《劳动合同法》明确规定需要作出书面形式的共有 5 种情形，分别是应签订书面劳动合同（第 10 条、第 11 条、第 14 条、第 82 条、第 97 条）、变更劳动合同应采用书面形式（第 35 条）、员工辞职应书面通知企业（第 37 条）、无过失性解雇员工时应书面通知员工（第 40 条）、解雇员工时应当研究工会意见并书面通知工会结果（第 43 条）、企业对离职员工应出具书面证明（第 89 条），对企业解雇试用期员工并没有规定需要书面通知。

但是，本书建议企业解雇试用期员工尽量采用书面形式向其发出通知，一是便于存档，企业对每一名员工的“入（入职）、转（转正转岗）、调（调岗调职）、离（离职）”以及变更劳动合同、加薪、奖惩等，均应采用书面形式，并存入员工人事管理档案；二是便于留下证据，既保障企业利益，也保障员工利益，一旦发生争议，书面材料是最好的证据。

在操作上，企业 HR 向员工发出解雇通知时，应让员工在送达回证上签名，可以在法律文书签收簿上签字，也可以将解雇通知和签收回执打印在同一张 A4 纸上，盖骑缝章，员工在回执上签字后撕下回执部分存档。

HR 实务指南

第一，在意识上，必须重视试用期不符合录用条件规定的制定。在企业劳动关系管理中，非常重要的制度并不多，试用期不符合录用条件规定是其中之一。HR 要重视这个制度的制定，一定要有风险意识，否则一旦发现新入职员工在试用期不符合录用条件，却无法做到合法解雇就会陷入被动状态。

第二，在内容上，可以先对不符合录用条件列出“负面清单”。试用期不符合录用条件通常分为两部分内容：一部分是试用期考核不合格，需要确定考核指标、考核周期、考核方法等，相对比较复杂；另一部分是“负面清单”，企业 HR 可以将企业所禁止的项目列出清单，如伪造学历证书、提供虚假合格体检报告等，试用期员工一旦触及“负面清单”所列的定义项，即属不符合录用条件。HR 可以先列出“负面清单”，先用起来，一边用一边完善。

第三，在方法上，可以借鉴同行企业的制度。试用期不符合录用条件在各企业中基本上大同小异，HR 可以在网上下载几个其他企业的制度，根据本企业的实际情况进行增删、修改。

二、试用期考核

试用期考核，是指企业对员工试用后，在试用期满前对其进行相关考核评价。若考核合格，则正式录用；若考核不合格，企业有权单方面解雇且无须支付经济补偿。试用期考核应发生在试用开始后、试用期满前。考核方式多种多样，企业可以定期考核，比如试用期满前一周对该员工试用期间的工作能力、工作态度、业绩贡献等进行一次综合考核评价，也可以分段考核，比如每个自然月的月底考核一次，还可以不定期考核。具体而言，考不考核，如何考核，企业可以自主决定，劳动法并没有规定企业必须要对试用期员工进行考核。

1. 试用期考核的规则

劳动法规定了企业无偿解雇试用期员工的制度，赋予了企业单方面解雇不符合录用条件员工的权利，让企业充分行使用工自主权，对企业来说这是件大好事。然而，遗憾的是，实务中能够很好地运用这一制度的企业并不多，明明是企业的权利，却往往演变成企业的风险，最终以赔钱收场，被裁审机构裁判违法解雇试用期员工的案例比比皆是。

本书认为，企业要充分运用试用期解雇制度，首先是要充分掌握试用期考核的规则，既要做到合法解雇，又要降低企业的管理成本，提高劳动关系管理的工作效率。

· 粗放式考核

粗放式考核，是指考察一个员工是否达到了最基本的要求，这一考核形式主要是针对一线生产工人。对于生产工人，只要在试用期内能够遵守基本的劳动纪律，不偷奸耍滑，不迟到早退，不打架斗殴，没有什么不良表现，也就算考核通过了，都不用专门对其进行考核，员工在不知不觉中就过了试用期了。这种粗放式考核形式可以为企业节约大量的管理成本。

· 普通式考核

普通式考核主要针对基层管理人员、普通文职人员和技术工人，比如班组长、模具师傅、电工、销售跟单员、人事专员、仓库管理员等，对这类员工的考核要有一定的广度和深度，对其工作能力、工作任务完成情况、劳动纪律等都要进行考核，主要侧重于工作能力方面的考核，职业道德次之。

· **精细化考核**

精细化考核，是指深度考核，除对工作能力、业绩贡献、技术水平等基本岗位技能进行深入考核外，对其学历、所学专业、工作态度、领导力、团队合作精神、情绪管理能力、忠诚度等也要进行深入考核。精细化考核主要适用于中高级管理人员和技术人员（如工程师），以及一些关键岗位人员（如会计员），对企业来说，这类员工的工作能力和职业道德同样重要，甚至职业道德比工作能力更重要。

2. 试用期考核的内容

如前所述，针对不同岗位的员工，应该做不同的考核。企业应该设计具体的考核内容，并对各项考核内容进行评价，最后进行综合评价。可以采用“优秀、良好、合格、不合格”模式，也可以采用 10 分制模式。

本书认为，试用期考核可以包括以下内容：

· **劳动纪律**

有没有迟到、早退、旷工、请假等，如果有，有多少，根据不同程度的表现，对该项进行评价。比如采用 10 分制，如果员工试用期间旷工 1 天，属于严重违规，直接评价为低分值，但如果只是迟到了两次，每次几分钟，则属于轻微违规，本项没有其他违规行为的话，则可以评价为 8 分或者 9 分。

· **硬性条件**

如学历、所学专业、职称及职业资格证书、身体健康状况等，需进行核实、考评。如前所述，对于普通员工，通常只要身体健康、遵守劳动纪律、工作积极努力即可，对学历、所学专业等则不需关注。但对于高级管理人员和高级技术人员以及一些关键岗位而言，前述硬性条件则非常重要，直接关系企业对该员工所期待的绩效产出。通常情况下，学历、职称证书、职业资格证书等一旦发现弄虚作假，则一票否决，直接评价为不合格。

· **专业知识及工作能力**

包括工作任务完成情况、错误率、执行力、工作效率、工作质量、沟通协调能力、成本意识、创新能力、持续学习能力等。如果是高级管理人员，还应包括商业思维、战略思维、团队建设能力、规划统筹能力、重大疑难问题处理能力等。

· 工作态度

包括团队合作精神、抗压能力、情绪管理能力、亲和力、职业道德、忠诚度、诚信、责任心、精神面貌、服务意识等。

对于高级管理人员以及高级技术人员，HR 往往是没有能力考核的，一般需组织专业人员或者第三方专业机构进行考核。

3. 试用期考核的方式

在什么时间段通过什么样的方式对试用期员工进行考核，这又是 HR 的一项重要工作内容。

在考核的时间上，可以针对不同的岗位设置不同的考核时间点，比如对基层管理人员和技术人员，可以采用分段式考核，分别是入职一周时、试用期过半时、试用期即将届满时。如果在员工入职一周时就能明显确定为不合格，那就立即行使解雇权将其解雇，并不是非要等到试用期即将届满时才解雇。甚至，对于一些原则性问题是不需要考核的，一经发现或者发生，立即解雇，比如，企业招聘一名电子工程师，要求电子类相关专业统招全日制本科毕业，入职 3 天后企业发现其提供的学历证书是伪造的，这种情况下就无须进行考核，直接解雇便是。

在考核的方式上，通常采用问卷式，HR 要提前设计好考核指标、权重等，并确定好考核人员，类似于绩效考核。问卷式考核有利于获得尽量客观的考核结果，避免考核人员的主观判断，减少误差。

案例 026

试用期未考核就以考核不达标为由解雇？违法！

北京市第二中级人民法院（2022）京 02 民终 10666 号

孙某于 2021 年 2 月 23 日入职甲公司并担任 IDC 事业部大客户经理职务，双方签订了劳动合同，约定试用期 6 个月，即 2 月 23 日至 8 月 22 日。6 月 22 日，甲公司向孙某送达解除劳动关系通知，解除理由是未达到季度考核目标，因此不符合录用条件。孙某对此不服，甲公司根本就没有对其进行考核，于是申请劳动仲裁，主张甲公司支付违法解除劳动合同赔偿金 22,000 元，获支持。甲公司不服，诉至法院。

审理结果

法院认为，甲公司以孙某试用期不符合公司录用条件为由将其辞退，应对孙某存在不符合录用条件的事实举证，公司就孙某试用期期间的业绩考核标准提供了岗位说明书，载明孙某试用期内每季度完成125万元，任务目标完成率不低于80%，但公司并未就考核周期、考核时间提供证据并进行合理说明，另外，公司未在作出与孙某解除劳动合同决定前向工会组织告知并征询意见，解除程序违反法律规定，法院亦不予确认。法院最终判决甲公司支付孙某违法解除劳动合同赔偿金22,000元。

HR 实务指南

第一，应在试用期满前进行考核，对于考核不合格需要解雇的，应在试用期满前解雇。这里要注意考核和出结果之间存在时间差的问题，比如张三6月30日试用期满，企业在6月29日对其进行试用期考核，这是没问题的，但如果考核不合格，必须在6月30日前解雇，而不能拖到6月30日以后解雇。有些企业考核和出结果存在时间差，HR对员工进行考核后，将考核结果层报给企业最高领导签字，领导签字后再返回HR手上，中间往往需要几天时间，这是要注意的。在劳动法的世界里，过没过试用期，就看约定的试用期是否已经届满，不看别的，劳动法是没有试用期考核这一制度的，试用期考核是企业为了证明员工不符合录用条件才制定的。

第二，要将考核结果通知员工。无论考核结果是合格还是不合格，都要通知员工，对于考核不合格企业决定解雇的，也可以同时将解雇通知书送达给员工。

第三，考核结果要存档。一是完善员工人事管理档案，二是如果以后发生争议，书面考核结果则可以作为证据使用。

三、试用期解雇

试用期解除劳动合同分为企业解雇和员工辞职两种情形，根据《劳动合同法》第37条规定，员工在试用期内需要辞职的，只需提前3日通知企业即可离职。

企业解雇指的是企业依据《劳动合同法》第 39 条第 1 项规定证明试用期员工不符合录用条件而将其解雇。本节仅讨论企业解雇试用期员工这一种情形。

1. 解雇试用期员工不能靠“拍脑袋”

下午 2 点，人力资源部黄经理来到办公室，刚落座，就收到一封邮件：

黄经理，新进品质工程师李三经试用不合格，请于今天为其办理离职手续。品质部汪经理。

黄经理心里有些不满，怎么又是试用不合格，半个月前才解雇一个品质工程师，现在招人这么难，招到合适的人才更难，随便一试就说不合格要解雇，人力资源部又得重新招。但转念一想，品质技术上的事自己不懂，他说不合格，可能是真达不到用人部门的岗位要求吧。

这时，李三已经来到人力资源部办离职手续了。黄经理给李三做好考勤，交财务结算工资，并给李三开具了解除劳动合同通知书。

对于试用期员工，用人部门负责人说试用不合格的，人力资源部都照办离职，一般不问原因，有时问多了，用人部门领导会不耐烦。

然而没过多久，黄经理收到了李三的劳动仲裁申请书副本，请求公司支付违法解雇赔偿金 28,000 元。

这时黄经理才意识到事情的严重性，于是去问汪经理，李三哪里不合格，汪经理支支吾吾地说了半天也没说出个所以然来，后来黄经理私下问了品质部的其他同事才得知，李三的业务能力很强，经验丰富，工作效率也高，但是“不会做人”，平时从来不给领导（指汪经理）倒水，领导看其不顺眼，就给解雇了。

这是笔者经办的一个真实案子，笔者介入后，经多次与李三沟通，最终以公司支付 5000 元调解结案。

事实上，类似现象在实务中非常普遍，企业的一些管理者靠“拍脑袋”决定试用期员工的去留，在他们眼里，试用期员工是可以随时解雇的，理由就是“试用不合格”，至于怎么不合格，他们没有任何概念，只要想解雇谁，就说他“试用不合格”，没有考核、没有标准、没有制度，全凭主观臆断，试用合不合格，也就是他们一句话的事。也正因为有这样的认知，才导致了大量的劳动争议案件。

案例 027

企业未将不符合录用条件告知员工，解雇员工被判违法

北京市第三中级人民法院（2022）京 03 民终 1548 号

陈某于 2020 年 2 月 24 日入职甲公司并担任产品经理，双方签订了书面劳动合同，约定合同期限为 2020 年 2 月 24 日至 2023 年 2 月 28 日，试用期 6 个月（2 月 24 日至 8 月 23 日）。8 月 21 日，甲公司以不符合录用条件为由解除了与陈某的劳动关系。双方因此成讼。陈某诉称，其在公司表现良好，如期转正。甲公司辩称，陈某负责采购的咖啡机项目未投入使用即闲置，造成公司损失，不符合录用条件。陈某对此则不认可。

审理结果

法院认为，因用人单位作出的开除、除名、辞退、解除劳动合同、减少劳动报酬、计算劳动者工作年限等决定而发生的劳动争议，用人单位负举证责任。甲公司以陈某试用期内考核不合格、不符合录用条件为由解除双方之间的劳动关系，但未能提供证据证明陈某入职时甲公司已经向其告知具体的岗位要求、岗位职责以及试用期考核的量化标准，故法院认为甲公司解除双方之间劳动关系依据不足。法院最终判决甲公司向陈某支付违法解除劳动关系赔偿金。

2. 解雇试用期员工要有可靠的依据

企业对处于试用期的员工可以随意解雇？当然不是，员工处于试用期时，仍然受到劳动法的完整保护，没有可靠的依据，企业不得随意解雇。

在《劳动合同法》施行以前，我国劳动法没有对试用期解雇制度进行规范，以至于很多企业利用优势地位滥用解除权，损害员工合法权益。《劳动合同法》施行以后，则明确规定了这一情形，该法第 21 条规定，在试用期中，除劳动者有该法第 39 条和第 40 条第 1 项、第 2 项规定的情形外，用人单位不得解除劳动合同。从此明确，除法定情形外，企业不得解除试月期员工的劳动合同。

值得一提的是，在 2006 年 3 月 20 日全国人大常委会办公厅公布的《劳动合同法（草案）》中，并没有“试用期不得解除”的规定，在草案初次审议时才将此内容增加进去，并在后来的审议稿中做过一些文字方面的修改，才有了现在我们看到的《劳动合同法》第 21 条的内容。

那么，何为可靠的依据？指的就是前述法条规定的《劳动合同法》第 39 条和第 40 条第 1 项、第 2 项，其中第 39 条第 1 项是试用期专属解雇条款，其余部分属于一般解雇条款，适用于所有员工。除前述法定情形外，企业不得解雇试用期员工，否则应承担违法解雇的法律后果。

3. 要在试用期满前解雇

员工不符合录用条件，企业并不必然要将其解雇。比如销售人员，双方约定了在试用期内没有达到一定的销售业绩，则属于不符合录用条件，没有达到销售业绩的原因有很多，可能是因为员工本身的能力无法满足企业的要求，也可能是因为市场原因或者一些其他因素导致没有达到，现在优秀的销售人员非常难招，企业可能愿意降低录用条件让其转正，员工也愿意留下来继续工作，这种情况在实务中也很常见。

但是，企业如果需以不符合录用条件将其解雇，则应在试用期满前解雇，这是法律规定的当然之义。过了试用期，就不存在不符合录用条件了，企业也就不得再以不符合录用条件为由解雇员工，符合其他解雇条件的，企业也可以解雇，那是另外的问题了。

原劳动部办公厅《对〈关于如何确定试用期内不符合录用条件可以解除劳动合同的请示〉的复函》（劳办发〔1995〕16 号）指出，对试用期内不符合录用条件的劳动者，企业可以解除劳动合同，若超过试用期，则企业不能以试用期内不符合录用条件为由解除劳动合同。

案例 028

员工试用期满，企业以不符合录用条件为由将其解雇合法吗？

辽宁省大连市中级人民法院（2020）辽 02 民终 7615 号

李某于 2019 年 3 月 18 日入职甲宾馆并担任运营副总经理职务，双方签订了 3 年固定期限劳动合同，约定试用期 3 个月（3 月 18 日至 6 月 17 日）。2019 年 11 月 5 日，甲宾馆向李某出具解除劳动合同通知书，解除理由为不符合任命条件，通知书上所载解除原因为“劳动者在试用期内被证明不符合录用条件”。双方因此成讼。

审理结果

法院认为，甲宾馆在李某试用期满 4 个月后作出以试用期内被证明不符合录用条件解除劳动合同的决定，不符合《劳动合同法》第 39 条用人单位可以解除劳动合同的情形，属于违法解除劳动合同。法院最终判决甲宾馆向李某支付违法解除劳动合同赔偿金 15,000 余元。

4. 解雇试用期员工也应通知工会

《劳动合同法》第 43 条规定了企业解雇员工应当事先将理由通知工会，没有区分解雇试用期员工还是非试用期员工。事实上，实务中极少有企业解雇试用期员工还通知工会的，一方面是试用期员工解雇的量太大，通知工会极为不便，一个月解雇几个甚至几十个试用期员工，个个都通知工会，HR 不嫌烦工会还嫌烦呢；另一方面裁审机构对企业解雇试用期员工是否通知工会，也不是那么强调，放得相对较松，程序上不像解雇正式员工那么严格。

尽管如此，本书仍然建议企业通知工会，如果解雇量大，则可以集中通知，比如每周五将下周拟解雇的试用期员工名单汇总通知工会，这并不难做到，不会给 HR 增加过多的工作负担。

案例 029

企业解雇试用不合格员工时未通知工会是否合法？

吉林省吉林市中级人民法院（2018）吉 02 民终 3101 号

王某于 2018 年 7 月 2 日入职甲公司并担任焊接监察员职务，双方签订了书面劳动合同，约定试用期 1 个月（7 月 2 日至 8 月 1 日），月工资 2560 元，转正后月工资 3200 元。7 月 9 日，甲公司向王某发出《试用期不合格通知书》，王某在该通知书上签字，双方劳动合同解除。甲公司认为，7 月 6 日下午，王某未经请假擅自离开甲公司，违反劳动纪律，且王某不懂焊接技术，不能履行焊接监察员职责，属于不符合录用条件。双方因此成讼。

审理结果

一审法院认为，用人单位单方解除劳动合同，应当事先将理由通知工会。

该案中，甲公司主张因其公司规模小未设立工会，故不能通知工会，法院认为，公司就算未设立工会，亦应该向职工代表进行通知，或者向该地区行业工会进行汇报，故甲公司解除与王某的劳动关系违反了法律规定，应当向王某支付违法解除劳动合同赔偿金 2560 元。

二审法院认为，甲公司根据劳动合同约定及王某实际工作情况，作出了《试用期不合格通知书》，并于 7 月 9 日向王某送达，解除了与王某之间的劳动合同，符合劳动合同约定及法律规定，不存在违法解除王某劳动合同的情形，一审判决甲公司向王某支付解除劳动合同赔偿金 2560 元错误，二审法院予以纠正。

HR 实务指南

第一，解雇试用期员工应有可靠的依据。所谓可靠依据，是指企业在解雇试用期员工时，原则上要有可以对应的不符合录用条件所定义的条款，尽量不要在没有依据的情况下靠“拍脑袋”解雇，没有可靠依据的解雇往往会给企业带来败诉风险。

第二，应在试用期内解雇。员工在试用期内被证明不符合录用条件的，企业应及时作出处理，要么留下其继续工作，要么将其解雇。决定解雇的，必须在试用期内解雇，一旦试用期届满，则不得再以不符合录用条件解雇。

03 第三章

规章制度

规章制度又称劳动规章制度、劳动规章，是指由企业制定的组织劳动过程和进行劳动管理的规则和制度的总和，也称为企业内部劳动规则，是企业内部的“法律”。劳动规章制度是企业和员工权利义务的最重要的载体之一，是企业对员工进行用工管理的重要依据。规章制度内容非常广泛，包括了企业生产经营管理的各个方面。

| 第一节 | 规章制度的制定

正所谓“没有规矩，不成方圆”，企业要维持正常的生产经营，降低用工成本，提高工作效率，就需要制定一系列的规章制度，既是为了引导员工应该做什么、怎么做，又是为了告诫员工哪些不能做，否则需承担相应后果。通常情况下，规章制度由人力资源部门牵头，组织和协同各用人部门进行制定，因此，制定规章制度是 HR 的重要工作之一。

一、制定规章制度是企业的法定义务

在企业劳动关系管理中，劳动法律法规是从宏观层面对我国劳动法律关系进行调整和规范，具有全局性、概括性、高度性等特点；劳动合同则是针对具体的用工主体和劳动主体最重要的权利义务进行约定和规范，具有具体性、明确性、针对性等特点；而规章制度则是介于劳动法律法规和劳动合同之间的制度规范，可以对劳动法律法规和劳动合同没有规定或者约定以及规定或者约定不够细化的地方进行规定，是对劳动法律法规和劳动合同的补充。劳动法律法规、劳动合同、劳动规章制度，合称“劳动权利义务三驾马车”，三足鼎立，互为补充，相辅相成，共同构成企业与员工权利义务的内容。由此可见，规章制度不可谓不重要。

正因如此，劳动法规定了企业必须要制定规章制度。《劳动合同法》第 4 条第 1 款规定了企业应当依法建立和完善劳动规章制度的法定义务，以保障员工享有劳动权利和履行劳动义务。权利可以放弃，义务则必须履行。

事实上，与其说制定规章制度是法律给企业设定的一项义务，不如说是法律赋予企业的一项权利更加客观、准确。从法律上看，规章制度既约束企业，保障员工合法权益不被企业侵害，又约束员工，使企业更好地管理员工。

就具体规定而言，员工违反规章制度的，企业可以依据该制度对员工进行处罚，构成严重违反规章制度的，企业可以将其解雇，而无须支付经济补偿或者赔偿金。从这个角度讲，规章制度就是企业内部的“法律”，是企业管理员工的工具，是企业规范生产经营秩序、提高生产效率、保障自身健康稳定发展的利器。反之，如果企业没有制定规章制度，员工纵有违规行为，因为没有可以参照的标准，企业贸然罚之，甚至将其解雇，则可能存在违法解雇的赔偿风险。

那么，如果企业没有成文化的规章制度，或者所制定的规章制度没有经过民主程序和公示，是不是就一概不能解雇违纪员工了呢？也不尽然。通常情况下，企业解雇员工是需要有合法制定的规章制度作为依据的，如果没有制定规章制度，则需要严格审查企业的解雇行为是否损害员工利益，进而认定属于合法解雇还是违法解雇。

比如，重庆市第五中级人民法院（2020）渝05民终4777号民事判决书认为，尽管甲公司的规章制度的制定并未经过民主程序，且证人关于已经将规章制度进行公示并组织钟某学习的证言因无其他证据予以佐证而法院不予采信，但是，钟某无故旷工1个月有余，其行为应当属于严重违反劳动纪律的行为，违反了《劳动法》第25条第2项的规定，故甲公司作为用人单位解除双方劳动关系属于依法行使用工管理权，属于合法解除，无须支付违法解除劳动关系赔偿金。

本书认为，既然法律给企业设定了制定规章制度的义务，企业应乐意为之才是。

案例030

企业未制定规章制度，解雇旷工45日的员工是否合法？

安徽省合肥市中级人民法院（2017）皖01民终143号

崔某于2011年3月入职甲服饰店从事销售员工作。2015年4月怀孕并告知了甲服饰店。自6月16日起，崔某未经请假无故缺勤，7月26日，甲服饰店向崔某发出催告返岗通知，明确载明崔某已连续旷工40日，催告其收到通知书后3日内返岗上班。崔某未按期返岗。8月10日，甲服饰店以崔某连续旷工45日已构成严重违纪为由解除了与崔某的劳动合同。双方因此成讼。庭审中，甲服饰店并未就崔某知晓甲服饰店的劳动纪律等规章制度进行充分举证。

审理结果

法院认为，崔某对于6月15日至解除劳动合同期间未上班并无异议，特别是甲服饰店向崔某发送的通知书上明确载明其累计旷工达40日并要求其收到通知后3日内返回工作岗位继续工作，崔某并未举证证明其未上班的具体原因，也未按照通知要求回到工作岗位继续履行其工作职责，故崔某的行为构成旷工，属于严重违反劳动纪律的行为。虽然甲服饰店的举证不足以证明崔某知晓甲服饰店的劳动纪律等规章制度，但是，作为劳动者，提供劳动并遵守基本的劳动纪律属于双方履行劳动合同的基础，作为孕妇也不例外。

法院最终判决甲服饰店解除劳动合同合法。

案例简评

实务中，企业没有制定相关规章制度的现象屡见不鲜，尤其是一些小微企业，员工加老板只有几个人或者十几个人，没有设专职的HR，日常人事事务往往由财务代管或者老板直接管，也就谈不上制定规章制度了，这种现象非常普遍。

具体到该案，从判决书可以看到，甲服饰店是个体工商户，可能也就两三个员工，类似于临街的小卖部、理发店、早餐店，老板既当老板又当员工，由于忙不过来，于是招聘了一两个员工帮忙，这种类型的店铺大多是没有制定规章制度的，甚至连劳动合同是什么都不知道，更谈不上签订了。然而，在劳动法上，这类店铺仍属法定的"用人单位"，仍受劳动法调整，承担用工主体责任。

该案中，在崔某连续旷工40日时，甲服饰店催告了崔某返岗上班，崔某并未返岗上班，也没有作出合理解释，甲服饰店将其解雇，法院判决解雇合法，本书不持异议。不过换个说法，若是甲服饰店没有催告崔某返岗上班，而是径直以旷工多日构成严重违纪为由将其解雇，能否认定为合法解雇，可就不好说了。

HR 实务指南

第一，充分履行劳动法赋予的义务，积极制定规章制度。劳动法既然规定了企业制定规章制度的义务，那么企业就应积极履行该义务，依法依规制定。事实上，企业制定规章制度有双重好处：一是履行了劳动法规定的义务，二是处罚员工时有依据，大大降低了违法处罚的风险。

第二，可以先制定重要的制度。如果企业没有人力、财力制定完善的规章制度，那么可以先制定几个重要的制度，其他的可以以后再制定。比如，员工试用期不符合录用条件规定、严重违反规章制度规定、考勤管理规定等，可以先制定。对企业而言，规章制度永远都是先说“有没有”，再说“好不好”，如果没有制度，就谈不上好不好，先有了制度，再对不合法、不适用、不合理的条款进行修改，慢慢完善起来。

第三，规章制度文本可以多渠道获得。企业若有预算，可以咨询专业的劳动法律师，在律师指导下制定，或者直接委托律师制定；若无预算，也可以直接在百度上下载几个相似的制度，稍作修改就可以使用了。

二、规章制度的内容

劳动法只规定了企业必须制定规章制度以及制定的程序，但是没有对规章制度的具体内容进行规定，而是交给企业自行决定，企业可以根据实际的生产经营情况确定规章制度的数量和内容。

如果是一家刚成立不久的企业，那么如何开拓市场、做好生产，才是其当务之急，至于劳动用工，可能要稍微往后放一放，规章制度自然也就没有那么完备了，可能就是一张 A4 纸，几百个字就写完了，主要包括上下班时间之类的基本的工作纪律。

笔者这些年在提供劳动法咨询的过程中，曾见到过规章制度有好几百页的，印成一本书，冠以《员工手册》之名，笔者还打趣道，如果员工试用期是一两个月，试用期满时可能规章制度都还没看完；笔者也曾见到过规章制度仅用一张 A4 纸的，简单明了。

其实，无论是一本书还是一张纸，都有其道理，不存在哪个好哪个不好。本书认为，只要是适合企业的，能够规范用工管理，提高工作效率，那就是一个好制度。

《劳动合同法》第 4 条第 2 款指出了规章制度的范围，包括劳动报酬、工作时间、休息休假、劳动安全卫生、保险福利、职工培训、劳动纪律、劳动定额管理等，但没有硬性规定企业必须要制定包括这些内容的规章制度。本书认为，企业规章制度通常应包括考勤管理、绩效管理、薪酬福利管理、劳动合同管理、社会保险福利待遇、工作时间及休息休假、调职调岗、宿舍管理、食堂管理、奖惩管理等。

1. 开展工作之必需的相关规定

这是规章制度里最基本也是最重要的内容，所规范的都是员工的一些日常工作中需要遵守的最基本的规则，也是员工作为企业一员的应知应会。包括但不限于：

（1）企业基本情况：成立时间、创始人团队、组织架构、主要产品、企业愿景、企业文化等。

（2）日常工作纪律及考勤管理：上下班时间、打卡规则、忘打卡或者忘带卡的签卡处理、请假规则和审批流程、调休补休、调职调岗、加班、出差、工作态度、奖惩等。

（3）劳动合同：签订、续签、履行和变更、解除与终止、合同签收、存档管理等。

（4）办公室礼仪：仪容仪表、衣着打扮、礼仪礼节等。

（5）培训：入职培训、职业培训、专项培训等。

2. 劳动条件的相关规定

劳动条件是指企业为使员工能够顺利完成工作任务而为员工提供的必要的物质和技术条件，如工作电脑、劳动工具、工作场地、办公设备、办公文具、技术资料等。

《劳动合同法》第 17 条规定了企业有向员工提供必要劳动条件的义务，企业可以在规章制度中对所提供的劳动条件进行相关规定，比如工具领用、使用、交接，公物保护，车辆使用等。

3. 严重违反规章制度的相关规定

严重违反规章制度的相关规定在企业劳动关系管理中具有相当重要的地位，本书将在下文中讨论，此处不赘述。

4. 试用期不符合录用条件的相关规定

试用期不符合录用条件的规定在前文已作讨论，此处不赘述。

5. 薪酬绩效的相关规定

包括但不限于工资结构、工资标准、加班费标准和计算公式、各类补贴津贴、年终奖、年终双薪或N薪、社会保险、个税、住房公积金、绩效考核等。

6. 安全生产、环保、职业危害等的相关规定

包括但不限于安全生产组织架构、消防设施、逃生、安全责任制、机器操作规程、职业危害、劳动保护、环境保护、重大事故应急预案、安全生产标准化作业规程等。

7. 员工生活方面的相关规定

员工在企业里除了工作以外，还有生活方面的需要，如果企业提供食宿，则应制定生活方面的规章制度，如宿舍管理、食堂管理、车辆管理等制度。

HR 实务指南

规章制度不求多、不求全，但求实用。在内容方面不宜过度追求全面、完美、面面俱到，而应优先考虑眼前急需规范的用工规则，企业一边经营一边健全完善规章制度即可。与其一开始就追求所谓高大上的用工制度体系，华而不实，不如实在点，从企业实际出发，先制定部分实用的制度，更有价值和意义。

比如，一家刚成立不久的企业，员工数量少，最重要的可能是劳动合同制度、试用期管理制度、员工奖惩制度、工资考勤制度等。以考勤制度为例，无须过于完美，各个细节都规范到位，而是可以简单粗糙一些，规定一下上下班打卡时间、加班审批、请假流程等就可以了，往往一张纸就可以写完。规章制度先用起来，随着企业慢慢做大，员工越来越多，再进一步修改完善即可。

三、规章制度的技术规范

所谓技术规范，是指规定产品、过程或服务应满足技术要求的文件，是标准文件的一种形式。企业规章制度技术规范，指的是企业制定的规章制度所应当遵

循的标准格式。

参考全国人大常委会法制工作委员会发布的《立法技术规范（试行）（一）》（法工委发〔2009〕62 号）和《立法技术规范（试行）（二）》（法工委发〔2011〕5 号），企业在制定规章制度时，应遵循结构规范、条文表述规范、用语规范等原则。

1. 规章制度结构规范

规章制度结构规范即格式规范，是指规章制度应具有标准的格式，在逻辑结构上应合理。通常来说，一份规章制度应由以下几部分组成：

· 名称

规章制度的名称通常由“事由 + 文种”或者“适用对象 + 事由 + 文种”组成。比如，《考勤管理规定》，“考勤管理”是事由，“规定”是文种。又如，《员工奖惩办法》，“员工”是适用对象，“奖惩”是事由，“办法”是文种。

文种方面，劳动法没有规定具体要怎么使用，因此，使用“规定”“办法”“规范”都可以，也可以直接叫“制度”，比如《员工奖惩制度》。参考《立法法》的相关规定，企业规章制度一般不能用“法”“条例”等。

也可以不遵循上述格式，比如《员工手册》也是可以的，只要能把内容概括性地表述清楚，就可以。

于是就有人问，如果用了“条例”会怎么样？答案是，不会怎么样。既不会影响制度条款的效力，也不会影响制度内容的传播。企业规章制度不是国家立法或者政府公文，在结构规范上没有那么严格。

笔者曾见过有企业的规章制度统一使用《× × 条例》，比如《员工宿舍管理条例》《出差管理条例》等。最多只是说制度制定者缺少法律知识，并不会影响制度本身的法律效力。

· 正文

一般情况下，规章制度的正文应由总则、主文、附则构成。内容较多的制度，可以分章分节，比如第一章为总则，最后一章为附则，中间各章为主文，若某章内容较多，还可以分节。内容较少的制度则无须分章分节，直接用“第 × 条”即可，通常第 1 条或者前面两三条规定的是总则内容，最后一条则是附则内容，中间各条为制度主文。

（1）总则。

总则部分最少包括以下两项内容：

第一，制定该制度的目的或原则，载明制定的目的和制定原则是制定该制度的基础。

第二，该制度的适用范围，适用范围分为横向范围和纵向范围，前者是指仅适用于本企业，还是包括各子公司、分公司、办事处等，后者是指用于哪些员工群体，是全体员工适用还是仅适用于某些层级或者某些职能的员工。

总则部分可以用 1 条（第 1 条）来规定，也可以用多条，一般不超过 3 条。

（2）主文。

主文部分是1份规章制度的核心，应对该制度所需规范的内容逐条描述。比如，《考勤管理规定》中所规定的打卡时间，应明确描述企业的工作时间，引导员工在指定的时间期间打卡上下班，超过多少分钟打卡的，视为迟到或者早退。

（3）附则。

附则部分一般包括制度中的名词解释、制度施行日期等。

2. 规章制度条文表述规范

条文表述规范是指规章制度的各个条款应简洁明了，意思表述准确清晰且无歧义。至少应做到以下几点：

（1）同一制度的条款与条款之间、各个规章制度之间，应逻辑自洽，不得出现互为矛盾的表述。

（2）尽量使用书面用语，表述应严谨、规范，避免过多的口语化表述。

（3）表述应言简意赅，清晰准确，避免出现长篇大论，甚至是议论或者抒情。

（4）表述应层次分明、条理清晰且完整，不得出现员工看完后还有一大堆疑问的情况。

举两个例子。

例 1：《劳动合同法》第 20 条规定，“劳动者在试用期的工资不得低于本单位相同岗位最低档工资或者劳动合同约定工资的百分之八十”，这句话就是有歧义的，到底是不得低于“本单位相同岗位最低档工资”或“劳动合同约定工资的 80%”，还是不得低于“本单位相同岗位最低档工资的 80%”或“劳动合同约定工资的 80%”？由于“或者”的前面没有 80%，那么这个 80% 是“管前管后”还是“只管后不管前”？这就产生了两种理解。直至《劳动合同法实施条例》发布施行，其第 15 条规定了“两个 80%”，“管前管后”。

例 2：《劳动合同法》第 44 条第 2 项规定，“劳动者开始依法享受基本养老保险待遇的，劳动合同终止”，这条规定应该是指员工达到法定退休年龄时，劳动合同终止。然而，现实中存在大量员工达到法定退休年龄时却由于各种原因未能享受养老保险待遇的情形，那么企业到底能不能终止其劳动合同呢？这就存在不同理解。《劳动合同法实施条例》施行后明确了这一规定，该条例第 21 条规定，“劳动者达到法定退休年龄的，劳动合同终止”，这就清晰明了了，不管你是否享受养老保险待遇，只要达到了法定退休年龄，劳动合同就终止，“一刀切”。

由此可见，企业在制定规章制度时，意思表述应准确，避免出现歧义。规章制度某一条款一旦发生歧义，出现两种以上的理解，裁审机构往往多按“有利于员工”的原则进行裁判。

3. 规章制度用语规范

在语言表述上，应做到用词准确，文字表述明白，不产生歧义，不模棱两可。具体而言，至少应做到以下两点：

（1）尽量使用“应当”“必须”“禁止”“不得”等肯定性词语，避免使用“大概”“可能”“也许”“尽量”“原则上”等带有不确定性的词语。

（2）应当使用正式的、规范的书面语言，避免使用方言、歇后语等，不使用生僻词语。

案例 031

规章制度条款存在冲突的，应作有利于劳动者的解释

江苏法院 2021 年度劳动人事争议十大典型案例（案例九）

某制品公司《员工手册》第 72 条列举了违纪处分的形式，即一般警告、严重警告和解除劳动合同 3 种，并规定，凡经发出 1 次严重警告后，倘再犯一般警告或严重警告的过失，公司可解除劳动合同。第 75 条列举了解除劳动合同的具体情形，其中包括 1 年内受到 2 次严重警告的。2020 年 1 月 2 日，某制品公司给予蔡某严重警告 1 次；1 月 9 日，某制品公司给予蔡某一般警告 1 次，并依据《员工手册》第 72 条规定对蔡某予以解除劳动合同。蔡某经仲裁后提起诉讼，要求某制品公司支付违法解除劳动合同的赔偿金。蔡某认为某制品公司依据《员工手册》第 72 条解除劳动合同属违法解除，其不具备第 75 条规定的可解除劳动合同的情形；某制品公司认为其解除劳动合同可以适用第 72 条，也可以适用第 75 条。

审理结果

法院认为，《员工手册》第 72 条和第 75 条均规定了公司可以解除劳动合同的情形，从文义来看，第 75 条规定的某制品公司可作出解除劳动合同处理的条件更为严苛。考虑到解除劳动合同是用人单位对劳动者最严厉的惩戒措施等因素，在双方对条文的理解产生分歧时，应作有利于劳动者的解释，在对蔡某作出解除劳动合同决定时应当适用更为严苛、更为具体的第 75 条规定，故法院判决某制品公司向蔡某支付违法解除劳动合同的赔偿金。

案例简评

劳动立法的基本立场与态度在于保护劳动关系双方当事人的正当合法权益，同时按照有利于劳动者的原则给予劳动者适当倾斜保护。由于用人单位享有按照依法制定的劳动纪律和规章制度对劳动者行使劳动管理的权利，这使得用人单位与劳动者之间形成了管理与被管理的法律关系，从而使劳动者在劳动法律关系中处于从属性地位。

该案中，《员工手册》第 72 条规定的劳动合同解除条件比第 75 条的规定更为宽松，有利于用人单位而不利于劳动者，因而在两者发生冲突的情况下，劳动者援引对其相对有利的条款抗辩用人单位的处罚决定过重的，应从维护劳动者合法权益的角度出发予以采纳。

该案判决恰当地体现了对相对弱势的劳动者权益的合理保护，给类案判决提供了指引，也提醒用人单位，在通过规章制度实现对劳动者管理的过程中，要注重规章制度的严谨性、规范性，提高有效管理能力。（点评人：秦国荣，南京审计大学法学院教授）

HR 实务指南

第一，HR 应提高文书写作能力。事实上，制定规章制度其实考验的是 HR 的行政文书写作能力，谋篇布局，遣词造句，都离不开文书写作知识。HR 应注意加强学习文书写作，提高写作能力，尤其多学习借鉴政府发布的行政公文，政府公文一般出自专业人士之手，是标准的文书格式。唯有如此，HR 在制定规章制度时才能左右逢源，游刃有余。

第二，可以委托劳动法律师进行审查。通常情况下，由于职业需要，律师对合同类、制度类文书的遣词造句比普通人感受要深，对用词也比普通人敏感。企业 HR 制定的规章制度，可以委托律师帮助审查，提出修改意见，这有利于规章制度的规范。尤其是有企业人力资源管理背景的劳动法专业律师，他们既有企业人力资源管理的丰富经验，又有法律专业知识加持，双重能力结合，可以有效地帮助企业提高规章制度的规范程度，打造出完美的规章制度。当然，如果经费允许，也可以直接委托劳动法专业律师起草规章制度，HR 提供协助。

四、规章制度与劳动合同的关系

劳动法律法规、规章制度、劳动合同，是劳动关系权利义务的三大载体。劳动法律法规由国家立法机关制定，主要从宏观层面调整劳动关系。规章制度是由企业单方面制定，通过民主程序并向全体员工公示后实施，对企业和本企业的所有员工均具有约束力。劳动合同则是由企业与员工“一对一”签订，基于合同相对性原则，仅对合同签订的双方当事人具有约束力。应当说，劳动法律法规、规章制度、劳动合同，对劳动关系权利义务“各管一块”，相互交叉却又相互独立，各有各的作用。就企业与员工而言，规章制度和劳动合同是相互独立和相互补充的，相辅相成，相得益彰。

1. 规章制度与劳动合同的区别

· 法律性质不同

规章制度由企业单方面制定，通过民主程序和公示程序的规章制度即可对员工产生约束力，规范员工的行为，虽然对企业也有所约束，但基本上都是约束员工。劳动合同则是双方达成合意后所签署的契约，具有合同“要约—承诺”的特点，其内容约束企业和员工双方。

· 约束对象不同

规章制度除有特别规定外，通常约束企业的全体员工，在企业内部具有普遍适用性。劳动合同则仅约束合同的当事人，即约束签订合同的具体个体，适用合同相对性原则。

• **变更程序不同**

规章制度若需要变更（修改、删减或者增加）内容，企业单方面进行即可，无须经过员工同意，只有变更《劳动合同法》第 4 条第 2 款规定的直接涉及员工切身利益的规章制度或者重大事项时，才需要经过民主程序。劳动合同内容若需变更，原则上必须经过双方同意，企业和员工均不得单方面变更，只有符合《劳动争议司法解释（一）》第 43 条规定的“超过一个月”的才可能默认单方面变更有效。

2. 规章制度是劳动合同的“天然”附件

实务中，有很多 HR 喜欢在劳动合同中约定规章制度是劳动合同的附件，看似“增加”的劳动合同的内容，对企业更有利，实则不然。

正如上文所述，劳动合同是企业与员工双方合意签署的契约，对双方都具有约束力，规章制度则是由企业单方面制定，无须约定即对员工具有约束力，因此，规章制度客观上是劳动合同的“天然”附件，无须另行在劳动合同中约定为附件。

反之，企业一旦把规章制度约定为劳动合同附件，那性质就变了，无疑是将企业可以单方面制定和修改的文件变成双方合意的契约，如果企业要修改规章制度或者增加新的制度内容，还需得到员工同意，企业未经员工同意而单方面修改或者增加的，严格来说修改部分或者增加部分是无效的，对员工没有约束力。从这个角度讲，HR 在与员工签订劳动合同时约定规章制度为劳动合同附件，无疑是“画蛇添足”。

案例 032

规章制度内容与劳动合同约定不一致，应以哪个为准？

江苏省盐城市中级人民法院（2022）苏 09 民终 1302 号

2019 年 8 月，甲公司出台《企业规章管理制度实施条例》，该条例规定转正员工连续旷工 3 日视为自动离职，每旷工 1 日扣除 3 日工资，直至工资扣完为止。2020 年 7 月，陈某入职甲公司，双方劳动合同约定陈某的工作时间和假期可作弹性自主安排（每年休假时间不少于国家法定节假日与星期天天数）。陈某入职后，在《企业规章管理制度实施条例》新入职人员签字栏内签名。2021 年 7 月 14 日，甲公司解除了与陈某的劳动合同，理由是“6 月 10 日起擅自离开工作岗位，未履行任何请假手续，已旷工数日”。双方因此成讼。陈某认为，双方签订的劳动合同明确约定陈某工作时间采用弹性安排，应按劳动合同执行，不适用考勤制度。

审理结果

法院认为，根据《劳动争议司法解释（一）》第 50 条第 2 款规定，用人单位制定的内部规章制度与集体合同或者劳动合同约定的内容不一致，劳动者请求优先适用合同约定的，人民法院应予支持。规章制度是对公司全面管理的规定，相较于规章制度而言，劳动合同是用人单位与劳动者在协商一致的基础上达成的特别约定，规章制度的规定与劳动合同的约定不一致的，应当优先适用劳动合同的约定。在公司规章制度的规定与劳动合同的约定不一致或理解产生歧义时，亦应当作对劳动者有利的解释。因此，陈某的工作时间及工作方式应当按照劳动合同的约定确定，即其工作时间和假期可作弹性自主安排。

法院最终认定甲公司解雇陈某违法。

HR 实务指南

规章制度和劳动合同“各管一块，互为补充”，但是不能等同，既要制定规章制度，又要签订劳动合同，HR 必须要认识到这一点。

规章制度适用全体员工或者部分员工，如果没有制定，只是在用工过程中缺少奖励、惩罚、考核等的依据，一般不需要承担法律后果。但劳动合同如果没有签订，则直接承担支付 2 倍工资的法律后果。

|第二节|　规章制度合法“三要素”

根据劳动法的规定，企业制定规章制度必须符合合法“三要素”，即实体合法、程序合法、向员工公示。《劳动合同法》第 4 条规定了企业制定规章制度的民主程序制度和公示制度，《劳动争议司法解释（一）》则规定了规章制度的实体制度，即规章制度内容不得违反法律法规规定。

也有人认为是“四要素”，即制定规章制度的主体应当适格，也有道理。本书认为，制定主体适格是规章制度合法且有效的当然之义，不宜独立作为一个合法要素进行探讨，因此，本书按“三要素”进行讨论。

一、规章制度的内容应合法、合理

实体合法，又称内容合法、合理，是指企业制定规章制度时，要严格按照法律法规规定，以保障员工享有劳动权利和履行劳动义务为原则，拟定的各项条款应体现劳动关系双方的权利义务相一致。法律赋予了企业单方面制定劳动规章制度的权利，这同时也是其法定的义务。企业应根据生产经营的需要，从自身实际出发，建立和完善内部“法律”。

具体而言，规章制度实体合法主要体现在以下几个方面：

1. 不得违反法律法规规定

劳动法属于社会法，兼具公法和私法双重属性。在企业劳动关系管理中，无论是企业单方面制定的劳动规章制度，还是企业与员工双方合意签订的劳动合同以及各种协议，其内容都不得违反劳动法强制性规定，体现了劳动法的公法属性。比如，双方不得通过合意约定员工工资标准低于当地最低工资标准，双方约定的休息日加班费标准不得低于员工正常工作时间工资的 200%，等等。不违反劳动法强制性规定的，法律一般不予干预。《劳动争议司法解释（一）》第 50 条规定了企业制定的规章制度不得违反国家法律、行政法规及政策规定。

具体而言，其一，企业必须在法律规定的框架内制定规章制度，所有条款不得与法律规定相抵触、相违背，否则有可能会被认定为无效；其二，这里所说的“国家法律、行政法规及政策”指的是广义的法律概念，即包括宪法、法律、行政法规、地方性法规、政府规章、部门规章，以及各民族自治地方的自治条例和单行条例等。

案例 033

企业规章制度规定员工迟到早退属于旷工，合法吗？

新疆维吾尔自治区乌鲁木齐市中级人民法院（2019）新 01 民终 3981 号

孙某于 2004 年 8 月入职甲学校并担任会计职务，甲学校《员工考勤管理制度》规定：“……迟到或早退 30 分钟以上者视为半天旷工，3 小时以上者视为一天旷工，主管级别双倍受罚……一年内累计三天旷工者将给予书面严重警告处罚，情节严重者予以开除处理。”孙某签收了该制度。2017 年 4 月 17 日至 10 月 7 日，孙某休产假，产假结束后孙某返岗上班，双方因工作安排等问题发生争议。2018 年 1 月 4 日，甲学校以孙某累计旷工 11 天构成严重违反规章制度为由解雇了孙某。双方因此成讼。

审理结果

法院认为，用人单位制定规章制度不仅要符合法律法规的规定，而且要兼具合理性，若单位规章制度过于苛刻，没有弹性空间，劳动者只能被迫接受，则显然有失合理性。该案中，甲学校制定的《员工考勤管理制度》规定迟到或早退 30 分钟以上者视为半天旷工，3 个小时以上者视为一天旷工，扩大了劳动者的责任，有失合理性，因此该制度不能作为其解除与孙某劳动关系的依据，甲学校依据该制度单方作出解除与孙某的劳动合同的决定违反法律规定。

案例简评

规章制度内容违反法律法规规定或者不合理的现象在实务中非常普遍，比如，旷工 1 天扣 3 天工资、员工必须无条件服从企业的加班安排、女员工入职 3 年内不得怀孕等。有些是因为制定制度者对劳动法不甚了解，无法判断哪些条款是合法的，哪些是不合法的，有些则是企业明知条款不合法，依然写在制度里，企图用于约束员工。无论是哪种情形，都是经不起论证的，一旦发生争议，企业往往要承担败诉风险。

该案亦是如此，甲学校规定“迟到或早退30分钟以上者视为半天旷工，3个小时以上者视为一天旷工”，扩大了对员工违纪情节的认定，孙某只有迟到和早退的事实，并没有旷工的事实，即使认定其构成旷工，也只能认定为30分钟或几个小时，而不能直接扩大认定旷工半天或旷工一天，这种用放大镜看待员工违纪情节的行为，明显扩大了违纪结果，加重了员工的违纪责任，法院认定该规定不合法，并无不妥。

2. 规章制度内容需公平、合理

企业规章制度内容除合法外，还应当公平、合理。何谓公平、合理？《现代汉语词典》的解释分别是“处理事情合情合理，不偏袒哪一方面”“合乎道理或事理”。规章制度是否公平、合理，应结合企业的经营方式、生产方式、人事管理现状、员工岗位职责等具体情况综合分析。通常来说，以是否符合社会的一般认知和大多数员工的认同作为判断是否公平、合理的标准。尽管如此，如何把握合理，怎么样才算合理，依然是实践中的难题。

在实务中，规章制度不公平、不合理现象并不鲜见，甚至还有许多“霸王条款”。比如，员工一天只能上3次厕所，每次上厕所不得超过5分钟，旷工半天视为严重违反规章制度，旷工1天扣3天工资，见到领导不问好的要罚款，一顿饭要在15分钟之内吃完，以及一些只强调企业权利而免除企业义务的不公平条款，等等。这些规定有些已经违法了，有些则看似“不违法”，但是超过了一般社会人对事物可接受的“度”，因此是不公平、不合理的。

案例034

企业规定旷工一天属于严重违反规章制度，合法吗？

上海市第一中级人民法院（2015）沪一中民三（民）终字第1835号

洪某于2009年4月19日与甲公司建立劳动关系，甲公司以服务外包形式将洪某安排至其关联企业乙公司工作，岗位为钎焊工。2014年12月2日，洪某等 11 名钎焊工集体提出休假半天，乙公司予以批准，随后，洪某等 11 人又提出 12 月 3 日、4 日集体休假，乙公司不予批准。12 月 4 日，洪某等 11 名钎焊工均未上班，导致乙公司当日该条生产线停产。12 月 9 日，乙公司将洪某退回甲公司，同日，甲公司以严重违反规章制度为由解除了与洪某的劳动合同。

此外，乙公司《员工手册》明确规定，“违纪辞退适用于下列情形（但不限于）：（1）连续旷工一天，或一个月内累计旷工两天……”，洪某签字确认“收到了乙公司的员工手册，已仔细阅读并理解其中的内容”。

洪某申请劳动仲裁，请求甲公司和乙公司连带支付违法解除劳动合同赔偿金 48,000 余元，获支持。甲公司不服，诉至法院。

审理结果

法院认为，单独来看，洪某旷工 1 天，其严重性尚达不到解除劳动合同的程度，然而，该案的特殊性在于，2014 年 12 月 4 日并非洪某 1 人旷工，而是乙公司空调车间生产线上第 2 道工序的 11 名钎焊工集体未上班，洪某等人的旷工行为，导致整条生产线停产，严重影响了乙公司的工作秩序和管理秩序，给乙公司造成相应经济损失。由于损失系由全体旷工员工的共同行为造成的，相应责任亦应由全体旷工员工承担。综合全案考量，甲公司解除洪某劳动合同不应认定为违法。

法院最终认定甲公司解除劳动合同合法，判决甲公司无须向洪某支付违法解除劳动合同赔偿金。

案例简评

应当说，这是一个特殊案例，员工旷工一天被企业解雇，最终被法院认定为解雇合法，其实是由两个因素造成的，一是洪某旷工一天的事实，二是 11 名钎焊工集体旷工导致了公司整条生产线停产。正如法院所说，如果单纯地看洪某旷工一天，是难以认定其达到了“严重违反”程度的。正是有了生产线停产事实的“加持”，才导致了后果的“严重”。

这就给 HR 提了个醒，即便企业制定规章制度时规定了员工旷工一天属于“严重违反”，当企业依据这一规定解雇员工时，在司法实践中也是难以认定企业解雇是合法的，大概率是按解雇违法处理。因此，企业在具体定义“严重违反”时，需要考虑是否达到了“严重”的程度，否则将面临违法解雇的败诉风险。

3. 规章制度内容不得违反公序良俗

公序良俗原则是民法的一个基本原则，指的是公共秩序和善良习俗。我国《民法典》对公序良俗原则作了大量的规定，该法第8条规定，民事主体从事民事活动，不得违反法律，不得违背公序良俗。第10条规定，处理民事纠纷，应当依照法律，法律没有规定的，可以适用习惯，但是不得违背公序良俗。

公序良俗原则在劳动关系中同样适用，企业在制定规章制度时，不得违反公序良俗和社会公德，不得损害社会公共利益或者员工利益。

案例035

企业规章制度规定禁止员工之间谈恋爱，合法吗？

司法部微信公众号"中国普法"2018年2月3日

郑某于2020年2月入职某公司并担任部门经理，双方签订了书面劳动合同，约定月工资10,000元。同年9月，郑某与本公司员工宋某相恋。恋情曝光后，公司人事经理找郑某和宋某谈话，要求二人中必须有一人主动辞职离开公司，理由是公司规章制度明确规定，"禁止员工之间谈恋爱、结婚，违反者公司可与其解除劳动关系"。二人认为公司规定不近人情，均拒绝辞职，随后，公司向二人送达了《解除劳动合同通知书》，以严重违反公司规章制度为由解除了与二人的劳动合同。双方因此成讼。

审理结果

法院认为，参照《民法典》第110条第1款、第1042条第1款的规定，自然人享有生命权、身体权、健康权、姓名权、肖像权、名誉权、荣誉权、隐私权、婚姻自主权等权利，实行婚姻自由，禁止包办、买卖婚姻和其他干涉婚姻自由的行为。该公司禁止员工之间谈恋爱、结婚的规定，违反了国家的强制性规定，因此这条规章制度因违反国家强制性规定而无效。法院最终判决该公司向郑某支付违法解除劳动合同赔偿金20,000元。

HR 实务指南

第一，HR 应熟悉劳动法的相关规定。HR 作为规章制度的直接制定者，需要熟悉劳动法相关规定，否则在制定过程中无法判断哪些条款是与法律法规相抵触的，只有熟悉劳动法规定，才能游刃有余地避开违法的地方，制定出合法合理的制度。

第二，用普通人的理解去看待规章制度的合法性。事实上，规章制度部分条款不合法，根本不需要有深厚的劳动法功底，往往是普通人就能看出来的。比如，旷工 1 天扣 3 天工资、迟到半小时按旷工半天处理，就算是一个完全不懂劳动法的人，也能看出这是不合理的。一个制度的条款，如果普通人觉得不合理，那么大概率就是不合法或者不合理的，HR 可以用这种方法去辨别制度条款的合法性。

第三，邀请职工代表及工会共同制定。HR 在主导规章制度制定或者重大修改时，可以邀请部分企业职工代表以及工会委员一起成立规章制度起草小组，共同商议制定。一是可以集思广益，“人多力量大”，可以使制定出来的规章制度更加完美实用、合法合理；二是可以提前使制度内容经过充分讨论得以确定，尤其是一些有争议的条款，在制定时就经过充分协商，有利于避免后续通过民主程序时分歧较大，节约成本。

二、规章制度应经民主程序

员工参与企业民主管理，是企业管理制度的一项重要内容。规章制度作为劳动关系双方的权利义务重要载体之一，大多数内容均与员工的切身利益密切相关，让本企业的广大员工参与规章制度的制定，可以有效地杜绝企业独断专行，防止企业利用规章制度侵害员工合法权益。

实务中，有大量企业的规章制度是缺失民主程序的，这里说的大量是指大部分企业，具体大量到什么程度，笔者没有可靠的统计数据进行佐证，笔者主观认为至少有 2/3 以上的企业，规章制度是没有经过民主程序或者民主程序存在重大瑕疵的。

尤其是小微企业，这类企业数量大、员工少，往往只有几十个人甚至十几个人，没有专业的 HR 去做劳动关系管理，日常行政人事事务由财务代管，或者就是由一个前台文员负责。在这些企业中，大多是有制度、有公示，就是没有民主程序，甚至制度也是 HR 在网上下载的，制度内容连 HR 本人都没有完整地看过，把企业名称改一下就直接使用了，也就谈不上与员工充分讨论了。

由此可见，规章制度未经民主程序，是我国企业劳动用工管理的“重灾区”。广大 HR 朋友需引起重视。

1. 民主程序是规章制度生效的法定要素

我国劳动法对企业规章制度的制定历来注重民主程序，让广大员工参与企业规章制度的制定，有利于防止企业利用优势地位独断专行，利用规章制度损害员工利益。早在 1995 年《劳动法》施行时，第 8 条就明确规定了员工可以通过职工大会、职工代表大会或者其他形式参与企业民主管理或者就保护员工合法权益与企业进行平等协商。随后陆续颁布施行的《劳动合同法》《企业民主管理规定》《劳动争议司法解释（一）》又进一步明确和细化了员工参与企业民主管理的相关规则和流程。

此外，《工会法》第 38 条、《公司法》第 17 条等也对企业规章制度民主管理作出了相关规定。可见，民主程序是企业制定规章制度的法定程序，是规章制度合法的法定要素之一，企业必须按照法律规定的民主程序制定规章制度，否则有规章制度无效的风险。

案例 036

企业发布内部竞聘方案未经民主程序，法院判其不合法

安徽省合肥市中级人民法院（2020）皖 01 民终 4104 号

杨某于2007年7月入职甲公司。2019年3月，公司发布《内部竞聘实施方案》，决定就公司人力资源部、办公室等 15 个部门岗位展开内部竞聘，明确公司除中层干部外的所有在岗员工均可报名参加。该方案规定未通过竞聘上岗，没有工作岗位的，给予 3 个月待岗期限，待岗期间分流至各分公司、项目部，其间仍未获得工作岗位的，按劳动法规定执行。该方案由甲公司制定并发布实施，未经民主程序。杨某收到竞聘通知后，未参加内部竞聘。随后，杨某被分流至该公司某分公司，杨某提出异议。11 月 15 日，甲公司解除了与杨某的劳动合同。双方因此成讼，杨某主张甲公司继续履行劳动合同。

审理结果

法院认为，竞聘、调岗属于涉及劳动者切身利益的重大事项，应当经过民主程序确定，该公司发布实施《内部竞聘实施方案》，虽然向员工发出竞聘通知，告知了员工，公司也有权根据其内部管理需要对员工进行竞聘，但公司并未提供竞聘实施方案经民主程序制定的相关证据。

法院最终判决该公司继续履行与杨某之间的竞聘调岗前的劳动合同。

2. 民主程序的实施

根据《劳动合同法》第 4 条第 2 款规定，企业制定好规章制度草案（讨论稿）后，需要经职工代表大会或者全体职工讨论，提出方案和意见，与工会或者职工代表平等协商确定，也就是需经过民主程序，最终确定规章制度的终稿。

那么，企业如何实施规章制度民主程序呢？本书认为可从以下几个步骤进行：

第一步：就规章制度草案向职工征求意见。

可以通过张贴、群发邮件、OA 办公平台、微信群、钉钉平台等方式就规章制度草案向广大职工公示，征求意见和建议，并根据广大职工提出的建议意见对规章制度草案进行斟酌修改。已经选举了职工代表和成立了工会的企业，可以只向职工代表及工会委员发出草案文本，征求建议意见。

注意，这里所说的公示是指企业就规章制度草案向广大职工征求建议意见，属于民主程序的内容，不能代替规章制度定稿后的公示程序。

第二步：职工代表大会或者职工大会要做好会议准备。

召开职工大会或者职工代表大会前，一般应做以下会议准备：成立会务组并安排好成员分工，确定会议日期，确定会议议程，统计并制作与会者名单，发出会议召开通知等。

选举了职工代表和成立了工会的企业，可以只向全体职工代表及工会委员发出会议通知。未选举职工代表的企业，需向全体职工发出会议通知，也可以先选举职工代表，再由职工代表代表全体职工参加会议。

第三步：召开职工代表大会或职工大会，讨论并通过制度内容。

开会当天，企业负责人与工会代表（如有工会）、职工代表（或全体职工）

就规章制度草案内容进行充分磋商讨论，工会代表、职工或职工代表认为不适当的，有权向企业提出，通过协商予以修改完善。

会议应当制作与会人员签到表，全体与会人员均需签到，并就会议内容做好会议记录。会议应对各项规章制度逐一无记名投票表决，记录人员应对每项规章制度的表决结果分别按赞成、反对、弃权进行票数记录。根据投票结果作出会议决议，赞成票过全体职工代表或者全体职工半数的，为表决通过。注意，是全体职工代表或者全体职工过半数，不是与会职工代表或者职工过半数。

全国厂务公开协调小组办公室于2022年3月17日发布的《职工代表大会操作指引》（国厂开组办发〔2022〕2号）第4部分第6条第2款指出，对涉及职工切身利益的重大事项必须采用无记名投票的方式分项表决，其中要注意，一是表决事项须获得全体职工代表过半数赞成方为通过，二是如果对多个事项进行表决，应当分项表决，以确保职工代表对每一事项都能准确行使民主权利。

第四步：定稿并公示。

定稿。规章制度定稿应为两部分：一部分是没有职工或者职工代表提出修改意见且经大会表决通过的，可以直接由草案转化为定稿，无须再修改；另一部分是有职工代表或者职工提出修改意见并经大会讨论需要修改的，经修改后方为定稿。

公示。对定稿的规章制度，企业应向全体职工进行充分公示，保障全体职工均能对制度内容充分知晓。公示方式与规章制度草案征求意见时相同。需要注意的是，规章制度草案征求意见并不要求向全体职工征求意见，可以只向职工代表和工会委员征求意见，但规章制度定稿公示必须向全体职工公示，前者的目的是征求意见，后者的目的是让全体职工知晓并遵守。

3. 规章制度未经民主程序是否一定不合法

那也不一定。虽然劳动法规定了民主程序是企业规章制度的法定要素，但是在司法实践中也有不同意见。

第一种观点认为规章制度必须经过民主程序。

这种观点认为民主程序非常重要，凡是直接涉及员工切身利益的规章制度或者重大事项，必须要经过民主程序，“一刀切”，没有例外。《劳动合同法》第4条第2款、《劳动争议司法解释（一）》第50条第1款就是这么规定的。

比如，辽宁省大连市中级人民法院（2023）辽02民终2563号民事判决书认为，甲公司所依据的《劳动纪律》未经民主程序制定，不得作为对姜某进行管理和处罚的依据，因此，公司以姜某严重违反公司管理制度为由解除劳动合同，不具有合法性。

第二种观点则认为规章制度可以不经过民主程序。

这种观点认为民主程序不是那么重要，企业规章制度只要实体合法且向员工进行了充分公示，即使未经过民主程序，也是可以的。持这一观点者似乎比第一种观点者要多。

先看两个地方规定。

广东省高级人民法院、广东省劳动人事争议仲裁委员会《关于适用〈劳动争议调解仲裁法〉、〈劳动合同法〉若干问题的指导意见》（粤高法发〔2008〕13 号，已废止）第 20 条第 2 款指出，企业规章制度或者重大事项的内容未违反法律、行政法规及政策规定，不存在明显不合理的情形，并已向劳动者公示或告知，劳动者没有异议的，可以作为劳动仲裁和人民法院裁判的依据。

《浙江省高级人民法院民一庭关于审理劳动争议案件若干问题的意见》（浙法民一〔2009〕3 号）第 34 条第 2 款也指出，企业规章制度或者重大事项决定的内容不违反法律、行政法规、政策及集体合同规定，不存在明显不合理的情形，并已向劳动者公示或告知，且劳动者没有异议的，可以作为人民法院审理劳动争议案件的依据。

再看一个司法判例。

上海市第一中级人民法院（2021）沪 01 民终 9037 号民事判决书认为可以不经过民主程序。法院认为，甲公司制定并公布了新的年度绩效考核的规章制度，实际操作中按相应制度执行，苏某知晓绩效考核数据，苏某在职期间亦未提出异议，因此，苏某以年度绩效考核的规章制度未经民主程序制定为由，要求按照原来的绩效考核制度判令甲公司支付绩效工资差额，缺乏依据，不应得到支持。

本书倾向于第二种观点。

HR 实务指南

第一，必须经过民主程序。虽然实践中有不少判例认为未经民主程序的规章制度也能认定为合法，但毕竟缺失了法定的合法要素，于企业而言仍存在风险，因此，企业制定的规章制度必须经过民主程序，不应存在侥幸心理。

第二，民主程序的形式可以灵活把握。如果能够召开职工代表大会或者职工大会对规章制度进行充分讨论并表决通过，那当然最好，但如果无法实现或者实现成本高，也可以通过网络召开会议，或者采用书面形式讨论，向全体职工代表或者全体职工发放规章制度讨论稿文本以及修改建议意见表，让员工对制度条款提出修改意见，企业可以酌情采纳合理的建议意见并对制度条款进行相应修改。

三、规章制度应向员工公示

所谓公示，即公开宣示，《现代汉语词典》解释为“公布，让公众了解并向公众征求意见”。企业规章制度公示程序，也称为告知程序，即把规章制度的内容通过一种或多种方式告知员工，让员工知晓。

1. 规章制度需公示后才产生约束力

公示与民主程序不同，如前文所述，有部分地区的裁审意见认为民主程序不是那么重要，因此出现了不同观点，但公示是没有争议的，必须要向员工公示，没有公示的规章制度对员工不产生约束力，不得作为约束或者处罚员工的依据。《劳动合同法》第 4 条第 4 款规定了企业应当将直接涉及员工切身利益的规章制度和重大事项决定公示或者告知员工，这里所说的“应当”，就是“必须”的意思。

笔者在中国裁判文书网检索案例时还发现一种“视为公示”的观点。上海市第一中级人民法院（2021）沪 01 民终 9037 号民事判决书认为，企业《员工手册》2018 年修订时已经征求全体员工意见，故根据劳动法规定，《员工手册》已符合民主程序的要求，可以作为该案审理的依据，李某主张《员工手册》不符合民主程序要求，法院不予采信。

在这个案例中，企业将规章制度讨论稿征求过全体员工意见，因此法院认定为该制度已经履行了民主程序。这种观点虽有瑕疵，但确实也有一定的道理。

案例 037

企业规章制度未向员工公示，不得作为处罚员工的依据

辽宁省大连市西岗区人民法院（2018）辽 0203 民初 674 号

林某于 2015 年 3 月入职甲劳务派遣公司，随后被派遣到乙物流公司并担任转运员职务。2017 年 6 月 9 日，林某在工作现场不服从物流工作安排，擅自离开工作岗位，乙物流公司将林某退回甲派遣公司，甲派遣公司以严重违反规章制度为由，解除了与林某的劳动合同。双方因此成讼。林某诉称，甲派遣公司解除劳动合同无法律依据，应向其支付赔偿金。甲派遣公司辩称，林某的行为严重违反规章制度，甲派遣公司据此解除劳动合同合理合法。林某再称，其并不知道甲派遣公司有此规定，公司并没有向其公示过规章制度。

审理结果

法院认为，甲派遣公司虽提供证据证明相关规章制度经过民主议定程序，但未能就已向林某公示的事实提供相应证据，该公司提出“规章制度在劳动合同中作为附件向劳动者出示，林某知晓”的抗辩意见，不足以证明相关规章制度已公示的事实，对该抗辩意见法院不予采纳。

2. 公示的时间

劳动法对规章制度的公示时间没有明确规定，一般认为，企业规章制度（包括新制定的和重大修改的）应在经过民主程序之后向员工公示，公示后的制度才能作为约束员工的依据。

3. 公示的方式

规章制度的公示方式有很多种，实务中，常用的一般有：

（1）把规章制度列为员工入职培训的内容之一，对新入职的员工进行培训，并保存有受训人员签到的相关培训记录。

（2）将规章制度做成《员工手册》，发给员工阅读，并制作相关的签收表单，必要时让员工亲笔抄写类似“本人已阅读，知晓全部内容，承诺遵守”。

（3）将规章制度张榜公布，公布的地方可以在企业的宣传栏、员工宿舍、员工食堂、工作场所、休息室、娱乐室、图书室等。

（4）将规章制度作为劳动合同附件，在签订劳动合同时随合同文本一并给员工，并保留签收记录。

（5）在公司内部平台公示（OA 平台、飞书平台等），并将阅读路径通知员工。

上述公示方式中，企业可以采用一种方式公示，也可以采用多种方式相结合进行公示，无论是一种还是多种，均需要确保能够有效地传递给员工，让员工能够完全知晓所公示的内容。

但是，企业应当尽量避免一些不能确保员工知晓的方式公示，以至于因公示无效而导致规章制度失去约束力。比如，打电话告知，企业官方网站或第三方网站公示，钉钉或微信群公示，发送电子邮件告知，在员工不容易看见的地方张贴，等等。当然，这些公示方式如果跟前述常规公示方式一起使用，那当然是没问题的。

案例 038

规章制度在员工工作微信群内公示是否有效？

山东省青岛市中级人民法院（2019）鲁 02 民终 11091 号

甲公司《员工手册》规定，因吸毒、赌博、嫖娼或者因其他违反治安管理的行为而被行政处罚或者刑事处罚的，给予经济处罚、通报批评并解除劳动合同。2018 年 12 月 1 日，甲公司员工苏某因赌博被公安机关行政拘留 5 日，12 月 7 日，甲公司张贴通告以苏某聚众赌博被行政拘留为由解除了与苏某的劳动合同。随后，苏某申请劳动仲裁，主张甲公司支付违法解除劳动合同赔偿金 169,520 元，未获支持。苏某不服，诉至法院。苏某诉称，甲公司《员工手册》未向其公示，不能以此为依据解除劳动合同。甲公司辩称，该《员工手册》由甲公司合法制定，并已在该单位的微信工作群公示，应视为用人单位履行向劳动者告知的一种方式，苏某应当知悉。

审理结果

法院认为，甲公司提交的《员工手册》系经民主程序制定，属于企业规章制度的重要组成部分，全体员工均应认真执行并遵守。微信作为现代化的通讯交流工具，已成为用人单位工作管理的重要辅助工具。甲公司提交的微信群是工作交流群，《员工手册》作为公司的规章制度，是工作内容的重要组成部分，甲公司在工作交流群中公布《员工手册》，应视为向劳动者公示。苏某作为劳动者，应当积极履行劳动义务，对于在微信群内公布的《员工手册》，本就应当积极关注并认真学习，故该《员工手册》可以作为处理该案纠纷的依据。

案例简评

公司被该案法院判决胜诉，应当说有很大的运气成分，有的法官可能就会认为公司规章制度公示不充分，进而认定公司未尽公示义务而使规章制度不合法。

其一，公示方式过于单一。只用一种方式公示的弊端是一旦这种公示方式被推翻，则直接被认定为未公示，如前所述，未向员工公示的规章制度是不能作为处罚员工的依据的。

其二，微信群公示容易遗漏阅读。即便是选择一种方式公示，也应选择可靠性强的方式，如员工阅读签收。微信群由于其软件本身的特点，几条聊天信息就能刷屏，将公示信息“淹没”在海量的聊天信息之中，即便是企业公示时@了全员，员工由于微信信息过多也容易遗漏阅读。

综上，本书并不建议企业采用单一方式公示规章制度，更不建议企业仅在微信群公示规章制度，风险太大了，一旦被裁审机构认定为未履行公示义务，则给企业带来不必要的用工风险。企业应多种方式一并公示，于企业而言成本并不高，将风险降至最低。

HR 实务指南

第一，规章制度必须公示。规章制度必须经过公示方能对员工具有约束力，未经公示的规章制度对员工一律不产生约束力，这是毫无争议的。

第二，企业公示规章制度应保留好相关证据。在司法实践中，规章制度是否已向员工公示，是由企业举证的，若企业无法举证，则需承担举证不能的不利后果。因此，企业公示规章制度，必须保留相关证据。比如，张贴公示时应拍照保存，可以从各个角度多拍几张，多处张贴的，则张贴处都拍照。又如，让员工签收制度文本的，应保留员工签署文本的原件。再如，通过企业内部 OA 系统、飞书系统等平台公示的，应保留原始载体。

第三，规章制度公示可以多种渠道同时进行。企业通告栏、员工食堂、员工宿舍、员工考勤打卡机等处张贴，企业内部 OA 系统或者飞书系统、企业全员微信群、全员邮件群发，入职培训及日常培训等，都可以作为规章制度公示的渠道。为保险起见，企业可以多种方式进行公示，忌单一方式公示，避免因规章制度公示不充分不能保证员工充分知晓制度内容而产生败诉风险。

第三节　严重违反规章制度

《劳动合同法》第 39 条第 2 项规定了企业可以解雇严重违反规章制度的员工，且无须支付经济补偿，对企业来说这是重大利好。笔者一直认为企业制定严重违反规章制度规定很重要，然而遗憾的是，能够充分地用好这条规定的企业，屈指可数，大多数企业没有这个意识，都是赔了钱之后才发现这个东西很重要，甚至赔了钱也不长记性，赔完钱后又把这事忘光了。笔者在过去多年提供劳动法咨询时遇到过很多这种现象，明明是员工严重违纪，企业完全可以将其合法解雇，可由于企业没有具体定义何为严重违纪，企业解雇后员工告企业解雇违法，在法庭上企业拿不出相关规定来，最终承担败诉风险。

笔者总是喜欢强调员工入职四件套：入职表及相关证件证书、劳动合同、严重违反规章制度规定、试用期不符合录用条件规定。前两件自不必说，那是相当地重要，容易被企业忽略的是后两件。本书认为，如果企业还没有健全和完善规章制度，那就先制定这两个制度，即严重违反规章制度规定和试用期不符合录用条件规定，在员工入职时向其公示，让其签收。其他制度可以慢慢完善，但这两个制度必须尽快制定出来并付诸使用。

一、如何理解“严重违反”

《劳动合同法》第 39 条规定，劳动者有下列情形之一的，用人单位可以解除劳动合同：（1）在试用期间被证明不符合录用条件的；（2）严重违反用人单位的规章制度的；（3）严重失职，营私舞弊，给用人单位造成重大损害的；（4）劳动者同时与其他用人单位建立劳动关系，对完成本单位的工作任务造成严重影响，或者经用人单位提出，拒不改正的；（5）因本法第 26 条第 1 款第 1 项规定的情形致使劳动合同无效的；（6）被依法追究刑事责任的。这是《劳动合同法》对企业单方面无偿解雇员工作出的制度安排。

这条规定第 2、3、4 项有两个共同特点：一是均与企业利益相关，二是均含有“严重”或者“重大”二字。立法者为什么要刻意强调“严重”或者“重大”，这是有说法的。通常认为，无偿解雇是对员工最严厉的惩罚，尤其是工龄长的老员工，他们往往在一个企业里一干就是十几年、二十几年，人生的1/3都在这个企业里，把企业当家一样，可想而知，解雇对这类员工来说是何等的残忍。立法者就是为了限制企业滥用解雇权，损害员工合法权益，要求员工行为必须要达到了“严重”或者“重大”的程度，企业方可无偿解雇，而不得对一般违规的员工适用无偿解雇条款。

综上分析，我们已经对何为“严重违反”有了一定的认识和理解，企业HR在对严重违反规章制度进行具体定义时，就有了一个参照标准。企业在对“严重违反”情形进行具体定义时，应与《劳动合同法》第39条第3项和第4项所规定的情形进行比对，所定义的情形或者行为，应考量员工行为性质和对企业的损害程度两个维度，其严重程度要与第3项或者第4项所规定的情形相当，而不可随意定义，损害员工权益。

案例039

女员工当众扯出卫生巾砸保安被解雇，法院判解雇合法

江苏省无锡市中级人民法院（2018）苏02民终3255号

王某（女）于2014年6月3日入职甲公司就职制造课员岗位，在2017年11月22日以前，王某为长白班员工。2017年11月22日，公司张贴通知，更改了上班时间。随后，公司各生产线陆续出现停工情况。王某等四人在公司门卫处与保安发生争吵，其间四人中一人将血迹未干的卫生巾扔到男保安身上，致矛盾激化，保安公司（该保安由第三方保安公司派驻）亦提出抗议。12月1日，公司对王某、徐某、薛某、唐某四人作出解除劳动合同决定书，载明“……王某11月23日7:40左右，在公司大门口扯出用过的卫生巾扔在保安身上，严重侮辱他人……按照规章制度规定，公司决定从12月4日起与王某解除劳动合同”。王某申请劳动仲裁，请求公司支付违法解除劳动合同赔偿金30,000余元。

审理结果

法院认为，公司提供的证据足以证明其已经过民主程序制定并通过了员工

手册等公司管理规章制度，且王某在培训记录上签名确认，故认定王某应当知晓员工手册中的管理规章制度且理应遵守。该案中，即使公司没有在 22 日书面通知更改上班时间或通知的时间不合理，王某等人也不应该于 23 日上班期间采取围攻保安的行为寻求事情的解决，尤其是在双方争执过程中，王某等人中的一人扯出卫生巾投掷或碰擦保安的行为十分不当，此举严重突破了一般人的道德和认知底线，属于违背公序良俗的行为。公司根据王某等人的上述行为概括性适用员工手册的相关规定给予王某单方解除劳动关系的处理决定并无不当。

HR 实务指南

解雇是企业对员工最严厉的处罚，因此，企业在定义严重违反规章制度时，应对“严重”二字进行深刻理解。员工违纪行为的严重程度与企业对该行为作出的处罚程度应具有相当性，不得对员工较轻的违纪行为作出较重的处罚，更不得借处罚之名行恶意损害员工合法权益之实。

二、“旷工 3 天”属于严重违纪之探讨

何为旷工，百度百科词条的解释是“职工在正常工作日不请假或请假未批准的缺勤行为”，《现代汉语词典》（第 7 版）的解释是“（职工）不请假而缺勤”。这两个解释均含有员工主观上有恶意违规的意思，同时，企业安排好的工作往往因员工的缺勤而没人做，对企业的正常生产经营秩序破坏性大。也正因如此，旷工向来都是被企业定性为较为严重的违纪行为，这已是社会普遍共识。

1. 旷工解雇的法律依据

在《劳动合同法》施行以前，我国企业解雇旷工员工的依据是国务院 1982 年 4 月 10 日发布的《企业职工奖惩条例》。该条例第 18 条规定，职工无正当理由经常旷工，经批评教育无效，连续旷工时间超过 15 天，或者 1 年以内累计旷工时间超过 30 天的，企业有权予以除名。1998 年 4 月 6 日原劳动和社会保障部办公厅《关

于计算连续旷工时间问题的复函》（劳社厅函〔1998〕5 号）对前述 15 天明确为 15 个工作日，在计算具体天数时应扣除休息日和法定休假日。现在看来，这个规定对员工实在是太友好了，立法者的标准之所以放得这么宽，跟当时的历史和社会背景有关，这里不展开讨论。

2008 年 1 月 15 日，《国务院关于废止部分行政法规的决定》废止了这一条例，至此，"服役"近 30 年的《企业职工奖惩条例》失效，取而代之的是一系列新时期的劳动法律法规。进入"劳动合同法时代"以来（指 2008 年 1 月 1 日《劳动合同法》实施之日起），国家层面的法律法规已经没有对旷工多少天属于严重违纪进行具体规定了，具体旷工多少天才算"严重违反"规章制度，交由企业自行定义。

2．"旷工 3 天"属于严重违纪之分析

那么，旷工多少天属于"严重违反"规章制度？

在实务中有个不成文的规则，"旷工 3 天"构成严重违反规章制度，即使企业没有规章制度或者规章制度没有定义旷工是否构成严重违反规章制度，企业无偿解雇旷工员工时，通常也都是按照"旷工 3 天"来认定该解雇行为合法。

"旷工 3 天"属严重违纪行为之所以能成为不成文的规则，一是旷工是员工恶意不出勤；二是你旷工也就罢了，居然还达到了 3 天；三是对企业的生产经营秩序破坏性非常大。因此，就旷工是否构成严重违纪而言，以"3 天"为界，具有相当性、正当性和必要性，企业无偿解雇旷工 3 天者，对员工不冤枉，对企业也显得公平。

笔者在网上还搜到一个题为广东省中山市中级人民法院《关于审理劳动争议案件若干问题的参考意见》（2011 年）的文件，该文件中关于"旷工解约的认定"指出：对劳动者无正当理由未办理请假手续，用人单位规章制度已有规定的，按相关规定执行；用人单位规章制度无规定而劳动者擅自离岗连续超过 5 日，或者 6 个月内累计超过 10 日，用人单位据此以劳动者严重违反劳动纪律为由解除劳动合同的，可予支持。该文件以连续旷工（擅自离岗）5 日或者 6 个月内累计超过 10 日为严重违纪的界限，也有其道理。

案例 040

员工旷工 2 天被企业解雇，合法吗?

重庆市高级人民法院（2018）渝民申 1610 号

蒋某于 2001 年 12 月 20 日入职某著名连锁餐饮公司。2016 年 9 月 3 日、4 日，蒋某在未履行请假手续的情况下缺勤，事后也未补办请假手续。9 月 9 日，公司餐厅经理与蒋某进行了面谈并制作了面谈笔录，该笔录载明蒋某知道 9 月 3 日、4 日要上班，但因其有急事没有时间告知公司故没有上班也未请假，其知晓旷工 2 天违反了《员工手册》的规定，也知道会承担公司解除劳动合同的后果。蒋某在该面谈笔录上签字确认了面谈内容。9 月 21 日，公司经工会同意后，以连续旷工 2 天构成严重违反规章制度为由，解除了与蒋某的劳动合同。蒋某申请劳动仲裁，请求公司支付违法解除劳动合同赔偿金 10 万余元，未获支持。蒋某不服，诉至法院。

审理结果

法院认为，餐饮公司举示的《员工手册》《工会组织职工讨论规章制度的会议记录》《确认书》等证据，能够证明餐饮公司的规章制度规定员工旷工 2 天属于严重违纪行为，公司有权解除劳动合同。该规章制度的制定经过了职工讨论，并为蒋某熟悉和了解，蒋某在面谈笔录中也确认其知晓公司的该规章制度。虽然蒋某称身体感冒口头请假没有上班，但是该疾病并非急病而没有时间办理书面请假手续，蒋某事后也未补办请假手续，故餐饮公司解除与蒋某的劳动合同并无不当。

3. “无故旷工”与“有故旷工”之辨析

很多 HR 朋友习惯把“旷工”说成是“无故旷工”，其实并不准确。

• 旷工概念之辨析

《企业职工奖惩条例》废止后，国家层面的劳动法律法规中就再没有“旷工”这个概念了，但在劳动法理论界和实务界均一直沿用旷工概念，旷工已成为劳动法约定俗成的通行叫法。

·旷工“有故”与“无故”之辨析

通常认为，劳动法上的旷工指的就是无故旷工，有故旷工一般不宜认定为劳动法意义上违纪性质的旷工。客观上，旷工确实分为“无故”和“有故”。前者是指未请假或者请假未获批准而不出勤，主观上对旷工存在故意。后者是指因不可抗力或者存在其他合理事由等客观原因不能履行请假手续，并非故意不出勤。比如员工因车祸受伤陷入昏迷状态、员工因疫情防控被限制在家不能出勤等，即使其客观上确实未履行请假手续或者履行了请假手续但未获企业批准，通常也不能认定为旷工。

这里所说的“故”，必须是因不可抗力或者存在其他合理事由等，并不包括不合理的事由。比如，张三因失恋而不想上班，李四因头一天喝醉了酒第二天仍在酒醉过程中未能上班，这些理由都不属于合理事由，不属于前述所称的“故”，因此仍应认定为旷工。

·规章制度定义无故旷工之辨析

笔者发现有不少企业的规章制度将旷工描述为无故旷工，比如，“员工无故旷工 3 天以上的”，属于严重违反规章制度。乍一看好像没啥，仔细一琢磨，如何解释“无故”有了辩论空间，有可能让企业陷入败诉的境地。

比如，员工请事假一周未获企业批准而不出勤，企业按旷工处理将其解雇，员工抗辩说其旷工是因为企业未批其请假，属于“有故旷工”，不构成规章制度所规定的“无故旷工”。如此这般玩起文字游戏，抠起了字眼。有些律师代理员工时，可能会故意将水搅浑，只要将水搅浑了就对己方有利，虽然最终也难以获得法院支持，但其最少有了抗辩“抓手”，多了几分胜算，万一法院支持了呢。员工本人可能想不到这一层，毕竟不是每个员工都精通劳动法，但专业的劳动法律师懂啊，有些律师会给其“支招”。

综上，企业在制定规章制度以及制作其他用工文书时，直接使用“旷工”之表述即可，表述为“无故旷工”纯属多此一举。

案例 041

员工父亲病重请假未获批准，企业按旷工解雇被判违法

北京市第二中级人民法院（2023）京 02 民申 67 号（此案被最高人民法院官方微信公众号于 2023 年 3 月 1 日推送）

李某于 2021 年 2 月 26 日入职甲公司。2022 年 1 月 21 日，因父亲癌症晚期，李某通过微信向直属领导张某请假，告知了请假事由，张某口头表示同意，李某也通过微信向公司人事刘某请假。当晚，李某向胡某等三位领导发送了请假申请邮件，写明"因父亲病重需紧急返乡，特提出请假申请"，请假时间为 1 月 24 日至 1 月 30 日。1 月 24 日，公司领导胡某回复李某：李某事假未经批准，擅自脱岗，需于当日提交其父亲病重住院的证明材料供上级审批，如未按时提交或提交后不符合要求导致领导未批准的，将依据公司规章制度，按旷工处理。当天，李某通过微信向胡某提交了父亲的病历照片，病房照片及自己的看护视频。1 月 28 日，李某父亲病逝。当日下午，李某收到了公司向他发送的解除劳动合同通知书，公司认为李某在请假未获批的情况下不到岗工作，已严重违反公司规章制度，决定自 2022 年 1 月 29 日起，解除与李某的劳动合同。

审理结果

法院认为，该案中用人单位认定旷工是因李某申请事假未批。所谓事假，是指法定假期之外，因个人原因申请的休假。假期与生产之间存在天然的矛盾和紧张关系，劳动者不出勤会影响到用人单位对工作的安排，因此用人单位对于劳动者的请假有审核和审批权。

对于请假事由，2022 年 1 月 21 日，李某因父亲病重需要陪护，向公司申请事假，该事由既是处理突发的家庭事务，亦属尽人子孝道。孝道是中华民族的传统美德，父母生病子女服侍，父母去世子女料理后事，方可称为对父母尽到了子女的责任。因此为尽人子孝道提出请假，符合中华民族传统的人伦道德和善良风俗。公司亦应以普通善良人的宽容心、同理心加以对待。

对于请假程序，李某父亲患重病病危，在事发紧急的情况下，李某已经提前向直属领导、公司人事申请请假，在照顾患病父亲期间也将其父患病的相关资料传给了公司。公司在明知其父亲重病的情况下，仍以请假材料不全，未经审批为由，要求李某到岗，显然未体现到劳动关系的人合性，未尽到用人单位对劳动者的照顾义务，在执行管理制度时未体现出以人为本的发展理念，与社会主义核心价值观中友善的要求不符，亦有悖中华民族的传统孝文化，既不合情也不合理。

2022 年 1 月 28 日李某父亲不幸病逝，公司以未按照管理制度进行审批为由认定李某旷工，并向其发出解除劳动合同通知，劳动者在痛失亲人的同时又失去了工作，虽然事后公司也表达了对李某的慰问，但是仍不足以弥补机械管理给李某造成的精神伤害。法院最终判决该公司向李某支付违法解除劳动合同赔偿金 113,520 元。

HR 实务指南

第一，旷工定义不宜加上“无故”。HR 在制定规章制度时，关于旷工的定义只需表述为“旷工”即可，不宜表述为“无故旷工”，避免发生歧义，出现不同理解而给企业带来败诉风险。

第二，旷工不宜用迟到或者早退进行转化。通常情况下，旷工的最小单位应该是半天，即半天或者半天的倍数未履行请假审批手续而未出勤，方为旷工，若员工只是迟到或者早退，不宜定义为旷工。

第三，企业对员工旷工行为的处罚应合理。企业应根据员工的过错程度规定惩罚层级，比如可以规定累计旷工不超过 1 天的，给予书面警告 1 次的处罚，累计旷工不超过 2 天的，给予记过 1 次的处罚，累计旷工达到 3 天的，属于严重违反规章制度，企业可以解除劳动合同。“旷工 3 天属于严重违反规章制度”是目前实务中的通行做法，企业可以照此定义。换言之，若企业规定“旷工一天属于严重违反规章制度”，则明显不合理，企业依此规定解雇员工的，往往会因处罚过重而被裁审机构认定为违法解雇，需承担支付违法解除劳动合同赔偿金的法律后果。

三、严重违反规章制度的具体定义

企业要以严重违反规章制度解雇员工，前提是明确员工违规行为的具体定义，让员工知道哪些行为属于严重违反规章制度。这样做的原因有二：一是员工可以根据企业的具体定义去避免违规行为，尽量做到遵章守纪；二是当员工有严重违纪行为时，企业的解雇有理有据，万一发生争议则可以降低败诉风险。

一般而言，企业可以采用“列举 + 概括式表述”的方式尽量将员工严重违纪的具体情形或者行为列举出来。比如：

（1）提交伪造的身份证件或借用他人身份证件的；

（2）提交伪造的学历、职（执）业资格、专业技术、职称、从业资格等证明、证书，以及虚假体检合格报告的；

（3）虚报工作履历或者提供虚假个人信息，给公司造成重大误解且已实际录用的；

（4）连续旷工 3 天或者不足 3 天但半年内累计次数达到 3 次、1 年内累计次数达到 5 次的；

（5）1 年内累计被书面警告达到 3 次的。

除列举出明确具体的违规情形外，还可以采用“概括式表述”进行定义，比如：

（1）员工故意造成公司 1000 元以上或过失造成公司 3000 元以上损失的；

（2）参加国家明令禁止的非法组织的。

总而言之，企业要避免将一般违规行为定义为“严重”，这对企业来说是一种风险的规避，降低了违法解雇的赔偿风险，对员工来说则是权益的保障。

HR 实务指南

第一，对违纪行为的描述应尽量准确、具体，没有歧义。企业在定义员工严重违反规章制度的行为时，应尽量对违纪行为进行具体描述，含义准确清晰且没有歧义，切忌模棱两可，含混不清。

第二，尽量采用列举式表述。一个违纪行为或者一类违纪行为，尽量放在同一条款里表述。表述尽量采用列举式，对员工违纪行为进行逐条列举，每条违纪行为应标注序号，让员工一目了然。

第三，条款数量应适中。虽然劳动法没有规定企业定义员工严重违反规章制度行为的数量，但由于企业对严重违反规章制度的员工可以行使单方解除劳动合同的权利且无须支付经济补偿金和赔偿金，因此，规定的严重违反规章制度行为的数量应适中。通常情况下，以20条左右为宜，只需将确实足以达到“严重”程度的违纪行为进行规定即可，而不是条款越多、规定越细就越好。笔者曾见过某企业严重违反规章制度的规定共有300多条，洋洋洒洒七八千字，着实让人吃惊。

四、“严不严重”谁说了算

企业定义好了何为严重违反规章制度，并非万事大吉，在实际应用过程中，往往又会出现分歧。企业认为员工的某个行为已经构成“严重违反”规章制度将其解雇，可员工往往认为虽然有错但没有达到“严重违反”的程度，于是申请劳动仲裁主张企业解雇违法，这样的案例实务中大量存在。最后的裁判结果当然也是各式各样，有认定企业解雇合法的，也有认定企业解雇违法的，还有一些认定双方均有过错，于是“各打五十大板”，按协商一致解除劳动合同论处的；甚至仲裁阶段认定解雇合法，到了一审阶段又被认定解雇违法，上诉到二审后又改判为解雇合法，还有可能到再审阶段又改判为解雇违法；或者同一个案件中张法官认为解雇合法，李法官认为解雇违法，同一案件却有不同的价值评价，在实务中这也是常见的现象。

很多企业输了官司后觉得很冤：我明明有规章制度，该规章制度也有员工签字确认，我现在依据该制度解雇员工，怎么就违法了呢？我费心费力制定了规章制度却又不能用，那我制定规章制度的意义是什么？听上去好像有道理，实则不然，双方当事人认为的“严重”或者“不严重”，跟裁判者的评价标准有出入。那么，怎么样才算“严重违反”，“严不严重”到底谁说了算？毫无疑问，最终结果应以法院认定为准。

笔者认为，企业应研判当地法院对类案的裁判口径，除了个别有争议的案件，大多数案件在法院那里还是有比较统一的认识和判断的。以旷工为例，如果企业规定“旷工1天属于严重违反规章制度”并据此解雇员工的，通常会被认为违法解雇。因为旷工1天还不足以达到“严重”的程度，只能算是一般违纪行为，将其定义为严重违反规章制度并据此解雇明显属于处罚过重。但如果企业规定“旷工3天属于严重违反规章制度”并据此解雇员工，通常就会被认为解雇是合法的。

案例 042

员工没看到微信群复工通知导致旷工 7 天，企业解雇是否合法？

浙江省宁波市中级人民法院（2021）浙 02 民终 4360 号

李某于 2016 年 8 月 12 日入职甲公司从事检验、记账工作。2020 年 11 月 3 日，公司在“消毒餐具职工群”（微信群）内发布消息，记载“生产主管邓某、杨某，你们通知生产车间所有工人明天开始先带薪休息三天等通知安排。收到执行”，11 月 6 日下午，公司法定代表人在工作群中通知车间主任邓某“邓厂长：通知车间员工明天上班”。在此之前，公司因疫情防控处于停工状态。11 月 7 日，李某未到公司上班。11 月 20 日，公司以李某旷工 7 天以上为由解雇李某。随后，李某申请劳动仲裁，请求公司支付违法解除劳动合同赔偿金 27,000 余元，获支持。公司不服，诉至法院。公司诉称，公司已将上班的通知发到工作微信群，李某对公司通知 11 月 7 日上班这一事实是明知的且可推定邓某已告知李某。李某辩称，其不知道也没有收到过 11 月 7 日上班的通知，邓某也没有通知其于 11 月 7 日上班。

审理结果

法院认为，甲公司陈述其在工作群里发消息通知了李某，李某不认可，公司对此应提供相应证据佐证。但公司提供的证据不足以证明公司已实际通知到李某的事实，公司应承担法律上的不利后果。李某未收到上班通知而未在 11 月 7 日上班且超过 7 日以上，公司由此认定李某无故旷工超过 7 天视为自动离职或违反公司规章制度，并据此解除与李某之间的劳动关系，公司此行为于法无据，法院不予支持。法院最终认定甲公司解雇李某违法，判决甲公司向李某支付违法解除劳动合同赔偿金 27,900 元。

案例简评

这是一个“严重违反规章制度”谁说了算的问题。企业说已经在微信群里通知员工上班，员工不来上班则构成旷工，员工说没看到企业发的信息，企业因为无法举证李某收到了上班通知而被法院判决解雇违法。李某到底有没有看到上班通知，无非两种可能，一种是看到了故意说没看到（客观事实是看到了通知），另一种是确实没有看到（客观事实是没有看到通知），无论哪种可能，企业被判解雇违法都不冤。根据“谁主张，谁举证”原则，企业对李某收到了上班通知负有举证责任，否则就要承担举证不能的不利后果。

在法律的世界里，有客观事实和法律事实两个概念。客观事实是指客观上发生了什么，法律事实是指当事人所提供的证据能够证明什么。裁判者并不知道当事人之间客观上发生了什么，只能依靠双方提供的证据来判断事实（法律事实），综合整个案件的证据以及生活经验尽量让法律事实接近客观事实，并以此作出裁判。

HR 实务指南

第一，研判本地中级人民法院的判例，了解本地裁判口径。可以通过中国裁判文书网搜索本地中级人民法院的相关判例，重点了解在什么情况下企业解雇员工是违法的，进而审视员工的哪些违纪行为属于严重违反规章制度并被法院确认的。

第二，参考借鉴本地优质同类企业的规章制度。优质企业的规章制度往往是委托专业的劳动法律师起草或者经过其合法性审查的，小微企业经费和人力都有限，参考借鉴本地优质同类企业的现成的规章制度，往往能事半功倍。

五、企业对“严重违反规章制度”员工的解雇时效

笔者曾经办过这样一个案件。

甲公司发现采购员刘某提供虚假病历骗取了公司病假工资 2000 多元，根据规定已经构成“严重违反规章制度”，公司可以无偿解雇。然而，由于刘某业务能力很强，平时工作表现也很优秀，同事关系也不错，公司只是出了个《确认书》，载明刘某骗取病假工资的事实及已构成严重违反规章制度，刘某对此签字确认。两年后，公司因订单量减少，原来的 3 名采购员工作量不饱和，企业想减去一人，这时，甲公司向刘某发出《解除劳动合同通知书》，载明刘某在职期间提供虚假病历骗取公司病假工资，属于严重违反规章制度。刘某不服，申请劳动仲裁，最

终获得胜诉。

员工“严重违反规章制度”后，企业应在多久行使解雇权？这个问题在实务中存在争议。大多数情况下，通常是知道或者应当知道员工“严重违反”后，企业便作出解雇决定，但也有部分是当时没有解雇，而是一段时间后才解雇，上述笔者所经办的案件便是如此。从理论上说，员工“严重违反规章制度”后，企业在合理期限内解雇都是可以的，然而，多长时间才算是合理期限，这就有了不同观点。

我国《民法典》第 564 条第 2 款规定了民事合同解除权的行使期限，该条规定，法律没有规定或者当事人没有约定解除权行使期限，自解除权人知道或者应当知道解除事由之日起 1 年内不行使，或者经对方催告后在合理期限内不行使的，该权利消灭。我国劳动法没有明确规定劳动合同解除权的行使期限，但我国有些地区对此作出了规定。比如《天津市贯彻落实劳动合同法若干问题实施细则》第 15 条第 2 款规定为 6 个月，《重庆市职工权益保障条例》第 26 条第 2 款规定为 1 年，浙江省高级人民法院民事审判第一庭、浙江省劳动人事争议仲裁院《关于审理劳动争议案件若干问题的解答（二）》第 8 条规定为 5 个月，《辽宁省职工劳动权益保障条例》第 26 条第 2 款规定为 1 年，《汕头经济特区职工权益保障条例》第 46 条第 2 款规定为 1 年。

参考上述几个地区的规定，解雇期限最长为 1 年，最短为 5 个月。本书认为以 6 个月为期限比较合适。员工严重违反规章制度后，应给予企业一个合理期限行使《劳动合同法》第 39 条第 2 项赋予企业的单方无偿解雇权，期限过短会导致企业来不及行使权利，损害企业利益，期限过长则容易发生类似前述采购员刘某案件的情形，企业故意将解雇权“攒着”不用，想用时才用，产生“不过期不作废”的效果，进而损害员工利益。

案例 043

员工被追究刑事责任，企业 4 年后将其解雇是否合法？

广西壮族自治区柳州市中级人民法院（2019）桂 02 民终 2361 号

韦某于 1994 年 12 月 1 日入职某铁路集团某工务段工作。2013 年 7 月 12 日，韦某涉嫌非法拘禁罪被刑事拘留，同月 26 日变更强制措施为取保候审，2014

年5月21日，法院判决韦某犯非法拘禁罪，判处有期徒刑10个月，缓刑2年。2018年9月13日，工务段作出《关于解除韦某劳动合同的通知》，载明依据《××铁路局奖惩办法》第17条的规定"对被依法追究刑事责任的职工，应依法解除劳动合同"。韦某签收该解除通知时表示其不同意解除双方的劳动合同。双方因此成讼。

审理结果

法院认为，韦某因涉嫌犯罪被司法机关刑事拘留、逮捕以及被判缓刑，工务段理应与其暂时中止劳动合同的履行并追踪案件后续处理情况以便及时确定是否解除双方劳动合同。在韦某被判缓刑后，工务段就有权解除双方之间签订的劳动合同，即劳动者存在过错，用人单位享有劳动合同解除权，这是法律赋予用人单位的一项权利，但该权利必须在一定期限内行使。对于劳动者而言，也不可能因为一次错误便永远陷入等待解雇的困境当中，时时承受被解雇的风险。故用人单位超过合理期限解除劳动合同的，应认定用人单位的解除行为违法。

HR 实务指南

当员工构成严重违反规章制度时，企业需对其进行解雇的，宜尽快行使解雇权。通常情况下，在企业知道或者应当知道员工有严重违反规章制度行为时，企业需行使单方解除权的，在1个月内作出解雇处理为宜，有其他原因不能及时作出处理的，也越早处理越好，且最迟不应超过6个月。

六、严重违反规章制度与严重违反劳动纪律的区别

实务中很多HR朋友存在这样一个认识误区，习惯性地认为规章制度就是劳动纪律，严重违反规章制度就是严重违反劳动纪律，二者是"土豆"和"马铃薯"的关系，是一种东西的两种叫法，没有区别。实则不然，规章制度和劳动纪律不但不同，而且区别很大，远没有大家想象的那么简单。

案例 044

女员工用公司食堂洗菜盆清洗经期内衣物，公司解雇是否违法？

广东省总工会官方微信公众号 2016 年 10 月 17 日推文

肖某（女）是北京某科技公司食堂员工。2016 年 5 月 20 日，公司领导接到员工举报，食堂员工肖某用公司食堂洗菜盆清洗经期内衣物。公司食堂负责人、员工取证确认了此事，肖某也予以认可。公司称，该事件发生后，在公司内引发恶劣影响，数名员工因此事前往医院进行身体检查，几十名员工写联名信要求彻查此事并开除肖某。公司食堂连续十多天无人用餐，公司只能通过给员工订餐来弥补肖某造成的影响。公司认为肖某在公司食堂工作多年，理应知晓食品卫生人员操作规范，其行为超出常人理解范围。鉴于上述多种原因，公司领导为了避免出现更大的事件，将肖某解雇。肖某不服，遂申请劳动仲裁，主张公司违法解雇。

此案经媒体报道后，引发讨论一片。有谴责员工的，认为其此举实在令人恶心，企业解雇完全具有正当性；也有认为企业解雇失当的，认为员工虽有错，但错不到足以解雇的程度；更有谩骂仲裁员的，认为仲裁员过于僵化，规章制度不可能面面俱到，哪个企业的规章制度会写“不准用洗菜盆洗内衣”？

审理结果

劳动争议仲裁委员会认为，企业解雇员工，应当要有法定理由，企业虽然能够证明员工有违纪的事实，但又没有提供该违纪行为可以被合法解雇的相应依据，企业举证不充分。最终，劳动争议仲裁委员会以科技公司未提供制度依据为由认定公司解除劳动合同系违法解除，裁决某科技公司支付肖某违法解除劳动合同赔偿金 70,000 余元。公司不服，诉至法院。后经法院调解，公司向肖某支付违法解除劳动合同赔偿金 40,000 元。

案例简评

对于劳动争议仲裁委员会的裁决和法院的调解结果，本书不敢苟同。该科技公司确实拿不出员工不能用洗菜盆洗经期内衣物的相关规章制度来，难道就不能解雇员工了吗？显然不能这么理解。试想，哪家公司的规章制度会规定得这么细，细化到女员工不得用洗菜盆洗经期内衣物？肖某作为一个成年人，“洗菜盆不能洗内衣物”是一个生活常识，她理应对此有基本的认知，理应遵守基本的劳动纪律和职业道德，她这一行为无疑属于严重违反劳动纪律，即便公司拿不出相关成文化的规定来，公司也可以行使解雇权。

正如北京市第一中级人民法院（2021）京01民终8826号民事判决书所言，即便用人单位的规章制度中未作出明确规定，如果劳动者存在的违反劳动纪律或职业道德的行为达到一定的严重程度，仍可以视为对用人单位规章制度的严重违反，用人单位可类推适用《劳动合同法》第39条第2项的规定解除劳动合同。只不过这种类推适用，应当基于公平原则和诚实信用原则，在充分考虑劳动者的主观过错程度、影响的严重程度、用人单位管理行为的必要性、妥当性以及是否存在激化矛盾等不当情形的基础上，对劳动者违反劳动纪律或职业道德的行为做审慎的审查，以期在平衡保护劳动者合法权益与用人单位用工自主权的同时，避免对《劳动合同法》第39条第2项的类推适用被泛化。

又如，北京市门头沟区人民法院（2022）京0109民初2130号民事判决书亦认为，即便用人单位的规章制度未作出明确规定，如果劳动者存在的违反劳动纪律或职业道德的行为达到一定的严重程度，仍可以视为对用人单位规章制度的严重违反。

上述两案的说理可谓精辟，本书深以为然。

1. 劳动纪律是规章制度的组成部分

在《劳动法》施行之后至《劳动合同法》施行之前，劳动纪律和规章制度是并列关系，并没有强调是包含关系。《劳动法》第25条第2项规定员工严重违反劳动纪律或者规章制度的，企业可以解雇，无须支付经济补偿金或者赔偿金。

这里用了“或者”。何为“或者”？或者即选择之意，一般是“二选一”。根据《立法技术规范（试行）（一）》第13.3条规定，“或者”表示一种选择关系，一般只指其所连接的成分中的某一部分。具体到上述法条，员工无论是严重违反劳动纪律，还是严重违反规章制度，企业都可以解雇。

《劳动合同法》立法时，把“严重违反劳动纪律”删除了，只保留了“严重违反用人单位规章制度”，强调规章制度包含了劳动纪律。该法第39条第2项规定员工严重违反规章制度的，企业可以解雇。第 4 条第 2 款规定，用人单位在制定、修改或者决定有关劳动报酬、工作时间、休息休假、劳动安全卫生、保险福利、职工培训、劳动纪律以及劳动定额管理等直接涉及劳动者切身利益的规章制度……由此可见，劳动纪律是规章制度的一个组成部分，规章制度的内容和范围要比劳动纪律宽得多。

2. 规章制度强调成文化，劳动纪律并不强调成文化

根据劳动法规定，企业必须制定书面的规章制度，强调成文化，且需符合合法“三要素”，否则不得作为处罚员工的依据。劳动法之所以作如此规定，是因为规章制度的范围很宽，涉及用工管理的方方面面。为了防止企业利用规章制度滥用用工管理权损害员工合法利益，立法者对企业所制定的规章制度设定了较高的门槛，在制定和修改程序上非常严格，必须符合合法“三要素”（关于该“三要素”，本书已在本章第二节进行了具体论述）。

而劳动纪律则不然，劳动纪律是指员工提供劳动的过程中必须遵守的最基本的劳动规则和劳动秩序，通常包括工作纪律、考勤纪律、生产纪律等。劳动纪律是作为一名员工应当遵守的最低限度的行为规范，这种行为规则是约定俗成的，是一个普通人对一般事物的正常认知和理解，也是企业对一个员工最基本的要求，更是员工作为一名劳动者对企业所负有的忠诚尽责义务。《劳动法》第 3 条第 2 款规定了员工必须遵守劳动纪律。比如，不能迟到、早退、旷工，有事要请假，上班要服从企业的正常工作安排，等等，是作为一个具有完全民事行为能力的成年人（含以自己劳动为生的 16 周岁以上未成年人）所应具有并且主动遵守的“应知应会”。正因为它是员工理应遵守的最低限度的基本劳动规则，劳动法并没有强调劳动纪律必须成文化，也没有强调要像规章制度那样必须符合合法“三要素”，劳动法对劳动纪律的制定和修改也放得很宽。企业若制定劳动纪律，不强调必须要经过民主程序，制定后向员工公示即可执行。

概言之，企业如果要依据规章制度对员工进行处罚，则必须要有成文的规章制度，且该规章制度必须符合合法“三要素”，但如果依据劳动纪律对员工进行处罚，原则上无须强调企业必须有成文的劳动纪律。

案例 045

企业庭审时说错一句话，赔了 2800 元

因该案的裁决有瑕疵，故隐去仲裁案号

胡某于 2022 年 2 月 21 日入职甲公司担任镀膜操作工职务，双方约定试用期月工资 5600 元。自 2022 年 2 月 26 日起，胡某未再出勤，3 月中旬，公司按胡某自动离职处理。在胡某未出勤期间，公司于 3 月 9 日、11 日通过微信和手机短信分别向胡某发出《限期上班通知书》，载明“你无故连续旷工多日，你的行为已严重违反公司劳动纪律”，胡某均未回应，也未返岗上班。随后，公司收到胡某的劳动仲裁申请书副本，请求公司支付其 2 月 21 日至 25 日工资 1287 元、解除劳动关系经济补偿 2800 元。庭审中，胡某诉称公司将其辞退，原因是试用不合格，其对此不认可。胡某未出示甲公司辞退他的相关证据。公司则辩称胡某无故旷工不出勤，属于严重违反规章制度，公司按自动离职处理为合法行为。公司出示了多次向胡某发送的《限期上班通知书》催告胡某返岗上班的短信。

审理结果

劳动争议仲裁委员会认为，胡某并无有效证据证明公司与其解除劳动关系的理由为“试用不合格”，公司亦未提交规章制度用以证明其公司关于“自离”的具体规定，故双方均未能提供有效证据证明各自的主张，根据“谁主张，谁举证”原则，结合公平原则，本委认为双方均无法证明劳动者的离职原因时，可视为用人单位提出且经双方协商一致解除劳动合同。

劳动争议仲裁委员会最终裁决公司支付胡某工资 1287 元和协商解除劳动关系经济补偿 2800 元。

案例简评

本书对该案的裁决结果不敢苟同。

其一，从证据上看，胡某主张公司以“试用不合格”辞退他，但未能就此提供证据证明，而公司称其无故不出勤，并提供了公司多次催告其返岗上班的短信。

其二，公司多次向胡某发出的《限期上班通知书》均有载明“你无故连续

旷工多日，你的行为已严重违反公司劳动纪律”，但是在庭审中却辩称胡某严重违反规章制度，由于未能拿出规章制度来，因此被仲裁委员会认定为“举证不能”，最后“各打五十大板”按协商解除论处。

仲裁裁决貌似有道理，实则经不起推敲。已经认定的事实是公司没有辞退胡某，是胡某突然间就不来上班了（俗称自离），公司多次催告其返岗未果。仅是因为公司说错了一句话，误将“严重违反劳动纪律”说成“严重违反规章制度”，恰巧公司又拿不出对应的规章制度来，就裁决公司赔钱？公司这得有多冤。可见，裁判者对法条的应用应灵活掌握，不宜过度教条化、机械化。

HR 实务指南

第一，尽量制定成文的规章制度。中国人有“白纸黑字”的传统，企业若有成文的规章制度，一来便于在企业内部宣传和公示，员工可以直接了解到制度内容并遵守；二来企业在管理员工时有“法”可依、有章可循，尤其是对员工进行处罚时，能够有直接的依据，防止扯皮，减少纠纷的发生；三来文字表达是最可靠的，减少了理解上的误差。

第二，处罚员工时尽量优先使用“违反劳动纪律”。如前所述，劳动法规定规章制度必须成文化并且必须符合合法“三要素”，而劳动纪律则不强调必须成文化，且适用标准要比一般规章制度低。换言之，用“违反规章制度”处罚员工，需要“双举证”，既要举证员工有违反行为，又要举证该行为对应到规章制度的哪条，且该制度是符合合法“三要素”，用“违反劳动纪律”则只需“单举证”，即举证员工有违反行为即可，不强调企业必须有成文化的违反劳动纪律的具体定义。实务中，大量企业的规章制度都经不起合法“三要素”的论证，可能会被认定为规章制度不合法而不得作为处罚员工的依据，最终败诉。因此，本书建议，企业在处罚违纪员工时，如果员工违反的是劳动纪律（迟到、早退、旷工、请假、不服从正常工作安排等），尽量使用“违反劳动纪律”的表述，不要使用“违反规章制度”。

第三，解除劳动合同通知书尽量描述为“严重违反劳动纪律”。对于严重违纪的员工，企业在出具解除劳动合同通知书时，应尽量描述为“严重违反劳动纪律”或者“严重违反规章制度和劳动纪律”，不宜只描述为“严重违反规章制度”。这是一个很小的细节，很容易被 HR 忽略。

第四节 规章制度能否规定对员工罚款

何为罚款？《现代汉语词典》（第 7 版）的解释是：“①（动词）行政机关强制违法者缴纳一定数量的钱，是一种行政处罚。②（动词）订合同的一方处罚违反合同的另一方以一定数量的钱。③（名词）被罚款时缴纳的钱。”百度百科词条的解答是：“行政处罚中的一种处罚方式，是强制违法行为人在一定期限内向国家交纳一定数量货币而使其遭受一定经济利益损失的处罚形式。”罚款因能对员工起到强烈的震慑作用，是对员工最直接、最有效的惩戒手段，一直以来为不少企业所采用。

一、企业罚款权的法律渊源

1. 罚款的概念

罚款有狭义和广义两种概念之分。狭义的罚款是行政处罚的种类之一，是行政机关或者司法机关依法对违反管理秩序的人予以惩戒的一种处罚方式。罚款是剥夺他人财产权，属于财产罚的范畴。根据《行政处罚法》第 9 条第 2 项规定，行政处罚的种类包括罚款。《民事诉讼法》第 113 条第 2 款规定，人民法院对违反法庭规则的人，可以予以训诫，责令退出法庭或者予以罚款、拘留。第 114 条第 1 款规定，诉讼参与人或者其他人有下列行为之一的，人民法院可以根据情节轻重予以罚款、拘留……狭义概念的罚款权仅能由行政机关、司法机关行使，其他任何组织或者个人均无权实施罚款。广义的罚款则是指当事人一方对另一方的违约或者违纪行为进行经济处分，实施主体除行政机关和司法机关外，还包括企业、合同当事人等。

2. 企业罚款权的历史变迁

在《劳动合同法》施行以前，我国是允许企业对员工进行罚款的。1982 年 4

月 10 日国务院颁布施行的《企业职工奖惩条例》第 11 条第 1 款规定，对于有下列行为之一的职工，经批评教育不改的，应当分别情况给予行政处分或者经济处罚……第 12 条规定，对职工的行政处分分为：警告、记过、记大过、降级、撤职、留用察看、开除，可以同时给予一次性罚款。第 16 条规定，对职工罚款的金额由企业决定，一般不要超过本人月标准工资的 20%。这可能是国家层面的劳动法律法规授权企业可以实施罚款的唯一的直接渊源了。

然而，随着 2008 年《劳动合同法》的施行，《企业职工奖惩条例》于 2008 年 1 月 15 日被《国务院关于废止部分行政法规的决定》废止。至此，国家层级的法律法规再也没有允许企业对员工罚款的相关规定了。

二、企业能否罚款的观点之争

企业能否通过制定规章制度，对员工实施罚款？实务中存在两种不同的观点。

第一种观点认为企业可以对员工实施罚款。

持此观点者通常采用罚款的广义概念，认为企业是行使罚款权的适格主体。企业根据《劳动合同法》第 4 条的规定制定规章制度，只要经过了民主程序和公示，该制度就合法有效。又根据《劳动争议司法解释（一）》第 50 条第 1 款规定，企业通过民主程序制定的规章制度不违反国家法律、行政法规及政策规定，并已向劳动者公示的，应属有效。虽然《企业职工奖惩条例》已废止，没有了企业可以罚款的直接法律依据，但是后来出台的一系列劳动法律法规，并没有对企业实行罚款进行禁止，企业当然可以规定罚款。

以下两个司法判例持此观点。

上海市第一中级人民法院（2018）沪 01 民终 10324 号民事判决书认为，用人单位以劳动者在工作中存在差错等违纪行为为由，对违纪者作出内部纪律处罚，是为了维持单位对职工进行正常管理所必要的；只要单位对于违纪职工的处罚规定是在劳动法许可的范围内，以及其处罚与职工违纪程度是大致相当的，应当准许。该案中，曹某依据甲公司开具的奖 / 惩通知单，自动向公司上交了罚款，可见曹某当时对公司作出的处罚决定是认可的，曹某要求公司返还经济罚款 2075 元的诉讼请求，法院不予支持。

江苏省高级人民法院（2017）苏民申 3402 号民事裁定书认为，甲酒店安排于某清洁、维护客房，是酒店行使用工自主权的行为，于某作为酒店员工，应严格遵守公司的规章制度，履行其职责，清洁、维护客房系其工作职责之一，于某不服从酒店用工管理，拒绝完成酒店分配的工作，违反规章制度，酒店当月扣发于某 100 元工资，并无不当。故于某要求甲酒店退还 100 元罚款，法院不予支持。

第二种观点认为企业不能对员工实施罚款。

持此观点者通常采用罚款的狭义概念，认为罚款属于行政处罚的种类之一，只能由行政机关实施，企业并不是行使罚款权的适格主体，企业也不得代替行政机关对员工实施行政处罚。《企业职工奖惩条例》被废止后，企业失去了可以实施罚款的唯一法律依据，企业对员工不再享有罚款权。《劳动合同法》虽然授权企业自行制定规章制度对员工进行管理，但没有授予企业罚款权。罚款权属于公权力，企业并非公权力机关，无权实施罚款。

以下两个司法判例持此观点。

湖南省长沙市中级人民法院（2020）湘 01 民终 5914 号民事判决书认为，原《企业职工奖惩条例》已被《劳动法》和《劳动合同法》代替而废止，企业自行制定的规章制度或奖惩管理办法不得违背法律的相关规定，企业行使经济处罚权是以剥夺劳动者的经济利益为代价的，无法律依据。

山东省济宁市中级人民法院（2019）鲁 08 民终 1461 号民事判决书认为，用人单位有权根据经营管理需要制定内部规章制度，但用人单位制定的规章制度不得违反国家法律、行政法规及政策规定，不得损害劳动者的合法权益。我国现行法律没有赋予用人单位对员工进行罚款的权利，企业规章制度中的罚款条款没有法律依据。因此，用人单位不能在企业规章制度中规定罚款条款。

案例 046

客运公司对违纪驾驶员罚款 8000 元，法院判决罚款违法

黑龙江省高级人民法院（2021）黑民申 1385 号

邢某于 2012 年 9 月入职甲客运公司从事长途汽车驾驶员工作。2017 年 9 月 7 日，邢某驾驶该公司长途客车返程时，因车内 13 人无票，被客运公司稽查人员认定为属于违反公司规定的行为，公司作出《关于对驾驶员邢某的处理决定》，依据公司《关于客票款管理及违纪处罚规定》规定，对邢某处以 5000 元罚款。2018 年 3 月 6 日，邢某驾驶车辆到加油站加油时发生事故，邢某负事

故全部责任，事故造成经济损失31,969元，客运公司依据《关于印发集团公司安全生产处罚条例的通知》规定，对邢某罚款3000元。2019年10月15日，邢某离职，随后申请劳动仲裁，要求客运公司返还罚款8000元，未获支持，邢某诉至法院。

审理结果

法院认为，根据《立法法》及《行政处罚法》的相关规定，对财产的处罚只能由法律、法规和规章设定，目前法律并未赋予企业罚款权，用人单位对劳动者的罚款没有相关的法律依据。客运公司对邢某进行罚款的依据是企业的规章制度《关于客票款管理及违纪处罚规定》及《关于印发集团公司安全生产处罚条例的通知》，客运公司作为企业单位，没有权力制定对其内部职工进行罚款的惩处条例。法院最终判决客运公司返还邢某罚款3000元（另外5000元因已过仲裁时效而未被支持）。

三、企业能否罚款的部分地区规定

企业到底能不能对员工实施罚款，我国部分地区作出了相关规定，可分为可以罚款和不能罚款两种做法。

有些地区规定企业可以对员工实施罚款。摘录如下：

《江苏省工资支付条例》（2021年修正）第12条第2款规定，劳动者有下列特殊情形之一，但提供了正常劳动的，用人单位支付给劳动者的工资不得低于当地最低工资标准，其中非全日制劳动者的工资不得低于当地小时最低工资标准：……（3）违反用人单位依法制定的规章制度，被用人单位扣除当月部分工资的……前款第3项规定的情形，用人单位扣除劳动者当月工资的部分不得超过劳动者当月应发工资的20%……

《深圳经济特区和谐劳动关系促进条例》（2019年修正）第16条规定，用人单位依照规章制度对劳动者实施经济处分的，单项和当月累计处分金额不得超过该劳动者当月工资的30%，且对同一违纪行为不得重复处分。实施处分后的月工资不得低于市人民政府公布的特区最低工资标准。

《辽宁省工资支付规定》第19条规定，用人单位不得随意扣除劳动者工资。除法律、法规规定可以代扣劳动者工资的事项外，用人单位扣除劳动者工资应当符合集体合同、劳动合同的约定或者本单位依法制定的规章制度的规定。每月扣除的部分，不得超过劳动者当月工资的 20%；扣除后的余额，不得低于当地最低工资标准。

有些地区则规定企业不能对员工实施罚款。

比如，《广东省劳动保障监察条例》（2019 年修正）第 50 条规定，用人单位的规章制度规定了罚款内容，或者其扣减工资的规定没有法律、法规依据的，由人力资源社会保障行政部门责令改正，给予警告。用人单位对劳动者实施罚款或者没有法律、法规依据扣减劳动者工资的，由人力资源社会保障行政部门责令限期改正；逾期未改正的，按照被罚款或者扣减工资的人数每人 2000 元以上 5000 元以下的标准处以罚款。广州市白云区人民法院（2022）粤 0111 民初 18620 号民事判决书认为，根据《广东省劳动保障监察条例》第 50 条规定，甲公司因肖某迟到半小时扣减其工资 900 元，该扣减行为缺乏规章制度支持，也有违劳动法有关规定，损害劳动者合法权益，应予以纠正。结合双方意见及肖某工资水平，扣减工资 18.6 元合理，因此，甲公司应返还肖某工资 881.4 元（900 元 -18.6 元）。

需要提示的是，笔者经检索发现仅广东（不含深圳）规定了企业不得对员工罚款，其他地区要么规定可以罚款，要么没有规定能不能罚款。从这个角度上看，“可以罚款”似乎仍是主流观点。

案例 047

司机因闯红灯被交警罚款 200 元，该罚款应由谁承担？

广东省高级人民法院（2018）粤民再 239 号

姚某于 2015 年 1 月 18 日入职甲公司并担任专职司机职务，双方签订了书面劳动合同。该公司《司机处罚规定》第 1 条规定，“司机因违反交通法规被公安部门处罚，由司机自行负责处理，不得影响工作”。姚某在该处罚规定上签名确认。3 月 26 日，姚某驾驶甲公司车辆时，违反交通规则闯红灯，被交警部门处以 200 元罚款。4 月 7 日，姚某离职。因姚某已离职，甲公司在处理车辆更新时垫付了该 200 元罚款。11 月 2 日，甲公司申请劳动仲裁，要求姚某支付各项经济损失 88,000 余元，其中包括为姚某垫付的罚款 200 元。

审理结果

一审法院认为，根据《广东省劳动保障监察条例》第 51 条[1]规定，用人单位作为普通民事主体，国家并未授权其对其他民事主体行使罚款的权利。虽然双方签订的《劳动合同书》及姚某签名的甲公司相关制度对司机的处罚和违约责任进行了约定，但这些约定与相关的法律法规相抵触，应为无效。一审法院判决驳回甲公司的全部诉讼请求（姚某无须返还因闯红灯被交警部门处罚的 200 元）。

经当事人上诉，二审法院判决姚某应返还该罚款 200 元给甲公司。姚某不服，向广东省高级人民法院（以下简称广东高院）申请再审，广东高院裁定由该院提审该案。广东高院再审后认为，姚某因闯红灯被交警部门处罚，因交警部门对交通违章的处罚是针对司机个人作出的，且《司机处罚规定》对此责任亦有明确规定，因此该罚款应由姚某个人承担。由于 200 元罚款已由甲公司代缴，因此应由姚某返还给甲公司。

案例简评

交通法规属于行政法，公民违反交通法规被交警部门处罚的，属于行政处罚，实施处罚的主体是具有行政管理职能的交警部门。企业作为劳动关系主体，并不具有国家行政管理职能，不得对员工作出行政处罚，只能基于劳动法对员工作出处罚。

该案中，姚某因闯红灯被交警部门罚款，是对姚某个人作出的处罚，甲公司知道时，姚某已经离职，由于违章车辆是甲公司所有，甲公司为了车辆信息更新先行垫付了姚某的违章罚款，属于代缴，并不是甲公司对姚某作出的罚款。一审法院适用《广东省劳动保障监察条例》之规定认为甲公司规章制度约定司机承担违章处罚无效，判决姚某无须返还甲公司垫付的 200 元，是对该 200 元罚款的错误定性，属于法律适用错误。二审法院和广东高院对此进行了纠正，判决姚某应返还甲公司所垫付的 200 元，本书深以为然。

四、员工“自愿乐捐”能否“规避”罚款

劳动法规定企业不能对员工进行罚款，部分企业就动起了换个名字的歪心思，

1　2019 年修正后为第 50 条。

以“规避”罚款的违法行为。“乐捐”即是如此，有些企业规定，员工迟到一次，除扣除迟到本身的工资外，自愿向企业“乐捐”50元。对于员工“乐捐”的资金，有些是直接由企业占有，有些企业设立“乐捐基金”，把当月员工“乐捐”的资金定期统一拿出来供大家聚餐使用或者买吃的喝的。听上去好像有道理。不让罚款就搞“乐捐”，那些钱都是员工自愿“捐”的。

这仍是违法的。企业自创的“乐捐”制度，本质上还是对员工实施罚款，并不是换个名字就变成合法行为了。员工真的是自愿的吗？不见得吧，我们并不否认真有员工是自愿的，但我们更相信，绝大多数“乐捐”者是被自愿的，企业利用优势地位实施“乐捐”制度，员工不“自愿”恐怕也不行。

也许有人会说，企业客观上也没有将员工“乐捐”的资金据为己有啊，而是拿出来给本部门员工或者全体员工聚会活动去了，这叫“取之于员工用之于员工”。当然不能这样理解，劳动法规定不得罚款，所禁止的并不是所罚之款归谁支配，去了哪里，而是禁止罚款的行为，因此，“乐捐”的资金到底是企业自己占有了，还是给大家吃饭喝酒了，并不改变企业违法实施罚款的定性。当然，如果企业确实能够举证证明员工“乐捐”是属于自愿而非被自愿，能够与罚款区别开来，根据处分原则，当事人有权在法律规定范围内对自己的财产权利进行处分，那是可以的。

司法实践中，法院对“乐捐”（罚款或者克扣工资）的态度差异较大，有支持的，也有不支持的。笔者在中国裁判文书网随机检索了十多篇判决书，大多数观点认为“乐捐”是违法的，只有少数观点认为是合法的。

以下两个司法案例，深圳案例认为“乐捐”合法，而东莞案例则认为“乐捐”违法。

深圳市中级人民法院（2021）粤03民终13373号民事判决书认为，该公司提交的考勤与休假管理办法中针对员工迟到行为而设立的“乐捐”扣款规定，因扣款金额未超出合理范围，不违反法律法规禁止性规定，属于用人单位用工管理自主权的体现，故可作为用工管理依据，且王某作为法务总监应该知悉该项规定，王某主张公司退还“乐捐”扣款，法院不予支持。

东莞市中级人民法院（2020）粤19民终11016号民事判决书认为，该公司主张“乐捐”是公司的企业文化，系员工自愿缴纳，但唐某予以否认，公司未能提交证据证明该扣款的合法性或合理性，应承担举证不能的不利后果，故公司依法应当向唐某退还无故扣款639元。

案例 048

员工“自愿”签署认罚声明，企业是否就可以“大张旗鼓”地罚款？

广州市中级人民法院（2021）粤 01 民终 16180 号

张某于 2018 年 5 月 17 日入职甲公司并担任项目招商主管，双方签订了劳动合同，其中约定了不接受各种名义的馈赠，不与中介及客户串谋牟取差价、佣金、招聘推介费等自律条款，“如乙方（张某）做出违反以上规定的行为，乙方自愿接受公司对其作出的辞退处理且不需支付任何补偿，并承担给公司造成全部经济损失的 10 倍罚款和相应法律责任，如无经济损失的，愿承担涉案金额的 5 倍罚款。”同日，张某签订《员工廉洁自律承诺书》，该承诺书与劳动合同廉洁自律规定一致。2020 年 3 月，张某因收取客户 34,424 元好处费而被公安机关立案侦查，6 月 17 日，张某出具《违规事实说明》和《认罚声明》，表示自愿遵守甲公司的员工廉洁自律制度，承担相应的惩罚金。7 月 20 日，甲公司解雇了张某，并扣押了张某的应得招商佣金 177,291.56 元。双方因此成讼。

审理结果

法院认为，张某提出根据《广东省劳动保障监察条例》的规定，用人单位设定罚款权违法，甲公司则辩称根据双方劳动合同及张某签署的《员工廉洁自律承诺书》，张某收取他人好处违反上述规定，公司有权予以涉案金额 5 倍罚款。该案中张某出具了《认罚声明》，表明其自愿向公司认罚并承担惩罚金，这属于当事人对自身权利的处分，张某并未提供证据证实其是在欺诈、胁迫或重大误解等情形下签订的该《认罚声明》，因此法院对该声明的效力予以认可，对张某自愿处分自身权利的行为予以确认。经折算，抵扣完后剩余 5171.56 元（177,291.56 元 −34,424 元 ×5），甲公司应予以支付。

案例简评

该案判决值得商榷。企业与员工是不平等主体，双方是管理与被管理的关系，如果员工签署了《认罚声明》就允许企业对员工进行罚款，则可能诱发部分企业作恶，故意利用优势地位，通过各种方法或者手段，使得员工签下相关承诺或者声明，而把《广东省劳动保障监察条例》中“企业不能罚款”的规定架空，使其形同虚设。

回到该案。其一，张某签署《认罚声明》是在在职期间，可能是出于真实意思表示，自愿认罚，也可能是因为想保住这份工作等原因而作出的妥协，还可能是企业采用了某些手段而被迫签下这个认罚承诺，三种情形都是有可能的。其二，根据生活常理，很难理解一个员工真的心甘情愿地签署认罚承诺认下高达 17 万多元的罚款（其收受客户好处费的 5 倍）。其三，退一步说，如果真的是张某自愿认下这 17 万多元的罚款，那他为何后来又申请劳动仲裁主张甲公司发放该款？实际上，即使员工是在企业胁迫或者半胁迫的情况下签署了此类承诺书，员工也是很难举证的，实务中这种现象非常普遍，“胳膊拧不过大腿”，员工因畏惧企业的强势地位而“被自愿”同意签署。

综上种种，均存疑点，法院认定张某自愿认罚属于自身权利处分而判决甲公司按 5 倍处罚合法，着实有失偏颇，本书不敢苟同。但是，如果员工离职时签署认罚承诺，此时企业优势地位的作用力已经很弱，双方管理与被管理的关系也已不存在，法院认定此时签署的认罚承诺为权利处分，本书则不持异议。

五、企业规避罚款的实务指南

不能对员工实施罚款，是不是就拿违纪员工没办法了？答案是否定的。企业完全可以通过其他合法的方式来取代罚款，同样可以达到惩罚违纪员工的目的。

罚款本质上是克扣工资，为劳动法所不允许。什么叫“扣”，简单说就是，这钱本来是员工的，企业从员工口袋里把钱拿出来，损害了员工的财产权。但是如果企业通过制定相应的规则少发奖金，这就不违法了。什么叫“少发”，简单说就是，钱是企业的，企业根据员工的表现从自己的口袋里拿钱出来奖励员工，通过双方约定或者企业单方面用规章制度规定设定发放规则，当员工发生某些情形或者行为时，企业减少发放该部分奖金。

笔者认为，企业可以从以下几个方面“少发”奖金，以达到惩戒违纪员工的目的。

1. 用全勤奖“代替”罚款

比如企业可以设立每月全勤奖全额为 300 元，并通过制定规章对全勤奖的发放规则进行规定，可以这样规定：

（1）当月满勤未请假，且无迟到、无早退、无旷工等情况的，当月全勤奖为全额。

（2）当月迟到 1~3 次的，全勤奖为 80%；迟到 4~6 次的，全勤奖为 50%；迟到 7 次以上的，全勤奖为 0；迟到 1 次且迟到时间 1 小时以上或者迟到多次且迟到时间累计 2 小时以上的，全勤奖为 0；忘带卡、忘打卡等没有打卡需人事部签卡的，签卡 1 次按 1 次迟到论处。

（3）当月早退 1~3 次的，全勤奖为 50%；早退 4 次以上的，全勤奖为 0；早退一次 1 小时以上或者早退多次累计时间 2 小时以上的，全勤奖为 0。

（4）旷工 1 次（半天起算）以上的，全勤奖为 0。

企业可以按此逻辑通过规章制度设定全勤奖的规则，通常来说，迟到的主观恶意较弱，路上塞车、放长假后第一天上班忘调闹钟等，都有可能导致迟到，因此，企业在设定全勤奖规则时要充分考虑到这一点，对迟到的处罚应相对轻些。而早退和旷工则不同，主观恶意较大，尤其是旷工，所以可以处罚较重，比如当月旷工 1 次即扣发当月全额全勤奖，也是可以的。

由于劳动法没有规定企业必须要给全勤奖，所以该部分奖金由企业自行规定。但是，一旦规定则双方均受约束，非经法定程序修改规章制度，企业不得单方面取消全勤奖，也不得赖账不发或者少发。

2. 用绩效奖“代替”罚款

绩效奖原理跟全勤奖相同，只是绩效奖的设定不仅是针对出勤，更是对各个工作岗位的全面考核。一般采用百分制，假设某岗位的绩效工资 2000 元，那么对应 1 分即 20 元，当月绩效得分 100 分时，绩效工资为 2000 元，得分 90 分时，绩效工资为 1800 元，以此类推。

以人力资源主管为例，可以在工作态度（责任心、积极性、沟通能力、工作热情、合作精神等）、工作能力与效率（工作任务完成率、执行力、创新能力、出错率、发现问题及解决能力等）、成本控制（人工成本、招聘成本、办公用品成本等）这几个方面设定 KPI（关键绩效指标），每月考核一次，对各个指标分配相应权重并进行打分，统计出最终得分。

绩效管理是人力资源管理的六大模块之一，其内容相当丰富，功能十分强大，这里仅讨论如何利用绩效考核来达到惩戒违纪员工的目的，不对绩效管理体系的搭建和实施展开讨论。

3. 用年终奖“代替”罚款

年终奖是指每年度末企业给予员工不封顶的奖励，是对员工一年来的工作业绩的肯定。企业同样可以用减发年终奖来达到惩戒违纪员工的目的，其原理与全勤奖和绩效奖相同，可以通过员工一年来的综合表现进行发放，表现优秀、贡献大的员工年终奖自然就高，反之则低。

除上述几个方面外，企业还可以根据实际经营管理设立其他的规则，以“少发”或者“减发”的方式达到对违纪员工的惩戒。劳动法只规定了最低的劳动标准，如最低工资、加班费计算、工作时间等，这部分内容体现劳动法的公法属性，排除双方意思自治，这是劳动法的底线，也是红线，企业在任何情况下都不要去触碰。在这个红线之上，才是企业大展身手展现用工自主权的地方，这一空间可谓是大有可为，企业可以充分利用好用工自主权，将员工工资拆分成若干项，可以通过劳动合同约定或者规章制度规定，来达到激励员工努力工作、少犯错误，提高生产经营管理水平的目的。

案例 049

企业规章制度规定可以对“负激励”罚款，合法吗？

广东省高级人民法院（2020）粤民申 1316 号

胥某是甲物流公司营业部经理。物流公司规章制度规定了负激励扣款的条款，双方劳动合同亦约定了胥某违反规章制度被处以负激励、损失赔偿的，物流公司可在其工资中直接扣除。2015 年 9 月 1 日至 2018 年 7 月 31 日，因胥某工作出现差错，物流公司给予胥某零担业务行政奖罚 −9459.44 元、赔偿损失 627.05 元，快递业务行政奖罚 −5662.27 元、赔偿损失 36.72 元的处理。胥某离职后申请劳动仲裁，主张甲物流公司返还前述罚款。

审理结果

法院认为，甲物流公司对胥某进行负激励扣款针对的是工资中的奖励部分，并未对其基本工资进行扣减，且除负激励外，胥某的奖励工资部分还出现绩效奖、个人单项奖、应收账考核等进行正激励的情况。因此，物流公司根据负激励的规章制度，视员工的工作情况进行正负激励、增加或减少发放工资中的奖励部分，并非对员工工资的克扣，并未违反法律法规强制性规定，属于企业行使经营自主权，对员工进行合法管理的一种形式。法院最终判决甲物流公司无须向胥某返还该“负激励”罚款。

案例简评

实务中，以“负激励”之名行罚款或者克扣工资之实的现象屡见不鲜，企业在规章制度中规定或者在劳动合同中约定“负激励”条款，不合理地免除或者减轻企业自身责任、加重员工责任，在员工发生违纪行为时，企业对其进行“负激励”，扣除其相应数额的工资，其原理与前述“自愿乐捐”相似。这是违反劳动法规定的。

回到该案。该案有个特殊之处，那就是物流公司对胥某的“负激励”，所针对的是胥某工资中的奖励部分，而非针对胥某的基本工资部分。这与直接扣除基本工资有着本质的不同。在性质上，劳动法并未规定企业必须要给予员工奖励，因此，奖励部分属于双方约定或者企业自主发放的部分。企业可以根据生产经营需要制定相关奖励规则，表现优秀的多奖，表现差的少奖或者不奖，都是可以的。物流公司针对员工奖励部分制定的“负激励”规则，并不违反劳动法规定，应属有效。法院判决甲物流公司无须向胥某返还该“负激励”罚款，本书不持异议。

第五节　规章制度的应用

规章制度是企业用工管理的“法律”，其价值在于充分地用起来，轿子做得再漂亮，得有人抬才能产生价值。规章制度的价值和功能并不在于惩戒违纪员工，而是通过应用规范企业管理秩序，降低用工风险，提高工作效率，提升企业市场竞争力。企业在应用规章制度时，需要遵守一些规则，注意一些事项。

一、企业用工过程中的证据收集与固定

笔者曾办过这样一个案件。

张三在某公司工作多年，职务是保安，最近人事经理发现张三在上班时间睡觉，人事经理对其口头批评，张三认错态度很好，保证以后不会再犯。没过几天，他又在上班时间睡觉，供应商送货过来在门口按了很久的喇叭都叫不醒他，人事经理每次都是口头批评，考虑到张三在公司工作多年，也没有对他进行其他处罚。三番五次下来，张三屡教不改，于是公司把张三解雇了，理由是上班时间睡觉，经多次批评教育仍不改，已严重违反规章制度。张三当时没有提出异议，不吵不闹，离职很顺利，签收了解雇通知书，结清工资，办好离职手续就走了。

半年后，公司收到张三的劳动仲裁申请书副本，主张公司违法解雇，公司这才意识到问题的严重性。笔者接案后，进行了实地考察，发现张三每次睡觉都躲在监控拍不到的地方，况且，时间太长了，当时的监控录像全都没有了。人事经理每次批评都是口头的，没有留下任何类似通报批评、员工检讨书之类的书面记录。笔者猜测张三应该是后面有高人指点，故意不在离职后马上申请劳动仲裁，而是过了几个月后才去仲裁，公司在这个期间会放松警惕，不会刻意去收集和固定证据，保存监控录像等，这个时间点上，公司的证据已经消失干净了，这对公司就很不利。

本书认为，企业仅有规章制度是不够的，当企业依据规章制度对违纪员工进行处罚时，还要有认定员工违纪事实的材料和处罚材料，实体制度和制度适用程

序配合使用，才能最大限度地降低败诉风险。企业可以从以下几个方面对员工违纪行为的证据进行收集和固定。

1．HR 应培养证据意识，养成证据收集和固定的良好习惯

对用工管理过程中的证据的收集和固定，首先是要培养 HR 的证据意识。

何为证据？《现代汉语词典》（第 7 版）的解释是“能够证明某事物的真实性的有关事实或材料”。只有具有真实性、合法性、关联性（俗称“证据三性”）的证据，才属于有效证据。

事实分为客观事实和法律事实，前者是指不依赖人们的认识的事实真相，后者是指依照法律程序、被合法证据证明了的案件事实。有时法律真实几乎等同于客观真实，但有时又与客观真实存在出入，有证据支撑的事实才叫法律事实，法院采信的事实必须是法律事实。《民事诉讼法》第 66 条第 2 款规定，证据必须查证属实，才能作为认定事实的根据。

简言之，法官不会过度关注当事人之间客观上发生了什么，因为他无从知晓客观事实，他只会关注当事人提供的证据能够证明什么，以及依照法定程序认定的法律事实。如前例，张三上班睡觉是客观事实，但企业无法提供证据证明张三睡觉，在法律程序上法官就难以认定张三上班睡觉，这就出现了客观事实与法律事实无法对应的情形。那为什么企业无法举证他上班睡觉，不就是因为没有收集和固定证据吗？那为什么没有收集证据，根本原因就是企业没有证据意识。

证据意识又称证据观念，简单地说就是，企业在用工管理过程中，脑海里要时刻有收集和固定证据的意识，无论是否产生劳动争议，都要去收集和固定一些证据，养成良好的证据习惯。如前例，人事经理如果有证据意识，从第一次发现张三睡觉时，就应该去收集和固定证据，比如可以让张三写书面检讨书或者人事部出书面警告并让张三签名确认等。有了这些书面证据，日后发生劳动争议时，才能通过举证证明，达到胜诉的目的。

2．对员工的用工管理要尽量使用书面形式

笔者在过去多年的劳动法咨询过程中，经常遇到这样的情况，老板一直在强调这个员工在职期间如何表现不好，如何不服从工作安排，如何跟上司顶嘴，这些都是事实，他本人知道的，他的上司陈主管也知道，还有张经理也知道，如此云云。当笔者问及，他表现不好公司有书面警告吗，答，没有，再问，他不服从工作安排有相关的证据材料吗，答，也没有。老板说了半天，其实都是在陈述他的主观看法，也许他说的都是客观事实，但由于没有证据，因此就无法转换成法律事实，也就不能被认定为案件事实了。

本书认为，企业在用工过程中，对员工违纪行为的处理要尽量使用书面形式。书面形式是相对口头形式而言的，正如《劳动合同法》第 10 条第 1 款所规定的“建立劳动关系，应当订立书面劳动合同”，该书面劳动合同是相对口头劳动合同而言的。广义的书面形式的范围其实很宽，既包括传统的纸质书面，也包括电子书面（如电子劳动合同），还包括微信聊天记录、录音录像、电子数据等。根据《民事诉讼法》第 66 条第 1 款规定，证据包括当事人的陈述、书证、物证、视听资料、电子数据、证人证言、鉴定意见、勘验笔录 8 种。企业在用工过程中，最常用的证据其实就是书面形式。

比如，员工不服从工作安排，要及时对其进行书面警告，或者出纸质的警告信，也可以在企业微信群或者单独对其进行警示，用微信对其进行警示的，尽量使用文字，避免发送语音。又如，员工顶撞上司，可以将其叫到会议室进行谈话沟通，询问原因，了解事件的经过，而会议室要提前安装好带有录音录像的设备，事后可以将该录音录像拷出来保存，若以后发生劳动争议，则可以作为证据使用。同时制作谈话记录，将洽谈的内容记录下来，与会者签名确认。再如，员工在工作场所对其他员工实施性骚扰时，企业要及时报警，警察在处理案件时会录口供、记录相关过程，以及拍摄相关照片，这些也是书面材料。若企业要解雇该员工，员工主张企业违法解雇，企业则可以通过法院向派出所调取相关材料作为证据使用，以证明企业解雇是合法的。

企业除对违纪员工处理时要使用书面形式外，在日常用工过程中也要有意使用书面形式，一是可以在日后发生劳动争议时作为证据使用，二是可以完善员工人事档案，以备日后升职加薪或者其他用途时查验。比如，有职业危害岗位的员工调岗或者离职时，要严格按照《职业病防治法》规定安排其做职业危害健康体检，并将体检报告归档保存。又如，企业要及时与员工签订书面劳动合同，特殊岗位需要签订保密协议、竞业限制协议、薪酬协议的，要及时签订。签订时，HR 要看着员工签署，避免员工离开 HR 视线后“签署”，事后告企业未签劳动合同，企业将其“签署”的劳动合同拿出来，员工不认可，一是申请笔迹鉴定，果然不是员工本人签名，这样就尴尬了。在这个世界上，君子很多，可“小人”也不少，你可以不害人但你不能不防人，未签劳动合同可主张 2 倍工资的诱惑太大了，总是会有人想不劳而获故意“碰瓷”，HR 要时刻擦亮眼睛提高警惕。

HR 实务指南

企业在用工管理过程中，除一些常规的书面材料收集和保存外，针对一些明显可能发生劳动争议的情形，要注意去收集相关证据，将收集到的证据进行固定和保存。例如，员工张三连续旷工 3 天，根据规章制度规定已构成“严重违反”，企业要依照《劳动合同法》第 39 条第 2 项解除与张三的劳动合同。以此为例，企业可以从以下几个方面对证据进行收集和保存：

第一，要将张三旷工的考勤数据固定并保存。这一点不难实现，大多数企业都有人力资源管理系统，系统会自动记录员工的出勤情况，企业不必刻意保存，只要不删除、不修改就可以了，打官司时可以直接调出来用。

第二，出具书面解除劳动合同通知书。企业在解雇该员工时，要出具书面的解除劳动合同通知书，加盖企业印章，载明解除劳动合同的时间、原因、依据等。

第三，解除劳动合同的原因和依据不必过于具体。通常写“严重违反公司规章制度和劳动纪律”即可，而不必写太具体的原因，也不必写根据规章制度第几条第几点。如果写得太具体，一旦该依据不可靠，则极有可能会被认定为违法解除劳动合同，即便企业还能举示该员工还有其他违纪行为且达到了“严重违反”的程度，亦不能再作为解除原因和依据。较为粗放笼统的写法，则可以避免这一点。

第四，保留送达证据。采用当面送达的，要有签收记录，员工不肯签收的，可以录制视频向其送达；采用邮寄送达的，要采用 EMS 快递，邮寄时要在快递面单上文件名称一栏注明是“解除劳动合同通知书”，并通过 EMS 官网将快递物流信息截图保存；若快递被拒收，退回件需原封不动保存，不要拆封。

第五，以上证据材料至少保存 2 年以上。《劳动争议调解仲裁法》第 27 条第 1 款规定了员工申请劳动仲裁的一般时效（不发生中止、中断时）为 1 年，因此企业所收集到的证据原则上保存 1 年即可。但是笔者建议企业最少保存 2 年，一是若仲裁时效发生中止、中断情形，实际的仲裁时效就会超过 1 年；二是与《劳动保障监察条例》第 20 条和《劳动合同法》第 50 条第 3 款规定相衔接。关于时效问题，本书将在以下劳动争议处理的相关章节中具体讨论，此处不再赘述。

二、企业对违纪员工的处罚时效

所谓时效，是指一定事实状态在法定期间持续存在，从而产生与该事实状态相适应的法律效力的制度。企业对违纪员工的处罚时效，是指当员工违反规章制度的行为发生后，经过一定的期间，企业未对其行使处罚权时，即产生处罚权消灭的法律效果。因此，企业对违纪员工的处罚时效是一种消灭时效。

本书在本章第三节中已经就企业对严重违反规章制度员工的解雇时效进行过讨论，本小节仅就企业对违纪员工的处罚时效进行补充讨论。

1. 企业的处罚权应受时效限制

正所谓“法律不保护躺在权利上睡觉的人”，员工出现违纪行为后，企业享有处罚权，该权利应该受到一定的期限限制，企业应当在合理期限内行使处罚权，企业未及时行使处罚权的，经过合理期限，即产生处罚权丧失的法律效果。

设定企业处罚权时效非常必要。一是促使企业及时行使权利，不能无限期地享有该项权利；二是让员工安心，不因违纪行为长期陷入诚惶诚恐的状态，不知企业什么时候处罚，更害怕在自己最脆弱的时候（如疫情期间工作极为难找时）企业对自己“下手”；三是证据保存问题，时间太长了往往双方都不记得了，导致双方举证困难，不利于裁审机构对案件事实的查明。

《企业职工奖惩条例》（已废止）第 20 条第 1 款规定，审批职工处分的时间，从证实职工犯错误之日起，开除处分不得超过 5 个月，其他处分不得超过 3 个月。该条例被废止后，国家层级的法律法规就再也没有规定过员工违纪的处罚时效了。

劳动法关于时效的规定现有三处。第一处是仲裁时效，即《劳动争议调解仲裁法》第 27 条之规定，当事人要在法律规定的期限内申请劳动仲裁；第二处是劳动监察时效，即《劳动保障监察条例》第 20 条之规定，对违反劳动法律、法规或者规章的行为在 2 年内未被劳动保障行政部门发现，也未被举报、投诉的，劳动保障行政部门不再查处；第三处是企业对离职员工劳动合同文本的保存期限，《劳动合同法》第 50 条第 3 款规定了最少保存 2 年。其中第二处和第三处与《行政处罚法》的规定是相通的，《行政处罚法》第 36 条第 1 款前段规定，违法行为在 2 年内未被发现的，不再给予行政处罚。

本书认为，企业对违纪员工的处罚权应受到时效限制，而不能无限期地享有该项权利，产生“员工犯错一次，终身等待被企业处罚”的效果，这明显是不合理的。

2. 企业处罚时效的设定

员工违纪分为一般违纪和严重违纪。如前所述，国家层级的劳动法律法规并没有对企业的处罚权规定时效，只有部分地区对企业解雇严重违反规章制度的员工规定了解雇时效。严重违纪的处罚时效本书前面已作论述，本书的观点是，员工严重违反规章制度，企业需依照《劳动合同法》第 39 条第 2 项规定对员工进行解雇的，最好在证实或者应当证实员工违纪行为后 1 个月内作出解雇决定，1 个月内无法作出处罚决定的，可以在 3 个月内作出，但不宜超过 6 个月，更不得无限期享有该项权利，甚至被企业故意“攒着”不用，等到哪天企业想解雇时才行使解雇权，沦为企业“整人”的工具。

对于一般违纪，本书认为，企业应在证实或者应当证实员工违纪行为后 1 周内作出处罚决定，1 周内无法作出的，应在 1 个月内作出，但最长不宜超过 3 个月。超过 3 个月未处罚的，处罚时效已过，则处罚权消灭，企业不得再处罚。

常州市律师协会劳动和社会保障专业委员会副主任、江苏摩方常闻律师事务所律师袁良军则认为，对违纪员工的处理时效可以结合劳动争议仲裁时效来认定，企业处理违纪员工的时效可以确定为 1 年。这一观点也不无道理。本书抛砖引玉，期待有更多的观点进行讨论。在劳动法没有规定企业处罚时效的情况下，HR 朋友不妨参考本书建议的时效对违纪员工实施处罚，等到劳动法或者企业所在地区对处罚时效有具体规定时，再按照规定的时效行使处罚权。

HR 实务指南

第一，应及时对违纪员工作出处罚。如果企业在规章制度中规定了处罚时效，当员工发生违纪行为时，企业应在该时效内作出处罚决定。如果规章制度中没有规定处罚时效，企业也应及时作出处罚。虽然劳动法没有规定员工发生违纪行为后企业应在多长时间内作出处罚决定，但也应遵循合理原则，应在合理期限内作出，不宜久拖不处理。

第二，根据员工违纪行为的严重程度对应不同的处罚时效。员工的违纪行为按严重程度可以分为轻微违纪、一般违纪、较严重违纪和严重违纪四个层次。通常情况下，员工严重违纪的，企业最迟应在知道或者应当知道后6个月内作出处罚。

三、规章制度在关联企业之间的适用

规章制度能否在关联企业之间互相适用，这是实务中常见的一个问题。实务中，母公司为了加强对旗下各子公司的控制，往往会从财务、技术、采购、人力、用工等各个业务模块对旗下各子公司进行深度干预。那么，母公司或者总公司的规章制度能否直接适用于各子公司和分公司（分支机构）？如果不能直接适用，那在满足什么条件的情况下可以适用？

1. 母公司规章制度在子公司的适用

母公司规章制度能否在其子公司适用，主要争议点在于是否应在子公司通过民主程序。

第一种观点认为应在子公司通过民主程序并公示，如此方能在子公司适用。

这一观点认为，根据《公司法》第13条第1款规定，子公司具有法人资格，依法独立承担民事责任。可见，子公司在法律上是一个完全独立的"人"，是一家独立的企业。因此，子公司在制定规章制度时，理应符合合法"三要素"，规章制度未在子公司通过民主程序的，对子公司员工不具有约束力。

比如，江苏省高级人民法院（2021）苏民申3587号民事裁定书认为，有独立法人资格的子公司执行母公司的规章制度，如子公司履行了《劳动合同法》第4条规定的民主程序，或母公司履行了该条规定的民主程序且在子公司内向劳动者公示或告知的，母公司的规章制度可以作为处理子公司劳动争议的依据。照此逻辑，如果母公司的规章制度没有在子公司经过民主程序，则不得在子公司适用。

第二种观点则认为可以不在子公司通过民主程序，只需在子公司公示即可在子公司适用。

这一观点认为，母公司对子公司的占股比例不同，母公司规章制度在子公司适用时也应有所区别。如果是全资子公司或者控股子公司，则母公司对这两类子公司的控制力度大，因此母公司的规章制度无须在子公司通过民主程序，即可直接在子公司公示后适用。而对于母公司仅参股的子公司，则需在子公司通过民主程序。

比如，广东省高级人民法院（2020）粤民申 1316 号民事裁定书认为，甲股份公司经过民主程序制定了零担开单管理规定、快递集中录单管理规定，乙物流公司作为甲股份公司的全资子公司，适用甲股份公司的规章制度具备合理性，乙物流公司已通过 OA 系统向胥某公示送达规章制度，胥某亦在劳动合同中确认阅读，应当遵照执行。

又如，佛山市中级人民法院（2017）粤 06 民终 12927 号民事判决书认为，乙公司是甲集团公司法人独资设立的有限责任公司，属于甲集团公司下属子公司。乙公司没有另行制定规章制度，其沿用上级集团公司的规章制度不违反法律强制性规定，也是目前集团企业内部的通行做法，且甲集团公司的员工手册系经民主程序制定、公示并已经向陈某送达告知，故该员工手册对陈某有效。

通过笔者在中国裁判文书网随机检索的十多份判例来看，第二种观点似乎占比更高一些，即母公司的规章制度可以直接在子公司公示后适用，无须在子公司经过民主程序。本书则倾向于第一种观点，母公司的规章制度如果要在子公司适用，应当在子公司通过民主程序或者母公司的民主程序涵盖了子公司的职工代表或者全体职工，并向子公司的全体员工进行充分公示。只有这样，该规章制度才能对子公司的员工具有约束力。

需要强调的是，母公司规章制度在子公司适用，其争议仅在于是否应在子公司通过民主程序。至于公示程序，则没有争议，即该规章制度必须要向子公司员工充分公示，方能对子公司员工适用。

案例 050

母公司规章制度未在子公司公示，能否适用于子公司员工？

辽宁省大连市中级人民法院（2016）辽 02 民终 2989 号

王某于 2010 年 9 月至 2013 年 5 月在甲公司工作，2013 年 5 月至 2014 年 6 月 30 日在乙公司工作。2014 年 7 月 1 日，王某与甲公司的全资子公司丙公司签订劳动合同，约定王某从事技术工作。2015 年 5 月 22 日，王某在球幕项目工作现场与甲公司负责该项目的工作人员田某发生争执，5 月 26 日，丙公司以“严重违反用人单位规章制度”为由解雇王某。法院查明，丙公司据以解雇王某的“规章制度”源于其母公司甲公司的《员工手册》，王某在甲公司工作期间，甲公司向王某出示过该《员工手册》，但王某在丙公司工作期间，丙公司未向王某出示过该《员工手册》。王某随后申请劳动仲裁，主张丙公司支付违法解除劳动合同赔偿金。

审理结果

法院认为，母公司的规章制度非经转化程序（含民主议定和公示或告知程序），并不当然适用于子公司。该案中，丙公司已对其母公司甲公司的《员工手册》经过民主程序议定以及王某在甲公司工作期间已确认收阅的事实进行了举证，但丙公司未能提供证据证明，在双方劳动关系存续期间，已将该《员工手册》或者适用母公司甲公司的《员工手册》的情况予以公示或者告知王某。仅凭王某在甲公司工作期间签收过《员工手册》，以及双方签订的劳动合同载有“员工手册”作为劳动合同附件的约定，不能确定此“员工手册”与彼《员工手册》的同一性，尚不能判定丙公司作为用人单位已完成对规章制度公示或告知程序的举证责任。法院最终判决丙公司向王某支付违法解除劳动合同赔偿金80,000余元。

案例简评

母公司规章制度未在子公司公示，是否可以直接适用于子公司员工？答案是否定的。规章制度公示是确认企业规章制度合法的要素之一，未向员工公示的规章制度，对员工一律不具有约束力。无论是针对本企业的员工，还是针对企业分支机构的员工，公示程序均必不可少。简言之，企业要想依据规章制度对员工进行处罚，必须要事先让员工知晓该制度内容，换句话说，员工如果不知道规章制度的内容，又何谈遵守？

该案中，王某曾在甲公司工作过，甲公司向王某公示过规章制度，但王某后来在甲公司的全资子公司丙公司工作，丙公司并未充分举证说明丙公司解雇王某所依据的规章制度向王某进行过公示，甲公司向王某公示过规章制度的行为不能代替丙公司的公示行为，因此不能免除丙公司的公示义务。法院认为丙公司依据该规章制度解雇王某，属于违法解雇，本书赞同。

2. 总公司规章制度在分公司的适用

分公司与子公司不同，分公司是总公司的分支机构，根据《公司法》第13条第2款规定，分公司不具有法人资格，其民事责任由公司承担。母公司的规章制度是否可以不在分公司公示即可适用于分公司，在实务中尚有争议。

第一种观点认为可以不在分公司公示即可适用于分公司。

分公司不具备法人资格，不独立承担民事责任，出现法律纠纷先以分公司财产承担责任，分公司财产不足以负担债务，剩余责任由总公司兜底承担。因此，分公司并不是一个独立的“人”，而是总公司的“手脚”，分公司是总公司的组成部分，相当于总公司内部的一个“部门”，总公司的规章制度当然可以直接适用于分公司。至于《劳动合同法实施条例》第 4 条所规定的分支机构可以作为用工主体与员工签订劳动合同，其立法目的在于为分支机构众多的大型公司签订劳动合同提供便利，而不是使分支机构成为独立的用人单位。

第二种观点则认为未在分公司公示的规章制度，不能适用于分公司。

根据《劳动合同法实施条例》第 4 条之规定，在劳动法项下，依法取得营业执照的分公司在法律上是可以作为用工主体的，属于独立于总公司的用工主体，与总公司之间属于不同的两个“单位”，因此不能直接适用于分公司。

本书倾向于第二种观点。

且不说分公司是不是独立法人、是不是独立的用工主体，单就现实社会而言，大量的总、分公司并不在一地，总、分公司的员工也往往都不认识。在生产经营上除了某些业务总公司与分公司有联系，对于大部分普通员工来说，分公司就是一个独立的公司，他们不去总公司，也不认识总公司的人，如果总公司的规章制度不向分公司员工公示，他们根本就不知道总公司的规章制度是什么。因此，本书倾向认为，总公司的规章制度若需在分公司适用，则应向分公司员工公示。

HR 实务指南

无论是母公司的规章制度放到子公司去用，还是总公司的规章制度放到分公司去用，为保险起见，均需做到以下两点，以保万全：

第一，在子公司或者分公司通过民主程序。民主程序有两种方式：一种是在子公司或者分公司单独就规章制度通过民主程序，另一种是母公司或者总公司通过民主程序时，涵盖到子公司或者分公司的职工代表或者全体员工，两种方式都可以。未在子公司或者分公司通过民主程序的规章制度，不对子公司或者分公司员工适用，避免被认定为规章制度不合法而承担败诉风险。

第二，向子公司或者分公司员工公示。必须确保子公司或者分公司的员工能够充分知晓规章制度的内容，公示方式可参照本书前文所述，此处不再赘述。

四、员工严重违背公序良俗的处理

公序良俗是个民法概念，指的是公共秩序和善良风俗。《民法典》第 8 条规定了公序良俗原则，民事主体从事民事活动不得违背公序良俗。第 153 条第 2 款规定了违背公序良俗的民事法律行为无效。

在劳动法中，仅在《劳动争议司法解释（一）》第 43 条中提到了变更劳动合同不得违背公序良俗，除此之外，全国层级的劳动法律法规再无涉及。有部分地区对此有所涉及，比如重庆市高级人民法院《关于劳动争议案件法律适用问题 8 个意见》（2018 年）指出，用人单位没有制定规章制度或者规章制度未依法定程序制定、公示，但劳动者存在严重违反劳动纪律的行为，且该行为依据通常情理判断属于严重违背社会主义核心价值观、公序良俗、诚实信用原则的行为，用人单位可以以劳动者严重违反劳动纪律为由解除劳动合同。

1. 违背公序良俗行为的类型

著名民法学者梁慧星教授总结了违背公序良俗行为的 10 种类型，分别是危害国家公序行为（如以从事犯罪或者帮助犯罪行为为内容的合同）、危害家庭关系行为（如约定断绝亲子关系的协议）、违反性道德行为（如开设妓院的合同、以性行为为对价获得借款的情形）、射幸行为（如赌博、巨奖销售变相赌博）、违反人权和人格尊重的行为（如过分限制人身自由换取借款的情形）、限制经济自由的行为（如利用互相借款扩大资金实力以分割市场或者封锁市场的协议）、违反公正竞争行为、违反消费者保护的行为、违反劳动者保护的行为、暴利行为。劳动法对有关公序良俗违反行为进行认定时，实务中通常会参考民法上的定义。

2. 企业可否解雇严重违背公序良俗员工的观点之争

企业能否在规章制度中规定可以对违背公序良俗的员工进行惩罚？浙江财经大学法学院钱叶芳教授认为，劳动规章制度的边界即是“内部性”和“职业性”。“内部性”意味着只能约束用人单位的内部成员，而“职业性”意味着只对内部成员与职务有关的言行有效，劳动规章制度原则上不可涉入私人空间。但是，如果不当私人行为影响到雇主的经济利益，则雇主可以行使其内部惩戒权。那么，员工严重违背公序良俗的，企业可否行使惩戒权，劳动法没有规定。对此，司法实践中存在两种观点。

第一种观点认为企业可以解雇。

比如，大连市中级人民法院（2023）辽 02 民终 3414 号民事判决书认为，甲公司提供的证据可以确认孙某通过微信向直属领导明示收取合同相对方的公关费并将其中一半转账给直属领导且已经通过支付宝完成了转账，该行为明显有悖公序良俗。鉴于在该行为发生时《民法总则》已经将不得违背公序良俗确立为基本原则，故该原则也同样适用于该案的劳动合同法律关系。民事法律关系不得违背公序良俗，该公司解除与孙某之间的劳动合同，其正当性应当予以认定，该解除行为具有合法性。

又如，无锡市中级人民法院（2019）苏 02 民终 1288 号民事判决书认为，陈某（插足别人家庭）是广播电视集团的工作人员且曾担任过电视台主持人，虽然已停止了出镜工作，但在当地仍有一定的知名度，其作为一名新闻工作者，仍属于公众人物，理应注意自身言行，以比普通人更高的标准要求自己，向社会传递正确的价值观。追求幸福是每个人的权利，但不应违背社会公序良俗和职业道德准则，否则因此产生的代价只能自行承担。第三者介入他人家庭，不仅与社会主义核心价值观背道而驰，也违背了社会公序良俗。

第二种观点认为企业解雇违法。

比如，北京市第一中级人民法院（2020）京 01 民终 4569 号民事判决书认为，（孙某因盗窃被公安机关行政拘留 7 日，甲公司以严重违反规章制度为由解雇孙某）公司并未提交相应证据证明作为解聘依据的公司员工劳动合同管理规定曾向孙某公示或送达，而孙某亦表示从未见过此规定，据此，该规定不能作为对孙某进行管理的依据，甲公司依据该规定与孙某解除劳动合同显属违法。孙某的违纪行为虽并未达到被追究刑事责任的程度，但已被公安机关行政处罚，孙某应深刻反思，并引以为戒，杜绝此类行为的再次发生。

又如，青岛市中级人民法院（2016）鲁 02 民终 1958 号民事判决书认为，齐某因嫖娼被公安机关从甲公司直接带走，齐某在拘留期间曾给公司工作人员打过电话，故一审法院认为公司在解除齐某的劳动合同时应当给齐某申辩的机会，且齐某因违法行为被限制人身自由并不属于无故旷工。因此，公司以旷工为由解除了与齐某的劳动合同不合法，应当向齐某支付违法解除劳动合同赔偿金。

案例 051

空姐在飞机上拍不雅照并发朋友圈遭解雇，合法吗？

广东省广州市中级人民法院（2021）粤 01 民终 27615 号、27616 号

郭某于 2005 年入职某航空公司担任乘务员职务。2019 年 10 月 12 日，郭某在飞机上洗手间内拍摄了一组内衣照片发朋友圈，后被人截图举报。公司认为郭某在工作时间发布不雅照片的行为确实对公司的品牌形象造成了负面影响，属于严重违反规章制度。11 月 28 日，航空公司解除了与郭某的劳动合同。12 月 2 日，郭某向航空公司纪律检查委员会申诉，请求公司撤销解除劳动合同的处罚决定，并继续履行双方劳动合同，未获通过。随后郭某申请劳动仲裁，要求确认航空公司解除劳动合同行为违法。

审理结果

一审法院认为，首先，郭某发朋友圈的行为发生在工作人员集中休息时间，并无证据证明影响飞机飞行安全。其次，郭某在发布朋友圈不久后删除该内容，并无证据证明该内容发生了广泛传播，或对航空公司造成声誉上的不良影响。最后，并无证据证明郭某的行为造成航空公司实际经济损失。综上，郭某的行为虽有失妥当，但尚不构成情节严重，航空公司据此解除劳动合同属于过度行使内部管理权，其解除行为不符合《劳动合同法》第 39 条之规定，应属违法。

二审法院认为，航空公司作为负责人民群众出行安全的特殊企业，对影响飞行安全的行为持“零容忍”的态度具有合理性。郭某作为有 15 年工龄的乘务长，更加应当认识到在朋友圈发布不雅照片对航空公司形象、航空安全声誉、公序良俗造成的负面影响，故航空公司认为郭某在值勤期内发布自拍不雅照的行为构成严重违反规章制度具有合理性，其据此解除劳动关系，是航空公司依法行使管理权的体现，应认定为合法解除。

案例简评

该案两审法院的观点不一样，一审法院认为解雇违法，二审法院认为解雇合法，这也正说明了企业解雇严重违背公序良俗员工的合法性存在争议。本书更倾向于一审法院的观点。理由如下：

首先，郭某的内衣照片没有达到“不雅”的程度。在网络发达、公众思想开放、社会包容度高的今天，一组内衣照片就定义为“不雅”，则有些牵强。当然，雅与不雅，都只是主观评价，每个人的认识不同，自然就有不同评价，无可厚非。

其次，郭某发布内衣照片的行为没有达到“严重违背公序良俗”的程度。如前所述，企业能否解雇严重违背公序良俗的员工尚存争议，何况郭某发布内衣照的行为是否达到了“严重违背”的程度，也是值得商榷的。要说郭某的行为违背了公序良俗，笔者不持异议，但远没有达到“严重”的程度。正如一审法院所说，郭某的行为有失妥当，但尚不构成情节严重，笔者深以为然。至于严重违反规章制度，那就更谈不上了，远没有达到“严重”的程度。有关严重违反规章制度，可参见本书在前文中的讨论。

最后，郭某在休息时间发布内衣照，是怎么影响飞行安全的？二审法院认为航空公司对影响飞行安全的行为持“零容忍”态度具有合理性，笔者不持异议。笔者对航空安全这样的专业知识并不懂，不敢妄加评论，然而，用一个普通人对事物的认识来看待这个问题，在休息时间发布几张内衣照是怎么影响飞行安全的？确实难以理解。

HR 实务指南

通过上述分析可以看出，企业解雇严重违背公序良俗员工是否合法，在实务中存在巨大争议，企业需要完善相关流程，不可贸然解雇。本书认为，企业可以从以下几个方面进行操作：

第一，将严重违背公序良俗行为写入规章制度。企业可以在规章制度中将员工严重违背公序良俗的行为定义为严重违反规章制度，做到惩戒员工有章可循、有“法”可依。

第二，必须是员工行为达到了“严重”程度时方可解雇。解雇是对员工最严厉的处罚，因此，企业在适用严重违背公序良俗解雇员工时，必须确定员工的行为已达到了“严重”的程度，构成了“严重违背”，切不可靠“看上去好像挺严重”就轻易解雇，这样不仅侵害了员工的合法利益，也会增加企业的败诉风险。

第三，解雇严重违背公序良俗的员工要有充分证据。严重违背公序良俗与严重违反规章制度不同，后者具有职业性，属于“内部”行为，企业往往容易取证；前者则不具有职业性，属于“外部”行为，企业取证相对较难。因此，企业必须切实掌握了员工严重违背公序良俗的证据方可行使解雇权，切不可道听途说或者想当然地认为员工有严重违背公序良俗的行为即将其解雇。

第四，能以其他严重违反规章制度行为为由解雇的，尽量不要以严重违背公序良俗为由解雇。比如，员工嫖娼被公安机关行政拘留 15 日，员工客观上旷工，企业可以用旷工来解雇，而尽量不要用嫖娼行为严重违背公序良俗解雇。前者是严重违反劳动纪律，损害了企业利益，企业解雇理所当然，后者损害的是社会公共利益，很难说是损害了企业利益，企业解雇就显得有些牵强了。

第五，解雇前要充分听取员工的陈述申辩和工会意见。企业解雇严重违反一般规章制度的员工，往往是不需要听取员工意见的，比如旷工 3 天以上，企业可以直接解雇。企业解雇严重违背公序良俗的员工则不然，考虑到企业的解雇权属于形成权，解雇通知一旦送达员工便生效（企业一旦作出解雇的意思表示便不可逆转），为保险起见，降低违法解雇的风险，本书建议解雇前应给予员工陈述申辩的机会，并充分听取工会意见，经充分论证并综合评估后作出最终决定，确有必要解雇的，则行使解雇权。

04

第四章

劳动合同

劳动合同又称为劳动协议、劳动契约，是确定企业与员工权利义务最主要的依据之一，劳动合同与劳动法律法规、企业劳动规章制度是企业与员工基于劳动关系所产生的权利义务的三大载体。劳动合同有广义和狭义之分，狭义的劳动合同指的是企业与员工签订的载明劳动关系主要权利义务的书面协议；广义劳动合同还包括口头劳动合同、集体合同，以及企业与员工签订的其他关于劳动关系权利义务的协议、企业发放给员工的工资条等。本书所称劳动合同，除特别指出系口头劳动合同外，均指书面劳动合司（含电子劳动合同）。

我国实行全日制、非全日制、劳务派遣等多种用工形式，本章仅就全日制用工项下的劳动合同制度进行讨论，其他用工形式的劳动合同相关规定，在对应的用工制度章节中讨论。

| 第一节 | 劳动合同的内容

劳动合同的内容即劳动合同文本所载明的具体条款，它是劳动关系当事人双方权利和义务的书面化、具体化，是双方合意的结果。一般而言，劳动合同内容包括必备条款和约定条款。

一、劳动合同必备条款

劳动合同必备条款是劳动合同中与员工自身利益关系最密切的内容，是明确劳动关系双方当事人权利义务最核心的部分。《劳动合同法》对必备条款的内容作了明确规定，同时还规定了劳动合同中缺少必备条款的法律后果。

根据《劳动合同法》第 17 条规定，劳动合同应当具备以下条款：

（1）用人单位的名称、住所和法定代表人或者主要负责人；

（2）劳动者的姓名、住址和居民身份证或者其他有效身份证件号码；

（3）劳动合同期限；

（4）工作内容和工作地点；

（5）工作时间和休息休假；

（6）劳动报酬；

（7）社会保险；

（8）劳动保护、劳动条件和职业危害防护；

（9）法律、法规规定应当纳入劳动合同的其他事项。

此外，《劳动合同法》第 81 条还规定企业提供的劳动合同文本未载明前述必备条款的，应当承担行政责任，给员工造成损害的，还应承担赔偿责任。

1. 主体信息

《劳动合同法》第 17 条规定的第 1 项和第 2 项是劳动关系双方的主体信息，

主要是明确双方的主体资格。

企业信息包括名称、住所、法定代表人或者主要负责人。如果企业是公司，则记载法定代表人信息，如果是非公司，比如合伙企业，则记载主要负责人信息。除此之外，还可以增加企业的联系人、联系电话等。

员工信息包括姓名、住址、居民身份证或者其他有效身份证件号码。住址一般写户籍地址，可以同时载明经常居住地地址。中国内地（大陆）居民一般记载居民身份证号码，港澳台同胞以及外国人则载明其通行证、护照等能够证明其身份信息的证件号码。同时还可以载明员工的联系电话以及其紧急联系人的姓名和电话。

2. 劳动合同期限

劳动合同期限是劳动关系双方当事人相互享有权利、履行义务的时间界限。按期限划分，劳动合同可分为固定期限劳动合同、无固定期限劳动合同和以完成一定工作任务为期限的劳动合同三种。关于合同期限，本书将在下文具体介绍。

3. 工作内容和工作地点

工作内容是指劳动关系双方在劳动合同中约定的员工具体从事什么种类或者内容的劳动，也表现为工作岗位或者工作任务或职责。工作内容是劳动关系最核心的要素之一，企业招用员工，必须明确其工作内容，这是企业使用员工的目的，也是员工提供劳动所应遵循的依据。

关于工作地点，本书将在下文具体介绍。此外，关于工作时间和休息休假、劳动报酬、社会保险等，本书将在下文通过专章专节介绍。

HR 实务指南

第一，在实体上，劳动合同必须具备必备条款。根据《劳动合同法》第 17 条规定，必备条款共有 9 项，其中第 1~6 项是必须要具备的，且需要约定清晰、明确，不可模棱两可。第 7 项社会保险可以不在劳动合同中体现，只需实际为员工参保即可。第 8 项的劳动条件和劳动保护，正常依法提供即可，需要注意的是，对于有职业危害因素的岗位，需按照《职业病防治法》及相关规定在劳动合同中告知员工，并依法进行职业健康体检，以及免费提供相关劳动保护用品。

第二，在方法上，可以借鉴政府发布的劳动合同指导文本。比如，人力资源和社会保障部于 2019 年 11 月 25 日《关于发布劳动合同示范文本的说明》提供了劳动合同示范文本的通用版和劳务派遣版，国家邮政局办公室、人力资源和社会保障部办公厅于 2023 年 11 月 10 日发布了《快递从业人员劳动合同（示范文本）》（国邮办发〔2023〕25 号）。此外，笔者检索得知，重庆市、深圳市、江门市、山西省等多地的人社部门也都发布过相关劳动合同示范文本。企业 HR 可以直接下载政府示范文本，稍作修改后便可使用，政府示范文本都是经过劳动法专业律师审查的，内容是不是写得好可能见仁见智，但必备条款是肯定没问题的，HR 可以放心使用。

二、劳动合同约定条款

劳动合同除必备条款外，还可以基于双方合意，约定其他条款。《劳动合同法》第 17 条第 2 款规定了企业可以与员工约定试用期、培训、保守秘密、补充保险和福利待遇等其他事项。

企业可以根据实际用工情况约定相关条款，进一步明确双方权利义务。通常而言，劳动合同约定条款包括以下内容：

（1）试用期。对于初次入职的新员工，大多数情况下都需要约定试用期，需要约定试用期的，直接在劳动合同中约定即可，需明确试用期的具体期限（从哪日至哪日），以及试用期的工资标准。

（2）保密与竞业限制。保密和竞业限制并非全员约定，只有接触或者有可能接触到商业秘密的员工才有必要约定。其中，保密范围可以约定宽一些，竞业限制约定则应遵守劳动法有关竞业限制制度的规定。保密协议和竞业限制协议可以直接在劳动合同中约定，也可以单独签订协议进行约定。

（3）专业技术培训及服务期。企业向员工提供了专业技术培训的，可以约定服务期，服务期可以在劳动合同中约定，也可以单独签订培训与服务期协议进行约定。

（4）各类补贴及福利。除正常劳动报酬外，如果双方还约定了其他补贴及福利，也可以一并在劳动合同中载明。

（5）加班及加班费计算基数。企业可以在劳动合同中约定加班规则及加班费计算基数，但不得与法律法规的强制性规定相抵触。

本书对上述内容都有详细讨论，可参见本书相关章节。除上述内容外，劳动合同还可以约定其他需要明确的相关内容。

案例 052

员工入职两个月被解聘，法院判企业支付违约金 100 万元

吉林省长春市中级人民法院（2015）长民再字第 00016 号

甲眼科医院成立于 2013 年 1 月 16 日，医院于 1 月 26 日聘用顾某为院长，双方签订了《合作合同》（后被法院认定为劳动合同），合同期限为 5 年（自 2013 年 4 月 1 日至 2018 年 3 月 31 日），其中约定“任何一方不得违反本合同之约定，否则违约方应当向守约方支付违约金人民币 100 万元”。顾某入职后，按照合同的约定开始为甲医院进行医院开业之前的各项筹备工作。5 月 10 日，医院未与顾某协商，单方面解除了与顾某的劳动合同，但未向顾某送达相关解雇通知，直至 5 月 31 日，医院才向顾某送达了《解聘通知》。双方因此成讼。

审理结果

法院认为，医院在 5 月 10 日未与顾某协商，即单方面决定解除与顾某的劳动关系，在 5 月 31 日才以书面形式通知顾某，既违反了双方合同的约定，也违反了法律的规定，因此该医院已经构成违约，应当承担违约责任。双方在合同中关于违约方向守约方支付违约金 100 万元的约定，是双方的真实意思表示，并且不违反法律的禁止性规定，因此对顾某的诉讼请求应予支持。

庭审中，医院提出，《合作合同》约定的违约金条款违反了《劳动合同法》第 25 条的强制性规定，违反公平原则，属于无效条款。对此，法院则认为，《劳动合同法》只是限制劳动者向用人单位支付违约金的情形，而用人单位向劳动者支付违约金的情形，法律并不禁止，以此体现法律保护劳动者权益的倾向，因此用人单位向劳动者支付违约金不违背法律规定及公平原则。

法院最终判决甲眼科医院向顾某支付违约金 100 万元。

案例简评

应当说，医院这是自己给自己挖了个“坑”，没把对方推入“坑”中，却

自己跳了进去。劳动法只规定了竞业限制和专业技术培训两种情形，企业可与员工约定由员工承担违约金，但是并没有规定企业不能向员工支付违约金。因此，该案中双方关于违约方向守约方支付违约金100万元的约定，对医院是具有约束力的，但对顾某却没有约束力。换句话说，假设是顾某违反合同约定（不包含因违反合同约定给医院造成经济损失的情形），医院主张顾某支付违约金100万元，由于该约定违反前述法律强制性规定，法院是不会支持医院的。因此说医院这是自己给自己挖了个“坑”。

HR 实务指南

第一，约定事项应斟酌确定。约定事项与必备条款不同，劳动法并没有规定劳动合同一定要有约定事项或者必须要约定某些事项，因此，是否约定某些事项，通常由双方协商确定。本书认为，企业 HR 对劳动合同所需要约定的事项应仔细斟酌，尤其是一些特别事项，更应慎重为之。

第二，约定事项不得违反法律法规强制性规定。约定事项因违反法律法规强制性规定而无效的情形在实务中比较常见，如约定的试用期期限超过法定上限、员工因违章操作而发生工伤由员工本人承担全部责任等。该案亦是如此，看似该违约金约定对双方都有约束力，实则仅对医院有约束力，对员工则因违反法律强制性规定而无效。

三、工作地点可否约定为“全国”

工作地点是指员工提供工作内容的地点，一般表现为劳动合同的履行地。工作地点关系到员工的择业意愿、生活环境、社会交往等，比如孩子在某个区域上学、配偶在附近工作等。因此，工作地点对员工来说非常重要，甚至有些人宁愿工资低一些，都会选择在自己熟悉的、每天能回家与亲人团聚的地方工作，这也是《劳动合同法》将工作地点规定为必备条款的原因之一。

关于工作地点约定为“全国”是否合法，在司法实践中存在不同观点。

第一种观点认为可以约定为“全国”。

比如，江门市中级人民法院（2018）粤07民终3751号民事判决书认为，双方签订的劳动合同约定工作地点为“派外（全国）”，王某在签订劳动合同时应当认识到工作地点并不固定，可被派往全国。王某从事的工作岗位为销售岗位，其工作性质决定其工作地点并不固定，且该公司在全国亦有开展业务，调整工作地点后王某岗位职级不变，该调整不具有侮辱性和惩罚性，也无其他违反法律法规的情形。因此，该公司将王某从广东省调派到河南省工作，并不违反劳动合同约定。

第二种观点认为不能约定为“全国”。

比如，镇江市中级人民法院（2015）镇民终字第00661号民事判决书认为，工作地点是订立劳动合同时必备的条款之一，应当是具体明确的（双方签订的劳动合同约定工作地点为“全国”），工作地点的调整变动属于对劳动合同内容的变更。该案中，该公司擅自变更工作地点（公司将员工翟某从镇江调往上海工作），导致合同无法继续履行，翟某未前往上海工作，公司以翟某不服从工作安排、连续旷工、严重违反规章制度为由解雇翟某，属于违法解雇，应向翟某支付违法解雇赔偿金。

又如，北京市第三中级人民法院（2020）京03民终6548号民事判决书认为，虽然劳动合同书中对于工作地点约定为全国且个人应服从公司的安排，但是对于工作地点的约定过于宽泛且不明确，应当视为对工作地点约定不明。故鉴于崔某已长期稳定在北京工作，公司未能解决崔某举家搬迁以及家人生活工作问题而直接要求崔某变更工作地点至上海，缺乏事实和法律依据，崔某对于该调整工作地点的要求予以拒绝符合常理且并无不当。

再如，上海市第二中级人民法院（2015）沪二中民三（民）终字第1436号民事判决书认为，双方的劳动合同虽约定季某工作地点为该公司总部所在地或分支机构所在地，且季某也已声明其明确知悉公司在全球范围内设有子公司或分支机构，但该约定对员工的工作地点并未明确，意味着公司可任意将员工派往任何一个地方工作，使员工对工作地点的确立和变更丧失了预见性，故该条款同我国《劳动合同法》的立法精神相悖，实属无效。公司现单方变更季某的工作地点，欲将季某（从上海）安排至福建市场工作，季某对此予以拒绝，并无不当。

上述四个判例来自四个不同地区，虽然法院观点不同，但似乎第二种观点更为主流一些，本书亦持第二种观点。本书认为，企业在劳动合同中约定员工工作地点时，既要避免过于宽泛（如全国、广东省），工作地点过于宽泛有被裁审机构认定为约定无效的法律风险；也要避免过于具体，过于具体可能会导致后续无法变更工作地点，引起纠纷。本书建议以地级市或者地级市的某个区为工作地点较为合适，企业如果因生产经营需要或者有合理事由在一个城市内变动员工工作地点，通常认为是可以的。

案例 053

劳动合同中约定工作地点为“全国”，合法吗？

广东省高级人民法院（2019）粤民申 12012 号

朱某于 2006 年 8 月入职某全国连锁超市惠州公司，于 2016 年与该连锁超市深圳公司签订了无固定期限劳动合同，约定朱某的工作地点为“全国”，同时载明“鉴于甲方连锁企业的经营特点，乙方（朱某）同意在劳动合同期内服从甲方的工作调动安排，包括甲方部门之间的调动和向其他甲方控股的经营单位之间相互调动，包括但不限于惠州公司、广州公司。甲方调动通知一经发出，乙方需服从甲方调动安排，否则甲方有权解除劳动合同且不支付任何经济补偿金”。2018 年 3 月 29 日，超市向朱某发出调动通知书，将朱某调往广州工作，朱某未服从安排，4 月 4 日，超市要求朱某前往广州上班，朱某仍未服从安排，5 月 22 日，超市解除了与朱某的劳动合同。双方因此成讼。

审理结果

法院认为，双方劳动合同约定了朱某的工作地点为“全国”，且约定了朱某应服从超市在旗下各地公司中的调动，鉴于该超市全国连锁的经营特点，在劳动合同期内朱某应服从超市的工作调动安排。朱某作为一个完全民事行为能力人，在签订合同时应有合理注意并可预见工作地点的变更，但其仍签订并履行该劳动合同，视为同意该合同条款。在合同履行过程中，超市因经营需要对朱某的岗位进行调整，系合法行使用工自主权，但朱某收到并知悉该岗位调整通知后未依约及时到指定岗位继续履行劳动合同，不符合双方合同约定，应视为自动离职。

HR 实务指南

在尽可能的情况下，不可将员工工作地点约定为“全国”，若确因生产经营需要需约定为“全国”并将员工在全国各地调动的，应同时符合以下几个条件，以降低用工风险：

第一，企业要有多地经营的事实且员工有多地工作的必要。若是全国连锁的酒店、超市，企业在多地有分支机构的，部分岗位的员工确有必要在一定范围内调动。比如财务总监、店长等，在多地调动具有必要性和正当性，因此通常认为仍在企业用工自主权的范围内。对于没有多地工作必要的员工，即使企业有在多地经营的事实，也不得随意约定可以多地调动。比如超市收银员，即便是全国连锁的超市，一名普通的收银员也没有全国调动的必要，多地调动超出了正常的用工自主权。

第二，企业要在劳动合同中特别约定工作地点为全国或者多地。《劳动合同法》将工作地点规定为必备条款，旨在引导企业与员工约定具体、合理的工作地点，企业宽泛地约定为“全国”甚至是“全球”，客观上架空了该必备条款。企业若确有必要约定员工多地工作的，除在“工作地点”条款中约定为“全国”外，还应特别说明约定为“全国”或者多地的原因及相关规则，不得笼统地约定为“全国”。

第三，对前述特别约定应尽量使用加大加黑加粗的字体突出显示。这样是为了充分提示员工注意该特别约定，避免被认定为劳动合同格式条款而导致特别约定无效。

第四，不得对员工进行歧视性异地调动。即便符合了前述要件，企业在对员工进行异地调动时，也要出于企业的正常经营管理需要，而不得对员工进行歧视性异地调动，甚至通过异地调动逼迫员工主动辞职。

四、劳动合同的期限

劳动合同期限是指劳动合同的有效时间，是劳动关系当事人双方享有权利和履行义务的时间。它一般始于劳动合同的生效之日，终于劳动合同的终止之时。根据《劳动合同法》第 12 条规定，劳动合同分为三种，分别是固定期限劳动合同、无固定期限劳动合同和以完成一定工作任务为期限的劳动合同。

1. 固定期限劳动合同

固定期限劳动合同是指企业与员工约定合同终止时间的劳动合同。笔者在提供劳动法咨询过程中，经常有 HR 问到，第一次与员工签订劳动合同，约定多长期限为宜。这个问题其实没有标准答案，原则上说，约定多久都可以，1 年、3 年、5 年，都不违法。

本书认为，普通员工第一次签订时约定 1 年期限为宜，1 年时间足以考察一个普通员工的工作表现了。根据劳动法规定，1 年期限劳动合同可以约定不超过 2 个月的试用期，企业约定 2 个月试用期足以考察一个普通员工是否符合录用条件了。一年后若发现该员工不宜继续留下工作，则可以终止，此时只需支付相当于 1 个月工资标准的经济补偿；若各方面表现良好，则继续用工，续签劳动合同，第二次签订时以 3 年至 5 年期限为宜。

但对于中高级管理人员和技术人员，以及其他关键岗位人员，第一次签订劳动合同则宜约定较长期限，本书认为 3 年至 5 年较为合适。主要是考虑到需约定较长的试用期，根据劳动法规定，只有签订 3 年以上固定期限劳动合同以及无固定期限劳动合同才能顶格约定 6 个月的试用期，即企业如果想约定 6 个月试用期，就得签订 3 年以上期限的劳动合同。对于上述岗位人员，试用期太短往往很难看出其工作能力，长时间的考察才能更为充分、准确地看出来。第一次合同期满需续签的，则以 2 年至 5 年的期限为宜。

需要提示的是，劳动法并没有对“以上”“不满”等词汇进行具体定义，一般适用民法的规定。根据《民法典》第 1259 条规定，民法所称的“以上”“以下”“以内”“届满”，包括本数；所称的“不满”“超过”“以外”，不包括本数。因此，劳动法所称“1 年以上”“不满 1 年”等，均适用前述《民法典》规定，即“1 年以上”包括 1 年本数，“不满 1 年”不包括 1 年本数。

案例 054

劳动合同约定期限为 3 年零 1 天，经济补偿怎么计算？

广东省广州市中级人民法院（2020）粤 01 民终 25365 号

陈某于 2017 年 3 月 6 日入职甲公司，双方签订了书面劳动合同，合同期限为 2017 年 3 月 6 日至 2020 年 3 月 6 日，试用期从 2017 年 3 月 6 日至 9 月 6 日，月工资 8500 元。劳动合同期满前，公司与陈某沟通续签劳动合同事宜，未果，2020 年 3 月 6 日，公司向陈某送达《解除劳动关系通知书》，陈某签收了该通知书，双方劳动合同解除。随后，陈某申请劳动仲裁，主张甲公司支付解除劳动合同经济补偿金 37,864.31 元，获劳动仲裁委员会支持。庭审中双方确认，陈某离职前 12 个月平均月工资为 10,818 元。公司不服，诉至法院。

审理结果

法院认为，双方对陈某离职前的月平均工资为 10,818 元无异议，法院予以确认，劳动合同约定的期限从 2017 年 3 月 6 日起至 2020 年 3 月 6 日止，双方终止劳动合同的期限为 2020 年 3 月 7 日，合同履行期间共计 3 年零 1 天，公司应向陈某支付经济补偿金 37,863 元（10,818 元 / 月 ×3.5 个月）。

案例简评

由于劳动合同期限多约定了 1 天，终止时需向员工多支付相当于半个月工资的经济补偿，如果站在员工角度，多拿几千元确实很好，但如果站在企业角度，那就有点冤了。

该案中，笔者注意到该合同约定的试用期为 6 个月，因此猜测这是 HR 对合同期限的误读，以为《劳动合同法》第 19 条第 1 款规定的“三年以上固定期限和无固定期限的劳动合同，试用期不得超过六个月”的“三年以上”不包括3年本数，这样会导致违法约定6个月试用期的严重后果，因此多约定了一天，这样比较“保险”。实际上大可不必，大大方方地约定 3 年整即可，若合同期满企业需终止合同，也只需支付相当于员工 3 个月工资的经济补偿，而不会出现像该案这样多支付半个月工资的情形。

2. 无固定期限劳动合同

无固定期限劳动合同是指企业与员工约定无确定终止时间的劳动合同。无固定期限劳动合同的产生在法律上有三种形式，分别为约定订立、法定订立、视为订立，其中法定订立又分为三种情形，即“连续满 10”、“双 10”和“第三次签”。如图 4-1-1 所示：

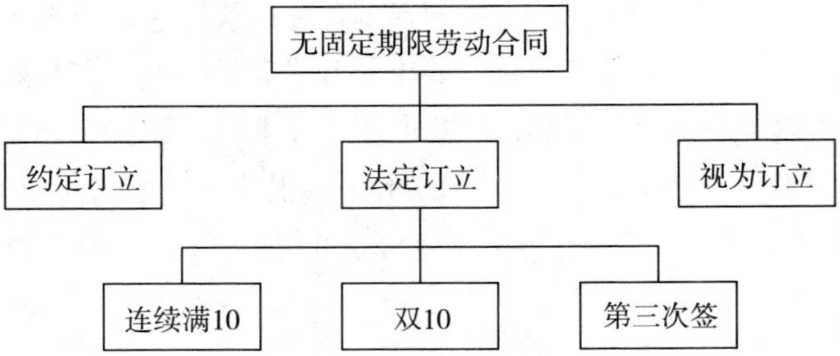

图 4-1-1　无固定期限劳动合同的形式

·约定订立

约定订立是指企业放弃合同期满终止的利益，与员工协商一致签订无固定期限劳动合同。《劳动合同法》第 14 条第 1 款规定了企业与员工协商一致可以签订无固定期限劳动合同。

放弃合同期满终止利益意味着企业不能以合同期满为由终止该合同，这对企业来说是存在风险的，万一经过用工后发现该员工并不合适，企业也无法在合同期满时终止合同，处于被动状态。一般情况下，企业是不愿意放弃该利益的，都会把该利益牢牢地掌握在自己手上，只有在需方（企业）用人需求较为紧急时，企业才会“放下身段”，提出或者同意签订无固定期限劳动合同表示诚意，以吸引到合适人才入职，比如人才市场上紧缺的一些技术类岗位、企业高级管理人才等。

·法定订立

法定订立是指法律规定的除员工提出签订固定期限劳动合同外，企业必须签订无固定期限劳动合同的情形。

（1）法定签订无固定期限劳动合同的三种情形。

《劳动合同法》第 14 条第 2 款规定了法定签订的三种情形，分别为：

①劳动者在该用人单位连续工作满 10 年的；

②用人单位初次实行劳动合同制度或者国有企业改制重新订立劳动合同时，劳动者在该用人单位连续工作满 10 年且距法定退休年龄不足 10 年的；

③连续订立二次固定期限劳动合同，且劳动者没有本法第 39 条和第 40 条第 1 项、第 2 项规定的情形，续订劳动合同的。

以上三种情形分别简称“连续满 10”、“双 10”和“第三次签”。

案例 055

第四次签，员工可以要求签无固定期限劳动合同吗？

上海市第一中级人民法院（2019）沪 01 民终 6522 号

2008 年 12 月 4 日，甲公司与黄某签订期限为 2008 年 12 月 1 日至 2010 年 11 月 30 日的劳动合同。期满后，又续签了两次固定期限劳动合同，期限分别为 2010 年 12 月 1 日至 2015 年 11 月 30 日、2015 年 12 月 1 日至 2017 年 11 月 30 日。2017 年 11 月 2 日，黄某通过电子邮件向甲公司提出申请，要求续签无固定期限劳动合同。11 月 17 日，甲公司向黄某出具劳动合同到期不续签通知，载明“公司决定不与您续签劳动合同，劳动合同到期终止”。随后，黄某申请劳动仲裁，要求甲公司支付违法终止劳动合同赔偿金差额 14 万元，获支持。甲公司不服，诉至法院。

审理结果

法院认为，《劳动合同法》第 14 条第 2 款第 3 项的规定，应当是指劳动者已经与用人单位连续订立二次固定期限劳动合同后，与劳动者第三次续订合同时，劳动者提出签订无固定期限劳动合同的情形。该案中，甲公司与黄某已连续订立三次固定期限劳动合同，黄某系在第四次续订合同时提出要求签订无固定期限劳动合同，因此不符合上述规定的情形。甲公司于 2017 年 11 月 17 日通知黄某劳动合同于 2017 年 11 月 30 日到期终止，于法不悖，甲公司支付黄某终止劳动合同经济补偿金并无不当。现黄某主张甲公司系违法终止劳动合同，法院不予采纳。

案例简评

坦白说，笔者认为这个判法值得商榷。

《劳动合同法》第 14 条第 2 款第 3 项规定了第三次签订劳动合同时，除员工提出签订固定期限劳动合同外，企业应当签订无固定期限劳动合同。那么，如果“第三次签”时员工没有提出签订无固定期限劳动合同，第三次固定期限劳动合同期满后员工就不能提出签订无固定期限劳动合同了吗？显然不能这么理解。根据举轻明重原则，法律规定“第三次签”员工尚且可以提出签订无固定期限劳动合同，那么第四次、第五次、第 N 次签订时，更应该可以提出签订无固定期限劳动合同。而不是说，员工只能在“第三次签”时提出，如果没有提出则“过期作废”，这种理解并不符合保护员工合法权益的立法目的。本书对法院的观点并不赞同。

（2）应签而未签无固定期限劳动合同的法律责任。

针对三种应当签订无固定期限劳动合同的法定情形，若企业没有与员工签订，劳动法规定了相关法律责任，以督促企业遵守法律规定。《劳动合同法》第 82 条第 2 款规定，企业违反本法规定不与员工订立无固定期限劳动合同的，自应当订立无固定期限劳动合同之日起向员工每月支付 2 倍的工资。

（3）“员工提出签订无固定期限劳动合同”的观点之争。

需要注意的是，《劳动合同法》第 14 条第 2 款规定的“除劳动者提出订立固定期限劳动合同外”这句话应该怎么理解，如果员工既没有提出签订固定期限劳动合同，也没有提出签订无固定期限劳动合同，企业是否必须与员工签订无固定期限劳动合同？企业有没有询问员工是否签订无固定期限劳动合同的义务？对此，实践中存在不同观点。

①员工提出说。

这一观点认为，员工必须主动向企业提出签订无固定期限劳动合同，如果没有主动提出签订固定期限劳动合同，也没有主动提出签订无固定期限劳动合同，则视为员工放弃了签订无固定期限劳动合同的权利，默认为企业可以签订固定期限劳动合同。同时，若员工在固定期限劳动合同上签字，则该合同是双方合意的结果，因此该固定期限劳动合同合法有效，不再适用《劳动合同法》第 82 条第 2 款的惩罚。比如，张家界市中级人民法院（2023）湘 08 民终 32 号民事判决书认为，双方自 2014 年 10 月 1 日起签订书面劳动合同，合同到期后双方陆续签订固定期限劳动合同，前后签订了四次固定期限劳动合同，但李某在第三次签订劳动合同以及后续签订劳动合同时并未提出与公司签订无固定期限的劳动合同，因此双方之间并非建立无固定期限劳动合同关系。

②默认签订说。

这一观点认为，是否签订无固定期限劳动合同，并不以员工是否主动提出为前提，如果员工没有主动提出，则默认为员工同意签订无固定期限劳动合同，企业应当与员工签订无固定期限劳动合同。换句话说，只要员工没有主动提出签订固定期限劳动合同，企业就要签订无固定期限劳动合同，不得因员工没有主动提出签订无固定期限劳动合同而视为员工放弃了签订无固定期限劳动合同的权利。如果企业应当签订无固定期限劳动合同而未签订的，应适用《劳动合同法》第 82 条第 2 款的规定进行惩罚。

③企业询问说。

这一观点与员工提出说相对应，持此观点者认为，企业有询问员工是否同意签订无固定期限劳动合同的义务，企业向员工书面询问后，员工在指定的合理期限内不答复或者答复不同意签订无固定期限劳动合同，企业可以与员工签订固定期限劳动合同，否则应当签订无固定期限劳动合同。

本书赞同第二种观点。

在《劳动法》实施之后、《劳动合同法》实施之前，即 1995 年 1 月 1 日至 2007 年 12 月 31 日，《劳动法》第 20 条第 2 款规定，“……如果劳动者提出订立无固定期限的劳动合同，应当订立无固定期限的劳动合同”，这一规定的含义是，员工有提出签订无固定期限合同的义务，如果没有提出，则主动权在企业，企业可以签订固定期限劳动合同。2008 年 1 月 1 日《劳动合同法》实施后，则改变了这一规则，《劳动合同法》规定的是“除劳动者提出订立固定期限劳动合同外”，如果员工没有提出，则企业没有选择，只能签订无固定期限劳动合同。在法条表述上，《劳动合同法》有了新的变化，实际上已经改变了《劳动法》的规则，这一点很容易被 HR 忽略，需要特别注意。

山东省高级人民法院（2021）鲁民申 4250 号民事裁定书认为，根据原审在案证据和原审法院已查明的事实，虽然 2018 年 5 月 25 日双方当事人签订的固定期限劳动合同系双方协商一致签订的第三份合同，但是甲公司作为用人单位，未举证证明赵某主动提出订立固定期限劳动合同，亦未能举证证明赵某存在《劳动合同法》第 39 条和第 40 条第 1 项、第 2 项规定的情形，故原审认定甲公司于 2018 年 5 月 25 日应与赵某签订无固定期限劳动合同而未签订，应向赵某支付未签订无固定期限劳动合同的 2 倍工资 29,279.04 元并无不当。

· 视为订立

所谓视为，即“被看作”之意。视为订立无固定期限劳动合同指的是企业因故意或者过失没有与员工签订劳动合同满 1 年，被看作双方已经签订了无固定期限劳动合同的情形。《劳动合同法》第 14 条第 3 款规定企业自用工之日起满 1 年不与员工订立书面劳动合同则视为双方已订立无固定期限劳动合同。

视为订立是一种消极措施，用于“弥补”企业客观上未与员工签订书面劳动合同的缺失。视为订立是一种消极措施，用于“弥补”企业客观上未与员工签订书面劳动合同的缺失。劳动法规定“未签劳动合同二倍工资”制度，旨在引导企业积极与员工签订书面劳动合同，但又不能让企业一直支付2倍工资，这样会使企业不堪重负。因此，立法者设计了“封顶”规则，建立劳动关系之日起满1年仍未签订劳动合同的，从第2年起企业无须再支付2倍工资。

同时，《劳动合同法实施条例》第7条还规定了在视为订立无固定期限劳动合同期间，企业应当立即与员工补订书面劳动合同。

3. 以完成一定工作任务为期限的劳动合同

根据《劳动合同法》第15条规定，以完成一定工作任务为期限的劳动合同是指企业与员工约定以某项工作的完成为合同期限的劳动合同。其特点是没有具体的终止之日，而是以双方约定的工作任务的完成为合同期满。客观上，这一种类的劳动合同依然属于固定期限合同，只是没有指定终止时间而已。一般而言，这类劳动合同往往用于单项工作任务、季节性用工、某工程项目等情形。

案例056

签订了三次完成工作任务劳动合同，是否应签订无固定期限劳动合同？

江苏省高级人民法院（2017）苏民申641号

王某是甲公司员工，从事紫菜养殖工作，双方分别于2010年7月1日、2011年7月1日、2012年7月签订《用工合同》《11-12养殖季用工合同》《2013养殖季用工合同》，约定的合同期限均为自双方签订之日起至次年紫菜养殖工作结束（海上收菜完毕、养殖器材物资全部进库）。2014年的养殖季，王某继续在甲公司从事紫菜养殖工作。2014年8月30日，王某曾在甲公司报警，称“公司与我解除劳动关系，请求书面说明未果，寻求帮助”。9月2日，甲公司以王某违反考勤管理制度为由解除了与王某的劳动关系。双方因此成讼，王某诉称，2014年6月以前，双方已经签订了2次以上固定期限劳动合同，因此自2014年6月以后甲公司应与王某签订无固定期限劳动合同，因甲公司不与王某签订无固定期限劳动合同，故甲公司应自2014年6月起向王某支付2倍工资。

审理结果

法院认为，甲公司以一个紫菜养殖周期为期限先后数次招聘王某从事紫菜养殖工作，双方之间符合以完成一定工作任务为期限的用工特征，故王某认为甲公司应与其签订无固定期限劳动合同的主张于法无据，法院不予支持。

HR 实务指南

第一，**确定好员工劳动合同期限，并保持相对稳定。**企业可以根据自身实际情况，确定好员工的劳动合同期限。比如，可以把员工分为普通员工和职员，普通员工第一次劳动合同期限可以确定为 1 年（约定 2 个月试用期），职员第一次为 3 年（约定 3 个月或者 6 个月试用期），第一次合同期满后续签时，合同期限均为 3 年或者 5 年。合同期限确定后，需保持相对稳定，非特殊情况不作更改。

第二，固定合同期限确定为整年。无论是 1 年还是 3 年，均取整年，无须多 1 天或者 2 天。比如，一年固定期限的劳动合同约定为 2023 年 6 月 25 日至 2024 年 6 月 24 日，结束日期为起始日期对应的前一日，而不是 2024 年 6 月 25 日或者 26 日。

第三，及时签订无固定期限劳动合同。HR 需注意，依法应当签订无固定期限劳动合同的，应及时签订，避免应签未签而给企业带来赔偿风险。

第二节　劳动合同的签订

劳动合同是员工与企业确立劳动关系、明确双方权利义务的协议，是劳动关系双方权利义务最重要的载体之一。《劳动合同法》对劳动合同的签订进行了严格的规定，企业与员工一经建立劳动关系，就应该签订书面劳动合同，企业若违反规定未及时与员工签订劳动合同，在一定期间内需承担支付 2 倍工资的法律责任。

从形式上看，劳动合同有口头与书面之分，口头劳动合同的内容难以固定，容易产生争议；书面劳动合同则可以清楚记载劳动合同双方的权利义务，当发生劳动争议时，可以作为证据使用，有利于纠纷的解决，也便于劳动行政部门执法监督。

一、企业应当与员工签订书面劳动合同

1. 一位奶茶店女老板的诉说

先讲个几年前发生的真实故事。

“谢老师，我是从朋友那里打听到你电话的，听说你处理劳动争议很专业，可得帮帮我。”电话那头是一位女士，听得出来，她几乎带着哭腔。

“没事的，不要慌，你慢慢说。”笔者安慰道。

经过半小时的电话沟通，笔者了解了案件的大概情况。她在广州开了一家奶茶店，专卖现做奶茶，店铺面积大概 8 平方米，没有独立房间，敞开式的店面，一张长 2 米、宽 50 公分的大理石前台，一些简陋的设备，就这样开了起来。开始时一个人干，又当老板又当伙计，干了没多久发现一个人忙不过来，人多的时候顾客要排队，有些顾客看人多就离开了，失去了赚钱机会。2019 年 5 月，她就招了一个人，姓郑，刚从学校毕业，双方一拍即合，小郑来店里上班，每周工作 6 天，每天 10 小时，工资 4500 元，包吃包住。多了一个人手，生意也好做了许多。女老板算了一笔账，生意好的时候，除去房租水电、材料费，以及小郑的工资，

一个月下来还有万把块钱利润，生意不好的时候，也就赚个两三千元，有时还打个平手，不赔不赚，这还没包括女老板自己的人工。就这样干了7个多月，小郑提出辞职，女老板同意了。

小郑离职后没几天，女老板就收到了劳动仲裁委员会寄来的仲裁申请书副本，小郑去申请劳动仲裁了，要求女老板支付未签劳动合同2倍工资、加班费等55,000余元。这可把女老板整糊涂了，劳动合同不是要正式单位才有的吗？我就开个几平方米的奶茶店，既不是公司也不是工厂，忙不过来雇了个帮手，该给的工资都给了，咋还要赔好几万元？

女老板的心情笔者能理解，然而很遗憾，她的奶茶店虽然只有一名雇工，根据劳动法规定仍属于用人单位，受劳动法调整，承担用工主体责任，这钱女老板就得赔。事实上，类似奶茶店这样的个体工商户到底算不算劳动法上的用人单位，在劳动法上其实有明确定论，就是属于用人单位，但是在实务中经常有人质疑：楼下的快餐店、巷子里的理发店、村口的小卖部，这能算用人单位？答案是肯定的，只要有雇工，哪怕只雇用一个工人，也算。

2. 企业应与员工签订劳动合同

根据《劳动合同法》第10条第1款规定，企业与员工建立劳动关系，应当订立书面劳动合同，第69条第1款规定，非全日制用工双方当事人可以订立口头协议。由此可见，签订书面劳动合同是原则，订立口头协议是例外，除非全日制用工外，企业必须与员工签订书面劳动合同。

在民事法律关系中，为了鼓励交易，降低交易成本，口头合同非常普遍，法律并不强调民事主体从事民事活动过程中必须要签订书面合同。《民法典》第469条第1款规定，当事人订立合同，可以采用书面形式、口头形式或者其他形式。比如张三在楼下小卖店买瓶矿泉水，张三给店老板2元，店老板给张三一瓶水，双方之间便成立了买卖合同，若店老板给张三的矿泉水是过期变质的，张三喝了之后拉肚子就医治疗，则可以向小卖店主张违约责任或者侵权赔偿责任。劳动法则不然。劳动法强调劳动关系双方必须签订书面劳动合同（非全日制用工除外），所谓“白纸黑字”，以文字形式将双方约定的权利义务固定下来，主要是为了避免双方扯皮，有利于减少劳动争议，构建和谐劳动关系。

通常认为，书面劳动合同除传统的纸质形式外，还包括电子形式。参照《民法典》第469条第2款、第3款的规定，书面形式是合同书、信件、电报、电传、传真等可以有形地表现所载内容的形式，以电子数据交换、电子邮件等方式能够有形地表现所载内容，并可以随时调取查用的数据电文，视为书面形式。2021 年 7 月 1 日，人力资源和社会保障部办公厅发布《电子劳动合同订立指引》（人社厅发〔2021〕54 号）指出，电子劳动合同是指企业与员工按照相关法律法规规定，经协商一致，以可视为书面形式的数据电文为载体，使用可靠的电子签名订立的劳动合同，依法订立的电子劳动合同具有法律效力，企业与员工应当按照电子劳动合同的约定，全面履行各自的义务。我国多地也陆续发布了实施电子劳动合同的相关规定。比如，深圳市人力资源和社会保障局、深圳市劳动人事争议仲裁委员会于 2021 年 5 月 13 日共同印发了《深圳市电子劳动合同争议处理规则（试行）》（深人社发〔2021〕20 号），江苏省人力资源社会保障厅于 2021 年 9 月 10 日印发了《江苏省电子劳动合同适用指引》（苏人社发〔2021〕94 号），等等。据笔者不完全统计，截至 2023 年 6 月，全国有 40 多个地区发布了电子劳动合同的相关规定或指引。毋庸置疑，随着社会发展和科技进步，众多企业逐步转向无纸化办公，签订电子劳动合同将成为未来劳动合同形式的主流。

案例 057

机关单位只要不签劳动合同，就一律认定为劳务关系？

山西省高级人民法院（2021）晋民申 1856 号

某县交通局下属的征费稽查站与闫某达成用工合意，在用工期间给闫某办理了上岗证和交通征稽执法证，双方没有签订书面劳动合同，闫某属于不在编人员。2006 年 4 月 26 日，闫某等人向交通局申请增加工资，经局务会研究同意为闫某等人每人增加 60 元。后交通局安排闫某到其所设的公路养护中心从事乡镇公路管理工作，并以工资形式向闫某支付报酬至 2019 年 6 月。后来双方发生争议，闫某主张确认其与县交通局之间存在事实劳动关系。

审理结果

法院认为，用人单位与劳动者之间订立、履行、变更、解除或终止劳动关系是由《劳动法》及《劳动合同法》调整的，国家机关与劳动者之间的劳动关系受该法调整的前提是建立劳动关系，而这种劳动关系的建立，主要是通过劳动合同这个载体实现的。由于国家机关、事业单位和社会团体在用工问题上受到政策的限制，国家机关、事业单位和社会团体招用的劳动者必须签订书面劳动合同才能形成劳动关系，没有签订书面劳动合同的按照劳务关系处理。

案例简评

从法理上讲，劳动关系是对劳动者最周全的保护，用人单位（含国家机关）没有与劳动者签订劳动合同的，应当承担相应的法律责任，如未签订劳动合同期间应向劳动者支付2倍工资等。该案中用人单位没与劳动者签合同，不但不用担责，反而剥夺了劳动者受到劳动法保护的权利，减轻了单位的用工主体责任，让劳动者为单位的过错“埋单”，确实说不通。

从劳动关系主体上讲，《劳动合同法》第2条第2款规定了国家机关也是劳动关系适格主体，国家机关与劳动者建立劳动关系的，受劳动法调整。从劳动关系要素上讲，用人单位与劳动者之间是否构成劳动关系，就看是否符合原劳动部《关于确立劳动关系有关事项的通知》（劳社部发〔2005〕12号）第1条指出的劳动关系“三要素”，同时符合“三要素”的，构成劳动关系，反之不构成。该案中，交通局与闫某的用工关系符合劳动关系“三要素”，双方构成劳动关系。法院以交通局签没签劳动合同来反推双方是否构成劳动关系，签了就是劳动关系，没签就不是，本书实在不敢苟同。

HR 实务指南

第一，HR 应重视劳动合同的管理。劳动合同的签订、续签、分类、归档等，是企业劳动关系管理的必修课，也是 HR 的基本功之一。HR 务必要重视劳动合同的管理，增强合同意识，养成合同的日常管理习惯。

第二，拟定劳动合同文本备签。员工人数多的企业，可以一次性印刷一定量的通用文本备用，员工人数少的企业，则无须印刷，直接打印即可。有条件实现签订电子劳动合同的企业，可以采用电子劳动合同，较之传统的纸质劳动合同而言，电子劳动合同有方便、快捷等优点。

二、企业应当自用工之日起 1 个月内签订劳动合同

企业与员工建立劳动关系，不仅要与员工签订书面劳动合同，还应自用工之日起 1 个月内签订。根据《劳动合同法》第 10 条之规定，企业与员工建立劳动关系时即应当签订书面劳动合同，但考虑到操作上的障碍，有些企业很难做到用工之日即签订劳动合同，因此，立法者允许企业自用工之日起 1 个月内签订，俗称“宽限期”，如图 4–2–1 所示：

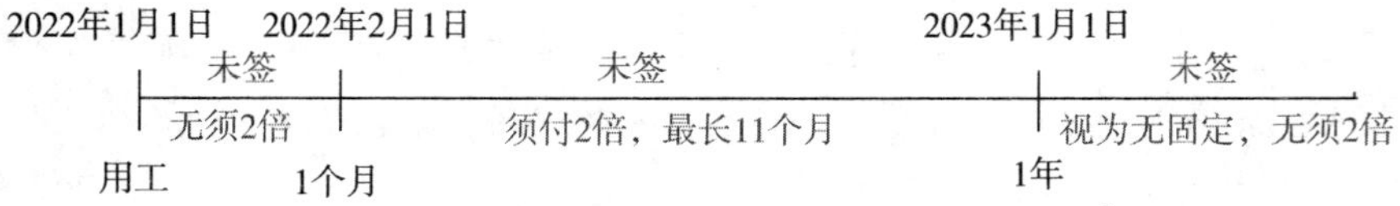

图 4–2–1　劳动合同签订“宽限期”示意

1. 企业未签劳动合同的法律后果

劳动法对企业未与员工签订劳动合同的行为规定了惩罚制度，旨在敦促企业依法签订劳动合同，明确双方权利义务，减少劳动纠纷。

· 应支付 2 倍工资

如图 4–2–1 所示，企业用工后未与员工签订劳动合同，第一个月为宽限期，无须支付 2 倍工资，从第 2 个月起应当向员工支付 2 倍工资。2 倍工资最长支付 11 个月，自用工之日起满 1 年仍未签订劳动合同，自满 1 年之日的次日起视为双方签订了无固定期限劳动合同，企业无须再支付 2 倍工资。

例 1：张三于 2022 年 1 月 1 日入职甲公司，直至 2022 年 8 月 1 日双方才签订劳动合同，那么，该公司应当向张三支付未签劳动合同 2 倍工资的期间为 2022 年 2 月 1 日至 7 月 31 日，8 月 1 日以后因双方已经签订劳动合同，公司无须再支付 2 倍工资。

例 2：张三于 2022 年 1 月 1 日入职甲公司，双方一直未签订劳动合同，那么，该公司应当向张三支付未签劳动合同 2 倍工资的期间为 2022 年 2 月 1 日至 12 月 31 日（11 个月），自 2023 年 1 月 1 日起，视为双方已签订无固定期限劳动合同，甲公司无须再向张三支付 2 倍工资。

· 应承担行政责任

根据《劳动法》第 98 条规定，企业故意拖延不与员工签订劳动合同的，由劳

动行政部门责令改正。

·给员工造成损害的，应当承担赔偿责任

根据《劳动法》第98条规定，企业故意拖延不与员工签订劳动合同，给员工造成损害的，应当承担赔偿责任。

2. 企业未将签订后的劳动合同文本给员工，需支付2倍工资吗

《劳动合同法》第16条第2款规定，劳动合同文本由企业和员工各执一份。也就是说，企业与员工签订劳动合同后，应当交付员工一份。同时，该法第81条还规定，企业未将劳动合同文本交付员工的，由劳动行政部门责令改正，给员工造成损害的，应当承担赔偿责任。

那么，如果企业没有将其中一份劳动合同文本交付给员工，企业是否应当参照未签劳动合同的规定向员工支付2倍工资？通说观点认为无须支付2倍工资。劳动法只规定了未签劳动合同企业应当向员工支付2倍工资，但没有规定签了未给员工一份也要支付2倍工资，“未给”不等于“未签”，2倍工资的惩罚规则是针对“未签”的，“未给”则不适用2倍工资惩罚规则。

比如，清远市中级人民法院（2020）粤18民终2132号民事判决书认为，用人单位未将劳动合同文本交付劳动者的，应由劳动行政部门责令改正，造成损害的应由用人单位承担赔偿责任，现关某未能提供证据证明其因未收到劳动合同文本而造成的损失情况，且关某主张公司未向其交付劳动合同应视同没有签订劳动合同，没有法律依据，法院不予支持。

又如，重庆市第四中级人民法院（2016）渝04民终1266号民事判决书认为，公司未将劳动合同文本交付给陈某，对陈某造成损失的，陈某可要求损害赔偿，陈某以劳动合同文本未交付给本人要求公司支付双倍工资的请求，缺乏法律依据，不予支持。

但是，如果员工能够举证企业因未交付劳动合同文本而对其造成损害，企业则应当承担赔偿责任，这是毋庸置疑的。

案例 058

劳动合同没有给员工一份，企业是否需支付 2 倍工资？

山东省泰安市中级人民法院（2017）鲁 09 民终 2407 号

陈某于 2010 年入职甲公司，2016 年 1 月，公司因订单减少，让陈某等部分员工暂时放假休息，2016 年 7 月，陈某向甲公司邮寄了解除劳动关系通知书，解除了双方的劳动关系。随后，陈某申请劳动仲裁，主张甲公司支付未签劳动合同 2 倍工资等费用。陈某诉称，甲公司与其签订劳动合同后，未将劳动合同文本交付给自己一份，应视为未签劳动合同，依法甲公司应向其支付未签劳动合同 2 倍工资。

审理结果

法院认为，根据《劳动合同法》第 81 条规定，用人单位提供的劳动合同文本未载明本法规定的劳动合同必备条款或者用人单位未将劳动合同文本交付劳动者的，由劳动行政部门责令改正；给劳动者造成损害的，应当承担赔偿责任。陈某主张甲公司未将劳动合同交付自己应视为未签订劳动合同，无法律依据，故对其 2 倍工资的请求，法院不予支持。

HR 实务指南

书面劳动合同是明确劳动关系双方权利义务最重要的法律文件，签订书面劳动合同有利于减少劳动争议。于企业而言，未签劳动合同的事实一旦被认定，则面临支付 2 倍工资的法律责任，无疑加重了企业的用工成本。本书认为，企业可以从以下两个方面进行合规操作，规避因未签劳动合同而带来的 2 倍工资风险：

第一，完善劳动合同签订流程，确保不忘签、不漏签。实务中经常发生忘签、漏签劳动合同的现象，为防止忘签、漏签，企业可以完善签订和续签劳动合同的流程。比如，招聘量大的企业，可以在每批新进员工办理入职手续时签订劳动合同；招聘量小的企业，可以固定每个月的 1 日和 16 日作为签订日，其中每月 1 日至 15 日新进员工，统一在 16 日签劳动合同，每月 16 日至 31 日新进员工统一在次月 1 日签，确保每一名新进员工都能够在入职后 1 个月内签订劳动合同。对于劳动合同期满需要续签的员工，则固定每个月统计一次，并固定在每月 1 日统一续签。

第二，建立劳动合同检查机制，确保签订“双保险”。有使用电子工具的企业，可以定期检查劳动合同签订和续签的情况，电子工具方便快捷且准确率高，检查率为 100%。没有使用电子工具的企业，可以进行人工检查，人力资源负责人可以定期或者不定期检查，比如每两个月抽查一次，按照 20% 的比例对新进员工和续签员工的劳动合同签订和续签情况进行抽查。检查机制与前述劳动合同签订流程形成“双保险”，再次确保全体员工均能依法签订劳动合同，避免因忘签或者漏签而给企业带来赔偿 2 倍工资的风险。

| 第三节 |　劳动合同签订的几个疑难问题解析

劳动法规定企业应自用工之日起 1 个月内与员工签订书面劳动合同，若超过 1 个月未签订，则从第 2 个月起需向员工支付 2 倍工资，最长应支付 11 个月。然而，关于劳动合同的签订，实务中仍存在不少疑难问题，本书尝试辨析一二。

一、员工故意拒签劳动合同，企业是否需支付 2 倍工资

实务中经常发生这样的情况，当 HR 将劳动合同文本给员工签署时，有些别有用心的员工为了获得 2 倍工资，故意找各种借口拖着不签，俗称“碰瓷”。比如说要拿回家看看合同条款、合同内容还需要再斟酌斟酌等。有些 HR 心软，觉得员工拿回家看看也无妨（主要是有些员工不当场签 HR 也没办法），这就可能落入员工设的圈套。过两天 HR 往往就不记得这事了，员工也不再提起，HR 再想起时，可能是 10 天、半个月甚至几个月之后的事了。当 HR 再提起签订劳动合同时，员工的真面目就露出来了，向企业索要未签劳动合同 2 倍工资，企业如果不给，他就申请劳动仲裁，企业往往面临败诉风险。

员工故意拒签劳动合同，企业是否需要支付 2 倍工资？实践中存在不同观点。

第一种观点认为不需支付 2 倍工资。

这一观点认为，《劳动合同法》第 82 条第 1 款规定企业“未与”员工签订劳动合同的需支付 2 倍工资，意在督促企业积极主动与员工签订劳动合同，因企业过错导致未签的，企业需承担 2 倍工资的法律责任，2 倍工资具有惩罚性质。如果企业已经履行了积极主动签订的义务，由于员工故意或者过错导致客观上未签的，过错不在企业，则不得对企业进行惩罚，企业无须支付 2 倍工资。如果因员工故意或者过错造成客观上未签劳动合同，企业仍需支付 2 倍工资，则会产生道德风险，使得个别别有用心之人故意不签，以获得巨大利益。因此，如果企业能够证明已经积极履行了签订义务，因员工过错造成客观上未签劳动合同的，企业无须支付 2 倍工资。

四川省高级人民法院民事审判第一庭《关于审理劳动争议案件若干疑难问题的解答》（川高法民一〔2016〕1号）第28条指出，因劳动者的原因未与用人单位签订书面劳动合同，用人单位能够证明其不存在过错的，无须向劳动者支付未签订劳动合同的2倍工资。重庆市第五中级人民法院《关于当前审理劳动争议案件若干实务问题座谈纪要》第18条指出，因劳动者的原因未签订书面劳动合同，用人单位应最迟于用工之日起1年内书面通知劳动者终止劳动关系，在此期间可以不支付劳动者2倍工资。

看个司法判例。上海市第一中级人民法院（2020）沪01民终12009号民事判决书认为，甲公司与李某签订的劳动合同于2019年5月8日有效期限届满，为续签劳动合同事宜，甲公司于4月22日向李某询问签订与否，李某明确拒绝签署，之后，甲公司先后于6月10日、9月25日就续签劳动合同事宜与李某沟通，未果。法院认为，未签劳动合同2倍工资差额系用人单位故意或怠于履行签订义务而应承担的法定责任，本案中，双方未能续签劳动合同之责不能简单归咎于甲公司一方，故李某诉请要求甲公司支付未签劳动合同2倍工资差额之请求，法院不予支持。

第二种观点认为需支付2倍工资。

这一观点认为，《劳动合同法》中规定的“未与”，并不强调某一方的原因或者责任，而是强调一种客观事实，只要客观上未签订劳动合同，企业就需支付2倍工资。此外，根据《劳动合同法实施条例》第5条、第6条第1款规定，经企业通知，员工不与企业签订劳动合同的，企业应当终止劳动关系。这里用的是“应当”，不是“可以”，应当就是必须的意思，不允许当事人作选择，如果不这么干，需承担相应的法律责任。因此，只要客观上未签订劳动合同，企业就需支付2倍工资，至于是谁的过错、谁的原因，则在所不问。

比如，新疆维吾尔自治区高级人民法院（2021）新民申1887号民事裁定书认为，根据《劳动合同法实施条例》规定，自用工之日起1个月内，经用人单位书面通知后，劳动者不与用人单位订立书面劳动合同的，用人单位应当书面通知劳动者终止劳动关系。甲公司虽主张顾某一直拒绝签订劳动合同，但未提交证据证实公司在用工超过1个月后书面通知顾某终止双方劳动关系的事实，故甲公司应当支付顾某未签订劳动合同2倍工资。又如，深圳市中级人民法院（2021）粤03民终6193号、6194号、6195号民事判决书认为，《劳动合同法》第10条、第82条第1款所强调的是客观上的结果，即只要用人单位在客观上自用工之日起超过1个月不满1年没有与劳动者签订书面劳动合同，就应当支付2倍工资。因此，即使是劳动者拒绝与用人单位签订书面劳动合同，用人单位也应按照《劳动合同法实施条例》第 5 条、第 6 条规定，在法定期限内书面通知劳动者终止劳动关系。用人单位在法定期限内未提出终止劳动关系，而是继续用工，在此情况下，应视为其放弃了终止劳动关系的权利，其仍应承担未签订书面劳动合同的法律责任，即支付劳动者未签订书面劳动合同的 2 倍工资差额。成都市中级人民法院（2019）川 01 民终 13612 号民事判决书、北京市第三中级人民法院（2021）京 03 民终 7761 号民事判决书、山东省高级人民法院（2018）鲁民申 6418 号民事裁定书等，亦持此观点。

笔者在中国裁判文书网随机检索了 20 多份判例，前述两种观点中，似乎持第二种观点者居多。

本书亦倾向赞同第二种观点。

首先，《劳动合同法》第 82 条第 1 款没有但书，其所规定的"未与"，仅强调客观上是否签订劳动合同，并没有说明"因劳动者原因"所导致的未签可以免除企业支付 2 倍工资的责任。

其次，《劳动合同法实施条例》第 5 条、第 6 条规定均表述为"应当"终止劳动关系，而不是可以终止劳动关系。如果发生员工拒绝签订劳动合同的情况，法律规定企业可以从事的行为只有一个，那就是终止劳动关系。如果企业没有及时终止，而是继续用工，那么就视为企业放弃了终止权利，愿意承担 2 倍工资责任。

综上，根据法条文义解释，企业应对未签订书面劳动合同承担无过错责任，只要发生自用工之日起超过 1 个月不满 1 年未与员工签订书面劳动合同的事实，企业即负有支付相应期间 2 倍工资的法律责任，至于是哪一方的过错导致的未签，则在所不问。

案例 059

员工拒签劳动合同，企业仍需支付 2 倍工资

四川省成都市中级人民法院（2019）川 01 民终 13612 号

侯某于 2017 年 7 月 17 日入职甲公司担任该公司国际艺术中心执行校长，双方签订了《试用期劳动合同》。该合同届满后，双方未再另行签订劳动合同。

2018 年 2 月 8 日，双方解除劳动关系。随后，侯某申请劳动仲裁，主张甲公司支付未签劳动合同 2 倍工资差额 39,000 余元。双方因此成讼。

审理结果

法院认为，甲公司称曾多次要求侯某签订劳动合同，根据《劳动合同法实施条例》第 6 条第 1 款之规定，劳动者拒绝签订书面劳动合同的，用人单位应书面通知劳动者终止劳动关系，故不论侯某是否拒签书面劳动合同，都不免除甲公司支付 2 倍工资的责任。法院最终判决甲公司向侯某支付未签劳动合同 2 倍工资差额 39,000 余元。

HR 实务指南

第一，员工拒绝签订劳动合同的，企业应及时终止劳动关系。根据上述分析，虽然司法实践中对员工原因导致未签劳动合同的，有些法院不支持2倍工资，但是，对于企业来说，仍有支付2倍工资的风险。因此，若遇到拒签的员工，应及时止损，立即终止双方劳动关系，避免承担支付 2 倍工资的风险。

第二，员工拒绝签订劳动合同的，企业应保留相关证据。这一点很容易被 HR 忽略，想当然地认为员工拒绝签订就可以直接终止劳动关系，到了仲裁阶段，员工又不承认自己拒绝签订，企业则面临因举证不能而支付违法终止劳动关系赔偿金的法律风险。因此，若员工拒绝签订劳动合同，企业 HR 应保留相关书面证据，防止员工不承认。

二、员工入职表、录用通知书等能否“视为”劳动合同

实务中常常发生这样的情况，企业因劳动关系管理上的疏忽或者其他原因，客观上没有与员工签订书面劳动合同，员工向裁审机构主张未签劳动合同 2 倍工资差额时，企业为了“免责”，往往把员工填写的入职登记表、招用员工时所发放的录用通知书、双方签订的薪酬协议、保密协议、任职协议等拿出来抗辩，称应视为其签订了书面劳动合同。

1. 司法实践中两种观点之争

一般情况下，这些文件是不能代替劳动合同的，企业仍需承担支付未签劳动合同 2 倍工资差额的法律责任。然而，有些文件确实载明了《劳动合同法》规定的大部分必备条款，那么，能不能将这些文件“视为”已签订了书面劳动合同，在司法实践中主要存在两种观点。

第一种观点认为可以视为已签订劳动合同。

持此观点者认为，录用通知书等由企业制作并发送给应聘者，是发出要约的行为，应聘者依此通知书入职，即为承诺，双方在客观上完成了“要约—承诺”的过程，合同成立并生效。该通知书虽未冠以“劳动合同”的名称，但只要载明了《劳动合同法》第 17 条规定的大部分的劳动合同必备条款，明确了双方最重要的权利义务，可视为双方已签订书面劳动合同。

比如，上海市第一中级人民法院（2021）沪 01 民终 412 号民事判决书认为，聘用通知书记载了双方协商一致的工作地点、工作岗位、劳动合同期限、试用期、工资报酬、福利报酬等内容，已经具备劳动合同的必备条款，双方已经就劳动关系中的权利义务进行了明确，事实上双方亦履行了该聘用通知书的内容，故应当认定该公司已经尽到了诚实磋商义务。董某要求该公司支付 2 倍工资差额的上诉请求于法无据，法院不予支持。

又如，佛山市中级人民法院（2019）粤 06 民终 9745 号民事判决书认为，双方签订《营销总监薪酬协议》一份，该协议记载了用人单位的名称、劳动者的身份信息，协议还对劳动合同期限、工作内容和工作地点、劳动报酬、社会保险及相关的工作规程进行了具体的约定。经查，上述约定事项基本包括了《劳动合同法》第 17 条规定的劳动合同的必备条款。因此，虽然该公司与朱某未签订书面劳动合同，但双方签订《营销总监薪酬协议》的内容具备了劳动合同应具备的条款，等同于劳动合同，故应视为双方已签订了书面劳动合同。

第二种观点认为不可视为已签订劳动合同。

持此观点者认为，签订劳动合同是一件很严肃的事，劳动合同有别于普通民事合同，劳动关系双方地位不平等，员工对企业具有强烈的人身依附性，因此非常有必要强调签订书面劳动合同，明确和细化双方各项权利义务，以便减少劳动争议的发生。合同条款不仅约定了法律规定的必备条款，其他非必备条款也是需要明确的，而录用通知书等仅载明了部分必备条款，内容过于简单，不得视其为劳动合同。

比如，西安市鄠邑区人民法院（2023）陕0118民初3733号民事判决书认为，韩某入职时填写有应聘人员登记表，记载有应聘职位、应聘部门、期望薪资，并承诺“此表内所涉及的全部资料确属事实”，甲公司管理人员在部门主管意见栏写明试用期工资、试用期期限、试用合格后转正交社保、满1年后签无固定期限劳动合同，但该应聘人员登记表并未载明韩某同意部门主管意见栏内的内容，不能证明韩某就“试用期6个月、试用合格后转正交社保、满1年后签无固定期限劳动合同”与甲公司达成一致意见。现韩某主张甲公司支付未签订书面劳动合同2倍工资，事实清楚，法律关系明确，法院予以支持。

本书倾向于第一种观点。

对劳动合同的理解不应局限于《劳动合同》这一种形式，而应作泛劳动合同的理解，只要具备《劳动合同法》所规定的大部分必备条款，对双方主要权利义务作了约定，应视为已签订书面劳动合同。

案例060

员工入职表可否代替劳动合同而免除企业支付2倍工资的责任？

广东省中山市中级人民法院（2018）粤20民终1833号

徐某于2016年7月7日入职甲公司从事焊工工作，双方没有签订劳动合同。徐某入职时，填写了员工入职登记表，该登记表载明了徐某的身份信息、劳动合同期限、工作内容和工作地点、工作时间和休息休假、劳动报酬、社会保险、劳动保护、劳动条件和职业危害防护等内容。2017年6月13日，徐某离职。随后，徐某申请劳动仲裁，主张甲公司支付未签劳动合同2倍工资差额57,000余元，获支持。甲公司不服，诉至法院。

审理结果

一审法院认为，劳动合同是劳动者和用人单位为确立劳动关系，约定双方权利义务所签订的协议，由双方各自持有，对双方具有约束力。一方面，它具有诺成性、双务性、有偿性等一般合同性质。另一方面，它又不同于一般的合同，具有主体特定性、人身从属性等特殊属性。而员工入职登记表是用人单位内部用于规范人力资源管理，由新入职员工填写的文件资料，目的在于了解新入职员工的基本情况，对用人单位及劳动者不具有约束力，通常情况下不具有合同性质。且由于徐某并不持有该登记表，一旦双方对其中内容产生争议，徐某不能提供相关约定的依据，其权益得不到保障，这也与规范用工、保护劳动者合法权益的立法本意相违背。而且员工入职登记表中的内容还缺少劳动合同法规定的劳动合同应当具备的部分条款，故员工入职登记表不能视为双方签订的书面劳动合同。

一审法院判决甲公司向徐某支付未签劳动合同 2 倍工资差额 57,000 余元。甲公司不服，上诉至二审法院。

二审法院认为，甲公司要求徐某填写的员工入职登记表背面的“甲公司入职须知”所记载的内容包括了工作内容、工作地点、劳动报酬、安全生产状况、工作时间等劳动合同应具备的基本事项，该表虽未冠以劳动合同的名称，但根据该表所记载的徐某的基本情况及入职须知的内容可以确定双方之间的基本权利义务，故可以认定该表是具有建立劳动关系性质的书面协议，且甲公司亦按入职须知的约定为徐某提供了劳动条件、按时足额发放了工资、购买了社会保险，保障了徐某的法定权益。二审法院最终判决撤销一审法院关于支付 2 倍工资差额的判决，改判甲公司无须向徐某支付 2 倍工资差额。

案例简评

该案一审法院和二审法院的观点不同，正说明了员工入职表等能否视为劳动合同这一问题在司法实践中存在较大争议。该案中，双方当事人和两审法院的说理均十分透彻、到位，可谓入木三分，是一个难得的经典案例。从大量的地方规定和司法判例看，持可以视为已签订劳动合同观点的似乎更多一些，算得上是主流观点。

但是有一点是没有争议的，那就是企业主张员工入职表等用于代替劳动合同的文本文件，必须是该文件具备了大部分的劳动合同必备条款，如果没有具备或者只具备了少部分必备条款，则不会被认定为可以代替劳动合同，企业仍需支付未签劳动合同 2 倍工资差额。

2. 我国部分地区的裁审观点

能否将录用通知书、员工入职表等视为劳动合同的难点在于，实务中有很多似签非签的情形，虽未正式地签订以劳动合同为名的书面合同，但是签订了其他相关的书面文件，对双方主要权利义务进行了明确。应当说，只要录用通知书、员工入职表等书面文件具备了《劳动合同法》第 17 条规定的大部分必备条款，主流观点认为是可以视为双方已签订劳动合同的。我国部分地区则明确规定视为已经签订书面劳动合同，员工以未签劳动合同主张 2 倍工资的，不予支持。摘录如下：

广西壮族自治区高级人民法院、广西壮族自治区人力资源和社会保障厅《关于审理劳动人事争议案件若干问题的指导意见》（桂高法会〔2020〕2 号）第 2 条规定，用人单位与劳动者订立劳动合同的书面形式包括书面劳动合同、用人单位与劳动者之间为建立劳动关系而形成的具备劳动合同基本条款的往来信件和数据电文等。劳动者签署的招聘、就业协议、聘用书等书面文件，具备《劳动合同法》第 17 条规定的必备条款，且用人单位与劳动者实际履行的，可以认定双方已订立书面劳动合同。

陕西省高级人民法院《关于审理劳动争议案件若干问题的解答》（陕高法〔2020〕118 号）第 13 条规定，用人单位与劳动者虽未签订书面劳动合同，但双方所签订的入职申请表、应聘登记表、聘用通知书、员工登记表等文件内容中仅约定了工作岗位、工作期限、劳动报酬等部分内容，不完全具备《劳动合同法》第 17 条规定劳动合同的必备条款，但明确了双方的主要劳动权利义务，符合劳动合同的本质特征，可以视为双方订立了书面劳动合同。用人单位无须向劳动者支付未签订书面劳动合同的 2 倍工资，上述有效的劳动合同条款对双方都具有约束力。

佛山市中级人民法院、佛山市劳动人事争议仲裁委员会《关于审理劳动争议案件若干问题的指导意见》（2011 年 2 月 25 日发布）第 15 条规定，用人单位与劳动者虽未签订书面劳动合同，但双方所签订的入职登记表、审批表或其他协议、合同文件的内容具备《劳动合同法》第 17 条第 1 款规定的必备条款的，应视为双方签订了书面劳动合同。

广东省高级人民法院、广东省劳动人事争议仲裁委员会《关于劳动人事争议仲裁与诉讼衔接若干意见》（粤高法发〔2018〕2 号）第 8 条规定，劳动者与用人单位虽未签订名称为劳动合同的书面协议，但双方签订的包含工资、岗位、工作时间、劳动期限等内容的书面协议，具备劳动合同本质特征的，应当认定双方已经订立书面劳动合同。

案例 061

企业发放的录用通知书可以视为劳动合同吗？

最高人民法院公报 2013 年第 12 期

单某于 2011 年 6 月 30 日入职某物流公司负责员工档案管理工作。自 7 月 29 日下班后，单某在未请假的情况下没有再去公司上班，公司多次与其电话联系，其始终没有上班。8 月 17 日，单某向物流公司发了一封电子邮件，内容是“因我个人不认同公司的文化，特向各位领导提出辞职”。随后，单某申请劳动仲裁，主张物流公司支付解除劳动关系经济补偿金、未签劳动合同2倍工资差额等，获劳动仲裁委支持。物流公司不服，遂起诉至法院。

裁判要旨

《劳动合同法》第 82 条关于用人单位未与劳动者订立书面劳动合同的，应当向劳动者每月支付 2 倍工资的规定，是对用人单位违反法律规定的惩戒。如用人单位与劳动者未订立书面劳动合同，但双方之间签署的其他有效书面文件的内容已经具备了劳动合同的各项要件，明确了双方的劳动关系和权利义务，具有了书面劳动合同的性质，则该文件应视为双方的书面劳动合同，对于劳动者提出因未订立书面劳动合同而要求 2 倍工资的诉讼请求不应予以支持。

审理结果

法院认为，单某持有的员工录用审批表中明确约定了其工作部门、工作地点、聘用期限、试用期、工资待遇等，并附有物流公司法定代表人苏某的签字，上述审批表内容已经具备劳动合同的要件，特别是上述员工录用审批表现由单某持有并作为证据提供，即其认可上述审批表的内容，该表内容已经具备劳动合同的要件，既能够明确双方的劳动关系又固定了双方的权利义务，实现了书面劳动合同的功能。法院最终判决物流公司无须向单某支付未签劳动合同的 2 倍工资差额。

HR 实务指南

第一，指定专人负责劳动合同管理。专人负责的好处就是责任到人，避免因“责、权、利”不明而互相推诿扯皮。企业应对劳动合同管理人员就劳动合同的专业知识进行全面培训，保证其充分掌握签订、续签、保管等相关知识和作业流程。

第二，在双向性文件中载入劳动合同必备条款。企业可以在员工入职登记表、录用通知书等双向性的文件中将《劳动合同法》第 17 条规定的必备条款写进去，万一真忘签、漏签劳动合同，员工主张 2 倍工资时，企业可以用这些书面文件进行抗辩，视为已签订劳动合同，虽然不一定会得到支持，但在确实没有签订劳动合同的情况下，可以用来“挡一挡”，很大概率是能够免于支付 2 倍工资的。比如，可以将员工入职表设计为双面，正面记录员工基本信息，背面为“入职须知”，将劳动合同必备条款载入该须知中，落款处为“员工签名”，员工填写好入职表后，要求其在背面的“入职须知”的落款处签名。有关“入职须知”的具体内容，可参见本书第一章第一节《入职须知（范本）》。

三、企业倒签劳动合同，还需支付 2 倍工资吗

所谓倒签，是指企业在按《劳动合同法》第 82 条第 1 款规定的应当支付未签劳动合同 2 倍工资的期间，与员工签订劳动合同，并且将落款日期“倒写”为用工之日或者用工之后的 1 个月宽限期内的某一日。劳动法律法规并没有“倒签”这个概念，“倒签”不属于劳动法专业术语，只是一种民间叫法，其特点是实际签订劳动合同的日期与劳动合同落款日期不一致。

比如，张三于 2023 年 1 月 1 日入职某公司，该公司未在其入职之后 1 个月内与其签订劳动合同，而是在 2023 年 8 月 1 日才签订，落款日期为 2023 年 1 月 1 日至 31 日中的任意一日，这就是劳动合同的倒签。

企业倒签劳动合同的目的，通常是逃避未签劳动合同 2 倍工资的惩罚。如上例，企业在 8 月 1 日才与员工签订劳动合同，根据劳动法规定需向张三支付 6 个月的 2 倍工资（2 月 1 日至 7 月 31 日），倒签后，落款日期写的是张三入职后的 1 个月内，客观上就是在“用工之日起 1 个月内”签订的劳动合同，这一番操作下来，企业就“省下”了 6 个月的工资。

实务中，对倒签劳动合同是否需要支付 2 倍工资，一直存在争议，各地裁审

意见和司法实践也有着不同观点。

1. 各地裁审意见

浙江：应支付 2 倍工资。浙江省劳动仲裁院《关于审理劳动争议案件若干问题的解答》（浙劳仲院〔2012〕3 号）指出，用人单位超过 1 个月未与劳动者签订书面劳动合同，后在 1 年内又与劳动者补订了劳动合同，用人单位应向劳动者**支付用工之日起满 1 个月的次日至补订劳动合同的前一日期间的 2 倍工资。实际补订日期，应根据补订的劳动合同落款日期及其他情形综合认定。**

北京：不需支付 2 倍工资。北京市高级人民法院、北京市劳动人事争议仲裁委员会《关于审理劳动争议案件解答（一）》（京高法发〔2024〕534 号）第 42 问中指出，用人单位与劳动者建立劳动关系后，未依法自用工之日 1 个月内订立书面劳动合同，在劳动关系存续一定时间后，用人单位与劳动者在签订劳动合同时将日期补签到实际用工之日，视为用人单位与劳动者达成合意，劳动者主张 2 倍工资可不予支持，但劳动者有证据证明补签劳动合同并非其真实意思表示的除外。用人单位与劳动者虽然补签劳动合同，但未补签到实际用工之日的，对实际用工之日与补签之日间相差的时间，依法扣除 1 个月订立书面劳动合同的宽限期，劳动者主张未订立劳动合同 2 倍工资的可以支持。

深圳：不需支付 2 倍工资。深圳市中级人民法院《关于审理劳动争议案件的裁判指引》（深中法发〔2015〕13 号）第 66 条指出，用人单位未按照法定期限与劳动者签订书面劳动合同，即使后来双方签订了劳动合同，劳动者要求用人单位支付 2 倍工资至签订之日的，应予支持。但双方将劳动合同的签字日期倒签在法定期限之内或者双方约定的劳动合同期间包含了已经履行的事实劳动关系期间的，应视为双方自始签订了劳动合同，劳动者要求用人单位支付 2 倍工资的，不予支持。

安徽：不需支付 2 倍工资。安徽省高级人民法院《关于审理劳动争议案件若干问题的指导意见》（皖高法〔2015〕34 号）第 11 条第 1 项指出，用人单位和劳动者补签劳动合同，该补签行为是双方的真实意思表示，劳动者主张补签之日前劳动合同期内的双倍工资，人民法院不予支持。

2. 司法实践中的观点

对倒签劳动合同是否应当支付 2 倍工资，司法实践中也是两种观点。

第一种观点认为企业仍应支付 2 倍工资。摘录两则如下：

上海市浦东新区人民法院在（2019）沪 0115 民初 75820 号民事判决书中认为，吴某于 2018 年 4 月 1 日入职，公司于 7 月 1 日与吴某签订劳动合同，但吴某主张该劳动合同系倒签，并非在 4 月 1 日签署，吴某提供了与公司往来的相关电子邮件、微信聊天记录、证人证言等证据加以证明，公司对倒签事实无异议。法院认为，因公司未在法律规定期间内与吴某签订劳动合同，且并无证据证明公司存在合理的理由，故公司应支付吴某 2018 年 5 月 1 日至 6 月 30 日未签订劳动合同的 2 倍工资差额 32,000 元。

北海市银海区人民法院在（2021）桂 0503 民初 3667 号民事判决书中认为，王某于 2020 年 8 月 17 日入职，直至 2021 年 4 月 30 日公司才与王某签订劳动合同，落款日期为 2020 年 8 月 28 日。法院认为，倒签合同仍属于补签合同，尽管该劳动合同期限已经涵盖了未签劳动合同的期间，落款日期为 2020 年 8 月 28 日，可视为双方对未签订劳动合同期间存在劳动关系的追认，但并不意味着王某在倒签劳动合同的同时已作出放弃 2 倍工资请求权的决定，故公司需向王某支付 2020 年 9 月 17 日至 2021 年 4 月 16 日（4 月 17 日至 30 日王某停岗未上班）未签订劳动合同 2 倍工资差额 42,000 元。

第二种观点则认为倒签视为员工放弃了未签劳动合同期间的 2 倍工资权利，企业无须再支付 2 倍工资。摘录两则如下：

宁波市中级人民法院在（2017）浙 02 民终 1043 号民事判决书中认为，卢某于 2012 年 9 月 1 日入职某街道办从事城管协管工作，双方第二份劳动合同期限为 2015 年 9 月 1 日至 2016 年 8 月 31 日，但该份合同系 2015 年 10 月 27 日倒签。法院认为，劳动合同是倒签日期，在签订书面劳动合同时，双方将已履行的事实劳动关系包含在书面劳动合同的期限之内，法院认定双方签订的劳动合同内容是双方当事人的真实意思表示，卢某在签订书面劳动合同时同意将劳动合同的期间溯及之前的事实劳动关系期间，应视为卢某放弃了要求该事实劳动关系期间未签订书面劳动合同的 2 倍工资的请求。

合肥市中级人民法院在（2020）皖 01 民终 5705 号民事判决书中认为，戴某于 2017 年 5 月 4 日入职某公司，双方签订的劳动合同期限为 2017 年 5 月 3 日至 2019 年 5 月 2 日，戴某主张该合同系 2018 年 5 月 5 日后补签，公司应支付补签前的 2 倍工资。法院认为，即便该份劳动合同系补签，但双方均已将劳动合同的签字日期倒签在法定期限之内，并将已经履行的事实劳动关系期间包含在劳动合同约定的期间内，应视为双方自始签订了劳动合同，法院对戴某主张倒签前的 2 倍工资不予支持。

案例 062

企业倒签劳动合同，是否仍需支付 2 倍工资？

广东省广州市中级人民法院（2021）粤 01 民终 14210 号

廖某于 2017 年 9 月 22 日入职甲公司，双方签订了两次劳动合同，最后一份劳动合同期限为 2018 年 9 月 22 日至 2021 年 9 月 21 日。2020 年 4 月，廖某离职。随后，廖某申请劳动仲裁，其中主张甲公司支付 2018 年 9 月 22 日至 2019 年 10 月 31 日未签订劳动合同期间的 2 倍工资差额 36 万余元。廖某诉称，双方最后一次签订的劳动合同为 2019 年 10 月 31 日倒签，故甲公司应当向其支付 2018 年 9 月 22 日至倒签当日（2019 年 10 月 31 日）未签劳动合同 2 倍工资差额。甲公司确认了倒签劳动合同的真实性和合法性，但不确认支付 2 倍工资的证明目的。劳动仲裁委未支持廖某的请求，廖某诉至法院。

审理结果

法院认为，廖某作为具有完全民事行为能力的人，应当知道倒签落款时间的法律后果，应当视为廖某追认双方在未签订劳动合同期间的劳动关系及确认甲公司不需支付倒签期间的 2 倍工资，故廖某主张甲公司支付 2018 年 9 月 22 日至 2019 年 10 月 31 日未签订劳动合同期间的 2 倍工资差额，法院不予支持。

四、劳动合同期满未续签，企业是否需支付 2 倍工资

根据劳动法规定，第一次固定期限劳动合同期限届满时，员工不愿意续签的，劳动合同终止，企业无须支付经济补偿，企业不续签的，应当支付经济补偿，企业降低劳动条件导致员工不续签的，也应支付经济补偿。这里之所以强调是第一次固定期限劳动合同期满，是因为第二次固定期限劳动合同期满时企业有没有终止权，实务中存在争议，这个问题本书将在下文探讨，此处仅探讨第一次固定期限劳动合同期满的情形。

实务中往往会出现这样的情况，劳动合同期满后，双方都没有提出续签事宜，员工继续工作，企业继续用工，对此情形劳动法应如何调整？根据《劳动争议司法解释（一）》第 34 条第 1 款的规定，视为双方同意以原条件继续履行劳动合同。

1．“未续签”是否需支付 2 倍工资的观点之争

劳动法规定了未签劳动合同企业需向员工支付 2 倍工资，却没有规定劳动合同期满后未续签也要支付 2 倍工资，“未签”并不等于“未续签”。对此，司法实践中也存在争议。

第一种观点认为无须支付 2 倍工资。

持此观点者认为，双方签订劳动合同后，双方的权利义务已经明确，合同期满后未及时续签，双方也未提出异议，应当视为双方同意以原条件继续履行劳动合同。“未续签”是双方权利义务关系已经明确，并不影响双方权利义务的履行，“未签”则是双方权利义务关系不明确，容易引发劳动争议，不利于劳动关系的和谐稳定。此外，劳动法也没有明确确定未续签劳动合同要支付 2 倍工资。因此，未续签劳动合同的，企业不应承担支付 2 倍工资的法律责任。

比如，广东省高级人民法院（2015）粤高法民申字第 2501 号民事裁定书认为，劳动合同期满后双方未续签书面劳动合同，可视为双方之间存在无固定期限劳动合同关系，并以原劳动合同确定的双方权利义务继续履行，双方未续签书面劳动合同不属于未签订劳动合同的情形，李某提出应向其支付未续签劳动合同的 2 倍工资差额，缺乏依据，法院不予支持。

第二种观点认为需支付 2 倍工资。

持此观点者认为，劳动合同期满的，劳动合同终止，合同中的权利义务关系不复存在，原有的劳动关系随之消灭。企业继续用工的，则建立了新的劳动关系，企业应与员工重新签订劳动合同，不能处于无合同状态。未续签的，应向员工支付未签劳动合同的 2 倍工资。

比如，济南市中级人民法院（2016）鲁 01 民终 3735 号民事判决书认为，双方于 2013 年 2 月 26 日签订一份劳动合同，2014 年 2 月 25 日合同到期后，孟某继续在该公司工作，公司应当自原劳动合同期满后 1 个月内与孟某续签劳动合同，公司未与孟某续签劳动合同，应当向孟某支付原劳动合同期满 1 个月后至满 1 年的 2 倍工资。

又如，江苏省高级人民法院（2016）苏民申字第 5300 号民事裁定书认为，2010 年 11 月，公司与方某签订了 3 年期限的劳动合同。合同期满后，方某仍在

该公司工作，双方未再签订书面劳动合同，故公司应向方某支付 2013 年 12 月 1 日至 2014 年 10 月 8 日 2 倍工资的差额部分。

上述两种观点中，第二种观点是司法实践中的主流观点，即认为合同期满未续签的，企业仍需支付 2 倍工资。本书亦持此观点。

案例 063

劳动合同期满企业未续签，员工可否主张 2 倍工资？

陕西省高级人民法院（2016）陕民再 34 号

王某于 2012 年 2 月 20 日入职甲公司担任工程师职务，双方签订了 1 年期限的书面劳动合同。合同期满后，双方未续签，王某继续在该公司工作至 2014 年 1 月 10 日。随后，王某申请劳动仲裁，要求甲公司支付未签劳动合同 2 倍工资 4 万余元，未获支持。王某不服，诉至法院。

审理结果

一审、二审法院认为，劳动合同期满后，劳动者仍在原用人单位工作，原用人单位未表示异议的，视为双方同意以原条件继续履行劳动合同。该案中，王某入职后，甲公司及时签订了书面的劳动合同，明确了双方的权利义务，该合同期满后，王某继续在该公司工作，公司未提出异议，应视为双方同意以原条件继续履行劳动合同，故未续签书面劳动合同的，依照法律规定不应由用人单位给付劳动者未签订书面劳动合同的双倍工资差额。

王某仍不服，向陕西省高级人民法院（以下简称陕西高院）申请再审，陕西高院提审了该案。

陕西高院认为，甲公司与王某签订了为期一年的劳动合同，期满后未再续签合同，根据《劳动合同法》第 44 条之规定，劳动合同期满的，劳动合同终止。即劳动合同期满后，合同中的权利义务关系不复存在，原有的劳动关系已经随着劳动合同的终止而消灭。单位继续用工应当与劳动者重新签订书面劳动合同，如单位不能证明因劳动者的原因未续签劳动合同，仍应按照《劳动合同法》第 82 条的规定支付 2 倍工资。

陕西高院最终撤销一审和二审判决，改判甲公司向王某支付未签订书面劳动合同的 2 倍工资差额 35,000 余元。

2. 续签劳动合同是否应给予 1 个月宽限期

如果说未续签也要支付 2 倍工资，那么，起算时间如何确定？是从合同期满后的次日起算 2 倍工资，还是参照“未签”从期满超过 1 个月的次日起算，也即是否给予 1 个月续签的宽限期。对此，实务中又存在不同观点。

第一种观点认为应给予企业 1 个月宽限期。

这一观点认为，劳动法对“未签”规定了 1 个月宽限期，那么“未续签”也应有 1 个月宽限期。劳动合同期满后，企业在 1 个月内续签都是可以的，超过 1 个月未续签，从第二个月起需支付 2 倍工资。

比如，上海市第二中级人民法院（2019）沪 02 民终 10181 号民事判决书认为，双方劳动合同到期后赵某继续在该公司工作，公司应在原合同到期后 1 个月宽限期内即 2018 年 1 月 31 日前与赵某续签劳动合同，该公司未在 1 个月宽限期内续签的，应向赵某支付 2018 年 2 月 1 日至 8 月 24 日未签合同 2 倍工资差额。

第二种观点则认为不应给企业 1 个月宽限期。

这一观点认为，劳动法对“未签”给 1 个月宽限期是考虑到有些企业很难做到用工之日即签订劳动合同，给 1 个月宽限期是便于企业操作。但是，续签劳动合同则不存在这样的障碍，且企业对原劳动合同期满的时间点和继续用工的法律后果均有预期，因此不应再给 1 个月宽限期。

比如，北京市第三中级人民法院（2022）京 03 民终 16865 号民事判决书认为，劳动合同期满后未订立劳动合同，劳动者在原用人单位继续工作，用人单位对原劳动合同期满和继续用工的法律后果均有预期，因此不需要再给予 1 个月的宽限期，原劳动合同期满次日，即是用人单位应当订立劳动合同之日和承担未订立劳动合同的法律后果之日。

最高人民法院民事审判第一庭编著的《最高人民法院新劳动争议司法解释（一）理解与适用》一书亦认为，原劳动合同期满之日，即是用人单位应当续订劳动合同之日和承担未续订法律后果之日，无须再给予 1 个月的宽限期。

上述两种观点中，第一种观点是司法实践中的主流观点，即应给予企业 1 个月宽限期。本书亦持此观点。

HR 实务指南

第一，建立劳动合同续签检查机制。使用人力资源管理系统的企业，劳动合同的签订和续签，通常都不需要人工记忆，系统会自动提醒，及时续签即可。没有使用管理系统的，可以建立劳动合同台账，用 Excel 表记录全体员工的劳动合同签订情况，作为劳动合同管理流程的组成部分，每月检查一次，并及时续签。

第二，应在劳动合同期满前续签。如前文所述，虽然有观点认为劳动合同期满续签应有 1 个月宽限期，但于企业而言，仍然存在风险。因此，企业应在劳动合同期满前完成续签，避免裁审机构不认可宽限期而面临支付 2 倍工资的风险。

五、人事经理未签劳动合同，可否主张 2 倍工资

对大部分企业而言，劳动合同管理属人事部门的工作范围，由人事部门代表企业与员工进行劳动合同的签订、建档和管理。然而，如果人事经理（泛指企业人事部门负责人，包括人事总监、经理、主管等，下同）的劳动合同没有签订，可否依据劳动法规定向企业主张 2 倍工资？对此，我国各地法院裁判意见和司法实践均存在不同观点。

第一种观点认为企业应支付 2 倍工资。

这一观点认为，劳动法规定未签劳动合同企业应支付 2 倍工资，并没有把人事经理排除在外，因此，人事经理未签劳动合同的，企业仍需支付 2 倍工资。如前文所述，《劳动合同法》第 82 条第 1 款所说的“未与”，强调的是劳动关系双方客观上没有签订劳动合同，只要符合这一要件，企业就应当承担支付 2 倍工资的法律后果。至于员工是一般员工，还是负责签订劳动合同的人事人员，则在所不问。法律并没有将负责签订劳动合同的人事人员排除在这款规定之外，而是将所有员工包括在内。

比如，深圳市中级人民法院（2014）深中法劳终字第 383 号民事判决书认为，与劳动者签订书面劳动合同是用人单位的法定义务，法律法规并未对作为用人单位高级管理人员的劳动者签订劳动合同作出不同规定。周某在甲公司从事人事管理工作，但依据相关法律法规，其不得代表甲公司与其本人签订合同，甲公司依法应当委派他人代表公司与周某签订书面劳动合同。甲公司并未提供证据证明其

已委派他人与周某签订书面劳动合同，故甲公司主张双方未签订书面劳动合同系因周某过错造成，其不存在过错的理由不成立，法院不予支持。

第二种观点认为企业无须支付 2 倍工资。

这一观点认为，人事经理的工作职责是负责企业的一切人事管理事务，当然也包括代表企业依照法律法规处理与员工之间劳动合同管理方面的相关工作。人事经理应采取措施避免企业因违反法律法规被追究法律责任，也应当知晓未签订劳动合同的法律后果。至于人事经理本人的劳动合同，其可以主动向企业提出另派代表与其签订，若人事经理没有与自己签订劳动合同也没有证据证明向企业提出过另派代表签订，则不可主张 2 倍工资。退一步讲，如果人事经理未签劳动合同企业需支付 2 倍工资，则必将产生道德风险，“鼓励”人事经理背离诚信、监守自盗，故意不签自己的劳动合同，以获得巨大不法利益，这显然与 2 倍工资制度的立法目的背道而驰。

比如，广东省高级人民法院（2017）粤民申 7569 号民事裁定书认为，田某在甲公司的工作职责包括人事管理，田某有义务提醒、督促甲公司依法与劳动者签订书面劳动合同，劳动者当然包括其本人。现田某主张甲公司应向其支付未签订书面劳动合同 2 倍工资差额，但不能证明其已要求公司与自己签订书面劳动合同，属于没有履行工作职责，田某若因此获得利益，明显有失公平。

我国四川、云南、浙江、北京等部分地区还明确规定了人事经理未签劳动合同的，不支持其 2 倍工资的主张。

比如，四川省高级人民法院民事审判第一庭《关于审理劳动争议案件若干疑难问题的解答》第 30 条第 2 款指出，用人单位的人事管理部门负责人或主管人员依据《劳动合同法》第 82 条规定向用人单位主张未签劳动合同 2 倍工资的，如用人单位能够证明订立劳动合同属于该人事管理部门负责人的工作职责，不予支持。有证据证明人事管理部门负责人或主管人员向用人单位提出签订劳动合同，而用人单位予以拒绝的除外。本书赞同此观点。原则上，不应支持人事经理未签劳动合同 2 倍工资的主张，但是，人事经理能够提供证据证明其曾向企业提出委派他人与其签订劳动合同，企业拒绝签订或者不作为而导致客观上未签订的，则企业仍需支付 2 倍工资。

案例 064

人事主管未签劳动合同，可否主张 2 倍工资？

最高人民法院公报 2018 年第 7 期

刘某于 2015 年 3 月 10 日入职甲公司担任人事主管一职，主要负责人员招聘、培训及薪酬管理工作。7 月 23 日，刘某离开甲公司，并于同日以甲公司未与其签订劳动合同等为由，向甲公司寄送解除劳动关系通知函，通知公司自 7 月 24 日起解除双方的劳动关系。随后，刘某申请劳动仲裁，主张其自入职之日起未签订劳动合同的 2 倍工资等权利。

裁判要旨

用人单位未与人事主管订立书面劳动合同，人事主管诉请用人单位支付未订立书面劳动合同的 2 倍工资赔偿的，因订立书面劳动合同系人事主管的工作职责，人事主管有义务提示用人单位与其订立书面劳动合同，人事主管如不能举证证明其曾提示用人单位与其订立书面劳动合同，则不应支持其诉讼请求。

审理结果

法院认为，劳动合同签订事项属于人力资源负责的事项，刘某作为甲公司的人事主管，其工作职责应该包括代表单位依照法律法规处理与劳动者之间劳动合同履行方面的相关事宜，避免单位因违反法律法规被追究法律责任，也应当知晓订立书面劳动合同的相关规定及不订立书面劳动合同的法律后果。因此，刘某有义务主动向甲公司要求订立书面劳动合同，但刘某并未提交证据证明其曾主动要求甲公司与其签订劳动合同，故综合刘某的岗位职务因素等进行考量后，法院对刘某主张的未签订劳动合同的 2 倍工资的请求不予支持。

HR 实务指南

第一，主动向企业提出另派代表与自己签订劳动合同。HR 作为劳动合同管理人员，代表企业与员工签订劳动合同是其工作职责，但 HR 往往难以与自己签订劳动合同，HR 应主动向企业相关负责人提出另行委派代表与自己签订劳动合同。

第二，HR 应遵守职业道德。如果没有向企业负责人提出另派代表与自己签订劳动合同，HR 也应当具有基本的职业操守，遵守职业道德，诚实守信，不应向企业主张 2 倍工资。

第三，人力资源管理人员应当互相监督，督促劳动合同签订。人力资源负责人应检查和监督本部门人员的劳动合同签订情况，本部门其他人员之间也应互相监督，确保人力资源部门内部人员能够签订劳动合同，避免发生劳动纠纷。

六、村民委员会、居民委员会招用工作人员，要不要签订劳动合同

根据《村民委员会组织法》和《城市居民委员会组织法》规定，村民委员会、居民委员会是村民（居民）自我管理、自我教育、自我服务的基层群众性自治组织。村民委员会、居民委员会招用务工人员，要不要签订书面劳动合同？要讨论这个问题，首先要说清楚村民委员会、居民委员会是否属于劳动法意义上的用人单位，如果属于，则受劳动法调整，双方构成劳动关系，应当与其招用的务工人员签订书面劳动合同。反之，则不受劳动法调整，不构成劳动关系，也就无须签订书面劳动合同。

村民委员会、居民委员会是否属于劳动法意义上的用人单位，在实践中存在不同观点。

第一种观点认为村民委员会、居民委员会属于用人单位。

比如，广东省高级人民法院、广东省劳动人事争议仲裁委员会《关于劳动人事争议仲裁与诉讼衔接若干意见》第 3 条指出，村民委员会、居民委员会、农村集体经济组织与其对外聘用人员发生的用工关系，符合劳动关系特征的，应认定为劳动关系。

又如，浙江省高级人民法院民事审判第一庭、浙江省劳动人事争议仲裁院《关于审理劳动争议案件若干问题的解答（五）》第 15 条指出，根据民法规定，基层群众性自治组织法人为特别法人，因此，村民委员会、居民委员会等基层群众性自治组织可以作为用人单位，其与对外聘用人员发生的用工关系符合劳动关系特征的，按劳动关系处理。

佛山市中级人民法院（2018）粤 06 民终 5890 号民事判决书认为，根据民法规定，村民委员会、居民委员会具有基层群众性自治组织法人资格，可以从事为履行职能所需要的民事活动。因此，村民委员会、居民委员会具备用工主体资格，并承担劳动用工责任。该案中，结合双方当事人的陈述和提供的证据可知，梁某于 2011 年 12 月 6 日入职甲村村民委员会，其日常办公地点在甲村村民委员会，在工作过程中接受甲村村民委员会的安排、指示，梁某的劳动报酬由甲村村民委员会发放，且甲村村民委员会一直为梁某缴纳社会保险。综上，法院认为双方之间的法律关系符合劳动关系特征，应按劳动关系处理。

2024 年 5 月 8 日，最高人民法院发布提级管辖典型案例，其中案例 5“绵阳市游仙区忠兴镇某社区居民委员会诉姜某某劳动争议纠纷案”中，绵阳市中级人民法院认为，《劳动合同法》第 2 条对于用人单位采用概括列举式表述，而非完全列举式表述，并未将居民委员会排除在外，依法登记的居民委员会作为基层群众性自治组织，具有特别法人资格，拥有权利能力和行为能力，可以从事为履行职能所需要的民事活动。居民委员会对外招聘工作人员发生的用工关系，符合劳动关系特征的，应按劳动关系处理。该案中，姜某某是案涉居民委员会公开招聘的工作人员，接受该居民委员会管理，从事居民委员会安排的有报酬的劳动，适用居民委员会制定的各项劳动制度。该居民委员会与姜某某之间的用工关系，符合劳动关系的法律特征，双方事实劳动关系成立。

第二种观点则认为村民委员会、居民委员会不属于用人单位。

比如，原江苏省人事厅《江苏省实施〈劳动人事争议仲裁办案规则〉细则》（苏人社规〔2010〕9 号，已废止）指出，村民委员会、居民委员会、业主委员会等群众性自治组织与劳动者发生的争议，不作为劳动争议处理。

济源市中级人民法院（2019）豫 96 民终 1120 号民事裁定书认为，王某起诉要求甲村村民委员会承担为其缴纳社保、支付经济补偿金的责任等，但甲村村民委员会属于村民自治组织，不属于用人单位，王某与甲村村民委员会双方非劳动关系，所以王某起诉要求甲村村民委员会承担责任，不属于劳动争议案件受理范围。

安徽省高级人民法院（2019）皖民申 3421 号民事裁定书认为，甲村村民委员会系基层群众性自治组织，是特别法人，根据劳动法规定，用人单位的范围为我国境内的企业、个体经济组织、民办非企业单位，以及与劳动者建立劳动关系的国家机关、事业单位、社会团体，而甲村村民委员会系根据《村民委员会组织法》成立的基层群众性自治组织，主要功能为村民自我管理、自我教育、自我服务并办理本村的公共事务和公益事业，非劳动法意义上的用人单位。

第三种观点认为村民委员会、居民委员会是否属于用人单位应区分评价。

所谓区分评价，指的是村民委员会、居民委员会成员与村民委员会、居民委员会不存在劳动关系，也就是说，对于村民委员会、居民委员会成员而言，村民委员会、居民委员会并不属于劳动法意义上的用人单位，但是，并没有否认非村民委员会、居民委员会成员与两委之间的劳动关系。

比如，北京市高级人民法院、北京市劳动人事争议仲裁委员会《关于审理劳动争议案件解答（一）》（京高法发〔2024〕534 号）第 34 问指出，依照《村民委员会组织法》《居民委员会组织法》的规定，村民委员会和居民委员会成员（主任、副主任和委员）依法由选举产生，其与该组织之间不属于劳动关系。内蒙古自治区高级人民法院、内蒙古自治区劳动人事争议仲裁委员会《关于劳动人事争议案件适用法律若干问题的指导意见》（内高法〔2015〕193 号）也作了相同的规定。

本书赞同第三种观点，即对于村民委员会、居民委员会成员而言，村民委员会、居民委员会不属于劳动法意义上的用人单位，但对于非村民委员会、居民委员会成员而言，村民委员会、居民委员会则属于用人单位。

《劳动合同法》第 2 条将用人单位分为一般用人单位和特殊用人单位，前者是指我国境内的企业、个体经济组织、民办非企业单位，这三类组织是劳动法上常规的、天然的用人单位；后者是非常规的用人单位，正常情况下这类单位不是劳动法意义上的用人单位，但如果招用了劳动者建立了劳动关系，则属于用人单位，受劳动法调整。但村民委员会、居民委员会成员是根据《村民委员会组织法》《居民委员会组织法》规定选举产生的，是村民委员会、居民委员会的领导班子，不应受劳动法调整，对于村民委员会、居民委员会成员而言，村民委员会、居民委员会不属于用人单位。

案例 065

村民委员会、居民委员会是否属于劳动法意义上的用人单位？

湖南省长沙市中级人民法院（2021）湘 01 民终 5103 号

王某于 2010 年 4 月入职甲居民委员会担任蔬菜疏导点的市场管理人员并

兼任水电工职位。2020 年 12 月 15 日，甲居民委员会向王某发出解聘通知，解聘了王某。12 月 22 日，王某申请劳动仲裁，请求确认其与甲居民委员会之间存在劳动关系，并要求甲居民委员会支付违法解除劳动关系赔偿金、加班费等 38 万余元，劳动仲裁委员会以申请主体不适格、申请事项不属于劳动仲裁范围为由不予受理。王某诉至法院。甲居民委员会辩称，其不属于劳动法意义上的用人单位，与王某之间不存在劳动关系，王某主张的劳动者权利无法律依据。

审理结果

法院认为，根据《民法典》第 101 条规定，居民委员会具备法人资格，可以从事为履行职能所需要的民事活动，甲居民委员会关于其不具备成立劳动关系主体资格的理由不能成立，该案双方当事人均具备成立劳动关系的主体资格，故甲居民委员会属于劳动法上的用人单位，具有用工主体资格。

第四节 劳动合同的履行与变更

签订劳动合同，是为了将双方权利义务用“白纸黑字”的形式固定下来。签订劳动合同的目的是履行劳动合同，根据《劳动合同法》第 3 条第 2 款规定，依法订立的劳动合同具有约束力，企业和员工应当履行劳动合同约定的义务。在劳动合同履行的过程中，又可能会发生一些障碍使劳动合同难以继续履行，双方可以通过变更劳动合同内容使劳动合同得以继续履行。

一、劳动合同的履行

劳动合同的履行是指劳动合同双方当事人完成劳动合同所约定的义务，实现劳动过程和各自合法权益的行为。《劳动合同法》第 29 条规定了全面履行原则，合同双方当事人均需按照劳动合同的约定，全面履行各自的义务。具体而言，就是合同双方当事人应按照合同约定的时间、地点、工作任务、劳动报酬、休息休假等各自向对方履行义务。

1. 企业变更主体信息，劳动合同继续履行

企业主体信息即企业注册和经营的相关信息，包括企业名称、住所、注册资金、法定代表人或者主要负责人、股东、经营范围、经营资质等。根据《劳动合同法》第 33 条的规定，企业变更主体信息的，不影响劳动合同的履行。

比如，深圳市甲科技有限公司更名为深圳市乙科技有限公司，同时，法定代表人由张三变更为李四，只是换了个企业名称和法定代表人，用工主体并没有变化，原来经营什么现在还经营什么，员工原来从事什么工作现在还从事什么工作，企业实体没有变化。企业主体信息变更的，无须与员工协商并经员工同意，也无须另行与员工签订劳动合同，原合同依然有效。

但是，如果企业变更了名称，在劳动合同期满续签时，则需用新的名称与员工签订劳动合同，签订次数、工作年限等连续计算。

又如，辽宁省高级人民法院（2018）辽民申 4407 号民事裁定书认为，用人单位变更名称、法定代表人、主要负责人或者投资人等事项，不影响劳动合同的履行。该案中，2008 年 12 月 4 日，甲公司企业名称变更为乙公司，不影响与王某劳动合同的履行。王某在 2007 年 6 月与乙公司（当时的名称为甲公司）建立劳动合同关系，2017 年 1 月 5 日终止劳动合同关系。原审法院依据《劳动合同法》的相关规定判令乙公司向王某支付 10.5 个月的解除劳动合同经济补偿金正确。

通常认为，企业变更主体信息不属于劳动合同变更，因此劳动法规定为“不影响劳动合同的履行”，无须变更劳动合同。但是，有些地区则规定，企业变更名称的，需要变更劳动合同。比如，《北京市劳动合同规定》（2021 年 12 月 30 日北京市人民政府第 302 号令）第 27 条规定，用人单位变更名称的，应当变更劳动合同的用人单位名称。

2. 关联企业混同用工

关联企业混同用工，是指员工已经与甲企业建立了劳动关系，由于某些原因，该员工被抽调、委派、借调到甲企业的关联企业乙企业工作，与乙企业同样建立了劳动关系，从而导致该员工的劳动关系及用工主体出现混乱的一种用工现象。混同用工通常发生在关联企业之间，比较典型的是“一套人马、一个办公地点、两块牌子”，员工会同时为两个或两个以上的企业提供劳动，难以分辨员工和哪家企业存在劳动关系，用工主体往往也不明确。

根据《劳动合同法实施条例》第 10 条规定，员工非因本人原因从原单位被安排到新单位工作的，员工在原单位的工作年限合并计算为新单位的工作年限。原单位已经向员工支付经济补偿的，新单位在依法解除、终止劳动合同计算支付经济补偿的工作年限时，不再计算劳动者在原单位的工作年限。

关联企业混同用工，往往会影响劳动合同的履行，工作地点、工作岗位、规章制度、薪酬待遇等都有可能发生变化。通常情况下，需双方协商一致并签订变更协议，没有签订变更协议的，由后单位承继前单位的劳动条件及工作年限。

案例 066

要求员工到关联企业上班遭拒绝，企业解雇是否合法？

广东省高级人民法院（2021）粤民申 12512 号

朱某于 2012 年 2 月入职甲公司担任生产副主任职务，双方劳动合同约定的工作地点为“甲方及甲方关联企业营业地点，以及甲方及甲方关联企业项目所在地，因政府行为或者甲方经营需要，导致工作地点变更的，乙方无条件服从甲方安排，否则视为乙方严重违反甲方规章制度以及劳动合同约定”。2019 年2月至8月，因朱某所在的生产线停产，朱某没有上班，甲公司也没有发放薪酬。2020 年 3 月 4 日，甲公司书面通知朱某到乙公司上班，职务待遇不变，遭到朱某拒绝。3 月 12 日，甲公司再次书面通知朱某到乙公司上班，否则视为朱某单方解除劳动关系，朱某仍然拒绝。3 月 23 日，甲公司向朱某发函，称朱某已单方解除劳动关系，双方劳动关系终止，朱某不能出入甲公司，也不能再在宿舍居住。朱某遂申请劳动仲裁，双方因此成讼。

审理结果

广东省高级人民法院认为，甲公司两份通知均未明确朱某到乙公司工作持续时间多长，能否回原公司、原岗位，劳动合同主体是否变更，若劳动合同主体变更相关权利义务如何处置等问题。在对前述重要事项未予释明的情况下，甲公司以朱某未按时到岗视为朱某单方解除与甲公司的劳动关系，并拒绝朱某进入甲公司，缺乏合法性及正当性。法院最终认定甲公司解除与朱某的劳动合同违法。

3. 企业合并或分立，劳动合同承继履行

实务中往往会发生企业合并或分立的情况，根据《劳动合同法》第 34 条规定，企业发生合并或者分立等情况，原劳动合同继续有效，劳动合同由承继其权利和义务的企业继续履行。

例 1：A 企业和 B 企业合并为 C 企业，原 A 企业和 B 企业的员工的劳动合同继续有效，无须另行签订劳动合同，合同由 C 企业承继履行。

例 2：甲企业分立为乙企业和丙企业，原甲企业员工的劳动合同继续有效，

员工分流到乙企业的，合同由乙企业承继履行，分流到丙企业的，则由丙企业承继履行。

HR 实务指南

第一，企业变更名称，需通知全体员工。根据劳动法规定，企业变更名称、法定代表人、主要负责人或者投资人等事项，不影响劳动合同的履行。企业变更名称的，应通知全体员工，并更换相关工作证件，变更法定代表人等其他信息的，可以不通知员工。

第二，企业分立、合并的，应由分立或者合并后的企业承继其劳动合同约定的权利义务。为避免员工恐慌，企业分立或者合并的，应通知全体员工且明确表态劳动合同继续履行，员工工作年限不会受到影响。

第三，企业混同用工的，应以协商一致为原则。实务中经常出现关联企业间混同用工的情形，为避免发生纠纷，企业应尽量与员工协商取得一致意见，明确告知员工前往关联企业工作的期限、岗位或者工种、工资待遇等。

二、劳动合同的中止

劳动合同中止，即劳动合同履行的暂停，是指在劳动合同履行过程中，因出现法定或者约定事由，而暂停履行劳动合同，待该事由消除后恢复履行。其主要意义在于避免劳动合同因出现暂时不能履行的情形而被解除，以保障劳动关系的稳定。

1. 劳动合同中止的法律规定

国家层级的劳动法律制度只有原劳动部《关于贯彻执行〈中华人民共和国劳动法〉若干问题的意见》对劳动合同中止作出了规定，该意见第 28 条指出，劳动者涉嫌违法犯罪被有关机关收容审查、拘留或逮捕的，用人单位在劳动者被限制人身自由期间，可与其暂时停止劳动合同的履行。暂时停止履行劳动合同期间，用人单位不承担劳动合同规定的相应义务。劳动者经证明被错误限制人身自由的，暂时停止履行劳动合同期间劳动者的损失，可由其依据《国家赔偿法》要求有关部门赔偿。

此外，外交部、劳动和社会保障部等四部门《关于加强驻外外交人员随任配偶保障工作的通知》（外发〔2006〕35 号）第 3 条指出，凡属国有企业和国有控股企业人员的驻外外交人员配偶，出国随任期间，保留其劳动关系，中止履行劳动合同；结束随任回国后，回原企业工作，恢复履行劳动合同，并按企业工资分配制度和本人岗位确定其工资水平。

我国部分地区对劳动合同中止也作出了相关规定。比较典型的是江苏，早在 2003 年时，《江苏省劳动合同条例》就规定了劳动合同中止制度，2013 年该条例修订时，依然保留着中止制度。除江苏外，上海、天津、山东、山西、安徽等地也规定了劳动合同中止制度，当一定条件成就时，劳动合同可以中止履行。

深圳市中级人民法院（2020）粤 03 民终 27457 号民事判决书认为，李某在 2016 年 3 月至 2017 年 3 月 ，请假照顾其生病的丈夫，实际上没有上班，此期间应属劳动关系中止阶段，不计入工作年限内。深圳地区并没有规定劳动合同中止制度，但是，该案中法院认定了李某属于劳动关系中止，即是从客观、合理的角度对案件进行审视并作出判断，本书对此深为赞同。

2. 劳动合同中止的主要特征

通常情况下，劳动合同中止具有以下主要特征：

（1）发生劳动合同中止的事由不可归责于劳动关系的任何一方。比如，不可抗力、员工失踪、员工人身自由被限制等。

（2）员工暂停提供劳动，双方劳动关系继续保留。

（3）劳动合同中止后，企业可以停发工资及各项福利待遇。

（4）劳动合同中止期间，企业仍需为员工缴纳社会保险，保险费按规定各自承担。

（5）劳动合同中止后，员工工作年限停止计算。

（6）劳动合同中止情形消失后，应当恢复履行劳动合同，不得长期处于中止状态，更不得借劳动合同中止之名行社会保险挂靠之实。

案例 067

劳动合同中止期间，社会保险费应由谁承担？

辽宁省高级人民法院（2020）辽民申 2661 号

杨某于1983年1月到某叉车总厂工作(后该叉车总厂改制为甲叉车公司)，双方于 2004 年 4 月签订了无固定期限劳动合同。自 2004 年 8 月起，杨某再未给甲公司提供过任何劳动，甲公司未向杨某支付任何工资待遇，也未对杨某长期不提供劳动一事提出任何异议。2004 年 8 月后，杨某的社会保险关系仍在甲公司处，杨某定期将其社会保险费个人部分、住房公积金个人部分以现金形式交给甲公司，由甲公司为其缴纳社会保险及住房公积金。2019 年 5 月，杨某达到法定退休年龄并办理了退休手续，开始享受养老保险待遇。随后杨某申请劳动仲裁，主张甲公司返还其垫付的社会保险费及住房公积金共 27 万余元。

审理结果

法院认为，自 2004 年 8 月后，双方名义上仍存在劳动关系，实质上杨某长期未提供任何劳动，甲公司未对杨某进行任何管理，也未支付任何劳动报酬，双方劳动合同处于中止履行的状态。15 年来双方的联系仅限于杨某向甲公司支付社会保险和住房公积金费用，甲公司为杨某缴纳社会保险和住房公积金。在长达 15 年的期间内，杨某一直未对该挂靠代缴行为提出任何异议，既未主张解除双方劳动关系，也未因甲公司欠缴社会保险向任何部门举报或主张权利，一直主动缴纳全部费用，此系杨某对其民事权利的自主安排，双方就挂靠社会保险关系、由甲公司代缴社会保险和住房公积金已达成协议。现杨某主张由甲公司返还用人单位应缴纳的部分，有违双方协议的约定，法院不予支持。

HR 实务指南

第一，企业中止劳动合同，应遵守法律规定。企业对员工作出中止劳动合同决定时，应以法律规定为准，并在中止劳动合同通知书中载明法律依据。有地方规定的，严格按地方规定来，没有地方规定的，按国家规定来，同时还可参考当地中级人民法院的判例，避免因劳动合同中止不当而给企业带来风险。

第二，企业应谨慎作出中止劳动合同决定。企业应尽量减少对员工劳动合同的中止，非中止不可的，除实体上不能违反法律法规规定及常理外，在程序上也应做到无瑕疵，比如，签订中止劳动合同协议书、发出中止劳动合同通知书等。

第三，应明确中止期间的相关权利义务。比如中止期限多长、中止情形消失的标志是什么、工资是否发放、社保费如何承担等，让员工充分知晓在劳动合同中止期间的权利义务及注意事项。

三、劳动合同的变更

劳动合同变更，是指劳动关系双方签订劳动合同后，在合同尚未履行或者尚未履行完毕之前，经双方当事人协商一致，对劳动合同内容做部分修改或者增减的法律行为。劳动合同变更并不是重新签订劳动合同，而是在原合同的基础上就某些条款或者内容进行变更，以便于更适当地继续履行劳动合同。

《劳动合同法》第 35 条规定了劳动合同变更制度，即企业与员工协商一致，可以变更劳动合同约定的内容，变更劳动合同，应当采用书面形式，变更后的劳动合同文本由企业和员工各执一份。

1. 双方协商一致可以变更劳动合同

其一，变更劳动合同原则上需双方协商一致。变更劳动合同应是在平等自愿、诚实守信的基础上，双方协商达成合意的结果，原则上，任何一方不得单方面变更劳动合同所约定的内容。

其二，企业可以单方面作出对员工纯获利的变更。在不增加员工负担或者义务的情况下，企业可以单方面作出员工纯获利的变更，而无须经过员工同意。比如，劳动合同约定员工工作时间为每周 5 天，每天 8 小时，企业单方面把工作时间调整为每周 5 天，每天 7 小时，这一变更没有增加员工的负担或者义务，因此无须经过员工同意，只需单方面发个通知即可。如果企业把约定的每周 5 天，每天 8 小时的工作时间调整为周一至周五每天 7 小时、周六 4 小时，虽然每周的工作时间总和比原来减少了 1 小时，但是原来周六不用上班，现在周六要上班 4 小时，则属于增加了员工负担，企业不得单方面变更，而需经过员工同意。

其三，经双方协商一致，可以作出对员工不利的变更。比如，张三劳动合同约定月工资为 10,000 元，因受疫情影响，企业订单骤减，为了共渡难关，企业与全体员工协商降低工资，其中经与张三协商其月工资降为 8000 元，张三对企业的难处表示理解，同意降薪并签字，则该变更协议有效。

其四，变更劳动合同应采用书面形式。法律规定采用书面形式，一是强调将协商一致变更的内容通过“白纸黑字”固定下来，提高任何一方“不认账”的成本；二是减少信息误差，防止说的人所说的内容和听的人所听到的内容不是同一个意思。通常来说，协商一致变更劳动合同的，双方签订的变更协议可作为原劳动合同的附件，与原劳动合同共同使用，具有同等法律效力。

其五，变更后的劳动合同文本双方各执一份。变更劳动合同在形式上和程序上其实与签订劳动合同一样，不仅强调双方合意、书面形式，还强调文本由双方各执一份，主要是防止一方单方面篡改内容。

2. 劳动合同事实变更的法律效力

虽然劳动法规定了变更劳动合同应采用书面形式，但实务中却常常发生劳动合同已经变更但是并没有采用书面形式的现象。有些是因为个别 HR 法律意识淡薄，不知道变更劳动合同要采用书面形式，有些则是企业故意为之，故意不采用书面形式。企业担心员工不同意变更，双方无法达成一致，而企业又确实想变更部分内容，于是就故意不采用书面形式，以分散或者降低员工对变更内容的“抵触”，从而达到事实变更的目的。

所谓事实变更，又称实质变更，指的是劳动合同双方当事人没有采用书面形式即变更了劳动合同的相关内容，且双方就变更后的劳动合同内容已经实际履行。《劳动争议司法解释（一）》第 43 条规定了劳动合同事实变更的生效要件，一是双方就劳动合同变更协商一致达成合意，二是未用书面形式，而是采用口头形式，三是变更后的劳动合同已经实际履行超过 1 个月，四是变更的内容不违法、不背俗。四个要件同时满足时，变更有效，双方当事人任何一方以未采用书面形式主张变更无效的，法院不予支持。

案例 068

企业单方面降薪且实际履行超过 1 个月，是否属于劳动合同变更？

北京市第二中级人民法院（2023）京 02 民终 6754 号

贾某于 2016 年 9 月 1 日入职甲公司，约定贾某月工资为 25,000 元。自 2019 年 10 月起，甲公司将贾某月工资降至 15,000 元，并一直按 15,000 元发放，贾某未提出异议。2021 年 6 月 15 日，贾某离职，随后申请劳动仲裁，主张公司支付 2019 年 11 月 1 日至 2021 年 6 月 30 日拖欠工资 320,000 元。公司辩称，2019 年公司融资失败，经营困难，公司与全体员工协商降薪事宜。因涉及工资保密制度，故公司是与各员工单独协商的，贾某同意将月工资降至 15,000 元，且后来一直按此标准发放，贾某亦未提出异议，根据《劳动争议司法解释（一）》第 43 条规定早已实际履行超过 1 个月，应认定为该变更工资的行为有效，公司不应支付工资差额。劳动仲裁委支持了贾某的请求。甲公司不服，诉至法院。

审理结果

法院认为，适用《劳动争议司法解释（一）》第 43 条的前提是要经双方协商一致变更劳动合同，虽未采用书面形式，但是有口头变更的依据，甲公司主张从 2019 年 10 月起经与贾某口头协商一致将其月工资降至 15,000 元，却未提交相应证据证明双方曾口头协商一致变更劳动合同，因此，法院对甲公司的主张不予采信。法院最终判决甲公司支付贾某 2019 年 11 月 1 日至 2021 年 6 月 15 日工资共计 31 万余元。

案例简评

打官司打的是法律事实，而不是客观事实，客观事实可能是双方协商一致降薪，也可能是公司单方面降薪，而法律事实是公司拿不出证据来证明是协商一致降薪，因此需承担举证不能的不利后果。

3. 客观情况发生重大变化引起的变更

《劳动合同法》第 40 条第 3 项规定劳动合同签订时所依据的客观情况发生重大变化，致使劳动合同无法履行的，可以变更劳动合同。第 40 条规定的是劳动合同解除，而非劳动合同变更，但是，立法者在解除前加了一道协商变更的程序，主要是考虑到劳动关系的稳定，能变更的尽量变更，无法达成变更协议的，才解除。法律虽然规定了“变更前置”，但本质上还是要经双方当事人协商一致，企业不得单方面变更，经协商无法达成一致的，企业可以单方面解除劳动合同。

4. 企业搬迁引起的变更

企业搬迁其实是客观情况发生重大变化的一种表现形式，企业从 A 地搬迁至 B 地，客观上导致了劳动合同约定的工作地点发生变化。根据法律规定，企业应先与员工协商变更劳动合同，若能达成一致意见，签订变更协议，皆大欢喜；若协商不成，则有不同的处理方式。

比如，深圳市中级人民法院《关于审理劳动争议案件的裁判指引》第 80 条指出，用人单位在深圳市行政区域内搬迁，劳动者要求用人单位支付经济补偿的，不予支持。用人单位由深圳市行政区域内向深圳市行政区域外搬迁，劳动者要求支付经济补偿的，应予支持。这一规定有值得思考之处。搬迁至市外员工不去的，企业要支付经济补偿，这是合理的。主要是市内搬迁，深圳地域范围广大，如果只是近距离搬迁，照此办理也无可非议，如果是远距离搬迁呢？举个极端例子，企业从宝安区松岗街道搬迁到大鹏新区，这两地分别在深圳的最西边和最东边，在行政区域上也属于深圳市内，然而这两个地方却横跨了整个深圳市。笔者用高德地图搜了一下，两地相隔超过 100 公里，开车走高速也要 2 个小时，这就完全改变了员工原来的生活环境和就业环境，如果员工不愿意过去而企业不给经济补偿，似乎有点儿说不过去。

相比之下，广东省高级人民法院的规定就缓和许多，笔者认为更加合理、公平，但该规定已废止，故只引出供读者思考。广东省高级人民法院《关于审理劳动争议案件疑难问题的解答》（粤高法〔2017〕147 号，已废止）第 9 问：企业因自身发展规划进行的搬迁，属于劳动合同订立时所依据的客观情况发生重大变化，用人单位应与劳动者协商变更劳动合同内容。未能就变更劳动合同内容达成协议的，劳动者要求解除劳动合同以及用人单位支付解除劳动合同的经济补偿金的，予以支持。但如企业搬迁未对劳动者造成明显的影响，且用人单位采取了合理的弥补措施（如提供班车、交通补贴等），劳动者解除劳动合同理由不充分的，用人单位无须支付解除劳动合同的经济补偿金。

案例 069

企业在市内搬迁，员工不去新地点上班，企业解雇合法吗？

最高人民法院公报 2020 年第 9 期

吴某于 2013 年 9 月 23 日入职甲公司，双方劳动合同约定工作地点为“将军大道 159 号”。2019 年 3 月，甲公司因经营需要决定由原厂址“将军大道 159 号”搬迁至“将军大道 529 号”，两地相隔 4.5 公里。吴某等员工得知后，拒绝到新厂址上班。甲公司为鼓励员工到新址上班，给予每人 500 元的一次性搬迁奖励，以及每月 150 元的交通补贴。经甲公司再三沟通、督促，吴某等人依然拒绝返岗上班。3 月 18 日，甲公司在通知工会后，以严重违反规章制度为由解除了与吴某的劳动合同。随后，吴某申请劳动仲裁，未获支持。吴某不服，诉至法院。

审理结果

法院认为，甲公司拟将厂区整体迁移，是基于生产运作情况作出的经营决策，不改变劳动者的岗位和待遇，并非滥用用工权利刻意为难劳动者的行为。厂区迁移后，确实可能对劳动者产生一定的通勤压力，但搬迁距离并不遥远，也在公共交通、共享单车可达之处，将军大道本身具备较好的通行条件，公司也承诺增发交通补助，迁移对劳动者的影响是有限的，不构成双方继续履行劳动合同的根本障碍。吴某在公司的再三催告下，仍然拒绝返回原岗位工作，已经构成旷工，违反基本的劳动纪律，并且达到员工手册中规定的可被解除劳动合同的严重程度，故公司在通知工会后作出的解除劳动合同决定，并无违法之处，法院对吴某要求甲公司支付违法解除劳动合同赔偿金的请求不予支持。

HR 实务指南

第一，变更劳动合同应尽量采用书面形式。虽然劳动法规定了双方协商一致口头变更的劳动合同实际履行超过 1 个月的，法院认定为劳动合同变更有效，但是，口头变更远没有签订书面变更协议那么稳妥可靠，因此，应尽量采用书面形式，避免纠纷。

第二，变更用工主体信息的，续签劳动合同时应使用新的主体信息。企业主体信息变更包括企业名称、法定代表人、住所等变更。企业主体信息变更的，不影响劳动合同履行，无须另行签订劳动合同，但是，在续签劳动合同时，应使用变更后的企业主体信息。

第三，当地最低工资调整，无须签订变更协议。笔者在提供劳动法咨询过程中遇到过多次这样的现象：由于部分员工劳动合同约定的工资数额为当地当时的最低工资标准，当地最低工资标准调整后，HR 写了一份劳动合同变更协议，将工资变更为调整后的工资数额，让这部分员工在上面签名。实则大可不必，最低工资标准调整后，企业只需发布全员通告并按调整后的工资标准计发工资即可，另行签订变更协议属于画蛇添足，多此一举。

第五节 劳动合同的解除

劳动合同解除，是指劳动关系双方当事人在劳动合同签订之后、履行完毕之前，由于合同双方合意或者单方法律行为，提前消灭双方劳动关系的法律行为。按解除合法性可分为合法解除和违法解除两大类，前者是指解除行为有法律依据，后者则是指解除行为没有法律依据。《劳动合同法》规定了六类合法解除劳动合同的情形，即从第 36 条至第 41 条，每条规定一个类型的解除情形。

劳动合同解除可以说是企业劳动关系管理中最重要的一环，没有之一。笔者估计，我国劳动争议案件中，八成以上都会涉及劳动合同解除的问题，因此，作为 HR，了解掌握劳动合同解除的相关知识，是何其重要。

一、协商一致解除劳动合同

在劳动关系管理实务中，双方协商是常见情形，劳动合同条款、工资结构和标准、调岗调职、变更工作地点等，都要进行协商，经双方协商达成一致的，签署相关文件，把双方达成的意见通过书面形式固定下来，作为双方行使权利履行义务的标准和依据。解除劳动合同也不例外，在劳动合同履行过程中，双方可以通过协商达成一致意见，解除未履行完毕的劳动合同。《劳动合同法》第 36 条规定，用人单位与劳动者协商一致，可以解除劳动合同。

有经验的 HR 都明白，协商一致解除劳动合同的适用范围广，门槛也低，也不强调法定解除事由。总之一句话，什么都可以谈，谈一次不行就谈两次，能谈拢的尽量不要单方面解除。事实上，无论是解除劳动合同还是变更劳动合同，都可以采用"协商法"。协商能够解决劳动关系实务中的很多问题，避免劳动纠纷的发生，大幅降低企业的用工成本。

笔者在给顾问单位提供劳动法咨询时，也都提议把协商解除劳动合同的范围扩大。比如，有证据证明员工不符合录用条件、不能胜任工作，以及企业要进行经济性裁员的，都可以优先进行协商，协商不成的，才按照原本的情形进行处理。

比如，甲公司通过绩效考核证明电子工程师张三不能胜任工作，这时，甲公司有两个选择：一个是按照不能胜任工作来处理，先对张三进行调岗或者培训，经调岗或者培训后仍不能胜任的，才能解除劳动合同，且需要支付经济补偿金；另一个是跟张三进行协商，如果协商一致，劳动合同解除，甲公司支付经济补偿金。

在这两个选项中，协商解除无疑是成本最低的。第一，调岗不好调，张三是工程师，甲公司可能没有合适岗位可以调；第二，如果对张三进行培训，那万一培训后仍不能胜任呢，最后还是得解除，那还不如现在就协商解除；第三，如果甲公司用不能胜任工作解除，张三要是不服，认为自己并没有不能胜任，便会进行维权，甲公司要去应诉，徒增应诉成本。协商解除则不存在这些问题，反正都要支付经济补偿金，不如直接给他，哪怕是员工想多要一点补偿金，也可以考虑给他，快速解决问题，也避免了后续打官司的麻烦。

1. 企业提出协商解除 vs 员工提出协商解除

协商解除劳动合同按提出者不同分为企业提出和员工提出两种情形。前者是指企业向员工提出协商解除劳动合同，企业是主动方，员工是被动方。员工在企业提出解除的基础上，就解除条件与企业“讨价还价”（通常是就支付经济补偿金的数额进行商议），达成一致的，双方劳动合同解除，未能达成一致的，不适用协商一致解除，要么企业单方面解除，要么劳动合同继续履行。后者则反过来，员工向企业提出协商解除劳动合同，企业就员工提出的解除条件进行斟酌，达成一致的，劳动合同解除，不能达成一致的，员工要么自行辞职，要么继续工作。

- **“协商一致”如何理解**

劳动法规定的“协商一致”应该怎么理解？结合《劳动合同法》第 46 条第 2 项规定，仅指企业向员工提出解除劳动合同并与员工协商一致解除劳动合同的情形，并不包括员工向企业提出的情形。也就是说，从前述法条的文义上看，员工向企业提出协商解除的，企业如果同意，双方劳动合同解除，企业无须向员工支付经济补偿金。

也有人认为不存在员工向企业提出协商解除劳动合同这种情形，理由是，如果员工想走，直接根据《劳动合同法》第 37 条规定向企业提出辞职即可，无须向企业提出协商。

本书认为，员工向企业提出协商解除劳动合同，并不等于员工辞职，二者并不一致。员工依据《劳动合同法》第 36 条提出协商解除和依据第 37 条提出单方面解除（辞职），是不一样的。前者往往是附条件的，通常期望企业能够给自己支付一定数额的经济补偿金，后者则是没有经济补偿金的。前者是员工行使请求权，员工作为权利人，不能对权利标的进行直接支配，而只能请求作为义务人的企业配合，如果企业不配合，则员工无法实现协商解除劳动合同的目的。后者是员工行使形成权，员工作为权利人，只需依单方意思表示就能使民事法律关系发生、变更与消灭，员工辞职的意思表示送达企业时，辞职生效，无须企业批准或者同意。如果员工依据第 36 条提出协商解除，企业不同意，是否转为第 37 条辞职，则决定权在员工，而不是说，员工只要向企业提出了协商解除劳动合同的意向，企业就可以只接受解除而不接受其所附条件（如支付经济补偿金），这是没有道理的。

比如，员工张三在甲公司工作了 10 年，最近不太想干了，于是向甲公司提出协商解除劳动合同的想法。如果甲公司同意，则协商成功、劳动合同解除，甲公司需支付经济补偿金，经济补偿金的数额可能不是按照法定标准来，而是比法定标准低一些。如果甲公司不同意，则协商失败，张三有两个选择，要么转为辞职，向公司递交书面辞职通知，要么不走了，继续上班，无论哪种选择，决定权都在张三。

劳动法不将员工向企业提出协商解除劳动合同这一情形纳入支付经济补偿金的范围，主要是为了避免出现员工不想干了企业还要支付经济补偿金这样的尴尬局面，既增加企业负担，也有违公平原则。本书认为，企业在处理解除劳动合同实务时，应灵活把握。

案例 070

协商解除劳动合同后发现怀孕，员工可否主张恢复劳动关系？

上海市闵行区人民法院（2020）沪 0112 民初 38585 号

陆某于 2019 年 3 月 4 日入职甲公司担任文员职务，双方签订了书面劳动合同。2020 年 4 月 16 日，双方协商一致解除了劳动合同，并签订了《员工解除劳动合同协议》，其中约定，“自 2020 年 4 月 17 日起，乙方与甲方无任何关系，双方也无任何纠葛，乙方自愿放弃基于双方劳动关系发生、解除及终止所产生的各项权利（包括仲裁、诉讼）……”协议签订后，甲公司向陆某支付了经济补偿金。7月7日，陆某申请劳动仲裁，主张恢复与甲公司的劳动关系，并提供了就医记录，欲证明其于2020年1月底已经处于怀孕状态，其在签订解除协议时存在重大误解。劳动仲裁委员会未支持陆某的仲裁请求。陆某不服，诉至法院。

审理结果

法院认为，双方签订的《员工解除劳动合同协议》是双方的真实意思表示，不违反法律、行政法规的强制性规定，且不存在欺诈、胁迫或者乘人之危的情形，应当认定有效，双方均应按约履行。陆某作为完全民事行为能力人，在签订解除协议时对该意思表示的内容、法律后果等并不存在错误认识，其对自己怀孕事实的不知情系其对自身情况的误判，并不属于法律规定的重大误解，故其以签订《员工解除劳动合同协议》时不知晓自己怀孕、属于重大误解为由，主张恢复劳动关系，法院不予支持。

案例简评

对于双方协商解除劳动合同后员工发现怀孕，员工能否主张恢复劳动关系或者企业系违法解除的问题，司法实践中的主流观点为不支持恢复劳动关系，也不认定为违法解除。

比如，北京市高级人民法院、北京市劳动人事争议仲裁委员会《关于审理劳动争议案件解答（一）》（京高法发〔2024〕534号）第69问指出，女职工与用人单位协商解除劳动合同后，发现自己怀孕后又要求撤销协议或者要求继续履行原合同的，一般不予支持。又如，沈阳市中级人民法院（2016）辽01民终12546号民事判决书认为，该案中，魏某与甲公司签订《解除劳动合同协议书》已经生效且双方已履行完毕。《劳动合同法》第42条规定并未排除依第36条解除劳动合同的情形。魏某提出签订该解除劳动关系协议属于重大误解，但是，魏某虽在不知自己怀孕的情况下与甲公司签订了《解除劳动合同协议书》，但实际并不影响魏某对协商解除劳动合同行为性质的认识和判断，更不会造成对对方当事人认识的错误，其签订《解除劳动合同协议书》并不构成重大误解。

本书亦持此种观点。理由如下：

首先，劳动法并不禁止“三期”女职工与企业协商一致解除劳动合同。《劳动合同法》第36条规定的协商一致解除劳动合同，没有附加任何条件，除法定无效情形外，双方通过协商一致解除劳动合同应当有效。而《女职工劳动保护特别规定》第 5 条和《劳动合同法》第 42 条所规定的不得解除“三期”女职工劳动合同，并不包括协商解除的情形。

其次，协商解除后发现怀孕，不属于“重大误解”。重大误解是指由于行为人在对行为的性质、对方当事人以及标的物的品种、质量、规格和数量等方面的错误认识，使行为的后果与自己的意思相悖，并造成较大损失的民事法律行为。在协商一致签署解除劳动合同协议时，员工对自己是否怀孕应该是有所感知的，如果有怀孕的可能，则可以去医院检查获得准确结论后再作出是否同意解除的决定。员工声称对怀孕不知情，属于对自身情况的误判，不属于重大误解。此外，根据《劳动争议司法解释（一）》第 35 条第 2 款及《民法典》第 147 条、第 152 条的规定，因重大误解所实施的法律行为，当事人可行使撤销权。该案中，即便是构成重大误解，陆某也只能向法院申请撤销，在撤销之前，该行为依然有效，而不可直接主张恢复劳动关系。

最后，恢复劳动关系的前提条件是企业违法解除或者终止劳动合同。根据《劳动合同法》第 48 条规定，用人单位违反本法规定解除或者终止劳动合同，劳动者要求继续履行劳动合同的，用人单位应当继续履行。该案是双方协商一致解除劳动合同，并非甲公司违法解除，并不符合恢复劳动关系的前提。

2. 协商一致解除劳动合同，应签订书面协议

无论是哪方提出解除，一旦达成一致意见，企业即应当签订书面协议。劳动法并没有规定协商一致解除劳动合同需签订协议，本书建议签订，将协商内容通过“白纸黑字”固定下来，一来可以避免因协商内容有分歧而发生争议，二来可以避免一方反悔。

笔者在提供劳动法咨询时曾有 HR 朋友提问，双方签订了解除劳动合同协议书，是否还应让员工手写一份辞职单比较稳妥？笔者认为大可不必，解除劳动合同协议书是用于证明劳动合同解除的，辞职单也是用于证明劳动合同解除的，没必要重复。除非有特殊情况。比如，协商的经济补偿远低于法定标准。

比如，甲公司与员工张三协商解除劳动合同，根据《劳动合同法》第 47 条规定，甲公司应支付经济补偿金 10 万元，经双方协商一致，甲公司实际支付 2 万元，且双方签订了解除劳动合同协议书。这种情况下，虽然双方白纸黑字签了解除协议，但如果张三反悔，则极有可能以显失公平为由向法院申请撤销该解除协议。

解除协议一经撤销，要么双方重新协商经济补偿金的数额，要么甲公司按法定标准向张三支付经济补偿金 10 万元。

辞职单则不然，员工向企业提交辞职单，企业收到辞职单时，劳动合同即解除。即便是双方又另外签订了相关补偿协议（要求补偿协议的签订时间晚于员工提交辞职单的时间），且补偿数额远低于法定标准，员工反悔后协议被法院撤销的，照样不影响辞职单的法律效力。企业完全可以员工辞职单去抗辩支付经济补偿。

本书对此并不赞同，本书鼓励企业严格遵守劳动法律法规，合法合规用工。

3．“一揽子”条款与意思表示真实条款

企业与员工协商一致解除劳动合同所签订的书面协议，通常包括双方主体信息、解除劳动合同的具体日期、经济补偿金的数额及支付时间和支付方式、离职工资结算等内容。本书认为，除了前述基本内容以外，还应载入“一揽子”条款和意思真实条款，使协议的约束力更为广泛。

- **“一揽子”条款**

所谓“一揽子”，即包揽一切之意。“一揽子”条款是俗称，并非劳动法专业术语，指的是将双方劳动关系存续期间的所有权利义务通过双方签订的解除劳动合同协议“打包”结算，至此“两清”了。比如，可以在协议中这样约定：

甲方（企业）支付前述款项后，双方基于劳动关系存续期间的一切权利义务消灭，包括但不限于劳动报酬、社会保险、住房公积金、休息休假、加班费、高温补贴、各种补偿金、赔偿金等。

事实上，载明了“一揽子”条款的解除协议，真的就“两清”了吗？答案是否定的。以社会保险为例，如果员工在职期间企业没有依法为其缴纳社会保险，即使双方约定了“一揽子”条款，也不可能“两清”。缴纳社会保险费是企业和员工的法定义务，不允许双方通过约定来放弃缴纳，因此，员工照样可以向人社部门主张补缴社会保险，企业亦应当补缴。但是，本书依然建议载入“一揽子”条款，有约束总比没约束要好，包括心理上的约束。

比如，深圳市宝安区劳动人事争议仲裁委员会深宝劳人仲（燕罗）案〔2024〕941 号仲裁裁决书载，刘某因工受伤，申请劳动仲裁主张甲公司支付一次性伤残就业补助金、停工留薪期工资等，经劳动仲裁委调解，双方同意以甲公司向刘某一次性支付 124,170 元结案，劳动仲裁委出具了调解书并向双方当事人送达，甲公司依约定向刘某支付了上述调解款。随后，刘某又申请劳动仲裁，主张停工留

薪期的生活护理费等。劳动仲裁委认为，前述调解书中已约定双方基于劳动关系产生的权利义务消灭，不得就双方劳动关系所产生的争议另行提起投诉、仲裁或诉讼，双方签订该调解书时不存在欺诈、胁迫或乘人之危的情形，该调解书内容对双方均有约束力，属于双方自愿就与劳动关系有关的所有权利义务一次性处理完毕，其履行内容未显失公平，对双方当事人均产生法律效力，故刘某再次诉请与劳动关系有关的权利，违反诚信原则，该委予以驳回。

·意思表示真实条款

意思表示真实是指表意人的表示行为真实地反映其内心的意思。意思表示真实是民法上的概念，是民事合同生效要件之一，在劳动法中同样适用。本书认为，企业与员工协商一致解除劳动合同的，有必要在解除协议中载入意思表示真实条款。比如，可以这样表述：

双方确认：已充分知晓、了解及完全理解自身的所有合法权利，自愿签订本协议，不存在认识错误、虚假意思表示，也不存在重大误解或欺骗、胁迫、乘人之危等情形。

意思表示真实条款是注意条款，起提示的作用，类似于刑法中的注意规定，即使没有这个条款，法律上也是推定签订协议的双方意思表示真实。该条款并不是双方协商的具体内容，条款本身也没有特别含义，只是提醒双方注意，签订本协议是双方真实意思表示。

HR 实务指南

第一，解除劳动合同尽量采用协商解除法。虽然劳动法赋予了企业多种解除劳动合同的法律依据，但是协商解除无疑是风险最小、成本最低且性价比最高的一种方式，解除劳动合同应尽量采用协商一致解除的方式。

第二，协商解除劳动合同必须签订书面协议。劳动法并没有规定协商解除劳动合同必须要签订书面协议，但是，为了减少信息误差，避免争议，同时也防止员工反悔，企业与员工协商一致解除劳动合同时，必须签订书面协议。

第三，解除协议应包括“一揽子”条款和意思表示真实条款。书面解除协议除了载明解除时间、经济补偿金数额等双方达成一致的内容以外，还应载入“一揽子”条款和意思表示真实条款，使协议具有更为周延的约束力。

二、员工因个人原因辞职

所谓辞职，是指员工根据劳动法规定，向企业做出解除劳动关系意思表示的行为。劳动法所规制的辞职，有狭义和广义之分。狭义辞职仅指员工个人原因向企业作出解除劳动关系的意思表示，简单说就是“我不想干了”（《劳动合同法》第 37 条）。广义辞职还包括企业的过错导致的被迫辞职，被迫辞职是“不是我不想干了，是因为企业的过错导致我没法干了”（《劳动合同法》第 38 条）。本小节所述的辞职，均是指狭义的辞职，即员工个人原因向企业提出解除劳动合同，员工被迫辞职将在下文讨论。

在企业劳动关系管理实务中，辞职是最为常见的解除劳动关系的形式。在大多数情况下，双方对各自的权利义务都很清楚，并且自觉遵守，不会发生什么争议。然而，还有一些个别情形，双方对辞职的理解尚存分歧，实务中因此成讼的案件也屡见不鲜。

1. 辞职是法律赋予员工的权利

《劳动合同法》第 37 条规定员工辞职提前 30 天书面通知企业，其中试用期员工辞职提前 3 天通知企业，即可解除劳动合同。可见，辞职是法律赋予员工的权利，员工无论是与企业签订了固定期限劳动合同，还是签订了无固定期限劳动合同，无论是刚入职一个月的新员工，还是已经在该企业工作了多年的老员工，不问性别、年龄、种族、岗位、职务等，不需任何理由，不必找任何借口，只要想辞职，随时都可以自由地向企业提出，企业不得以任何理由阻拦。

法律之所以如此规定，主要是考虑到员工相对于企业而言往往处于弱势地位，为了保护员工的合法权益，法律赋予了员工辞职权，减轻了员工的责任。

2. 员工辞职无须企业批准

《劳动合同法》第 37 条规定的是“通知”企业，而不是向企业“申请”辞职。也就是说，员工辞职只需告知企业即可，不需经企业批准。前者是“我现在告诉你我不想干了，无论你同不同意我都要走，谁也别想拦着我”，后者是“我不想干了，现在向你提出申请，希望你同意让我走，你若不同意我就走不了”。从法理上说，前者是员工在行使形成权，形成权指的是权利人依单方意思表示就能使民事法律关系发生、变更与消灭的权利。形成权必须通过行使才能产生效力，权利人虽享有该权利但不行使，不会影响现存的法律关系。常见的形成权有撤销权、解除权、抵销权、追认权、否认权、选择权等。形成权最大的特点就是权利人单方面作出意思表示，无须对方同意即发生法律效力。后者则是请求权，请求权是指法律关系的一方主体请求另一方主体为或不为一定行为的权利，请求权最重要的特点是权利人不能对权利标的进行直接支配，而只能请求义务人配合，义务人不同意的，请求权不成立。

劳动法所规定的员工辞职权，即属于形成权。很多企业和员工对员工辞职权都存在认识误区，包括很多专业 HR 都不甚清楚，总认为员工辞职必须经企业批准，未经批准的，员工不得离职，强行离职的，企业可以扣发其工资，甚至是主张其赔偿。这种认识是错误的。

案例 071

员工辞职后过了一年企业才批准，法院判企业赔 15 万元

北京市高级人民法院（2020）京民申 1170 号

邓某于 2002 年 2 月入职甲公司担任总会计师职务，约定月工资 17,000 元。2017 年 7 月 21 日，邓某因个人原因向公司提出辞职，但实际上并未离职。邓某称是公司一直未批准，故其继续提供劳动，公司则称是邓某一直未完成工作交接。11 月 30 日，公司免去了邓某的职务。2018 年 7 月 5 日，邓某以公司拖欠工资为由向公司送达了被迫解除劳动合同通知书，8 月 1 日，公司以邓某违反《劳动合同法》第 39 条规定为由向邓某送达解除劳动合同关系证明书。双方就解除时间和解除理由各执一词，因此成讼。

审理结果

法院认为，邓某于 2017 年 7 月 21 日提出辞职后，公司未在 1 个月内批准其辞职，邓某继续向公司提供劳动，公司支付其劳动报酬，并缴纳了社会保险费，故双方劳动关系并未解除，应视为双方重新协商一致继续履行原劳动合同。后

邓某于2018年7月5日因公司拖欠工资提出解除劳动关系。根据法院查明事实，该公司确实存在拖欠工资的情形，邓某据此提出解除劳动合同并要求公司支付解除劳动合同经济补偿，符合法律规定，法院予以支持。

法院最终判决公司向邓某支付解除劳动合同经济补偿金15万余元。

3. 员工辞职需提前预告

《劳动合同法》第37条规定的提前通知期，又称解除预告期。法律赋予了员工辞职的权利，但是给该权利的行使设定了预告期，主要是考虑到企业需要时间安排其他人员接替其工作，保障企业生产经营的连续性，确保生产秩序正常有序。而企业无论是内部调配人员接替还是外部招聘，都是需要时间的，这就是立法者设定解除预告期的意义所在。

4. 员工辞职应采用书面形式

根据前述法条规定，员工在试用期内提出辞职的，可以口头通知企业，也可以书面通知，在非试用期提出的，则必须以书面形式通知企业。书面形式包括传统的纸质文件，也包括微信、电子邮件、手机短信等电子媒介。

本书则认为，无论员工是在试用期内辞职，还是非试用期辞职，均统一采用书面形式更为妥当，“白纸黑字”永远都是最靠谱的。

从企业角度看，有了员工的书面辞职单，可以防止个别员工明明已经辞职了，却说自己没有辞职，最后干脆告企业违法解雇。由于是口头辞职，所谓口说无凭，企业往往不能举证证明员工提出过辞职，于是有可能面临败诉风险。

从员工角度看，在递交书面辞职信的同时，还可以在企业工作群内一并发送文字表明自己辞职（记得提醒群内的人力资源部负责人员及自己的直属主管），或者私发辞职文字给人力资源部负责人员。此举主要是防止有些企业耍赖，明明收到了员工提前递交的辞职信，待员工要离职时却故意说没有收到。如果有微信信息“补强”一个辞职证据，提高企业的耍赖成本，则对员工更为有利。

5. 员工“即辞即走”给企业造成损失的，企业可以主张赔偿

在实务中，经常有员工违反提前预告规定，辞职之后马上就要走，甚至不说一声就直接不来上班了，使得企业十分被动。

为保护企业的权益，法律法规对违反提前预告规定的员工设定了相关法律责

任。原劳动部《关于贯彻执行〈中华人民共和国劳动法〉若干问题的意见》第32条、第33条规定，如果员工违反劳动法规定或劳动合同的约定解除劳动合同（如擅自离职），给企业造成经济损失，应当承担赔偿责任。同时，原劳动部办公厅《关于劳动者解除劳动合同有关问题的复函》（劳办发〔1995〕324号）也指出，员工违反解除预告期规定要求解除劳动合同，企业可以不予办理，员工违法解除劳动合同而给企业造成经济损失，应当依据有关法律、法规、规章的规定和劳动合同的约定承担赔偿责任。另外，《工资支付暂行规定》（劳部发〔1994〕489号）第16条也作了员工因个人原因给企业造成经济损失应承担赔偿责任的相关规定。

案例 072

员工不辞而别，法院判其赔偿企业损失 4000 余元

广东省深圳市中级人民法院（2018）粤03民终12026号

王某于2015年7月15日入职甲公司，工作岗位为普工，双方未签订书面劳动合同。自2016年6月8日起，王某在未通知甲公司的情况下离开工作岗位，10月23日，王某向甲公司口头提出离职申请，次日，甲公司向王某送达《自动离职通知书》，对其按自动离职处理。随后，甲公司申请劳动仲裁，主张王某赔偿其损失19,305元，被驳回。甲公司诉至法院。庭审中，甲公司提供了员工工资发放记录，以证明王某擅自离职后，安排公司其他员工完成王某的工作，甲公司为此支出了工资及加班费，王某对甲公司提交的前述证据的真实性、合法性、关联性均没有异议，予以认可。

审理结果

法院认为，王某离职并未提前30日以书面形式通知甲公司，违反了劳动法的规定，给甲公司造成损失，应当承担赔偿责任。鉴于甲公司提交的证据不足以证明王某擅自离职给其造成的损失金额为19,305元，劳动者应赔偿的损失大致应与其1个月工资或用人单位聘用其他人员顶替其工作30天所应支付的报酬相当，法院参照王某离职前月平均工资酌定王某应赔偿甲公司的损失为1个月工资即4290元。

案例简评

看完这个判决，笔者感慨万千。在大量的司法判例中，由于裁判者理解不同，用不同观点判案，无可非议。然而，本书对该案判决实在不敢苟同。

该案的争议焦点其实是如何理解由于王某的不辞而别而给甲公司造成了损失，这个“损失”到底如何定义，怎么计算，边界在哪里？

首先，员工只有在重大过失或者故意的情形下造成企业经济损失的，才需承担赔偿责任。正如山东省高级人民法院柴家祥法官所言，法律规定用人单位在劳动者故意或者重大过失的情况下享有损害赔偿请求权，对于督促劳动者尽到勤勉注意义务，妥善履行自身职责，提高工作效率具有重要作用。在劳动者存在一般过失的情况下，用人单位不享有损害赔偿请求权，对于维护社会公平、保护劳动者权益有着明显的作用。本书对柴法官的观点极为赞同。

其次，支付给其他员工的工资不应认定为企业损失。例如，普工张三未经请假而缺勤，企业紧急招聘一名员工李四接替其工作，企业向李四所支付的工资并不属于张三所造成的经济损失，张三在缺勤期间，企业并没有向张三支付工资，企业新招李四后，相当于把张三的工资给了李四，企业哪来的损失呢？该案正是如此，甲公司安排其他员工完成王某的工作，为此支出了工资和加班费，即便是王某对该笔款项支出的真实性、合法性、关联性不持异议，法院也不得将该笔款项支出认定为张三所造成的损失，难道张三正常出勤时甲公司就不用向张三支付工资和加班费吗？甲公司只是把应支付给张三的工资和加班费支付给了接替他工作的员工而已，何谈损失？

最后，判决王某赔偿 1 个月工资没有法律依据和事实依据。该案中，王某只是一名普工，并不是市场上稀缺的特殊人才，即便是其不辞而别，甲公司招聘一名员工接替张三也并非难事，何以判决王某赔偿 1 个月工资？即使甲公司一时半会儿招不到新员工，那也属于甲公司的正常经营风险，法律禁止企业将正常的经营风险转嫁给员工承担。事实上，王某不辞而别后甲公司安排了其他员工接替王某工作，客观上并没有造成甲公司损失。因此，法院判决王某向甲公司赔偿 1 个月工资，既没有事实依据，也没有法律依据。

6. 员工递交辞职信后不可单方面撤回

如前所述，员工辞职权属于形成权，辞职意思表示一旦送达企业，即发生法律效力，最终使双方劳动关系归于消灭，员工不得撤回辞职意思表示，同时，非经法定事由及程序，员工不得单方面撤销。民法理论认为，形成权可以撤回但不可以撤销，行为人作出的意思表示在未到达相对人时，行为人可以撤回，一旦到达相对人，则不得撤回。也有观点认为可以撤回。员工向企业表达辞职意思，属于向企业提出协商意向，在预告期满前，企业未回复员工的，员工可以参照《民法典》第141条撤回辞职意思表示，企业回复了员工或者预告期满企业仍未回复员工的，则辞职生效，员工不得再撤回。

案例073

员工向企业递交书面辞职信后，不可单方面撤回

深圳市南山区人民法院（2015）深南法粤民初字第899号

马某于2001年入职甲公司担任供应链部门高级总监。2014年10月24日，马某向公司递交了书面辞职信，载明最后工作日为12月15日。12月10日，马某因家族变故，向甲公司多名高管发送电子邮件，提出撤回辞职信。12月11日，甲公司表示欢迎马某留下继续工作，但马某的岗位已有新人接替，双方未能就新的工作岗位达成一致意见，甲公司因此没有退还马某的书面辞职信。马某申请劳动仲裁，请求裁令甲公司支付违法解除劳动合同赔偿金160万元，被驳回。马某诉至法院。马某诉称，其递交辞职信属于要约，甲公司收到辞职信后未对其作出书面承诺，根据民法规定，马某要求撤回要约的电子邮件送达公司后，该要约失效。

审理结果

法院认为，劳动者辞职权属于形成权，除法律规定的程序外，劳动者行使该权利不附加任何条件，亦无须与用人单位达成合意，劳动者的意思表示一经作出即产生相应的法律后果，最终使劳动关系归于消灭，非经法定事由及程序不得随意撤销。该案中，马某辞职的意思表示已发生法律效力，甲公司不构成违法解除劳动合同。

7. 辞职员工有办理工作交接的义务

《劳动合同法》第50条第2款规定了辞职员工的工作交接义务，法律给即将离职的员工设定此项义务，主要是为了保证企业生产经营能够顺利有序地进行，不至于因为岗位换人而影响正常的生产经营。但是，企业在收到员工辞职通知后，应当及时安排人员接替其工作，并在员工离职前交接完毕，非因员工原因导致工作未能交接或未交接完毕的（如没有招到合适人手接替其工作），不影响员工辞职的法律效力，企业不得拒绝办理员工离职手续或扣发其工资。

比如，最高人民法院劳动争议典型案例（2024 年 4 月 30 日发布）案例五认为，劳动合同解除或者终止后，劳动者应当按照双方约定，办理工作交接手续。劳动者未履行前述义务给用人单位造成损失的，应当承担赔偿责任。李某作为某公司的研发人员，未提前 30 日通知某公司即自行离职，且拒绝办理交接手续，其行为违反了《劳动合同法》第 37 条规定，应当按照第 90 条有关劳动者赔偿责任的规定对某公司的损失承担赔偿责任。法院综合考量李某参与研发的时间、离职的时间、本人工资水平等因素，酌定李某赔偿某公司损失 50,000 元。

又如，北京市第二中级人民法院（2022）京 02 民终 2385 号民事判决书认为，甲公司系违法解除劳动合同，张某是否办理工作交接，不影响甲公司履行向张某支付经济补偿金的义务，张某如未办理工作交接，给甲公司造成损失等，甲公司可另行主张。

案例 074

员工未办理工作交接，企业可否拒绝结清工资？

福建省厦门市中级人民法院（2017）闽 02 民终 1012 号

郑某于 2015 年 3 月 14 日入职甲公司担任技术总监，约定月工资 8000 元。后郑某因个人原因辞职，并于 11 月 15 日离职。郑某在职期间，甲公司对郑某实行打卡考勤管理，甲公司尚未支付郑某 2015 年 11 月的工资 4000 元。2016 年 7 月，郑某申请劳动仲裁，主张甲公司支付拖欠工资 4000 元，获劳动仲裁委支持。甲公司不服，诉至法院。甲公司诉称，郑某擅自离开岗位，且至今未与甲公司进行工作交接，故甲公司无法支付工资。

审理结果

法院认为，甲公司主张办理交接手续后方可支付工资没有法律依据。《劳动合同法》第50条第2款仅规定了办理工作交接时支付经济补偿，但并未规定工作交接为用人单位支付劳动者工资的条件，因此甲公司不得以郑某未办理交接手续为由拒付工资。

案例简评

实务中有大量类似该案的现象，员工离职时未办理工作交接，企业不向员工支付其离职前未发放的工资。有些是由于HR不了解劳动法，以为员工办理工作交接是企业为其结清工资的前提条件，员工未办理工作交接的，理所当然可以扣发其工资。有些则是HR明知扣发工资不合法，但为了能让离职员工做好工作交接，故意扣押不发。

然而，企业扣发工资的行为是违反劳动法规定的。正如该案，劳动法只规定了经济补偿金可以在办理工作交接时支付，但是没有规定工资也可以在办理工作交接时支付。也就是说，支付离职员工工资，并不以办理工作交接为前提，即使员工未办理工作交接，企业也应当依法支付离职员工的工资。

于是就有人问，如果不需支付经济补偿（如员工因个人原因辞职），员工拒绝交接工作怎么办?

这个确实不好办。法律规范都是以当事人诚实守信为基础的，立法者假定企业和员工都是诚信的人，即使是员工因个人原因辞职，法律也是假定员工能够遵守诚信原则而尽职地完成工作交接的。

可实务中往往就是有些人不诚信，不做工作交接。有些岗位的工作交不交接也没太大关系，但有些岗位则必须做工作交接，否则会给企业带来很多麻烦，徒增管理成本。然而，根据现行有效的法律规定，员工如果没有做工作交接，仅在给企业造成损失时，企业才可以向员工主张赔偿，除此之外，企业别无救济途径。对企业而言，要举证造成损失，往往是很困难的。

平心而论，于企业而言，扣发工资往往是无奈之举，一旦结清工资，手上没有了“砝码”，就很难让员工回来交接工作了。因此，企业以扣发工资来要求员工进行工作交接，确实有一定合理性，也正因如此，这个“招数”才被众多企业所使用。员工为了拿到工资，往往就会按企业要求进行工作交接。企业此举虽然不合法，但是很有效，能够帮助企业解决工作交接的问题。

HR 实务指南

第一，理解员工辞职无须企业批准的含义。辞职是劳动法赋予员工的权利，只需通知企业辞职即可，无须企业批准，HR 务必清晰地理解这一含义，避免因不批准辞职而引发争议，给企业带来风险。

第二，员工辞职应采用书面辞职单。无论是试用期员工还是正式员工，只要是辞职，企业均要求其递交书面辞职单，避免发生争议。采用电子办公平台管理的，可以要求其在系统中提交电子辞职单，与纸质辞职单具有同等效力。

第三，员工辞职后必须在 30 日内安排其工作交接。企业一旦收到员工辞职单，马上着手安排相关人员接手其工作，并在 30 日内完成工作交接，超过 30 日未完成工作交接的，员工可以自主离职，企业无法追究其责任，需要招聘新人的，着手安排招聘。若因客观原因确实无法在 30 日内完成工作交接的，可以与员工协商延后离职。

第四，为辞职员工办理离职手续。包括但不限于：结清工资，停缴社会保险及住房公积金，出具解除劳动关系证明，结算借款欠款，收回电脑、工牌等工作用品等。

三、员工因企业违法被迫辞职

被迫辞职又称被迫离职、被迫解除劳动合同，是指由于企业出现了法定的违法事由严重损害了员工合法权益，而迫使员工无条件单方面且无须向企业预告即可解除劳动合同。被迫辞职是业界的一个通俗叫法，并不是劳动法术语，全国人大常委会法工委编的关于《劳动合同法》的释义中称之为特别解除权。

在现实中，经常会有一些企业任意克扣、拖欠员工工资，不依法给员工缴纳社会保险费等，甚至有些企业为了赚钱不顾员工死活违章指挥员工作业等。为了充分保护员工合法权益，劳动法规定了员工单方面解除劳动合同的权利，当企业出现法律规定的违法事由时，员工可以无条件地单方面解除劳动合同，即被迫辞职。

1. 员工可以被迫辞职的法定情形

根据《劳动合同法》第38条规定，员工可以被迫辞职的情形分为一般违法和严重违法两类。

所谓一般违法，是指企业有法定的违法行为，但是对员工的人身安全不具有紧迫性。企业一般违法的情形有：

（1）用人单位未按照劳动合同约定提供劳动保护或者劳动条件的；

（2）用人单位未及时足额支付劳动报酬的；

（3）用人单位未依法为劳动者缴纳社会保险费的；

（4）用人单位的规章制度违反法律、法规的规定，损害劳动者权益的；

（5）用人单位以欺诈、胁迫的手段或者乘人之危，使劳动者在违背真实意思的情况下签订或者变更劳动合同，致使劳动合同无效的；

（6）用人单位免除自己的法定责任、排除劳动者权利、致使劳动合同无效的；

（7）用人单位违反法律、行政法规强制性规定，致使劳动合同无效的；

（8）法律、行政法规规定劳动者可以解除劳动合同的其他情形。

所谓严重违法，是指企业不但有违法行为，而且该行为已经严重危及员工的人身安全，具有紧迫性。企业严重违法的情形有：

（1）用人单位以暴力、威胁或者非法限制人身自由的手段强迫劳动者劳动的；

（2）用人单位违章指挥、强令冒险作业危及劳动者人身安全的。

此外，《劳动争议司法解释（一）》对员工被迫辞职的情形进行了扩张，该司法解释第45条规定，用人单位有下列情形之一，迫使劳动者提出解除劳动合同的，用人单位应当支付劳动者的劳动报酬和经济补偿，并可支付赔偿金：

（1）以暴力、威胁或者非法限制人身自由的手段强迫劳动的；

（2）未按照劳动合同约定支付劳动报酬或者提供劳动条件的；

（3）克扣或者无故拖欠劳动者工资的；

（4）拒不支付劳动者延长工作时间工资报酬的；

（5）低于当地最低工资标准支付劳动者工资的。

员工行使被迫解除权的事由是法定的，非法定事由被迫辞职的，被迫辞职不成立，通常按员工自愿辞职论，不支持经济补偿金。

珠海市中级人民法院（2017）粤04民终1518号民事判决书认为，从《劳动法》第41条规定的文字含义和立法原意看，不超过36小时的前提是用人单位单方面的“生产经营需要”，且并未明确“经与工会和劳动者协商”的结果必须是劳动者同意，因此，该条文目的在于禁止用人单位单方面安排劳动者非自愿加班超过时限，而对于用人单位与劳动者均同意延长工作时间的情形并未明确规定。该案中，并无证据显示甲公司存在强迫加班行为或对劳动者不加班行为会采取惩罚措施的事实，且肖某已领取了相应的加班工资，故应认定肖某的加班行为是自愿的。在劳动者本身依法有权选择拒绝加班的情形下，劳动者同意加班并领取加班工资，不足以认定用人单位已违反了法律、行政法规的强制性规定，也难谓损害了劳动者的权益。劳动者又以此为由提出解除劳动合同，有违诚信原则，法院不予支持。

案例 075

企业没有提供合格的消防设施，员工被迫辞职获法院支持

天津市第一中级人民法院（2018）津 01 民终 6045 号

赵某于 2008 年入职甲制衣厂工作。2017 年 10 月 16 日，当地政府部门认定甲制衣厂存在重大火灾隐患，责令制衣厂于 2018 年 3 月 31 日前整改完毕。2017 年 12 月 18 日，赵某离厂，随后，制衣厂拟定了解除劳动关系协议，赵某因对补偿数额不认可而未签字。2018 年 1 月 11 日，赵某以制衣厂厂房不合格为由申请劳动仲裁，要求解除劳动关系并支付经济补偿，劳动仲裁委支持了赵某的诉求，裁决制衣厂向赵某支付经济补偿 5.7 万余元。制衣厂不服，诉至法院。

审理结果

法院认为，制衣厂因车间存在火灾隐患，被有关部门责令限制整改，一审庭审中，制衣厂表示无法在指定期间完成车间整改，在此情况下，赵某以制衣厂未能提供劳动条件为由要求解除劳动关系并支付经济补偿，符合法律规定，法院予以支持。法院最终认定赵某被迫辞职理由成立，判决制衣厂向其支付经济补偿 3.5 万余元。

2. 员工被迫辞职的告知义务

员工以企业存在《劳动合同法》第 38 条规定的违法行为而行使特别解除权的，需履行告知义务。如前所述，第 38 条有两款，分别规定的是企业一般违法行为和严重违法行为。根据法条规定，企业有一般违法行为时员工若需被迫辞职，一般要求员工提前告知企业，解除通知送达企业时，劳动合同解除，企业存在严重违法行为时，员工可以立即解除劳动合同，无须提前告知企业，一般认为应事后告知企业。

（1）企业一般违法时，员工被迫辞职应提前告知企业。

员工因企业一般违法而被迫辞职的，国家层级的劳动法并没有明确规定必须提前告知企业。通常认为，员工被迫离职需履行提前告知义务，即员工需要将被迫辞职的意思表示送达企业后方可离职。一是因为企业一般违法行为对员工的人身安全没有威胁，不具有危险性和紧迫性，员工没有必要不告知企业就离职；二是出于明确离职原因的需要，若不辞而别，则难以认定员工是因为企业违法而被迫辞职。

比如，南通市中级人民法院（2021）苏06民终5162号民事判决书认为，劳动者以《劳动合同法》第38条第1款规定为由解除劳动合同的，应当事先通知用人单位。该案中，陈某认为甲公司存在未足额缴纳社会保险费等情形，但未事先以此为由通知甲公司解除劳动合同，其事后再以此主张经济赔偿金，法院难以支持。

需要提示的是，这里所说的提前告知企业，是指先告知后离职，员工的特别解除权与一般辞职权有所不同，特别解除权是无须提前预告的，法律没有规定预告期，一般辞职权则需提前30日通知企业，法律规定了预告期。

（2）企业严重违法时，员工被迫辞职无须事先告知企业。

当企业存在《劳动合同法》第38条第2款所规定的严重违法行为时，员工可以立即解除劳动合同，无须事先告知企业。企业严重违法的主要特点是对员工的人身安全构成了威胁，具有危险性和紧迫性，如果还强调员工需事先告知，则员工的人身安全没有保障，有可能造成严重后果。

本书认为，员工因企业严重违法行为而被迫辞职的，当员工摆脱危险后，也应告知企业被迫解除劳动合同，且需载明被迫辞职的原因。

3. 员工被迫辞职时应明确被迫离职的具体事由

通常而言，员工因企业违法被迫辞职的，需要向企业告知被迫辞职的明确事由。比如，可以在辞职单上载明辞职原因为“拖欠工资”，事后申请劳动仲裁主张被迫辞职经济补偿时，该辞职原因则会被认定为被迫辞职的事由。

本书认为，员工在被迫辞职时没写辞职原因，或者写了“个人原因”，被迫辞职后又以企业存在《劳动合同法》第 38 条的情形主张被迫辞职经济补偿的，即便员工能够举证证明企业确实存在第 38 条的违法行为，也一般认为员工放弃了被迫解除权，而行使了一般辞职权，因此也就不认定为员工被迫辞职。

原因很简单，劳动法赋予了员工一般辞职的权利和被迫辞职的权利，这两种权利员工都可以行使。当员工行使了一般辞职权且辞职意思表示送达企业后，一般就不能再行使被迫辞职权了，但是员工能作出合理解释的除外。

比如，广东省高级人民法院《关于审理劳动争议案件疑难问题的解答》（粤高法〔2017〕147 号，已废止）第 8 条指出，劳动者在离职时未以用人单位存在《劳动合同法》第 38 条第 1 款情形为由主张被迫解除劳动合同，其之后又以用人单位存在该款情形主张被迫解除劳动合同经济补偿金的，一般不予支持。该解答已废止，但其精神仍值得参考和借鉴。浙江省劳动争议仲裁委员会《关于劳动争议案件处理若干问题的指导意见（试行）》（浙仲〔2009〕2 号，2009 年 8 月 21 日）第 43 条指出，劳动者以其他事由提出解除劳动合同后，又以系因用人单位存在《劳动合同法》第 38 条第 1 款所列情形迫使其辞职为由，要求用人单位支付经济补偿金的，一般不予支持。江苏省高级人民法院、江苏省劳动争议仲裁委员会《关于审理劳动争议案件的指导意见》（苏高法审委〔2009〕47 号，已废止）也都作出过类似规定。

深圳市中级人民法院（2021）粤 03 民终 16346 号民事判决书认为，劳动者以用人单位存在《劳动合同法》第 38 条第 1 款情形为由提出解除劳动合同的，应当在解除劳动合同时明确告知用人单位解除事由，劳动者在解除劳动合同时未明确告知用人单位解除事由，后又主张系被迫解除劳动合同，要求经济补偿的，不予支持。

4. 规章制度违法被迫辞职之辨析

根据《劳动合同法》第 38 条第 1 款第 4 项规定，用人单位的规章制度违反法律、法规的规定，损害劳动者权益的，劳动者可以解除劳动合同。这一规定有两个构成要件：一是规章制度违反法律法规规定，二是损害了劳动者利益。必须两个要件同时满足，员工被迫辞职方可成立。

其一，如何理解规章制度违法。这里所称违反法律法规规定，本书认为是指规章制度严重违法，比如员工加班不给加班费、员工因工受伤责任自负、员工患病治疗期间不发工资等。如果规章制度仅是轻微违法，员工可以向企业提出纠正意见，但不得据此行使被迫辞职权并主张经济补偿金。

其二，如何理解损害劳动者利益。这一要件的认定标准到底是“损害劳动者利益”还是“损害了劳动者利益”？实务中存在不同理解。本书认为应按“损害了劳动者利益”进行理解，规章制度违法是前提，损害了劳动者利益是结果，如果只是“可能会损害劳动者利益”，实际上尚未产生损害后果，则本要件不成立，员工不得据此行使被迫辞职权并主张经济补偿金。

案例 076

规章制度违法致员工被迫辞职，法院判企业支付经济补偿金

北京市第三中级人民法院（2023）京 03 民终 261 号

马某于 2021 年 3 月 9 日入职甲公司担任资深招聘专员，双方签订了书面劳动合同，同日，马某签收了甲公司提供的员工手册、考勤休假管理制度等文件。2022 年 3 月 12 日，马某向甲公司发送主题为“被迫解除劳动关系通知书”的电子邮件，其中载明“贵司规章制度违法，损害个人权益”，双方劳动关系解除。随后，马某申请劳动仲裁，主张甲公司支付加班费、被迫解除劳动关系经济补偿金，获劳动仲裁委支持。甲公司不服，诉至法院。

审理结果

法院认为，甲公司发布的考勤休假管理制度规定，“非操作序列员工工作日加班不计为加班，周末加班计为加班”，明显损害劳动者权益，违反法律法规，且甲公司确存在未足额支付马某加班工资的情况，故甲公司依法应支付解除劳动关系经济补偿金。

HR 实务指南

第一，督促企业及时足额发放员工劳动报酬。一般而言，HR 只负责考勤管理和薪酬管理，工资发放由财务部门负责，HR 应与财务部门做好工作衔接，避免发生未及时足额发放工资的情形。

第二，依法缴纳社会保险费。应完善员工社会保险参保和停保的作业流程，在新入职的员工入职当天参加社会保险，避免忘记参保、遗漏参保。

第三，禁止发生危及员工人身安全的行为。应完善相关管理制度，培训企业管理人员，做好合法合规用工宣传，禁止一切强迫劳动以及危及员工人身安全的行为，尊重和善待员工。

第四，做好日常员工沟通，培植友善融洽的工作氛围。所谓冰冻三尺非一日之寒，员工被迫辞职往往是由于沟通不畅所致，HR 应与员工有良好的沟通，听取员工诉求，排除员工工作上所遇到的困难和障碍，创造友善融洽的工作氛围，这能在很大程度上降低员工被迫辞职的概率。

四、企业因员工过错而解除劳动合同

劳动法在赋予员工单方面解除权的同时，也赋予企业对劳动合同的单方面解除权，以保障企业的用工自主权。企业单方解除劳动合同又称为企业单方解雇，有广义和狭义两种概念，广义概念包括因员工过错被企业解雇（《劳动合同法》第 39 条）、无过失性辞退（《劳动合同法》第 40 条）、经济性裁员（《劳动合同法》第 41 条）三类情形，狭义概念则仅指因员工过错被企业解雇这一类型，即第 39 条所规定的情形。本小节仅讨论第 39 条规定的情形，另两类情形将在下文讨论。

通常认为，企业单方解雇是对员工最严厉的处罚，因此，为了防止企业滥用解除权，随意解除与员工的劳动合同，立法者严格限定企业单方解除劳动合同的条件，禁止企业随意或武断地解除劳动合同，以保护员工的劳动权。

1. 企业因员工过错解雇的适用情形

《劳动合同法》第 39 条规定了因员工过错企业可以单方解雇而无须支付经济补偿的情形，分别是：

（1）劳动者在试用期间被证明不符合录用条件的；

（2）劳动者严重违反用人单位的规章制度的；

（3）劳动者严重失职，营私舞弊，给用人单位造成重大损害的；

（4）劳动者同时与其他用人单位建立劳动关系，对完成本单位的工作任务造成严重影响的；

（5）劳动者同时与其他用人单位建立劳动关系，经用人单位提出，拒不改正的；

（6）劳动者以欺诈、胁迫的手段或者乘人之危，使用人单位在违背真实意思的情况下订立或者变更劳动合同，致使劳动合同无效的；

（7）劳动者被依法追究刑事责任的。

案例 077

工伤员工严重违纪，企业解雇是否合法？

上海市第二中级人民法院（2017）沪 02 民终 7350 号

许某于 2014 年 10 月入职甲公司从事接货员工作，双方劳动合同约定，如许某有 1 个月内累计旷工 3 天以上、连续旷工 2 天以上或 1 年内累计旷工 5 天以上的情形，视为严重违反公司规章制度，公司有权立即解除劳动合同。2016 年 2 月 27 日，许某因工受伤，7 月 7 日被当地人力资源和社会保障局认定为工伤，11 月 22 日经鉴定为未达到因工致残程度等级。许某受伤后未回到甲公司上班，医疗机构向许某开具的休息证明至 7 月 14 日。9 月 6 日，甲公司向许某邮寄限期返岗通知书，许某既未返岗上班也未作出任何解释。9 月 13 日，甲公司以累计旷工 5 天严重违反规章制度为由解除了与许某的劳动合同。许某申请劳动仲裁，主张甲公司支付违法解除劳动合同赔偿金。许某认为，其是工伤人员，有别于一般员工，在未进行劳动能力鉴定之前，甲公司不得解除劳动合同。

审理结果

法院认为，劳动者应当完成劳动任务，提高职业技能，执行劳动安全卫生规程，遵守劳动纪律和职业道德。作为劳动者，无论是不是工伤人员，如希望与用人单位存续劳动关系，都应当接受用人单位的用工管理，应当严格遵守用人单位的规章制度。劳动法维护劳动者合法权益的同时，亦应当尊重用人单位的用工管理权和经营自主权。因此，无论是不是工伤人员，如劳动者严重违反用人单位的规章制度，用人单位都可以解除劳动合同。

2. 企业因员工过错解雇的适用范围

如前所述，企业单方面解除劳动合同有三种情形，分别是因员工过错解雇、无过失性辞退和经济性裁员，劳动法对企业行使无过失性辞退和经济性裁员两类解除权时有所限制。比如，“三期”期间的女职工，企业不得以经济性裁员为由与其解除劳动合同。

根据《劳动合同法》第 42 条规定，对于需要特殊保护的员工，企业不得依据该法第 40 条（无过失性辞退）和第 41 条（经济性裁员）的规定解雇员工，但没有规定不得依据第 39 条（员工过错）解雇。也就是说，第 39 条适用于全体员工，没有例外，第 42 条规定的特殊保护员工在第 39 条面前也没有了“特权”，一旦触犯该条情形之一，企业即可立即行使单方解除权。

比如，邢台市桥东区人民法院（2016）冀 0502 民初 1819 号民事判决书认为，郭某在哺乳期被解除劳动合同，但甲公司解除劳动合同的原因是郭某违反公司规章制度，郭某未按规定程序请续假即凭自己意愿不到单位上班，该情形属于法律规定的用人单位可以解除劳动关系的情形，根据《劳动合同法》第 39 条规定，甲公司解除与郭某的劳动关系不违反法律规定，无须向郭某支付经济补偿金。

案例 078

孕期女职工试用不合格，企业解雇是否合法？

广东省广州市中级人民法院（2018）粤 01 民终 6155 号

周某于 2016 年 11 月 14 日入职甲公司任销售总监，双方签订了劳动合同，约定试用期 6 个月，同时签订了《员工绩效考核协议》等相关文件，明确了周某在试用期业绩指标为 600 万元。试用期间，周某实际完成业绩为 101 万元，未能完成双方约定的试用期业绩考核目标。2017 年 5 月 5 日，甲公司以试用期不合格为由解除了与周某的劳动合同。经查，甲公司解雇周某时，周某正在怀孕期，且已将怀孕情况告知了甲公司。周某申请劳动仲裁，主张甲公司违法解除劳动合同并要求恢复与甲公司的劳动关系。周某诉称，《妇女权益保障法》《女职工劳动保护特别规定》规定怀孕女职工受特别保护，用人单位不得因女职工怀孕辞退女职工，特别法并没有规定试用期除外。

审理结果

法院认为，周某在试用期间被证明不符合录用条件，甲公司以此为由提出解除劳动合同，并未违反《劳动合同法》第 39 条、第 42 条规定，也没有违反双方的约定，周某以其处于孕期为由主张甲公司违法解除劳动合同，与法律规定不符，法院不予采纳。

案例简评

实务中，有很多 HR 朋友甚至包括部分劳动法专业人士，都认为女职工在“三期”（孕期、产期、哺乳期）期间拿了“免炒金牌”，企业一律不得解雇。这种理解是错误的。事实上，劳动法对“三期”女职工是有条件地保护，而不是无限保护。劳动法规定了企业不得依据《劳动合同法》第 40 条和第 41 条解雇“三期”女职工，并没有规定不得依据第 39 条解雇，当“三期”女职工出现第 39 条规定的情形之一时，企业依然可以行使单方解除权，而无须支付经济补偿金或赔偿金。

该案中，周某虽在试用期内怀孕，受到劳动法对女职工“三期”的特殊保护，但甲公司有证据证明周某在试用期考核不合格，不符合录用条件，依然是可以解雇周某的。

3. 企业因员工过错解除劳动合同的程序

企业单方面解除与员工的劳动合同，不仅要满足实体要件，有明确的解除依据，还要满足程序要件，否则依然有可能会被认定为违法解雇。

·经过工会程序

《劳动合同法》第 43 条规定，用人单位单方解除劳动合同，应当事先将理由通知工会，用人单位违反法律、行政法规规定或者劳动合同约定的，工会有权要求用人单位纠正。用人单位应当研究工会的意见，并将处理结果书面通知工会。

《劳动争议司法解释（一）》第 47 条规定，建立了工会组织的用人单位解除劳动合同符合《劳动合同法》第 39 条、第 40 条规定，但未按照《劳动合同法》第 43 条规定事先通知工会，劳动者以用人单位违法解除劳动合同为由请求用人单位支付赔偿金的，人民法院应予支持，但起诉前用人单位已经补正有关程序的除外。

①对“通知工会”程序的理解。

这两条规定可以从以下几个方面进行理解和把握：

其一，必须通知工会。法条用的是“应当”通知，而不是“可以”通知，企业因员工过错单方面行使解除权的，必须通知工会。

其二，应当研究工会意见。通知工会并非一纸通知完事，如果工会认为企业解雇是违法的，有权要求企业纠正，企业应当研究工会意见。实务中一般都是先与工会沟通，取得一致意见后再向工会出具书面通知，这样可以避免事后纠正的麻烦。

其三，解雇前没有通知工会的，可以事后补救。实务中部分企业在解雇员工时遗漏了通知工会这一程序，根据司法解释规定，可以事后补正。这一规定其实是给企业一个补救机会，不至于使合法解雇因为程序上的瑕疵而变成违法。

比如，深圳市中级人民法院（2021）粤 03 民终 16700 号民事判决书认为，虽然刘某存在利用不正当方式谋取私人利益的行为，甲酒店向刘某发出《解除劳动合同通知书》，但甲酒店未提交充分有效证据证明其已按照法律规定程序事先通知工会或在起诉前已补正相关程序，故甲酒店属违法解除劳动合同，应依法支付刘某违法解除劳动合同赔偿金。

②对企业未成立工会的处理。

实务中经常会出现这种情况，企业不是不通知工会，而是企业没有成立工会，客观上通知不能。那么，企业应如何处理？实践中存在不同理解，主要有以下三种观点：

a. 第一种观点认为可以不通知。

劳动法仅规定了已建立工会的企业单方面解雇员工时需通知工会，而对尚未建立工会的企业并未明确规定需通知工会，因此可以不通知。

比如，武汉市中级人民法院（2019）鄂 01 民终 7079 号民事判决书认为，甲公司未建立工会组织，司法解释规定仅针对已建立工会组织的用人单位，未建立工会组织的用人单位不适用此规定，也无法履行通知工会程序。

b. 第二种观点认为通知企业所在地工会。

《劳动合同法》第 43 条规定的工会并没有局限于本企业的工会，尚未建立工会的企业，应通知其所在地工会，比如社区工会、乡镇工会、行业工会等，不能因为企业未建立工会而免除其通知程序。有些地区对此进行了规定。比如，《江苏省劳动合同条例》第 31 条第 2 款规定，用人单位单方解除劳动合同，应当事先将理由通知工会；用人单位尚未建立工会的，通知用人单位所在地工会。

c. 第三种观点认为应听取职工代表意见。

尚未建立工会的企业客观上通知不能，可以用职工代表代替，企业应告知职工代表并听取职工代表意见。

比如，宁波市中级人民法院（2020）浙02民终1669号民事判决书认为，即使用人单位尚未建立工会组织，也应告知并听取职工代表意见或者以向当地工会组织（行业工会组织）征求意见等方式来履行告知义务，否则难以避免用人单位随意解除劳动合同、侵犯职工劳动权利和生存权利情况的发生，有违立法意旨。

本书倾向于赞同第三种观点。

案例079

企业未成立工会，解雇员工时还需通知工会吗？

河南省郑州市中级人民法院（2020）豫01民终8505号

董某于2017年3月1日入职甲公司。2019年6月19日，某医院给董某出具诊断证明书，诊断董某为甲状腺癌术后疲乏无力，建议休息1个月。7月4日，董某让同事井某向公司提交请假条，请假1个月。井某告知其需向公司负责人赵某请假。之后，董某在未经公司领导批准的情况下，未再回公司工作。8月15日，甲公司以董某私自离岗1个多月且经多次催告后仍不回公司上班为由将董某辞退。因甲公司尚未建立工会，因此辞退董某一事未通知工会。双方因此成讼，董某主张甲公司支付违法解除劳动合同赔偿金等权利。经查，董某自认其对甲公司请假报批制度知情。

审理结果

法院认为，董某在明知情况下仍违反甲公司请假制度，被甲公司辞退，虽然该辞退并未通知工会，但因甲公司并未建立工会，且通知工会属于程序性瑕疵，并不属于违法解除劳动合同，鉴于董某系违反甲公司的规章制度被辞退，故对董某要求甲公司支付违法解除劳动合同赔偿金的诉讼请求，法院不予支持。

· 向员工送达解雇通知

企业因员工过错单方面解雇员工，应当向员工送达解雇通知，正式向员工作出解雇意思表示。通常而言，企业作出的解雇通知应载明解雇原因，说明相关情况。

需要提示的是，企业依据《劳动合同法》第39条解雇员工的，劳动法并没有规定必须提前通知员工，因此，企业可以提前通知，也可以不提前通知而立即解雇。

案例 080

企业将解雇通知送达了工会，能否视为送达了员工？

湖南省衡阳市中级人民法院（2016）湘 04 民终 938 号

黄某于 2006 年 1 月 1 日入职甲公司担任公司旗下乙加油站经理职务。2014 年 9 月 16 日，黄某因患病请病假 1 个月（其间出境吉尔吉斯斯坦），病假到期后，黄某续假，甲公司不同意，黄某未回公司上班。10 月 29 日，甲公司邮寄书面通知，通知黄某回公司上班，黄某未回公司。11 月 7 日，甲公司以黄某连续旷工 15 天以上为由单方解除与黄某的劳动合同，但解除劳动合同通知未送达黄某本人，而是向甲公司工会备案。黄某得知被公司解雇后不服，遂申请劳动仲裁，主张甲公司支付经济补偿金，被劳动仲裁委驳回。黄某诉至法院。

审理结果

一审法院认为，黄某因病请假，在病假期满续假未获甲公司批准的情况下未回公司上班，公司以黄某连续旷工 15 天为由，作出单方解除劳动合同的决定，虽理由成立，但因该决定未送达黄某本人，应视为劳动关系尚未解除，双方之间劳动关系仍然存在。现甲公司要求解除与黄某的劳动合同，而黄某同意解除且要求给予经济补偿，根据《劳动合同法》第 46 条第 2 项规定，应当给予经济补偿。

甲公司不服，上诉至二审法院。甲公司在上诉状中事实和理由中陈述：黄某病假期满后无故旷工，公司依法单方解除与黄某的劳动关系。

二审法院认为，甲公司根据黄某擅自离岗的行为向其发出限期上班通知后，黄某亦未按期到公司上班，应认定为黄某自愿与甲公司解除劳动合同。此后，甲公司就“讨论关于乙加油站经理黄某未办理续假手续旷工的处理”开会讨论，公司将解除与黄某的劳动合同关系的决定通知了公司工会，履行了必要的手续，故解除行为并无不当。原审法院以解除劳动合同通知书未送达黄某本人应当给予经济补偿不妥，二审法院予以纠正。

案例简评

该案应分为三个问题进行讨论，第一个问题是劳动合同是否解除，如果解除了，则进入第二个问题，即谁提出的解除，如果是黄某提出解除，则企业无须支付经济补偿金或者赔偿金，如果是甲公司提出解除，则进入第三个问题，即解除合不合法，解除合法的，无须支付经济补偿金，反之，则需支付。三个问题是递进关系且相互关联。

第一个问题比较明确，答案是已经解除了。一审认定是甲公司提出解除且解除通知未送达黄某，只是在公司工会备案，因此不能认定为劳动合同已经解除。但甲公司坚持要求解除，遂按双方协商一致解除处理（《劳动合同法》第46条第2项），判决甲公司支付经济补偿金。

第二个问题是本案的重点，到底是谁提出解除？一审认为是甲公司提出，而二审则认为是黄某提出，黄某旷工多日，经甲公司催告后仍未返岗，因此推定为黄某自愿解除。

第三个问题，由于二审推定黄某提出解除，因此不存在公司解除合不合法之说了，也就不需讨论解除通知是否送达黄某了，甲公司开会“讨论关于乙加油站经理黄某未办理续假手续旷工的处理”并通知工会，属于其内部管理的范围，与解除合不合法无关。

本书赞同一审法院的观点。理由如下：

第一，黄某从未作出过解除劳动合同的意思表示。虽然黄某未经公司批准擅自休假，经催告也未返岗上班，但是，黄某客观上从未作出过解除劳动合同的意思表示。

第二，甲公司明确作出了解除劳动合同的意思表示。在一审期间，甲公司就陈述由于黄某旷工而解除劳动合同，在上诉时又非常明确强调“黄某病假期满后无故旷工，公司依法单方解除与黄某的劳动关系”。很明显这是甲公司作出的解除意思表示，只是这个意思表示没有到达相对人黄某，因此从法律上讲并未生效，但是庭审时甲公司坚持是公司解除，那解除就生效了（解除劳动合同的意思表示可以直接送达对方，也可以通过仲裁或者诉讼送达对方）。

二审法院在黄某未作出解除意思表示且甲公司明确表示作出了解除意思表示的情况下，依然推定为黄某自愿解除，进而“掩盖”了甲公司未将解除通知送达黄某的程序违法的行为，也因此“免除”了甲公司违法解除的法律责任。二审法院的这种观点本书实在不敢苟同。相比之下，一审法院的观点更为客观、公正，本书深以为然。

HR 实务指南

第一，因员工过错解雇的，解雇依据必须可靠。从理论上说，真正意义上的违法解雇应该是很少的，但现在大量的案件被裁审机构认定为违法解雇，主要原因是企业的解雇依据不可靠。比如，企业规章制度规定旷工 1 天即属于严重违反规章制度，企业据此解雇员工，而到了裁审机构，往往就会被认定为处罚过重，解雇行为违法。又如，企业以试用期不符合录用条件为由解雇某试用期员工，却又拿不出认定依据，纯粹是想当然地“拍脑袋”解雇，最终被认定为解雇行为违法。正如北京市东城区人民法院（2020）京 0101 民初 15819 号民事判决书所述，对于“严重”的理解有三个层面：一是劳动者的违纪行为必须达到严重的程度；二是解除劳动合同是一种最严厉的处罚措施，应该是在穷尽了其他处罚手段后才能适用的处罚；三是用人单位在解除劳动合同时应该遵守审慎决策原则，也就是解除员工确实是因违纪侵害了公司利益而为。因此，企业因员工过错解雇时，解雇依据必须可靠，即必须符合《劳动合同法》第 39 条规定的情形之一，一旦不可靠，则有可能被认定为解雇违法，承担违法解雇的赔偿金。

第二，解雇程序要合法。解雇一个员工，光是解雇依据可靠是不够的，在解雇程序上也要合法。解雇程序主要有两点：一是要通知工会，二是要向员工送达解雇通知书，明确作出解除劳动合同的意思表示。

五、无过失性辞退

无过失性辞退，是指员工非过失性原因和客观情况的需要而导致劳动合同无法履行时，企业可以向员工提前通知或额外支付员工 1 个月工资后，单方解除劳动合同的情形。

1. 无过失性辞退的适用情形

根据《劳动合同法》第 40 条规定，企业可以适用无过失性辞退员工的情形有三种，具体如下：

（1）劳动者患病或者非因工负伤，在规定的医疗期满后不能从事原工作，也不能从事由用人单位另行安排的工作的；

（2）劳动者不能胜任工作，经过培训或者调整工作岗位，仍不能胜任工作的；

（3）劳动合同订立时所依据的客观情况发生重大变化，致使劳动合同无法履行，经用人单位与劳动者协商，未能就变更劳动合同内容达成协议的。

需要提示的是，本条规定采用列举式立法技术，属于封闭式规定，没有类似“法律、行政法规规定的其他情形”这样的兜底条款。也就是说，无过失性辞退仅限于本条所列举的三种绝对情形，除这三种情形外，没有适用第四种情形的余地。

·医疗期满不能工作

这项规定可以拆分为以下四个构成要件。

① 员工患病或者非因工负伤。也就是非工伤，这一要件将工伤排除在外。

②医疗期满后。若在法定的医疗期内，则不适用这项规定解雇。关于医疗期，本书将在第五章“病假”一节中进行详细讨论，此处不再赘述。

③不能从事原工作。如果员工医疗期满后能够从事原工作，则不符合这一要件。

④也不能从事企业另行安排的工作。如果仅是员工医疗期满后不能从事原工作，企业仍不得依据此项解雇，必须还不能从事企业另行安排的工作，方可解雇。这里所说的另行安排的工作，通常是指另行安排有利于员工身体或者智力状态的工作。比如，北京市第三中级人民法院（2019）京03民终15751号民事判决书认为，康某确实患有眼疾，若因康某患病不能从事原工作，根据劳动法规定，甲公司应为康某另行安排工作，但甲公司未能举证证明为康某另行安排了工作，康某明确表示甲公司没有与其说过调岗事宜。据此，甲公司直接与康某解除劳动合同，不符合法律规定，属于违法解除。

四个要件缺一不可，只有同时满足时，企业方可依据这项规定解雇。

案例081

员工医疗期满不能从事工作，需经劳动能力鉴定后才能解雇吗？

北京市第二中级人民法院（2020）京02民终822号

陈某于2014年11月入职甲公司，2017年12月20日，陈某突发脑溢血急诊住院治疗。2019年3月21日，甲公司向陈某发出解除信，表示陈某医疗期延长期届满，且经职工代表大会形成陈某医疗期满不能继续从事正常工作的一致意见，告知陈某解除劳动合同。甲公司称其知道应当先进行劳动能力鉴定，但由于陈某拒绝配合且经办人员法律意识不强，便向陈某发出了解除信。陈某则称甲公司从未提出过劳动能力鉴定。双方因此成讼，陈某主张甲公司系违法解除劳动合同，应继续履行劳动合同。

审理结果

法院认为，企业职工非因工致残和经医生或医疗机构认定患有难以治疗的疾病，医疗期满，用人单位应当依照《企业职工患病或非因工负伤医疗期规定》（以下简称《职工医疗期规定》）中明确的程序进行劳动能力鉴定，并根据鉴定结论确定的等级进行处理。甲公司在陈某未进行劳动能力鉴定的情况下，直接作出解除劳动关系的通知，属于违法解除劳动关系，劳动者要求继续履行劳动合同，符合相关法律规定，法院予以支持。

案例简评

劳动能力鉴定是否适用《劳动合同法》第 40 条第 1 项规定的解雇的必经程序？实践中存在不同观点。

第一种观点：无须经过劳动能力鉴定即可直接解雇。

比如，广东省高级人民法院（2018）粤民申 1994 号民事裁定书认为，李某在医疗期满后既没有上班，又未向甲公司请假或向劳动能力鉴定委员会申请劳动能力鉴定，甲公司解除与李某的劳动合同，没有违反法律规定。

又如，北京市第二中级人民法院（2020）京 02 民终 1316 号民事判决书认为，张某医疗期为 6 个月，根据请假申请单的休病假情况，张某累计病休已超过 6 个月，且在此后仍然向甲公司提交病假条，此种情况下，甲公司解除劳动合同符合法律规定。

第二种观点：需经过劳动能力鉴定且符合解雇条件的方可解雇。

比如，山东省青岛市中级人民法院（2021）鲁 02 民终 8017 号民事判决书认为，甲公司主张李某医疗期满后，既不能再从事原工作，又不同意新的工作安排，双方终止劳动合同并无不当，但其并未提交有效证据证明其曾为李某安排新的工作，也未为李某进行劳动能力鉴定，故对其该项主张，法院不予采信。甲公司无法证明其解除劳动合同的合法性及合理性，应承担举证不能的不利后果，甲公司应当向李某支付违法解除劳动合同赔偿金。

第三种观点：员工拒绝配合劳动能力鉴定的，企业可以解雇。

比如，上海市第一中级人民法院（2020）沪 01 民终 7539 号民事判决书认为，医疗期满后甲公司曾要求程某进行劳动能力鉴定，一审法院也告知程某需申请劳动能力鉴定，但程某均未予以回应和配合，甲公司据此解除与程某的劳动合同，于法有据。

本书倾向赞同第三种观点。

《职工医疗期规定》第6条指出，企业职工非因工致残和经医生或医疗机构认定患有难以治疗的疾病，在医疗期内医疗终结，不能从事原工作，也不能从事用人单位另行安排的工作的，应当由劳动鉴定委员会参照工伤与职业病致残程度鉴定标准进行劳动能力的鉴定。

由此可见，进行劳动能力鉴定是员工的权利，原则上企业适用《劳动合同法》第40条第1项规定解雇员工时，应以员工进行了劳动能力鉴定为前提，否则属于违法解雇。但是，员工拒绝鉴定的，企业作出直接解雇决定，本书不持异议。

· 不能胜任工作

这项规定可以拆分为以下四个构成要件。

（1）有证据证明员工不能胜任工作。实践中通常认为，企业主张员工不能胜任工作的，需提供相关证据，且证据必须是可靠的，比如绩效考核不达标等，不能想当然地给员工安个“罪名”说是不能胜任。

比如，广东省广州市中级人民法院（2021）粤01民终5804号民事判决书认为，双方劳动合同对劳动者不能胜任工作的情形进行了约定，甲公司提供的考核制度中对于不能胜任工作的情形也作出了明确规定，根据甲公司提供的考核数据、不胜任面谈及培训通知等证据，曾某连续两个考核期间被定级为不胜任，甲公司也因曾某的不胜任而对其进行了相应培训，根据现有证据，曾某确实存在不胜任工作，且经过培训后仍不能胜任工作的事实。曾某要求甲公司支付其违法解除劳动合同的赔偿金，依据不足，法院不予支持。

（2）经过了培训。一是要提供实质培训；二是要对其不能胜任工作所缺少的能力和知识进行有针对性的培训；三是培训课时、形式等要合理。

比如，北京市第二中级人民法院（2021）京02民终7761号民事判决书认为，甲公司认为刘某已不能胜任公司新项目的技术总监工作，但在该案仲裁及诉讼中，甲公司未就公司已经对刘某进行培训或者合理调整工作岗位提供相应证据予以证明，在此情况下，劳动仲裁委及一审法院认定甲公司解除与刘某的劳动合同违反法律规定并据此判令甲公司按照法律规定的标准向刘某支付违法解除劳动合同赔偿金并无不当。

（3）调整过工作岗位。通常是在 A 岗位不能胜任，调整到与其个人能力相匹配的其他岗位，而不是反之。对不能胜任工作的员工调整工作岗位需具有合理性。

比如，江苏省苏州市中级人民法院（2017）苏 05 民终 1035 号民事判决书认为，甲公司将王某的工作岗位由采购部门调至生产中心的涂装和装配岗位，且薪酬待遇大幅下降，该工作岗位的调动缺乏合理性。王某以甲公司未与其协商一致单方调动其工作岗位，损害其合法权益为由解除双方的劳动关系并主张经济补偿金，具有事实及法律依据，甲公司应支付王某经济补偿金 26,873 元。

（4）仍不能胜任工作。如果经培训或者调整岗位后能够胜任，则此事结束，企业不得再以不能胜任工作解雇，只有经培训或者调岗后仍不能胜任，才能解雇，并且企业需对仍不能胜任工作进行举证。

比如，辽宁省大连市中级人民法院（2020）辽 02 民终 7901 号民事判决书认为，甲公司在培训后所进行的考核存在主观题较多，无确定标准答案，以及评分人仅为直线经理一人，且以两次考试结果确定是否解除劳动合同并无经合法民主程序制定的公司规章制度为依据，公司评判方式客观合理性有待商榷，过于主观，且未给予周某验证培训成果的机会，仅以两次笔试考试的成绩得出仍不能胜任工作的结论缺乏事实依据，因此法院确认甲公司解除劳动合同违法。

上述四个要件中，法条对培训和调岗之间用的是“或者”，即二选一，因此，同时满足第 1、2、4 项或者第 1、3、4 项时，企业即可解雇，无须四个要件同时满足。

案例 082

员工经考核排行末位，企业不得以不能胜任工作为由解雇

最高人民法院指导性案例 18 号

2005 年 7 月，王某进入甲公司工作，劳动合同约定王某从事销售工作，基本工资每月 3840 元。该公司的《员工绩效管理办法》规定：员工半年、年度绩效考核分别为 S、A、C1、C2 4 个等级，分别代表优秀、良好、价值观不符、业绩待改进；S、A、C（C1、C2）等级的比例分别为 20%、70%、10%；不胜任工作原则上考核为 C2。王某原在该公司分销科从事销售工作，2009 年 1 月后因分销科解散等原因，转岗至华东区从事销售工作。2008 年下半年、2009

年上半年及2010年下半年，王某的考核结果均为C2。甲公司认为，王某不能胜任工作，经转岗后，仍不能胜任工作，故在支付了部分经济补偿金的情况下解除了与王某的劳动合同。2011年7月27日，王某提起劳动仲裁。同年10月8日，劳动仲裁委裁决甲公司支付王某违法解除劳动合同的赔偿金余额3.6万余元。甲公司认为其不存在违法解除劳动合同的行为，故诉至法院，请求判令不予支付解除劳动合同赔偿金余额。

审理结果

法院认为，为了保护劳动者的合法权益，构建和发展和谐稳定的劳动关系，劳动法对用人单位单方解除劳动合同的条件进行了明确限定。甲公司以王某不胜任工作，经转岗后仍不胜任工作为由，解除劳动合同，对此应负举证责任。根据甲公司《员工绩效管理办法》的规定，“C（C1、C2）考核等级的比例为10%”，虽然王某曾经考核结果为C2，但是C2等级并不完全等同于“不能胜任工作”，甲公司仅凭该限定考核等级比例的考核结果，不能证明劳动者不能胜任工作，不符合据此单方解除劳动合同的法定条件。虽然2009年1月王某从分销科转岗，但是转岗前后均从事销售工作，并存在分销科解散导致王某转岗这一情形，故不能证明王某系因不能胜任工作而转岗。因此，甲公司主张王某不能胜任工作，经转岗后仍然不能胜任工作的依据不足，存在违法解除劳动合同的情形，应当依法向王某支付违法解除劳动合同赔偿金。

案例简评

考核排行末位并不等于不能胜任工作，在司法实践中对这个问题的认识没有任何争议。但是，在实务中有不少企业对此有误解，总认为考核排行末位就是不能胜任，适用不能胜任工作进行解雇，即“末位淘汰”，最终付出了支付违法解除劳动合同赔偿金的代价。

例如，甲公司规章制度规定绩效考核每半年一次，得分60分以下的属于不能胜任工作。2023年7月，甲公司对销售部进行了2023年上半年的绩效考核，销售部10名业务员中，除张三得分85分外，其他9名得分均在90分以上，张三排行末位。这种情况下，仅能够证明张三考核结果排行末位，不能证明张三不能胜任工作，甲公司不得以不能胜任工作为由对张三进行单方面解雇。

那么，经考核排行末位的员工不能依据不能胜任工作的规定进行解雇，企业可以对其进行单方面调岗降薪吗？主流观点认为是可以的，但是调岗降薪需合理。本书亦持此观点。

比如，最高人民法院公报2021年第2期发布的戴某诉甲公司追索劳动报酬纠纷案中认为，用人单位依据末位淘汰制对员工实行奖优惩劣，对排名靠后的员工采取调岗调薪等措施，是企业经营自主权的重要内容，只要该调岗调薪行为是基于企业生产经营管理的合理需要，且不违反法律规定和单位依法制定的规章制度，劳动者主张该调岗调薪行为违法的，人民法院不予支持。

· 客观情况发生重大变化

这里的“客观情况”是指履行原劳动合同所必要的客观条件，因不可抗力或出现致使劳动合同全部或部分条款无法履行的其他情况，如自然条件、企业迁移、被兼并、企业资产转移等，使原劳动合同不能履行或不必要履行的情况。

本项规定是情势变更原则在劳动合同中的体现。根据《民法典》第533条第1款规定，合同成立后，合同的基础条件发生了当事人在订立合同时无法预见的、不属于商业风险的重大变化，继续履行合同对于当事人一方明显不公平的，受不利影响的当事人可以与对方重新协商；在合理期限内协商不成的，当事人可以请求人民法院或者仲裁机构变更或者解除合同。

比如，上海市长宁区人民法院（2022）沪0105民初6785号民事判决书认为，《劳动合同法》第40条第3项所称的“客观情况”还必须是“重大的”，而非“一般的”，劳动合同具有私法特征，当然也应该遵循“合同必须遵守”的原则，依法订立的劳动合同具有法律约束力，用人单位和劳动者都应该严格执行，不能任意变更。如果不对用人单位以前述规定进行解雇加以一定限制，那几乎就是打开了“潘多拉的盒子”，用人单位可以任意行使解除权。为了防止这样的风险，企业以经营上的原因作为理由解雇劳动者就必须加以一定限制，即这种经营上的原因必须是“重大”，其解除决定的作出也是出于“善意”。

2. 无过失性辞退的适用范围

为保护一些特定群体员工的合法权益，劳动法规定在6类法定情形下，禁止企业根据无过失性辞退和经济性裁员的规定（《劳动合同法》第40条和第41条）进行单方面解雇员工。分别是：

（1）从事接触职业病危害作业的劳动者未进行离岗前职业健康检查，或者疑似职业病病人在诊断或者医学观察期间的；

（2）在本单位患职业病或者因工负伤并被确认丧失或者部分丧失劳动能力的；

（3）患病或者非因工负伤，在规定的医疗期内的；

（4）女职工在孕期、产期、哺乳期的；

（5）在本单位连续工作满 15 年，且距法定退休年龄不足 5 年的；

（6）法律、行政法规规定的其他情形。

需要提示的是，对上述 6 类情形的员工，劳动法只规定了禁止企业依据《劳动合同法》第 40 条和第 41 条进行单方面解雇，但并不禁止依据其他解除事由进行解雇，比如，当双方可以协商一致解除劳动合同时，则不受《劳动合同法》第 42 条的限制，是否属于 6 类情形则在所不问。

本书认为，不能胜任工作以及下文要讨论的经济性裁员，在实务中是很难用的，成本太高，程序过于复杂，且风险很大，一不小心就弄成了违法解雇。因此建议广大企业尽量采用协商一致解雇，哪怕是多支付点补偿金。协商一致解雇有太多优点，成本低、效率高、风险小，实为各种解雇员工方式之上策。

3. 无过失性辞退的程序

根据《劳动合同法》第 40 条规定，员工符合该条规定的 3 种情形之一时，企业既可以立即作出解雇决定，又可以提前 1 个月通知员工，1 个月后解雇。立即解雇的，需要向员工额外支付 1 个月工资，即“代通知金”，提前 1 个月通知的，则无须支付“代通知金”。同时，根据《劳动合同法》第 46 条、第 47 条规定，无论是立即解雇还是提前 1 个月通知解雇，企业均需向员工支付经济补偿金。

HR 实务指南

第一，无过失性辞退必须符合法律规定的实体要件。比如，企业用不能胜任工作解雇某员工，要么是拿不出“不能胜任”的可靠依据，要么是没有经过调岗或者培训就直接解雇，这就是不符合法律规定，最终面临被认定为违法解雇的风险。因此，企业依据《劳动合同法》第 40 条解雇员工时，必须做足法律规定的实体要件，切忌未做足就直接解雇。

第二，尽量提前 1 个月通知员工。无过失性辞退一般都是可以预见的，企业有条件提前 1 个月通知员工，若不便提前通知，则需支付“代通知金”。关于“代通知金”，本书将在后文讨论，此处不再赘述。

第三，解雇程序要合法。即通知工会、送达解雇通知等，内容参照上文，此处不再赘述。

六、经济性裁员

经济性裁员，是指企业出于经营不善等经济性原因，一次性解雇多个劳动者的情形，是企业单方面行使劳动合同解除权的方式之一。劳动法对企业实施经济性裁员作了明确规定。

1. 经济性裁员的实体条件

根据《劳动合同法》第 41 条第 1 款规定，企业有下列情形之一的，可以实施经济性裁员：

（1）依照《企业破产法》规定进行重整的；

（2）生产经营发生严重困难的；

（3）企业转产、重大技术革新或者经营方式调整，经变更劳动合同后，仍需裁减人员的；

（4）其他因劳动合同订立时所依据的客观经济情况发生重大变化，致使劳动合同无法履行的。

2. 经济性裁员的准入条件

根据《劳动合同法》第 41 条第 1 款规定，需要裁减人员 20 人以上或者裁减不足 20 人但占企业职工总数 10% 以上的，是企业实施经济性裁员的准入性条件，可以从以下两点进行理解。

其一，裁减人员需要 20 人以上或者占企业职工总数 10% 以上。法律对企业裁员人数设定下限，主要是防止企业滥用解除权，其立法原则是，既要保障企业合理调整人员结构的权利，又要防止其以经济性裁员为名，随意裁减人员。

其二，必须是一次性裁减。法律不但对裁减人数设定了下限，还规定了企业必须是一次性裁减这些人员，而不是这个月裁减3个人，过两个月又裁减2个人。不符合一次性裁减人数下限的，企业不得以经济性裁员实施人员裁减，只能依据其他解除劳动合同形式进行。

3. 经济性裁员的程序条件

为了尽量缓解经济性裁员对整个社会的和谐稳定造成冲击，法律要求企业进行经济性裁员必须履行一套法定程序，企业须依法履行。根据《劳动合同法》第41条第1款规定，用人单位提前30日向工会或者全体职工说明情况，听取工会或者职工的意见后，裁减人员方案经向劳动行政部门报告。这一规定可以从以下两点进行理解。

其一，需提前30日向工会或全体职工说明情况，听取工会或职工的意见。因为是大批量裁减人员，涉及较多员工的利益，为了避免劳资双方形成对立，法律规定企业在实施裁员前必须先向工会或全体职工说明情况并且听取其意见，其立法目的是让劳资双方在事前进行积极沟通，有效减少由此带来的冲突。需要注意的是，这里说的听取工会或职工的意见，仅仅是“听取”而已，并不是要工会或职工“同意”，也就是说，无论工会或职工是否同意，企业都可以进行裁员。

其二，需将裁员方案向劳动行政部门报告。一是让劳动行政部门了解企业裁员的相关情况，可以给予企业一些指导意见，当企业裁员出现异常情况时，可以采取相应措施，防止意外发生；二是劳动行政部门可以监督企业在法律规定的范围内进行裁员，避免企业违法操作。需要说明的是，这里的“报告”是告知的意思，不需经过劳动行政部门许可或审批，企业即可进行裁员。

4. 经济性裁员的优先原则

《劳动合同法》第41条第2款、第3款规定实施经济性裁员时的优先原则，分别为以下两种。

其一，优先留用原则。企业裁减人员时，应当优先留用下列人员：（1）与本单位订立较长期限的固定期限劳动合同的；（2）与本单位订立无固定期限劳动合同的；（3）家庭无其他就业人员，有需要供养的老人或者未成年人的。法律之所以规定3种优先留用的人员，主要是考虑到这些人员往往年纪较大、家庭负担较重，在社会上往往属于“弱势群体”，若裁减这些人员，离开企业后再就业相对比较困难。为构建和谐稳定的劳动关系，维护社会安定，保护“弱势群体”的权益，法律强制要求企业在进行裁员时，优先留用这 3 类人员。

其二，优先招用原则。企业实施经济性裁员，主要是企业经营不善等原因所致，并非员工本身的过错。为了保护被裁减人员的权益，法律规定了“优先招用”原则，企业应当遵守。根据规定，企业裁减人员，在 6 个月内重新招用人员的，应当通知被裁减的人员，并在同等条件下优先招用被裁减的人员。

案例 083

经济性裁员时，优先留用人员是否等于不得裁减人员？

上海市第一中级人民法院（2020）沪 01 民终 10924 号

朱某于 2001 年入职甲公司，2019 年 6 月 13 日，甲公司经工会会议讨论后召开员工沟通大会，向员工公布了经济性裁员方案，朱某出席了该会议，甲公司向当地人力资源和社会保障局进行了备案。后甲公司向朱某出具劳动合同协商解除协议一份，拟一次性支付补偿金及“代通知金”共计 11,6147 元，并于 7 月 31 日解除劳动合同。朱某拒绝在协议上签字。7 月 31 日，甲公司解除了与朱某的劳动合同，并支付了经济补偿金。朱某申请劳动仲裁，主张甲公司支付违法解除劳动合同赔偿金差额 10 万余元，获劳动仲裁委支持。甲公司不服，诉至法院。

审理结果

法院认为，经济性裁员是劳动法赋予用人单位改善生产经营的一种手段，以使其渡过暂时的难关，在市场竞争中继续生存。因此，为尽量减少劳动者失业的情况，应当允许符合条件的用人单位裁减部分人员，但应当优先留用法定人员。劳动法亦规定了不得裁减人员，故“优先留用”与“不得裁减”系不同概念。因此，劳动法规定的“优先留用”宜解释为“在同等条件下优先留用”。甲公司主张应当考虑工种、技能、效率等多方面因素，并不违反立法本意，且属合理，法院予以支持。该案朱某并非不得裁减人员，其虽与甲公司签订了无固定期限劳动合同，但其所在部门已经被裁撤，也无证据证明与其他劳动者相比，在“同等条件”下应优先留用，故其要求优先留用，并无依据。故法院对朱某提出的要求甲公司支付违法解除劳动合同赔偿金的主张，不予支持。

第六节　劳动合同解除的几个疑难问题解析

通过前文分析，劳动合同解除无非就是合法解除和违法解除，法条摆在那儿，拿去用就是了。然而，立法容易用法难，实务中对法律条文的理解和适用，尚存大量难点，本书抛砖引玉，尝试对几个比较常见的疑难问题进行解析。

一、员工辞职预告期间，企业可否让员工立刻离职

《劳动合同法》第 37 条规定，员工提前 30 日以书面形式通知企业，可以解除劳动合同。这里所说的“30 日”，俗称辞职预告期。法律赋予了员工单方面辞职的权利，但也设定了需提前预告的义务。

那么，员工提前 30 日向企业提交了辞职单，企业能否让员工立刻离职？例如，已在甲公司工作三年多的电子工程师张三，最近打算另谋高就，深思熟虑后，张三于 2023 年 6 月 5 日向甲公司递交了书面辞职单，并载明离职日期为 2023 年 7 月 4 日。甲公司收到张三辞职单后是可以让其立刻离职，还是必须要等到预告期满（7 月 4 日）方可让其离职？对此，司法实践中存在不同观点。

第一种观点认为，企业可以让员工立刻离职。

持此观点者认为，提前 30 日辞职是劳动法对员工行使单方无因解除权程序上的限制，是给员工设置的程序义务，目的是让企业有时间找到合适人选接替其工作，以保障生产经营上的衔接。因此，30 日预告期于企业而言是权利，如果企业放弃生产经营衔接的权利，则可以在收到员工辞职单后让其立刻离职。

比如，2020 年度南京法院劳动人事争议十大典型案例（案例 9）认为，在劳动者的辞职预告期内，用人单位有权要求劳动者提前离职，法律赋予劳动者单方解除劳动合同的权利，一方面是保护劳动者择业自主权，维护其自由流动，从而实现劳动力资源的合理配置；另一方面是为矫正劳动关系的不平衡，弥补劳动者在劳动关系中相对弱势的地位，故对劳动者辞职行为的限制较少。但是，劳动者在单方解除劳动合同时，应当遵守法定程序，必须提前 30 日以书面形式通知用

人单位，以利于用人单位招用新人和调整岗位，缓解生产经营活动受到的不利影响。因此，此处的预告期是劳动者的义务，也是用人单位的权利。用人单位如果认为无须相应的缓冲期，可以要求劳动者提前离职，这是对权利的处分，并不改变对劳动合同解除方式的认定。

第二种观点则认为，企业必须等到预告期满后方可让员工离职。

持此观点者认为，员工依照劳动法规定提前 30 日提出辞职，但已经明确了自己的离职时间是 30 日以后，因此劳动关系也应该存续到 30 日之后，企业在此期间不能提前解除劳动关系，否则应补足未经过预告期期间所折算的工资。

比如，云南省昆明市呈贡区人民法院（2019）云 0114 民初 6563 号民事判决书认为，《劳动合同法》设置 30 日预告期，一是为了便于用人单位有充足时间进行工作交接并寻找替代者，为了避免用人单位滥用自身优势地位限制劳动者的辞职权，损害劳动者权益；二是 30 日预告期便于劳动者寻找新工作或安排其他事务，且 30 日内仍可继续为原用人单位提供劳动并获取劳动报酬维持正常生活，故用人单位不得和劳动者约定缩短或放弃 30 日的预告期，否则约定无效。综上，30 日预告期属于法律的强制性规定，不允许劳动合同当事人通过约定方式予以变更。劳动者提出辞职即行使解除权，但意思表示到达单位时，解除尚未生效，而应在 30 日预告期届满时解除才生效。

不得不说，在上述两种观点中，第一种观点是司法实践中的主流观点，甚至说是一边倒也不为过。根据本书的体例安排，当实践中对同一问题或者同一法条的理解出现不同观点时，尽量给每种观点都配上相应的司法判例。此处也不例外。然而，笔者想给第二种观点配个司法判例，费了好大劲才检索到两个，一个是上述（2019）云 0114 民初 6563 号案，另一个是广东省潮州市中级人民法院（2017）粤 51 民终 292 号案，这两份判决书均认为企业不得提前让员工离职，即上述第二种观点。

遗憾的是，（2017）粤 51 民终 292 号案判决后，员工向广东省高级人民法院申请再审，广东省高级人民法院作出（2018）粤民申 3836 号民事裁定，撤销（2017）粤 51 民终 292 号判决，发回重审。该案最终判决企业可以提前让员工离职，又回到了第一种观点上。

本书却倾向第二种观点。员工辞职预告期，既是企业的权利，又是义务，在预告期满前，企业不得提前让员工离职。

理由与（2019）云 0114 民初 6563 号案判决相似。通常情况下，员工辞职时对具体的离职时间是有预见的，由于预告期是30日，员工在辞职时往往还没有投简历找新工作，甚至还住在原企业的员工宿舍内，辞职后才慢慢找工作、租房子、搬家等，如果辞职单一递交企业就让其离职，会使员工立即失业，原工作没了，新工作还没着落，原企业的员工宿舍也不让住了（尤其是在职期间双方有点矛盾的，企业可能故意让其立即搬走），员工新房子还没找好，这可如何是好！因此本书认为，员工辞职预告期满前，企业不得让员工提前离职，企业的利益需要保护，员工的利益也同样需要保护。

当然，如果企业提出让员工提前离职，员工同意提前离职或者企业将未经过的预告期折算工资计发给员工，则本书不持异议。

案例084

员工提前30日辞职，企业可否让其立刻离职？

江苏省南京市中级人民法院（2020）苏01民终926号

王某于2017年1月入职甲公司在制造二部从事操作工工作。2019年3月14日，王某向甲公司提出辞职。3月17日，甲公司向王某发出通知，载明从3月18日起双方劳动合同解除。王某不服甲公司提前解除劳动合同，遂申请劳动仲裁，主张甲公司支付违法解除劳动合同赔偿金30,000余元，获劳动仲裁委支持。甲公司不服，诉至法院。

审理结果

法院认为，法律规定劳动者行使辞职权需履行提前30日预告期主要是为了保障用人单位利益而设置，其立法目的就是追求和实现劳动关系双方的利益平衡，因此，可以认为“预告”主要表现为用人单位的一种权利诉求，相反，对劳动者而言则体现为其应承担的一种义务。提前30日对用人单位而言是权利，自然用人单位可以采用“批准”等方式作出放弃权利的意思表示，即允许劳动者不提前通知而辞职，或不足30日内终结劳动关系。该案中，王某明确了预告期，甲公司针对王某的诉求，决定在不足30日的预告期内终结劳动关系，是正当行使权利，并无不当。王某关于甲公司违背其书面申请，提前解除劳动合同，构成违法解除并要求支付赔偿金的请求，缺乏法律依据，法院不予支持。

二、劳动合同约定员工辞职需提前 3 个月是否合法

劳动法规定员工辞职需提前 30 日向企业递交书面辞职单，如果双方劳动合同约定员工辞职需提前 3 个月甚至更长时间递交辞职单方可离职，这一约定是否有效？实务中存在不同观点。

第一种观点认为约定有效。

这一观点认为，虽然劳动法规定了员工辞职需提前 30 日，但是并没有限制只能提前 30 日，若双方约定长于 30 日或者短于 30 日，并不违反法律强制性规定，是双方的真实意思表示，应属有效。

我国部分地区规定了可以约定其他预告期限。

比如，《安徽省劳动合同条例》第 25 条规定，劳动者要求解除劳动合同的，应当提前 30 日以书面形式通知用人单位，用人单位与劳动者就劳动者要求解除劳动合同提前通知期另有约定的除外。

又如，《北京市劳动合同规定》（2021 年修改）第 34 条第 1 款规定，劳动者解除劳动合同，应当提前 30 日或者按照劳动合同约定的提前通知期，以书面形式通知用人单位。

上海市第一中级人民法院（2012）沪一中民三（民）终字第 781 号民事判决书认为，根据该案查明的事实，双方当事人在劳动合同中约定，张某自愿离职须提前 2 个月向甲公司提出，该约定系双方的真实意思表示，且未违反法律、行政法规的强制性规定，应属有效。

第二种观点认为约定无效。

这一观点认为，劳动法赋予了员工提前 30 日即可解除劳动合同的权利，员工只需履行提前 30 日的预告义务即可不需任何理由地辞职，如果允许企业与员工通过劳动合同约定超过 30 日的预告期，将会导致企业利用优势地位故意约定远大于 30 日的辞职预告期，加重员工义务，限制员工自由辞职的权利，因此该约定应属无效。

我国部分地区对此作了规定。

比如，湖北省高级人民法院《关于审理劳动争议案件若干问题的意见（试行）》（2004 年 3 月 21 日）指出，劳动者提前 30 天以书面形式通知用人单位要求解除劳动合同，可以解除劳动合同，用人单位不得以特别约定排除或限制劳动者的解除权。

又如，深圳市中级人民法院《关于审理劳动争议案件的裁判指引》（深中法发〔2015〕13 号）第 74 条指出，劳动者提前 30 日以书面形式通知用人单位，可以解除劳动合同，用人单位不得以特别约定排除或限制劳动者的解除权。

广东省深圳市中级人民法院（2020）粤 03 民终 4353 号民事判决书认为，用人单位不得限制劳动者依法行使劳动关系单方解除权，劳动者有职业选择的自由，提前 30 日以书面形式通知用人单位即可单方解除劳动合同。甲公司要求劳动者辞职需提前 2 个月书面提出，系对劳动者行使法律规定的单方辞职权进行限制，该规定如果未与劳动者协商一致，非劳动者自愿接受，其内容没有约束力。

有趣的是，上述深圳市中级人民法院裁判指引指出不得通过特别约定限制员工解除权，而上述深圳市中级人民法院的判决书却又认为如果未与员工协商一致，企业不得要求员工辞职需提前 2 个月，那如果企业与员工协商一致，就可以约定提前 2 个月辞职吗？文件和判例均出自深圳市中级人民法院，但二者是矛盾的。

第三种观点认为特殊岗位约定有效。

这一观点认为，员工享有预告解除权，允许其自由、自主地辞职并选择再就业，有利于员工的自我发展，但 30 日的预告期，对于一些重要的技术岗位、涉密岗位而言，企业可能来不及办理完毕资料移交、调岗脱密、寻求继任等事项，如果不分对象、不分场合地坚持 30 日预告期，可能会造成对企业正常经营的不利影响，因此，应当允许双方自愿协商明确延长解除劳动合同通知期。江苏摩方常闻律师事务所袁良军律师即持此观点。

部分地区也是这么规定的。

比如，《江苏省劳动合同条例》第 27 条第 2 款规定，对负有保密义务的劳动者，用人单位可以与其在劳动合同或者保密协议中，就劳动者要求解除劳动合同的提前通知期以及提前通知期内的岗位调整、劳动报酬作出约定，提前通知期不得超过 6 个月。

本书倾向第二种观点。不允许企业通过劳动合同约定或者规章制度规定员工辞职预告期长于法定的 30 日。

三、约定劳动合同解除条件是否合法

《劳动合同法实施条例》第 13 条规定，用人单位与劳动者不得在《劳动合同法》第 44 条规定的劳动合同终止情形之外约定其他的劳动合同终止条件。那么，劳动法禁止约定终止条件，是否也禁止约定解除条件？换句话说，企业与员工在劳动合同中约定解除条件，是否合法？对此，实践中存在两种观点。

第一种观点认为，约定劳动合同解除条件合法。

一方面，劳动法只规定了不得约定终止条件，但没有规定不得约定解除条件，因此企业可以通过规章制度规定或者通过劳动合同约定解除条件，不违反法律禁止性规定，应属有效。另一方面，劳动法赋予了企业制定规章制度的权利，实现用工自主权，企业可以在规章制度中规定员工所需要遵守的各项管理要求以及违反规章制度的相应后果，包括但不限于解除劳动合同条件。

比如，浙江省杭州市拱墅区人民法院（2020）浙 0105 民初 1262 号民事判决书认为，法律并未禁止约定劳动合同的解除条款，劳动合同作为双方约定权利义务的体现，也是契约自由原则的体现，只要约定内容不违反法律、行政法规的强制性规定，依法可以认定为有效。

第二种观点则认为，约定劳动合同解除条件违法。

我国劳动法对解除劳动合同规定了“事由法定，程序严格”原则，以确保就业与劳动用工的稳定性，解除劳动合同事由包括协商一致解除、预告解除、因企业过错即时解除、因员工过错解除、无过错性辞退、经济性裁员等 6 类，均有各自适用的情形和程序，“自行解除”“约定解除”等并不属于前述情形，在前述法定情形之外约定解除条件并解除劳动合同的，均属违法。

比如，北京市第一中级人民法院（2021）京 01 民终 8826 号民事判决书认为，《劳动合同法》关于用人单位可以解除劳动合同的规定，是强制性规定，用人单位不得突破该法，另辟解除劳动合同的蹊径，否则就构成违法解除，需承担相应的法律责任。因此，现行《劳动合同法》体系下，实际上排除了用人单位与劳动者跳出法定解除情形之外另行约定解除条件的空间。

本书倾向赞同第二种观点。企业不得通过规章制度规定或者劳动合同约定，在法定的劳动合同解除情形之外约定解除条件。正如上海市第一中级人民法院叶佳法官所言，劳动合同的终止与解除受法律约束的程度较高，除法律规定的情形外，不得另行约定或规定，更多体现了社会法的性质和国家公权力的介入，体现对劳动者的倾斜保护。

但是，企业可以通过规章制度对员工严重违反规章制度的行为进行具体定义，企业规章制度符合合法“三要素”的，可以作为企业单方解除劳动合同的依据。除此之外，企业不得再约定其他解除条件。

案例 085

员工立下“业绩不达标则自动离职”的军令状，企业解雇合法吗？

上海市第一中级人民法院（2020）沪 01 民终 11389 号

曹某于 2015 年 11 月入职甲公司从事销售工作。2019 年 1 月 19 日，曹某签订销售人员“军令状”，承诺自愿选择 2019 年的业绩目标为 2700 万元，完成率低于 30% 则自动离职。曹某在 2019 年实际完成业绩为 264 万元。2020 年 3 月 17 日，甲公司向曹某出具解除劳动关系通知书，解除理由为销售业绩完成率低于其承诺销售目标的 30%。随后，曹某申请劳动仲裁，主张甲公司支付违法解除劳动合同赔偿金 12 万余元等权利。双方因此成讼。甲公司称，曹某是基于承诺自行离职，并非甲公司违法解除劳动合同。

审理结果

法院认为，《劳动合同法》对于劳动合同的解除及终止的情形作出了明确规定，该案中，甲公司主张曹某未达到销售人员军令状的销售业绩，曹某自动离职，但曹某从未向甲公司作出过解除劳动合同的意思表示，故甲公司的主张，法院不予采纳。曹某虽在销售人员“军令状”上签字，但在曹某的销售业绩达不到预期目标时，甲公司应对曹某进行培训或者调整工作岗位，仍不能胜任工作的，甲公司方可依据相关法律规定解除劳动合同。现甲公司直接以曹某销售业绩未达到目标的 30% 为由解除双方的劳动合同，确属违法解除，应当依法向曹某支付违法解除劳动合同赔偿金。

四、企业限制加班，员工可否以不提供劳动条件被迫辞职

通常认为，加班遵循“双自愿”原则。企业安排员工加班的，需要员工同意，企业不得强迫或者变相强迫加班。《劳动合同法》第 31 条规定，用人单位应当严格执行劳动定额标准，不得强迫或者变相强迫劳动者加班。

同样，员工想加班的，也需要企业同意方可加班。员工通常是想多挣点加班费，这种现象在制造业非常普遍。立法者认为加班是企业牺牲员工的休息时间为其赚取更多的利润，是企业的“获利”行为，因此劳动法更强调员工自愿加班原则。

例如，甲公司是一家制造业工厂，生产订单充足，每天加班属于常态，生产员工每天工作 11 小时、每周工作 6 天。企业和员工都习惯了这种工作模式，一个为了赶货，员工多加班可以创造更多的价值；一个为了赚取更多的加班费获得更多的收入，加班费是他们的主要收入来源。突然某一天，企业想逼迫员工张三离职，于是取消他的加班，别的员工都安排加班，唯独不给他安排，张三的收入立刻就降了下来，以前底薪加上加班费每个月有五六千元，现在取消加班后每个月只有基本工资 2000 多元，扣除社会保险费和住房公积金后拿到手不到 2000 元。这样一来，张三扛不住了，上有老下有小等着他养活，只能主动辞职，另谋出路。于是，甲公司想解雇张三的目的达到，无须支付经济补偿金。多年来，甲公司采用相同手段，使得不少员工离职，“节约”了大量的用工成本。

企业取消或者限制员工加班，是否属于不提供劳动条件？如果属于，员工可以依据《劳动合同法》第 38 条第 1 款规定的被迫辞职主张经济补偿金，反之则不得以此为由被迫辞职。对此，实践中存在不同观点。

第一种观点认为不属于不提供劳动条件。

这一观点认为，劳动法并没有规定企业一定要给员工安排加班，安排加班并不是劳动法规定的劳动条件。是否安排员工加班是企业的权利，企业可以根据经营状况决定是否安排员工加班，也可以决定给哪些员工安排加班，企业有完全的自主权。因此，企业不给某个员工安排加班，当然不属于不提供劳动条件。

比如，广东省东莞市第二人民法院（2018）粤 1972 民初 4866 号民事判决书认为，是否安排加班以及加班时间如何确定，在没有明确约定的情况下，属于用人单位的自主管理范畴，并非企业必须提供的法定的劳动条件。在已经保障张某正常出勤并如实结算工资的情况下，甲公司未安排张某加班，该行为并无不当，现张某以此为由解除劳动关系，不属于《劳动合同法》第 38 条规定的被迫解除劳动关系的情形，故其要求该公司支付经济补偿金，缺乏事实和法律依据，法院不予支持。

第二种观点则认为属于不提供劳动条件。

这一观点认为，企业可以不给员工安排加班，但是，如果企业故意取消或者限制某个员工加班，与其同部门、同岗位的员工都有安排加班，唯独不给某个员工或者某几个员工加班，有明显的针对性和歧视性，违反公平原则，不安排加班不是因为生产经营需要，而是有别的目的，因此属于不提供劳动条件。

比如，广东省东莞市中级人民法院（2021）粤 19 民终 12197 号民事判决书认为，用人单位享有用工自主权，但是用人单位也应当营造公平和谐的用工环境，确保劳动者获得相对平等的劳动权利。虽然限制加班本身符合法律规定，但该案中，甲公司仅系针对方某限制加班，并未对方某所在部门的其他人员采取相同限制措施，其行为明显具有针对性，且不具有合法性，属于未按照劳动合同约定提供劳动条件，故法院认定方某系被迫提出解除劳动关系，甲公司依法应向方某支付违法解除劳动关系的经济补偿金。广东省东莞市中级人民法院（2020）粤19民终8629号民事判决书亦持此观点。

本书倾向第一种观点。是否安排员工加班、给谁安排加班，企业可根据生产经营状况自主决定，即便是不给个别员工安排加班，仍属企业的用工自主权，法律不宜过多干预。

案例 086

企业限制员工加班，员工可否以不提供劳动条件被迫辞职？

广东省高级人民法院（2021）粤民申4564号

陈某于2013年9月入职甲公司从事保安员工作，双方劳动合同约定陈某每日工作8小时，每周工作6天，每周至少休息1天，正常工作时间工资不得低于当地最低工资标准。甲公司于2019年5月30日发出关于安管员林某等同志工作安排通知，将包括陈某在内的6名安管员的工作时间调整为每日上班8小时，每周六、日休息（节假日按国家规定休息），该通知自6月1日起执行。8月28日，陈某以甲公司从2019年6月起无故降薪为由被迫辞职。双方因此成讼，陈某主张甲公司支付经济补偿金。甲公司主张陈某工资有降低，是因陈某的工作时间调整为每周工作5天，每天工作8小时，所减少的部分只是加班工资。

审理结果

法院认为，陈某以甲公司无故降薪为由解除双方的劳动关系，甲公司自2019年6月1日起以通知形式将包括陈某在内的6名安管员的工作时间调整为每天上班8小时，每周六、日休息。因加班时间减少，陈某的工资相应地有所下降，但并未低于双方签订劳动合同约定的正常工作时间工资标准。甲公司根据自身生产经营需要及人员配置情况调整员工的工作时间，属于企业用工自主权的重要内容，将陈某的工作时间调整为 8 小时工作制，亦不违反法律规定。故陈某以甲公司无故降薪为由单方解除劳动关系并要求支付经济补偿金，于法无据，法院不予支持。

五、“未及时足额支付劳动报酬”的理解与适用

根据《劳动合同法》第 38 条第 1 款第 2 项规定，企业未及时足额支付劳动报酬的，员工可以解除劳动合同。这里所说的“未及时足额支付”，包括未及时支付，也包括未足额支付，还包括既未及时又未足额支付。

实践中，未及时足额支付劳动报酬应如何理解和适用，存在不同观点。

· 需以企业故意或者重大过失未及时足额支付劳动报酬为前提

员工以企业未及时足额支付劳动报酬为由被迫解除劳动合同的，司法实践中通常需要考量企业主观上是否有恶意，只有在企业故意或者重大过失导致未及时足额支付劳动报酬的情况下，才能认定员工据此被迫辞职的事由成立。也就是说，如果企业有正当理由缓发、少发或者不发劳动报酬，通常不能认定为未及时足额支付，员工据以被迫辞职的事由则不成立。

比如，江苏省常州市中级人民法院（2022）苏 04 民终 4224 号民事判决书认为，关于甲公司缓发高某 2021 年 4 月提成奖金的问题，根据双方之间劳动合同的约定以及内部工资分配办法的相关规定，业务合同系计算高某提成奖金的基本依据，在高某本人举报有第三人冒用其名义订立业务合同的情况下，甲公司对上述举报事实进行调查、核实，待核实清楚后再向高某发放 4 月的提成奖金，并无不及时足额支付劳动报酬的故意。据此，高某主张甲公司未及时足额支付劳动报酬缺乏事实依据和法律依据，法院不予采信。

又如，上海市第一中级人民法院（2019）沪 01 民终 15379 号民事判决书认为，王某担任管理岗位，理应承担对其所管理部门及下属的管理之责，王某的下属徐某、陈某违纪，王某存在监管上的疏漏，甲公司根据违纪管理规定给予其降职降薪处理并无不当，据此，鉴于甲公司对王某降职降薪存在合理性，并不存在拖欠工资的主观恶意，故王某以甲公司未及时足额支付劳动报酬为由提出解除劳动关系并要求甲公司支付经济补偿金缺乏事实依据，法院难以支持。

案例 087

企业拖欠工资 13 日，员工被迫辞职主张经济补偿金被判败诉

上海市第一中级人民法院（2019）沪 01 民终 14813 号

施某于 2012 年 3 月入职甲公司，双方约定每月 15 日发放上个自然月工资。2019 年 2 月 15 日，甲公司未向施某支付 1 月工资，2 月 28 日，施某向甲公司邮寄了辞职信，内容为“劳动合同约定每月 15 日支付工资，现已是 2019 年 2 月 28 日，工资仍未发，你公司至今未付工资之行为已严重侵犯我的劳动权益，因你公司未足额按时支付工资，我向你公司提出辞职，望贵公司能及时发放工资，并按我工龄发放经济补偿金”。随后，施某申请劳动仲裁，主张甲公司支付经济补偿金，未获支持。施某不服，诉至法院。甲公司称，工资没有及时发放是因为公司当时资金周转发生了些许问题，问题发生后公司立即积极向总部申请资金，只因总部没有当即给明确答复，所以当时无法准确告知施某发薪日期，在申请获得通过后公司即及时向员工补发了欠付工资，前后拖欠仅 13 天。

审理结果

法院认为，员工与企业在履行劳动合同的过程中应当相互配合，互相成就，在员工个人遇到困难时企业应当在力所能及的范围内为员工提供帮助，而在企业遇到困难时员工亦应当对其给予相应的理解与宽容，与企业共渡难关。

劳动者特别解除权的行使往往会给企业的正常生产经营情况带来很大的影响，立法在平衡保护员工与企业合法利益基础上对此类情形亦作了具体的规定，仅限于在企业有过错的情况下才允许员工行使特别解除权。比如，在企业拖欠员工工资存在主观恶意，或者拖欠情形比较恶劣已经严重影响了员工权益的情况下，员工可以行使特别解除权。但并非企业一旦出现迟发几日工资的情形，员工即可行使解除权。

该案中，甲公司因资金周转发生困难，之后甲公司亦积极努力解决，在工资拖欠 10 余天后即及时补发了工资。在此情况下，施某并不具备行使特别解除权的前提条件。因此，施某主张甲公司应当向其支付劳动合同解除经济补偿金依据不足，法院不予支持。

· 未及时足额支付劳动报酬的两种观点

何为“未及时足额支付劳动报酬”？实务中存在“形式说”和“实质说”两种观点。

第一种观点：形式说。

“形式说”认为，只要企业在形式上存在未及时足额支付，企业的违法行为即成就，员工据此被迫辞职，企业应当支付经济补偿金。例如，公司向员工张三发出书面通知，因公司最近订单减少，从下个月起张三工资降低 20%。持此观点者认为，公司已经明确表态会降低张三工资，“未足额支付”条件已经成就，而无须等到公司对张三实质降薪，张三此时被迫辞职主张经济补偿，应予支持。

第二种观点：实质说。

“实质说”认为，企业未及时足额支付劳动报酬光停留在形式上是不够的，需要坐实企业实际上未及时足额支付，企业违法行为才算成就。如前例，公司向张三发出书面降薪通知后，虽然“白纸黑字”明确了对张三降薪，但客观上公司尚未对张三真实降薪，张三不得以未及时足额支付劳动报酬为由被迫辞职，而需要等到公司实际发放当月工资后，坐实公司确实是降了薪，“未足额支付”才算成就。

“形式说”只看企业怎么说，“实质说”则不光看企业怎么说，更看企业怎么做。“实质说”是实践中的主流观点，本书亦持此观点。

本书认为，即使企业通过书面形式告知员工会不及时足额发放劳动报酬，客观上也尚未对员工的合法权益造成实质损害。退一步说，企业在告知员工不及时足额发放劳动报酬后，还有“反悔”的空间，如果及时足额发放，客观上就没有“未及时足额支付”的事实，当然就不能认定企业违法。只有在实际发生未及时足额支付后，客观上已经发生了损害员工合法权益的事实，企业未及时足额支付工资的违法行为才算成就。因此，对企业未及时足额支付劳动报酬的认定，应当以实质未及时足额支付为认定标准。

案例 088

企业迟于劳动合同约定日期支付工资，是否属于未及时支付工资？

北京市高级人民法院（2022）京民申 5584 号

张某于 2013 年 6 月入职甲公司任调试工程师，双方签订了书面劳动合同，其中约定，张某的工资计算周期为自然月，甲公司在每月10日左右向张某支付上个自然月的工资。2013年7月至2021年5月，甲公司每月均以转账方式向张某支付工资，甲公司于每月15日左右，最迟不晚于23日向张某发放上个自然月的工资。2021年4月26日，张某以“未及时足额支付劳动报酬”为由向甲公司送达被迫解除劳动合同通知书，通知甲公司于5月26日解除劳动合同。随后，张某申请劳动仲裁，主张甲公司支付解除劳动合同经济补偿金93,000余元。双方因此成讼。

审理结果

法院认为，双方在劳动合同中约定甲公司每月10日前向张某支付上个自然月的工资，2013年7月至2021年5月甲公司实际为每月15日左右、最迟不晚于23日向张某支付上个自然月的工资，甲公司迟延发放工资时间并未超过一个工资支付周期，张某亦未提出异议。张某以甲公司未及时足额支付劳动报酬为由，要求甲公司支付解除劳动合同经济补偿金，缺乏依据，法院不予支持。

六、未依法缴纳社会保险费的理解与适用

根据《劳动合同法》第38条规定，企业未依法缴纳社会保险费的，员工可以被迫辞职，企业应支付经济补偿金。这里所说的“未依法缴纳社会保险费”应该怎么理解和适用，实务中争议颇多。

根据《社会保险法》第12条规定，企业按本单位职工工资总额的比例缴纳基本养老保险费，职工按本人工资的比例缴纳基本养老保险费。这条规定确定了两个指标，一个是缴费基数，另一个是缴费比例。缴费比例是固定的，不设上限和下限，企业无法自主更改。缴费基数则往往设上限和下限，于是企业就有了“操作空间”，明明员工实际月工资10,000元，却只按3000元为基数甚至更低基数为员工缴纳社会保险费。

· 未依法缴纳社会保险费被迫辞职之实体辨析

所谓依法缴纳社会保险费，简单说就是按员工本人实际工资缴纳，反过来说就是，只要没有按员工本人实际工资缴纳社会保险费，都属于“未依法”。何为“未依法”？实务中有诸多理解。

（1）**五险全缴，按当地最低缴费基数或者低于员工实际工资的数额作为基**

数进行缴费。

比如，张三是深圳甲公司员工，月工资 15,000 元，甲公司按 6000 元为基数为张三缴纳社保费。张三以甲公司未依法缴纳社保费为由被迫辞职，是否成立？

第一种观点认为被迫辞职不成立。

这一观点认为，只要缴纳了五险，员工就不得以未依法缴纳社会保险费为由被迫辞职，至于缴费基数不足，则属于行政征收的问题，员工可以通过向人社部门申诉获得救济。

比如，江苏省无锡市中级人民法院（2020）苏 02 民终 656 号民事判决书认为，甲公司已为贾某按月缴纳社保且缴纳险种齐全，虽缴费基数低于实际工资水平（欠缴），但这属于劳动者可通过行政手段寻求救济途径的情形，劳动者以用人单位未依法缴纳社会保险为由解除劳动关系并主张经济补偿金的，法院不予支持。

第二种观点认为被迫辞职成立。

这一观点认为，并不是只要缴纳五险就合法，企业必须按员工实际工资缴纳方属于依法缴纳。

比如，广东省高级人民法院（2020）粤民申 8081 号民事裁定书认为，甲公司虽为李某办理了社会保险参保手续，但未足额为李某缴纳社会保险费，且在收到李某要求依法购买社保的函后，仍未在 1 个月内按规定缴纳，二审判决认定其行为构成未依法为劳动者缴纳社会保险费的情形并无不当，李某据此提出解除劳动合同的，甲公司应当支付经济补偿金。

本书持第二种观点。企业不但要为员工缴纳社保费，而且要按员工实际工资标准为基数缴纳，并不是只要缴了社保就合法。

案例 089

企业未按实际工资缴纳社会保险费，法院判员工被迫辞职不成立

广东省深圳市宝安区人民法院（2020）粤 0306 民初 25805 号

傅某于 2016 年 5 月入职深圳某公司担任人事行政部经理职务，双方签订了劳动合同，约定月工资 12,300 元。傅某入职后，公司为傅某参加了社会保险（五险），其中 2016 年 5 月至 2018 年 8 月按当时深圳市最低工资标准缴纳社会保险费，2018 年 9 月起按 4000 元标准缴纳社会保险费。2020 年 1 月 2 日，傅某向公司邮寄了关于补缴社会保险的通知，要求公司按其实际工资缴纳社会保险费。公司未予理会。2月23日，傅某以公司未依法缴纳社会保险费为由向公司邮寄被迫解除劳动关系通知，随后傅某申请劳动仲裁，主张被迫辞职经济补偿4万余元，获劳动仲裁委支持。某公司不服，诉至法院。

审理结果

法院认为，傅某已在该公司参加社会保险，公司未按傅某实际工资标准足额缴交社会保险费，而非未缴纳社会保险费，因此，傅某以公司未依法为其缴纳社会保险费为由主张解除劳动合同经济补偿金，于法无据，法院不予支持。

（2）缴纳险种不全，只缴三险或者四险。

有些地区是五险捆绑缴费的，要么五险都不缴，要么五险全缴，不可拆分。而有些地区则是可以五险拆分的，可以只缴四险，不缴养老保险，甚至可以只缴三险。可拆分的原因是有部分员工在老家买了城乡居民社会养老保险，在企业里就不缴养老保险。严格来说，这种操作是不合法的，城乡居保和职工社保分别适用不同的人群，既然出来工作，有用人单位，那就应该参加职工社会保险，不能再参加城乡居民社会养老保险。但是，确实有部分地区是这么操作的，本书对此不展开评价。

那么，企业只为员工参加四险或者三险，是否属于未依法缴纳社会保险费？实践中主流观点认为是不合法的。本书亦持此观点。

比如，山东省高级人民法院、山东省人力资源和社会保障厅《关于审理劳动人事争议案件若干问题会议纪要》（2019年6月10日）指出，因用人单位过错未为劳动者建立社会保险账户或者虽建立了社会保险账户但存在缴纳险种不全、缴费年限不足等情形的，劳动者依据《劳动合同法》第38条第1款第3项规定，以用人单位未依法为其缴纳社会保险费为由提出解除劳动合同并主张经济补偿的，一般应予支持。

又如，新疆维吾尔自治区高级人民法院（2019）新民申992号民事裁定书认为，我国《劳动合同法》中关于社会保险的规定，是指国家建立的劳动者在患病、伤残、失业、工伤、年老以及其他生活困难情况下，给予物质帮助的制度。它包括养老保险、疾病保险、失业保险、工伤保险和生育保险。因此可以看出社会保险具有国家强制性，用人单位应当依照有关法律、法规的规定，负责缴纳各项社会保险费用，并负有代扣、代缴本单位劳动者社会保险费的义务。因此，如果用人单位未依法为劳动者缴纳上述社会保险费，是对劳动者基本权利的侵害，劳动者可以与用人单位解除劳动合同。

吉林省高级人民法院（2023）吉民申 163 号民事裁定书亦持此观点。

· 未依法缴纳社会保险费被迫辞职之程序辨析

所谓程序，是指企业有未依法缴纳社保费之实，员工被迫辞职的，是可以通知企业后立即离职，还是必须先书面通知企业补缴社保，超过一定期限后企业仍未补缴的，方可被迫辞职？对此，实践中又存在不同观点。

第一种观点认为，员工无须通知企业补缴即可被迫辞职。

这一观点认为，《劳动合同法》第 38 条第 1 款所规定的各项，并没有要求需要先通知企业纠正，不纠正才能被迫辞职。比如，企业未足额支付劳动报酬的，只要有未足额支付的事实，员工就可以被迫辞职，而不是说，要先通知企业补足拖欠或者克扣的部分，企业超过一定期限不补足才能被迫辞职，劳动法并没有这样规定。因此，员工依据《劳动合同法》第 38 条第 1 款被迫辞职的，并不需前置程序，未依法缴纳社保费也不例外。

第二种观点则认为，需先通知企业补缴，企业超过一定期限未补缴的，方可被迫辞职。

这一观点认为，企业未依法缴纳社保费属于对员工合法利益的间接损害，不像未及时足额支付劳动报酬那么直接损害员工利益，理应给企业一个“缓冲期”进行补救，即书面通知企业补缴社保，企业超过合理期限未补缴的，方可被迫辞职，未经此前置程序的，被迫辞职不成立。

我国部分地区规定了补缴社会保险费的“缓冲期”。

比如，《深圳经济特区和谐劳动关系促进条例》（2019 年修正）第 15 条第 2 款规定，用人单位未依法为劳动者缴纳社会保险费的，劳动者应当依法要求用人单位缴纳，用人单位未在 1 个月内按规定缴纳的，劳动者可以解除劳动合同，用人单位应当依法支付经济补偿。

广东省深圳市中级人民法院（2020）粤 03 民终 25482 号民事判决书认为，甲公司在收到李某要求补交社保的通知 1 个月后，仍未及时补交，李某以甲公司未足额缴纳社保为由提出被迫解除劳动合同，根据《劳动合同法》第 38 条、第 46 条的相关规定，劳动者以用人单位未依法为其缴纳社保为由向用人单位提出被迫解除劳动合同，并要求支付解除劳动合同经济补偿的，于法有据。故甲公司应依法支付被迫解除劳动关系经济补偿金。

本书倾向第二种观点。

七、员工严重失职或营私舞弊的理解与适用

这项规定是指员工在履行劳动合同期间，没有按照岗位职责履行自己的义务，违反其忠于职守、维护和增进企业利益的义务，有未尽职责的严重过失行为或者利用职务之便谋取私利的故意行为，使企业有形财产、无形财产遭受重大损害，但尚未构成刑事处罚的程度。例如，因粗心大意、玩忽职守而造成事故，因工作不负责而经常产生废品、损坏工具设备、浪费原材料或能源等。

根据前述规定，员工因严重失职或者营私舞弊给企业造成重大损害的，企业可以单方面解除劳动合同，且无须支付经济补偿金或者赔偿金。

这一规定有三个构成要件：

（1）员工严重失职；

（2）员工营私舞弊；

（3）给企业造成重大损害。

其中（1）和（2）是并列关系，择其一即可。企业依据这一规定解雇员工的，需同时符合（1）（3）或者（2）（3）。也就是说，光是员工有严重失职或者营私舞弊行为，企业是不能解雇的，必须还因此给企业造成了重大损害，企业方可行使解除权。

立法者故意把解雇员工的适用门槛提高，一方面要保护企业合法利益不受侵害，约束员工避免严重失职和营私舞弊；另一方面又要防止企业滥用解除权，损害员工合法利益。因此，企业在适用这项规定解雇员工时，需特别谨慎，切忌轻率为之，否则有可能会被裁审机构认定为违法解雇。

· 严重失职

从词义上看，严重失职有两个构成要件，一是失职，二是严重。失职是指员工对本职工作不认真负责，未按照企业规定履行自己的工作职责，给企业造成损失的行为，失职行为包括积极的作为行为和消极的不作为行为。严重则是指员工因失职而带来了程度深、影响大的后果。

通常认为，可以从以下三点判定员工行为是否属于严重失职，三点同时符合的，严重失职成立：

①员工对本职工作不认真负责，未依照规定履行自己的职务；

②失职行为在程度上必须已经达到严重的程度；

③严重失职行为需造成重大损害。

在企业劳动关系管理中，员工失职的现象并不鲜见，但严重失职则不多见，严重失职表示员工存在重大过失。然而，员工严重失职并不必然给企业带来重大损害。同理，光造成损害还不行，还得是重大损害。只有因员工严重失职给企业造成重大损害，企业才能据此解雇。

比如，江苏省高级人民法院（2020）苏民申 2320 号民事裁定书认为，甲公司的两包废料未经销售被厂商装车带走，周某（对废料负有管理职责）存在一定的失职，但甲公司仍需证明周某系“严重”失职，且因此给公司造成“重大损害”。法院结合当地经济发展水平、甲公司的规模及周某的工资水平，无法认定该案损失属于重大损失，甲公司以周某严重失职给公司造成重大损害为由解除与周某的劳动合同，属于违法解除。

· 营私舞弊

营私舞弊是指员工为谋求私利，用欺骗的方式做违反规章或者劳动纪律的事。与严重失职不同，营私舞弊是员工主观上故意，客观上实施了为谋求私利而作弊的行为，而严重失职则只是员工客观上实施了损害企业的行为，但主观上没有故意，属于过失行为。因此，在同等损害后果的情况下，营私舞弊要比严重失职恶劣得多。

比如，北京市第二中级人民法院（2022）京 02 民终 9403 号民事判决书认为，劳动者的合法权益受法律保护，但劳动者亦应当遵守劳动纪律和职业道德、诚实守信，不得营私舞弊，损害用人单位的合法利益。该案中，向某在甲服饰公司商场举办返券活动过程中，未将专柜返券情况向甲公司汇报，并与他人私分返券款，属于营私舞弊、弄虚作假，甲公司据此解除与向某的劳动合同属于合法解除，无须向向某支付违法解除劳动合同赔偿金。

案例 090

员工违规建 QQ 群致企业被骗 35 万元，企业以严重失职解雇是否合法？

上海市高级人民法院（2021）沪民申 676 号

潘某于 2019 年 6 月 17 日入职甲公司担任招聘主管职务，双方签订了书面劳动合同，约定潘某月工资 8000 元。2020 年 5 月 11 日上午，潘某在企业邮箱中收到一封发件人为“刘某”（甲公司老板）的邮件，“刘某”以有工作安排为由要求潘某创建公司内部工作 QQ 群，并要求其将公司财务负责人李某拉入群内，潘某照办。当日下午，在“刘某”的指示下，李某将 35 万元汇入“刘某”账户，随后，甲公司报警称有人冒充公司老板致使公司被诈骗 35 万元。5 月 13 日，甲公司向潘某出具解雇通知书，理由是潘某于甲公司遭诈骗一事中缺乏工作专业度及严谨度，未核实公司老板真实身份，轻易相信冒名者的邮件，并听从冒名者指令安排，间接造成公司 35 万元的经济损失，存在严重过失。潘某申请劳动仲裁，主张甲公司支付违法解除劳动合同赔偿金。甲公司提出反请求，潘某未获领导批准私自建群，导致公司被骗，主张潘某赔偿因职务过失造成的经济损失 35 万元。双方因此成讼。

审理结果

法院认为，潘某在收到诈骗邮件后的建群行为，确实属于轻信诈骗邮件而实施的不当行为，但潘某的行为仅限于此，与甲公司被骗损失 35 万元无直接因果关系，甲公司应当就其支出 35 万元的流程进行财务上的管理和审查，甲公司认为潘某严重失职给公司带来损失而解除劳动合同，缺乏事实依据，甲公司解除与潘某的劳动合同属于违法。

八、员工多重劳动关系的理解与适用

员工与其他企业建立劳动关系，俗称“兼职”。我国劳动法并没有对兼职作禁止性规定，于员工而言，完成本职工作是其应尽的义务，若从事兼职，在时间上、精力上会影响本职工作，不能按时按质按量地完成企业所安排的工作任务。因此劳动法规定，对于兼职员工，企业可以单方面解雇。

· 解雇兼职员工的构成要件

《劳动合同法》第 39 条第 4 项规定，劳动者同时与其他用人单位建立劳动关系，对完成本单位的工作任务造成严重影响，或者经用人单位提出，拒不改正的，用人单位可以解除劳动合同。

这项规定有三个构成要件。

（1）**员工同时与其他企业建立劳动关系。**这里只强调劳动关系，如果不是劳动关系呢？比如员工下班后送外卖、跑网约车、路边摆摊给别人手机贴膜等，都不属于劳动关系，即便是严重影响完成企业的工作任务，也不得适用这项规定解雇员工。

（2）**对完成本企业的工作任务造成严重影响。**光是员工兼职还不行，得严重影响完成企业工作任务才行。光是对完成本企业工作任务造成影响还不行，得造成严重影响才行。比如，保安员张三，白天在甲公司上班看门，一天工作 12 小时，晚上又到乙公司当保安，由于睡眠不足，在甲公司上班时经常打瞌睡，那就属于严重影响完成甲公司的工作任务。

（3）**经企业提出但员工拒不改正。**如果企业能够举证因员工兼职而严重影响完成工作任务，企业可以直接解雇。但是，实务中往往很难举证造成了严重影响，法律赋予了企业另外一个权利，那就是可以向员工提出让其改正，合理期限经过员工仍未改正的，企业可以解雇。

以上三个要件中，（2）和（3）属于“二选一”，同时符合（1）（2）或者（1）（3）时，条件成就，企业可以解雇。

· 约定员工不得兼职是否有效

问题在于，企业可否通过劳动合同约定或者规章制度规定员工未经企业同意不得与任何第三方组织建立劳动关系，否则视为严重违反规章制度，企业可以不经提出改正，即可直接解雇。这种约定或者规定是否有效？实务中对此存在不同观点。

第一种观点认为约定有效。

这一观点认为，双方约定员工从事兼职工作属于严重违反规章制度，法律应当尊重当事人的意思，企业可以据此解雇员工，而不论员工的兼职行为是否给企业造成损失。最高人民法院杨心忠法官即持此观点。

比如，山东省滨州市中级人民法院（2016）鲁 16 民终 1115 号民事判决书认为，刘某与甲公司签订的劳动合同约定，在为本公司服务期间，未经公司同意，员工直接或者间接地自营或兼职从事其他生产经营活动或与其他用人单位建立劳动关系，公司可以单方面解除该合同。刘某在职期间在乙公司兼职，违反该约定，甲公司解除劳动合同合法。刘某主张劳动合同中有关禁止兼职的条款是在不公平的情况下签订的，并非其真实意思表示，但没有向法院提供相应的证据予以证实，理由不能成立，法院不予支持。

第二种观点则认为约定无效。

这一观点认为，针对前述第三个要件，劳动法规定了需经“企业提出”这一前置程序，员工如果改正了，则企业不得解雇，只有员工拒不改正，企业方可解雇。也就是说，员工有一次改正的利益，如果双方约定员工兼职企业可以直接解雇，则剥夺了员工的改正利益，员工丧失了改正的机会，这是加重了员工的义务，因此该约定无效。

本书倾向第二种观点。企业不得通过劳动合同约定或者规章制度规定员工有兼职行为即可单方面解雇。

案例 091

员工在职期间违反劳动合同约定兼职，企业解雇是否合法？

北京市第一中级人民法院（2022）京 01 民终 10391 号

姜某于 2019 年 11 月 26 日入职甲公司担任销售总监，双方签订了书面劳动合同，其中约定，劳动者在公司任职期间，未经许可不得再到其他任何单位任全职或兼职工作，或未经公司许可，在公司安排的工作时间内从事非公司安排的其他工作，亦不得自行从事任何营利性、经营性活动且对完成本职工作造成任何影响。若有违反，“公司可给予相应的纪律处分，直至解除本合同。致使公司遭受经济损失的，公司有权要求经济赔偿，并保留依法追究劳动者的法律责任的权利”。姜某在职期间，在未告知甲公司的情况下担任乙公司监事、丙公司法定代表人，2020 年 7 月 10 日，甲公司向姜某送达了解除劳动合同通知书，以姜某违反劳动合同约定为由与其解除劳动合同。双方因此成讼。

审理结果

法院认为，《劳动合同法》规定了用人单位有权解除劳动合同的情形和禁止解除劳动合同的情形，用人单位单方解除劳动合同，应当依照《劳动合同法》，否则属于违法解除劳动合同，该法所规定的解除劳动合同情形属于封闭体系，排除了用人单位和劳动者在法定情形之外另行约定解除劳动合同条件的权利。该案中，甲公司以姜某违反劳动合同约定为由与其解除劳动合同，故法院审查甲公司所持该解除劳动合同的理由是否具有法律依据和事实依据，对于该公司提出的其他解除理由，法院不予审查。双方劳动合同约定的解除条件与法定的解除条件并不一致，甲公司依据劳动合同约定的劳动纪律解除劳动合同，不符合《劳动合同法》的规定，据以对姜某解除劳动合同的理由缺乏法律依据。法院最终判决甲公司向姜某支付违法解除劳动合同赔偿金 70,000 余元。

第七节 劳动合同的终止

劳动合同终止，是指劳动关系由于一定法律事实的出现而终结，劳动合同的法律效力依法被消灭，双方原有的权利义务不再存在。劳动法对劳动合同的终止作出了具体的制度安排，HR 需了解掌握。

一、劳动合同终止的适用情形

《劳动合同法》第 44 条规定了劳动合同终止的情形，分别为：

（1）劳动合同期满的；

（2）员工开始依法享受基本养老保险待遇的；

（3）员工死亡，或者被人民法院宣告死亡或者宣告失踪的；

（4）企业被依法宣告破产的；

（5）企业被吊销营业执照、责令关闭、撤销或者企业决定提前解散的；

（6）法律、行政法规规定的其他情形。

上述规定除第 6 项兜底条款外，前面列举的 5 项大概可以分为三类，分别是劳动合同期满、员工主体资格丧失以及企业主体资格丧失。

案例 092

员工旷工被解雇，企业误将“解除”写成“终止”被判败诉

河南省新乡市中级人民法院（2019）豫 07 民终 571 号

康某于 1993 年入职甲公司，2017 年 3 月 23 日至 5 月 1 日，康某请假，甲公司批准。请假期满后，康某未办理请假手续而未出勤。10 月 13 日，甲公司向康某发出通知让其办理相关手续，康某以身体状况不能胜任原工作为由要求重新安排岗位，未获甲公司准许，康某未再出勤。11 月 6 日，甲公司经通知工会后向康某邮寄送达了劳动合同终止通知书，以康某旷工为由解除劳动合同，终止劳动关系。康某申请劳动仲裁，劳动仲裁委认为康某构成旷工事实，但甲公司下达劳动合同终止通知书不符合法律规定，裁决撤销甲公司作出的劳动合同终止通知书，双方劳动合同继续履行。甲公司不服，诉至法院。甲公司解释称，其本意是解除劳动合同，且该通知书的内容也是解除，其向康某送达的劳动合同终止通知书就是解除劳动合同的通知，不会造成康某误解。

审理结果

法院认为，对于康某而言，其作为普通劳动者而非专业法律人士，无法从性质上辨别“终止”和“解除”的本质区别，且该两种形式分别由《劳动合同法》第 44 条和第 39 条规定，属于不同性质的不再履行劳动合同的方式。甲公司以康某旷工为由向其邮寄送达劳动合同终止通知书，且通知书内容也表述为终止劳动关系，但旷工并不属于《劳动合同法》第 44 条规定的终止劳动合同的情形，故康某要求撤销该通知书，继续上班，法院予以支持，双方的劳动合同应当继续履行。甲公司认为其向康某送达的劳动合同终止通知书就是解除劳动合同的通知，依据不足，法院不予支持。

HR 实务指南

第一，**严格适用劳动合同终止情形**。企业在作出终止劳动合同决定时，应严格按照《劳动合同法》第 44 条规定进行适用，必须要符合该条规定的情形之一，方可终止劳动合同，超过该规定的，不得使用终止，而应改用解除，避免被认定为违法终止。

第二，**区分“解除”和“终止”**。企业在作出解雇决定时，应严格区分是解除劳动合同还是终止劳动合同，不得将解除写成终止，避免被认定为违法终止。

二、劳动合同终止条件不可约定

早在“劳动法时代”，劳动合同终止条件是可以由企业与员工进行约定的，《劳动法》第 19 条规定的劳动合同必备条款中包括了劳动合同终止的条件。

进入“劳动合同法时代”后，劳动合同终止条件不再允许约定。立法者在《劳动合同法》第 17 条规定劳动合同必备条款时，取消了“劳动合同终止的条件”这一内容。随后颁布实施的《劳动合同法实施条例》第 13 条进一步明确了劳动关系双方不得在《劳动合同法》第 44 条规定的法定条件之外约定其他的劳动合同终止条件。

至此，劳动合同终止条件只有法定，不得约定。

案例 093

企业与员工约定劳动合同终止条件，合法吗？

北京市平谷区人民法院（2018）京 0117 民初 1023 号

王某于 2011 年 8 月 1 日入职甲医院从事护士工作，双方签订了《医学技术人员聘用合同书》，其中约定，“王某在合同期内发生下列情况之一，医院有权提前解除劳动合同：……（9）劳动者于毕业后连续 3 年未取得执业资格”。2017 年 8 月 10 日，医院通知王某解除双方之间的劳动关系，理由是王某毕业后连续工作了 3 年仍未取得护士执业资格证，医院依约定解除劳动关系。8 月 15 日，医院工会向人力资源处出具关于解聘王某的意见书，主要内容为，“根据 2014 年 [45] 号文件，关于专业技术人员执业资格的相关规定，工作后连续 2 年以上未考取执业资格证书者，同意给予辞退处理”。9 月 15 日，王某申请劳动仲裁，主张医院支付违法解除劳动合同的赔偿金 10 万余元。12 月 25 日，劳动仲裁委裁决，医院支付王某赔偿金 81,438 元。甲医院诉至法院。

审理结果

法院认为，根据《劳动合同法实施条例》第 13 条规定，劳动合同的终止条件是法定的，当事人不得自行约定，医院与王某在聘用合同中约定王某于毕业后连续 3 年未取得执业资格，医院有权提前解除劳动合同，医院以此为由解除了双方之间的劳动合同，明显有违法律规定。法院最终判决甲医院向王某支付违法解除劳动关系赔偿金 81,438 元。

HR 实务指南

劳动合同终止情形只有法定，不得约定，企业应特别注意这一点，不得通过劳动合同约定或者规章制度规定法定情形以外的终止条件，避免因违反约定而带来法律风险。

三、劳动合同期满不得终止的情形

劳动法规定了劳动合同终止的法定情形，同时也规定了劳动合同期满不得终止的情形，即“负面清单”。《劳动合同法》第 45 条规定，劳动合同期满，有本法第 42 条规定情形之一的，劳动合同应当续延至相应的情形消失时终止，但是，本法第 42 条第 2 项规定丧失或者部分丧失劳动能力劳动者的劳动合同的终止，按照国家有关工伤保险的规定执行。

1. 劳动合同期满不得终止的一般情形

根据这一规定，结合该法条提到的第 42 条，双方劳动合同期满时，有以下情形之一的，企业不得终止劳动合同：

（1）从事接触职业病危害作业的劳动者未进行离岗前职业健康检查的；

（2）疑似职业病病人在诊断或者医学观察期间的；

（3）在本单位患职业病或者因工负伤并被确认丧失或者部分丧失劳动能力的（通常是指劳动能力鉴定为 1~6 级）；

（4）患病或者非因工负伤，在规定的医疗期内的（医疗期满前已经治愈的除外）；

（5）女职工在孕期、产期、哺乳期的；

（6）在本单位连续工作满 15 年，且距法定退休年龄不足 5 年的。

《劳动合同法》第 42 条规定的是解雇保护制度。当该法条规定的情形出现时，并不是绝对不能终止劳动合同，而是应当顺延至相应情形消失时方可终止。以女职工“三期”为例，当“三期”情形消失时（指婴儿出生后满 1 周岁），还是可以终止劳动合同的。

2. 无固定期限劳动合同无法终止

根据劳动法规定，已经签订或者应当签订无固定期限劳动合同的员工，由于无固定期限劳动合同客观上没有终止时间，也不能依照“劳动合同期满”终止。分别为：

（1）劳动者在该用人单位连续工作满 10 年的；

（2）用人单位初次实行劳动合同制度或者国有企业改制重新订立劳动合同时，劳动者在该用人单位连续工作满 10 年且距法定退休年龄不足 10 年的；

（3）连续签订二次固定期限劳动合同，且劳动者没有《劳动合同法》第 39 条和第 40 条第 1 项、第 2 项规定的情形，续签劳动合同的（上海地区除外）。

3. 特殊员工劳动合同期满不得终止

企业的工会主席、副主席、委员在任期内，劳动合同期满时不能终止，只能顺延至工会职务任期届满。《工会法》第 19 条规定，基层工会专职主席、副主席或者委员自任职之日起，其劳动合同期限自动延长，延长期限相当于其任职期间；非专职主席、副主席或者委员自任职之日起，其尚未履行的劳动合同期限短于任期的，劳动合同期限自动延长至任期期满。但是，任职期间个人严重过失或者达到法定退休年龄的除外。

HR 实务指南

企业在适用劳动合同期满这一情形终止与员工的劳动合同时，还应特别关注前文所述不得终止劳动合同的 10 种情形，有其中之一的，不得适用劳动合同期满终止，避免因违法终止而带来法律风险。但是，并不排除除劳动合同期满之外的其他终止情形终止劳动合同。

四、终止劳动合同的程序

在终止劳动合同的程序上，本书认为，当法定终止条件出现时，企业决定终止的，应向员工发出书面的终止劳动合同通知书，并让员工签收。企业决定不终止的，也应发出相关文书。终止劳动合同强调“仪式感”。

以员工达到法定退休年龄终止劳动合同为例。在员工达到法定退休年龄之前，企业应提前评估是否继续返聘。决定不返聘的，直接发出终止通知并在其达到法定退休年龄的当日终止劳动合同，办理离职手续。决定返聘的，应先发出终止劳动合同通知书，然后再与该员工签订劳务协议，也就是将劳动关系明确转为劳务关系。千万别小看这个“小动作”，它在法律上具有很重要的意义，避免日后就员工超过法定退休年龄之后的聘用到底是属于劳动关系还是属于劳务关系互相扯皮，给企业带来不必要的用工风险。当然，如果员工向企业书面提出终止劳动合同，企业只需在其退休当日为其办理离职手续即可。

那么，当前述规定的劳动合同终止情形出现时，是默认自动终止还是需要双方当事人任何一方作出终止意思表示方为终止？实务中又存在不同理解。

有观点认为，只要法定终止条件出现，除劳动法有规定外，劳动合同就终止了，双方当事人是否作出终止意思表示，则在所不问。

也有观点认为，虽然法定终止条件出现，但需双方当事人作出终止意思表示方为终止，若双方均没有作出终止意思表示继续用工，则劳动合同并未终止。《劳动争议司法解释（一）》第 34 条第 1 款规定，劳动合同期满后，劳动者仍在原用人单位工作，原用人单位未表示异议的，视为双方同意以原条件继续履行劳动合同。一方提出终止劳动关系的，人民法院应予支持。也就是说，劳动合同期满的，需以双方当事人作出终止意思表示方为终止，否则则视为以原条件继续履行劳动合同。

本书认为，无论是哪种观点，企业在处理劳动合同终止问题时，均应作出终止意思表示，发出终止劳动合同通知，明确终止双方劳动合同。

HR 实务指南

第一，终止劳动合同要有“仪式感”。劳动合同终止条件出现时，企业决定终止劳动合同的，应向员工发出书面的终止劳动合同通知。

第二，应尽量提前通知员工终止劳动合同。无论有没有地方规定的地区，企业终止劳动合同都应尽量提前通知员工，一是避免因违反地方规定而给企业带来相关法律风险，二是便于员工找新的工作以及做好生活上的安排。

第八节　劳动合同终止的几个疑难问题解析

劳动法规定了劳动合同终止的情形及不得终止的情形，实务中，对这些法律条文的理解和应用，尚存诸多难点。本书尝试归纳一二并简单解析。

一、企业终止劳动合同是否需提前通知员工

国家层级的劳动法没有规定企业终止劳动合同需提前通知员工，原则上，当劳动合同终止条件出现时，企业可以不提前通知员工即终止。我国部分地区对是否提前通知员工作了地方规定，且各地规定也不相同。

第一种观点认为，劳动合同期满终止，需提前 30 日通知员工。

比如，《北京市劳动合同规定》第 40 条规定，劳动合同期限届满前，用人单位应当提前 30 日将终止或者续订劳动合同意向以书面形式通知劳动者，经协商办理终止或者续订劳动合同手续。第 47 条规定，用人单位违反本规定第 40 条规定，终止劳动合同未提前 30 日通知劳动者的，以劳动者上月日平均工资为标准，每延迟 1 日支付劳动者 1 日工资的赔偿金。

除北京外，黑龙江、辽宁、浙江、湖北、吉林等均有类似的地方规定，需提前 30 日通知员工。但是，上述地区均只规定了“劳动合同期满”这一种情形，至于其他终止情形，则无明确规定。

第二种观点认为，劳动合同终止，无须提前通知员工。

比如，福建省劳动和社会保障厅发布的《福建省进一步规范企业劳动合同订立、变更、解除和终止的办法（试行）》（闽劳社文〔2008〕110 号）指出，用人单位与劳动者第一次签订固定期限劳动合同的合同期满，若用人单位没有延续劳动关系意愿或经征求意见、劳动者不同意延续，应在劳动合同期满前 3 日内办理终止劳动合同手续。

又如，贵阳市人民政府《关于修订〈贵阳市劳动合同管理办法〉的决定》（贵阳市人民政府令第 121 号，已废止）在第 19 条规定，增加一条作为第 26 条：用

人单位解除、终止劳动合同，应当书面通知劳动者本人，同时报劳动和社会保障行政部门。

贵阳市的相关规定没有要求企业需提前通知员工终止劳动合同，并且没有局限于“劳动合同期满”这一种情形。

看个司法案例。

广东省深圳市中级人民法院（2018）粤 03 民终 14777 号民事判决书认为，甲公司因劳动合同期限届满而终止与钟某的劳动关系，不属于《劳动合同法》第 40 条规定的未提前 30 日通知解除劳动合同而需额外支付 1 个月工资（代通知金）的条件，钟某要求甲公司支付代通知金，没有事实和法律依据，法院不予支持。

案例 094

劳动合同期满终止，企业是否必须提前 30 日通知员工？

北京市第二中级人民法院（2022）京 02 民终 7196 号

陈某于 2020 年 12 月 1 日入职甲公司担任咖啡厅收银员职务，双方签订了期限为 2020 年 12 月 1 日至 2021 年 2 月 28 日的试用期劳动合同，约定陈某月工资 3000 元。2021 年 3 月 1 日，甲公司以陈某不符合录用条件为由，告知其不再签订劳动合同。陈某申请劳动仲裁，主张甲公司支付未提前 30 日通知解除劳动关系的 1 个月工资等权利，未获支持。陈某不服，诉至法院。

审理结果

法院认为，劳动合同期限届满前，用人单位应当提前 30 日将终止或者续订劳动合同意向以书面形式通知劳动者，经协商办理终止或者续订劳动合同手续。用人单位违反规定，终止劳动合同未提前 30 日通知劳动者的，以劳动者上月日平均工资为标准，每延迟 1 日支付劳动者 1 日工资的赔偿金。该案中，双方签订的劳动合同于 2021 年 2 月 28 日到期终止，用人单位并未提前通知劳动者不与其续订劳动合同，应承担不利后果。法院最终判决甲公司向陈某支付未提前 30 日以书面形式通知终止劳动合同的赔偿金 3098 元。

HR 实务指南

第一，认真查阅当地规定，了解是否提前通知。如前所述，劳动合同期满终止是否需提前通知员工，各地规定不同，HR 需认真查阅企业所在地的地方规定，了解当地的相关政策，避免因未提前通知员工终止而给企业带来赔偿风险。

第二，尽量提前通知员工终止。无论企业所在地区是否有规定需提前通知员工，均建议企业尽量提前通知，一来可以避免未提前通知的赔偿风险，二来也是为了方便员工提前找新的工作，可谓两全其美。

二、第二次固定期限劳动合同期满能不能终止

《劳动合同法》第 44 条第 1 项规定，劳动合同期满的，合同终止。这项规定没有但书，也没有任何附加条件，更没有规定是第几次劳动合同期满。根据文义解释，只要“劳动合同期满”这一条件成就，合同就终止了，至于是第几次期满，则在所不问。

然而，实践中对这句话有不同的理解。主要争议是在第二次固定期限劳动合同期限届满时，企业可否依照上述规定终止劳动合同。对此，我国司法实践中存在不同观点，也是多年来劳动法圈子里一直热议的话题。

第一种观点：可以终止。

这一观点认为，第二次固定期限劳动合同期满后，企业对是否续签劳动合同有选择权，企业选择续签且员工同意续签的，可以续签。员工提出续签无固定期限劳动合同，企业应当与其签订无固定期限劳动合同。企业若不同意续签，属于未能就续签劳动合同协商一致，企业可以在劳动合同期满时终止，并依法支付经济补偿，至于员工是否同意终止、是否提出续签无固定期限劳动合同，则在所不问。

持这一观点的代表地区是上海。

上海市高级人民法院《关于适用〈劳动合同法〉若干问题的意见》（沪高法〔2009〕73 号）第 4 点“涉及无固定期限劳动合同的几个问题”第 4 项中指出，用人单位与劳动者连续订立几次固定期限劳动合同以后，续订合同应当订立无固定期限合同，《劳动合同法》第 14 条第 2 款第 3 项的规定，应当是指劳动者已经与用人单位连续订立二次固定期限劳动合同后，与劳动者第三次续订合同时，劳动者提出签订无固定期限劳动合同的情形。

从上海市高级人民法院的这条意见看，它并没有明确指出连续两次劳动合同期满后企业可以单方面终止，更多的是采用推理法推定企业可以单方面终止。其推理逻辑是：第一，必须得员工提出了签订无固定期限劳动合同，如果没有提出，则缺乏此要件，企业可以终止；第二，即使员工提出了签订无固定期限劳动合同，企业也可以不同意。总之一句话，两次劳动合同期满后，不管员工提没提出签订无固定期限劳动合同，企业都可以单方面终止，其本质上还是强调，若需签订无固定期限劳动合同，则必须双方协商一致。

在上海地区的司法实践中，大面积采用“可以终止”的观点进行裁判。摘录两则如下。

上海市高级人民法院（2019）沪民申 1423 号民事裁定书认为，双方虽已连续签订二次固定期限劳动合同，但在第二次固定期限劳动合同到期前，甲公司已向赵某表达了劳动合同到期后不再续签的意思表示，一、二审法院认定赵某单方提出要求续签无固定期限劳动合同的意愿，并不符合我国《劳动合同法》中用人单位应当签订无固定期限劳动合同的情形，据此对甲公司要求不与赵某续签无固定期限劳动合同的请求予以支持，于法有据。

上海市高级人民法院（2020）沪民申 2002 号民事裁定书认为，订立无固定期限劳动合同的前提是用人单位与劳动者协商一致，甲公司作为用人单位， 在与陈某第二次劳动合同期限届满前，已经提前 1 个月以书面形式向陈某发出不再续签劳动合同的通知，因此，双方虽然连续签订二次固定期限劳动合同，但并无第三次续签劳动合同的合意，无法适用《劳动合同法》第 14 条第 2 款第 3 项所规定的情形。

除上海地区外，其他地区也有判例持此观点。摘录两则如下。

安徽省高级人民法院（2020）皖民申 3717 号民事裁定书认为，根据《劳动合同法》第 14 条规定，企业与员工协商一致，可以订立无固定期限劳动合同，据此原审法院认为张某依法有权要求与公司签订无固定期限劳动合同，但须与公司协商一致，并无不当。该案二审法院认为，公司在张某劳动合同期满后，不同意与其续签劳动合同，张某仅凭双方已连续订立二次固定期限劳动合同为由要求公司与其签订无固定期限劳动合同法律依据不足，法院驳回其该项诉请。

辽宁省大连市中级人民法院（2022）辽 02 民终 3708 号民事判决书认为，因实务中两种观点争议较大，在立法机关作出新的规定或最高人民法院作出新的司法解释之前，实务中各地仍延续当地通常做法作出认定。因李某所持的不可终止观点与法院对于类案的裁判尺度即“在第二次固定期限劳动合同期满后，用人单位有劳动关系终止权，对是否续订劳动合同有选择权”不一致，故对李某主张甲公司支付违法终止劳动合同赔偿金的请求，法院不予支持。

第二种观点：不可终止。

这一观点认为，第二次固定期限劳动合同期满后，企业对是否续签劳动合同没有选择权，除员工提出续签固定期限劳动合同外，企业应当与其签订无固定期限劳动合同。

部分地区对此作出了明确规定。摘录两则如下。

《江苏省劳动合同条例》第 18 条第 1 款规定，在《劳动合同法》实施后，用人单位与劳动者连续订立了二次固定期限劳动合同，且劳动者没有《劳动合同法》第 39 条和第 40 条第 1 项、第 2 项规定情形的，用人单位应当在第二次劳动合同期满 30 日前，书面告知劳动者可以订立无固定期限劳动合同。

《天津法院劳动争议案件审理指南》（津高法〔2017〕246 号）第 16 条规定，【连续订立二次以上固定期限劳动合同的劳动者要求订立无固定期限劳动合同的处理】劳动者与用人单位连续订立二次以上固定期限劳动合同，且劳动者没有《劳动合同法》第 39 条和第 40 条第 1 项、第 2 项规定的情形，劳动者提出或者同意续订劳动合同，除劳动者提出订立固定期限劳动合同外，用人单位拒绝与劳动者订立无固定期限劳动合同的，不予支持。

“不可终止”观点的底层逻辑，源自《劳动合同法》第 14 条第 2 款第 3 项。其一，《劳动合同法》第 44 条第 1 项属普通法，第 14 条第 2 款第 3 项则属特别法，普通法与特别法相冲突时，应优先适用特别法；其二，前述两处法条相冲突时，应作有利于劳动者的解释，即应优先适用《劳动合同法》第 14 条第 2 款第 3 项，企业应当签订无固定期限劳动合同，不得单方面终止。

我国大部分地区持此观点，此观点是目前司法实践中的主流观点。

本书则持第一种观点，即第二次劳动合同期满时，企业可以终止劳动合同，并依法支付经济补偿金。理由如下：

其一，“可以终止”是法条当然之义。《劳动合同法》第 44 条第 1 项规定的“劳动合同期满”，并没有规定只有第一次合同期满才能终止，也没有但书，因此，只要是固定期限的劳动合同，期满就可以终止，是该法条的当然之义。

其二，“不可终止”与《劳动合同法》第 14 条相悖。如果第二次劳动合同期满不可终止，则第二次劳动合同失去了“期满”的意义，客观上没有期满之日了，于企业而言，第二次合同就已经是无固定期限了。如此一来，《劳动合同法》第 14 条第 2 款第 3 项规定的“连续订立二次固定期限劳动合同”，就失去了意义。立法者之所以规定连续签订两次才签无固定期限，其原理就是第二次合同期满是可以终止的，如果不可终止，那直接规定第一次合同期满就签无固定期限，岂不更好？

然而，观点归观点，实践归实践。HR 应多关注当地法院的裁判方向，毕竟，第二次合同期满到底能不能终止，最终还是法院说了算。虽然本书持“可以终止”的观点，但这只是学术讨论，诸君应慎之。

HR 实务指南

有关第二次固定期限劳动合同期满时企业是否享有终止权，鉴于目前我国司法实践中几乎一边倒地持“不可终止”观点，本书认为企业应注意以下两点并按其操作。

第一，尽量在第一次劳动合同期满时终止。我国司法实践中有争议的是第二次劳动合同期满企业是否享有终止权，但第一次合同期满是没有任何争议的，企业可以终止。那么，于企业而言，应在员工第一次合同期满前对该员工的工作能力、工作态度、专业能力等结合企业实际用工情况进行综合评估，经评估若认为该员工没有继续留下来的必要，则在第一次合同期满时即终止，不要等到第二次合同期满时再终止，避免发生不能终止的被动局面。

第二，尽量采用协商一致的方式终止第二次期满的劳动合同。员工第二次劳动合同期满，若企业实在不想用这个员工了，应尽量采用与员工协商一致的方式解除劳动合同，避免因企业单方面违法终止劳动合同而带来赔偿风险。

三、员工达到法定退休年龄，企业能否终止劳动合同

这又是一个颇有争议的话题。通常认为，员工达到法定退休年龄时劳动合同能否终止，其基础条件是超龄人员与企业是否依然属于劳动关系，若属于劳动关系，则通常认为不能终止，反之则可以终止。

这个问题在司法实践中比较复杂，各地判例中出现了多种不同观点。本书尝试从法律规定和司法观点两个方面进行梳理。

1. 法律规定（以发布或者施行的时间为顺序）

2008 年 1 月 1 日：《劳动合同法》第 44 条第 2 项规定，劳动者开始依法享受基本养老保险待遇的，劳动合同终止。

笔者一直认为这里存在一个问题。立法者以享受基本养老待遇作为劳动合同终止的划分标准，而不是以达到法定退休年龄作为划分标准，使得这个法条产生了歧义。事实上，我国还有大量的人达到了法定退休年龄但无法享受养老保险待遇，对于这些人群，劳动合同到底能不能终止？根据这一规定，只要员工没有享受或者无法享受养老保险待遇，哪怕员工今年100岁，企业也不得终止其劳动合同。

2008 年 9 月 18 日：《劳动合同法实施条例》第 21 条规定，劳动者达到法定退休年龄的，劳动合同终止。

这一规定算是给《劳动合同法》第 44 条第 2 项打了个“补丁”，主要考虑员工达到法定退休年龄，不再符合劳动法规定的主体资格，即不具备建立劳动关系的条件，劳动合同自然终止。这一规定简明扼要，干脆利落，没有但书，没有例外，含义清晰，文字表述准确，没有歧义。只要员工达到了法定退休年龄，劳动合同就一律终止，员工是否享受养老保险待遇，则在所不问。

比如，江苏省高级人民法院（2020）苏民申 7165 号民事裁定书认为，《劳动合同法实施条例》为贯彻实施《劳动合同法》而制定，是对《劳动合同法》的细化和补充，张某于 2018 年 9 月 19 日达到法定退休年龄（尚未享受养老保险待遇或者领取退休金），甲公司于该日终止与张某的劳动合同并为其办理退休手续，符合上述规定，不存在侵害张某合法权益的故意。

但司法实践中还存在不同的理解。

比如，山东省高级人民法院（2021）鲁民再43号民事判决书认为，《劳动合同法》《劳动合同法实施条例》关于达到退休年龄劳动合同终止的规定是基于一般情况下劳动者达到退休年龄且退休后可以享受基本养老保险，《劳动合同法实施条例》虽然赋予了用人单位在劳动者达到法定退休年龄时享有对劳动关系的终止权，但法律并未规定劳动关系中劳动者一方的年龄不得高于法定退休年龄……

2010 年 3 月 17 日：最高人民法院行政审判庭《关于超过法定退休年龄的进城务工农民因工伤亡的，应否适用〈工伤保险条例〉请示的答复》（〔2010〕行他字第10号)指出，用人单位聘用的超过法定退休年龄的务工农民，在工作时间内、因工作原因伤亡的，应当适用《工伤保险条例》的有关规定进行工伤认定。

这个文件是最高人民法院行政审判庭专门针对山东省高级人民法院发出的鲁高法函〔2009〕31 号请示所作的答复，答复内容为《工伤保险条例》适用问题，按说与本节所讨论的话题无关。然而，这个答复的“能量”相当大，在山东地区，出现了大量超过法定退休年龄仍然被认定为劳动关系的判例。其中争议颇大的案例之一，便是“76 岁大爷”案。

山东省高级人民法院（2015）鲁民提字第 526 号民事判决书认为，徐某（1935 年 12 月 24 日出生，至 2012 年 1 月 23 日死亡时已年满 76 周岁）为农业户口人员，徐某领取的农村居民养老保险金是政府补贴，不是法律和司法解释规定的养老保险待遇，徐某并未享受养老保险待遇或领取退休金，因此，不能确认徐某与甲公司为劳务关系。徐某为甲公司提供劳动时为 71 岁，虽已年满 60 周岁，但相关法律法规并未规定农业人员 60 周岁后，不能与用人单位建立劳动关系。山东省高级人民法院最终认定徐某与甲公司存在劳动关系。

2010 年 9 月 14 日：最高人民法院《关于审理劳动争议案件适用法律若干问题的解释（三）》（法释〔2010〕12 号，已废止）第 7 条规定，用人单位与其招用的已经依法享受养老保险待遇或领取退休金的人员发生用工争议，向人民法院提起诉讼的，人民法院应当按劳务关系处理。

感觉好像又绕回到《劳动合同法》第 44 条第 2 项上去了。要是招用的人员没有享受或者无法享受养老保险待遇（或领取退休金），那是按劳动关系处理还是劳务关系处理呢？这里没说，可谓语焉不详。

2. 司法观点

员工达到法定退休年龄企业能否终止劳动合同，司法实践中存在多种观点。

第一种观点是员工达到法定退休年龄的，劳动合同一律终止。

持此观点者认为，根据《劳动合同法实施条例》第 21 条规定，能否终止劳动合同只看员工年龄是否达到了法定退休年龄，不区分是否享受养老保险待遇或者领取退休金。

比如，上海市高级人民法院（2020）沪民申 75 号民事裁定书认为，根据《劳动合同法》及其实施条例规定，劳动者达到法定退休年龄与劳动者开始依法享受基本养老保险待遇的情形，两者均可产生劳动合同终止的法律效果，劳动者达到法定退休年龄的，不论其是否依法享受基本养老保险待遇，依照《劳动合同法实施条例》第 21 条的规定，劳动合同终止。

又如，湖北省高级人民法院（2017）鄂民申 3415 号民事裁定书认为，根据《劳动合同法实施条例》第 21 条规定，达到法定退休年龄是劳动合同终止的充分条件，该法条没有赋予未享受基本养老保险待遇情形等在内的任何除外情形。

再如，广东省高级人民法院（2018）粤民再 100 号民事判决书认为，已达法定退休年龄继续就业者与用人单位形成的是劳务关系，而非劳动关系，无论其是否享受基本养老保险待遇。该案中，陈某在达到退休年龄后，继续向甲公司提供劳动，陈某虽然没有依法享受养老保险待遇，但是，双方形成的用工关系按劳务关系处理。

第二种观点是是否终止要看员工是否享受养老保险待遇或者领取退休金。

持此观点者认为，根据《劳动合同法》第 44 条第 2 项规定，只有依法享受养老保险待遇或者领取退休金的，才可以终止劳动合同，否则不得终止，双方劳动关系依然存在。

比如，新疆维吾尔自治区高级人民法院（2021）新民申 2013 号民事裁定书认为，根据《劳动合同法》第 44 条第 2 项和相关司法解释规定，依法享受基本养老保险待遇或领取退休金是认定劳动合同终止或劳动者与用人单位之间形成劳务关系的前提，该案中，李某未享受养老保险待遇，不符合上述法律规定的构成劳务关系的基本条件。

第三种观点是是否终止要看员工不能享受养老保险待遇的原因是否能归咎于企业，若不能，则自然终止，若能，则不能终止。

这一观点在前述两种观点中折了个中，避开了两种观点的弊端，平衡双方利益，体现公平原则。

比如，湖北省高级人民法院（2021）鄂民申 6206 号民事裁定书认为，《劳动合同法实施条例》第 21 条是对《劳动合同法》第 44 条第 2 项立法不足而作出的补充规定，实务中具体应适用哪个规定，则与劳动者不能享受养老保险待遇的原因有关。如劳动者在用人单位工作年限较短，用人单位一直正常为劳动者参加基本养老保险，由于劳动者不能享受基本养老保险待遇不可归咎于用人单位，法院应适用《劳动合同法实施条例》的规定，即劳动者非因用人单位原因不能享受基本养老保险待遇的，双方劳动关系在劳动者达到法定退休年龄时自然终止。

又如，湖南省长沙市中级人民法院（2023）湘 01 民终 14231 号民事判决书认为，屈某于 2021 年 12 月 27 日达到法定退休年龄，屈某未能依法办理退休并领取相关养老保险待遇，并不能归责于甲公司，甲公司在屈某入职期间，已依法为其缴纳了社会保险，只是因为屈某累计缴费未满 15 年而不能享受基本养老保险金待遇，故屈某与甲公司之间的劳动关系因屈某达到法定退休年龄而终止。

本书倾向赞同第三种观点。

除上述三种观点外，还有一些极为少数的观点。比如，山东省淄博高新技术产业开发区人民法院（2022）鲁 0391 民初 1523 号民事判决书认为，孙某与甲公司的合同期限自 2020 年 1 月 22 日起至 2025 年 1 月 21 日止，并且约定了解除合同的条件，在合同有效期限内甲公司以孙某达到法定退休年龄为由单方解除合同，不符合合同约定。同时，法律并没有超过法定退休年龄劳动合同即终止的规定。故甲公司在劳动合同期限内单方于 2022 年 3 月 26 日解除劳动合同并通知孙某的行为，违反了法律规定，应支付赔偿金。

05 第五章 工作时间与休息休假

综观整个劳动关系体系，工资福利无疑是员工最为关心的内容，其次就是工作时间和休息休假了。正因为是劳动关系中最为敏感的内容之一，一直以来，工作时间和休息休假都是劳动争议的高发地带，毫不夸张地说，几乎所有的劳动争议，都会或多或少地涉及工作时间与休息休假。因此，企业如何处理好员工的工作时间和休息休假，是做好企业劳动关系管理的必修课。

| 第一节 | 工作时间

工作时间是指员工根据劳动法规定以及双方劳动合同约定向企业提供劳动的时间，即员工每天应工作的时数或者每周应工作的天数。工作时间包括长短，即每天工作几小时，也包括方式，即五天工作制还是六天工作制、只上早班还是三班倒等。

我国劳动法规定了三种工时制度，即标准工时制、不定时工作制和综合计算工时工作制。其中标准工时制为一般工时制度，是三种工时制度中使用最广泛的一种，不定时工作制和综合计算工时工作制则是特殊工时制度，只针对特殊的工作岗位才能实行。

一、标准工时制

标准工时制是指由劳动法统一规定的员工向企业提供正常劳动的时间，是我国劳动者工作时间的基本制度。我国劳动法规定的员工标准工作时间为每日工作时间不超过 8 小时、每周不超过 40 小时、每周至少休息 1 日，可以简称为标准工作时间“三要素”。

1. 每周工作 40 小时还是 44 小时

先看《劳动法》的规定。该法第 36 条规定员工每日工作时间不超过 8 小时、平均每周工作时间不超过 44 小时。第 38 条规定每周至少休息 1 日。这两条规定规制了标准工时制的“三要素”原则，奠定了我国劳动者工作时间制度的基础。

再看国务院规定。国务院《关于职工工作时间的规定》第 3 条规定了职工每日工作 8 小时、每周工作 40 小时。

那么，每周工作时间到底是 40 小时还是 44 小时，以哪个为准？答案是以 40 小时为准。《劳动法》是 1994 年 7 月 5 日全国人大常委会通过， 1995 年 1 月 1 日起施行。国务院《关于职工工作时间的规定》虽是 1994 年 2 月 3 日发布，但是在 1995 年 3 月 25 日国务院《关于修改〈国务院关于职工工作时间的规定〉的决定》

对该规定进行修订并于同年 5 月 1 日起施行。根据新法优于旧法、特别法优于一般法原则，我国职工工作时间应适用新法规定。至此，我国标准工作时间“三要素”原则正式确立，即每日工作时间不超过 8 小时、每周工作时间不超过 40 小时、每周至少休息 1 日。

我国职工每周工作时间进入了“双休”时代后，超过上述工作时间的，应按加班处理，需向员工支付加班费。原劳动部《关于职工工作时间有关问题的复函》（劳部发〔1997〕271 号）指出，如果企业要求员工每周工作超过 40 小时但不超过 44 小时，且不作延长工作时间处理，劳动行政机关有权要求其改正。

2. 工作时间的计算规则

根据原劳动和社会保障部 2008 年 1 月 3 日发布的《关于职工全年月平均工作时间和工资折算问题的通知》（劳社部发〔2008〕3 号），我国职工的法定工作时间按以下规则计算：

年工作日：365 天 −104 天（休息日）−11 天（法定节假日）= 250 天

季工作日：250 天 ÷4 季= 62.5 天 / 季

月工作日：250 天 ÷12 月= 20.83 天 / 月

工作小时数的计算：以月、季、年的工作日乘以每日的 8 小时。

这里需要注意月工作日和计薪天数的区分。月工作日是指每月平均应出勤的天数，没有包含全年 11 天的法定节假日，因此是每月 20.83 天；计薪天数则是包含了全年法定节假日的月平均天数，即每月 21.75 天。全年 11 天的法定节假日职工不需出勤工作，但是有工资，企业应当计发工资，属于“计薪日”，因此每月平均计薪天数为 21.75 天。

2024 年 11 月 10 日，国务院公布《国务院关于修改〈全国年节及纪念日放假办法〉的决定》(国务院令第 795 号)，自 2025 年 1 月 1 日起，我国全体公民放假的节日由全年 11 天提高到全年 13 天。新规定施行后，上述月工作日、年工作日将发生变化，但是，由于新增加的 2 天法假日仍属于计薪日，因此 21.75 天的月计薪天数不会改变。

3. 五天工作制 vs 六天工作制

五天工作制即“双休制”，是指企业规定员工每天工作不超过 8 小时、每周工作 5 天的工时制度，可以是每天工作 8 小时，也可以是 7 小时、6 小时甚至更少，每天少于 8 小时的部分，为企业放弃让员工上足 8 小时班的权利，作为员工福利提供给员工。

六天工作制是指企业规定员工每天工作时间少于 8 小时，但是少于 8 小时的部分企业并没有放弃，而是将其挪到了休息日，客观上员工每周有六天在上班，因此称为“六天工作制”。比如，企业规章制度规定或者劳动合同约定，员工周一至周五每日工作 7 小时、周六工作 4 小时，这种工作时间依然符合标准工作时间“三要素”规定，周六工作的 4 小时，企业无须支付加班费。

简言之，标准工作时间不仅仅只有“88888”模式（俗称“5 天 8 小时制”“双休制”），还可以是“777775”“777774”等模式，不违反“三要素”规定即可。

部分地区还对此作出了规定。

吉林省高级人民法院《关于审理劳动人事争议案件法律适用问题的解答（三）》（吉高法〔2021〕159 号）指出，劳动者虽然每周工作 6 天，但每日工作时长均不足 8 小时、每周工作总时长亦未达到法定上限 40 小时的情形下，劳动者于双休日工作 1 天不宜认定为休息日加班。

江苏省劳动争议仲裁委员会 2007 年印发的《江苏省劳动仲裁案件研讨会纪要》（苏劳仲委〔2007〕1 号）指出，用人单位规章制度规定实行每周工作 6 天，每周不超过 40 小时的工作制度，并不违反相关规定，职工星期六上班不属于休息日加班，用人单位无须支付加班费。

深圳市中级人民法院《关于审理劳动争议案件的裁判指引》（深中法发〔2015〕13 号）指出，用人单位实行每周工作 6 天，每周工作时间不超过 40 小时的，应予准许，该工作制度属于标准工时制。

案例 095

每周工作 6 天 ×6.5 小时，企业是否应支付第 6 天的加班费？

北京市第二中级人民法院（2016）京 02 民终 10003 号

杨某于 2015 年 3 月 25 日入职甲珠宝公司从事珠宝设计工作，双方签订了一年期限书面劳动合同，约定月工资标准为 2500 元。杨某在职期间，每周工作 6 天，每天工作 6.5 小时（上午 10:00~12:00、下午 1:30~6:00），周日及法定节假日休息。2016 年 3 月 25 日，劳动合同期满，甲公司终止了双方劳动合同，杨某离职。随后，杨某申请劳动仲裁，主张甲公司支付加班费60,000元等权利。双方因此成讼。

审理结果

法院认为，杨某每周工作6天，周日休息，结合杨某每天工作6.5小时，其每周总的工作时间并未超过法定时间，故对于杨某主张甲公司支付2015年3月25日至2016年3月25日加班费的请求，法院不予支持。

实务中，每天工作不满8小时，主要有两种表现形式。

一种是六天工作制。如前述，“777775”或者“777774”的工作时间模式，并不违反“三要素”原则。该案即属此类情形，甲公司与杨某的劳动合同约定周一至周五每天工作6.5小时，小于8小时的1.5小时，甲公司并没有放弃，而是挪到了周六，形成“每周工作6天 ×6.5小时”的模式，是符合法律规定的。

另一种则依然是五天工作制。比如，企业规定员工工作时间为周一至周五每天7小时，周六、日休息。相对“5天8小时”而言，每天少于8小时的部分，属于企业放弃权利，作为福利向员工提供了。

概言之，只要企业的工作时间没有违反“三要素”原则，都是可以的。具体是实行六天制还是五天制，企业可以根据实际生产经营需要自行确定。

如果企业规定工作时间为每周工作7天、每天5小时，是否符合“三要素”原则呢？答案是，不符合。虽然每天工作时间没有超过8小时，每周也没有超过40小时，但是违反了“每周至少休息1日”的规定，因此，周日上班的5小时，企业应当依法支付加班费。

江苏省南通市中级人民法院（2018）苏06民终1678号民事判决书认为，一些企业单位因工作性质和生产特点不能实行标准工时制，实行其他工时制度的，应当保证劳动者每天工作不超过8小时，每周工作时间不超过40小时且至少安排休息1天，用人单位安排劳动者休息日或者法定节假日劳动的，应当依法支付加班工资。

4. 工作周的定义

国务院《关于职工工作时间的规定》第7条规定了国家机关、事业单位实行统一的工作时间，即每周一至周五为工作日，周六和周日为休息日，企业和不能实行前述统一工作时间的事业单位，可以根据实际情况灵活安排周休息日。

也就是说，企业既可以实行统一工作时间，又可以自定义休息日。于企业而言，劳动法并没有规定一定要以周六、日作为休息日。

最常见的是餐饮业、酒店业、超市百货等服务类行业，周六、日往往是客流量最大的时候，为了赚取更多的利润，同时也是方便顾客，这些企业往往都会将休息日错开，把周六、日定义为工作日，在周一至周五选择两天为休息日（如周三、周四两天）。这样是不违反劳动法规定的。

比如，浙江省绍兴市中级人民法院（2015）浙绍民终字第 2354 号民事判决书认为，鉴于我国法律法规并未明确规定星期六、星期日作为企业的法定休息日，因此，吴某在星期六、星期天工作并不等同于其在休息日工作，由于甲公司已安排星期四作为劳动者周休息日，已保障了劳动者休息权利，结合吴某的工作时间及休息时间，吴某在星期六、星期天工作不能认定为系其加班工作。故甲公司无须向吴某支付休息日加班工资。

又如，天津市北辰区人民法院（2017）津 0113 民初 5129 号民事判决书认为，程某虽然存在周六、日工作的情况，但也存在周一至周五连续休息 24 小时的情况，且其一周连续休息 24 小时的情况超过两次，相当于双休日休息，故其超过法定工作时间的部分不应认定为双休日加班，甲公司不应支付程某双休日加班费。

5. 补休与调休

• 补休

补休即弥补休息时间，是指企业安排员工休息日加班而事后补给休息。根据《劳动法》第 44 条规定，企业安排员工休息日加班的，可以安排补休，也可以支付加班费。由此可见，补休一定是安排加班在前，补给休息在后，而不得反之。

那么，如果员工在工作日或者法定休假日加班，企业可否安排员工补休呢？实务中对这一问题存在争议。

第一种观点认为可以安排补休。

原劳动部发布的《对〈工资支付暂行规定〉有关问题的补充规定》（劳部发〔1995〕226 号）指出，凡是安排劳动者在法定工作日延长工作时间或安排在休息日工作而又不能补休的，均应支付给劳动者不低于劳动合同规定的劳动者本人小时或日工资标准 150%、200% 的工资；安排在法定休假日工作的，应另外支付给劳动者不低于劳动合同规定的劳动者本人小时或日工资标准 300% 的工资。

注意，这里所规定的法定工作日和休息日之间用了“或”字，即“二选一”的意思，满足其中一个即可。因此，员工在工作日加班的，企业也是可以安排补休的。

比如，上海市第一中级人民法院（2017）沪01民终13805号民事判决书认为，黄某在职期间，实行延时及休息日加班后进行统一调休制度，黄某延时部分已经安排调休的，不再支持加班费。法院对于黄某工作日加班后企业安排调休的做法持认可态度，可以用调休冲抵黄某工作日加班的工作时数。

第二种观点则认为不能安排补休。

原因很简单，工作日或者法定休假日加班安排补休没有法律依据。因此，即使企业安排了员工补休，仍需向员工支付加班费。

比如，广东省深圳市中级人民法院（2020）粤03民终7821号民事判决书认为，虽然甲公司《员工手册》中规定只有在甲公司不能安排调休的情况下，才应当向员工支付加班工资，但该规定与《劳动法》第44条关于平时加班工资支付的情况相冲突，《员工手册》的该规定不能作为甲公司用工管理的依据，甲公司在原审时认可王某调休的是平时加班时间，因此仍应支付平时加班工资。

· 调休

调休即调整休息时间，其实就是“挪假”。最典型的是，国务院办公厅每年年底都会发布次年放假安排通知，为了凑成较长的假期，几乎无一例外会在放假通知中安排调休。

比如，2023年10月25日国务院办公厅发布的2024年放假安排通知中，其中春节、劳动节、中秋节、国庆节都安排了调休。

除此之外，企业自身也可以安排调休。比如，某企业提前接到供电部门通知称2023年11月13日（周一）因变压器维修需要停电一天，那么企业可以安排调休，即11月11日（周六）正常上班，11月13日全体员工休息。

案例096

员工法定节假日上班，企业安排补休是否合法？

广东省深圳市龙岗区人民法院（2020）粤0307民初3403号

彭某于2013年入职甲公司，双方签订了书面劳动合同，彭某离职前担任商品经理职务。彭某在职期间，甲公司分别安排其 2015 年 10 月 1 日、2016 年 10 月 1 日、2017 年 5 月 1 日加班，甲公司安排了彭某补休，但未支付加班费。2019 年 9 月 18 日，彭某以未及时足额支付劳动报酬为由通过电子邮件方式向甲公司提出被迫解除劳动关系，双方劳动关系于当天解除。随后，彭某申请劳动仲裁，主张甲公司支付上述 3 个法定节假日加班的加班费等权利。双方因此成讼。

审理结果

法院认为，甲公司虽主张已经对彭某上述 3 个法定节假日加班安排了补休，但根据《劳动法》第 44 条的规定，用人单位在法定节假日安排劳动者劳动的，不能因补休免除用人单位支付加班费的责任，故甲公司应支付彭某法定节假日加班费，劳动者在法定节假日加班的，用人单位应按照正常工资标准的 4 倍向劳动者支付节假日工资。

HR 实务指南

第一，**遵守标准工作时间“三要素”**。实行标准工时制的企业，应遵循“每日工作不超过 8 小时，每周工作不超过 40 小时，每周至少休息 1 日”。超出此范围的，应依法支付加班费。

第二，**周定义及每日工作时间应清晰明确**。比如，企业应在规章制度或者劳动合同中明确，每周一至周五为工作日，工作日工作时间为 8:30~12:00、13:30~18:00，周六、日为休息日。尽量可能的情况下，不建议实行六天工作制，若确有必要每周工作 6 天，则应一并明确，且严格遵守工作时间“三要素”，员工工作时间超过“三要素”的部分，企业应当依法支付加班费。

第三，**安排法定节假日上班的，应依法支付加班费**。由于劳动法并没有规定企业安排员工在法定节假日加班可以调休或者补休，司法实践中主流观点通常也认为不得调休或者补休，企业没有必要去冒这个风险，员工在法定节假日上班的，企业依法额外支付不低于正常工作时间工资 300% 的加班费即可。

二、不定时工作制

不定时工作制，原广东省劳动和社会保障厅发布的《关于企业实行不定时工作制和综合计算工时工作制的审批管理办法》（粤劳社发〔2009〕8号）第3条给出的定义是“指因生产特点、工作特殊需要或职责范围，无法按标准工作时间衡量、需机动作业而采取不确定工作时间的一种工时制度”。

国务院《关于职工工作时间的规定》第5条规定，因工作性质或者生产特点的限制，不能实行标准工时制度的，按照国家有关规定，可以实行其他工作和休息办法。这里说的“其他工作和休息办法”，通常是指不定时工作制和综合计算工时工作制。

·可实行不定时工作制的人员

原劳动部《关于企业实行不定时工作制和综合计算工时工作制的审批办法》（劳部发〔1994〕503号）第3条则直接规定了企业因生产特点不能实行《劳动法》第36条、第38条规定的，可以实行不定时工作制或综合计算工时工作制等其他工作和休息办法。

根据原劳动部《关于企业实行不定时工作制和综合计算工时工作制的审批办法》第4条规定，企业对符合下列条件之一的职工可以实行不定时工作制：

（1）企业中的高级管理人员、外勤人员、推销人员、部分值班人员和其他因工作无法按标准工作时间衡量的职工；

（2）企业中的长途运输人员、出租汽车司机和铁路、港口、仓库的部分装卸人员以及因工作性质特殊，需机动作业的职工；

（3）其他因生产特点、工作特殊需要或职责范围的关系，适合实行不定时工作制的职工。

·实行不定时工作制的审批

不定时工作制是针对因生产特点、工作特殊需要或职责范围的关系，无法按标准工作时间衡量或需要机动作业的劳动者所采用的一种工时制度。法律规定不定时工作制必须经审批方可实行。一方面，用人单位不能仅凭与劳动者约定就实行不定时工作制，而应当及时报人社部门批准后实行。对实行不定时工作制的劳动者，也应当根据有关规定，采用集中工作、集中休息、轮休调休、弹性工作时间等方式，确保劳动者休息休假权利。另一方面，人社部门不断完善特殊工时工作制的审批机制，及时满足用人单位经营管理需要。比如，规定批复时效在疫情防控期间到期且无法通过邮寄、网络等方式办理的，经原审批部门同意并备案后，原批复有效期可顺延至疫情防控措施结束。

案例 097

用人单位与劳动者自行约定实行不定时工作制是否有效？

人力资源和社会保障部、最高人民法院《劳动人事争议典型案例（第一批）》

2017 年 11 月 1 日，张某与某物业公司签订 3 年期劳动合同，约定张某担任安全员，月工资为 3500 元，所在岗位实行不定时工作制。物业公司于 2018 年 4 月向当地人社部门就安全员岗位申请不定时工作制，获批期间为 2018 年 5 月 1 日至 2019 年 4 月 30 日。2018 年 9 月 30 日，张某与物业公司经协商解除了劳动合同。双方认可 2017 年 11 月至 2018 年 4 月、2018 年 5 月至 2018 年 9 月，张某分别在休息日工作 15 天、10 天，物业公司既未安排调休又未支付休息日加班工资。张某要求物业公司支付上述期间休息日加班工资，物业公司以张某实行不定时工作制为由未予支付。张某申请劳动仲裁，主张物业公司支付 2017 年 11 月至 2018 年 9 月的休息日加班工资共计 8046 元（3500 元 ÷21.75 天 ×25 天 ×200%）。

处理结果

仲裁委员会裁决物业公司支付张某 2017 年 11 月至 2018 年 4 月的休息日加班工资 4828 元（3500 元 ÷21.75 天 ×15 天 ×200%），张某不服仲裁裁决起诉，一审法院判决与仲裁裁决一致，后张某不服一审判决向上一级人民法院提起上诉，二审判决维持原判。

案例分析

该案的争议焦点是未经审批，物业公司能否仅凭与张某的约定实行不定时工作制。

根据劳动法规定，用人单位对劳动者实行不定时工作制，有严格的适用主体和适用程序要求，只有符合国家规定的特殊岗位劳动者，并经过人社部门审批，用人单位才能实行不定时工作制，否则不能实行。

该案中，张某所在的安全员岗位经审批实行不定时工作制的期间为2018年5月1日至2019年4月30日，此期间内根据《工资支付暂行规定》规定，物业公司依法可以不支付张某休息日加班工资。2017年11月至2018年4月，物业公司未经人社部门审批，对张某所在岗位实行不定时工作制，违反相关法律规定。因此，应当认定此期间张某实行标准工时制，物业公司应当按照劳动法规定支付张某休息日加班工资。

三、综合计算工时工作制

综合计算工时工作制是指因工作性质特殊或受季节及自然条件限制，需在一段时间内连续作业，采取以周、月、季、年等为周期综合计算工作时间的一种工时制度。

根据原劳动部《关于企业实行不定时工作制和综合计算工时工作制的审批办法》第5条规定，企业对符合下列条件之一的职工，可实行综合计算工时工作制：

（1）交通、铁路、邮电、水运、航空、渔业等行业中因工作性质特殊，需连续作业的职工；

（2）地质及资源勘探、建筑、制盐、制糖、旅游等受季节和自然条件限制的行业的部分职工；

（3）其他适合实行综合计算工时工作制的职工。

原劳动部发布的《关于贯彻执行〈中华人民共和国劳动法〉若干问题的意见》第65条指出，实行综合计算工时工作制，应分别以周、月、季、年等为周期，综合计算工作时间，但其平均日工作时间和平均周工作时间应与法定标准工作时间基本相同。

此外，实行综合计算工时工作制的员工，也应遵守企业有关工作时间的规章制度，而不是任由员工自主安排工作时间。

广东省广州市中级人民法院（2020）粤01民终13205号民事判决书认为，双方劳动合同中约定了综合计算工时条款，甲公司对邱某实行综合计算工时工作制已获得劳动行政部门审批，该内容当然合法有效，但邱某未在甲公司规定期限内到新工作地点报到，已构成旷工，且其未到新工作地点振到上班时间超过4天，甲公司与邱某解除劳动合同，符合甲公司的规章制度规定，不构成违法解除劳动合同。

案例 098

企业未经行政审批实行综合计算工时工作制，合法吗？

天津市高级人民法院（2016）津民申 704 号

宋某于 2011 年 11 月入职甲公司从事司机工作，双方未签订劳动合同。2014 年 12 月 30 日，甲公司因年底生产量减少，通知宋某停运。宋某在职期间工作时间为上 24 小时休 24 小时，工资为基本工资（当地最低工资标准）和加班费。2015 年 5 月，宋某申请劳动仲裁，主张甲公司支付 2013 年 3 月 6 日至 2014 年 12 月 30 日公休日超时加班费及解除劳动合同经济补偿金，获劳动仲裁委支持。甲公司不服，诉至法院。

审理结果

法院认为，该案双方当事人均认可宋某的工作时间是“上 24 小时，休 24 小时”，该工作时间不属于标准工时制的工作情况，符合综合工时制的规定。宋某虽主张甲公司就实行综合工时制没有经过行政审批程序，但未经审批并不影响双方工作时间的客观状况，法院根据案件事实及当事人陈述认定宋某在甲公司工作期间实行综合工时制。

四、特殊工时制度的审批程序

我国劳动法对不定时工作制和综合计算工时工作制这两种特殊工时制度规定了审批制度，需要实行这两种特殊工时制度的企业，需按规定向劳动行政管理部门报请审批后方可实行。

1. 特殊工时制度的审批原则

原劳动部《关于企业实行不定时工作制和综合计算工时工作制的审批办法》对特殊工时制度规定了审批原则，其指出，对于实行不定时工作制和综合计算工时工作制等其他工作和休息办法的职工，企业应根据《劳动法》第一章和第四章有关规定，在保障职工身体健康并充分听取职工意见的基础上，采用集中工作、集中休息、轮休调休、弹性工作时间等适当方式，确保职工的休息休假权利和生产、工作任务的完成。

2. 特殊工时制度的审批规则

中央直属企业经国务院行业主管部门审核，报国务院劳动行政部门批准；地方企业由省级人民政府劳动行政部门制定审批办法，报国务院劳动行政部门备案，并由劳动行政部门进行审批。未经审批的，不得实行。

但也有例外。

比如，《深圳经济特区优化营商环境条例》第 71 条规定，企业因生产经营特点不能实行法定标准工时制度且符合特殊工时制度适用范围，经协商实行不定时或者综合计算工时工作制度的，可以实行告知承诺制。

又如，《北京市企业实行综合计算工时工作制和不定时工作制的办法》（京劳社资发〔2003〕157 号）第 16 条规定，企业中的高级管理人员实行不定时工作制，不办理审批手续。

3. 特殊工时制度的审批材料

所谓审批材料，是指企业向人社部门申请特殊工时制度所需要提交的审批材料。

各地人社部门对审批材料的要求大同小异。以在深圳市龙华区申请不定时工作制为例，企业应提交以下审批材料：

（1）企业实行不定时工作制申请表；

（2）实行不定时工作制的申请报告；

（3）实行不定时工作制的实施方案以及实施方案公示反馈意见；

（4）申请实行不定时工作制员工名册及员工签名表；

（5）收件回执（提交材料清单）；

（6）实行不定时工作制的工时管理、工资支付规定；

（7）工会会议决议书；

（8）员工代表推选情况证明；

（9）法定代表人办理需出具身份证原件；

（10）受托人办理需出具委托书与本人身份证原件、营业执照、法定代表人身份证复印件并加盖公章。

第 1~6 项材料为必要材料；已成立工会的企业，需提交第 7 项材料，没有成立工会的企业，无须提交第 7 项材料，但需提交第 8 项材料；法定代表人办理的，需出示身份证原件，企业委托员工办理的，需提交第 10 项材料。

此外，企业申请特殊工时制度的工种岗位属于有毒有害工种的，还应提供国家认可的职业卫生技术服务机构出具的检测报告；有使用劳务派遣员工的企业，使用劳务派遣员工的用工单位还应提供劳务单位对派遣人员实行特殊工时制度的书面意见书。

案例 099

不得滥用特殊工时损害劳动者合法权益

北京市 2019 年劳动人事争议仲裁十大典型案例

汪某于 2017 年 1 月 4 日入职某饮品公司，双方约定汪某工作内容为“营建中心相关工作”，未约定汪某的具体工作岗位。入职当日，汪某在关于实行不定时工作制确认书上签字确认，该确认书的内容为饮品公司对包括区域总经理、副总经理、营建经理等岗位实行不定时工作制，公司已经征求了本人意见，本人自愿同意实行等。2018 年 3 月 30 日，汪某辞职。2018 年 4 月，汪某向仲裁委提出仲裁申请，要求饮品公司支付工作期间的延时及休息日加班费。庭审中，某饮品公司认为，汪某已经签字确认对其实行不定时工作制，且实行不定时工作制经过人社部门审批，故不同意向汪某支付加班费。

审理结果

劳动仲裁委认为，汪某提交的年休假审批表佐证其岗位为工程造价师，该岗位并未经过人社部门审批实行不定时工作制，故即使汪某在关于实行不定时工作制确认书上签字确认，亦不能使饮品公司“移花接木”的行为产生法律效力。结合汪某对加班的举证情况，劳动仲裁委员会裁决支持了汪某的仲裁请求。

案例评析

勿把特殊工时当作“筐”，任何岗位都可往里“装”。

根据法律规定，企业确因生产经营特点和工作的特殊性不能实行标准工时制的（每日工作8小时，每周工作40小时），经人社部门批准，可以实行特殊工时制度，即综合计算工时工作制或者不定时工作制。《北京市企业实行综合计算工时工作制和不定时工作制的办法》规定，除企业中的高级管理人员实行不定时工作制不办理审批手续外，其他人员实行综合计算工时工作制或者不定时工作制均须办理审批手续。企业申请实行特殊工时制度应当提交的材料中包含申请说明书，该申请说明书应重点说明不能实行标准工时制度需要实行特殊工时制度的具体原因，涉及的岗位、人数以及综合计算工时工作制的计算周期、工作方式和休息制度。由此可见，对劳动者是否实行特殊工时，不取决于双方在劳动合同中的约定或用人单位的单方告知，而在于劳动者所在的岗位实行特殊工时是否经过人社行政部门审批。用人单位不得“巧妙”地将此岗位的特殊工时审批“移植”到彼岗位，从而损害劳动者的相关权益。

HR实务指南

第一，实行特殊工时制度应严格遵守实体规范。实体规范是指企业实行特殊工时制度的岗位、工时标准、工资支付、休息休假等应符合劳动法规定。

第二，实行特殊工时制度应严格遵守程序规范。程序规范是指企业实行特殊工时制度应根据劳动法规定及人社部门的审批指引，制定相关实施方案，准备相关材料，经人社部门审批后方可实施。

|第二节| 加 班

我们常说的工作时间，其实分为两部分：一部分是正常工作时间，即前文所述的三种工时制下的工作时间，另一部分是指加班时间，即延长工作时间。我国劳动法规定了加班和加班费制度，企业安排员工加班的，应依法足额支付加班费。

案例 100

企业与员工协商一致增加工作任务，员工是否有权拒绝？

人力资源和社会保障部、最高人民法院《劳动人事争议典型案例（第二批）》

张某于 2018 年 9 月入职某报刊公司从事投递员工作，每天工作 6 小时，每周工作 6 天，月工资 3500 元。2020 年 6 月，因同区域另外一名投递员离职，某报刊公司在未与张某协商的情况下，安排其在第三季度承担该投递员的工作任务。张某认为，要完成加倍的工作量，其每天工作时间至少需延长 4 小时以上，故拒绝上述安排。某报刊公司依据员工奖惩制度，以张某不服从工作安排为由与其解除劳动合同。张某申请劳动仲裁，请求裁决某报刊公司支付违法解除劳动合同赔偿金 14,000 元。

处理结果

劳动仲裁委裁决某报刊公司支付张某违法解除劳动合同赔偿金 14,000 元（裁决为终局裁决）。

案例分析

该案的争议焦点是某报刊公司未与张某协商一致增加其工作任务，张某是否有权拒绝。

根据《劳动合同法》第31条规定，用人单位不得强迫或者变相强迫劳动者加班，第35条规定，用人单位与劳动者协商一致，可以变更劳动合同约定的内容。劳动合同是明确用人单位和劳动者权利义务的书面协议，未经变更，双方均应严格按照约定履行，特别是涉及工作时间等劳动定额标准的内容。

该案中，某报刊公司超出合理限度大幅增加张某的工作任务，应视为变更劳动合同约定的内容，违反了关于“协商一致”变更劳动合同的法律规定，已构成变相强迫劳动者加班。因此，张某有权依法拒绝上述安排。某报刊公司以张某不服从工作安排为由与其解除劳动合同不符合法律规定。故劳动仲裁委依法裁决某报刊公司支付张某违法解除劳动合同赔偿金。

典型意义

允许用人单位与劳动者协商一致变更劳动合同，有利于保障用人单位根据生产经营需要合理调整用工安排的权利。但要注意的是，变更劳动合同要遵循合法、公平、平等自愿、协商一致、诚实信用的原则。工作量、工作时间的变更直接影响劳动者休息权的实现，用人单位对此进行大幅调整，应与劳动者充分协商，而不应采取强迫或者变相强迫的方式，更不得违反相关法律规定。

一、加班时间

根据《劳动法》第41条规定，企业因生产经营需要，经与工会和员工协商后可以延长工作时间。这里所说的“延长工作时间”指的就是我们常说的加班。

加班包括加班和加点两种情形。前者是指员工根据企业的安排，在法定节假日或者休息日从事生产或者工作，一般以“日”为计算单位，也可以以小时为计算单位。加点只能以小时为计算单位。我们常说的加班，指的是广义的加班，即既包括法定节假日和休息日的加班，又包括标准工作日延长工作时间的加点，本书亦采此概念。

1. 加班时间的上限

《劳动法》第41条规定了员工加班时间的上限，即一般每日不得超过1小时，因特殊原因需要延长工作时间的，在保障员工身体健康的条件下每日不得超过3小时，且每月不得超过36小时。《劳动法》第43条、第90条，《工会法》

第 23 条第 3 项，也对企业延长加班时间作出了限制性规定。

坦白地说，《劳动法》施行已近 30 年，至今仍有大量企业做不到不加班或者不超过前述加班时间，尤其在制造业，加班是常态，不加班反而不正常。笔者在工厂从事人事工作多年，招聘普工时经常会有人问有没有加班，如果我们说有加班，对方会再问加班多不多，如果恰遇工厂生产淡季，近期没有安排员工加班或者加班不多，实话告知求职者时，求职者往往扭头就走，扔下一句“开什么玩笑，没班加谁给你干”。

事实确也如此，没有班加的工厂通常不好招工。我国制造业的生产一线员工底薪普遍很低，很多工厂是按当地最低工资作为生产员工的底薪的。工厂普遍利润偏低，给高了负担不起，于是尽量在正常工作时间以外安排加班，企业客观上可以剥削员工更多的价值，员工也可以通过加班来获得更多的收入。

基于这样的社会现实，劳动法虽然规定了加班时间上限，事实上大量企业却超过该上限，每月加班时数过百的企业，并不鲜见。

案例 101

劳动者拒绝违法超时加班安排，用人单位能否解除劳动合同？

人力资源和社会保障部、最高人民法院《劳动人事争议典型案例（第二批）》

张某于 2020 年 6 月入职某快递公司，双方订立的劳动合同约定试用期为 3 个月，试用期月工资为 8000 元，工作时间执行某快递公司规章制度相关规定。某快递公司规章制度规定，工作时间为早 9 时至晚 9 时，每周工作 6 天。2 个月后，张某以工作时间严重超过法律规定上限为由拒绝超时加班安排，某快递公司即以张某在试用期间被证明不符合录用条件为由与其解除劳动合同。张某申请劳动仲裁，主张快递公司支付违法解除劳动合同赔偿金 8000 元。

处理结果

劳动仲裁委裁决某快递公司支付张某违法解除劳动合同赔偿金 8000 元（裁决为终局裁决）。劳动仲裁委员会将案件情况通报劳动保障监察机构，劳动保障监察机构对某快递公司规章制度违反法律、法规规定的情形责令其改正，给予警告。

案例分析

该案的争议焦点是张某拒绝违法超时加班安排，某快递公司能否与其解除劳动合同。

为确保劳动者休息权的实现，我国法律对延长工作时间的上限予以明确规定。用人单位制定违反法律规定的加班制度，在劳动合同中与劳动者约定违反法律规定的加班条款，均应认定为无效。

该案中，某快递公司规章制度中“工作时间为早9时至晚9时，每周工作6天”的内容，严重违反法律关于延长工作时间上限的规定，应认定为无效。张某拒绝违法超时加班安排，系维护自己的合法权益，不能据此认定其在试用期间被证明不符合录用条件。故仲裁委员会依法裁决某快递公司支付张某违法解除劳动合同赔偿金。

典型意义

根据《劳动法》第4条规定，法律在支持用人单位依法行使管理职权的同时，也明确其必须履行保障劳动者权利的义务。用人单位的规章制度以及相应工作安排必须符合法律、行政法规的规定，否则既要承担违法后果，又不利于构建和谐稳定的劳动关系、促进自身健康发展。

2. 特殊情况下加班时间不上限

《劳动法》第41条规定的是一般情况下的加班时间上限，但是，《劳动法》在第42条规定了特殊情况下的加班时间不受第41条规定的上限的限制，即以下几种情况：

（1）发生自然灾害、事故或者因其他原因，威胁劳动者生命健康和财产安全，需要紧急处理的；

（2）生产设备、交通运输线路、公共设施发生故障，影响生产和公众利益，必须及时抢修的；

（3）法律、行政法规规定的其他情形。

HR 实务指南

第一，原则上不应超过法定的加班时间。企业应通过调整生产计划、优化员工配置、提高工作效率等方式完成生产任务，尽量不安排员工加班，确实有需要安排加班的，原则上应遵守劳动法规定的加班时间，避免超时加班。

第二，超时加班的，应做好员工沟通。实务中，有些企业确实无法避免超时加班，尤其是广大制造业，超时加班属于常态。在这种情况下，企业应做好员工沟通，以员工自愿加班为硬性前提，并及时足额支付加班费，避免因此产生纠纷。

二、不同工时制度下的加班规则

如前文所述，我国劳动法规定了标准工时制、不定时工作制和综合计算工时工作制三种工时制度，不同工时制度下的加班规则各有不同。

1. 标准工时制下的加班规则

· **工作日加班**

工作日加班又称为加点，指的是正常工作日延长工作时间，一般以小时为计算单位。比如，甲公司的正常工作日工作时间为 9:00~12:30、14:00~18:00，员工张三为了赶一份方案而在某个工作日 20:00 才打卡下班，张三当天加班时间为 2 小时。

这里所说的延长工作时间，劳动法并没有规定延长多久才算加班。实务中有两种理解：一种是延长 15 分钟为起算点，员工加班超过 15 分钟的为加班，加班时间按 15 分钟的倍数计算，企业支付加班费；另一种是延长 30 分钟为起算点。具体按哪种，劳动法并没有明确规定，企业可以通过规章制度进行规定或者通过劳动合同进行约定。

实务中，有些企业以 15 分钟为计算加班费的起算点，甚至按 10 分钟起算，尤其是一些优质企业，为了让员工有更好的工作体验，充分尊重员工劳动，他们并不愿意在这些小事上“抠”。而有些企业则按 30 分钟起算，制造业大多数是按 30 分钟的倍数计算加班的。无论按哪种，都是可以的，不违反劳动法。

比如，甲公司工作日的下午下班时间是 18:00，根据公司考勤管理制度规定，员工延长30分钟以上才属于加班，公司给予计发加班费。员工张三在某个工作日18:30打卡下班，则当天加班0.5小时，如果张三在18:29下班，则不计算加班。

但是，通常认为，超过30分钟的，必须算加班，企业不得规定员工必须延长1小时以上甚至更长时间才算加班，这是不符合常理的。

需要提示的是，对于需要进行第三方社会责任验厂的工厂或者有其他特殊需要的企业（如公司准备上市），本书建议以15分钟的倍数计算加班，以免被认为加班费支付不足而被记录为问题点。

案例 102

企业提倡员工每天提前20分钟到岗做广播体操，是否算加班？

陕西省西安市中级人民法院（2017）陕01民终2553号

程某于2010年3月入职甲公司从事网络管理员工作，双方签订了劳动合同，其中约定程某每天工作8小时，每周工作6天，每周日休息。程某每天在8时40分前到公司上班(甲公司早上上班时间为9时)，参加晨会。2016年2月27日，甲公司以程某严重违反规章制度为由解除了与程某的劳动合同。程某申请劳动仲裁，主张甲公司支付休息日加班费及工作日提前20分钟到岗上班的加班费共计90,000余元。甲公司辩称，公司提倡员工提前20分钟到公司大院做广播体操，不是强制要求，不属于加班，程某主张提前20分钟到岗，无事实依据。

审理结果

法院认为，用人单位安排加班的，应当按照国家有关规定向劳动者支付加班费。劳动者主张加班费的，应当就加班事实的存在承担举证责任，程某关于每天工作提前20分钟上班属于加班的主张，因并未有足够的证据表明提前20分钟上班系甲公司因生产、工作需要的安排，故对程某关于加班费的诉讼请求不予支持。

· 休息日加班

休息日加班指的是企业安排员工在休息日进行工作。休息日通常是指周六、日，如果企业有自定义周，则以定义周定义员工休息日，一般是每周2天，采用“六天工作制”也可能是 1.5 天。

根据《劳动法》第 44 条之规定，企业安排员工休息日加班的，可以安排员工补休，不能安排补休的才需支付加班费。

比如，某公司采用标准工时制，每周工作 5 天 8 小时，周六、日为休息日，员工张三在某周六加班 12 小时，公司可以安排张三补休一天，即 8 小时，另外 4 小时公司需向张三支付加班费。

那么，企业安排员工在休息日加班后安排员工补休，是否需要经过员工同意？实务中存在两种不同观点。

第一种观点认为无须经过员工同意，企业可以单方面安排补休。

这一观点认为，《劳动法》第 44 条第 2 项规定，“休息日安排劳动者工作又不能安排补休的，支付不低于工资的百分之二百的工资报酬”，从文义上看，员工休息日加班后，企业不能安排补休的，才需要支付加班费，也就是说，企业有单方面安排补休的权利，无须经过员工同意。

同时，《工资支付暂行规定》第 13 条也规定，用人单位依法安排劳动者在休息日工作，而又不能安排补休的，按照不低于劳动合同规定的劳动者本人日或小时工资标准的 200% 支付劳动者工资。何为“而又不能安排补休”？这也进一步说明了安排补休是企业的权利，可以单方面安排，不能安排补休才需要支付加班费。

有些地区还对此进行了细化规定。比如，江西省高级人民法院、江西省人力资源和社会保障厅《关于办理劳动争议案件若干问题的解答（试行）》（赣高法〔2020〕67 号）指出，用人单位安排劳动者休息日加班后安排了补休，劳动者拒绝补休的，用人单位能否免除支付加班费义务？用人单位安排劳动者休息日加班后安排了补休，劳动者拒绝补休并要求用人单位支付加班费的，不予支持。

第二种观点则认为需要经过员工同意，否则企业不得单方面安排补休。

这一观点认为，休息日是员工的休息时间，企业安排员工休息日加班的，员工有权选择接受补休还是接受加班费，员工拒绝补休的，企业应依法支付加班费。

比如，江苏省常州市天宁区人民法院（2017）苏 0402 民初 5090 号民事判决书认为，《劳动法》第 44 条规定的本意是多渠道、多层次保护劳动者加班后可获得的相关利益，一种是补休，一种是支付加班费，究其本质应属劳动者权利范畴，即劳动者在休息日加班后，既可以享受补休待遇，又可以选择不休息而要求加班费，劳动者作为权利人对如何实现自己的利益享有选择权，当劳动者不要求或拒绝补休而主张加班费时，用人单位仍有义务支付其加班费。

第一种观点是司法实践中的主流观点，本书亦持此观点。

案例 103

员工休息日参加第三方机构的培训，是否算加班？

北京市高级人民法院（2016）京民申 4706 号

刘某于 2012 年 3 月入职甲幼儿园从事助理教师工作，双方签订了书面劳动合同。10 月 19 日，双方经协商一致签订培训协议，约定刘某参加乙培训机构的业务技能培训。根据该培训机构课程安排，2012 年 10 月 27 日至 2013 年 11 月 23 日，刘某共用了 25 个休息日参加了该项培训。随后，刘某申请劳动仲裁，主张甲幼儿园支付休息日加班费 20,000 余元。幼儿园辩称，“加班”是在标准工作之外的工作，但刘某参加该项培训并非幼儿园的要求，而是刘某为了提升个人专业技术能力自愿参加的培训，该培训纯属刘某自身获利，与甲幼儿园经营无任何关联，甲幼儿园更未强制刘某必须参加。

审理结果

法院认为，根据刘某所提供甲幼儿园认可的职位说明书以及《培训签到表》所载明的内容，能够认定刘某在工作期间的休息日参加培训的事实，甲幼儿园虽主张系刘某个人自愿参加的技术培训，但根据双方签订的《员工培训合同》中的内容能够认定该培训系甲幼儿园指派刘某参加，故对于甲幼儿园的主张法院不予采信。法院最终判决甲幼儿园向刘某支付休息日加班费 20,000 余元。

· 法定节假日加班

根据国务院 2024 年 11 月 10 日修改的《全国年节及纪念日放假办法》规定，我国全体公民放假的节日全年共有 13 天，称为法定节假日。企业安排员工在法定节假日工作的，应当支付加班费，不得调休。

休息日（包括对工作周自定义的企业）与法定节假日重叠的，应以法定节假日优先，休息日挪至其他工作日，一般是将休息日顺延至最近的工作日，企业也可以根据自身生产经营情况往前挪。

比如，某公司采用标准工时制，每周工作 5 天 8 小时，周六、日为休息日，2023 年 1 月 1 日元旦节刚好是周日，即该公司的休息日，法定节假日与休息日发生重叠，则一般将休息日顺延至最近的工作日，即 1 月 2 日（周一），公司安排员工在 1 月 1 日上班的，需按法定节假日加班的标准向员工支付加班费，公司安排员工在 1 月 2 日上班的，因 1 月 2 日是顺延的休息日，因此公司可以先安排员工补休，不能安排补休的，需按休息日加班的标准支付加班费。

企业安排员工法定节假日加班，企业是否只能安排调休或者补休而不支付加班费？实务中存在不同观点。关于这个问题，本书将在第六章“加班费”一节中进行讨论。

2. 不定时工作制下的加班

由于实行不定时工作制的员工可以自行安排工作时间，原则上不存在加班的问题。

但是，不定时工作制的员工在法定节假日上班的，一般认为企业需要支付加班费。比如，《深圳市员工工资支付条例》第 20 条规定，安排实行不定时工作制的员工在法定休假节日工作的，按照不低于员工本人正常工作时间工资的 300% 支付员工加班工资。

3. 综合计算工时工作制下的加班

综合计算工时工作制是采取以周、月、季、年等为周期综合计算工作时间的工时制度，在一个计算周期内，员工实际工作时间超过了法定的标准工作时间的，超过部分属于延长工作时间，企业需支付加班费。

当然，实行综合计算工时工作制的员工若在法定节假日上班，企业也应支付加班费。

比如，《深圳市员工工资支付条例》第 19 条规定，实行综合计算工时工作制的员工，在综合计算工时周期内，员工实际工作时间达到正常工作时间后，企业安排员工工作的，视为延长工作时间，按照不低于员工本人正常工作时间工资的 150% 支付员工加班工资。安排实行综合计算工时工作制的员工在法定休假节日工作的，按照不低于员工本人正常工作时间工资的 300% 支付员工加班工资。

HR 实务指南

第一，明确定义加班时间的起算点。企业除应明确工作日、休息日以及每日具体的工作时间外，还应明确加班时间的起算点，比如，以 15 分钟为计算加班的起算点，员工延长工作时间达到 15 分钟的，给予计算加班费。

第二，安排员工在法定节假日加班的，应予计算加班费。我国司法实践中的主流观点认为员工在法定节假日加班不得安排调休或者补休，只可计算加班费，因此，企业不宜安排调休，以规避法律风险。确有必要安排调休或者补休的，应征得员工同意并且保留相关证据，以便发生争议时用于举证。

第三，实行特殊工时制的，应严格遵守特殊工时制度关于加班的相关规定。实行不定时工作制的，通常不计算加班，实行综合计算工时工作制的，对超过标准工时的工时部分应予计算加班。但是，无论是实行不定时工作制还是综合计算工时工作制，员工在法定节假日工作的，均应计算加班费。

三、自愿加班与加班审批

1. 自愿加班原则

我国《宪法》规定，劳动者拥有休息权。休息权是法律赋予员工的权利，正常工作时间以外的时间，属于员工的个人休息时间，由员工自行支配。企业在员工正常工作时间以外安排加班的，遵循员工自愿加班原则。

《劳动法》第 41 条规定，用人单位由于生产经营需要，经与工会和劳动者协商后可以延长工作时间。《劳动合同法》第 31 条规定，用人单位应当严格执行劳动定额标准，不得强迫或者变相强迫劳动者加班。

至于协商一致的形式，可以是书面的，也可以是口头的，还可以是以事实行为表示协商一致。比如，企业发布加班通知，员工收到后，按通知要求进行了加班，即表明员工以事实行为表达了其已经与企业协商一致同意加班。相反，如果员工接到加班通知后，明确表示不同意加班，企业则不能强迫员工加班，更不得以员工不服从工作安排构成严重违反规章制度为由解除劳动合同。

案例 104

员工拒绝加班，法院判其赔偿 18,000 元

江苏省扬州市中级人民法院（2019）苏 10 民终 1749 号

常某、石某是甲公司检验科工作人员，二人与甲公司签订了书面劳动合同，其中约定，甲公司因工作需要必须安排劳动者加班加点的，经与工会和劳动者协商同意，依法安排劳动者补休或依法支付加班加点工资。同时还约定，当事人一方故意或者过失违反劳动合同，致使劳动合同不能履行或者不能完全履行，并给另一方造成经济损失的，应当依法承担赔偿责任。2016 年 4 月，甲公司与案外人乙公司签订了购货合同，双方约定了 5 月 15 日交货。在 5 月 14 日（周六）上午已完成大部分产品检验的情况下，常某、石某拒绝下午继续加班最终导致甲公司交货迟延，甲公司最终赔偿乙公司违约金 12 万元。随后，甲公司申请劳动仲裁，主张常某、石某赔偿该违约金。双方因此成讼。

审理结果

一审法院认为，该案甲公司迟延交货导致的损失总体上说属于企业的经营风险，应由甲公司自身承担相应责任，但考虑到常某、石某作为履行按时交货义务必需的检验工作人员，在甲公司生产任务紧迫且可以通过安排调休等方式维护常某、石某合法权益的情况下，常某、石某依然拒绝加班，对用人单位可能面临的风险听之任之，毫无半点主人翁意识，其对因此产生的损失负有一定的过错，故应当承担相应的过错责任。结合常某、石某的收入水平，用人单位的管理疏漏以及造成损害的程度等因素，一审法院酌定由常某、石某对甲公司的损失承担 15% 的赔偿责任，即 18,000 元。

一审判决后，甲公司不服，上诉至二审法院。二审法院认为，甲公司主张损失与其经营风险无关，常某、石某需承担惩罚性违约责任的上诉请求，缺乏事实和法律依据，法院依法不予支持。一审法院结合常某、石某的收入水平，用人单位的管理疏漏以及造成损害的程度等因素，酌定常某、石某承担 15% 的赔偿责任，鉴于常某、石某在一审判决后并未对此提出上诉，故法院二审对一审法院的判决结果予以维持。

案例简评

这个案例曾在劳动法圈子引起热议，各劳动法专业微信群、微信公众号等都争相发布、点评。平心而论，员工拒绝加班居然被法院判赔 18,000 元，确实不可思议。

本书认为，该案有以下几个看点：

其一，员工是否有拒绝加班的权利？答案是肯定的。《劳动合同法》第 31 条规定，用人单位应当严格执行劳动定额标准，不得强迫或者变相强迫劳动者加班。可见，企业安排员工加班须以员工自愿为前提，员工不愿意加班的，不得强迫或者变相强迫。

其二，该案是否属于维护社会公共利益的紧急加班？答案是否定的。《劳动法》第 42 条规定了维护社会公共利益时加班时间不受限制，通常认为，遇到这类情形需要加班的，员工往往不能拒绝。该案中，甲公司为了能在 5 月 15 日交货，在交货之日前必须把货赶出来，一审法院认为是“生产任务紧迫”无可厚非，但是，这并不是维护社会公共利益的加班，而是属于企业的正常经营风险，员工当然可以拒绝加班，企业因此所产生的损失，不能由员工承担，不得将正常的经营风险转移给员工。

其三，企业主张员工赔偿仅限于因员工原因造成经济损失。根据《工资支付暂行规定》第 16 条规定，因劳动者本人原因给用人单位造成经济损失的，用人单位可按照劳动合同的约定要求其赔偿经济损失。这里所说的劳动者原因，通常认为是指员工在履行工作职责时因故意或者重大过失造成企业的直接经济损失。如前所述，甲公司交货不及时导致向客户赔偿违约金，属于企业正常经营风险，企业应通过调整生产安排来解决交货问题，并不属于前述法条所规定的经济损失，当然也就不能主张员工赔偿了。

其四，一审败诉后，败诉方应通过上诉来获得救济。该案实际上是一审法院判的，二审法院只是维持，维持的原因是常某、石某并没有就一审判决进行上诉。从二审法院的说理可以看出，如果常某、石某上诉，大概率是会改判的，毕竟二审法院认为甲公司的损失属于其经营风险，不应由员工承担。这也给广大企业提了个醒，如果你不服一审判决，一定要通过上诉来获得救济，如果没有上诉，通常就会认为你服判。同理，在劳动仲裁阶段，双方当事人对裁决结果不服的，除终局裁决企业不能起诉外，应及时起诉至法院。

2. 加班审批原则

加班自愿不仅强调员工自愿，企业也要自愿，并不是员工想加班，企业就得安排加班，劳动法并没有规定企业必须要给员工安排加班。

企业的自愿一般体现在加班审批程序上，即员工按照企业规定的加班申请流程向企业提出加班申请，获得企业批准同意后方可加班。加班审批程序并不是必需的，实务中大多数的企业也没有严格的加班审批制度。

关于加班审批，通常表现为以下几种形式。

· 企业没有严格的加班审批制度

只要员工实际上加了班，企业接受了员工加班，则认定为加班有效，企业应依法支付加班费。这种形式在现实中大量存在，尤其是在制造业，很多工厂默认全厂生产员工工作日每天上班 10 小时，其中 2 小时为加班，周六加班 8 小时，周日休息，长期如此。企业需要员工加班，员工也愿意加班，双方“情投意合”，属于以事实行为协商一致同意加班。

比如，广东省深圳市中级人民法院（2021）粤 03 民终 3095 号民事判决书认为，从甲公司提交的管理制度可见，甲公司对员工上班实行考勤管理，但该案中甲公司并未提交马某的考勤记录，即使员工考勤管理流程中约定加班需要申请，但在用人单位要求加班的情况下，一般均无须员工再进行加班申请。马某提交了电子邮件等作为证据，电子邮件中载明甲公司多次要求马某加班，结合马某的工作内容、电子邮件体现的加班情况，法院认定马某加班事实成立。

· 企业有加班审批制度但执行不严格

这种情况在实务中很常见，企业有加班审批制度，但是形同虚设，员工加班没有提交申请，企业也接受了加班，没有提出异议。一个工资支付周期结束后，企业按照员工的加班时长计发了加班费，如此月月往复。在这种情况下，如果企业以员工未经审批而主张加班无效，一般不予支持。

比如，天津市高级人民法院（2021）津民申 582 号民事裁定书认为，甲公司不同意向李某支付加班工资的理由是按照甲公司的规章制度，劳动者加班需经公司批准，而李某主张的加班未经公司批准。甲公司的规章制度中虽有关于员工加班需经公司审批的规定，但李某主张甲公司并未实际执行关于加班需经审批的规定，甲公司也不能举证证明其实际执行了关于加班需经审批的规定。法院依据李某提交的考勤记录及双方当事人的陈述，认定甲公司应向李某支付加班工资。

又如，江苏省无锡市中级人民法院（2021）苏 02 民终 6326 号民事判决书认为，用人单位安排劳动者加班加点，应当支付劳动者加班加点的工资，用人单位实行加班审批制度，目的应当是审查员工加班的必要性和便于用人单位统筹安排工作，不能成为规避支付劳动者加班报酬的借口。周某在双休日加班由甲公司法定代表人通过微信方式直接安排，甲公司以其未办理加班审批为由不支付周某加班费，没有法律依据。

·企业有加班审批制度且严格执行

采用这种形式的企业，一般是想控制员工加班的，其主要原因是节约加班费，不鼓励员工加班，企业给员工安排的常规工作任务，也是在正常工作时间内能够完成的。但企业又偶尔会因生产经营需要而安排员工加班，或者员工因工作需要主动向企业申请加班，那就需要经过审批（包括企业事后追认）方可加班。若有员工未经审批私自加班，企图“先斩后奏”混加班费，企业应及时对其进行批评或者处罚，否则有可能按上述第二种情形认定为加班有效，企业需支付加班费。

比如，陕西省高级人民法院（2020）陕民申 3268 号民事裁定书认为，双方劳动合同约定“乙方（员工）因工作原因自行加班的，应向甲方（公司）提出申请，由乙方所在部门负责人签批加班申请单后，乙方方可加班，甲方将凭乙方提供的加班申请单记载的加班时间依法向乙方支付加班工资或调休。如无加班审批单，乙方不得主张加班事实和加班工资，甲方也不予承认乙方未经甲方认可的加班行为，对此条款，乙方完全理解并无异议”。张某提供的考勤表、钉钉打卡记录均为手机截图，而且张某没有提供证据证明加班系经过用人单位审批，张某提供的证据不足以证明加班的事实。

通过上述分析，员工只需主张有加班的事实，企业若想以未经审批为由主张加班无效，则需要证明企业有加班审批制度且一直严格执行，否则极有可能会被认为企业默认接受了加班而认定加班有效，企业需依法支付加班费。

案例 105

用人单位未按规章制度履行加班审批手续，能否认定劳动者加班事实？

人力资源和社会保障部、最高人民法院《劳动人事争议典型案例（第二批）》

吴某于 2019 年 12 月入职某医药公司，月工资为 18,000 元。医药公司加班管理制度规定“加班需提交加班申请单，按程序审批。未经审批的，不认定为加班，不支付加班费”。吴某入职后，按照医药公司安排实际执行每天早 9 时至晚 9 时，每周工作 6 天的工作制度。其按照医药公司加班管理制度提交了加班申请单，但医药公司未实际履行审批手续。2020 年 11 月，吴某与医药公司协商解除劳动合同，要求医药公司支付加班费，并出具了考勤记录、与部门领导及同事的微信聊天记录、工作会议纪要等。医药公司虽认可上述证据的真实性但以无公司审批手续为由拒绝支付。吴某申请劳动仲裁，请求裁决医药公司支付 2019 年 12 月至 2020 年 11 月加班费 50,000 元。

处理结果

劳动仲裁委裁决医药公司支付吴某 2019 年 12 月至 2020 年 11 月加班费 50,000 元。医药公司不服仲裁裁决起诉，一审法院判决与仲裁裁决一致，医药公司未上诉，一审判决已生效。

案例分析

该案的争议焦点是医药公司能否以无公司审批手续为由拒绝支付吴某加班费。根据劳动法相关规定，符合“用人单位安排”“法定标准工作时间以外工作”情形的，用人单位应当依法支付劳动者加班费。

该案中，吴某提交的考勤记录、与部门领导及同事的微信聊天记录、工作会议纪要等证据形成了相对完整的证据链，医药公司亦认可上述证据的真实性。医药公司未实际履行加班审批手续，并不影响对“用人单位安排”加班这一事实的认定。故劳动仲裁委员会依法裁决医药公司支付吴某加班费。

典型意义

劳动规章制度对用人单位和劳动者都具有约束力。一方面，用人单位应严格按照规章制度的规定实施管理行为，不得滥用优势地位，侵害劳动者合法权益；另一方面，劳动者在合法权益受到侵害时，要注意保留相关证据，为维权提供依据。仲裁委员会、人民法院应准确把握加班事实认定标准，纠正用人单位规避法定责任、侵害劳动者合法权益的行为。

HR 实务指南

第一，严格遵守加班自愿原则。企业可以通过入职申请表承诺或者劳动合同约定员工自愿接受企业加班安排，这样一来，员工在劳动合同履行期间，企业都无须再征询员工是否自愿加班的意见了，“一劳永逸”。但是，虽然员工承诺了自愿加班，当员工拒绝加班时，企业仍不能强迫其加班，否则需承担强迫加班的法律后果。

第二，实行加班审批制的，应严格执行。是否需要实行加班审批制度，企业可以自行决定，有必要实行审批的，必须在劳动合同约定或者规章制度中明确规定，并且严格执行。无审批制度或者审批制度不严格，员工对加班事实进行了初步举证的，往往会被认定为加班成立，企业需依法支付加班费。

| 第三节 | 休息休假

休息休假是指员工根据法律规定，在国家机关、社会团体、企业、事业单位以及其他组织任职期间内，不必从事生产和工作而自行支配的时间。

休息权是我国《宪法》规定的公民的基本权利之一，劳动法对员工休息休假作了大量的细化规定，以保障员工能够充分享受到休息休假的权利。休息休假包括员工每天休息的时数、每周休息日、法定休假日、年休假等。

因年休假、病假、产假及产假相关假三类假期内容较多，为方便阅读，对此三类假本书在下文作专章专节讨论，本节不作讨论。

一、休息日

休息日又称公休假日，是指员工持续工作满一个工作周后的休息时间。

早在《劳动法》实施之前，我国一直实行每天 8 小时、每周 48 小时的工时制度，也就是每周工作 6 天，即“单休”制度。1994 年 7 月，全国人大常委会通过的《劳动法》，规定了我国职工每日工作时间不超过 8 小时、平均每周工作时间不超过 44 小时的工时制度。根据这一制度，企业可以安排员工每周工作 5 天半，也可以安排工作“大小周”，即本周工作 5 天、下周工作 6 天，如此循环。这一制度结束了“单休”时代，进入了“大小周”时代。“大小周”制度还没来得及全面实施，国务院于 1995 年 3 月 25 日修改了国务院《关于职工工作时间的规定》，决定从 1995 年 5 月 1 日起，全国实行五天工作制，即每周工作 8 小时、每周工作 40 小时。至此，我国职工正式进入了“双休”时代。

根据《劳动法》第 38 条规定，企业应当保证员工每周至少休息 1 日。

至少休息 1 日，是不是意味着企业可以每周只安排员工休息 1 日？答案是否定的。如前所述，企业在标准工时制度下，应当安排员工“双休”。企业安排员工在休息日上班的，属于加班，需遵循员工自愿加班原则。员工拒绝加班的，企业不得强迫其加班，员工自愿加班的，企业可以就休息日加班安排员工补休，不能安排补休的，则需依法向员工支付加班费。即便员工自愿加班，企业仍需遵守“每周至少休息 1 日”的规定。

二、法定节假日

法定节假日又称法定休假日，是指由法律法规统一规定的用于欢度节日、开展庆祝或纪念活动的休息日。

2024 年 11 月 10 日，国务院公布《国务院关于修改〈全国年节及纪念日放假办法〉的决定》，自 2025 年 1 月 1 日起施行。根据新修订的《全国年节及纪念日放假办法》的规定，我国全体公民放假的节日由以前的全年 11 天提高到全年 13 天。

根据《全国年节及纪念日放假办法》（2024 年修订）的规定，我国法定节假日分为以下三类。

1. 全体公民放假的节日

（1）新年，放假 1 天（1 月 1 日）；

（2）春节，放假 4 天（农历除夕、正月初一至初三）；

（3）清明节，放假 1 天（农历清明当日）；

（4）劳动节，放假 2 天（5 月 1 日、2 日）；

（5）端午节，放假 1 天（农历端午当日）；

（6）中秋节，放假 1 天（农历中秋当日）；

（7）国庆节，放假 3 天（10 月 1 日、2 日、3 日）。

全体公民放假的节日如果适逢周六、周日或者自定义工作周的休息日，企业应当在工作日补假。

例 1：甲公司实行统一的工作时间，周一至周五为工作日，周六、日为休息日。2023 年 1 月 1 日元旦节适逢周日，则甲公司应当将“周日”挪到工作日进行补假，一般挪到节后的第一个工作日，即 1 月 2 日。补假后，1 月 2 日不再是工作日，而是休息日，若甲公司安排员工在 1 月 2 日上班，属于加班。

例 2：乙超市没有实行统一工作时间，而是进行休息日自定义，该超市定义每周工作日为周五至周二，周三、四为休息日。2023 年 1 月 1 日元旦节，当天为周日，属于乙超市的工作日，乙超市对员工正常放假即可，无须进行补假。2023 年 4 月 5 日清明节，当天为周三，是乙超市的休息日，属于“适逢休息日”，乙超市需在工作日进行补假，补假方法如例 1。

国家修改《全国年节及纪念日放假办法》后，全年法假日由 11 天提高至 13 天，全年工作日由 250 天减少至 248 天。简言之，员工每年少上两天班，多休两天假，工资不会减少。除此之外，对于计算员工工资、经济补偿金或者赔偿金、加班费等，都不会产生影响。

2. 部分公民放假的节日及纪念日

（1）妇女节（3 月 8 日），妇女放假半天；

（2）青年节（5 月 4 日），14 周岁以上的青年放假半天；

（3）儿童节（6 月 1 日），不满 14 周岁的少年儿童放假 1 天；

（4）中国人民解放军建军纪念日（8 月 1 日），现役军人放假半天。

部分公民放假的节日，如果适逢周六、日或者自定义工作周的休息日，则不补假。

案例 106

“三八”妇女节员工未出勤，企业可否按旷工处理？

上海市第一中级人民法院（2017）沪 01 民终 7744 号

甲公司《员工手册》规定，“未办理请假手续而缺勤，均视为旷工，一个日历年年度累计旷工超过三天以上，视为严重违纪”。2016 年 2 月 25 日，甲公司通过公司系统邮件向包括员工龙某在内的销售人员发送邮件，通知 3 月 8 日至 10 日需参加外部会议，同时告知了会议的时间地点、日程安排等，邮件抬头明确标明该邮件内容“需反馈”。龙某未反馈，也未按要求出席公司会议。随后，甲公司以连续 3 天旷工构成严重违纪为由解除了与龙某的劳动合同。8 月 25 日，龙某申请劳动仲裁，主张甲公司继续履行劳动合同。龙某诉称，即便其未参会，3 月 8 日为国际妇女节，龙某应享受法定假期，故旷工不满 3 天，甲公司系违法解除劳动合同。劳动仲裁委裁决甲公司解除劳动合同违法，甲公司继续履行劳动合同。甲公司不服，诉至法院。

审理结果

法院认为，劳动关系的重要特点即在于劳动者与用人单位之间既具有平等性又具有人身隶属性，劳动者理应服从用人单位正常的工作安排。甲公司向龙某发出的电子邮件中已明确载明龙某需要参加甲公司在西安的工作会议，并要求员工对相应邮件予以反馈。甲公司基于正常的经营管理向龙某作出的工作安排，实属合理，然龙某在未对邮件内容反馈的情况下，未参会亦未履行请假手续，该行为已然构成旷工。审理中龙某提出3月8日属于女员工法定休息日，故其即便存在旷工，亦不满3天。对此法院认为，在部分公民放假的节日期间，用人单位已为劳动者安排了相应工作任务的，劳动者仍应予以遵守，用人单位应正常支付劳动者该期间的劳动报酬，劳动者并非在该日享有未经许可即不工作的权利，故对龙某该意见，法院不予采纳。

3. 少数民族习惯的节日

少数民族习惯的节日，由各少数民族聚居地区的地方人民政府，按照各该民族习惯，规定放假日期。

除上述三类假日外，二七纪念日、五卅纪念日、七七抗战纪念日、九三抗战胜利纪念日、九一八纪念日、教师节、护士节、记者节、植树节等其他节日、纪念日，均不放假。

三、婚假

婚假是指员工本人结婚依法享受的假期。本人结婚包括初婚，也包括复婚和再婚。《劳动法》第51条规定，员工在婚假期间，企业应当依法支付工资。

1. 婚假天数

婚假天数是指员工本人结婚依法应享受的休假天数，包括国家婚假天数和地方奖励婚假天数。

· 国家婚假

我国原国家劳动总局、财政部于1980年2月20日发布的《关于国营企业职工请婚丧假和路程假问题的通知》（〔80〕劳总薪字29号，以下简称《职工婚丧假通知》）规定，职工本人结婚……可以根据具体情况，由本单位行政领导批准，酌情给予1天至3天的婚丧假。这是有关婚假天数的国家层级法律法规的规定，一直沿用至今。“国家婚假”并不是劳动法专业术语，本书为了方便讨论和区分，把国家规定的婚假称为国家婚假。

2019年7月29日，人力资源和社会保障部劳动关系司发布《我国法定年节假日等休假相关标准》，重申了这一规定。

需要提示的是，《职工婚丧假通知》所说的结婚，包括初婚和再婚。原劳动和社会保障部办公厅于2000年7月11日发布的《关于对再婚职工婚假问题的复函》（劳社厅函〔2000〕84号）中要求，根据原《婚姻法》和国家有关职工婚丧假的规定精神，再婚者与初婚者的法律地位相同，用人单位对再婚职工应当参照国家有关规定，给予同初婚职工一样的婚假待遇。

实务中，职工结婚的，国家婚假部分一般按3天标准执行。

· 地方奖励婚假

地方奖励婚假指的是各地区在国家婚假的基础上，通过地方性法规规定对职工另行奖励的婚假。自2016年起我国全面取消了晚婚假，实行奖励婚假实则是对取消晚婚假的一种“补偿”。

我国各地奖励婚假主要有以下三种情形。

①直接奖励，不加任何前置条件。比如《上海市人口与计划生育条例》第31条第1款规定，符合法律规定结婚的公民，除享受国家规定的婚假外，增加婚假7天。

②加条件奖励。一般表现为增加“参加婚前医学检查”作为奖励婚假的前置条件，如《陕西省人口与计划生育条例》第45条第1款规定，依法办理结婚登记的夫妻在结婚登记前参加婚前医学检查的，在国家规定婚假的基础上增加假期10天。

③直接奖励+加条件奖励。比如《河南省人口与计划生育条例》第25条规定，依法办理婚姻登记的夫妻，除国家规定的婚假外，增加婚假18日，参加婚前医学检查的，再增加婚假7日……

我国各地区婚假天数大概有以下五种类型：

①经济版：3天，代表地区：广东

②标准版：10天，代表地区：北京

③加强版：13~15天，代表地区：福建

④豪华版：18~25天，代表地区：河南

⑤巨无霸版：30天，代表地区：山西、甘肃

案例107

员工请婚假未获批准擅自休假，企业解雇后被判违法

上海市第一中级人民法院（2023）沪01民终9826号

李某于2019年9月入职甲教育培训公司担任市场部设计师职务。李某于2022

年9月5日登记结婚，并确定于10月3日举办婚礼。李某分别于9月19日、21日向甲公司请休婚假，甲公司不同意其休假，李某遂以事假的方式再次申请休假，仍未获甲公司审批。李某于9月29日起强行休假。甲公司分别于9月29日、10月4日和10月6日通过微信催促李某于10月6日返岗，李某未到岗。10月7日，甲公司以旷工5天构成严重违反规章制度为由解除了与李某的劳动合同。双方因此成讼。

审理结果

一审法院认为，甲公司拒绝李某婚假的理由具有合理性，结合李某提供的历年国庆放假情况看，基本10月4日至10月6日均系安排上班，考虑甲公司的经营范围以及行业性质，该工作安排具有合理性，并且甲公司在2022年10月8日至11日及时安排了调休。此外双方均确认李某的岗位仅李某一名工作人员，因此综合甲公司的行业性质以及李某的工作岗位情况，甲公司未同意李某在该期间的婚假申请，建议李某换时间休婚假，具有合理性。李某连续旷工满3天，已经严重违反了劳动纪律，甲公司解除劳动合同，并无不妥。

一审法院判决甲公司解除劳动合同合法，无须向李某支付违法解除劳动合同赔偿金。李某不服，上诉至二审法院。

二审法院认为，就请假事由而言，李某确系因回老家举办婚礼而请假，此符合中国传统风俗习惯，且2022年因疫情防控需要安排调整婚宴亦确实存在一定难度，其请假事由明显具有正当性；就请假过程而言，李某为举办婚礼曾数度向甲公司负责人提出请假申请，并对请假原因进行详尽解释，说明自身困难，另外还表示在公司不同意请年假和婚假的情况下请休事假，应已尽到了请假过程中的注意、慎重义务；就请假期间而言，结合李某对其需自9月29日起请假原因之说明、婚礼举办地点，李某申请9月29日至10月7日请假，难谓不合理。然而，反观甲公司对李某请假申请及后续未上班行为之处置：从双方陈述的李某工作职责及系争请假期间需要李某完成的工作内容看，实难认定存在系争期间李某不能离岗的紧迫性，甲公司拒绝准假的理由有欠充分；从对李某系争期间未上班行为作出解除劳动合同处理的惩戒适配度看，李某提出的请假申请本即具有合理正当性，甲公司亦自述并非不同意李某请婚假，只是认为李某请假时间太长，只要请10月4日至10月7日4天就够了，但未见其向李某进行告知，且扣除该4天合理请假时间后，李某旷工也未满3天，甲公司对其作出解除劳动合同处理显属惩戒过度。故而，甲公司对李某基于举办婚礼提出的请假申请以及后续未上班行为所作处置，欠缺合法、合理、正当性。李某主张甲公司构成违法解除，确有依据，法院予以采纳。

二审法院改判甲公司解除劳动合同违法，应当向李某支付违法解除劳动合同赔偿金。

案例简评

二审法院说理之透彻，可谓入木三分，笔者钦佩之至。

实务中经常发生这样的情况，遇到员工请假时，哪些假必须批，哪些假可以批也可以不批，HR 应该如何掌握？本书认为可以按以下分类进行掌握。

第一类：法定的福利假，应当批准。主要包括病假、婚假、丧假、年休假、产假、产检假、陪产假、哺乳假等法定的福利性质的休假，企业应当批准，且应当依法支付工资。

第二类：有正当理由的事假，应当批准。比如子女结婚、爷爷奶奶去世回家奔丧、姐姐妹妹出嫁等，虽然不属于法定的福利假，通常以事假形式请休，企业无须支付工资，但是，由于请假理由正当，符合中华民族的优良传统，企业通常应予以批准。若确因生产经营的紧迫性不能批准员工休假，则应当向员工充分说明理由，争取员工谅解。

第三类：普通事假，可以不批准。员工无前述理由请休一般事假的，是否批准则由企业掌握，通常情况下，若不是生产上具有紧迫性，企业都会批准。然而，若未经企业批准员工擅自休假，企业可以按旷工论处，达到严重违反规章制度的，企业可以解除劳动合同。

该案中，李某举行婚礼之日已定，难以更改，其提前向公司提出休假，公司应当批准，对于李某的工作，则可以在公司内部进行调整，或者与李某协商远程办公、居家办公，而非直接简单粗暴地拒绝批准其休假。

2. 路程假

《职工婚丧假通知》要求，职工结婚时双方不在一地工作的，可以根据路程远近，另给予路程假。

其一，路程假并非必须要给的，只是针对职工结婚时双方不在一地工作的情形时才给，如果在一起，则不存在路程假的问题。

其二，路程假的天数没有具体明确，是根据“路程远近”来判断应该给多少天，一般情况下，给 1~3 天为合理。

实务中，通常不给路程假，职工结婚时双方不在一地的，自行请事假解决。员工福利较好的企业，则多给几天婚假，代替路程假，但不以路程假为名进行批假。

也有部分地区规定了职工结婚的路程假。比如，《广东省职工假期待遇和死亡抚恤待遇规定》（粤人社规〔2023〕17 号）指出，职工结婚双方不在一地工作的，可根据路程远近给予路程假，途中交通费由职工自理。这里说的是“可给予路程假”，也没说必须要给，所以，如果企业不给路程假，也不算违法。

3. 晚婚假

在 2015 年以前，我国《人口与计划生育法》规定了晚婚假。2015 年 12 月 27 日，全国人大常委会修改了这部法律，其中最引人注目的就是删除了晚婚假，修改后的《人口与计划生育法》于 2016 年 1 月 1 日起施行，也就是说，从 2016 年起，我国全面取消晚婚假。

《人口与计划生育法》修改后，全国各地纷纷修改本地人口与计划生育条例，取消晚婚假。至此，晚婚假彻底成为历史。

4. 婚假的几个疑难问题解答

如前文所述，休婚假是法律赋予员工的权利，符合法律规定的，均可休婚假，企业应予批准。然而，在企业劳动关系管理实务中，对婚假的安排仍存在一些疑难问题，本书归纳了几点进行辨析解答。

· 再婚是否享受婚假

劳动法所规定的婚假，并没有区分初婚、复婚、再婚，而是直接规定为“职工本人结婚……”，因此，无论是初婚，还是再婚、离婚后复婚，都可以享受婚假，企业应当依法安排职工休婚假。

此外，原劳动和社会保障部办公厅《关于对再婚职工婚假问题的复函》指出，根据《婚姻法》和国家有关职工婚丧假的规定精神，再婚者与初婚者的法律地位相同，用人单位对再婚职工应当参照国家有关规定，给予同初婚职工一样的婚假待遇。该文件更进一步明确了再婚职工也享受与初婚职工一样的婚假待遇。

· 复婚是否享受婚假

2024 年 10 月 23 日，杭州广播电视台微信公众号“西湖之声”推送文章《结婚离婚复婚和同一个人，能再休婚假吗？》，文章提到有结婚离婚复婚都是同一个人，能否再享受婚假，对此杭州市余杭区人力资源和社会保障局工作人员表示，“我们没法对这个政策本身做解答。从我的理解来说，复婚也是结婚，跟正常的结婚没什么区别，没有说复婚还有单独什么规定。”此文一出，引起劳动法圈子对复婚可否享受婚假话题的热议。

本书赞同前述工作人员的观点。如前所述，劳动法所规定的婚假并没有区分新婚、复婚、再婚，复婚也是结婚，属于特殊的再婚，结婚双方依法仍可享受婚假待遇。

·婚假应该什么时候休

劳动法没有规定婚假应该什么时候请休，具体由企业规章制度规定或者企业与职工协商确定。如果企业规章制度有规定职工休婚假的期限，职工应在规定的期限内休完。比如，甲公司规定员工应在领取结婚证后 6 个月内向企业请休婚假，否则视为放弃休假权利，只要该规章制度有经过民主程序且已向全体员工充分公示，本书认为该规定是合法有效的。如果企业没有规定休婚假期限，则通常不超过 12 个月，即职工应在领取结婚证后 12 个月内向企业请休，超过 12 个月的，除职工有正当理由外，企业可以拒绝批准休假。

·婚假可否分多次休

这本来就不是个问题，婚假是给职工结婚用的，当然是一次性休完。实务中还真有分多次休的。

部分地区还规定了应一次性休假。比如，《广东省企业职工假期待遇死亡抚恤待遇暂行规定》（粤劳薪〔1997〕115 号，已废止）规定，年休假、婚假、丧假、探亲假、产假、看护假的假期原则上应一次性连续安排，假期内遇公休假日的，均不另加假期天数。

本书认为，婚假原则上应当一次性休完，但也不是必须一次性休完。第一，劳动法并没有规定婚假必须要一次性休完，根据“法无禁止即可为”原则，这就说明可以分多次休；第二，客观上确实也有分多次休的需要，比如山西省，婚假为 30 天，如果一次性休完，则该职工的工作会存在间断，给企业的正常生产经营造成影响甚至是损失，因此双方可以协商分多次休。

·应休未休的婚假可否折算工资

通常情况下，企业难以判断员工的婚姻状况，因此无法主动安排员工休婚假，需要员工主动向企业提出休假申请，经企业批准后休假。那么，对于员工应休而未休的婚假，能否主张企业折算工资发放？实务中存在不同观点。

第一种观点是应予折算工资。

这一观点认为，婚假是法定福利假，休婚假是员工的权利，员工应休而未休婚假的，企业应折算工资发放。如果仅因现行法律没有明确规定未休婚假应予折算工资补偿，就不支持员工对于企业不批准其婚假的行为请求补偿，有违公平原则，不利于保护员工的合法权益。

比如，湖南省湘西土家族苗族自治州中级人民法院（2016）湘31民终455号民事判决书认为，对于婚假依法应享受15天，工资照发，但胡某只享受了7天婚假，另外8天甲公司作为事假扣减了工资，违反了法律规定，甲公司应补发胡某8天工资。

又如，河南省郑州市中级人民法院（2019）豫01民终25770号民事判决书认为，婚假是劳动法赋予劳动者的法定假期，劳动者未休婚假的，用人单位应当给予相应的补偿，且甲公司员工守则载明公司员工最多可享受7天婚假，故甲公司应当向闵某支付婚假工资3732元（13,861元/月 ÷26天 ×7天）。

第二种观点是可以不予折算工资。

这一观点认为，婚假与年休假不同，现行法律并没有关于员工未休婚假时企业需在正常工资之外支付未休婚假的工资的规定，员工主张折算工资没有法律依据，企业可以不予折算。

比如，辽宁省沈阳市中级人民法院（2023）辽01民终958号民事判决书认为，关于张某主张甲公司支付应休未休婚假10天工资报酬8000元的诉讼请求，法院认为，未休婚假法律并未量化经济补偿，故张某该项主张于法无据，法院不予支持。

第三种观点是员工未请休的，不予折算工资，员工请休过但企业未批准的，应予折算工资。

这一观点认为，由于企业难以判断员工什么时候结婚，无法主动安排其休婚假，如果员工没有向企业请休或者没有在企业规章制度规定的期限内请休婚假，企业不存在过错，企业可以不予折算工资，但是，如果员工曾经请休过婚假，企业由于生产经营需要等未能批准或者未能完全批准员工休婚假，事后员工就应休未休的婚假请求折算工资发放的，企业应予折算。

比如，广东省佛山市中级人民法院（2021）粤06民终11111号民事判决书认为，杨某主张甲公司应按工资的3倍向其支付未休婚假工资，经查，杨某没有提交证据证明其有向公司提出休婚假申请而公司不予同意，且杨某该主张亦缺乏依据，故法院对杨某主张的支付未休婚假3天工资的请求，不予支持。

本书赞同第三种观点。

案例 108

未婚员工入职时填写“已婚”，入职后结婚可享受婚假吗？

上海市第二中级人民法院（2022）沪 02 民终 4011 号

李某于 2020 年 4 月入职甲公司担任物业经理职务，其在某招聘网站上向甲公司投递的简历信息显示其婚姻状况为“已婚”，入职时，李某在《应聘登记表》婚姻状态一栏中填写为“已婚”，该表载明“本人承诺以上信息全部属实，如与事实不符，愿意接受公司不予录用或随时解除劳动合同的决定并愿意承担一切法律责任”，李某在填表人处签字。5 月 15 日，李某登记结婚。6 月 22 日，甲公司向李某出具试用期辞退通知书，解除了与李某的劳动合同。双方因此成讼，李某主张甲公司支付 10 天婚假工资 4966 元。庭审中，李某辩称其在简历上和应聘登记表上填写“已婚”是其笔误。

审理结果

法院认为，劳动者申请婚假的前提是准确向用人单位告知婚姻状况，李某提供的信息显示其“已婚”，甲公司难以知晓其真实婚姻状况，李某主张其于 2020 年 5 月 15 日登记结婚，并于 5 月下旬向甲公司提交书面婚假申请，但并无证据证明已履行申请婚假的手续而甲公司不予批准，因此，李某要求甲公司支付 10 天婚假工资的诉讼请求，缺乏依据，法院难以支持。

案例简评

员工明明未婚，但其入职时提供给企业的信息为“已婚”，并据此向企业请休婚假，企业该怎么办？本书认为，这需要从两个方面讨论。

从法律上讲，只要员工有结婚的事实，企业就得准其休婚假。如前所述，婚假是员工的法定福利假，只要员工能够举证其在职期间有结婚的事实，企业就应依法给予休婚假。该案中法院没有支持李某主张，是因为李某未能举证其向甲公司提出过休婚假申请，如果李某能够举证其在职期间曾请休过婚假而甲公司未批准休假，法院大概率是会支持李某折算工资主张的。

从诚信原则上讲，员工入职时故意隐瞒未婚事实，入职后再结婚并休婚假，有违诚信原则。很明显，该案中李某是故意隐瞒未婚事实的，虽然判决书上没有提到其为何要隐婚，但根据常识，其在投递简历上和入职表上均填写“已婚”

绝非其所说的笔误，至于其到底有何目的，不得而知。本书认为，双方履行劳动合同应当诚信且善意，这种恶意隐婚的行为违反诚信原则，无论是作为社会组织的企业还是具有国家公权力职能的裁审机构，都应予以打击，不应鼓励。

HR 实务指南

第一，**充分了解当地婚假天数**。如前所述，婚假各地规定不一，企业 HR 应了解当地婚假天数，并按该天数批准员工婚假。在不同地区有分支机构的企业，应一并了解各分支机构所在地区的婚假天数，并据此审批员工婚假。

第二，**在规章制度中明确员工请婚假的期限**。比如，可以在规章制度中规定，员工请婚假应在登记结婚之日起 12 个月内请休。也可以规定为 9 个月、6 个月，但一般不宜少于 3 个月。

第三，**经与员工协商一致，婚假可以分次休**。通常认为婚假应一次性休完，但考虑到有些地区婚假长达 30 天，一次性休完可能会影响企业的正常生产经营，对于婚假较长的地区，企业可以与员工协商一致，分多次休婚假，以保障企业生产经营的连续。

四、丧假

丧假是指职工因直系亲属死亡需回家奔丧料理后事而依法享受的假期。《劳动法》第 51 条规定，员工在丧假期间，企业应当依法支付工资。

1. 直系亲属的定义

劳动法所指的直系亲属，与民法、刑法的亲属概念有所不同。在劳动法体系里，职工直系亲属仅指职工的父母、配偶和子女。前述《职工婚丧假通知》指出，“职工的直系亲属（父母、配偶和子女）死亡时……”，这里采用了封闭式列举，没有“等”字，也就是说，我国职工丧假中的直系亲属仅指职工本人的父母、配偶和子女，不包括祖父母、外祖父母、兄弟姐妹、配偶的父母等。

有些地区也对职工的直系亲属范围作了相关规定。

比如，上海市劳动局、上海市人事局、上海市财政局《关于职工的岳父母或公婆等亲属死亡后可给予请丧假问题的通知》（沪劳资发〔87〕130 号）指出，职工的岳父母或者公婆死亡后，需要职工料理丧事的，由本单位行政领导批准，可给予 1 天至 3 天的丧假。

又如，《广东省职工假期待遇和死亡抚恤待遇规定》指出，职工的直系亲属（父母、配偶、子女）死亡，给予 3 天丧假，职工配偶的父母死亡，经用人单位批准，可给予 3 天丧假。

以上两个地方文件其实都指出了职工配偶的父母不属于职工的直系亲属，但经企业批准可以给予丧假。也就是说，如果企业不批准，还是可以不给丧假。

2019 年 7 月 24 日，《人力资源社会保障部对十三届全国人大二次会议第 5722 号建议的答复》（人社建字〔2019〕66 号）指出，关于明确丧假职工的直系亲属覆盖范围，人力资源和社会保障部将继续深入研究论证，广泛听取各方面意见，积极配合立法机关制定出台意见。

案例 109

员工生母和养母同一年去世，可以享受两次丧假吗？

湖北省武汉市中级人民法院（2015）鄂武汉中民商终字第 02376 号

祝某于 2010 年入职甲公司。2012 年祝某请假 13 天，其中 3 月 1 日至 4 日祝某亲生母亲去世请假 4 天，按丧假处理，7 月 11 日至 14 日、17 日至 21 日祝某养母去世请假 4 天，按年假处理，另外 5 天按事假处理。2014 年 4 月 28 日，甲公司向祝某出具解除劳动合同通知书，双方劳动合同解除。双方因此成讼，祝某主张甲公司支付 2012 年 7 月 17 日至 21 日未休丧假期间被扣除的带薪年假工资 1272 元等权利。

审理结果

法院认为，劳动法明确了职工的直系亲属（父母、配偶、子女）死亡时，用人单位可酌情给予职工 1 天至 3 天丧假，祝某在 2012 年 3 月 1 日至 4 日因其亲生母亲去世请了 4 天丧假，已经享受了相关待遇，其养母于同年去世再请假时，甲公司按事假处理并未违反相关法律法规规定，祝某要求 7 月 17 日至

21日按丧假处理的主张不符合法律法规规定，故其该项诉讼请求无事实与法律依据，不予支持。

案例简评

如前所述，职工父母、配偶、子女去世，可享受丧假。那么，这里所说的父母，除亲生父母外，是否还包括养父母、继父母？实务中存在不同理解。

本书认为，劳动法意义上的父母概念，应适用民法的父母概念。上海劳达律师事务所石先广律师认为，虽然《民法典》与劳动法分属两个不同的领域，但在法律适用方面，目前主流观点认为，以《民法典》为代表的民法与劳动法是一般法和特别法的关系，劳动关系中的法律行为属于民事活动的一部分，劳动法没有具体规定的，应适用《民法典》的规定。本书深以为然。

事实正是如此，民法的诸多法律原则和基础概念，同样适用于劳动法。劳动法并没有对父母进行具体定义，则适用民法规定，即包括生父母、养父母和有扶养关系的继父母。该案中，法院实际上认为养母不属于劳动法意义上的“父母”，因此祝某不应享受丧假，这一观点值得商榷。

广东和谨泰律师事务所杨小虎律师则认为，法院判决说不上错判，甲公司只是没有给丧假，而是按年休假处理，如果甲公司没有批准祝某丧假而按旷工处理，进而以严重违反规章制度解除劳动合同，那当然属于违法解雇了。

2. 丧假天数

前述《职工婚丧假通知》指出，职工的直系亲属（父母、配偶和子女）死亡时，可以根据具体情况，由本单位行政领导批准，酌情给予1~3天的丧假。实践中，非国营企业也都参照上述规定执行，职工直系亲属去世的，企业给予3天丧假。

3. 路程假

《职工婚丧假通知》指出，职工在外地的直系亲属死亡时需要职工本人去外地料理丧事的，可以根据路程远近，另给予路程假。

也有部分地区规定了职工奔丧的路程假。比如，《广东省职工假期待遇和死亡抚恤待遇规定》指出，职工需要到外地料理丧事的，可根据路程远近给予路程假，途中交通费由职工自理。

案例 110

员工爷爷去世请休年休假，企业按旷工处理被判违法

广东省佛山市中级人民法院 2023 年度十大案例

李某因爷爷去世向单位申请丧假 2 日与部分年休假连休，但单位对其年休假申请不予审批，并将李某该部分年休假的休假时间记为旷工。经佛山市顺德区人民法院一审、佛山市中级人民法院二审，法院认为李某为丧假与年休假连休的申请附上相应的事实依据，单位对年休假申请不予批准显然未注意劳动关系的人合性，未尽对劳动者的照顾义务，有悖于中华民族传统孝德，既不合情又不合理。用人单位主张李某旷工的理由不能成立。

典型意义

用工管理权的行使需以法律法规和内部规章制度作为正当性依据，同时亦需遵循公序良俗原则，不得违背社会主义核心价值观。该案劳动者返乡为祖父奔丧，理由正当，用人单位在丧假之外未予批准年休假，不符合劳动者合理期待，也不利于构建和谐稳定的劳动关系。该案裁判将社会主义核心价值观融入裁判说理，综合考量法、理、情、德等多元评价要素，增强了裁判的说服力和感染力。裁判生效后，双方服判息诉，效果良好。

HR 实务指南

第一，员工直系亲属去世，企业必须批准丧假。丧假是法律赋予员工的法定福利假，企业必须依法批准。员工直系亲属仅指职工的父母、配偶和子女。

第二，鼓励企业扩展丧假范围，向员工提供带薪假期。比如，企业可以规定员工配偶的父母、员工本人的祖父母和外祖父母去世，也可以享受与直系亲属同等的带薪丧假。

五、探亲假

探亲假，是指与父母或配偶分居两地的职工，每年享有的与父母或配偶团聚的假期。规定探亲假的目的是适当解决职工同亲属长期远居两地的探亲问题。

有关职工探亲的相关规定，主要是国务院 1981 年 3 月 14 日发布的《关于职工探亲待遇的规定》（以下简称《探亲规定》）和原国家劳动总局 1981 年 3 月 26 日发布的《关于制定〈国务院关于职工探亲待遇的规定〉实施细则的若干问题的意见》（〔81〕劳总险字 12 号，以下简称《探亲规定的意见》）两个文件。

1. 探亲假的享受条件

《探亲规定》第 2 条规定，凡在国家机关、人民团体和全民所有制企业、事业单位工作满 1 年的固定职工，与配偶不住在一起，又不能在公休假日团聚的，可以享受本规定探望配偶的待遇；与父亲、母亲都不住在一起，又不能在公休假日团聚的，可以享受本规定探望父母的待遇。但是，职工与父亲或与母亲一方能够在公休假日团聚的，不能享受本规定探望父母的待遇。

根据上述规定，职工享受探亲假需具备以下条件。

（1）必须是 4 类单位的职工，即在国家机关、人民团体、全民所有制企业、事业单位工作的职工。也就是说，如果非 4 类单位的职工，没有享受探亲假的权利，比如现在大量的民营企业，几乎没有哪家企业安排职工休探亲假，这也是探亲假被业界称为“僵尸假”的原因。

此外，学徒、见习生、实习生在学习、见习、实习期间也不能享受《探亲规定》的待遇。

（2）必须工作满 1 年。

（3）探望配偶的，须与配偶不住在一起且不能在公休假日团聚。如果住在一起或者利用节假日能够团聚，则不得享受探望配偶的探亲假。“不能在公休假日团聚”是指不能利用公休假日在家居住一夜和休息半个白天。

（4）探望父母的，与父亲、母亲都不住在一起且不能在公休假日团聚。同理，如果与父亲或者与母亲一方住在一起，或者利用节假日能够团聚，则不得享受探望父母的探亲假。

案例 111

民营企业员工是否享有休探亲假的权利？

广东省广州市中级人民法院（2021）粤 01 民终 2184 号

曾某于 2014 年 3 月入职甲公司（民营企业），双方签订了书面劳动合同。曾某在职期间，甲公司从未安排其休过探亲假。2020 年 4 月，曾某离职。随后，曾某申请劳动仲裁，主张甲公司支付 2014 年 3 月至 2020 年 4 月探亲假待遇 4000 余元等。曾某诉称，《探亲规定》虽未明文规定私营企业的劳动者可以休探亲假，但也未规定私营企业的劳动者不可以休探亲假，结合新修订的《老年人权益保障法》《广东省老年人权益保障条例》等法律法规明确规定劳动者享有探亲的权利，探亲假是法律赋予劳动者的一项基本权利，曾某父母、子女均在老家湖南，平时很少回家看望父母、子女，故曾某有权休探亲假，其在职期间，甲公司没有安排其休探亲假，应向其支付探亲假待遇。劳动仲裁委员会驳回了曾某的请求，曾某不服，诉至法院。

审理结果

法院认为，根据《探亲规定》规定，探亲假仅适用于国家机关、人民团体和全民所有制企业、事业单位工作满 1 年的固定职工，甲公司属于有限责任公司（自然人投资或控制），不属于上述规定载明的适用对象，曾某也不属于上述规定载明的固定职工，曾某并不符合法定的可享受探亲假的条件，且双方也未约定探亲假。因此，曾某主张甲公司支付探亲假待遇，缺乏事实和法律依据，法院不予支持。

2. 探亲假的天数

（1）职工探望配偶的，每年给予一方探亲假一次，假期为 30 天。

（2）未婚职工探望父母，原则上每年给假一次，假期为 20 天。如果因为工作需要，本单位当年不能给予假期，或者职工自愿两年探亲一次，可以两年给假一次，假期为 45 天。

（3）已婚职工探望父母的，每 4 年给假一次，假期为 20 天。

探亲假期是指职工与配偶、父母团聚的时间，另外，根据实际需要给予路程假。上述假期均包括公休假日和法定节日在内。

3. 探亲期间的工资待遇

《探亲规定》第5条规定，职工在规定的探亲假期和路程假期内，按照本人的标准工资发给工资。

案例112

职工应休而未休的探亲假，可否主张折算工资？

湖北省武汉市中级人民法院（2018）鄂01民终2954号

欧某于1991年入职甲公司（全民所有制企业），该公司《员工工作和休息休假实施办法》规定，符合条件的员工可以休探亲假。欧某在职期间，甲公司没有安排其休过探亲假。2016年12月，欧某离职。随后，欧某申请劳动仲裁，主张甲公司支付应休未休探亲假补偿168,000余元，被驳回。欧某不服，诉至法院。

审理结果

法院认为，依据《探亲规定》，探亲假系为了适当地解决职工同亲属长期远居两地的探亲问题而设立的待遇，符合规定的员工可以享有此待遇，但不能休探亲假，无法定金钱补偿的强制性规定。欧某在工作期间有公休假，其可以在休假时探亲，即使有不能休探亲假的情形，也应当和甲公司协商处理，欧某要求甲公司支付其探亲假补偿，没有法律依据，法院不予支持。

4. 探亲的路费

《探亲规定》第6条规定，职工探望配偶和未婚职工探望父母的往返路费，由所在单位负担，已婚职工探望父母的往返路费，在本人月标准工资30%以内的，由本人自理，超过部分由所在单位负担。

《探亲规定的意见》指出，符合探望配偶条件的职工，因工作需要当年不能探望配偶时，其不实行探亲制度的配偶，可以到职工工作地点探亲，职工所在单位应按规定报销其往返路费，职工本人当年则不应再享受探亲待遇。

HR 实务指南

第一，探亲假仅限于法定“四类单位”的固定职工适用。对于大多数企业而言，并不适用探亲假，没有必须向员工提供探亲假的义务，不批准员工探亲假，并不违反法律规定。

第二，有约定探亲假的，从其约定。非“四类单位”的企业，若规章制度有规定或者劳动合同有约定员工享有探亲假福利，属于企业给员工提供的福利，应从其约定。

六、社会活动假

社会活动假是指员工在工作时间依法参加特定社会活动所享受的假期。

根据《工资支付暂行规定》第 10 条和原劳动部办公厅发布的《关于〈劳动法〉若干条文的说明》（劳办发〔1994〕289 号）相关规定，社会活动主要包括：

（1）依法行使选举权或被选举权；

（2）当选代表出席乡（镇）、区以上政府、党派、工会、青年团、妇女联合会等组织召开的会议；

（3）担任人民法庭的人民陪审员、证明人、辩护人；

（4）出席劳动模范、先进工作者大会；

（5）《工会法》规定的不脱产工会基层委员会委员因工会活动占用的生产时间等；

（6）其他依法参加的社会活动。

这里所说的其他依法参加的社会活动，比如，《民兵工作条例》第 24 条第 2 款规定，企业事业单位的民兵和民兵干部在参加军事训练期间，由原单位照发工资和奖金，原有的福利待遇不变。

也有部分地区作了更具体的规定。比如，《江苏省工资支付条例》第 30 条规定，劳动者因依法参加下列社会活动占用工作时间的，用人单位应当视同劳动者提供正常劳动并支付其工资：

（1）行使选举权或者被选举权；

（2）人大代表、政协委员依法履行职责；

（3）当选代表，出席政府、党派以及工会、青年团、妇联等召开的会议；

（4）出任人民法院陪审员；

（5）出席劳动模范、先进工作者大会；

（6）基层工会非专职工作人员履行职责；

（7）担任集体协商代表期间，参加集体协商、签订集体合同；

（8）参加兵役登记等应征事宜和预备役人员参加军事训练；

（9）法律、法规、规章规定的其他社会活动。

根据《劳动法》第 51 条规定，劳动者依法参加社会活动期间，用人单位应当依法支付工资。

案例 113

员工告企业申请劳动仲裁请假，属于参加社会活动不能扣工资

上海市松江区人民法院（2020）沪 0117 民初 11665 号

范某于 2017 年 6 月入职甲公司担任模具保养钳工，双方签订了书面劳动合同。范某入职后多次违纪，甲公司分别于 2019 年 3 月 4 日记书面警告一次、6 月 11 日记大过一次、7 月 25 日书面警告一次。2020 年 4 月 21 日上午，由于双方发生纠纷，范某前往劳动仲裁委申请仲裁，向甲公司请假半天，甲公司未批准，按旷工处理，并扣除其旷工工资 300 余元。同日，甲公司以严重违反规章制度（累计违反各项记录及规章制度 3 次以上）为由解除了与范某的劳动合同。双方因此成讼，范某主张甲公司返还 2020 年 4 月 21 日旷工扣款等权利。

审理结果

法院认为，根据劳动法规定，劳动者依法参加社会活动期间，用人单位应当依法支付工资，该案中范某系于 2020 年 4 月 21 日提起了该案劳动争议仲裁申请，甲公司不应认定原告当天系无故旷工，甲公司理应将其确认的旷工扣款 300 余元返还给范某。

案例简评

本书认为，该案判决及说理值得商榷。

法院将范某申请劳动仲裁请假认定为参加社会活动没有法律依据。根据《工

资支付暂行规定》第 10 条规定的“社会活动”，唯一能套得上的只有第 6 项“其它依法参加的社会活动”，这句话属于兜底条款，但有个前提条件就是“依法参加”，员工申请劳动仲裁、参加仲裁或者诉讼庭审等，无论是作为申请人或者原告主动参加，还是作为被申请人或者被告被动参加，均属于解决双方争议的过程活动，不能解释为依法参加的社会活动。该案将范某因申请劳动仲裁而请假，认定为参加社会活动，没有法律依据。

此外，员工请假前往劳动仲裁委申请劳动仲裁，递交相关材料，属于一般事假，企业有批准或者不批准的权利，不批准也不违反法律规定或者违背公序良俗。因此，甲公司可以不批准范某当天的请假，按旷工论处并无不妥。由于法院将范某请假认定为“参加社会活动”，根据法律规定甲公司应支付工资，才有了判决甲公司返还扣除范某旷工工资的结论。

HR 实务指南

第一，HR 应了解掌握社会活动假的范围。劳动法对社会活动假的范围作出了明确的界定，HR 应了解掌握。

第二，员工依法参加社会活动的，按正常出勤计发工资。员工参加社会活动向企业请假，企业可对其所参加的社会活动进行审查，要求其提供相关材料予以证明，比照劳动法规定确属法定社会活动的，给予社会活动假，应按正常出勤计发工资。经审查不属于法定社会活动的，可按一般事假进行审批，不计发工资，并向员工说明理由，避免发生争议。

七、事假

事假是指员工因私事或其他个人原因向企业提出申请，并经企业批准的假期。劳动法没有规定员工请事假期间需要支付工资，因此，我们所说的事假，通常就是指无薪假。

通常情况下，企业对员工请事假有批准或者不批准的权利。企业批准同意的，员工正常休假，企业不批准的，员工不得休假，否则企业可以按旷工论处，达到严重违反规章制度程度的，企业可以解除劳动合同。大多数情况下，员工请事假的，企业都会做个顺水人情批准同意，只有少数情况下才会不批准。

比如，北京市高级人民法院（2019）京民申 2307 号民事裁定书认为，双方劳动合同中约定，连续旷工 2 天以上或累计旷工 3 天以上者，属严重违反劳动纪律或公司规章制度，公司有权即时与员工解除劳动合同且不予任何补偿。该案中，韩某在向甲公司请事假未获准许情况下，违反公司管理规定，连续旷工 3 天以上，甲公司据此与韩某解除劳动合同，并未违反法律规定，因此，甲公司解除与韩某之间的劳动合同合法。

那么，员工请事假的，批准或者不批准是否就完全由企业决定呢？也不尽然，得具体情况具体分析。如前所述，员工有正当理由的，理应批准，反之则可以不批准。例如，员工张三的爷爷去世，张三需请假回家奔丧，爷爷不是丧假“直系亲属”的范围，企业可以不给予丧假，然而，爷爷去世孙子回家奔丧帮助料理后事，符合中国传统孝道文化和善良风俗，企业理应批准。

案例 114

员工父亲病危请假未获批，因父去世强行休假遭企业解雇被判违法

最高人民法院公报 2023 年第 4 期

王某于 2008 年入职甲公司从事保安工作，甲公司考勤管理细则规定，“员工请事假 1 天由主管领导审批，连续 2 天由行政事务部审批，连续 3 天以上由公司总裁审批；累计旷工 3 天以上者，视为严重违反公司规章制度和劳动纪律，公司有权辞退，提前解除劳动合同并依法不予支付经济补偿”。2020 年 1 月 6 日，王某因父亲生病向甲公司请假回老家，时间为 1 月 6 日至 13 日。1 月 7 日，王某回老家，但因甲公司未批准请假而返回公司，在返回公司的途中得知其父亲去世，便再次回老家处理丧事。1 月 31 日，甲公司以王某请事假未获批准构成旷工属于严重违纪为由，解除了与王某的劳动合同。王某申请劳动仲裁，主张甲公司支付违法解除劳动合同赔偿金，获支持。甲公司不服，诉至法院。

审理结果

法院认为，王某于 1 月 6 日早上提交了请假手续，其上级主管已签字同意，

然而，其领导迟至下午才报集团公司审批，次日才告知王某未获批准，故王某1月6日缺勤系甲公司未及时行使审批权所致，不应认定为旷工。1月7日王某因公司未准假，返回公司途中得知父亲去世，便再次回家办理丧事，至此，事假性质发生改变，转化为丧假事假并存，扣除3天丧假，王某实际事假天数为2天。至于此2天事假是否应获批准，综观该案，王某请假，事出有因，其回老家为父亲操办丧事，符合中华民族传统人伦道德和善良风俗，无可厚非，甲公司亦应以普通善良人的宽容心、同理心加以对待。综上，王某并未达到甲公司规章制度规定的可解除劳动合同的条件，甲公司系违法解除。

HR 实务指南

第一，员工请一般事假，能批的就尽量批。员工请事假企业无须支付工资，只要不影响生产，能批准的尽量批准，因生产经营需要确实不宜批准的，可以不批，但需跟员工说明理由，争取获得员工的理解，保持良好的沟通才能避免发生纠纷。

第二，员工请特殊事假的，理应批准。特殊事假指的是员工有正当理由必须要请假处理，企业不批会违反法律规定或者违背公序良俗，这种情况下企业理应批准，谨慎按旷工处理。

第四节 年休假

年休假又称带薪年休假、年假，是指员工连续工作满一年后每年依法享有的保留职务和工资的一定期限连续休息的假期。为行文方便，本书简称为年休假。

《劳动法》第45条规定，国家实行带薪年休假制度，劳动者连续工作1年以上的，享受带薪年休假。2007年，国务院颁布《职工带薪年休假条例》（以下简称《年休假条例》），对职工年休假制度作了具体规定，2008年，人力资源和社会保障部发布部门规章《企业职工带薪年休假实施办法》（以下简称《年休假实施办法》），进一步细化了年休假制度。至此，我国职工年休假制度全面建立。

一、职工享受年休假的条件

《劳动法》第45条和《年休假条例》第2条均规定，员工连续工作1年以上的，享受带薪年休假。《年休假实施办法》第3条规定，职工连续工作满12个月以上的，享受带薪年休假。由此可见，员工只要满足“连续工作12个月”，即获得了年休假的休假资格。

1. 如何理解“连续”

何谓“连续”？《现代汉语词典》（第7版）的解释是“一个接一个”。那么，到底怎么样才算“一个接一个”？实践中有不同理解，归纳起来主要有以下两种观点。

第一种观点认为，两单位之间间断不超过1个月的，仍属于连续。

这一观点认为，员工从上家单位离职后至入职本单位期间，允许有间断，但间断不得超过1个月，即按月连续，而不是按日连续，“一个接一个”指的是“一个月接一个月”，而不是“一日接一日”。

持这种观点的代表地区是重庆。

原重庆市劳动和社会保障局《关于贯彻〈企业职工带薪年休假实施办法〉有

关问题的通知》（渝劳社办发〔2008〕268 号）第 2 条指出，《年休假实施办法》第 3 条中“职工连续工作满 12 个月以上”可以是在同一单位或者不同单位连续工作的时间，但其中在同一单位或者不同单位间的工作时间不得间断超过 1 个月以上。超过的，其连续工作时间重新计算。在同一或者不同单位连续工作满 12 个月，职工才有资格享受年休假。享受年休假的天数，按累计工作时间确定。

重庆市渝北区人民法院（2021）渝 0112 民初 9410 号民事判决书认为，关于未休年休假工资，罗某的社保记录显示其 2019 年 1 月至 5 月在乙公司连续参保，距其 2019 年 6 月 18 日入职甲公司的时间间断不超过 1 个月，故其连续工作时间应从 2019 年 1 月起算。罗某的社保记录显示其养老保险累计缴费月数达到 171 个月，超过 10 年。因此，罗某连续工作满 12 个月后即从 2020 年 1 月 1 日起，每年可享受 10 天的年休假。因双方劳动合同于 2020 年 12 月 10 日解除，所以在 2020 年 1 月 1 日至 12 月 10 日，罗某可享受年休假 9 天（345 天 ÷365 天 ×10 天，不足 1 天部分不予计算）。

除重庆地区外，其他地区也有个别判例持这种观点。比如，山东省烟台市中级人民法院（2019）鲁 06 民终 7006 号民事判决书认为，《年休假条例》第 2 条规定的“连续工作 1 年”是在同一单位或者不同单位连续工作的时间，但其中在同一单位或者不同单位间的工作时间不得间断超过 1 个月以上，超过的，其连续工作时间重新计算。

第二种观点则认为，两单位之间需无缝对接，才属于连续。

这一观点认为，员工从上单位离职后至入职本单位时需“无缝对接”，只要中间有间断，则为不连续，哪怕只间断一天都不行。比如，员工 6 月 7 日从上单位离职，6 月 8 日或者 6 月 10 日（需 6 月 8 日、9 日为周六、日）即入职本单位，否则就属于不连续。

持这种观点的代表地区是深圳。

深圳市中级人民法院《关于审理劳动争议案件的裁判指引》第 109 条指出，《年休假实施办法》第 3 条所规定的“连续工作满 12 个月以上”，既包括劳动者在本单位连续工作满 12 个月以上的情形，又包括劳动者在不同用人单位连续工作满 12 个月以上的情形，但劳动者在进入新用人单位时存在工作间断的除外。这里所说的“存在工作间断”，司法实践中一般认为是“无缝对接”，间断一天也不行（不含节假日）。

比如，广东省深圳市宝安区人民法院（2016）粤 0306 民初 4389 号民事判决书认为，所谓“连续工作”，必须是无缝对接，即劳动者在进入新单位时工作日不能间断，曹某仅提供社会保险缴纳记录不足以证明其入职甲公司前连续工作。

从笔者检索的司法判例看，上海地区部分判例也持“无缝对接”的观点。

比如，上海市第一中级人民法院（2020）沪01民终13676号民事判决书认为，2018年5月24日，钮某在案外人处的用工结束，6月1日，该案双方当事人签订劳动合同，其后发生实际用工。钮某未能证明其在5月31日之前存在连续实际用工的事实，故其不符合“职工在不同用人单位连续工作满12个月以上”的情形，甲公司主张无须支付钮某2018年6月至2019年5月应休未休年休假折算工资，法院予以支持。

深圳市律师协会劳动法律专业委员会副主任、广东信达律师事务所冼武杰律师认为，如果员工入职现单位时提交了上家单位连续12个月的社会保险参保证明，一般认定为符合“连续工作12个月”，对其主张从入职现单位之日起享受年休假，应予支持，但是，如果有相反证据推翻该“连续”，则认定为不连续，比如员工提供的上单位离职证明所载明的离职日期与入职现单位的日期有间断。

事实上，上述两种观点都有其道理。第一种理解只强调概括连续，对员工更为有利；第二种理解则强调前后单位无缝对接方为连续，条件相对苛刻一些，但仍符合“连续”的词义，没有超出该词义的范围。

本书倾向赞同第一种观点。

案例115

员工前单位离职6天后入职，是否属于“连续工作”而享受年休假？

上海市第一中级人民法院（2022）沪01民终1127号

徐某于2019年6月24日从乙公司离职后，于7月1日入职甲公司，工作岗位为驾驶员，负责清运居民生活小区的装修垃圾，双方签订了书面劳动合同。2021年2月25日，徐某通过微信向甲公司提出解除劳动合同。双方因此成讼，徐某主张甲公司支付2019年7月1日至2021年2月24日7天应休未休年休假工资差额4183.90元。经法院核查，徐某每年可享受5天的年休假。

审理结果

法院认为，徐某在进入甲公司工作前，与前一家用人单位终结劳动关系的时间为 2019 年 6 月 24 日，根据《年休假实施办法》的规定，职工连续工作满 12 个月以上的，享受带薪年休假，因此徐某自 2020 年 7 月 1 日起方可享受带薪年休假，对徐某要求甲公司支付 2019 年 7 月 1 日至 2020 年 6 月 30 日年休假工资的诉讼请求，法院不予支持。

2. 如何理解“连续工作 12 个月”

说完了“连续”，再来说说“连续工作 12 个月”。何为“连续工作 12 个月”？在实务中也有不同理解。归纳一下主要有以下三种观点。

第一种观点：在本企业连续工作满 12 个月。

这种观点的主要特点是只认可员工在本企业的工作年限，过去在其他单位的工作年限（俗称社会工龄）则一概不承认。

出现这种理解大体上有两个原因：一是企业不懂劳动法，不知道年休假的“连续工作 12 个月”既包括在本单位的工作年限连续又包括上单位的工作年限连续；二是企业懂劳动法，但是故意装作不知道，只是不想让员工一入职就享受年休假，“节约”企业用工成本。

不管是哪种原因，从法律上讲，这种做法都是不合法的。当然，员工有向现单位提供过往单位“连续工作”相关材料的义务，如社会保险参保证明、工资发放记录、个税缴纳记录等，如果员工没有提交，则企业可以按不符合“连续工作”处理。

第二种观点：前后企业连续工作满 12 个月。

这种观点不但承认本企业的工作年限，也承认过往单位的工作年限，前后单位的工作年限只要满足“连续工作 12 个月”，即享受年休假。

这是符合法律规定的。

人力资源和社会保障部办公厅《关于〈企业职工带薪年休假实施办法〉有关问题的复函》（人社厅函〔2009〕149 号）指出，关于带薪年休假的享受条件《年休假实施办法》第 3 条中的“职工连续工作满 12 个月以上”，既包括职工在同一用人单位连续工作满 12 个月以上的情形，又包括职工在不同用人单位连续工作满 12 个月以上的情形。

比如，广东省深圳市南山区人民法院（2020）粤 0305 民初 14202 号、16347

号民事判决书认为，《年休假实施办法》第 3 条规定的“连续工作满 12 个月以上”，既包括劳动者在本单位连续工作满 12 个月以上的情形，又包括劳动者在不同用人单位连续工作满 12 个月以上的情形，但劳动者在进入新用人单位时存在工作间断的除外，且劳动者在进入新单位时工作日不能间断，否则不适用该款规定。

第三种观点：曾经连续工作满 12 个月。

这种观点认为，只要员工在过往工作过的企业中曾经连续工作满 12 个月，即满足“连续工作 12 个月”。举个极端例子，张三 22 岁那年大学毕业后入职了一家企业，连续工作了 12 个月，根据这一观点，张三在 60 岁退休之前的近 40 年里，再次入职任何一家企业，都直接认定为已符合“连续工作 12 个月”，从入职之日起即享受年休假。

持这一观点的代表地区是北京。

北京市高级人民法院、北京市劳动人事争议仲裁委员会《关于审理劳动争议案件解答（一）》第 62 问：如何计算劳动者享受带薪年休假的时间？“连续工作满 12 个月”，是指劳动者在参加工作后曾经在同一或两个以上用人单位连续不中断工作满 12 个月，劳动者在符合参加工作后曾经“连续工作满 12 个月”条件后，此后年休假时间以当年度在用人单位已工作时间计算。

北京市第二中级人民法院（2018）京 02 民终 4085 号民事判决书认为，“连续工作满 12 个月”，是指劳动者在参加工作后曾经在同一或两个以上用人单位连续不中断工作满 12 个月，劳动者在符合参加工作后曾经“连续工作满 12 个月”条件后，此后年休假时间以当年度在用人单位已工作时间计算。

笔者在检索案例时发现，除前述北京市第二中级人民法院外，北京的另外两家中级人民法院亦持此观点，比如北京市第三中级人民法院（2022）京 03 民终 7451 号民事判决书、北京市第一中级人民法院（2020）京 01 民终 5200 号民事判决书即是。

上述三种观点中，第一种观点无疑是不合法的，第三种观点则过度倾向保护员工，只有第二种观点，既符合法律规定，又实现了劳动关系双方的利益平衡。第二种观点是司法实践中的主流观点，本书亦持此观点。

案例 116

员工在前后单位连续工作满 12 个月，入职时即享受年休假

湖南省长沙市中级人民法院（2020）湘 01 民终 1280 号

严某于 2018 年 1 月 1 日入职甲公司，双方签订了书面劳动合同。2018 年 12 月 3 日，严某以甲公司未及时足额支付工资等为由向甲公司提交解除劳动合同通知书，双方劳动合同解除。随后，严某申请劳动仲裁，主张 2018 年应休未休年休假折算工资等权利。经查，严某于 2016 年 9 月 18 日入职乙公司，并于 2018 年 2 月 8 日离职，严某在甲公司工作期间，甲公司未安排其休年休假。

审理结果

法院认为，职工连续工作满 12 个月以上的，享受带薪年休假，职工新进用人单位且符合享受年休假规定的，当年度年休假天数，按照在本单位剩余日历天数折算确定，折算后不足 1 整天的部分不享受年休假。严某于 2016 年 9 月 18 日入职乙公司，并于 2018 年 1 月 1 日入职甲公司，根据法律规定，严某已在不同用人单位连续工作满 12 个月以上，其在甲公司应享受带薪年休假待遇，严某 2018 年依法享有年休假 4 天（337 天 ÷365 天 ×5 天），根据严某的月工资 20,000 元计算，严某的未休年休假工资为 7356.32 元（20,000 元 ÷21.75×4 天 ×200%）。

HR 实务指南

充分了解掌握职工年休假的地方规定。如前所述，年休假的享受条件除国家规定外，部分地区还有地方规定，企业应充分了解当地规定，结合国家规定执行员工年休假制度，安排员工休假，避免因员工年休假休假不足而发生争议。

二、职工不享受年休假的情形

《年休假条例》第 4 条规定了职工不享受当年年休假的 5 种情形，分别为：

（1）职工依法享受寒暑假，其休假天数多于年休假天数的；

（2）职工请事假累计 20 天以上且单位按照规定不扣工资的；

（3）累计工作满 1 年不满 10 年的职工，请病假累计 2 个月以上的；

（4）累计工作满 10 年不满 20 年的职工，请病假累计 3 个月以上的；

（5）累计工作满 20 年以上的职工，请病假累计 4 个月以上的。

《年休假实施办法》第 7 条规定，职工享受寒暑假天数多于其年休假天数的，不享受当年的年休假。确因工作需要，职工享受的寒暑假天数少于其年休假天数的，用人单位应当安排补足年休假天数。第 8 条规定，职工已享受当年的年休假，年度内又出现条例第 4 条第 2~5 项规定情形之一的，不享受下一年度的年休假。

比如，河南省高级人民法院（2022）豫民申 719 号民事裁定书认为，职工依法享受寒暑假，其休假天数多于年休假天数的，不享受当年的年休假。该案中，魏某在甲学校工作期间每年均享受了寒暑假，其寒暑假休假天数多于应休年休假天数，魏某不再享受年休假，甲学校也无须支付未休年休假工资。

案例 117

员工请病假半年，可否享受当年度的年休假？

山东省临沂市中级人民法院（2020）鲁 13 民再 109 号

钟某于 2005 年 6 月入职甲公司，2017 年 5 月 28 日，钟某向甲公司提交辞职报告，以个人身体原因为由，辞去所有职务，之后，甲公司批准其休病假，钟某未再上班。2018 年 2 月 26 日，钟某申请劳动仲裁，主张甲公司支付 2017 年度应休未休年休假工资等权利。同时，钟某在申请劳动仲裁期间提出解除劳动关系。双方因此成讼。

审理结果

法院认为，累计工作满 10 年不满 20 年的职工，请病假累计 3 个月以上的，不享受当年年休假。该案中，钟某自 2017 年 5 月 28 日辞去职务后，甲公司批准休病假至提出解除劳动关系，请病假长达半年多，根据上述规定，钟某依法不享受 2017 年的年休假，其要求甲公司支付应休未休年休假的工资，法院不予支持。

HR 实务指南

企业应充分了解掌握职工不享受当年年休假的 5 种情形，当员工出现其中情形之一时，企业可以不安排其休假。当然，如果企业自愿安排不享受年休假的员工休假，属于放弃权利，本书极为鼓励。

三、职工年休假的天数

1. 年休假天数计算规则

《年休假条例》第 3 条规定，职工累计工作已满 1 年不满 10 年的，年休假 5 天；已满 10 年不满 20 年的，年休假 10 天；已满 20 年的，年休假 15 天。国家法定休假日、休息日不计入年休假的假期，如表 5-4-1 所示。

表 5-4-1　累计工作年限与年休假天数对照

累计工作年限	年休假天数
工作年限＜1 年	无
1 年≤工作年限＜10 年	5 天
10 年≤工作年限＜20 年	10 天
工作年限≥20 年	15 天

《年休假实施办法》第 4 条规定，年休假天数根据职工累计工作时间确定。职工在同一或者不同用人单位工作期间，以及依照法律、行政法规或者国务院规定视同工作期间，应当计为累计工作时间。

2009 年 1 月 6 日，原国务院法制办对《关于〈职工带薪年休假条例〉有关问题的请示》的复函（国法秘政函〔2009〕5 号）中指出，《年休假条例》第 3 条规定的“累计工作”时间，是指条例第 2 条规定的“机关、团体、企业、事业单位、民办非企业单位、有雇工的个体工商户等单位”的职工从事全日制工作的时间。

简言之，员工年休假天数按其累计工作年限计算，分为 5 天、10 天、15 天 3 个档，累计工作不满 1 年的，不享受年休假。

比如，北京市朝阳区人民法院（2017）京 0105 民初 33371 号民事判决书认为，入职甲公司前，刘某的工龄已满 10 年，刘某可享受每年 10 天年假，刘某在甲公司工作期间，甲公司未安排刘某休年休假，甲公司应支付刘某未休年休假工资 10,942.53 元（17,000 元 ÷21.75×7 天 ×200%）。

2. 工作年限“连续”与“累计”的区分

《年休假条例》和《年休假实施办法》均提到了“连续”和“累计”两个词，这两个词是各有用意的，需要进行区分理解。“连续”对应的是员工是从入职时即享受年休假还是入职 1 年后才享受年休假，“累计”对应的是员工可享受年休假的天数，二者各管各的。

例如，张三 2012 年 7 月 1 日大学毕业后入职甲公司工作，2018 年 7 月 1 日离职，后回家照顾生病的父亲，其父病愈后，于 2019 年 1 月 1 日又入职乙公司工作，2023 年 4 月 1 日辞职，因一时间找不到合适的工作，直至 5 月才找到新的工作并于 5 月 15 日入职丙公司。

关于“连续”。因张三入职丙公司时与上家单位乙公司离职后存在间断，因此工作年限不连续，张三在 2023 年度不再享有年休假，需入职丙公司满 1 周年满足“连续工作 12 个月”后才享受年休假，即张三需在丙公司连续工作到 2024 年 5 月 15 日以后才能享受年休假。

关于“累计”。张三在丙公司工作至 2024 年 5 月 15 日时，其累计工作年限为 11 年 3 个月（甲公司 6 年、乙公司 4 年 3 个月、丙公司 1 年，中间回老家照顾其父亲的期间不计算工龄），属于“已满 10 年不满 20 年”，对应的当年度年休假天数为 10 天。

3. 员工过往工作年限的证明和认定

实务中，企业也常常遇到一个难题，就是如何确定员工在过往单位的工作年限。

例如，张三 2010 年 7 月大学毕业参加工作，在 2021 年 3 月入职甲公司时，张三没有向甲公司提交过往工龄的相关材料，甲公司也没问，就这样按每年 5 天安排张三休年休假，张三也一直未提出异议，2023 年 10 月，张三从甲公司离职，双方发生争议，张三向劳动仲裁委员会提交了其过往社会工龄的证明材料，以证明其在甲公司的年休假为每年 10 天，并主张甲公司支付其应休未休的年休假折算工资。张三认为，其入职甲公司时已工作了 10 年以上，依法应享受每年 10 天年休假，甲公司仅安排其每年 5 天年休假，应休而未休的年休假部分，甲公司应按其日工资的 300% 折算工资支付。甲公司则认为，其并不知道张三的过往工龄为 10 年以上，张三入职时以及入职后从未向公司提交过相关证明材料，在职期间甲公司对其的年休假安排，其也没有提出过任何异议。公司认为张三没有主动提交证明材料，张三则认为公司没有主动找他要，企业与员工"两不找"，各说各有理。

· 证明材料

人力资源和社会保障部办公厅《关于〈企业职工带薪年休假实施办法〉有关问题的复函》指出，职工的累计工作时间可以根据档案记载、单位缴纳社保费记录、劳动合同或者其他具有法律效力的证明材料确定。

通常认为，员工用于证明过往社会工龄的材料包括员工的社会保险参保记录、银行代发工资记录、个人所得税缴税记录、员工人事档案等。这些材料由第三方组织制作生成，具有公信力，企业原则上应将其作为认定员工社会工龄的有效材料。但是，有证据证明推翻其真实性、合法性的除外，比如有证据证明员工提供的社会保险参保记录是员工违法进行社会保险挂靠所得，而非真实的劳动关系。

除此之外，员工与过往单位签订的劳动合同、上家单位的离职证明、证人等，也可以作为过往社会工龄的证明材料。由于这些材料的可靠性较弱，企业在判断其真实性时，可以结合常理进行判断。如前例，张三入职甲公司时 35 岁，结合其提供的大学毕业证书的毕业时间，推断其有 10 年工龄是完全可能的。

· 证明责任

劳动法并没有明确规定员工过往工龄应由谁来举证，通常认为应由员工进行举证。《劳动争议调解仲裁法》第 6 条规定，发生劳动争议，当事人对自己提出的主张，有责任提供证据。根据这一原理，本书认为，一方面，员工过往工龄的证明材料都在员工手上，当然应由员工提供；另一方面，员工入职前，企业客观上并不知道员工有没有社会工龄、有多少社会工龄，难以做到每个员工都问一遍。

比如，广东省高级人民法院（2019）粤民申 12802 号民事裁定书认为，陈某并未提供证据证明其入职甲公司之前的连续工作年限，一审判决认定其实际工作年限从入职甲公司起开始计算，二审判决予以维持，并无不当。

当然，考虑到很多员工并不知道需要提交材料以证明其过往社会工龄，本书也鼓励企业主动询问员工，尽到必要的审查义务。如上例，甲公司在招用张三时，张三已经 35 岁，甲公司不可能不知道张三曾在其他单位工作过，即使不知道，也可以主动询问张三，以尽到必要的审查义务，而不是装作不知道。

HR 实务指南

第一，充分了解年休假的天数规则。年休假天数分为 5 天、10 天、15 天 3 档，累计工作年限不满 1 年的，没有年休假，1 年以上不满 10 年的，年休假 5 天，10 年以上不满 20 年的，年休假 10 天，20 年以上的，年休假 15 天。

第二，统计员工的过往社会工龄。新员工入职时，企业应根据员工提供的入职材料，统计其在过去各单位中的工作年限，并按其累计工作年限计算其年休假天数。员工证明过往社会工龄的材料通常包括社会保险参加证明、银行代发工资记录、个人所得税纳税记录等。

四、年休假的安排

安排员工依法休年休假，是企业的法定义务，员工符合休假条件的，企业应当予以安排。那么，劳动法对企业安排员工休年休假是如何规定的呢?

1. 企业可以统筹安排员工休年休假

《年休假条例》第 5 条第 1 款规定，企业根据生产、工作的具体情况，并考虑职工本人意愿，统筹安排职工年休假。

这里所说的“考虑职工本人意愿”，并不强调必须双方协商达成一致。在大多数情况下，企业安排年休假都会考虑员工个人意愿，换句话说，企业因生产经营需要，在员工个人不情愿的情况下“乾纲独断”单方面作出安排，只要没有损害员工合法利益，也是可以的。

比如，某企业在每年春节放假期间统一安排全体员工休年休假是否可以？答案是肯定的。大多数企业在春节期间会放假 10 天至 15 天或者更长，放假期间除去休息日和春节 3 天法定休假日，往往还会占用几个工作日，企业安排在这几个工作日里全体员工休年休假，并且依法计发工资，既没有损害员工的合法利益，又方便了企业的生产经营管理，这当然是可以的。

又如，广东省广州市中级人民法院（2021）粤 01 民终 24820 号民事判决书认为，根据《年休假条例》第 5 条规定，不安排劳动者休年休假需取得职工同意，而安排年休假时，考虑职工意愿并非必须取得职工同意，用人单位可以根据生产经营情况统筹安排劳动者年休假，劳动者对于用人单位合理安排应遵照执行。该案中，甲公司因业务开展受到疫情影响，根据陈某工龄，安排其于 2020 年 8 月 26 日至 9 月 29 日休 2018 年至 2020 年年休假，且该休假并非针对个人，属于合理安排，并无不妥。

案例 118

企业未经员工同意，可否单方面安排员工休年休假？

江苏省南京市中级人民法院（2020）苏 01 民终 9700 号

2016 年 9 月 20 日，王某入职甲公司从事市场企划专员工作。2019 年 1 月 31 日，甲公司以严重违反规章制度为由解除了与王某的劳动合同。王某申请劳动仲裁，主张甲公司支付 2017 年、2018 年的应休未休年休假工资折算 5915.80 元（295.79 元 / 天 ×10 天 ×200%）。甲公司辩称，关于 2017 年、2018 年春节放假通知，告知包括王某在内的员工休假安排，2017 年 1 月 26 日、2 月 3 日、2 月 4 日，2018 年 2 月 9 日、11 日至 14 日为统一安排使用年假、调休假时间，经此安排后，王某剩余调休假余额 27 小时。甲公司通过电子邮件于 2019 年 1 月 25 日通知王某，1 月 28 日至 30 日休年假 3 天，1 月 31 日调休 1 天，王某回复称，调休是个人意愿，本人在此期间无特殊事情，不需要调休。

审理结果

法院认为，根据《年休假条例》第 5 条规定，安排职工休年休假，应优先考虑单位工作安排，不能安排休假的，才需经职工同意。该案中，甲公司作为用人单位，可主动安排王某调休，王某不同意调休安排，应视为放弃休假权利，故法院对王某的主张不予支持。

案例简评

司法实践中的主流观点认为企业可以不经员工同意而单方面安排员工休年休假，但通常认为应以合理安排为原则，不应具有针对性、歧视性。也就是说，安排员工休年休假，是企业的法定义务，但是如何安排，什么时候安排，则是企业的权利。

该案中，甲公司在春节放假期间统一安排员工休年休假，并未损害王某的合法利益，应属合法。剩余调休假，甲公司安排王某调休，已经履行了相应的义务，王某拒绝调休，法院认定为王某放弃休假权利，本书不持异议。

2. 年休假当年安排是原则，跨年安排是例外

《年休假条例》第5条第2款规定，年休假在1个年度内可以集中安排，也可以分段安排，一般不跨年度安排。单位因生产、工作特点确有必要跨年度安排职工年休假的，可以跨1个年度安排。

·原则上应当年度安排员工休年休假

企业应根据员工工作年限所对应享受的年休假天数，原则上在当年度安排。既可以集中安排，最常见的是春节放假时统一安排全体员工休年休假，又可以分段安排，即分多次安排，还可以集中安排和分段安排相结合。比如某企业春节放假15天，除去法定假日3天、休息日4天，实际占用工作日为8天，员工张三累计工作年限为20年以上，享有15天年休假，企业在春节放假时统一安排全体员工休年休假8天，张三尚有7天年休假余额，该企业可在当年度内安排张三休完剩余的7天。

·跨年度安排员工休年休假是例外

通常情况下，员工年休假不跨年度安排，但企业因生产经营需要或者员工工作岗位的特殊性难以在当年度安排休完的，也可以跨年度安排休假。

前述法条没有明确规定可以跨几个年度，通常认为只许跨一个年度。

同样，跨年度安排的，也无须员工同意，企业单方面直接安排并通知员工即可。

案例119

是否安排员工休年休假，企业负有举证责任

贵州省遵义市中级人民法院（2022）黔03民终1399号、1401号

罗某于2009年6月入职甲镇政府从事劳动保障协理员、禁毒协理员等工作。2021年8月9日，镇政府解除了与罗某的劳动合同。罗某申请劳动仲裁，主张镇政府支付未休年休假工资37,903元（2009年6月至2021年8月共计80天）。罗某诉称，自2009年6月工作以来，因工作的岗位为甲镇政府的专岗特岗，一

直未休过年休假。镇政府辩称，劳动者依法享有休年休假的权利，但应由劳动者向用人单位提出，由用人单位综合单位实际情况，统筹安排，罗某并未提供证据证明其已向镇政府申请休年休假，因此，应视为罗某自行放弃相应权利。

审理结果

法院认为，罗某有权享有带薪年休假，甲镇政府对其是否安排罗某年休假负有举证证明责任，现甲镇政府并未举证证明其安排罗某进行休假，亦未举证罗某系因自身原因不休年休假，故应由甲镇政府向罗某支付未休年休假工资报酬。

案例简评

安排员工休年休假是企业的法定义务，对于符合休假条件的员工，企业应主动安排休假，并不以员工主动申请休假为前提。相反，根据《年休假实施办法》第 10 条第 2 款规定，企业安排员工休年休假，员工因本人原因且书面提出不休年休假的，企业可以只支付其正常工作期间的工资收入。企业对是否安排了员工休年休假，负有举证责任。

该案中，甲镇政府以罗某未申请休年休假为由，不安排罗某休年休假，显然是不符合法律规定的，法院判决该镇政府支付罗某应休未休年休假的工资报酬，适用法律正确。

3. 不能安排员工休年休假的，应当折算工资支付

《年休假条例》第 5 条第 3 款规定，单位确因工作需要不能安排职工休年休假的，经职工本人同意，可以不安排职工休年休假，对职工应休未休的年休假天数，单位应当按照该职工日工资收入的 300% 支付年休假工资报酬。《年休假实施办法》第 10 条第 1 款对此进行了细化规定。

实务中确实存在企业难以安排员工休年休假的情形，考虑到这一实际情况，立法者对此作出了不能安排休假的处理方式，即在经过员工同意的情况下，作为一种“补救措施”规定企业按 300% 折算应休而未休的年休假工资发放给员工。具体可以从以下几点进行理解。

其一，确因工作需要不能安排。何为“确因工作需要”，劳动法并没有明确规定，理解起来存在很大的主观性，通常认为企业能够作出合理解释即可，本质上主动权仍掌握在企业方。

其二，需经员工同意。这与前面讨论的统筹安排年休假有所不同，企业统筹安排年休假的，无须经过员工同意即可单方面安排，但企业不能安排年休假时，则需经过员工同意，否则仍然需要正常安排，当年度安排不了的，可以跨年度安排。

其三，按员工日工资300%折算计发。立法者认为，安排员工休假是原则，不能安排休假而折算工资发放是例外，为了督促企业积极安排员工休假，立法者故意把折算工资的标准提高，防止企业滥用权利。

案例120

企业未经员工同意不安排休年休假，需依法折算工资支付

北京市第三中级人民法院（2021）京03民终9290号

孙某于2008年12月入职甲公司，2019年5月20日，甲公司以严重违纪为由解除了与孙某的劳动合同，孙某离职前担任高级人力资源经理职务。该公司员工手册规定，年休假须在下一个合同年度内使用完毕，因员工自身原因未能使用的年休假，视为自动放弃。甲公司在孙某离职时，误将孙某2018年以前未休年休假累积部分予以结算，造成多向孙某支付63,218.39元未休年休假工资报酬。甲公司申请劳动仲裁，主张孙某返还多支付的63,218.39元。甲公司称，孙某的年休假因其未休而视为自动放弃，甲公司因误算多支付的60,000余元属于不当得利，孙某应当返还。孙某辩称，其从未因个人原因不休年休假，也从未书面提出不休年休假。

审理结果

法院认为，年休假可跨1个年度安排是对单位履行安排休假义务的放宽，不应理解为对劳动者享受年休假权利的限制，员工同意不休年休假，是用人单位不支付未休年休假工资的前提。甲公司在员工手册中规定了“如因员工自身原因未能使用的年假，视为自动放弃”，但在甲公司未举证证明曾安排孙某休假但孙某自己拒绝的前提下，甲公司仍应向孙某支付未休年休假工资，而不应扣除所谓“自动放弃部分”，故法院对甲公司主张返还多支付未休年休假工资的诉求，不予支持。

五、年休假的折算规则

那么，员工年休假天数应该如何进行计算呢？针对新入职职工和离职职工的年休假折算规则，《年休假实施办法》作出了规定。

1. 新入职职工的年休假天数折算

《年休假实施办法》第 5 条规定，符合"连续工作满 12 个月"的新入职员工，当年度年休假天数按照在本单位剩余日历天数折算确定，折算后不足 1 整天的部分不享受年休假，折算方法为：

（当年度在本单位剩余日历天数 ÷365 天）× 职工本人全年应当享受的年休假天数

例如，张三于 2023 年 7 月 1 日入职甲公司，入职前累计工作年限为 3 年，入职时符合"连续工作满 12 个月"条件，张三 2023 年度应享受的年休假天数为 2 天［（当年度在甲公司剩余日历天数 183 天 ÷365）× 张三全年应当享受的年休假天数 5 天 =2.5 天，取整 2 天，不足 1 整天的不予计算］。

2. 离职职工的年休假天数折算

《年休假实施办法》第 12 条规定，职工离职时，当年度未安排职工休满应休年休假的，应当按照职工当年已工作时间折算应休未休年休假天数并支付未休年休假工资报酬，但折算后不足 1 整天的部分不支付未休年休假工资报酬，折算方法为：（当年度在本单位已过日历天数 ÷365 天）× 职工本人全年应当享受的年休假天数 – 当年度已安排年休假天数。企业当年已安排职工年休假的，多于折算应休年休假的天数不再扣回。

例如，张三 2021 年 1 月 1 日入职甲公司，入职前累计工作年限为 11 年，2023 年 9 月 9 日离职，张三离职前甲公司已安排张三休假 2 天，张三 2023 年度应休未休年休假天数为［（当年度在甲公司已过日历天数 243 天 ÷365 天）× 张三全年应当享受的年休假天数 10 天 – 当年度已安排年休假天数 2 天 =4.6 天，取整 4 天，不足 1 整天的不予计算］。

上例中，假设甲公司在 2023 年度已安排张三休年休假 9 天，张三离职时折算后的应休未休年休假为 4 天，张三多休了 5 天年休假，则甲公司不得再扣回多休的年休假。

3. 应休未休年休假的工资折算

根据《年休假实施办法》第 10 条规定，职工年休假应休而未休，在折算工资时需区分是企业的原因还是员工本人的原因，归责不同而折算公式不同。

企业原因，是指企业经职工同意不安排年休假或者安排职工年休假天数少于应休年休假天数，应当在本年度内对职工应休未休年休假天数，按照其日工资收入的 300% 支付未休年休假工资报酬，其中包含企业支付职工正常工作期间的工资收入。折算方法为：未安排年休假工资 = 前 12 个月剔除加班费的月平均工资 ÷21.75 天 ×200%× 应休年休假天数。

需要提示的是，这里规定的“300%”，其中包含企业支付员工正常工作期间的工资收入。也就是说，企业额外支付员工日工资收入的 200% 即可。

当然，如果是员工原因导致企业客观上没有安排员工休年休假且经员工书面提出不休假，企业可以只支付其正常工作期间的工资收入，即额外支付 100% 的工资即可。

案例 121

企业规定员工未休年休假视为自动放弃，合法吗？

广东省深圳市罗湖区人民法院（2021）粤 0303 民初 24300 号

詹某于 2014 年 7 月入职某公司担任工程管理专员，月工资 8000 元，2021 年 4 月 29 日离职，詹某在职期间，公司未安排其休年休假。该公司《考勤与休假管理规定》规定，“所有入职 1 年以上的正式员工，在不影响工作的前提下，须提前 3 个工作日提交申请，经审批后可享受带薪年休假，年休假及婚假自假期生效后之日起 1 年内有效，如不申请视为自动放弃”。詹某知晓并签收了该规定。詹某离职后申请劳动仲裁，主张应休未休年休假工资折算 27,000 余元。庭审中公司辩称，根据前述规定，若员工未在规定时间内申请休假，则视为放弃休假权利。

审理结果

法院认为，用人单位享有决定劳动者何时休带薪年休假的权利，也负有安排职工年休假的义务，即休年休假不以职工提出申请为前提，职工放弃年休假权利，只能采用明示的方式提出，用人单位不能将职工没有申请休假视为默示放弃，故公司该抗辩，法院不予采纳。经法院核算，判决该公司向詹某支付应休未休年休假工资折算 24,000 余元。

案例简评

根据劳动法规定，企业劳动规章制度必须符合合法“三要素”，即实体合法、程序合法、公示。所谓实体合法，是指规章制度的条款、内容，要合法、合理，不得与法律法规相抵触，不得违背社会公序良俗。

年休假是员工的法定福利，企业必须依法安排，因生产经营需要无法安排的，应依法折算工资发放。综观该案，企业通过规章制度规定员工必须在企业指定的期限内主动休完年休假，否则视为自动放弃，这一规定属于企业单方免除自己的法定义务，违反《劳动法》和《年休假条例》的相关规定，属于实体不合法，损害员工合法权益，应属无效条款。

第五节　病　假

病假是指员工因患病或非因工负伤，需要停止工作进行医疗，企业应当根据员工本人实际参加工作年限和在本单位工作年限，给予一定的医疗假期。劳动法对员工因患病或非因工负伤的各项权利，作了较为具体的规定。

一、医疗期

讨论病假，必先讨论医疗期。

《职工医疗期规定》第 2 条规定，医疗期是指企业职工因患病或非因工负伤停止工作治病休息不得解除劳动合同的时限。

从某种程度上说，病假就是医疗期，但又不完全等同．病假往往小于医疗期。比如，某员工的法定医疗期是 6 个月，但是他治疗 2 个月后便恢复健康可以正常上班了，那么这 2 个月既是医疗期，又是病假，企业应依法向其支付病假工资。反过来，该员工医疗期是 6 个月，可是治疗了 8 个月才治好，企业在 6 个月医疗期内应当支付病假工资，多出来的 2 个月，企业可以按无薪事假处理，没有支付病假工资的义务。

1. 医疗期期限

根据《职工医疗期规定》第 3 条规定，企业职工因患病或非因工负伤，需要停止工作医疗时，根据本人实际参加工作年限和在本单位工作年限，给予 3~24 个月的医疗期。具体如下：

①实际工作年限 10 年以下的，在本单位工作年限 5 年以下的为 3 个月；5 年以上的为 6 个月。

②实际工作年限 10 年以上的，在本单位工作年限 5 年以下的为 6 个月；5 年以上 10 年以下的为 9 个月；10 年以上 15 年以下的为 12 个月；15 年以上 20 年以下的为 18 个月；20 年以上的为 24 个月。

有关医疗期限的内容如表 5-5-1 所示。

表 5-5-1　医疗期限与工作年限关系

实际参加工作年限	本单位工作年限	医疗期	累计病休时间
10 年以下	5 年以下	3 个月	按 6 个月内累计
	5 年以上	6 个月	按 12 个月内累计
10 年以上	5 年以下	6 个月	按 12 个月内累计
	5 年以上 10 年以下	9 个月	按 15 个月内累计
	10 年以上 15 年以下	12 个月	按 18 个月内累计
	15 年以上 20 年以下	18 个月	按 24 个月内累计
	20 年以上	24 个月	按 30 个月内累计

例如，张三于 2020 年 1 月 1 日入职甲公司，入职前已经工作了 8 年（社会工龄），2023 年 7 月 1 日张三生病住院，此时张三已入职甲公司 3 年 6 个月，那么，对照表 5-5-1，张三“本单位工作年限”为“5 年以下”，“实际工作年限”为“10 年以上”（11 年），因此张三所享受的医疗期期限为 6 个月。

此外，原劳动部《关于贯彻〈企业职工患病或非因工负伤医疗期规定〉的通知》（劳部发〔1995〕236 号）指出，根据目前的实际情况，对某些患特殊疾病（如癌症、精神病、瘫痪等）的职工，在 24 个月内尚不能痊愈的，经企业和劳动主管部门批准，可以适当延长医疗期。

关于医疗期期限，除国家规定外，部分地区还制定了地方规定，企业在适用医疗期制度时，应同时关注地方规定。

比如，上海市人民政府发布的《关于本市劳动者在履行劳动合同期间患病或者非因工负伤的医疗期标准的规定》（沪府发〔2015〕40 号）第 3 条规定，劳动者经劳动能力鉴定委员会鉴定为完全丧失劳动能力但不符合退休、退职条件的，应当延长医疗期，延长的医疗期由用人单位与劳动者具体约定，但约定延长的医疗期与前条规定的医疗期合计不得低于 24 个月。

案例 122

员工因与企业发生矛盾而跳楼导致受伤，可否享受医疗期？

广东省深圳市中级人民法院（2015）深中法劳终字第 2322 号

程某于 2003 年 12 月入职甲公司。2013 年 5 月 31 日，程某因在甲公司宿舍五楼消杀过程中中毒，后被当地人力资源和社会保障局认定为工伤，经劳动能力鉴定委员会鉴定，程某未达到伤残等级。2014 年 3 月 28 日，程某因工资等问题前往甲公司协商，因程某自行不慎，从楼上坠落，随后入院治疗，共住院 34 天，医疗费共计 60,000 余元。双方因此成讼，程某主张甲公司支付其前述医疗费。甲公司辩称，程某因中毒受伤但不构成残疾，双方就工伤事宜未能达成一致意见。2014 年 3 月 28 日，程某以死要挟甲公司，从三楼跳下导致受伤，其诉求不符合《职工医疗期规定》第 3 条享受医疗期的条件，该规定的目的是分散员工因疾病或意外而产生的风险和负担，而不是其自杀或自残行为。

审理结果

法院认为，由于双方之前因工伤事件发生纠纷，甲公司没有举证已经妥善处理好该工伤事件，以抗辩排除程某主张工伤事件矛盾激发而导致其坠楼事故发生的真实原因，甲公司应承担举证不能的不利后果。在没有相反证据证明的情形下，虽然没有直接证据确定甲公司应当对程某坠楼事故的发生负全部法律责任，但可以认定甲公司与程某工伤事件矛盾激发而导致其坠楼事故的发生存在一定的关联性，《职工医疗期规定》并没有明文规定当事人在该种情形下不得享受法定医疗期，因此，在法律没有明文禁止的情形下，应认定程某可以享受法定医疗期。

2. 医疗期计算

医疗期从何时开始计算，法律没有明确规定，通常认为是从员工第一次享受医疗期待遇的第一天开始起算。

如果员工连续病休，则连续计算医疗期直至医疗期期限届满，如果员工间断病休，则采用累计计算医疗期的方式进行计算，医疗期累计病休时间最短为 6 个月、最长为 30 个月。累计病休时间按自然日计算，不剔除法定休假日和休息日。

《职工医疗期规定》第 4 条规定了具体计算方法详见前文表 5-5-1：

医疗期 3 个月的，按 6 个月内累计病休时间计算；

医疗期 6 个月的，按 12 个月内累计病休时间计算；

医疗期 9 个月的，按 15 个月内累计病休时间计算；

医疗期 12 个月的，按 18 个月内累计病休时间计算；

医疗期 18 个月的，按 24 个月内累计病休时间计算；

医疗期 24 个月的，按 30 个月内累计病休时间计算。

例 1：张三的医疗期期限为 6 个月，张三 2023 年 7 月 1 日住院治疗，8 月 31 日出院，后在家康复至 10 月 15 日，10 月 16 日返岗上班。那么，张三属于连续病休，且病假小于医疗期期限，甲公司只需要在 2023 年 7 月 1 日至 10 月 15 日向张三发放病假工资即可。

例 2：张三出院后在家康复，一直到 2024 年 2 月 1 日才病愈返岗上班。那么，张三属于连续病休，病假大于医疗期期限，甲公司只需要在医疗期期限内（2023 年 7 月 1 日至 12 月 31 日）向张三支付病假工资即可，超过医疗期期限的部分，甲公司没有支付病假工资的义务，可以按无薪事假处理。

例 3：张三 2023 年 7 月 1 日住院治疗，8 月 1 日病愈返岗上班，8 月 16 日旧病复发又入院治疗，9 月 16 日病愈返岗上班，如此反复。那么，张三属于间断病休，根据上述计算规则，张三从 2023 年 7 月 1 日起按 12 个月内累计病休时间计算医疗期，在 2024 年 7 月 1 日前累计病休时间达到 6 个月时，张三的医疗期期限届满。

案例 123

医疗期是否能够循环计算？

北京市第三中级人民法院（2018）京 03 民终 69 号

李某于 1996 年 7 月 27 日入职甲公司。李某于 2014 年 3 月 24 日至 12 月 23 日休病假，从 2015 年 7 月 25 日起又开始休病假，诊断病情均为腰椎间盘突出、腰肌劳损。最后一份诊断证明书时间为 2017 年 1 月 18 日，病休 9 天。双方均认可李某医疗期为 24 个月。2016 年 12 月 20 日，甲公司向李某出具医疗期满告知书，告知李某医疗期已满，并于 2017 年 1 月 24 日开始正常上班。李某回复其医疗期未满，并继续提供病假条。2017 年 1 月 24 日，李某未上班，

2月13日，李某离职。双方因此成讼，李某主张甲公司支付2017年2月1日至2月7日的病假工资。

审理结果

法院认为，根据《职工医疗期规定》及相关规定，医疗期为24个月的，应按30个月内累计病休时间计算，医疗期计算应从病休第一天开始，累计计算。该案中，李某的病休时间应自2014年3月24日开始起算，甲公司在向李某送达的医疗期满告知书中从2014年6月23日起算医疗期没有依据。经核算，截至2016年9月24日，李某在30个月的病休期间内累计病休时间并未满24个月，虽然此后李某仍持续休病假，但并不属于上述30个月的病休期间，而应属于下一个病休期间。

HR实务指南

企业HR应充分了解掌握劳动法的医疗期制度，知晓医疗期期限的计算规则，当员工患病治疗时，能够根据员工的工作年限按照劳动法规定计算出其应当享有的医疗期期限，并明确告知员工。

二、病假工资

员工因患病或非因工负伤，在法定医疗期限内，企业应当依法支付病假工资。依法享受病假工资是员工的基本权益，劳动法建立病假制度体现出国家对广大劳动者的关怀与保护。

1.病假工资标准

病假工资的计算有计算基数和计算系数两个变量。根据原劳动部《关于贯彻执行〈中华人民共和国劳动法〉若干问题的意见》（劳部发〔1995〕309号）第59条规定，职工患病或非因工负伤治疗期间，在规定的医疗期内由企业按有关规定支付其病假工资或疾病救济费，病假工资或疾病救济费可以低于当地最低工资标准支付，但不能低于最低工资标准的80%。

这一规定明确了员工在医疗期间企业支付病假工资的法定义务，同时从国家层面确定了员工病假工资的两个计算变量，即计算基数为当地最低工资标准，计算系数为 80%。

除上述国家层级的规定外，我国部分地区对病假工资标准还作了不同规定，如深圳、上海、陕西、重庆、浙江等地都有地方规定。

《深圳市员工工资支付条例》第 23 条规定，员工患病或者非因工负伤停止工作进行医疗，在国家规定的医疗期内的，企业应当按照不低于本人正常工作时间工资的 60% 支付员工病伤假期工资，但不得低于本市最低工资标准的 80%。根据这一规定，假设某员工正常工作时间工资为 20,000 元，该员工的病假工资则为 12,000 元。

《陕西省企业工资支付条例》第 20 条则规定，劳动者患病或者非因工负伤治疗期间，在规定的医疗期内，用人单位应当按照不低于劳动合同约定的工资标准的 70% 支付病假工资，但病假工资不得低于当地最低工资标准的 80%。

上海地区的病假工资计算甚为复杂，采用计算基数、计算系数、病假天数等要素进行计算，其中计算系数又根据员工连续休假 6 个月内和超过 6 个月而有所区分，并根据员工连续工龄的不同而分成不同等级进行计算。

陕西省西安市碑林区人民法院（2021）陕 0103 民初 14212 号民事判决书认为，双方劳动合同中虽未约定月工资标准，但甲公司应按照陈某休病假前一年的实发平均工资标准的 70% 予以发放病假工资，故甲公司应向陈某支付 2018 年 11 月至 2019 年 10 月的病假工资差额 82,121 元。

山东省高级人民法院（2022）鲁民申 592 号民事裁定书认为，职工患病或非因工负伤治疗期间，在规定的医疗期内由企业按有关规定支付其病假工资或疾病救济费，病假工资或疾病救济费可以低于当地最低工资标准支付，但不能低于最低工资标准的 80%，该案中，甲公司按照当地最低工资标准的 80% 并扣减社会保险费、住房公积金个人应缴纳部分后发放给孙某，不违反上述法律规定。

案例 124

员工“泡病假”，企业可否要求返还病假工资？

上海市第一中级人民法院（2022）沪 01 民终 2418 号

王某是甲公司员工，岗位为销售。2019 年 7 月 31 日至 2020 年 11 月 24 日，王某连续以腰痛、颈椎病、肩颈痛等向甲公司提交病情证明单及就医记录等就诊资料，根据王某提供的就医记录，上述期间王某共计存在6次未遵医嘱拒绝CT或MRI检查及14次主诉要求休息或开具病假的记录。自2020年11月10日起，甲公司多次要求王某就上述有悖常理的病休情况进行解释或配合复查，王某均未予配合。11月23日，甲公司解除了与王某的劳动合同。王某申请劳动仲裁，主张甲公司支付违法解除劳动合同赔偿金，甲公司提出反请求，主张王某返还病假工资13,000余元。双方因此成讼。经劳动仲裁委向王某就诊的医院核查，该医院为王某就诊并开具病情证明单的多名医生在甲公司提供的关于王某的病假单整理（病休假汇总）文件上签字，确认王某自2019年8月9日至2020年11月12日的病假均系王某本人要求病假。剔除法定节假日、休息日后，共涉及152个工作日。

审理结果

法院认为，鉴于劳动仲裁委向王某就诊医院核查的事实，该期间的病情证明单均是医生应王某要求开具，而并非基于王某病情，故王某在该152个工作日期间不能享有相应的病假待遇，在上述期间内，王某未为甲公司提供劳动，应返还相应的病假工资。

2. 病假工资是否属于劳动报酬

病假工资是企业向患病或非因工负伤治疗期间的员工所支付的工资，该工资是否属于劳动报酬？实践中存在不同见解。厘清这个问题的意义在于，如果属于劳动报酬，当企业拖欠或者克扣员工病假工资时，员工可以依据《劳动合同法》第38条第1款第2项未及时足额支付劳动报酬被迫辞职，并依据该法第46条获得经济补偿金，反之则不得据此被迫辞职。

第一种观点认为不属于劳动报酬。

这一观点认为，劳动报酬是员工向企业提供体力或脑力劳动后所获得的对价，支付劳动报酬的前提是员工付出劳动，而病假工资是员工在疾病或受伤期间停止工作，企业基于法律法规规定向其支付的生活保障性待遇，并非其提供劳动所得，因此不属于劳动报酬。

比如，山东省高级人民法院（2022）鲁民申592号民事裁定书认为，病假工资是一种救济性的福利待遇，不是企业职工的工资性收入，不属于《劳动合同法》

第 46 条用人单位应当向劳动者支付经济补偿的情形，故原审法院对孙某以甲公司克扣、拖欠工资为由被迫离职而主张甲公司向其支付经济补偿金未予支持，并无不当。

但笔者在进行案例检索时发现，同样是山东省高级人民法院的裁定，（2021）鲁民申 6963 号、（2020）鲁民申 7948 号两案却又认为病假工资属于劳动报酬，员工以企业未及时足额支付病假工资为由被迫辞职并主张经济补偿金，两案均支持了经济补偿金。

第二种观点则认为属于劳动报酬。

这一观点认为，根据国家统计局《关于工资总额组成的规定》规定，特殊情况下支付的工资，包括根据国家法律、法规和政策规定，因病、工伤、产假、计划生育假、婚丧假、事假、探亲假、定期休假、停工学习、执行国家或社会义务等原因按计时工资标准或计时工资标准的一定比例支付的工资。病假工资虽然不是基于员工付出劳动所支付，但是它属于前述特殊情况下支付的工资，因此属于劳动报酬。正如江苏摩方常闻律师事务所袁良军律师所言，将工资定义为劳动力给付对价，过于简单，工资是用人单位依据国家规定、劳动合同约定或习惯做法支付给劳动者的分配性和补偿性货币收入，应当是劳动贡献的对价。

比如，天津市第一中级人民法院（2019）津 01 民终 8242 号民事判决书认为，根据有关规定，劳动者的工资总额包括计时工资、计件工资、奖金、津贴和补贴、加班加点工资、特殊情况下支付的工资等，而特殊情况下支付的工资中，即包括病假期间，用人单位按照计时或计件工资标准的一定比例支付的工资，据此，病假工资属于劳动报酬范畴。

第二种观点是我国司法实践中的主流观点，本书亦持此观点。

HR 实务指南

第一，及时、足额支付患病员工的病假工资。HR 应充分了解当地的病假工资标准，员工患病治疗且在法定医疗期内的，及时足额支付其病假工资，不克扣，不拖欠。

第二，超过法定医疗期且员工仍在治疗的，可以不支付病假工资。劳动法只规定了员工患病治疗且在法定医疗期内的，企业应当依法支付病假工资，超过法定医疗期的，企业没有继续支付病假工资的义务。但是，本书鼓励广大企业在患病员工医疗期满后继续支付一定的生活费，以缓解患病员工的经济压力。

三、员工病亡的遗属待遇

1. 遗属待遇的领取条件

根据人力资源和社会保障部、财政部2021年2月22日印发的《企业职工基本养老保险遗属待遇暂行办法》（人社部发〔2021〕18号，以下简称《遗属待遇办法》）第2条、第3条规定，已参加职工基本养老保险的人员因病或非因工死亡的，其遗属可以领取丧葬补助金和抚恤金（合称遗属待遇）。遗属待遇为一次性待遇，所需资金从企业职工基本养老保险统筹基金中列支。

也就是说，遗属待遇的领取以员工参加企业职工基本养老保险为前提，该待遇由社会保险基金支付。如果企业没有为员工参加职工基本养老保险呢？一般认为参照已参保员工的标准，由所在企业承担。

此外，根据2024年9月27日人力资源和社会保障部、财政部联合发布的《企业职工基本养老保险病残津贴暂行办法》（人社部发〔2024〕72号）第9条规定，“参保人员领取病残津贴期间死亡的，其遗属待遇按在职人员标准执行”。

2. 遗属待遇的计算规则

遗属待遇分为丧葬补助金和抚恤金。

丧葬补助金的标准，按照参保人员死亡时本省（含自治区、直辖市、下同）上一年度城镇居民月人均可支配收入的2倍计算。

在职人员死亡的抚恤金标准，以死亡时本省上一年度城镇居民月人均可支配收入为基数，根据本人的缴费年限（包括实际缴费年限和视同缴费年限）确定发放月数：

缴费年限不满5年的，发放月数为3个月；

缴费年限满5年不满10年的，发放月数为6个月；

缴费年限满10年不超过15年（含15年）的，发放月数为9个月；

缴费年限15年以上的，每多缴费1年，发放月数增加1个月；

缴费年限30年以上的，按照30年计算，发放月数最高为24个月。

四、医疗补助费

根据员工病情的严重程度，大概可以分为小病、中病、大病 3 个等级。小病指的是感冒发烧之类，中病指的是需住院治疗的病，大病则是指重症、绝症。

原劳动部《关于实行劳动合同制度若干问题的通知》（劳部发〔1996〕354 号）第 22 条指出，劳动者患病或者非因工负伤，合同期满终止劳动合同的，用人单位应当支付不低于 6 个月工资的医疗补助费；对患重病或绝症的，还应适当增加医疗补助费。

原劳动部办公厅《关于对劳部发〔1996〕354 号文件有关问题解释的通知》（劳办发〔1997〕18 号）进一步明确，该通知第 22 条“医疗补助费”是指合同期满的劳动者终止劳动合同时，医疗期满或者医疗终结被劳动鉴定委员会鉴定为 5~10 级的，用人单位应当支付不低于 6 个月工资的医疗补助费。

上述规定可以从以下几点进行理解。

第一，患病员工享有医疗补助费。该医疗补助费分为两个等级：一个是“中病”的，即劳动能力鉴定为 5~10 级，医疗补助费不低于 6 个月工资；另一个是“大病”的，在 6 个月工资基础上适当增加，具体增加多少，则没有明确，可以理解为企业酌情增加即可。

第二，“中病”以劳动能力鉴定为前提。患“中病”的员工，若需获得 6 个月工资的医疗补助费，需通过劳动能力鉴定委员会进行劳动能力鉴定，并且鉴定结果为 5~10 级，未鉴定或者鉴定结果不构成等级的，企业可以不支付该医疗补助费。但员工患重症或者绝症，则不强调进行劳动能力鉴定，是否属于重症或者绝症，通常认为以医学评价为准。

第三，获得医疗补助费以劳动合同期满终止为前提。如果是其他事由解除或者终止劳动合同，则不享有该医疗补助费，如员工主动辞职等。

我国部分地区对医疗补助费还作了地方规定。

比如，广东省高级人民法院、广东省劳动人事争议仲裁委员会《关于劳动人事争议仲裁与诉讼衔接若干意见》第 11 条指出，劳动者患病、非因工负伤医疗期满后，经劳动能力鉴定委员会鉴定为完全丧失劳动能力或大部分丧失劳动能力，不能从事原工作，也不能从事由用人单位另行安排的工作而解除劳动合同的，用人单位应按规定支付经济补偿并支付不低于 6 个月工资的医疗补助费。

可见，与国家规定不同，广东省的地方规定并不强调劳动合同期满终止，而只强调劳动合同解除，也不强调劳动能力鉴定等级，而是强调完全丧失劳动能力或大部分丧失劳动能力。通常认为，有地方规定的，优先适用地方规定。

案例 125

癌症员工被解雇，法院判企业支付医疗补助费

广东省深圳市中级人民法院（2019）粤 03 民终 1220 号

陈某于 2011 年 12 月入职深圳甲宾馆，岗位为清洁工。2017 年 7 月，陈某因患癌症住院手术，之后进行了放疗治疗，陈某提交了出院记录、疾病证明书等证据材料，甲宾馆确认其真实性。2018 年 7 月 12 日，甲宾馆向全体员工发出关于解除劳动关系的公告，载明因当地人民政府对甲宾馆作出行政处罚，责令其立即关闭，甲宾馆与全体员工的劳动关系自 7 月 13 日解除。陈某离职前月工资为 2600 元。双方因此成讼，陈某主张甲宾馆支付医疗补助费 15,600 元。

审理结果

法院认为，参照广东省高级人民法院、广东省劳动人事争议仲裁委员会《关于劳动人事争议仲裁与诉讼衔接若干意见》第 11 条的规定，陈某患癌症，属于重症，甲宾馆现解除其劳动合同，应按规定支付不低于 6 个月工资的医疗补助费，即 15,600 元（2600 元 ×6 个月）。

HR 实务指南

企业 HR 应充分了解掌握医疗补助费的相关规定，对于符合支付医疗补助费条件的患病员工，应当及时足额支付，不拖欠，不克扣。

五、病残津贴

2024 年 9 月 27 日，人力资源和社会保障部、财政部联合发布《企业职工基本养老保险病残津贴暂行办法》（人社部发〔2024〕72 号，以下简称《病残津贴办法》），明确自 2025 年 1 月 1 日起，企业职工基本养老保险参保人员达到法定退休年龄前，因病或者非因工致残经鉴定为完全丧失劳动能力的，可以申请按月领取病残津贴，所需资金由基本养老保险基金支付。

2011 年 7 月 1 日《社会保险法》施行，该法第 17 条规定，“参加基本养老保险的个人，……在未达到法定退休年龄时因病或者非因工致残完全丧失劳动能力的，可以领取病残津贴，所需资金从基本养老保险基金中支付”。这里所说的“可以领取病残津贴”，到底要怎么领、需要符合什么条件、标准如何等，一直没有国家层级的配套政策出台。《病残津贴办法》出台，让病残津贴制度得以细化和具体落实。

病残津贴是基本养老保险基金对未达到法定退休年龄时因病或者非因工致残完全丧失劳动能力（以下称完全丧失劳动能力）的参保人员发放的基本生活费。参保人员未达到法定退休年龄时，因不符合领取条件而不能享受养老保险待遇，如果完全丧失劳动能力，不能正常工作，生活失去经济来源，只能依靠其他家庭成员，如果参保人员同时是家庭的主要经济来源，整个家庭就会陷入困境。《病残津贴办法》的出台，旨在为完全丧失劳动能力的企业职工提供经济帮助，缓解他们的生活压力，体现社会公平正义原则。

1. 病残津贴的领取条件

《病残津贴办法》第 2 条规定，“参保人员达到法定退休年龄前因病或者非因工致残经鉴定为完全丧失劳动能力的，可以申请按月领取病残津贴”。结合第 1 条规定，领取病残津贴需具备以下三个条件：

（1）依法参加了职工基本养老保险的参保人员。既包括参加了企业职工基本养老保险的参保人员，也包括参加了灵活就业社会养老保险的参保人员，还包括依法参加了职工基本养老保险的进城务工农村居民和在中国境内就业但已依法参加职工基本养老保险的外国人。

（2）职工未达到法定退休年龄。根据《病残津贴办法》第 3 条第 2 款规定，“领取病残津贴人员达到法定退休年龄时，应办理退休手续，基本养老金不再重新计算”。这里说的“不再重新计算”指的是前款规定的“执行参保人员待遇领取地退休人员基本养老金计发办法”。

（3）经劳动能力鉴定委员会鉴定为完全丧失劳动能力。根据《病残津贴办法》第 10 条规定，“申请领取病残津贴人员应持有待遇领取地或最后参保地地级（设区市）以上劳动能力鉴定机构作出的完全丧失劳动能力鉴定结论，完全丧失劳动能力鉴定结论一年内有效”。

2. 病残津贴的计算标准

根据《病残津贴办法》第3条、第4条、第5条规定，参保人员领取病残津贴的标准，根据养老保险缴费年限和领取病残津贴时的年龄两项指标进行确定，具体为：

（1）按退休人员基本养老金发放。根据《病残津贴办法》第3条第1款规定，“参保人员申请病残津贴时，累计缴费年限（含视同缴费年限）满领取基本养老金最低缴费年限且距离法定退休年龄5年（含）以内的，病残津贴月标准执行参保人员待遇领取地退休人员基本养老金计发办法，并在国家统一调整基本养老金水平时按待遇领取地退休人员政策同步调整”。

（2）按退休人员基础养老金标准发放。根据《病残津贴办法》第4条规定，“参保人员申请病残津贴时，累计缴费年限满领取基本养老金最低缴费年限且距离法定退休年龄5年以上的，病残津贴月标准执行参保人员待遇领取地退休人员基础养老金计发办法，并在国家统一调整基本养老金水平时按照基本养老金全国总体调整比例同步调整。参保人员距离法定退休年龄5年时，病残津贴重新核算，按第三条规定执行”。

（3）按基本养老金计发标准发放一定的月数。根据《病残津贴办法》第5条规定，“参保人员申请病残津贴时，累计缴费年限不满领取基本养老金最低缴费年限的，病残津贴月标准执行参保人员待遇领取地退休人员基础养老金计发办法，并在国家统一调整基本养老金水平时按照基本养老金全国总体调整比例同步调整。参保人员累计缴费年限不足5年的，支付12个月的病残津贴；累计缴费年限满5年以上的，每多缴费1年（不满1年按1年计算），增加3个月的病残津贴”。

3. 病残津贴的领取方式

对于参保人员领取病残的方式，《病残津贴办法》也作了相关规定。具体如下：

（1）由基本养老保险基金支付。根据《病残津贴办法》第6条规定，“病残津贴所需资金由基本养老保险基金支付”。

（2）按月领取。根据《病残津贴办法》第2条规定，符合病残津贴领取条件的参保人员，可以申请按月领取病残津贴。

（3）在基本养老保险待遇领取地领取。根据《病残津贴办法》第 7 条规定，“参保人员申请领取病残津贴，按国家基本养老保险有关规定确定待遇领取地，并将基本养老保险关系归集至待遇领取地，应在待遇领取地申请领取病残津贴”。

4. 病残津贴的停发规则

（1）继续就业并缴纳基本养老保险费的，停发病残津贴。根据《病残津贴办法》第 8 条规定，“参保人员领取病残津贴期间，不再缴纳基本养老保险费，继续就业并按国家规定缴费的，自恢复缴费次月起，停发病残津贴”。

（2）经复查鉴定不符合完全丧失劳动能力的，停发病残津贴。根据《病残津贴办法》第 11 条规定，“建立病残津贴领取人员劳动能力复查鉴定制度，……经复查鉴定不符合完全丧失劳动能力的，自做出复查鉴定结论的次月起停发病残津贴”。

（3）无正当理由不按时参加复查鉴定的病残津贴领取人员，停发病残津贴。根据《病残津贴办法》第 11 条规定，“建立病残津贴领取人员劳动能力复查鉴定制度，……对于无正当理由不按时参加复查鉴定的病残津贴领取人员，自告知应复查鉴定的 60 日后暂停发放病残津贴，经复查鉴定为完全丧失劳动能力的，恢复其病残津贴，自暂停发放之日起补发”。

06

第六章

工　资

工资即员工的薪资，是指员工提供劳动后，企业依据劳动法规定或劳动合同的约定，以货币形式直接支付给员工的劳动报酬。双方建立劳动关系，签订劳动合同，形成权利义务关系，一方面是员工向企业提供劳动，完成工作任务；另一方面是企业向员工及时足额发放劳动报酬，双方互为依存，相辅相成。薪酬管理作为人力资源管理六大模块之一，如何根据劳动法规定设计薪酬制度，做好员工薪酬管理，避免劳动争议的发生，又是 HR 的一门必修课。

|第一节|　工资标准

工资是指员工提供劳动后，企业根据劳动法规定或劳动合同约定，以货币形式直接支付给员工的劳动报酬。在劳动关系中，员工根据劳动合同约定履行劳动义务，企业以法定方式向员工支付劳动报酬，工资是员工提供劳动的对价。

一、工资组成

1. 员工工资的组成部分

根据国家统计局 1990 年 1 月 1 日发布的《关于工资总额组成的规定》第 4 条规定，员工工资由以下六部分组成。

· 计时工资

计时工资是指按计时工资标准（包括地区生活费补贴）和工作时间支付给个人的劳动报酬，包括以下四个方面。

①对已做工作按计时工资标准支付的工资。

②实行结构工资制的单位支付给职工的基础工资和职务（岗位）工资。

③新参加工作职工的见习工资（学徒的生活费）。

④运动员体育津贴。

· 计件工资

计件工资是指对已做工作按计件单价支付的劳动报酬，包括以下三个方面。

①实行超额累进计件、直接无限计件、限额计件、超定额计件等工资制，按劳动部门或主管部门批准的定额和计件单价支付给个人的工资。

②按工作任务包干方法支付给个人的工资。

③按营业额提成或利润提成办法支付给个人的工资。

· 奖金

奖金是指支付给员工的超额劳动报酬和增收节支的劳动报酬，包括以下五个方面。

①生产奖：包括超产奖、质量奖、安全（无事故）奖、考核各项经济指标的综合奖、提前竣工奖、外轮速遣奖、年终奖（劳动分红）等。

②节约奖：包括各种动力、燃料、原材料等。

③劳动竞赛奖：包括发给劳动模范、先进个人的各种奖金和实物奖励。

④机关、事业单位的奖励工资。

⑤其他奖金：包括从兼课酬金和业余医疗卫生服务收入提成中支付的奖金等。

· 津贴和补贴

津贴和补贴是指为了补偿职工特殊或额外的劳动消耗和因其他特殊原因支付给职工的津贴，以及为了保证职工工资水平不受物价影响支付给职工的物价补贴。

①津贴。包括：补偿职工特殊或额外劳动消耗的津贴，保健性津贴，技术性津贴，年功性津贴及其他津贴。

②物价补贴。包括：为保证职工工资水平不受物价上涨或变动影响而支付的各种补贴，如肉类等价格补贴、副食品价格补贴、粮价补贴、煤价补贴、房贴、水电贴等。

· 加班加点工资

加班加点工资是指按规定支付的加班工资和加点工资。

· 特殊情况下支付的工资

特殊情况下支付的工资包括以下两个方面。

①根据国家法律、法规和政策规定，因病、工伤、产假、计划生育假、婚丧假、事假、探亲假、定期休假、停工学习、执行国家或社会义务等原因按计时工资标准或计时工资标准的一定比例支付的工资。

②附加工资、保留工资。

2. 不列入员工工资组成的部分

以下各项支出、费用或报酬，不列入员工工资组成部分。

（1）根据国务院发布的有关规定颁发的发明创造奖、自然科学奖、科学技术进步奖和支付的合理化建议和技术改进奖以及支付给运动员、教练员的奖金。

（2）有关劳动保险和职工福利方面的各项费用。

（3）有关离休、退休、退职人员待遇的各项支出。

（4）劳动保护的各项支出。

（5）稿费、讲课费及其他专门工作报酬。

（6）出差伙食补助费、误餐补助、调动工作的旅费和安家费。

（7）对自带工具、牲畜来企业工作职工所支付的工具、牲畜等的补偿费用。

（8）实行租赁经营单位的承租人的风险性补偿收入。

（9）对购买本企业股票和债券的职工所支付的股息（包括股金分红）和利息。

（10）劳动合同制职工解除劳动合同时由企业支付的医疗补助费、生活补助费等。

（11）因录用临时工而在工资以外向提供劳动力单位支付的手续费或管理费。

（12）支付给家庭工人的加工费和按加工订货办法支付给承包单位的发包费用。

（13）支付给参加企业劳动的在校学生的补贴。

（14）计划生育独生子女补贴。

此外，国家统计局《〈关于工资总额组成的规定〉若干具体范围的解释》指出，以下项目亦不包括在工资总额之中。

（1）有关劳动保险和职工福利方面的费用。具体有：职工死亡丧葬费及抚恤费、医疗卫生费或公费医疗费用、职工生活困难补助费、集体福利事业补贴、工会文教费、集体福利费、探亲路费、冬季取暖补贴、上下班交通补贴以及洗理费等。

（2）劳动保护的各种支出。具体有：工作服、手套等劳保用品，解毒剂、清凉饮料，以及按照1963年7月19日原劳动部等七单位规定的范围对接触有毒物质、砂尘作业、放射线作业和潜水、沉箱作业、高温作业等5类工种所享受的由劳动保护费开支的保健食品待遇。

案例126

企业依劳动合同约定支付给员工的保密费，是否属于工资？

上海市第一中级人民法院（2023）沪01民终9826号

李某于2019年9月入职甲教育培训公司担任市场部设计师职务，双方签订了书面劳动合同及保密协议，约定李某基本工资4927元/月、岗位津贴4927元/月、保密费6073元/月。2022年10月7日，李某被甲公司解雇，李某申请劳动仲裁，主张甲公司支付违法解除劳动合同赔偿金11万余元。在工资标准问题上，李某诉称，其薪酬为固定工资 11,000 元，甲公司所设定的保密费系变相拆分工资结构。相关保密工资属于工资范畴，应纳入经济补偿金计算基数。公司辩称，公司相关咨询服务课程和方案具有高度的知识产权属性，李某有机会接触到公司的核心秘密，对其有很高的保密要求，故双方约定较高额保密费。保密费是对员工履行保密义务的一种经济补偿，不属于工资组成部分，不应计入经济补偿金计算基数。

审理结果

法院认为，公司虽称李某双方约定的 6073 元 / 月保密费，系李某履行保密义务的经济补偿，但如依公司该主张，则该 6073 元 / 月款项应与李某是否履行保密义务相关联，而非对应李某出勤情况，然已查明事实却显示甲公司对于李某两天缺勤实际按 11,000 元月薪标准进行扣款，此与公司上述主张显相矛盾，再结合甲公司向李某发送的录用通知、2022 年 7 月工资表中对李某薪资之表述，李某主张其每月工资中的 6073 元部分应计入赔偿金计算基数，有其依据，法院予以采纳。

案例简评

就餐补贴、住房补贴、电话补贴、交通补贴等，是否属于工资组成部分？实务中存在争议。

财政部《关于企业加强职工福利费财务管理的通知》（财企〔2009〕242 号）指出，企业为职工提供的交通、住房、通讯待遇，已经实行货币化改革的，按月按标准发放或支付的住房补贴、交通补贴或者车改补贴、通讯补贴，应当纳入职工工资总额。企业给职工发放的节日补助、未统一供餐而按月发放的午餐费补贴，应当纳入工资总额管理。

但是，国家统计局《〈关于工资总额组成的规定〉若干具体范围的解释》又指出，员工工资总额不包括有关劳动保险和职工福利方面的费用，如上下班交通补贴。

在司法实践中，通常会根据企业是否每月相对固定给员工发放，来认定这些补贴补助是否属于工资。如果是每月固定发放，且具有员工提供劳动所支付的对价的属性，通常会认定为属于工资组成部分，在计算经济补偿金或者赔偿金时作为计算基数计入。这样认定符合法律规定，同时也符合常理，防止有些企业为了逃避计入经济补偿金或者赔偿金基数而故意将员工工资恶意拆分为若干项。本书亦持此观点。

该案中，甲公司称保密费是李某承担保密义务的经济补偿，不属于工资，但是，李某请事假时，甲公司又将保密费折算扣减李某工资，逻辑上不能自洽，因此法院采信李某所称甲公司恶意拆分工资的主张，认定该保密费属于工资组成部分。

二、工资的概念

在劳动法的世界里，有许多关于工资的概念，各个概念代表着不同的含义，各概念之间相互联系，相互协调，各自发挥作用。

1. 日工资、小时工资

原劳动和社会保障部 2008 年 1 月 3 日发布的《关于职工全年月平均工作时间和工资折算问题的通知》指出，日工资、小时工资的折算公式为：

日工资 = 月工资收入 ÷ 月计薪天数

小时工资 = 月工资收入 ÷（月计薪天数 ×8 小时）

月计薪天数 =（365 天 −104 天）÷12 月 =21.75 天

根据《劳动法》第 51 条规定，法定节假日用人单位应当依法支付工资，即折算日工资、小时工资时不剔除国家规定的 11 天法定节假日。

日工资和小时工资主要作为员工加班费、年休假工资、病假工资以及员工因个人原因请事假扣除工资时进行核算的依据。

2. 月薪、年薪

所谓月薪、年薪，即按月定薪、按年定薪。月薪和年薪都是业界俗称，并非劳动法专业术语，在劳动法法条中鲜有表述。

但是，月薪制和年薪制在实务中却大量应用，这两种工资形式通常表现为固定工资，一般体现为“包干制”“一口价”，薪酬额度通常较高，实务中大量适用于企业的中高级管理人员、中高级技术人员以及其他关键工作岗位等员工群体。

比如，张三入职时与公司约定，张三月薪 8000 元，工作时间为 5 天 8 小时，那么，无论当月应出勤天数是 21 天还是 22 天抑或 23 天，只要张三出满勤，他拿到的工资就是 8000 元，若张三请假，则用 8000 除以 21.75 天进行扣除，请假不足一天的，再除以 8 小时进行折算扣除。

月薪制的一个重要功能是企业可以免于支付加班费。企业在与员工约定月薪制工资时，往往会同时约定该薪酬“已包含所有加班费”，这样一来，员工即使平时存在加班的事实，往往也难以向企业主张加班费。

部分地区还规定，即使双方没有约定包含加班费，如果企业能够证明支付给员工的工资已经包含了加班费，则对员工请求支付加班费的主张一般不再支持。

比如，广东省高级人民法院、广东省劳动人事争议仲裁委员会《关于适用〈劳动争议调解仲裁法〉、〈劳动合同法〉若干问题的指导意见》（已废止）第 27 条规定，用人单位与劳动者虽然未书面约定实际支付的工资是否包含加班工资，但用人单位有证据证明已支付的工资包含正常工作时间工资和加班工资的，可以认定用人单位已支付的工资包含加班工资，但折算后的正常工作时间工资低于当地最低工资标准的除外。

3. 基本工资、正常工作时间工资

基本工资，一般也称为标准工资、固定工资，有时也表现为“底薪”，是指员工所得劳动报酬的基本组成部分，相对绩效工资、奖金、提成等具有浮动性质的工资组成部分，基本工资相对固定和稳定。

在不同的企业里，基本工资的表现形式有所不同。

有些只表现为“基本工资”一种形式。比如，某公司与销售经理张三约定其工资结构为“基本工资 8000 元 + 绩效工资 3000 元 + 销售额 2% 提成 + 年终奖”。那么，张三的基本工资其实就是底薪，每月相同，具有固定工资的性质；绩效工资和提成则为动态工资，具有浮动性，往往每月不同；年终奖则是根据双方约定在年度结束后计发，每年计发一次。

有些则表现为“底薪 + 岗位工资 + 职务工资”组合而成，将基本工资拆分为若干个工资项目，但其性质还是基本工资。

正常工作时间工资，是指员工在正常工作时间内为企业提供正常劳动应得的劳动报酬。一般情况下，正常工作时间工资不包括延长工作时间工资，中班、夜班、高温、低温、井下、有毒有害等特殊工作环境、条件下的津贴，以及按照法律法规规定的员工福利待遇等。

正常工作时间工资由企业和员工按照公平合理、诚实信用的原则在劳动合同

中依法约定，约定的正常工作时间工资不得低于当地政府公布的最低工资标准。

标准工资、基本工资、正常工作时间工资，三者之间没有非常明显的区别，在某种情况下，它们是等同的，只有在不同的语境下，才会有所区别。

三、最低工资标准

最低工资标准是指员工在法定工作时间或依法签订的劳动合同约定的工作时间内提供了正常劳动的前提下，企业依法应支付的最低劳动报酬。所谓正常劳动，是指员工按依法签订的劳动合同约定，在法定工作时间或劳动合同约定的工作时间内从事的劳动。员工依法享受带薪年休假、探亲假、婚丧假、生育（产）假、节育手术假等国家规定的假期间，以及法定工作时间内依法参加社会活动期间，视为提供了正常劳动。

《劳动法》第 48 条和《最低工资规定》第 1 条规定，我国实行最低工资保障制度，保障员工个人及其家庭成员的基本生活，企业支付员工的工资不得低于当地最低工资标准。

1. 最低工资标准的形式

《最低工资规定》第 5 条规定，最低工资标准一般采取月最低工资标准和小时最低工资标准的形式，月最低工资标准适用于全日制就业的员工，小时最低工资标准适用于非全日制就业的员工。

最低工资标准不包括加班费、奖金、津贴等，也不包括其他福利待遇等。

各个地区的经济发展水平、就业状况等不同，最低工资标准由各地自行确定并公布。截至 2024 年 7 月 1 日，全国最低工资标准最高的地区是上海，月最低工资标准为 2690 元、小时最低工资标准为 24 元。

2. 最低工资可以扣除“五险一金”吗

根据《最低工资规定》第 12 条规定，在员工提供正常劳动的情况下，企业应支付给员工的工资在剔除加班费、高温等特殊工作环境下的津贴，以及法律法规规定的员工福利待遇等以后，不得低于当地最低工资标准。

那么，“五险一金”是否也在前述剔除之列？对此，我国各地规定不同。归纳起来有以下三种形式。

·不能扣除“五险一金”

代表地区：北京、上海。

上海市人力资源和社会保障局2023年6月30日发布的《关于调整本市最低工资标准的通知》（沪人社规〔2023〕19号）指出，个人依法缴纳的社会保险费和住房公积金不作为月最低工资的组成部分，由用人单位另行支付。

北京市人力资源和社会保障局2023年7月11日发布的《关于调整北京市2023年最低工资标准的通知》（京人社劳发〔2023〕20号）指出，个人应缴纳的各项社会保险费和住房公积金不作为最低工资标准的组成部分，用人单位应按规定另行支付。

·可以扣除“五险”但不能扣除“一金”

代表地区：江苏。

江苏省人力资源和社会保障厅2021年7月25日发布的《关于调整全省最低工资标准的通知》（苏人社发〔2021〕72号）指出，劳动者按下限缴存的住房公积金不作为最低工资的组成部分，用人单位应按规定另行支付。

·可以扣除“五险一金”

我国大部分地区的最低工资标准属于这一形式，企业可以在最低工资中扣除“五险一金”，代扣代缴。

全国各省、自治区、直辖市最低工资标准情况

单位：元

地区	月最低工资标准				小时最低工资标准			
	第一档	第二档	第三档	第四档	第一档	第二档	第三档	第四档
北京	2420				26.4			
天津	2320				24.4			
河北	2200	2000	1800		22	20	18	
山西	1980	1880	1780		21.3	20.2	19.1	
内蒙古	1980	1910	1850		20.8	20.1	19.5	
辽宁	2100	1900	1700		21	19	17	
吉林	2120	1920	1780		21	19.5	18	
黑龙江	2080	1850	1750		19	17	16.5	
上海	2690				24			
江苏	2490	2260	2010		24	22	20	

续表

地区	月最低工资标准				小时最低工资标准			
	第一档	第二档	第三档	第四档	第一档	第二档	第三档	第四档
浙江	2490	2260	2010		24	22	20	
安徽	2060	1930	1870	1780	21	20	19	18
福建	2030	1960	1810	1660	21	20.5	19	17.5
江西	2000	1870	1740		20	18.7	17.4	
山东	2200	2010	1820		22	20	18	
河南	2100	2000	1800		20.6	19.6	17.6	
湖北	2210	1950	1800		22	19.5	18	
湖南	2100	1900	1700		21	19	17	
广东	2300	1900	1720	1620	22.2	18.1	17	16.1
其中：深圳	2360				22.2			
广西	1990	1840	1690		20.1	18.6	17	
海南	2010	1850			17.9	16.3		
重庆	2100	2000			21	20		
四川	2100	1970	1870		22	21	20	
贵州	1890	1760	1660		19.6	18.3	17.2	
云南	2070	1920	1770		20	19	18	
西藏	2100				20			
陕西	2160	2050	1950		21	20	19	
甘肃	2020	1960	1910	1850	21	20.5	20	19.5
青海	1880				18			
宁夏	2050	1900			20	18		
新疆	1900	1700	1620	1540	19	17	16.2	15.4

注：本表数据时间截至 2024 年 10 月 1 日。来源：人力资源和社会保障部网站。

四、奖金

奖金是指企业支付给员工的超额劳动报酬和增收节支的劳动报酬。企业在生产经营管理过程中，为了吸引更多的优秀人才加盟，以及激励在职员工努力工作，作出更加优质的绩效贡献，往往会通过劳动合同约定或者规章制度规定的形式，设置各种奖金项目，既让“马儿跑”又让“马儿吃草”，与员工共同奋斗，互相满足各自的需求和利益，实现“双赢”。可见，奖金是一种重要工资形式，是企业从物质利益上给予职工的一种鼓励。长期以来，在企业内部工资分配中得到广泛应用。

1. 奖金的性质

奖金虽属员工劳动报酬组成部分之一，但其与基本工资有着本质区别。从性质上讲，基本工资是员工提供劳动后企业必须要支付的工资项目，一般情况下，只要员工正常出勤，提供了正常劳动，企业就应当支付。奖金则不然，其并不是劳动法规定的企业必须支付的工资项目，而是属于约定或者企业单方面承诺的内容。

早在1984年，国务院发布的《关于国营企业发放奖金有关问题的通知》指出，在奖金的使用上企业有自主权，企业内部使用奖金的形式，由企业根据具体情况自行决定，可以采取记分发奖、浮动工资、计件超额工资等形式，也可以少发奖金。该通知还强调，坚决打破发放奖金中的平均主义，要体现出鼓励先进、奖勤罚懒、多劳多得、奖励超额劳动的精神。

简言之，企业对奖金的设置和发放具有自主决定权，可以根据自身经营情况和生产需要设定奖金类目。但是，企业一旦与员工约定或者单方面承诺奖金项目和数额，则对双方均具有约束力，所约定或者承诺的条件成就时，企业必须兑现奖金发放，不可再自主决定是否发放。

通常按照企业与员工进行约定和企业单方面承诺来进行确定。双方约定一般表现为双方通过签署的劳动合同、薪酬协议等文件就奖金项目及数额进行约定，也包括企业向员工发放的录用通知书，录用通知书是企业向应聘者发出的要约，应聘者一旦承诺并据此入职，则约定成立并生效。企业单方面承诺则一般表现为企业规章制度规定，如员工手册、薪酬管理制度、员工奖惩制度等，虽然不是经过双方合意并签署，但企业在规章制度中承诺给予员工发放的奖金，同样具有法律效力，条件成就时，企业应当支付。

2. 奖金的种类

奖金的种类可谓各种各样，既包括月度奖、季度奖、年终奖，又包括绩效奖、全勤奖、业绩提成，还包括安全奖、特殊贡献奖、超产奖、节约奖等，五花八门，不一而足。奖金有按月计发的，也有按年计发的，有经常性支付的，也有一次性支付，有集体或者团队奖，也有个人奖，等等。

实务中最常见，用得也最多的，有以下几种。

·绩效奖

绩效奖也称为绩效工资，是指企业根据员工的绩效考核结果给予员工的奖励。绩效奖一般与员工的工作表现挂钩，通过设定关键绩效指标（KPI），引导员工努力完成绩效目标。一个绩效考核周期结束后，根据员工的绩效表现进行评分，根据评分对应不同的绩效等级，最终确定绩效奖金的数额。一般来说，绩效考核每月一次，绩效奖金按月发放。

·年终奖

年终奖是企业对员工在过去一年来所做劳动贡献给予的奖励。如前所述，我国劳动法对于年终奖的发放条件和标准并未作出具体规定，因此年终奖属于企业自主经营权的范畴，并非企业的法定义务，企业可以根据全年的经营业绩和员工全年的绩效考核结果，自主决定向员工发放年终奖的时间、条件、标准等。

案例 127

员工非因个人原因离职，企业能否不发放当年年终奖？

最高人民法院指导性案例 183 号

房某于 2011 年 1 月入职某保险公司担任战略部高级经理职务。公司《员工手册》规定，年终奖金根据公司政策，按公司业绩、员工表现计发，前提是该员工在当年度 10 月 1 日前已入职，若员工在奖金发放月或之前离职，则不能享有。保险公司每年度年终奖会在次年 3 月左右发放。2017 年 10 月，保险公司调整组织架构，决定撤销战略部，房某所任职的岗位因此被取消。双方就劳动合同变更协商未果，12 月 29 日，保险公司以客观情况发生重大变化为由解除了与房某的劳动合同。房某申请劳动仲裁，主张 2017 年度奖金等。双方因此成讼。

审理结果

法院认为，现行法律法规并没有强制规定年终奖应如何发放，用人单位有权根据本单位的经营状况、员工的业绩表现等，自主确定奖金发放与否、发放条件及发放标准，但是用人单位制定的发放规则仍应遵循公平合理原则，对于在年终奖发放之前已经离职的劳动者可否获得年终奖，应当结合劳动者离职的原因、时间、工作表现和对单位的贡献程度等多方面因素综合考量。

该案中，保险公司对其组织架构进行调整，双方未能就劳动合同的变更达成一致，导致劳动合同被解除。房某在保险公司工作至 2017 年 12 月 29 日，此后两日系双休日，表明房某在 2017 年度已在保险公司工作满一年，在保险公司未举证房某的 2017 年度工作业绩、表现等方面不符合规定的情况下，可以认定房某在该年度为保险公司付出了一整年的劳动且正常履行了职责，为保险公司做出了应有的贡献。基于上述理由，保险公司关于房某在年终奖发放月之前已离职而不能享有该笔奖金的主张缺乏合理性。故对房某诉求保险公司支付 2017 年度年终奖，应予支持。

· 提成

提成又称业绩提成，是指企业根据自身盈利情况或者员工所创造的业绩贡献按照一定的比例与员工进行分成。提成本质上是绩效考核的形式之一，只是实务中所适用的员工范围比绩效奖要窄。提成制度最常见的是用于销售人员，通过制定规则，根据销售人员的销售额、回款率等业绩指标，确定员工的提成比例并进行计发。

HR 实务指南

第一，劳动法没有规定企业必须给员工支付奖金。实务中，奖金通常是用于激励员工勤奋工作的，依企业单方承诺或者双方约定而设立。如果没有约定也没有单方承诺，企业是可以不用支付奖金的。但是，企业一旦作出承诺或者双方有约定，则具有法律效力，当所设定的获得条件成就时，企业必须兑现。

第二，企业应科学设定奖金的项目、数额以及获得条件。以全勤奖为例，其奖励目的是激励员工按时出勤，可以设定为每月 300 元，当月全勤的，发放 100%（300 元），迟到 / 早退不超过 3 次的，发放 80%，迟到 / 早退不超过 5 次的，发放 60%，旷工半天以上或者迟到 / 早退 5 次以上的，不发放全勤奖。企业应根据实际经营情况和激励目的设定各种奖金项目，并制定具体详细的奖励规则，不得有歧义。

第二节　工资支付

工资是员工提供劳动的对价，是员工赖以生存、满足正常生活需要的物质保障，员工提供正常劳动或者视为提供劳动的，企业应当依法支付工资。

根据《工资支付暂行规定》第 4 条规定，工资支付主要包括工资支付项目、工资支付水平、工资支付形式、工资支付对象、工资支付时间以及特殊情况下的工资支付。

一、工资支付制度

1. 支付周期

《劳动法》第 50 条规定，工资应当以货币形式按月支付给员工本人，不得克扣或者无故拖欠员工的工资。《工资支付暂行规定》第 7 条也规定了工资至少每月支付一次，实行周、日、小时工资制的可按周、日、小时支付工资。《劳动合同法》第 72 条第 2 款还规定了非全日制用工的工资支付周期，即最长不得超过 15 日。

据此，对于全日制用工，企业至少每月支付一次工资，最长支付周期不得超过 1 个月。即便是实行年薪制的员工，支付周期也不能超过 1 个月，企业可以按照双方劳动合同约定每月支付一定数额且不得低于当地最低工资标准，剩余部分在年度结束后一次性支付。比如，《广东省工资支付条例》第 10 条第 4 款规定，实行年薪制或者按考核周期支付工资的，企业应当按照约定每月支付工资，年终或者考核周期届满时应当结算并付清工资。

对于非全日制用工，则最长支付周期不得超过 15 天。

2. 支付形式

《劳动法》第 50 条规定了企业支付员工工资必须以货币形式支付，《工资支付暂行规定》第 5 条也规定了工资应当以法定货币支付，不得以实物及有价证券替代货币支付。

法定货币即人民币，根据《中国人民银行法》第 16 条和《人民币管理条例》第 2 条规定，我国的法定货币是人民币，即中国人民银行依法发行的货币，包括纸币和硬币。企业以任何实物、虚拟货币、有价证券等形式代替我国法定货币支付工资的，均属违法行为。

现实中，有一些企业用外国货币（如美元）支付工资的，是否“一刀切”地认定为违法？似乎也不尽然。本书认为，在满足一定条件时，企业可以使用外国货币支付员工工资，比如，企业类型是外资企业，员工本身就是在国外工作，双方协商一致用外币支付，等等，其中最重要的是需与员工协商一致。

案例 128

企业以虚拟货币支付员工工资，合法吗？

北京市第一中级人民法院（2019）京 01 民终 8364 号

张某于 2016 年 9 月入职甲公司担任销售部总监职务，双方约定张某的月工资为 26,000 元。张某入职后，甲公司通过银行转账及关爱通积分方式发放工资。2018 年 5 月 30 日，甲公司以张某泄露公司机密为由解除了劳动合同。张某申请劳动仲裁，主张甲公司支付工资差额等权利，双方因此成讼。庭审中，双方均确认关爱通积分 1 分可折抵 1 元使用，通过网络平台可用于购买购物卡、充值缴费、偿还信用卡等，但张某主张关爱通积分并非工资组成部分，属于公司福利。

审理结果

法院认为，根据劳动法规定，工资应当以货币形式按月支付给劳动者本人。不得克扣或者无故拖欠劳动者的工资，不得以实物及有价证券替代货币支付。该规定属于强制性法律规定。该案中，甲公司以非货币形式支付工资的行为，显然严重冲击了我国的财政、税收及社会保险等体系制度，应当严格禁止，故以非货币形式支付工资的行为，不发生工资支付的法律效力。法院最终判决甲公司向张某支付工资差额 16 万余元。

3．支付方式

根据《工资支付暂行规定》第 6 条规定，企业应将工资支付给员工本人，员工本人因故不能领取工资时，可由其亲属或委托他人代领。企业可委托银行代发工资。

现在大多数企业通过委托银行代发员工工资，只需要求员工入职时提交本人银行储蓄卡即可，直接支付给员工本人已无障碍。若工资由他人代领，则必须要求代领人出具员工本人签名的授权委托书。本书建议，现在网络发达，对于授权他人代领工资的，除要求员工提交书面授权委托书之外，还应要求员工本人录制一段委托代领工资的视频发给企业或者在微信上确认委托他人代领工资，与授权委托书一并建档保存。

4．支付时间

根据《工资支付暂行规定》的规定，企业支付员工工资的时间应遵守以下规则。

（1）必须在双方约定的日期支付，如遇节假日或休息日，则应提前在最近的工作日支付，注意，这里只规定了“提前”支付，没有规定可以“延后”支付。

（2）对完成一次性临时劳动或某项具体工作的员工，企业应按有关协议或合同约定在其完成劳动任务后即支付工资。

（3）劳动关系双方依法解除或终止劳动合同时，企业应在解除或终止劳动合同时一次付清员工工资。

以上是关于工资支付时间的一般原则，事实上，工资支付时间各地规定略有不同，企业在与员工约定工资支付日期时，需注意查看当地规定。

以广东为例，《广东省工资支付条例》只规定了应当在劳动合同中明确约定工资支付周期和支付日期，并没有规定具体的支付日期。实践中，一般认为每个月的最后一天前支付上月员工工资，都是可以的。

而《深圳市员工工资支付条例》则规定了具体的支付日期。原则上每月 7 日前应当支付上月工资；企业因故不能支付的，可以延期 5 日；企业因生产经营困难，需延期超过 5 日的，应当征得本单位工会或者员工本人书面同意，但是最长不得超过 15 日。也就是说，在深圳地区，企业支付工资的最后日期是一个工资计算周期（通常是一个自然月）结束后的第 22 日。

对于解除或终止劳动合同的员工工资，《广东省工资支付条例》规定在当日一次性结清工资，《深圳市员工工资支付条例》则规定在 3 个工作日内一次付清。

案例 129

企业每月 28 日前发放上月工资，员工被迫离职获赔 11 万元

广东省高级人民法院（2020）粤民申 5786 号

王某于2003年9月入职深圳某公司，工作岗位为宽带安装维护的社区经理，双方劳动合同约定，每月 28 日或 30 日前通过银行账户转账发放上个月的工资。2019 年 2 月 25 日，王某向甲公司提出被迫解除劳动合同，理由是甲公司未及时足额支付其 2019 年 1 月工资及休息日加班工资。王某申请劳动仲裁，主张甲公司支付被迫解除劳动合同经济补偿金，未获支持。王某诉至法院。

审理结果

法院认为，根据双方劳动合同确定的工资支付周期和《深圳市员工工资支付条例》第 11 条、第 12 条规定，甲公司至迟应于每月 22 日前向王某发放上个月工资的，否则即属于未及时足额支付劳动报酬或无故拖欠劳动者工资的情形。该案中，甲公司于 2019 年 2 月 27 日和 28 日支付了王某 2019 年 1 月的工资，已经超过《深圳市员工工资支付条例》规定的工资发放时间，王某据此解除劳动合同并主张经济补偿，应予支持。法院最终判决甲公司向王某支付被迫解除劳动合同经济补偿金 11 万余元。

案例简评

企业每月 28 日发放上个月员工工资，为什么违法了呢？是的，违法了，构成拖欠工资。实际上，在我国大多数地区，每月最后一日之前发放上月工资，是允许的。但深圳不行，根据深圳的地方规定，每月 12 日以前必须发放上月工资（假设工资支付周期为自然月），实在无法发放的，征得本单位工会或者员工本人书面同意后，可以在 22 日前发放，但至迟不得超过 22 日。

该案并非个案，以前也有企业因为晚发工资而赔过钱。比如，广东省高级人民法院（2016）粤民申 2116 号民事裁定书认为，深圳甲公司与莫某在劳动合同中约定每月 20 日发放工资，违反了《深圳市员工工资支付条例》第 9 条、第 12 条的规定，该约定属于无效条款，莫某以甲公司未及时足额支付劳动报酬为由解除劳动关系并主张甲公司支付经济补偿金，法院应予支持。

因此，对于深圳的劳动者而言，要注意：一是劳动合同或者规章制度不得约定或者规定每月晚于12日发放上月工资；二是企业事实上不得晚于12日发放上月工资，即便征得本单位工会或者员工本人书面同意，也不得晚于22日发放。

工资支付时间各地规定不同，前述规则仅适用于深圳，深圳以外的地区，企业HR可以了解当地规定，并按规定执行，避免未及时足额发放工资而致使员工被迫解除劳动合同，给企业带来支付经济补偿金的风险。

5. 支付规则

《劳动合同法》第30条第1款规定，企业应当按照劳动合同约定和国家规定，向员工及时足额支付劳动报酬。工资是员工提供劳动的对价，在员工已经向企业提供了劳动的情况下，企业应当按照双方劳动合同约定和法律法规规定的标准、数额、日期，及时、足额向员工支付工资，不得克扣或拖欠。

及时支付指的是企业应当按照双方约定的支付日期支付工资，没有约定、约定不明确或者约定的支付日期违反法律法规规定的，应当按照法律法规规定的支付日期进行支付。

足额支付指的是企业应当按照双方约定的工资项目、标准、数额进行支付，除了依法代扣代缴的费用外，不得以任何形式克扣、无故拖欠或者变相克扣、拖欠员工工资。

HR实务指南

第一，了解当地工资支付规定，设置合法的工资支付制度。工资支付制度虽然各地规定不一，但也大同小异，比如，每个月至少支付一次工资，必须向员工本人支付工资等。HR熟知当地有关工资支付的规定，在制定规章制度时或者与员工约定工资支付事宜时，应符合法律法规规定，避免因工资支付违法而给企业带来法律风险。

第二，尽量采用银行转账方式支付工资。虽然劳动法没有规定具体使用哪种方式支付员工工资，但企业应尽量采用银行代发的方式支付。若仍采用现金支付，则必须在支付时由员工本人签名。

第三，必须以法定货币形式支付工资。我国的法定货币是人民币，企业必须以人民币支付员工工资，不得以积分、虚拟货币或者其他商品、物品、服务等支付员工工资。

二、克扣工资与拖欠工资

克扣和拖欠工资，是相对及时、足额支付工资而言的。《劳动法》第 50 条规定了企业不得克扣或者无故拖欠员工的工资。

1. 克扣工资

所谓克扣工资，是指企业无正当理由扣减员工应得工资，即在员工已提供正常劳动的前提下企业按劳动合同规定的标准应当支付给员工的全部劳动报酬。

根据原劳动部发布的《对〈工资支付暂行规定〉有关问题的补充规定》规定，以下减发工资的情况不属于克扣工资：

（1）国家的法律、法规中有明确规定的；

（2）依法签订的劳动合同中有明确规定的；

（3）企业依法制定并经职代会批准的厂规、厂纪中有明确规定的；

（4）企业工资总额与经济效益相联系，经济效益下浮时，工资必须下浮的（但支付给员工的工资不得低于当地的最低工资标准）；

（5）因员工请事假等相应减发工资等。

这一规定是 1995 年制定发布的，当时的法律法规不完善，立法难免比较粗糙，这与当时的社会环境、劳动关系环境等有关。我国劳动关系经过近三十年的发展，劳动立法已经相对完善成熟，上述一些减发工资的情形，有些已经不再适用，有些则存在较大争议。

以第 3 点为例，假设企业规章制度规定可以对员工进行经济处罚，并且经过了职代会批准，是否就可以依据该制度对员工进行罚款呢？在当时应该是可以的，但现在通常认为不能对员工进行经济处罚，这一点，本书在前面章节中已经进行过论述，此处不再赘述。

案例 130

企业克扣员工工资，法院判其补发差额

北京市第二中级人民法院（2020）京 02 民终 9973 号

周某于 2017 年 5 月入职甲公司，双方约定周某的月工资为 28,333 元，甲公司每月 15 日左右通过银行转账方式发放上月工资。2019 年 10 月，甲公司发现周某存在严重违章和失职行为（包括周某将公司价值 100 万元的设备送给案外人乙公司，且工作中收受供应商杨某提供的价值 12,000 元的手机一部），故公司仅发放 20,000 元工资。12 月 4 日，甲公司决定给予周某停职检查，且自 2019 年 11 月起按照当地最低工资标准发放工资。12 月 11 日，周某申请劳动仲裁，主张甲公司补发工资差额等权利，获劳动仲裁委支持。甲公司不服，诉至法院。

审理结果

法院认为，用人单位应当及时足额支付劳动报酬，不得随意克扣工资。该案中，甲公司主张因周某存在严重失职行为，而对其作出降薪及按照当地最低工资标准发放工资的处理，但该公司举证不足以证明上述处理具备充分的事实依据，亦不足以证明确因周某的个人行为造成该公司重大损失，故法院对于甲公司该主张不予采信。

案例简评

该案判决乍一看有点怪怪的，员工都将公司价值 100 万元的设备送给别人了，还收受供应商的贿赂，公司对其停职检查并按最低工资标准发放工资，怎么就不行了？

还真不行。如果甲公司认为周某的行为属于故意或者重大过失造成公司经济损失，公司可以依据《劳动合同法》第 39 条规定解雇周某，并依据《工资支付暂行规定》第 16 条规定要求周某赔偿。甚至还可以报警，追究周某的刑事责任，这都是没问题的。就是不能未经周某同意而单方面降低其工资，主张赔偿损失和单方面降低或者克扣工资，是两码事，在法律上区分对待。因此，法院判决甲公司补发周某的工资差额，并不无当，本书亦为赞同。

2. 拖欠工资

从理论上说，拖欠工资分为有故拖欠和无故拖欠，在《劳动法》第 50 条、《工资支付暂行规定》第 18 条等法律条文里表述为“无故拖欠”，在《劳动合同法》第 30 条则表述为“拖欠”，没有加上“无故”二字。通常认为，企业拖欠员工工资指的是无故拖欠，即无正当理由超过规定付薪时间未支付工资。

事实正是如此。典型的是我国过去三年疫情期间，部分企业暂时停工停产，订单骤降，国家和各地方均纷纷出台相关扶持政策，有条件地允许企业延后支付工资，帮助企业渡过难关。

根据原劳动部发布的《对〈工资支付暂行规定〉有关问题的补充规定》规定，以下两种情形不属于无故拖欠工资，其他情况下拖欠工资均属无故拖欠：

（1）企业遇到非人力所能抗拒的自然灾害、战争等原因，无法按时支付工资；

（2）企业确因生产经营困难、资金周转受到影响，在征得本单位工会同意后，可暂时延期支付员工工资。

HR 实务指南

第一，应督促企业及时足额发放员工工资。企业应根据劳动法规定或劳动合同约定，根据员工的劳动岗位、技能、工作数量、质量等，以货币形式直接支付工资给员工本人，在员工已履行劳动义务的情况下，企业应按劳动合同约定或国家法律、法规规定的数额、日期及时足额支付工资，禁止克扣和无故拖欠。未及时足额支付工资的，有可能导致员工被迫解除劳动合同，给企业带来支付经济补偿金的风险。

第二，企业依法代扣代缴的，不属于克扣工资。企业依法代扣代缴的项目通常有社会保险费员工承担部分、住房公积金员工承担部分、个人所得税等，企业可以在员工工资中扣除，并上缴政府相关机构，不得截留、挪用。

三、工资支付记录与工资条

《工资支付暂行规定》第 6 条第 3 款规定，企业必须书面记录支付员工工资的数额、时间、领取者的姓名以及签字，并保存 2 年以上备查，企业在支付工资时应向员工提供一份其个人的工资清单。

1. 工资支付记录

工资支付记录又称工资支付表，包括工资表和支付凭证两部分。前者是指企业为支付员工工资所制作的报表，后者是指企业已向员工实际支付的凭证，比如银行代发工资凭证、有员工签名确认的现金工资发放记录等。

· 工资表

工资表一般包括以下四部分。

①员工基本信息。一般包括姓名、所在部门、发放月份（如 2023 年 11 月）、发放日期等。

②应发工资。记录的是员工在该工资支付周期内的各项报酬，一般包括基本工资（也称为底薪）、有薪假工资（一般包括法定节假日工资、年休假工资、婚丧病产假工资等）、岗位工资（或职务职级工资）、绩效工资、技术资格补贴（如学历补贴、职业资格补贴、职称补贴等）、工龄工资、加班工资等。后者主要包括住房补贴、交通补贴、用餐补贴、话费补贴，以及各种奖金、津贴等。

③代扣代缴费用。记录的是法律法规规定由企业代扣代缴的费用，主要包括员工社会保险费、住房公积金、个人所得税，以及其他应当扣除的项目，如住宿费、水电费等。

④实发工资。实发工资又称应得工资，即员工应实际得到的劳动报酬。实发工资是与应发工资相对应的概念，一般来说，应发工资减去“代扣代缴”部分，所得之差即为实发工资。

· 工资支付凭证

企业核算出员工工资并制作工资表后，员工并没有实际拿到工资，而是需要通过实际向员工支付，才算完成工资支付。

大多数企业是委托银行代发员工工资，那么，企业通过银行发放工资后所获得的凭证，即为工资支付凭证。

· 工资支付记录存档

工资表和工资支付凭证共同组成工资支付记录，企业应归档保存。

根据《工资支付暂行规定》第 6 条第 3 款规定，企业对工资支付记录必须保存 2 年以上备查，《劳动保障监察条例》第 20 条第 1 款则规定，企业违反劳动保障法律、法规或者规章的行为在 2 年内未被劳动保障行政部门发现，也未被举报、投诉的，劳动保障行政部门不再查处。

又根据《劳动争议调解仲裁法》第 6 条规定，发生劳动争议后，与争议事项有关的证据属于企业掌握管理的，企业应当提供，不提供的，应当承担不利后果。

对于工资支付记录的存档期限，部分地区还作了特别规定。比如，《深圳市员工工资支付条例》第 15 条第 3 款规定，工资支付表至少应当保存 3 年。

广西壮族自治区防城港市中级人民法院（2021）桂 06 民终 811 号民事判决书认为，王某主张甲公司应当提供按照《会计档案管理办法》保管的银行转账凭证、工资签领表等工资发放的相关凭证（保存 10 年），但该办法规定的会计档案资料重点是对企业整个经营资产状况进行记录，并不当然包括每个劳动者的工资发放记录的具体内容，且该办法属于会计档案管理的行政规章，效力上不优于、内容上也不等同于为劳动争议特别规定的《工资支付暂行规定》的相关规定（保存 2 年），故王某的上诉理由不能成立。

2. 工资条

工资条即工资清单，工资表和工资条所记录的内容应该是一致的，工资表记录的是全体员工，企业先制作工资报表，然后再裁剪为每个员工的工资条并发放到对应的员工手上。

· 应当发放工资条

《工资支付暂行规定》第 6 条规定了企业在支付工资时应向员工提供一份其个人的工资清单。可见，向员工提供工资条，是企业的法定义务。

部分地区还规定了企业不向员工发放工资条的法律责任。比如，《广东省工资支付条例》第 54 条第 5 项规定，企业未向员工本人提供工资条的，由人力资源社会保障部门责令限期改正，逾期未改正的，可以对企业和企业的法定代表人处以罚款。江西、江苏、陕西等地也都作了类似规定。

· 工资条的形式

《工资支付暂行规定》第 6 条规定了企业应当书面记录工资支付情况。何谓“书面”，《民法典》第 469 条规定，书面形式是合同书、信件、电报、电传、传真等可以有形地表现所载内容的形式，以电子数据交换、电子邮件等方式能够有形地表现所载内容，并可以随时调取查用的数据电文，视为书面形式。据此本书认为，书面形式工资条既包括纸质版，又包括电子版，但必须是以文字形式记录工资内容。

HR 实务指南

第一，制作工资支付记录，保存 2 年以上备查。在劳动争议案件中，对 2 年以内的工资支付情况，企业通常负有严格的举证责任，因此，企业应就工资支付记录存档，至少保存 2 年以上，如深圳等部分地区需保存 3 年以上甚至更长时间。

第二，向员工发放工资条。工资条应载明员工工资的具体结构和数额以及代扣代缴的项目和数额。企业可以向员工发放纸质版工资条，也可以发放电子版工资条。

四、企业停工停产期间的工资支付

劳动法除对一般情况下的工资支付进行了规定外，还对特殊情况下的工资支付作出了相关规定。特殊情况主要是指员工非正常提供劳动的情况，企业应根据劳动法规定向员工支付工资，工资标准则因情况不同而有所区别。

特殊情况包括员工患病或非因工负伤的治疗期间（医疗期内）、女职工“三期”期间、员工参加社会活动期间、企业停工停产期间、被派遣员工退回后的无工作期间等。由于前述的多数特殊情况本书在其他章节中已有讨论，本节仅讨论停工停产期间工资支付这一种情形。

《工资支付暂行规定》第 12 条规定，非因劳动者原因造成单位停工、停产在一个工资支付周期内的，用人单位应按劳动合同规定的标准支付劳动者工资。超过一个工资支付周期的，若劳动者提供了正常劳动，则支付给劳动者的劳动报酬不得低于当地的最低工资标准；若劳动者没有提供正常劳动，应按国家有关规定办理。

这一规定可以从以下几点进行理解。

（1）**企业有停工停产的事实。**

通常认为，企业停工停产指的是全面停工停产暂停经营，或者是某个部门或者某个经营模块等局部停工停产，不包括企业针对个别员工的停工停产。实务中经常有这样的现象，企业想解雇一个员工，但是又不愿意支付经济补偿金，于是就给该员工停工放长假，以此“逼”员工自己辞职，以停工停产之名行损害员工合法权益之实，这是法律所不允许的。

广东省江门市中级人民法院（2016）粤 07 民终 1584 号民事判决书认为，用人单位虽需要承担自身行业及经营的市场风险，但根据劳动合同的特性，如果完全否定用人单位停工停产的权利，无异于否定了用人单位的内部管理权，不利于用人单位及时调整经营策略以应对市场变化、化解经营风险。该案甲公司因生产淡季及自身经营原因安排部分部门的部分人员待岗，属于其应对市场风险的一种经营策略，应属于非因劳动者原因造成其部分停工、停产的情形。

（2）停工停产并非员工原因所造成。

企业发生停工停产的原因有很多，比如订单不足、市场变化、被政府部门责令停业整顿、疫情等不可抗力等，可能是企业经营方面的原因，也可能是外界的原因。通常情况下，企业停工停产是暂时性的，而不是破产、提前解散等停止经营。无论是哪种原因导致企业停工停产，都不包括员工原因，比如员工主动罢工等。

（3）停工停产一个工资支付周期内应按劳动合同约定工资标准支付工资。

通常情况下，一个工资支付周期就是一个月，在这一个月里，企业应按原薪支付工资。比如，甲公司从 2024 年 6 月 12 日起停工停产，甲公司的工资支付周期为自然月，每月 10 日前发放上月工资，员工张三的月工资为 6000 元，那么，在 6 月 12 日至 7 月 11 日这个期间，甲公司应向张三按 6000 元工资标准计发工资。

广东省东莞市中级人民法院（2017）粤 19 民终 3625 号民事判决书认为，甲公司于 2016 年 9 月 4 日开始安排朱某停工停产，双方的劳动关系于 2016 年 11 月 2 日解除，根据《广东省工资支付条例》第 39 条的规定，甲公司应向朱某支付 9 月的工资及 10 月的生活费，朱某离职前的月平均工资为 4674 元，甲公司应支付 9 月的工资 4207 元、10 月的生活费 1208 元（东莞市 2016 年最低工资标准 1310 元 ×80%）。

（4）停工停产超过一个工资支付周期的工资支付。

分两种情况：第一，员工提供了劳动的，有约定按约定，无约定则企业支付给员工的工资不得低于当地最低工资标准；第二，员工没有提供劳动的，各地规定有所不同，通常按最低工资标准的 80% 支付生活费，比如，《广东省工资支付条例》规定为不低于当地最低工资标准的 80%，《陕西省企业工资支付条例》则规定为不低于当地最低工资标准的75%。

广东省东莞市中级人民法院（2019）粤19民终326号民事判决书认为，甲公司于2018年4月1日至5月2日停工放假，其中5月1日为法定节假日，实际放假30天，甲公司主张4月应按照最低工资标准的80%支付工资不当，法院不予支持。甲公司在5月、6月均有断断续续通知缪某回厂上班，甲公司主张5月至6月按照最低工资标准80%发放缪某生活费，不符合法律规定，法院不予支持。

HR实务指南

第一，企业停工停产，应符合法律规定。劳动法赋予了企业因经营困难等停工停产的权利，但不允许企业针对个别员工进行歧视性、侮辱性“停工停产”放假，以达到逼员工主动离职的目的。

第二，企业停工停产期间，应依法支付工资。一个工资支付周期内应按员工原工资标准支付工资，超过一个工资支付周期的，若未安排员工劳动，应按当地规定支付生活费。

五、拒不支付劳动报酬罪

企业克扣、无故拖欠员工工资的，员工可以被迫解除劳动合同，并通过向劳动监察部门投诉、申请劳动仲裁等方式主张公司补发被克扣或拖欠的工资，以及被迫解除劳动合同的经济补偿。

若企业拒不支付劳动报酬情节严重，有可能构成刑事犯罪，将依法追究刑事责任。《刑法》第276条之一规定，拒不支付劳动报酬罪是指以转移财产、逃匿等方法逃避支付劳动者的劳动报酬或者有能力支付而不支付劳动者的劳动报酬，最高可判7年以下有期徒刑。单位犯此罪的，对单位判处罚金，并对其直接负责的主管人员和其他直接责任人员，依照上述规定处罚。

最高人民法院《关于审理拒不支付劳动报酬刑事案件适用法律若干问题的解释》（法释〔2013〕3号）就拒不支付劳动报酬罪“劳动报酬”的范围、定罪量刑标准、单位犯罪及从宽处罚情节等问题，对法律适用的标准进行了具体明确。

| 第三节 | 加班费

加班费又称加班工资，是指员工在正常工作时间以外延长工作时间所应获得的劳动报酬。一直以来，加班费都是劳动争议案件中的“常客”，几乎 10 个劳动争议案件有 8 个是有主张支付加班费请求的。因此，了解掌握劳动法关于加班费的相关规定，是 HR 的一门必修课。

一、不同工时制度下的加班费标准

我国劳动法规定了三种工时制度，即标准工时制、不定时工作制和综合计算工时工作制。在不同的工时制度下，加班费标准也不一样。

1. 标准工时制下的加班费标准

根据《劳动法》第 44 条规定，企业支付员工加班费的标准为：

（1）工作日加班的，应当支付不得低于员工正常工作时间工资 150% 的加班费；

（2）休息日加班的，企业可以安排补休，不能安排补休的，应当支付不得低于员工正常工作时间工资 200% 的加班费；

（3）法定休假日加班的，应当支付不得低于员工正常工作时间工资 300% 的加班费。

这就是大名鼎鼎的加班费条款，俗称 1.5 倍、2 倍、3 倍加班费，是企业劳动用工管理和劳动争议案件中使用频率最高的劳动法条款之一。

根据上述规定，企业安排员工在休息日加班的，企业可以安排员工补休或者支付加班费。关于补休，我们可以作如下理解：

（1）只有在休息日安排员工加班的，才可以安排员工补休，工作日和法定休假日安排员工加班的，则不得安排补休；

（2）安排补休只能是先加班后补休，而不得反之；

（3）安排补休还是支付加班费，决定权在企业，无须经过员工同意；

（4）补休工时数应大于等于加班工时数。

2. 不定时工作制下的加班费标准

原劳动部发布的《关于贯彻执行〈中华人民共和国劳动法〉若干问题的意见》第 67 条指出，经批准实行不定时工作制的员工，不受《劳动法》第 41 条规定的日延长工作时间标准和月延长工作时间标准的限制，企业应采用弹性工作时间等适当的工作和休息方式，确保员工的休息休假权利和生产、工作任务的完成。

《工资支付暂行规定》第 13 条第 1 款规定了标准工时制度下的加班费标准，即前述的 1.5 倍、2 倍、3 倍。同时又在第 4 款规定实行不定时工时制度的员工不执行上述规定。也就是说，实行不定时工时制的员工，彻底没有了加班费，即便是法定休假日工作的，也没有。

然而，这一规定在实践中又有不同做法，通常认为，实行不定时工时制的员工在法定休假日加班的，企业仍需按照不低于员工工资 300% 的标准支付加班费，但也有不支持法定休假日加班费的观点。

比如，北京市第三中级人民法院（2022）京 03 民终 1630 号民事判决书认为，公司已提交充分证据证明张某作为顺丰快递的收派员实行不定时工作制，故对张某主张延时加班费、休息日加班费及法定节假日加班费的请求，法院不予支持。

案例 131

实行不定时工作制的员工，企业应否支付休息日及法定节假日加班费？

上海市第一中级人民法院（2022）沪 01 民终 5825 号

叶某于 2017 年 11 月 27 日入职甲公司担任工程部经理职务，双方签订的劳动合同约定叶某所在岗位执行标准工时工作制。2018 年 9 月 18 日，当地人力资源和社会保障局批准同意甲公司高管（含工程经理）自 2018 年 10 月 1 日至 2019 年 9 月 30 日实行不定时工作制，叶某在《企业实行不定时工作制相关名册》上签名确认。2021 年 4 月 9 日，甲公司向叶某发出劳动合同解除通知书，双方劳动合同解除。叶某申请劳动仲裁，主张甲公司支付 2018 年 1 月 1 日至 2021 年 1 月 1 日休息日加班工资 12 万余元，未获支持。叶某不服，诉至法院。

审理结果

法院认为，叶某所在岗位经劳动保障行政部门批准实行不定时工作制，叶某要求公司支付休息日加班工资，依据不足，法院难以支持。然而，实行不定时工作制的用人单位，在法定休假节日安排劳动者工作的，仍应当按照不低于劳动者本人日或小时工资标准的300%支付加班工资。

3. 综合计算工时工作制下的加班费标准

综合计算工时工作制与不定时工作制的加班费标准有所不同。实行综合计算工时工作制的员工，加班费标准如下。

首先，在法定节假日上班的，企业应当支付加班费。

原劳动部发布的《关于贯彻执行〈中华人民共和国劳动法〉若干问题的意见》第62条指出，实行综合计算工时工作制的企业职工，工作日正好是法定节假日时，要依照《劳动法》第44条第3项的规定支付职工的工资报酬。

其次，休息日上班的，无须支付休息日加班费。

原劳动部发布的《关于贯彻执行〈中华人民共和国劳动法〉若干问题的意见》第62条指出，实行综合计算工时工作制的企业职工，工作日正好是周休息日的，属于正常工作。

比如，上海市高级人民法院（2021）沪民申2467号民事裁定书认为，颜某的工作岗位应包含喷砂、油漆，装配等内容，同时，双方劳动合同也约定颜某适用特殊工时制度，结合当地人力资源和社会保障局《批准企业实行其他工作时间制度决定书》，该案诉争期间颜某所在岗位实行综合计算工时工作制，现颜某要求甲公司支付诉争期间休息日加班工资，于法无据，法院不予支持。

最后，计算周期内实际工作时间超过法定标准工作时间的，企业需支付加班费，支付标准为不低于员工工资150%。

《工资支付暂行规定》第13条第3款规定，经劳动行政部门批准实行综合计算工时工作制的，其综合计算工作时间超过法定标准工作时间的部分，应视为延长工作时间，并应按本规定支付劳动者延长工作时间的工资。原劳动部发布的《关于贯彻执行〈中华人民共和国劳动法〉若干问题的意见》第65条也指出，经批准实行综合计算工作时间的用人单位，分别以周、月、季、年等为周期综合计算工作时间，但其平均日工作时间和平均周工作时间应与法定标准工作时间基本相同。

案例 132

员工实行综合计算工时工作制，企业应否支付休息日加班费？

山东省菏泽市中级人民法院（2022）鲁 17 民终 2427 号

2021 年 8 月 15 日，甲学校与蒋某签订教师聘用合同，聘用蒋某在高中语文教学岗位工作，约定蒋某实行综合计算工时制，蒋某在合同期内享受各类法定节假日以及寒暑假、婚丧假、生育假等带薪休假待遇。11 月 29 日，甲学校以严重违反学校规章制度为由解除了与蒋某的聘用合同。蒋某申请劳动仲裁，双方因此成讼。蒋某诉称，蒋某提供的作息时间表及课程表清晰地说明了蒋某的工作时长，按《劳动法》第 36 条之规定，每天工作超出 8 小时外的工作量按加班计算，节假日上班，全天按加班计算，甲学校应支付其加班费。

审理结果

法院认为，教学工作具有学期和寒暑假期间分布不均匀的特性，蒋某与甲学校签订的聘用合同约定对蒋某适用综合计算工时制计算工资报酬，符合教学工作的特点，对于实行综合计算工时制后仍然存在加班的情况，蒋某提供的甲学校秋季作息时间表、课程表上记载的时间均包括在综合计算工时内，蒋某未提供在此之外其加班的证据，不能提供充分证据证明加班事实，其请求支付加班费法院不予支持。

HR 实务指南

关于加班费标准，根据不同的工时制度而有所区分，可以简单地按以下标准进行理解掌握。

第一，标准工时制下的加班费标准。工作日加班的加班费标准为 1.5 倍，休息日加班为 2 倍，法定节假日加班为 3 倍。

第二，不定时工作制下的加班费标准。无工作日和休息日加班费，但是，如果是法定节假日上班，通常认为需额外支付 3 倍的加班费。

第三，综合计算工时工作制下的加班费标准。无休息日加班费，工时计算周期的工作时间超过标准工时制工作时间时，超过部分按 1.5 倍计算加班费。此外，法定节假日加班的，应额外支付 3 倍的加班费。

二、加班费计算基数

关于加班费计算基数这个问题，国家层级的劳动法和各地的规定略有不同。主要有以下几种规定。

（1）《劳动法》第 44 条规定为“正常工作时间工资”。《深圳市员工工资支付条例》第 18 条，广东省高级人民法院、广东省劳动人事争议仲裁委员会《关于适用〈劳动争议调解仲裁法〉、〈劳动合同法〉若干问题的指导意见》（已废止）第 28 条也作了相同规定。

（2）《工资支付暂行规定》第 13 条规定为“劳动合同规定的劳动者本人小时工资”。那要是没有签劳动合同呢，又该怎么办，这个法条里没有说。

（3）《广东省工资支付条例》第 20 条规定为“劳动者本人日或者小时正常工作时间工资”。这个规定跟《劳动法》第 44 条规定相似。

（4）《北京市工资支付规定》第 44 条规定为“劳动合同约定的劳动者本人工资标准”，劳动合同没有约定的按照集体合同约定的加班工资基数以及休假期间工资标准确定，劳动合同、集体合同均未约定的，按照劳动者本人正常劳动应得的工资确定，且不得低于当地最低工资标准。

（5）《上海市企业工资支付办法》第 9 条规定为“劳动者所在岗位相对应的正常出勤月工资”，不包括年终奖，上下班交通补贴、工作餐补贴、住房补贴，中夜班津贴、夏季高温津贴、加班工资等特殊情况下支付的工资。

（6）《江苏省工资支付条例》第 20 条、第 63 条规定为“本人工资”，双方有约定的，从其约定，双方没有约定或者双方的约定标准低于集体合同或者本单位工资支付制度标准的，按照集体合同或者本单位工资支付制度执行，均无法确定工资标准的，按照劳动者前 12 个月平均工资计算，其中劳动者实际工作时间不满 12 个月的按照实际月平均工资计算。

（7）《山东省企业工资支付规定》第 20 条、第 25 条规定，计算加班工资的工资基数，应当按照劳动者上一月提供正常劳动所得实际工资扣除该月加班工资后的数额确定，劳动者上一月没有提供正常劳动的，按照向前顺推至其提供正常劳动月份所得实际工资扣除该月加班工资后的数额确定。

综上可见，有关加班费计算基数，从国家规定到各地方规定，似乎有点乱，什么规定都有。待国务院出台行政法规“工资条例”以后，有望统一加班费的计算标准。

本书认为，加班费的计算基数以“正常工作时间工资”进行确定为好，即员工在正常工作时间内为企业提供正常劳动应得的劳动报酬，不包括延长工作时间工资，中班、夜班、高温、低温、井下、有毒有害等特殊工作环境、条件下的津贴，以及按照法律法规规定的员工福利待遇等。并且根据以下规则进行具体确定。

（1）双方有约定的，从其约定。法律应当准许企业与员工就加班费计算基数进行约定，但不得低于当地最低工资标准。可以在劳动合同中约定，也可以采用其他书面形式约定，如定薪单、薪酬协议等。

（2）双方没有约定、约定不明确或者约定的基数低于当地最低工资的，则根据集体合同或者企业合法制定的规章制度确定。

（3）仍无法确定的，则根据员工过去12个月平均工资进行确定，该工资即员工正常出勤提供劳动的工资，不包含各类津贴、补贴、福利等。

案例133

企业未以约定的基本工资计算加班费，员工能主张差额吗？

广东省深圳市中级人民法院（2021）粤03民终29122号

陈某于2017年10月24日入职甲公司，双方劳动合同约定，陈某月基本工资为5360元，并约定“基本工资系正常工作时间工资，绩效工资、奖金、津贴、补贴及其他项目不属于正常工作时间工资，不作为加班工资计算基数”。陈某在职期间，甲公司一直按深圳市最低工资标准为基数给陈某计算加班费，陈某未提出异议。2020年，陈某离职，随后向甲公司主张补发加班费差额，陈某认为，双方约定其基本工资为5360元，故应以此为基数来计算加班费，甲公司按2200元（深圳市当时的最低工资标准）为基数计算其加班费，不符合法律规定，甲公司应当补发加班费差额。双方因此成讼。

审理结果

法院认为，根据《劳动争议司法解释（一）》第43条规定，用人单位与劳动者协商一致变更劳动合同，虽未采用书面形式，但已经实际履行了口头变更的劳动合同超过一个月，变更后的劳动合同内容不违反法律、行政法规且不违背公序良俗，当事人以未采用书面形式为由主张劳动合同变更无效的，人民法院不予支持。该案双方在劳动合同履行过程中，均是按照 2200 元的基数标准计发加班费，甲公司据此制作工资表，并每月将工资的发放明细以短信方式告知陈某，陈某没有提出异议，应当认定双方在实际履行中变更了劳动合同相关约定，均认可按照 2200 元标准计算加班费。法院最终没有支持陈某的诉讼请求。

|第四节| 加班费的几个疑难问题解析

有关加班费的规则，劳动法早已有明文规定。然而，实务中实际适用加班费制度时，仍然存在一些疑难问题，这些问题在司法实践中也都颇有争议。针对这些疑难问题，本书尝试解析一二，与诸君共同探讨。

一、法定节假日加班费到底是3倍还是4倍

法定节假日加班费按3倍计算，这不是个问题。然而，这个3倍应该怎么理解，这就是个问题了。

比如，张三月工资5000元，工作时间是5天8小时，张三在2023年6月22日端午节当天加班8小时，张三当月的工资应该怎么算？

第一种观点认为只需额外支付2倍加班费。

这种观点认为，张三的月工资中包含了端午法定节假日的工资，因此其在端午当天加班的，应当折抵其端午节当天工资，也就是额外支付2倍加班费即可。《劳动法》第44条和第51条并没有说要额外支付3倍加班费，“没上班给1倍，上了班给3倍”，因此只需额外支付2倍。

部分地区直接规定了额外支付2倍。比如，宁波市中级人民法院《关于审理劳动争议案件若干疑难问题的解答》（2014年8月13日）指出，由于21.75天/月的月计薪天数已经扣除了法定节假日（11天），若劳动者在法定节假日加班，用人单位只需要在正常工资之外另行支付2倍（200%）即可，共为300%的工资报酬。

部分司法判例也认为只需额外支付2倍。摘录两则如下。

上海市奉贤区人民法院（2018）沪0120民初12842号民事判决书认为，金某的月工资中已包含法定节假日8小时1倍工资，故甲公司尚应支付金某法定节假日8小时内2倍工资和8小时外3倍工资。

广东省江门市中级人民法院（2020）粤07民终2424号民事判决书认为，根

据《广东省工资支付条例》第20条规定，用人单位安排劳动者在法定节假日工作的，应当支付不低于正常工作时间工资的300%，即正常工作时间3倍的工资报酬而非4倍。由于甲公司已向黄某支付了法定节假日的1倍工资报酬，一审法院判令甲公司应向黄某支付另外2倍的法定节假日工资报酬适用法律并无不当，法院予以维持。

第二种观点则认为应额外支付3倍加班费。

张三的月工资中所包含的法定节假日工资是法律规定企业应当支付工资的假期，若张三在法定节假日加班，不得用其法定节假日本身的工资进行折抵，企业需额外支付3倍加班费。

第二种观点是主流观点，司法实践中大量案例是采此观点。本书亦持此观点。

首先，额外支付3倍加班费是法律明文规定。原劳动部《关于职工工作时间有关问题的复函》指出，法定节假日安排劳动者加班工作的，应另外支付不低于工资的300%的工资报酬，一般不安排补休。原劳动部发布的《对〈工资支付暂行规定〉有关问题的补充规定》也指出，安排在法定节假日工作的，应另外支付给劳动者不低于劳动合同规定的劳动者本人小时或日工资标准300%的工资。可见，“另外”支付3倍加班费是有法可依的。

其次，额外支付3倍是法条应有之义。《劳动法》第44条和第51条规定并不矛盾，虽然没有规定需“额外”支付加班费，但也没有规定加班费包含了法定节假日本身的工资，法定节假日不上班企业应当支付工资，上了班自然应当额外支付加班费，因此，“额外支付3倍”属于法条应有之义。

除上述规定外，也有部分地区直接规定了额外支付3倍。

比如，《吉林省企业工资支付办法》（吉林省人民政府令第268号）第12条规定，企业在法定节假日安排劳动者工作的，另行支付不低于劳动者正常工作时间工资的300%的工资报酬。

又如，浙江省高级人民法院民事审判第一庭、浙江省劳动人事争议仲裁院《关于审理劳动争议案件若干问题的解答（三）》（浙高法民一〔2015〕9号）第13条指出，根据《劳动法》第44条规定，元旦、春节等法定节假日安排劳动者工作的，支付不低于工资300%的工资报酬。法定节假日计薪，不影响加班工资的计付。劳动者在法定节假日工作的，加班工资应当按照300%的工资报酬标准另行计付。

司法实践中的大量判例也采此观点。

比如，广东省深圳市龙岗区人民法院（2020）粤0307民初3403号民事判决书认为，劳动者在法定节假日加班的，用人单位应按照正常工资标准的4倍向劳动者支付节假日工资。这里说的4倍，其实就是指额外支付3倍。

案例 134

法定节假日加班，加班费到底是额外支付2倍还是3倍？

最高人民法院（2017）最高法民再21号

唐某是某超市员工，双方签订了书面劳动合同。2013年11月25日，超市向唐某送达《解除劳动合同通知书》，载明“公司决定于2013年11月27日起解除与你的劳动合同”。唐某在职期间，于2011年中秋节加班1天，国庆节加班2天，2012年春节加班3天，元旦、清明节、劳动节、端午节各加班1天，累计在国家法定节假日加班10天。唐某随后申请劳动仲裁，主张超市支付加班费差额、经济补偿金等权利。

审理结果

该案经过一裁三审后，当事人唐某仍不服，向最高人民检察院申诉，最高人民检察院向最高人民法院提出抗诉，最高人民法院提审了该案并最终判决，唐某在法定节假日加班的，超市应当额外支付3倍加班费。

最高人民法院认为，根据《劳动法》第44条规定，法定节假日安排劳动者工作的，支付不低于工资的300%的工资报酬，2011年中秋节、国庆节，2012年元旦、春节唐某应得法定节假日加班工资为1450÷20.92×7×300% = 1455.54元，2012年清明节唐某应得法定节假日加班工资为1475÷20.92×1×300% = 211.52元，2012年劳动节、端午节唐某应得法定节假日加班工资为1575÷20.92×2×300% = 451.72元，小计2118.78元，超市已向唐某支付上述期间法定节假日加班工资1262.8元，还应补发855.98元。

HR 实务指南

第一，员工法定节假日加班，企业额外支付2倍加班费是违法的。HR必须

清晰地掌握，劳动法规定的法定节假日加班费是额外支付 3 倍，而不是 2 倍，若企业仅额外支付 2 倍，则有可能会因未足额支付加班费而使员工被迫解除劳动合同，给企业带来支付经济补偿金的风险。

第二，可以在劳动合同中约定或者规章制度中规定加班费的计算公式。这样可以让员工清晰地知晓加班的相关权利，减少误会，降低劳动争议的发生率。

二、法定节假日加班，企业能否安排员工补休

答案是，不能。不仅是标准工时制下不能安排补休，实行综合计算工时工作制和不定时工作制的，员工在法定节假日上班的，也不能安排补休，而应计发加班费。

根据《劳动法》第 44 条规定，仅仅是员工在休息日加班的，企业方可安排补休，法定节假日加班的，不能安排补休。原劳动部发布的《关于贯彻执行〈中华人民共和国劳动法〉若干问题的意见》也指出，休息日安排劳动者工作的，应先按同等时间安排其补休，不能安排补休的应按《劳动法》第 44 条第 2 项规定支付劳动者延长工作时间的工资报酬，法定节假日安排劳动者工作的，应按《劳动法》第 44 条第 3 项支付劳动者延长工作时间的工资报酬。

人力资源和社会保障部网站于 2022 年 1 月 30 日发布了一则答网民问《劳动关系司答网民咨询关于 2022 年春节三倍工资是哪几天的来信》，该答复指出，按照劳动法规定，实行标准工时的用人单位，安排劳动者在法定休假日工作的，应当按照不低于日工资标准或者小时工资标准的 300% 来支付加班工资，而且不得以调休、补休替代。

法律有明文规定，按说这就不是个问题了。然而，法定节假日上班能不能补休（含调休，下同）现在又成了一个问题，因为有另外一种情况就是，是否允许双方协商一致补休？实践中存在不同观点。

观点一：不得安排补休，补休后仍需额外支付 3 倍加班费。

这一观点认为，劳动法并没有规定安排员工法定节假日加班可以安排补休，只规定了支付加班费，排除了可以通过双方合意补休的情形。《劳动法》第 44 条第 3 项所规定的法定节假日加班应支付加班费，是法律强制性规定，并没有双方合意等例外情形。因此，法定节假日加班后安排调休并没有法律依据。员工法定节假日加班可以获得 300% 的加班费，员工如果补休往往就“吃亏”了，损害

了员工合法权益。

正如广东华商律师事务所郑新战律师所言，劳动合同文本是由企业提供，员工往往没有太多的议价筹码，从这个角度讲，企业很容易利用优势地位通过劳动合同约定员工法定节假日加班企业可以安排补休，“逼”员工同意补休，因此，不应允许所谓的双方合意安排补休，而应强制企业支付不低于 3 倍的加班费。

比如，江西省南昌市青山湖区人民法院（2017）赣 0111 民初 1461 号民事判决书认为，根据相关法律规定，法定节假日不得调休，必须支付加班工资，对于甲公司关于已按合同约定对帅某节假日期间的加班按 1∶1 的方式进行了调休的抗辩主张，法院不予采纳，对于帅某要求甲公司支付国家法定节假日加班工资的请求，法院予以支持。

又如，北京市第一中级人民法院（2019）京 01 民终 1735 号民事判决书认为，法定节假日安排劳动者工作的，支付不低于工资的 300% 的工资报酬，法定节假日加班后安排补休不可免除支付法定节假日加班费的义务，故甲公司以已安排付某调休主张不支付法定节假日加班费的诉讼请求，于法无据，法院不予支持。

观点二：可以安排 1∶1 补休，无须额外再支付加班费。

这一观点认为，虽然《劳动法》第 44 条规定了法定节假日加班必须支付加班费，但是，法律应尊重双方当事人的合意，因此，双方经协商一致可以补休的，是员工对企业支付 300% 加班费的权利处分，法律不宜干预。

比如，北京市通州区人民法院（2021）京 0112 民初 33384 号民事判决书认为，单位安排劳动者法定节假日加班，除劳动者同意外，不能通过调休代替支付加班工资，故对于甲医院已安排杨某调休的主张，法院不予采信。

观点三：安排 1∶1 补休可以，但需额外支付 2 倍加班费。

这一观点认为，员工法定节假日加班的，可以额外获得 3 倍加班费，而企业安排 1∶1 补休折抵员工 3 倍加班费，员工“吃亏”了，因此，应额外再支付 2 倍加班费，用于“填平”员工的“损失”。

比如，广东省佛山市三水区人民法院（2017）粤 0607 民初 3099 号民事判决书认为，卿某在法定节假日加班工作后，无论甲公司是否安排卿某补休，甲公司均需支付法定节假日加班工资，考虑到甲公司已足额支付卿某当月工资，且法定节假日加班后已安排卿某补休，故法院认定甲公司仅需按照 200% 的标准向卿某支付法定节假日加班工资。

观点四：安排 1∶3 补休的，可以不用再支付加班费。

这一观点与前述观点三类似，员工法定节假日加班，双方协商一致安排员工 1∶1 补休的，员工“吃亏”了，因此不允许，但是，如果安排 1∶3 补休，客观上员工没有“吃亏”，因此可以允许，企业无须额外支付加班费。

比如，《厦门市企业工资支付条例》第 15 条第 3 项规定，安排劳动者在法定休假日工作的，按照不低于劳动者本人日工资或者小时工资的 300% 支付工资报酬，劳动者本人要求安排补休的，用人单位可以安排补休而不支付加班工资，补休时间不少于加班时间的 3 倍。

又如，广东省广州市海珠区人民法院（2014）穗海法民一初字第 1166 号民事判决书认为，刘某在 2013 年 10 月 3 日法定节假日加班，但刘某自愿补休了 3 天，因此，该天的加班甲公司不需要支付加班费。

本书倾向于赞同第三种和第四种观点。虽然劳动法规定员工法定节假日加班的，企业不得安排补休，但是，如果企业安排员工按 3 倍补休，员工法定节假日加班的“损失”已经得到了“填平”，符合公平原则，应予准许。

案例 135

员工法定节假日加班 1 天补休 3 天，企业还需支付加班费吗？

上海市第二中级人民法院（2019）沪 02 民终 2886 号

龚某于 2017 年 7 月入职甲公司担任量体师职务，双方签订了书面劳动合同，其中约定“周六加班费 800 元”“法定节假日加班，按基础工资 3000 元计算加班工资”等。龚某每天工作 8 小时，“上六休一”，一般为每周三休息，龚某在法定节假日加班的，可获 3 天调休。龚某在职期间，2017 年 9 月至 2018 年 4 月 25 日，龚某法定节假日加班 7 天、休息日加班 35 天、享受调休 11 天。2018 年 4 月 25 日，甲公司以龚某严重失职、营私舞弊为由解除了与龚某的劳动合同。随后，龚某申请劳动仲裁，主张甲公司支付法定节假日加班工资 10,000 元等权利，双方因此成讼。

审理结果

法院认为，虽然双方均认可节假日加班可调休 3 天的说法，但此说与法律规定相悖，故法院认定，龚某所享受的 11 天调休应视为休息日加班的调休，甲公司应按双方所约定的 3000 元基数向龚某支付该期间的节假日加班工资。

HR 实务指南

第一，员工法定节假日加班的，企业不得单方面安排补休。企业若安排员工补休，必须得到员工同意，这是前提。未经员工同意即安排补休的，被认定为仍需支付加班费的风险非常大。

第二，尽量安排 1∶3 补休。企业如果实在不愿意支付加班费，在取得员工同意的情况下，尽量安排 1∶3 补休，不让员工"吃亏"。

三、约定按最低工资标准作为加班费计算基数是否合法

举个例子。张三是深圳某公司采购员，工作时间是"5 天 8 小时制"，劳动合同约定张三月工资 8000 元，张三若有加班，则按深圳市最低工资标准作为基数计算加班费。

这种情况在实务中非常常见。那么，双方约定员工的加班费远低于正常工作时间工资，是否合法？实务中存在争议。

第一种观点认为该约定无效，员工加班费的计算基数不得低于员工正常工作时间工资。

其一，从法律规定上看，《劳动法》第 44 条规定的加班费标准应该是"高于劳动者正常工作时间工资"，如上例，张三月工资 8000 元，折算时薪为 8000 ÷ 21.75 ÷ 8=45.98 元，而深圳市现在的最低工资标准为 2360 元 / 月，折算时薪为 2360 ÷ 21.75 ÷ 8=13.56 元，按此基数计算加班费，得出工作日加班费为 13.56 × 150%=20.34 元，休息日加班费为 27.13 元，法定节假日加班费为 40.69 元。这就出现了加班费比正常工作时间工资低的"倒挂"现象，即使张三在法定节假日加班，其所获得的加班费也远低于其正常工作日的工资，工作日和休息日的加班费就更低了，并不符合前述规定的"高于劳动者正常工作时间工资"，因此，该约定应属无效。

其二，从加班费制度的立法原理上看，法律规定加班费分别为1.5倍、2倍、3倍，是因为加班占用了员工的休息时间，员工利用自己的自由休息时间为企业提供劳动，理应获得高于正常劳动的报酬，而不是反之，这是加班费制度立法的当然之义。

部分地区持此观点。

比如，安徽省高级人民法院《关于审理劳动争议案件若干问题的指导意见》第 10 条指出，劳动者主张加班费的，人民法院应按照劳动者正常劳动情形下的收入确定加班费的计算基数，但用人单位可自行决定给付的福利除外。

又如，《上海市企业工资支付办法》第 9 条指出，加班工资的计算基数为劳动者所在岗位相对应的正常出勤月工资，不包括年终奖，上下班交通补贴、工作餐补贴、住房补贴，中夜班津贴、夏季高温津贴、加班工资等特殊情况下支付的工资。

此外，《最高人民法院新劳动争议司法解释（一）理解与适用》一书中认为，对于加班费的计算基数，国家层级法律并无明确规定，一般由地方性规范予以规定，总体来说，允许用人单位和劳动者对加班费计算基数作出约定，约定的标准原则上应为员工每月的固定工资收入，在实行结构工资制的企业，应包括基本工资和岗位工资，对于奖金和津贴、补贴等福利，可以约定不纳入加班费计算基数。这里所说的每月固定工资收入，应理解为正常工作时间工资。

第二种观点则认为该约定有效，加班费可以低于员工正常工作时间工资。

其一，从法律规定上看，《工资支付暂行规定》第 13 条规定的加班费标准是“不低于劳动合同规定的劳动者本人小时工资标准”，这与《劳动法》第 44 条规定并不矛盾，第 44 条并没有否定双方可以就加班费基数进行约定。另外，根据《劳动争议司法解释（一）》第 35 条第 1 款规定，劳动者与用人单位就支付加班费达成的协议，不违反法律、行政法规的强制性规定，且不存在欺诈、胁迫或者乘人之危情形的，应当认定有效。因此，总体原则是：有约定的按约定，约定加班费计算基数是双方协商一致、真实意思表示的结果，法律不应干预，但不能低于当地最低工资标准；无约定、约定不明确或者约定低于当地最低工资标准的，则适用“正常工作时间工资”作为基数计算加班费。

其二，从企业用工管理实务上看，现实中确实有大量企业并不鼓励员工加班。如上例，张三是采购员，企业并不鼓励其加班，而是鼓励员工在工作时间内完成工作，确有需要加班的，企业也愿意支付加班费，但是过高的加班费会导致员工为了获得高额加班费而故意在工作时间“摸鱼”，临下班了才开始干活。更有甚者，下班后故意不离开单位，待在办公室看电视、打游戏，还能蹭空调，甚至休息日闲着没事也跑到公司“泡加班”。当然，也可以说这是企业管理上的问题，但这种情况现实中确实大量存在。因此，双方约定的加班费计算基数低于正常工作时间工资，也是在某种程度上“遏制”员工“恶意”加班或者“泡加班”的有效方法之一。

部分地区持此观点。

比如，《天津法院劳动争议案件审理指南》（津高法〔2017〕246号）指出，用人单位与劳动者约定了加班费计算基数，且不低于最低工资标准的，从其约定。

司法实践中也有持这一观点的判例。

比如，广东省高级人民法院（2018）粤民再295号民事判决书（该案经广东省人民检察院抗诉）认为，罗某主张加班工资计算基数应是劳动者在正常工作时间，正常提供劳动的情况下，从用人单位取得的全部工资收入或者全部劳动报酬，而原劳动部办公厅《关于〈劳动法〉若干条文的说明》规定“工资”指的是用人单位规定的其本人的基本工资，其计算方法是：用月基本工资除以月法定工作天数即得日工资，用日工资除以日工作时间即得小时工资。因此，甲公司以罗某的基本工资为基数计算加班费，符合相关法律及规章的规定，并无不当。

又如，山东省高级人民法院（2020）鲁民申1441号民事裁定书认为，双方劳动合同是双方当事人的真实意思表示，所约定的加班工资的计算基数为基本工资1920元，不违背法律规定，且该基本工资不低于当地最低工资标准，该约定合法有效，具有法律依据，根据该劳动合同中关于加班费计算基数的约定及刘某提交的工资单，原审法院认定甲公司已足额支付加班费，并无不当。

本书倾向于第二种观点。企业可以与员工约定加班费计算基数，该基数可以低于员工正常工作时间工资标准，但不得低于当地最低工资标准。

案例136

劳动合同约定按员工基本工资作为加班费基数，合法吗？

最高人民法院（2015）民申字第610号

王某是大连甲公司员工，双方劳动合同约定，王某实行标准工时制，王某每日工作8小时的月工资标准为当地最低工资标准。王某在职期间，甲公司按大连市最低工资标准为基数向王某计发加班费。2013 年 6 月 13 日，王某离职，离职前王某月工资为 5000 余元，离职时大连市最低工资标准为 1100 元 / 月。王某申请劳动仲裁，主张公司支付拖欠的加班费差额。王某诉称，其实际工资为 5000 余元，应以 5000 元为基数计发其加班费。公司辩称，根据《辽宁省工资支付规定》规定，计算加班工资的日或者小时工资基数的工资，应当按照劳动合同中约定的劳动者本人工资标准确定，因此该案应以双方劳动合同约定的工资标准作为计算加班费的基数。

审理结果

该案经过一裁两审，均未支持王某的诉求。王某仍不服，向最高人民法院申请再审。最高人民法院认为，由于双方当事人在劳动合同中并没有明确约定加班费计算和支付问题，原审法院根据相关法律法规的规定，结合王某系在辽宁省工作的实际情况，参照《辽宁省工资支付规定》认定以王某与甲公司订立的劳动合同中约定的工资标准作为计算加班费的基数，法律依据充分，应当予以确认，王某主张其加班费应当以其实际取得的月工资为标准作为计算基数，缺乏法律依据，不能予以支持。

HR 实务指南

HR 应了解当地有关加班费计算基数的规定以及当地法院的判例，确认是否可以约定以低于正常工作时间工资作为加班费计算基数。若可以约定，则建议按以下方法进行约定。

第一，企业应根据不同岗位设定不同的加班费基数。比如，工厂流水线员工、司机、保安保洁等，这些岗位基本上都是靠工作时间的长度来为企业创造效益，加班费理应比正常工作时间要高，这样既符合加班费制度的立法宗旨，又体现公平原则。而对于采购、运营、人事等，若企业不鼓励这些岗位人员加班，则可以将加班费设定得低一些，甚至直接按当地最低工资作为加班费计算基数进行设定，防止“泡加班”。因此，企业应根据实际经营需要对不同的岗位设定不同的加班费标准，既要让真正加班的员工拿到合理的加班费，又要遏制有些员工“泡加班”的行为。

第二，应在劳动合同中约定或者规章制度中规定加班费计算基数。实务中，很多企业没有明确约定加班费计算基数，双方一旦发生争议，裁审机构往往就按正常时间工资（相对固定的工资部分，如基本工资、岗位二资、职务工资等）作为基数计算加班费。因此，企业应明确加班费基数，可以在劳动合同中约定，也可以在规章制度中规定。

四、企业与员工约定员工放弃加班费是否有效

实务中还经常有这样一种情况，就是企业和员工签订协议，约定员工放弃加班费，事后员工又申请劳动仲裁主张企业支付加班费。注意，是放弃加班费，不是包含加班费。比如，甲公司与张三约定其月工资为 10,000 元，实行“包薪制”，该工资包含加班费。这种约定通常认为是有效的。关于约定工资包含加班费，本书将在下文讨论。

那么，企业与员工签订协议约定员工放弃加班费，该约定有效吗?

通常来说，要看这个协议是什么时候签订的，一般有两个时间点：一个是员工入职时或者在职期间签订的，另一个是离职时签订的。

员工入职时或者在职期间，企业与其签订放弃加班费的协议，通常认为是无效的。

在民法上，民事合同生效要件有三：一是合同当事人具有完全民事行为能力，二是签订合同是各方当事人的真实意思表示，三是合同内容不违反法律法规、不违背公序良俗。只要同时符合三个要件，合同便合法有效。此外，民事法律关系有一个大前提，民法所调整的是平等主体的人身关系和财产关系。

劳动法并不完全适用这一原则。在劳动关系中，企业与员工是不平等的主体，双方是管理与被管理的关系，双方所签订的协议，即使同时符合上述 3 个要件，也不一定就是有效的。员工入职时或者在职期间，企业完全可以利用优势地位通过各种手段“逼”员工签下这样的协议，谈不上胁迫，也谈不上欺诈，但总有些意志不自由。因此，如果认定放弃加班费的协议有效，则势将导致大量的企业通过这一法门“实现”损害员工利益的目的，使企业合法作恶。

为了充分保护员工的合法权益，限制企业滥用强势地位，无论是在劳动立法层面，还是在司法实践层面，通常都认为这种协议是无效的，不能适用员工权利处分原则。

但是，员工在离职时与企业签订的放弃加班费协议，通常认为是有效的。

根据《劳动争议司法解释（一）》第 35 条第 1 款规定，劳动者与用人单位就解除或者终止劳动合同办理相关手续、支付工资报酬、加班费、经济补偿或者赔偿金等达成的协议，不违反法律、行政法规的强制性规定，且不存在欺诈、胁迫或者乘人之危情形的，应当认定为有效。

为什么员工离职时签订的放弃加班费协议就认定为有效？原因也很简单，员工即将离开这家企业，企业对其的优势地位已经不复存在，员工的意志恢复到了完全自由的程度。在这个时候如果员工愿意与企业签订放弃加班费协议，则通常认为是员工对自身权利的处分，该协议有效。

浙江省宁波市中级人民法院（2019）浙 02 民终 5587 号民事判决书认为，现行法律法规确实赋予了劳动者主张加班工资的权利，但亦未绝对禁止劳动者自愿放弃该权利，尤其是对于劳动合同已经终止或者解除的劳动者来说，用人单位所具备的优势地位、劳动力市场的不均衡性等已难具实际意义，降低或者放弃加班费有可能是劳动者在考虑成本、利益、时间等因素后的综合判断，双方基于此达成的协议应认定为合法有效。该案中，范某与公司签订了《协商解除劳动合同协议书》，载明公司“支付经济补偿金 67,732.95 元”，范某“自愿放弃其他诉求”等，对双方劳动关系存续期间的各项权利义务进行了处分。上述协议不违反法律法规强制性规定，亦无证据证明存在欺诈、胁迫或者乘人之危情形，应当认定为有效。

宁波市中级人民法院这段说理非常好，本书亦持此观点。

案例 137

企业与员工签放弃加班费协议，员工能否主张加班费？

人力资源和社会保障部、最高人民法院《劳动人事争议典型案例（第二批）》

张某于 2020 年 6 月入职某科技公司，月工资 20,000 元。某科技公司在与张某订立劳动合同时，要求其订立一份协议作为合同附件，协议内容包括“我自愿申请加入公司奋斗者计划，放弃加班费”。半年后，张某因个人原因提出解除劳动合同，并要求支付加班费。某科技公司认可张某加班事实，但以其自愿订立放弃加班费协议为由拒绝支付。张某遂申请劳动仲裁。

审理结果

劳动仲裁委员会认为，加班费是劳动者延长工作时间的工资报酬，《劳动法》第44条、《劳动合同法》第31条明确规定了用人单位支付劳动者加班费的责任，约定放弃加班费的协议免除了用人单位的法定责任、排除了劳动者权利，显失公平，应认定无效。该案中，某科技公司利用在订立劳动合同时的主导地位，要求张某在其单方制定的格式条款上签字放弃加班费，既违反法律规定，又违背公平原则，侵害了张某工资报酬权益。劳动仲裁委最终依法裁决某科技公司向张某支付加班费。

五、劳动合同约定工资包括加班费是否合法

这个问题在司法实践中争议并不大，主流观点认为，双方劳动合同中约定工资包括加班费是可以的，但是折算后不得低于当地最低工资标准，俗称“包薪制”。

我国多地对劳动合同约定工资包括加班费有相关规定。

比如，北京市高级人民法院、北京市劳动争议仲裁委员会《关于劳动争议案件法律适用问题研讨会会议纪要》（2009年8月17日，已废止）指出，用人单位与劳动者虽然未书面约定实际支付的工资是否包含加班工资，但用人单位有证据证明已支付的工资包含正常工作时间工资和加班工资的，可以认定用人单位已支付的工资包含加班工资，但折算后的正常工作时间工资不得低于当地最低工资标准。

除北京外，上海、天津、深圳、江苏等地也有类似规定。

如何理解劳动合同约定工资包括加班费？以下举例说明。

例1：张三是深圳甲公司的一名工程师，双方劳动合同约定张三月薪12,000元，该工资包含了所有加班费。2023年12月，张三工作日加班20小时，休息日加班24小时，法定节假日无加班，深圳市当时最低工资标准为2360元／月。

按2360元折算，张三工作日加班的加班费为2360元÷21.75天÷8小时×20小时×1.5倍=406.9元，休息日加班的加班费为2360元÷21.75天÷8小时×24小时×2倍=651.03元，合计为2360+406.9+651.03=3417.93元。张三的月薪为12,000元，大于折算后的3417.93元，该约定有效，甲公司无须额外补发张三加班费。

例2：李四是深圳乙公司的一名保安员，双方劳动合同约定李四月薪4500元，该工资包含了所有加班费。2023年12月，李四工作日加班66小时，休息日加班

44 小时，法定节假日无加班，深圳市当时最低工资标准为 2360 元 / 月。

按 2360 元折算，李四工作日加班的加班费为 2360 元 ÷21.75 天 ÷8 小时 ×66 小时 ×1.5 倍 =1342.76 元，休息日加班的加班费为 2360 元 ÷21.75 天 ÷8 小时 ×44 小时 ×2 倍 =1193.56 元，合计为 2360+1342.76+1193.56=4896.32 元。李四的月薪为 4500 元，小于折算后的 4896.32 元，属于低于当地最低工资标准，乙公司属于未足额发放李四劳动报酬，应补发李四的加班费差额。

人力资源和社会保障部、最高人民法院《劳动人事争议典型案例（第二批）》案例 4 认为，该案的争议焦点是某汽车服务公司与周某约定实行包薪制，是否还需要依法支付周某加班费差额，从《劳动法》第 47 条、第 48 条和《最低工资规定》第 3 条规定可知，用人单位可以依法自主确定本单位的工资分配方式和工资水平，并与劳动者进行相应约定，但不得违反法律关于最低工资保障、加班费支付标准的规定。该案中，根据周某实际工作时间折算，即使按照当地最低工资标准认定周某法定标准工作时间工资，并以此为基数核算加班费，也超出了 4000 元的约定工资，表明某汽车服务公司未依法足额支付周某加班费。故仲裁委员会依法裁决某汽车服务公司支付周某加班费差额。

案例 138

劳动合同约定工资包括加班费，合法吗？

北京市第三中级人民法院（2021）京 03 民终 13868 号

杨某于 2018 年 5 月入职北京甲公司担任市场经理职务，双方劳动合同约定杨某月工资为 25,000 元，同时约定，“甲公司安排杨某延长工作时间或者在休息日工作的，已在支付杨某的奖金中包含了岗位的每月全部加班工资包干，杨某确认其每月领取的工资已包含加班工资”。2020 年 6 月，杨某离职，随后申请劳动仲裁，主张甲公司支付加班费等。双方因此成讼。

审理结果

法院认为，双方签订的劳动合同多处明确约定杨某每月领取的工资已包含加班工资，系包含了岗位的每月全部加班工资的包干，该约定系双方达成的合意，对双方均有约束力，杨某主张该约定无效，缺乏依据，法院不予采信。

HR 实务指南

笔者曾经办过这样一个案例。甲公司招用张三担任人力资源总监，约定月薪60,000 元，面试时双方谈好该月薪包含了所有加班费，但是没有书面约定，其入职后，所签订劳动合同（该劳动合同由其本人书写）没有约定包含加班费，也没有约定加班费计算基数。其在职期间，经常晚上下班后仍在公司，休息日也常跑到公司，且都有打卡。其工作大半年后离职，随后申请劳动仲裁，主张甲公司支付其在职期间加班的加班费 50 多万元，该案仲裁和一审都支持了 30 多万元加班费（按 60,000 元作为基数计算其加班费），至本书写到此处时，该案仍在中级人民法院二审中，尚未结案。由此可见，明确员工工资是否包括加班费，是何等重要。

第一，对于实行包薪制的员工，企业应在劳动合同中约定工资包含加班费。通常而言，劳动合同没有约定工资包括加班费，则理解为没有包括加班费，员工有加班事实的，企业应在约定工资外另付加班费，前述案例即是如此。

第二，约定工资包含加班费的，折算后应不低于当地最低工资标准。最低工资标准是一条红线，员工在正常提供劳动的情况下，企业所支付的工资不得低于最低工资标准。加班费亦是如此，按劳动法规定经折算后低于最低工资标准的，企业需要补发加班费差额。

07 第七章

经济补偿金与赔偿金

劳动法设立经济补偿制度，旨在引导企业长期用工，敦促企业与员工建立稳定的劳动关系，谨慎行使解除权和终止权。当企业行使劳动关系解除权或终止权时，除员工过错外，应向员工支付经济补偿。企业为了减少成本，避免支付经济补偿，往往就不会随意解除劳动合同，从而达到稳定劳动关系的目的。

赔偿金制度则是加重对企业违法解除或者终止劳动合同的惩罚，通过提高违法解除或者终止劳动合同的成本，可能在一定程度上遏制企业违法解除或者终止劳动合同的行为，保障员工的合法权益。

劳动法规定的经济补偿包括解除或者终止劳动合同的经济补偿和竞业限制经济补偿，为方便阅读，本章所讨论的经济补偿制度均指前者，后者将在本书第九章“保密与竞业限制”中讨论。

第一节 经济补偿金

经济补偿金是指在劳动者无过失的情况下，劳动合同解除或终止时，用人单位依法一次性支付给劳动者的经济上的补助。经济补偿制度是劳动合同制度中的一项重要内容，是国家要求企业承担的一种社会责任。国家要求企业在非因员工过错而解除或者终止劳动合同时，支付一定经济补偿，以帮助员工在失业阶段维持基本生活，不至于生活水平急剧下降。

一、经济补偿还是经济补偿金

到底是经济补偿还是经济补偿金？

其实，两种称谓都对。

1995 年 1 月 1 日，《劳动法》施行，这部法律称之为“经济补偿”，而同日施行的原劳动部发布的《违反和解除劳动合同的经济补偿办法》（劳部发〔1994〕481 号，已废止）则称之为“经济补偿金”。在随后颁布施行的 4 个劳动争议司法解释（分别为法释〔2001〕14 号、法释〔2006〕6 号、法释〔2010〕12 号、法释〔2013〕4 号）中，前两个称为“经济补偿金”，后两个又改称为“经济补偿”。

2007 年 6 月 29 日，万众瞩目的《劳动合同法》由全国人大常委会表决通过，自 2008 年 1 月 1 日起正式施行，这是自《劳动法》颁布实施以来，我国劳动和社会保障法制建设中的又一个里程碑。在这部举足轻重的法律里，全文没有出现过“经济补偿金”，而是表述为“经济补偿”。随后颁布实施的《劳动合同法实施条例》亦是如此，与《劳动合同法》保持相同的体例，统一使用了“经济补偿”的称谓。

至此，我国劳动法似乎已经统一称谓“经济补偿”，“经济补偿金”的称谓似乎即将成为历史。

2020 年 12 月 23 日，最高人民法院废止了前述 4 个司法解释，取而代之的是

2021 年 1 月 1 日施行的《劳动争议司法解释（一）》，也不知是立法者有意还是无意，同时出现了“经济补偿”和“经济补偿金”两种称谓，也不像以前那样在同一部法律法规中统一一种称谓。笔者认为还是统一一下为好，更能便于理解。

著名刑法学家张明楷教授说，法律不是嘲笑的对象，而是法学研究的对象，法律不应受裁判，而应是裁判的准则。上述司法解释已经颁布施行，那我们就得以其为依据，在司法实践中去适用，去践行。

至此，我国劳动法两种称谓都有，因此也就两种称谓都对。

事实上，“经济补偿金”的称谓在现实中的使用频率比“经济补偿”似乎要高一些，在普通人的观念里，“金”就是钱，钱就是“金”，企业解雇员工时支付一定数额的钱，自然应该叫“经济补偿金”。相较而言，“经济补偿”更像是一种行为，而不是一项钱款。

本书亦同时使用两种称谓。

二、支付经济补偿金的情形

1. 解除劳动合同应当支付经济补偿金的情形

根据《劳动合同法》第 46 条的规定，以下列方式解除劳动合同的，企业应当向员工支付经济补偿金。

· 协商一致解除劳动合同

根据《劳动合同法》第 36 条规定，企业与员工协商一致解除劳动合同，企业应当向员工支付经济补偿金。这里所说的协商一致解除劳动合同，指的是该法第 46 条第 2 项规定的企业向员工提出解除劳动合同并且最终协商一致，仅指企业先提出解除动议、员工被动地同意这种情形，并不包括员工向企业提出解除动议。关于这个问题，本书在前文劳动合同解除一节中已有论述，此处不再赘述。

· 员工被迫解除劳动合同

根据《劳动合同法》第 26 条第 1 款、第 38 条规定，企业有下列情形之一，员工可以单方面解除劳动合同，即被迫辞职，企业应当向员工支付经济补偿金：

（1）未按照劳动合同约定提供劳动保护的；

（2）未按照劳动合同约定提供劳动条件的；

（3）未及时足额支付劳动报酬的；

（4）未依法为劳动者缴纳社会保险费的；

（5）用人单位的规章制度违反法律、法规的规定，损害劳动者权益的；

（6）用人单位以欺诈、胁迫的手段或者乘人之危，使劳动者在违背真实意思的情况下订立或者变更劳动合同，致使劳动合同无效的；

（7）用人单位免除自己的法定责任、排除劳动者权利，致使劳动合同无效的；

（8）用人单位以暴力、威胁或者非法限制人身自由的手段强迫劳动者劳动的；

（9）用人单位违章指挥、强令冒险作业危及劳动者人身安全的；

（10）法律、行政法规规定劳动者可以解除劳动合同的其他情形。

一般认为，第 1~7 种情形属于企业一般违法，员工单方面解除劳动合同不具有紧迫性，应事先告知企业；第 8 种、第 9 种情形属于企业严重违法，往往具有紧迫性、人身危险性，员工可以立即解除劳动合同，不需事先告知企业；第 10 种情形是兜底条款，是否需要告知企业，则看企业行为是否具有紧迫性。

· 企业单方面解除劳动合同

企业单方面解除劳动合同包括无过失性辞退和经济性裁员两类情形，前者是指企业依据《劳动合同法》第 40 条规定的 3 种情形解除劳动合同，后者是指企业依据该法第 41 条规定裁减人员。具体为：

（1）劳动者患病或者非因工负伤，在规定的医疗期满后不能从事原工作，也不能从事由用人单位另行安排的工作的；

（2）劳动者不能胜任工作，经过培训或者调整工作岗位，仍不能胜任工作的；

（3）劳动合同订立时所依据的客观情况发生重大变化，致使劳动合同无法履行，经用人单位与劳动者协商，未能就变更劳动合同内容达成协议的；

（4）企业依法进行经济性裁减人员的。

其中，前 3 种情形需提前 1 个月通知员工，未提前通知的，需额外支付 1 个月工资标准的"代通知金"。关于"代通知金"，本书将在下文进行专节论述。

2. 解除劳动合同无须支付经济补偿金的情形

根据《劳动合同法》规定，下列解除劳动合同的情形，企业无须支付经济补偿金：

（1）劳动者向用人单位提出协商解除劳动合同并协商一致解除劳动合同的；

（2）劳动者因个人原因向用人单位提出辞职的；

（3）劳动者在试用期间被用人单位证明不符合录用条件的；

（4）劳动者严重违反用人单位的规章制度的；

（5）劳动者严重失职，营私舞弊，给用人单位造成重大损害的；

（6）劳动者同时与其他用人单位建立劳动关系，对完成本单位的工作任务造成严重影响的；

（7）劳动者同时与其他用人单位建立劳动关系，经用人单位提出，拒不改正的；

（8）劳动者以欺诈、胁迫的手段或者乘人之危，使用人单位在违背真实意思的情况下订立或者变更劳动合同致使劳动合同无效的；

（9）劳动者被依法追究刑事责任的。

3. 终止劳动合同应当支付经济补偿金的情形

根据《劳动合同法》第46条规定，因下列原因终止劳动合同的，企业应当支付经济补偿金。

· 第一次劳动合同期满，企业不同意续签

根据《劳动合同法》第44条第1项的规定，劳动合同期满即终止，并没有说是第几次期满，这里之所以加上“第一次”，是第二次期满企业是否还有终止的选择权，在实践中有很大争议，这一点本书在前文中已讨论过。而第一次期满即终止，这一点在实践中没有争议，因此此处限定为“第一次”比较妥当。

对第一次劳动合同期满终止是否需要支付经济补偿金，则视情况而论，通常按照以下情形进行区分：

（1）企业不同意续签的，需要支付经济补偿金；

（2）员工不同意续签的，无须支付经济补偿金；

（3）企业降低或者变相降低劳动条件，导致员工不同意续签的，需要支付经济补偿金。

· 用人单位主体资格消灭

根据《劳动合同法》第44条第4项、第5项规定，用人单位主体资格消灭的，劳动合同终止。用人单位主体资格消灭包括被依法宣告破产、被吊销营业执照、被责令关闭、被撤销、决定提前解散等，至于是主动消灭还是被动消灭，则在所不问。

用人单位主体资格消灭的，需要向员工支付经济补偿金。

· 以完成一定工作任务为期限的劳动合同任务完成

根据《劳动合同法实施条例》第22条规定，以完成一定工作任务为期限的劳动合同因任务完成而终止的，用人单位应当向劳动者支付经济补偿金。

· 事实劳动关系终止

根据《劳动合同法实施条例》第 6 条第 1 款规定，用人单位自用工之日起超过 1 个月不满 1 年未与劳动者签订书面劳动合同，劳动者不与用人单位签订书面劳动合同的，用人单位应当书面通知劳动者终止劳动关系，并支付经济补偿金。

4. 终止劳动合同无须支付经济补偿金的情形

有以下情形之一的，终止劳动合同时企业无须向员工支付经济补偿金：

（1）劳动合同期满，用人单位维持或者提高劳动合同约定条件续签劳动合同，劳动者不同意续签而导致劳动合同终止的；

（2）劳动者开始依法享受基本养老保险待遇、达到法定退休年龄、死亡、被人民法院宣告死亡或者宣告失踪而导致劳动合同终止的；

（3）自用工之日起 1 个月内，经用人单位书面通知后，劳动者不与用人单位签订书面劳动合同，用人单位书面通知劳动者终止劳动关系的。

三、经济补偿金的计算规则

解除或者终止劳动合同，是企业劳动关系管理的常态工作，只要涉及劳动合同解除或者终止，就有可能发生经济补偿金的支付。因此，HR 应掌握经济补偿金的计算规则。

1. 经济补偿金计算的法律依据

《劳动合同法》第 47 条规定了经济补偿金的基本计算规则，这就是大名鼎鼎的“N”的出处，也是经济补偿金计算的基本法律依据。

“N”是相对“2N”而言的，“N”指的是解除或者终止劳动合同（含事实劳动关系，下同）企业应当依法向员工支付的经济补偿金，“2N”指的是企业因违法解除或者终止劳动合同而依法应当向员工支付的赔偿金。

“N”并不是正式的法律术语，只是业界俗称，这一称谓在现实中大量使用。

《劳动合同法》第 47 条从以下 3 个维度确定了经济补偿金的计算标准。

（1）计算年限（月数）。按劳动者在本单位工作的年限，每满 1 年支付 1 个月工资的标准向劳动者支付；6 个月以上不满 1 年的，按 1 年计算；不满 6 个月的，向劳动者支付半个月工资的经济补偿金。

（2）计算基数。劳动者在劳动合同解除或者终止前12个月的平均工资。

（3）“双封顶”规则。计算基数封顶和支付年限封顶。

此外，《劳动合同法实施条例》第27条还规定，《劳动合同法》第47条规定的经济补偿的月工资按照劳动者应得工资计算，劳动者在劳动合同解除或者终止前12个月的平均工资低于当地最低工资标准的，按照当地最低工资标准计算。劳动者工作不满12个月的，按照实际工作的月数计算平均工资。

2. 经济补偿金的计算公式

根据前述规定，我们可以得出经济补偿金的计算公式：

经济补偿金 = 月平均工资 × 工作年限折算

月平均工资 = 劳动者在劳动合同解除或者终止前12个月的平均工资（劳动者工作不满12个月的，按照实际工作的月数计算平均工资）

工作年限折算：每满1年算1年；6个月以上不满1年按1年算；不满6个月的算0.5年。1年和0.5年分别支付1个月和半个月工资。

比如，张三于2020年3月25日入职甲公司担任跟单文员，2023年9月10日，甲公司因市场原因订单减少，需要进行人员缩减节约用工成本，遂向张三提出解除劳动合同并最终协商一致解除了劳动合同，解除前张三12个月的平均工资为6532元，工作年限为3年5个月。根据上述公式，甲公司应当向张三支付的经济补偿金为6532元 ×3.5个月 =22,862元。

3. 经济补偿金计算的“双封顶”规则

《劳动合同法》第47条第2款规定了“双封顶”规则，该条规定，劳动者月工资高于用人单位所在直辖市、设区的市级人民政府公布的本地区上年度职工月平均工资3倍的，向其支付经济补偿的标准按职工月平均工资3倍的数额支付，向其支付经济补偿的年限最高不超过12年。

所谓“双封顶”，指的是法定条件出现时，经济补偿金计算的基数和年限均封顶。在经济补偿制度设计中，立法者对高收入劳动者的经济补偿金计算设置了一定限制，这一制度设计，既保护了高端员工的合法利益，又在一定程度上减轻了企业的负担。

（1）基数封顶。对于高收入员工，经济补偿金计算基数上限为当地上年度职工月平均工资 3 倍。

（2）年限封顶。对于高收入员工，除上述计算基数封顶外，支付年限也封顶，此封顶主要针对本单位工作年限超过 12 年的人员，不超过 12 年的不受此限。

根据法不溯及既往原则，《劳动合同法》设定的"双封顶"规则仅适用于 2008 年 1 月 1 日起算经济补偿金年限的情形，2008 年以前的部分，则按照当时的有关规定执行。

例如，张三于 2009 年 3 月 20 日入职甲公司担任运营总监，2023 年 9 月 10 日，甲公司因市场原因订单减少，需要进行人员缩减节约用工成本，遂向张三提出解除劳动合同并最终协商一致解除了劳动合同，解除前张三 12 个月的平均工资为 65,000 元，解除时深圳市上年度职工月平均工资为 13,730 元。那么，甲公司应当向张三支付的经济补偿金为 41,190 元 ×12 个月 =494,280 元。

该案中，张三离职前 12 个月平均工资超过深圳市上年度职工月平均工资 3 倍，应受基数封顶规则限制，按职平工资 3 倍计算，张三的实际工作年限为 14 年 5 个月 20 天，受年限封顶限制，封顶 12 年，上限计算 12 个月的经济补偿金。

案例 139

协商离职时工资超社平 3 倍，22 年工龄经济补偿封顶 12 个月吗?

广东省高级人民法院（2020）粤民申 847 号、848 号

袁某于 1996 年 7 月 1 日至 2014 年 6 月 30 日在甲公司工作，从 2014 年 7 月 1 日起被安排到乙公司工作，并签订协议约定，"不涉及应付未付工资和经济补偿，若日后袁某自乙公司离职并存在经济补偿金的情况，根据袁某在甲公司、乙公司工作的年限，属于甲公司应承担的部分由甲公司承担"。2018 年 4 月 30 日，乙公司与袁某协商解除劳动合同，并支付经济补偿金 89,100 元。经查，袁某在乙公司离职前工资标准为 27,178.33 元 / 月，甲公司是乙公司的股东，两家公司为关联企业，袁某离职时当地上年度职工月平均工资为 7425 元。袁某申请劳动仲裁，主张甲公司、乙公司支付经济补偿金 495,907 元，双方因此成讼。

审理结果

广东省高级人民法院认为，袁某于 1996 年 7 月 1 日入职甲公司，2018 年

4月30日与甲公司关联企业乙公司协商一致解除劳动关系，袁某虽在甲公司、乙公司共工作近22年，但因其离职前12个月的平均工资为27,178.33元，已然超过其离职前已公布的上年度职工月平均工资7425元的3倍，故法院依照《劳动合同法》第47条、第97条第3款，原劳动部发布的《违反和解除劳动合同的经济补偿办法》第5条规定，以12个月的上限计算袁某可获得的经济补偿金月数，即经济补偿金为267,300元（7425元/年×3倍×12个月）。

案例简评

该案的焦点是，经济补偿金"双封顶"规则应如何理解？

本书认为，《劳动合同法》第47条所规定的"双封顶"规则，仅适用于《劳动合同法》实施之后（2008年1月1日之后，俗称后段工龄）的经济补偿金基数和工作年限计算，根据法不溯及既往原则，对于2008年1月1日以前的工作年限（俗称前段工龄）则"无能为力"。又根据《劳动合同法》第97条第3款规定，对于前段工龄，则"按照当时有关规定执行"。

这里所说的当时有关规定，指的就是原劳动部于1994年12月3日公布实施的《违反和解除劳动合同的经济补偿办法》。该办法已于2017年11月24日被人力资源和社会保障部《关于第五批宣布失效和废止文件的通知》（人社部发〔2017〕87号）废止，但是，司法实践中在解决《劳动合同法》施行以前的经济补偿金工作年限问题时，依然会参考该办法。

该办法第5条规定，经劳动合同当事人协商一致，由用人单位解除劳动合同的，用人单位应根据劳动者在本单位工作年限，每满1年发给相当于1个月工资的经济补偿金，最多不超过12个月，工作时间不满1年的按1年的标准发给经济补偿金。

综上所述，对于2008年1月1日之前入职的员工，在2008年1月1日之后解除劳动合同的，前段工龄适用原劳动部《违反和解除劳动合同的经济补偿办法》的规定，后段工龄则适用《劳动合同法》的规定。

该案中，袁某于1996年7月入职，2018年4月双方协商解除劳动合同，离职前12个月平均工资超过了当地职工月平均工资3倍，后段工龄理应依照《劳动合同法》第47条采用"双封顶"，即计算10.5个月的经济补偿金（2008年1月1日至2018年4月30日）。而对于前段工龄，则应依照原劳动部《违反和解除劳动合同的经济补偿办法》第5条规定采用"单封顶"规则，即计算

11.5 个月的经济补偿金（1996 年 7 月 1 日至 2007 年 12 月 31 日），前后段工龄各算各的，在计算基数和前后工龄均不分段的情况下，袁某可以获得的经济补偿金为 7425 元 ×3 倍 ×（10.5 个月 +11.5 个月）=490,050 元。

法院认为，袁某前后段工龄合计封顶 12 个月，无端将袁某 2008 年以前的工龄“抹掉”，实属无法律依据，本书并不赞同。

四、经济补偿金的支付时间

《劳动合同法》第 50 条第 2 款规定了经济补偿金的支付时间，劳动者应当按照双方约定，办理工作交接，依法需要支付经济补偿的，应当在办结工作交接时支付。《工资支付暂行规定》第 18 条也作了类似规定。

1. 支付时间是在办结工作交接时

在大多数情况下，这两个时间节点是一致的。比如，甲公司与员工张三于 2023 年 11 月 15 日协商一致解除劳动合同，张三的最后工作日是解除当日，张三在解除当日即已办结工作交接，那么，“办结工作交接时”和“解除劳动合同时”这两个时间节点是一致的，甲公司应当在解除劳动合同当日向张三支付经济补偿金。

但也可能是不一致的，如上例，双方劳动合同于 2023 年 11 月 15 日解除，但张三尚未交接完毕，那么甲公司可以在张三办结工作交接时支付经济补偿金，而无须在解除劳动合同当日支付。

2. 应当一次性支付

上述法条规定的是“办结工作交接时支付”，是指一次性支付。在《劳动合同法》施行前，原劳动部发布的《违反和解除劳动合同的经济补偿办法》（已废止）第 2 条则明确规定，对劳动者的经济补偿金，由用人单位一次性发给。《劳动合同法》虽然没有明确规定要一次性支付，但从法条文义上理解，是指一次性支付。

那么，企业能不能与员工约定分期支付？本书认为，能。

法律规定了企业有一次性支付经济补偿金的义务，相对应的是员工一次性领取的权利，如果双方协商一致签订协议约定分期支付，是员工对自己权利的处分，并不违反法律法规规定。现实中确实有这样的情况，在解除劳动合同时，因经济补偿金数额较大，企业资金周转有困难，于是跟员工协商分期支付，员工对企业的难处也甚为理解，因此同意分期支付，这当然是可以的。

也许有人会说，企业利用不平等主体之间的优势地位与员工签订分期支付的协议，应属无效。其实不至于，员工在职期间，企业才有可能利用优势地位做出有可能损害员工合法利益的行为，而经济补偿金则是以解除或者终止劳动合同为前提的，员工马上就要离职了，这个时候企业的优势地位对员工来说已经很微弱了，员工意志已经恢复了完全的自由，如果双方签订了分期支付应适用平等主体之间的约定，只要双方意思表示真实，不违反法律法规规定，不违背公序良俗，即属合法有效。

正如浙江省宁波市中级人民法院（2018）浙 02 民终 4866 号民事判决书所言，甲公司与严某签订的劳动合同解除协议约定，甲公司支付严某解除劳动合同经济补偿金 110,000 元，款项分期转账支付，该协议系双方当事人的真实意思表示，亦不违反法律、行政法规的强制性规定，应认定合法有效，双方当事人均应按约履行。

3. 企业未及时支付经济补偿金的法律责任

对于没有及时支付经济补偿金的企业，《劳动合同法》第 85 条还规定了法律责任。该条规定，用人单位应当支付经济补偿金而未支付的，由劳动行政部门责令限期支付，逾期不支付的，责令用人单位按应付金额 50% 以上 100% 以下的标准向劳动者加付赔偿金。

案例 140

劳动合同约定离职时放弃经济补偿金，有效吗？

河南省郑州市中级人民法院（2020）豫 01 民终 13604 号

张某于 2017 年 10 月入职甲公司，张某在职期间，甲公司未为其参加社会保险，张某要求解除劳动关系。2019 年 8 月 25 日，张某填写《普通员工解除劳动关系申请表》，载明“本人因个人原因，无法继续在公司工作下去，现提出离职申请。鉴于本人合同尚未到期，现向公司申请能够提前解除 / 终止劳动关系，本人自愿放弃对公司的任何权利和要求，双方权利义务终结，再无任何关系及纠纷，并请公司能够按照工资正常发放时间发放本人剩余工资”。随后，张某申请劳动仲裁，主张甲公司支付经济补偿金。双方因此成讼。

审理结果

法院认为，从法院受理的涉及甲公司的多起劳动争议案件来看，甲公司提交的劳动合同书、《普通员工解除劳动关系申请表》等材料均系公司单方制作交由劳动者签字，具有重复使用的目的，其中关于双方解除或终止劳动关系后，劳动者自愿放弃经济补偿等权利的约定，明显有悖公平原则，且排除了劳动者的主要权利，故上述约定系格式条款，应当确认无效，依照法律规定，甲公司应当向张某支付经济补偿金。

第二节 经济补偿金的几个疑难问题解析

劳动法对企业支付经济补偿金的条件、基数、月数等，都作了具体的规定，然而，实务中在适用经济补偿制度时，仍然存在一些疑难问题，在司法实践中尚存诸多争议，本书尝试解析一二。

一、离职前 12 个月平均工资应如何理解

员工离职前 12 个月平均工资即《劳动合同法》第 47 条规定的“劳动者在劳动合同解除或者终止前十二个月的平均工资”，为行文方便，本书用此简称。前述法条规定了经济补偿金的计算基数为员工离职前的 12 个月平均工资，然而，就是这个平均工资，实务中争议颇多，存在各种不同理解。

·是应发工资还是实发工资

员工工资通常有应发工资和实发工资的区分，应发工资也叫应得工资，是指在一个工资支付周期内员工所得的工资总额，实发工资则是指应发工资减去企业代扣代缴（社会保险费、住房公积金、个人所得税等）的部分后，员工实际上拿到手的工资。

《劳动合同法实施条例》第 27 条规定，《劳动合同法》第 47 条规定的经济补偿的月工资按照劳动者应得工资计算，包括计时工资或者计件工资以及奖金、津贴和补贴等货币性收入。

经济补偿金按应发工资作为计算基数，既是法律规定，又是司法实践中的通识，基本上没有争议。至于个别裁判人员按实发工资计算，那是对法律规定理解的偏差，并不是法条本身的含义。

司法实践中基本上也都采用应发工资计算经济补偿金。

比如，广东省深圳市中级人民法院（2021）粤 03 民终 23247 号民事判决书认为，《劳动合同法》第 47 条所指的 12 个月平均工资是指劳动者每个月的应发工资，不是指扣除工资所得税、个人应负担的社保费用等费用后的实发工资。

案例 141

经济补偿金是按应发工资计算还是按实发工资计算？

黑龙江省高级人民法院（2021）黑民再 465 号

刘某于 2015 年 9 月 25 日入职甲公司从事业务员工作，双方约定刘某的工资标准为 3500 元 / 月，绩效工资根据刘某的实际劳动贡献确定。2018 年 11 月至 2019 年 2 月，甲公司未经刘某同意，每月仅按 2500 元的标准向刘某发放工资。2019 年 3 月 1 日，刘某以甲公司无故降薪为由提出解除劳动关系。刘某申请劳动仲裁，主张甲公司支付解除劳动合同经济补偿金 47,584 元，劳动仲裁委员会裁决甲公司向刘某支付经济补偿金 23,114 元。刘某不服，诉至法院。

审理结果

黑龙江省高级人民法院认为，根据《劳动合同法实施条例》第 27 条规定，计算经济补偿金的月工资应当按照劳动者应得工资计算，以劳动者税前的、未扣社保等费用前的全部应发工资作为计算基数，原审法院仅以刘某实发工资数额计算经济补偿金不当。

· 是否包含加班费

那么，计算经济补偿金时所用的员工离职前 12 个月平均工资计算基数，是否包含加班费，在实务中又是一个争议焦点。

有些地区认为包含加班费。

北京市高级人民法院、北京市劳动人事争议仲裁委员会《关于审理劳动争议案件解答（一）》第 55 问指出，在计算劳动者解除或终止劳动合同前 12 个月平均工资时，应当包括计时工资或者计件工资以及奖金、津贴和补贴等货币性收入。其中包括正常工作时间的工资，还包括劳动者的加班费。劳动者应得的年终奖或年终双薪，计入工资基数时应按每年 12 个月平均分摊。

深圳市中级人民法院《关于审理劳动争议案件的裁判指引》第 97 条指出，在计算经济补偿或赔偿金时，劳动者解除劳动合同前 12 个月平均工资，除包括正常工作时间的工资外，还包括劳动者的加班工资。

《江苏省劳动人事争议疑难问题研讨会纪要》（苏劳人仲委〔2017〕1 号）

第 10 条指出，劳动者在解除或终止劳动合同前 12 个月内的加班工资、年终奖、季度奖应当作为计算平均工资内容。

有些地区则认为不应包括加班费。

四川省高级人民法院民事审判第一庭《关于审理劳动争议案件若干疑难问题的解答》第 29 条指出，《劳动合同法》中规定的经济补偿金计算基数按照劳动者正常工作状态下 12 个月的应得工资计算，即未扣除社会保险费、税费等之前的当月工资总额，但不应包括加班工资和非常规性奖金、津补贴、福利。

《上海高院民事法律适用问答》（2013 年第 1 期）指出，经济补偿金应以劳动者的正常工作时间工资为计算基数，加班工资系劳动者提供额外劳动所获得的报酬，不属于正常工作时间内的劳动报酬，我们认为在计算经济补偿金计算基数时不应将加班工资包括在内。

案例 142

电话补助等员工福利费，是否应作为计算经济补偿金的基数？

安徽省高级人民法院（2020）皖民申 1283 号

张某于 1993 年入职某政府机关招待所工作，2018 年 4 月 27 日，招待所作出了关于机关招待所停业、终止员工劳动合同关系的情况说明，载明因市场环境变化，招待所经营陷入困境，决定停业，合同聘用职工依法依规解除聘用关系并给予经济补偿。4 月 28 日，招待所向张某发出终止劳动合同通知书，随后，双方劳动关系终止。双方因经济补偿的计算等问题产生分歧，遂成讼。张某认为，其在职期间的收入包括基本工资、独子费、加班工资、福利费、电话补助、级别工资、误餐费、补助、降温费、年休假工资、销售提成等项目，应用于计算经济补偿金的基数。招待所则认为，张某计算经济补偿的基数只包括基本工资、加班工资、级别工资、销售提成，每月 400 元的福利费等项目不属于工资范畴。

审理结果

一审法院认为，张某提供了银行交易明细表，与招待所提供的员工收入明细表相互印证，由此得出张某离职前 12 个月平均工资为 3589.31 元，张某的工作年限为 25 年，经济补偿金为 89,732.75 元（3589.31 元 / 月 ×25 个月）。

二审法院认为，根据《安徽省工资支付规定》第 43 条的规定和招待所提供的工资明细，张某经济补偿金的计算基数应包括基本工资、加班工资、级别工资和销售提成奖，不包括福利费等收入项目。经核算，张某解除劳动关系前 12 个月平均工资为 2790 元。

二审判决后，张某不服，向安徽省高级人民法院申请再审。

安徽省高级人民法院认为，《安徽省工资支付规定》第 43 条规定，工资是指用人单位依据国家规定和劳动合同约定，以货币形式支付给劳动者的劳动报酬。包括计时工资、计件工资、奖金、津贴和补贴、加班加点工资以及特殊情况下支付的工资。不包括用人单位承担的社会保险费、住房公积金、劳动保护、职工福利和职工教育费用等。国家统计局《〈关于工资总额组成的规定〉若干具体范围的解释》明确规定，津贴和补贴是指为了补偿职工特殊或额外的劳动消耗和因其他特殊原因支付给职工的补贴，以及为保证职工工资水平不受物价影响支付给职工的物价补贴。张某称其工资应包括基本工资、加班工资、级别工资和销售提成奖、电话补助、误餐费、补助、年休假工资等工资收入，但根据上述规定，电话补助、误餐费属职工福利，年休假工资不属于津贴、补贴范畴。故二审判决经济补偿金的计算基数为基本工资、加班工资、级别工资和销售提成奖，并无不当。

· 生育津贴是否纳入计算

生育津贴是指劳动法规定女职工因生育而暂时离开工作岗位期间，由社会保险基金支付给生育女职工的生活费用。根据《社会保险法》第 54 条规定，企业已经缴纳生育保险费的，其职工享受生育保险待遇，生育保险待遇包括生育医疗费用和生育津贴。

生育津贴是否纳入员工离职前 12 个月平均工资进行计算？这个问题的争议焦点在于生育津贴是否属于工资，如果属于工资，那当然要纳入计算，反之，则不应纳入计算。

第一种观点认为，生育津贴不属于工资。

这一观点认为，生育津贴是由社会保险基金发放给因生育而暂时脱离工作岗位的女职工的生活补贴，而工资是指企业向提供劳动的员工所支付的对价，生育津贴并不是员工提供劳动的对价，其发放条件并不以员工提供劳动为前提，从这个角度上讲，生育津贴就不属于工资。

比如，湖南省湘潭市雨湖区人民法院（2020）湘 0302 民初 3699 号民事判决书认为，关于华某因劳动合同被解除应得的经济补偿数额，华某共在甲公司工作 2 年零 3 个月，依法可以按照劳动合同解除前 12 个月的月平均工资标准，获得 2.5 个月经济补偿。但生育津贴并非工资，不应计算至华某平均工资之列，故原告应得的经济补偿金为 1264 元 ×2.5 个月 =3160 元。

第二种观点认为，生育津贴属于工资。

这一观点认为，虽然生育津贴是由社会保险基金发放给因生育而暂时脱离工作岗位的女职工的生活补贴，但其本质还是属于工资性收入。根据《女职工劳动保护特别规定》第 8 条第 1 款规定，女职工产假期间的生育津贴，对已经参加生育保险的，按照用人单位上年度职工月平均工资的标准由生育保险基金支付；对未参加生育保险的，按照女职工产假前工资的标准由用人单位支付。可见，生育津贴的本质就是产假工资，产假工资属于工资，计算经济补偿金时当然要纳入员工离职前 12 个月平均工资进行计算。

比如，陕西省西安市阎良区人民法院（2022）陕 0114 民初 1197 号民事判决书认为，当用人单位依法为女职工缴纳了生育保险费，且女职工符合国家生育政策而生育时，女职工有权在法定产假期间享有生育保险待遇，生育保险待遇中的生育津贴即为女职工产假期间的工资。

北京市直接规定了生育津贴就是工资。《北京市企业职工生育保险规定》（北京市人民政府令第 154 号）第 15 条第 2 款规定，生育津贴为女职工产假期间的工资，生育津贴低于本人工资标准的，差额部分由企业补足。北京市人力资源和社会保障局《关于调整本市职工生育保险政策有关问题的通知》（京人社医发〔2011〕334 号）第 3 条第 2 款指出，生育津贴即为产假工资，生育津贴高于本人产假工资标准的，用人单位不得克扣，生育津贴低于本人产假工资标准的，差额部分由用人单位补足。

虽然北京地区直接规定了生育津贴就是工资，但也有司法判例认为生育津贴不属于工资。

比如，北京市朝阳区人民法院（2022）京 0105 民初 2357 号民事判决书认为，《劳动合同法》第 47 条规定经济补偿的月工资按照劳动者应得工资计算，包括奖金、津贴和补贴等货币性收入，生育津贴是否属于工资性质，法院认为生育津贴并非工资，而属于社会保险中的生育险范畴。

本书倾向第二种观点，生育津贴属于工资。

· 要不要剔除非正常出勤的期间

比如，张三 2016 年大学毕业后入职甲公司工作，月工资 12,000 元，一直未离职，从 2023 年 3 月起，张三因病住院，甲公司依法给予张三 6 个月的医疗期，并按照当地最低工资标准的 80% 发放病假工资，医疗期满后，张三仍未康复，甲公司决定根据《劳动合同法》第 40 条第 1 项解除与张三的劳动合同。

那么，甲公司在计算张三离职前 12 个月平均工资时，是否应该剔除张三生病的期间呢？张三实际月工资 12,000 元，过去 12 个月里有一半时间是领取病假工资的，如果不剔除，则大幅拉低了平均工资，对张三来说极不公平，无疑也是雪上加霜。

从感情上说，我们当然希望企业在计算员工离职前 12 个月平均工资时能够剔除员工非正常出勤的部分，然而，现在讨论的是，企业如果不剔除，是否属于违法？

原劳动部发布的《违反和解除劳动合同的经济补偿办法》（已废止）第 11 条第 1 款规定，本办法中经济补偿金的工资计算标准是指企业正常生产情况下劳动者解除合同前 12 个月的月平均工资。后来在《劳动合同法》和《劳动合同法实施条例》立法时，却没有明确规定是指员工正常出勤状态下的月平均工资。

至此，国家层级的劳动法律法规并没有规定企业一定要剔除。从这个角度上讲，企业即使不剔除，也不算违法。至于道德上评价这样的企业“抠门”“黑心”，那是另外的问题。

（1）部分地区规定了要剔除。

浙江省高级人民法院民事审判第一庭、浙江省劳动人事争议仲裁院《关于审理劳动争议案件若干问题的解答（二）》（浙高法民一〔2014〕7 号）指出，《劳动合同法》第 47 条第 3 款规定的“本条所称月工资是指劳动者在劳动合同解除或者终止前十二个月的平均工资”，应理解为劳动合同解除或者终止前劳动者正常工作状态下 12 个月的平均工资，不包括医疗期等非正常工作期间。

东莞市中级人民法院、东莞市劳动人事争议仲裁委员会《关于印发〈劳动争议裁审衔接工作座谈会议纪要〉的通知》（东中法〔2019〕73 号）指出，在计算解除或终止劳动合同经济补偿金或赔偿金基数（劳动者离职前 12 个月的月平均工资）时，对劳动者非正常出勤月份的工资一般予以剔除，正常出勤月份是指当月正常工作时间满勤，且对劳动者非正常出勤一般不区分原因。

云南省高级人民法院、云南省人力资源和社会保障厅《关于审理劳动人事争议案件若干问题的座谈会纪要》（云高法〔2015〕27 号）第 9 条指出，《劳动合同法》第47条第3款规定的“本条所称月工资是指劳动者在劳动合同解除或者终止前12个月的平均工资”，应理解为劳动合同解除或者终止前劳动者正常工作状态下12个月的平均工资，不包括医疗期等非正常工作期间。

（2）**司法实践中也有认为不需要剔除的。**

比如，最高人民法院（2023）最高法民申2918号民事裁定书认为，吴某入职时间为2014年2月17日，并于2020年7月1日与公司解除劳动合同，其间，在2019年4月26日甲公司向吴某发出放假通知后，吴某未再上班，甲公司依照《江苏省工资支付条例》按照最低工资标准每月2020元支付经济补偿，并无不当。吴某主张“12个月的平均工资”应为劳动合同解除或者终止前劳动者正常工作状态下12个月的平均工资，不包括公司放假、医疗期等非正常工作期间的工资，缺乏法律依据，法院不予支持。

又如，北京市高级人民法院（2021）京民申7816号民事裁定书认为，韩某离职前12个月均处于病休状态，病假工资低于北京市最低工资标准，按照规定应当以北京市最低工资标准作为韩某违法解除劳动合同赔偿金的计算基数。

本书倾向于赞同剔除非正常出勤的期间。本书认为，即便劳动法没有严格规定企业在计算员工离职前12个月平均工资时必须要剔除员工非正常出勤的期间，但我们仍真诚地希望并呼吁广大企业予以剔除。这既是倾向保护员工的劳动立法宗旨，又是公平原则的体现，更是企业对员工温情关怀的彰显，承担更多的社会责任，增强企业凝聚力，赢得企业更好的口碑。

案例143

经济补偿金的计算基数，是否应剔除员工非正常出勤的期间？

天津市第二中级人民法院（2022）津02民终3527号

杨某于2015年3月29日入职甲公司从事操作工工作，双方约定杨某的工资构成为“基本工资2050元+全勤奖+岗位加班+奖金”。2020年5月24日，杨某因病住院，之后便再未上班。11月9日，甲公司以杨某连续旷工严重违反规章制度为由解除了与杨某的劳动合同。杨某于12月30日申请劳动仲裁，主张甲公司支付违法解除劳动合同赔偿金47,250元，获劳动仲裁委支持。甲公司不服，诉至法院。

审理结果

法院认为，关于月平均工资的认定，杨某工资构成中的岗位加班费系针对杨某每周单休的工作制发放，且数额与职务挂钩，正常工作下为固定数额。双方均认可杨某在2020年6月后因病未到岗，甲公司对杨某离职前12个月的平均工资计算，经复核，甲公司所自认的月平均工资2797元，并不低于法院所核算数额。杨某主张加班费和未休年休假工资应计入计算基数没有法律依据，主张应依照杨某未休病假前12个月工资计算月平均工资亦无法律依据。

HR 实务指南

第一，HR 应了解所在地有关经济补偿制度的地方规定。关于经济补偿金在实务中如何适用，除国家层级的劳动法规定外，部分地区还有地方规定。HR 应了解掌握当地规定，以便在计算员工经济补偿金时适用。比如，加班费是否纳入计算、非正常出勤期间是否应剔除等。

第二，可了解当地法院的裁判方向。有些地区没有地方规定的，一般直接适用国家规定即可。若仍有疑问，则可以在中国裁判文书网搜索当地法院的裁判文书，了解当地法院的裁判方向，并作为参考。

二、《劳动合同法》实施前后，经济补偿金是否应分段计算

《劳动合同法》第46条、第47条、第97条第3款之规定，实际上是给出了“新人新办法，老人老办法”的计算规则，对于2008年以前入职、2008年以后离职的“老人”而言，经济补偿金要不要分段计算，一直是实务中讨论的热门话题。

到底是分段计算还是不分段计算，各地区有不同规定。

有些地区规定了应分段计算。

山东省高级人民法院、山东省劳动争议仲裁委员会、山东省人事争议仲裁委员会《关于适用〈中华人民共和国劳动争议调解仲裁法〉和〈中华人民共和国劳动合同法〉若干问题的意见》（鲁高法〔2010〕84号）第28条指出，《劳动合同法》施行之日存续的劳动合同，在《劳动合同法》施行后解除或终止，依照《劳动合同法》

第46条规定应当支付经济补偿的，2007年12月31日前的经济补偿依照《劳动法》及有关政策规定计算；2008年1月1日后的经济补偿依照《劳动合同法》的规定计算。

江苏省高级人民法院、江苏省劳动争议仲裁委员会《关于审理劳动争议案件的指导意见》（已废止）第22条第1款指出，劳动合同在《劳动合同法》施行后解除或者终止，劳动者请求用人单位支付经济补偿的，应以该法实施之日即2008年1月1日为界，对经济补偿的适用条件和计发年限予以分段审查计算。

天津市东丽区人民法院（2021）津0110民初8762号民事判决书认为，双方之间劳动关系存续期间跨越2008年，经济补偿金分段计算，（公某于2002年11月9日入职，2020年12月8日离职）2008年之前的工作年限折合6个月，2008年及之后的工作年限折合13个月。

有些地区则规定了不分段计算。

广东省高级人民法院、广东省劳动人事争议仲裁委员会《关于审理劳动人事争议案件若干问题的座谈会纪要》（粤高法〔2012〕284号，已废止）第31条指出，用人单位支付劳动者解除或终止劳动合同经济补偿或赔偿金时，经济补偿或赔偿金的基数为劳动者在劳动合同解除或者终止前12个月的平均工资，不再以《劳动合同法》施行之日为界分段计算。

由此可见，分段计算还是不分段计算，各地规定不同，HR在计算经济补偿金时，可以按照当地规定进行。

事实上，分段又分为工作年限分段和经济补偿金基数分段，由于“双分段”计算起来过于复杂，也没太大必要，实务中即便是分段计算，也只是工作年限分段，经济补偿金基数不分段。

比如，江西省赣州市章贡区人民法院（2015）章民四初字第4500号、第4509号民事判决书认为，黄某自2001年9月13日起至2015年6月3日止在甲公司工作，离职前12个月平均工资为3734.3元，根据《劳动合同法》第46条、第97条规定，对于黄某的经济补偿，应分两个时间段即2002年1月14日至2007年12月31日和2008年1月1日至2015年5月29日分别计算。对于前段，甲公司应向黄某支付6年限的经济补偿即6个月工资，对于后段，甲公司应向黄某支付7.5年限的经济补偿即7.5个月工资。综上，甲公司应向黄某支付的经济补偿为黄某13.5个月的工资即为3734.3元/月 ×13.5个月 =50,413.05元。

这一判例采用了工作年限分段、经济补偿金基数不分段的计算方法。这也是我国采用分段计算经济补偿金的地区的通行做法。其计算公式为：

（前年限 + 后年限）× 离职前 12 个月平均工资。前年限指的是 2008 年 1 月 1 日以前的工作年限，后年限指的是 2008 年 1 月 1 日以后的工作年限。

但也有少数司法判例采用工作年限和经济补偿金基数均分段的计算方法。

比如，江西省高级人民法院（2018）赣民申 1180 号民事裁定书认为，文某于 2003 年 7 月 2 日至 2015 年 12 月 31 日在甲公司工作，根据《劳动合同法》第 46 条、第 97 条规定，文某的经济补偿金应分两个阶段进行计算。前段是 2003 年 7 月 2 日至 2007 年 12 月 31 日共计 4 年 5 个月，根据当时规定，经济补偿应计算 5 个月，因双方均未提供文某 2007 年度的月平均工资，法院按照 2007 年当地最低工资标准即 520 元 / 月作为文某前段经济补偿的计算基数，该段经济补偿为 2600 元（520 元 ×5 个月）。后段是 2008 年 1 月 1 日至 2015 年 12 月 31 日共计 8 年，经济补偿应计算 8 个月，文某 2015 年度的月平均工资（离职前 12 个月平均工资）为 4200 元，该段经济补偿为 33,600 元（4200 元 ×8 个月）。两段经济补偿合计为 36,200 元（2600 元 +33,600 元）。

这一判例则采用了工作年限和经济补偿金基数分别分段的计算方法，其计算公式为：

（前年限 × 前工资）+（后年限 × 后工资）。前工资是指 2008 年 1 月 1 日前 1 年（2007 年 1 月 1 日至 12 月 31 日）的月平均工资，后工资是指员工离职前 12 个月平均工资。

由于这种计算方法过于复杂，且员工在 2008 年以前的工资往往较低，计算出来的结果往往金额要少很多，于员工而言缺少公平性，在司法实践中较为少用。

本书赞同工作年限和经济补偿金基数均不分段的计算方法。一来计算方便，让人一目了然；二来客观上员工也可以拿到数额更多的经济补偿金额，体现倾向保护劳动者的劳动法精神。

比如，张三 2002 年 8 月 1 日至 2018 年 11 月 5 日在甲公司工作，双方协商一致解除劳动合同，离职前 12 个月平均工资为 6000 元。根据前述“双不分段”原则，张三的工作年限无须分段计算，而是直接从入职之日数到离职之日，即 16.5 年，经济补偿金基数也不再区分 2008 年以前和以后，而是直接采用其离职前 12 个月平均工资 6000 元计算。如此，张三的经济补偿金为 99,000 元（6000 元 ×16.5 个月）。

案例 144

《劳动合同法》实施前后，经济补偿金是否应分段计算？

山东省高级人民法院（2017）鲁民再 46 号

1983 年 7 月，沈某大学毕业，分配到甲公司从事专业技术工作。从 2010 年 4 月 22 日起，甲公司未再安排沈某工作岗位，2010 年 7 月，沈某申请劳动仲裁，主张解除与甲公司的劳动合同并支付其解除劳动合同经济补偿金 223 万余元，沈某 2009 年 7 月至 2010 年 6 月的月平均工资 60,233 元，超过当地职工月平均工资的 3 倍。劳动仲裁委裁决双方劳动合同解除，驳回沈某支付经济补偿金的请求。沈某不服，诉至法院。

审理结果

山东省高级人民法院认为，沈某与甲公司的劳动合同存续至 2010 年，其在劳动合同解除前 12 个月的平均工资超过本地区年度职工月平均工资的 3 倍，根据《劳动合同法》第 97 条第 3 款的规定，劳动合同成立于 2008 年之前，《劳动合同法》施行后存续的劳动合同，在依照该法第 46 条规定支付经济补偿的情形下，仅就补偿年限在施行前后根据当时的规定分段计算，并未对补偿基数规定分段计算。因此，该补偿标准在《劳动合同法》施行前后应当是一致的。一审法院按照 2009 年度当地职工月平均工资的 3 倍确定的补偿基数符合《劳动合同法》第 47 条的规定，并无不当。

HR 实务指南

关于是否分段，各地区规定不同。有地方规定的，应按地方规定进行计算，无地方规定的，本书建议可以采用工作年限和经济补偿金基数均不分段的计算方法，这是各种计算方法中得出的经济补偿金数额最高的，有利于员工。一来体现企业的善意，“好聚好散”；二来可以减少纠纷，避免员工因经济补偿金计算有异议而去申请劳动仲裁，降低打官司的成本。

三、关联用工企业的经济补偿金如何计算

关联用工又称为混同用工，即关联企业之间相互用工，指的是员工与一家用人单位建立了劳动关系，非因其个人原因而被单位通过借调、委派、行政命令等方式安排到其他用人单位去工作，客观上与其他用人单位建立劳动关系的一种用工现象。关联用工是业界俗称，并不是正式的法律术语，在劳动法里表述为“劳动者非因本人原因从原用人单位被安排到新用人单位工作”。

实务中经常会发生这样的情况，张三在甲公司工作了一段时间后，被甲公司安排到乙公司工作，工作内容、工作时间、薪资福利等不变，在乙公司重新签订劳动合同，办理入职手续等。在大多数员工眼里，“服从工作安排”是员工的“天职”，不用多想就过去了。殊不知这是企业给员工挖的坑，在乙公司工作一段时间后被解雇，乙公司只承认入职本单位的工作年限，不承认其在甲公司的工作年限，员工有苦说不出。此外，“一套人马，两块牌子”的现象也很常见，两家甚至三家公司都是同一个老板，办公地点相同，员工混着用。

为了防止企业因关联用工损害员工合法利益，劳动法规定了关联用工制度。

那么，被关联企业间相互用工的员工，其工作年限应如何计算呢？

《劳动合同法实施条例》第 10 条规定，劳动者非因本人原因从原用人单位被安排到新用人单位工作的，劳动者在原用人单位的工作年限合并计算为新用人单位的工作年限。原用人单位已经向劳动者支付经济补偿的，新用人单位在依法解除、终止劳动合同计算支付经济补偿的工作年限时，不再计算劳动者在原用人单位的工作年限。

这一规定可以简单地从以下几点进行理解。

第一，员工非因本人原因被安排到其他单位工作。根据《劳动争议司法解释（一）》第 46 条第 2 款规定，用人单位符合下列情形之一的，应当认定属于“劳动者非因本人原因从原用人单位被安排到新用人单位工作”：

（1）劳动者仍在原工作场所、工作岗位工作，劳动合同主体由原用人单位变更为新用人单位；

（2）用人单位以组织委派或任命形式对劳动者进行工作调动；

（3）因用人单位合并、分立等原因导致劳动者工作调动；

（4）用人单位及其关联企业与劳动者轮流订立劳动合同；

（5）其他合理情形。

第二，后单位承继前单位的工作年限，在计算经济补偿金时，前后单位工作年限合并计算。

第三，若前单位已经与员工终结了工作年限，后单位无须再计算前单位的工作年限。

通常情况下，符合《劳动合同法实施条例》第10条和《劳动争议司法解释(一)》第46条规定的，裁审机构都会认定为前后单位工作年限合并计算。

案例145

员工被安排到其他单位工作，前后单位工龄是否合并计算？

山东省东营市东营区人民法院（2022）鲁0502民初239号

2010年10月11日，侯某到甲公司工作。2019年1月1日，双方签订解除/终止劳动合同证明书，载明：侯某在本单位从事销售总监岗位，现因个人原因提出离职，于2019年1月1日解除/终止劳动合同。同日，侯某到乙公司工作，并签订了期限为2019年1月1日至2024年1月1日的劳动合同，约定工作岗位为中东区销售总监。2021年9月27日，侯某以未及时足额发放工资为由向甲公司、乙公司提出了被迫解除劳动合同。侯某申请劳动仲裁，主张甲公司、乙公司支付经济补偿金16万余元。侯某认为，甲公司与乙公司为关联公司，计算经济补偿时，两家公司的工作年限应合并计算。

审理结果

法院认为，侯某与甲公司自2010年10月11日至2019年1月1日存在劳动关系，与乙公司自2019年1月1日至2021年10月7日存在劳动关系。侯某分别在甲公司、乙公司工作，岗位均为销售总监，乙公司系A集团公司下属公司，甲公司系A集团公司子公司，乙公司与甲公司系关联公司，侯某的工作变动系A集团公司内部下属公司之间人员调动。侯某的工作场所、工作岗位和工作内容未发生实质性变化。根据《劳动争议司法解释（一）》第46条规定，侯某在甲公司的工作时间，应当计入解除劳动合同经济补偿金的计算年限，即应按11年计算。

HR 实务指南

HR 应充分了解劳动法有关关联用工的法律规定，前后工龄是否合并计算，可以从以下两点进行掌握。

第一，非因员工原因被企业安排到其他企业上班的，原则上前后工龄合并计算，由后企业承继前企业的工龄。

第二，如果前企业的工龄已经终结，后企业则无须再计算前企业的工龄，前企业工龄终结一般包括已支付经济补偿金、员工因个人原因辞职、因员工违反《劳动合同法》第 39 条而被解雇等。

四、经济补偿金是否需缴纳个人所得税

财政部、国家税务总局《关于个人所得税法修改后有关优惠政策衔接问题的通知》（财税〔2018〕164 号）指出，个人与用人单位解除劳动关系取得一次性补偿收入（包括用人单位发放的经济补偿金、生活补助费和其他补助费），在当地上年职工平均工资 3 倍数额以内的部分，免征个人所得税；超过 3 倍数额的部分，不并入当年综合所得，单独适用综合所得税率表，计算纳税（见表 7–2–1）。

其一，员工所取得的经济补偿金收入在当地上年度职工平均工资 3 倍数额以内的，无须缴纳个人所得税。注意，是“上年度职工平均工资”，不是“上年度职工月平均工资”，按“年”算，不按“月”算。

其二，经济补偿金收入超过当地上年度职工平均工资 3 倍数额的，超过部分需适用综合所得税率表进行纳税。注意，是“超过部分”，不是指全部，3 倍以内的仍然无须纳税。

其三，经济补偿金收入超过职平工资 3 倍的部分是单独适用综合所得税率表进行计税。注意，是“单独适用”。

表 7–2–1　个人所得税税率（综合所得适用）

级数	全年应纳税所得额	税率 (%)	速算扣除数
1	不超过 36,000 元的	3	0
2	超过 36,000 元至 144,000 元的	10	2520
3	超过 144,000 元至 300,000 元的	20	16,920

续表

级数	全年应纳税所得额	税率 (%)	速算扣除数
4	超过 300,000 元至 420,000 元的	25	31,920
5	超过 420,000 元至 660,000 元的	30	52,920
6	超过 660,000 元至 960,000 元的	35	85,920
7	超过 960,000 元的	45	181,920

举例：张三是深圳某公司员工，于 2024 年 8 月与公司解除劳动合同，取得一次性经济补偿金 600,000 元。根据深圳市统计局 2024 年 6 月 30 日发布的《2023 年深圳市城镇单位就业人员年平均工资数据公报》，深圳市 2023 年城镇非私营单位在岗职工年平均工资为 174,640 元。

那么，张三的计税公式为：

免税部分：174,640 元 ×3 倍 =523,920 元

应税部分：600,000 元 −523,920 元 =76,080 元

应缴税额：76,080 元 ×10%−2520 元 =5088 元

| 第三节 | “代通知金”

所谓“代通知金”，是指企业依据《劳动合同法》第 40 条规定解除劳动合同，未能提前 1 个月通知员工，向员工额外支付 1 个月工资“代替”通知期的一种补偿金。“代通知金”是业界俗称，并非正式的法律术语，其在《劳动合同法》第 40 条表述为“额外支付劳动者 1 个月工资”。

一、“代通知金”产生的前提

在笔者过去这些年所接触的企业 HR 人员中，大多数人弄不清楚企业在什么情况下应该向员工支付“代通知金”，最常见的就是，一旦提到解雇员工，无论是协商一致还是经济性裁员，也无论是不能胜任辞退还是劳动合同期满终止企业不续签，只要没有提前 1 个月通知员工，他们都认为企业应当支付“N+1”。为此笔者曾在 HR 群里做过小调查，企业实施经济性裁员，没有提前 1 个月通知员工，企业应当支付“N”还是“N+1”，大家几乎异口同声支付“N+1”，其中不乏很资深的 HR。在他们的潜意识里，只要企业解雇员工没有提前 1 个月通知，就要支付“N+1”，劳动法就是这么规定的。

在大多数员工的认知里，“公司没有提前 1 个月通知我，按照劳动法规定公司就得付我‘N+1’的补偿”。出现这种现象其实也不奇怪，我们专业的 HR 尚且如此，何况普通员工呢。

还有一部分 HR 认为违法解雇员工需要支付“2N+1”“2（N+1）”的赔偿金。

这当然是错误的。

我们知道，“N”指的经济补偿金，“1”则指的是“代通知金”。我国《劳动合同法》有关合法解除劳动合同的规定共有 6 条（第 36 条至第 41 条），只有企业依据第 40 条规定解除劳动合同，才有可能需要支付“代通知金”，另外 5 条解除劳动合同的情形，均未规定必须要支付“代通知金”。

这里所说的“有可能需要支付”，并不等于必须支付。《劳动合同法》第 40

条规定："有下列情形之一的，用人单位提前三十日以书面形式通知劳动者本人或者额外支付劳动者一个月工资后，可以解除劳动合同……"那么，如果企业提前1个月书面通知了员工，通知期满后解除劳动合同，是不需要支付"代通知金"的，只有没有提前1个月通知员工，才需要支付。

二、企业需支付"代通知金"的情形

从法理角度上说，《劳动合同法》第40条规定的3种情形，属于劳动合同履行过程中客观情况发生了变化，这些变化不以劳动合同当事人双方的意志为转移，并非劳动合同当事人的过失所致。这些客观原因，既有企业的原因，也有员工的原因。前者可能是经营上发生困难，亏损或业务紧缩，也可能是市场条件、国际竞争、技术革新等造成工作条件的改变而导致使用员工数量下降；后者则是原本胜任的工作在企业采取自动化或新生产技术后不能胜任，或者是身体原因不能胜任。因此，《劳动合同法》第40条规定又称无过失性辞退。

《劳动合同法》第40条对客观情况变化导致劳动合同解除规定了"提前通知"或"额外支付劳动者1个月工资"，目的在于对员工合法利益的保护，为员工寻找新的工作提供必要的时间保障。

具体而言，有下列情形之一的，企业提前30日以书面形式通知员工本人或者额外支付员工1个月工资后，可以解除劳动合同：

（1）员工患病或者非因工负伤，在规定的医疗期满后不能从事原工作，也不能从事由企业另行安排的工作的；

（2）员工不能胜任工作，经过培训或者调整工作岗位，仍不能胜任工作的；

（3）劳动合同订立时所依据的客观情况发生重大变化，致使劳动合同无法履行，经双方协商，未能就变更劳动合同内容达成协议的。

需要特别提示的是，《劳动合同法》第40条采用了纯"列举式"的立法技术，并没有类似"法律、行政法规规定的其他情形"这样的兜底条款。也就是说，"代通知金"仅适用于《劳动合同法》第40条所列的3种情形是绝对情形，绝不可能出现第4种、第N种情形。

于是就回到了本节开头的那个问题，并不是企业所有的单方面解除劳动合同的行为，只要没有提前1个月通知员工，都需要支付"代通知金"。

有人就说了，我们单位刚进行了经济性裁员，都给了"N+1"。笔者想说，你愿意给是你的事，你给“N+1”“N+2”甚至更多，那都没问题，给多了当然是好事，但不是法律规定必须要给的。

案例 146

企业解散，无须向员工支付“代通知金”

广东省广州市中级人民法院（2017）粤 01 民终 22802 号、22803 号

刘某于 2015 年 1 月入职甲公司担任副总经理职务，双方签订了书面劳动合同，约定月工资 12,000 元。2016 年 7 月 31 日，甲公司正式停业解散，刘某因此离职，甲公司按照法律规定向全体员工支付了经济补偿。刘某向甲公司提出应向其多支付 1 个月工资作为“代通知金”，遭到拒绝。双方协商未果，刘某遂申请劳动仲裁，获支持。公司不服，诉至法院。

审理结果

一审法院依据《劳动合同法》第 40 条规定判决公司向刘某支付“代通知金”12,000 元，二审法院认为一审适用法律错误，撤销原判并改判该公司无须向刘某支付“代通知金”。

二审法院认为，企业提前解散属于《劳动合同法》第 44 条规定的依法终止情形，而不属于第 40 条规定的“经用人单位与劳动者协商，未能就变更劳动合同内容达成协议”的解除情形，故该案双方因公司结业解散导致劳动关系终止，不属于应予支付“代通知金”的法定情形。

HR 实务指南

第一，“代通知金”仅适用于 3 种绝对情形。劳动法只规定企业依据《劳动合同法》第 40 条规定的 3 种情形有可能需要支付“代通知金”，并没有规定其他解除形式也需要支付。由于《劳动合同法》第 40 条采用列举式立法技术，没有类似“法律、行政法规规定的其他情形”这样的兜底条款，该 3 种情形为绝对情形，绝不可能出现其他情形。

第二，“代通知金”的支付条件是解除时未提前30日通知员工。即便是企业依据前述《劳动合同法》第40条规定的3种情形解除劳动合同，也只有在未提前30日通知员工的情况下，才需要支付“代通知金”，如果企业提前30日通知员工，则无须支付。

三、“代通知金”的计算标准

“代通知金”的计算标准与经济补偿不一样。《劳动合同法实施条例》第20条对“代通知金”的计算标准作了规定，即“按照该劳动者上一个月的工资标准确定”。可见，“代通知金”的计算标准是解除劳动合同时的上一个月工资标准。

需要注意的是，法律没有规定“代通知金”的上限。实践中，如果员工上一个月的工资不能体现其真实工资水平（如上一个月刚好请事假、病假等），则可以按照解除劳动合同前该员工12个月平均工资标准或者按照员工1个月的正常工作时间工资标准进行计算。

比如，广东省广州市中级人民法院（2016）粤01民终3871号民事判决书认为，关于“代通知金”的标准，根据《劳动合同法实施条例》第20条规定，甲公司应当按照李某上一个月工资标准支付“代通知金”，原审法院按照李某离职前12个月的平均工资标准判令甲公司支付“代通知金”不当，法院予以纠正。

案例147

按离职前12个月平均工资确定“代通知金”标准，正确吗？

广东省深圳市中级人民法院（2019）粤03民终19169号

熊某于2002年入职甲公司，双方签订了书面劳动合同。2018年1月5日，甲公司以“因劳动合同订立时所依据的客观情况发生重大变化，致使劳动合同无法继续履行”为由终止双方劳动关系。熊某离职前12个月平均工资为16,428.62元，离职前1个月（2017年12月）应发工资为13,106元。庭审中甲公司认为，熊某的“代通知金”应按其离职前上一个月的工资标准确定，而非以离职前12个月平均工资确定。

审理结果

法院认为，关于熊某“代通知金”的数额，根据《劳动合同法实施条例》第 20 条规定，用人单位依照《劳动合同法》第 40 条的规定，选择额外支付劳动者 1 个月工资解除劳动合同的，其额外支付的工资应当按照该劳动者上个月的工资标准确定，双方于 2018 年 1 月 5 日解除劳动合同，熊某上个月工资为 13,106 元，故“代通知金”数额应为 13,106 元。

HR 实务指南

毋庸置疑，“代通知金”的标准是按照员工离职前上一个月的应发工资数额进行确定，而不是按照员工离职前 12 个月平均工资确定。HR 需要注意以下两点。

第一，“代通知金”不受“社平工资 3 倍封顶”的限制。在计算员工经济补偿金时，其基数受企业所在地区上年度职工月平均工资 3 倍封顶限制，“代通知金”则不适用该“封顶”规则，而是直接适用员工离职前上一个月应发工资标准确定，从理论上说是不封顶的。通常情况下，离职前 12 个月平均工资和离职前上一个月工资相差并不大，但是法律规定不同，HR 应予掌握。

第二，“代通知金”标准是离职前上一个月的应发工资。应发工资又称应得工资，是指没有扣除社会保险费、住房公积金、个人所得税等项目的综合所得工资，而不是以实发工资为标准进行确定。

四、“代通知金”的支付规则

1. 支付时间

“代通知金”是与经济补偿金“捆绑销售”的，不“单卖”，因此，“代通知金”的支付时间与经济补偿金一致，通常情况下是一并支付的。

2. 不得反支付

反支付指的是企业与员工约定或者企业规章制度规定，员工辞职未提前 1 个月通知企业的，企业从其工资中扣除 1 个月工资作为“代通知金”。这是法律不允许的。

根据《劳动合同法》第 40 条的规定，“代通知金”仅指企业向员工支付，而不能反支付。如果双方劳动合同有约定或者企业规章制度有规定，那么该约定或规定因与法律条文相抵触而无效。

案例 148

员工“即辞即走”，企业扣 1 个月工资作为“代通知金”合法吗？

广东省佛山市中级人民法院（2019）粤 06 民特 66 号

曾某于 2018 年 7 月入职甲公司，双方签订了书面劳动合同，其中约定，曾某未提前 1 个月通知公司解除劳动关系，公司有权扣除 1 个月工资作为“代通知金”。同年 10 月 31 日，曾某向公司递交了辞职信，从 11 月 1 日起，曾某未再出勤，自行解除了劳动关系。甲公司扣留了曾某 10 月工资 3500 元。甲公司认为，根据双方劳动合同约定，曾某未提前 1 个月通知公司解除劳动关系，公司有权扣除 1 个月工资作为“代通知金”，曾某于 10 月 31 日提出离职，并于 11 月 1 日自行离职终止双方劳动关系，未按劳动合同约定提前通知，造成公司运作停滞与经济损失。曾某申请劳动仲裁，获支持。甲公司不服，因该裁决为一裁终局，公司遂向当地中级人民法院申请撤销仲裁裁决。

审理结果

法院认为，根据《劳动合同法》第 40 条的规定，“代通知金”系符合该条规定的 3 种情形时，用人单位在提出解除劳动合同或终止劳动合同未依法提前 1 个月通知的情况下，作为代替向劳动者给付的 1 个月工资。而该案双方约定的是劳动者在违约情形下向用人单位支付相关款项，诉争合同条款涉及款项的性质不属于“代通知金”，而是违约金。根据《劳动合同法》第 25 条、第 26 条的规定，除违反服务期约定和违反竞业限制约定两种情形，用人单位不得与劳动者约定由劳动者承担违约金。该公司与曾某在劳动合同中对违约金的约定并不符合上述法律规定，该约定属于无效条款，故该公司不得据此主张扣除曾某工资。

3. 与违法解除劳动合同赔偿金不可兼得

根据《劳动合同法实施条例》第 25 条规定，企业违法解除或者终止劳动合同，依法支付了赔偿金的，不再支付经济补偿。

如前文所述，“代通知金”是与经济补偿金“捆绑销售”的，经济补偿金与违法解除劳动合同赔偿金不可兼得，“代通知金”也与赔偿金不可兼得。

HR 实务指南

第一，“代通知金”只适用于企业向员工支付。“代通知金”制度的立法宗旨，是保障员工合法权益，避免员工在无过错的情况下突然被企业解雇而失去收入来源。因此，该制度仅适用于企业向员工支付，而不得反之。

第二，“代通知金”仅适用于企业合法解雇。企业依据《劳动合同法》第 40 条规定解除劳动合同，如果是企业违法解雇，由于劳动法规定了违法解雇的赔偿金制度，员工的损害已经得到了填平，无须再支付“代通知金”。

第四节 赔偿金

劳动关系中的赔偿金有广义和狭义之分，广义概念是指企业或者员工因违反劳动法律法规规定或者劳动合同、保密协议、竞业限制协议等约定，或者因自己的故意或者重大过失，给对方造成损害或者损失，违反的一方向对方承担一定数额金钱的一种法律责任形式。狭义概念是指企业违反劳动法规定解除或者终止劳动合同，依法向员工支付赔偿金的法律责任形式。本节采广义概念进行讨论。

一、赔偿金还是经济赔偿金

平心而论，能把这个概念弄清楚的还真不多，普通员工就不用说了，连很多专业人士也分不清楚这两个概念。

事实上，关于企业违法解除或者终止与员工的劳动合同，劳动法只有“赔偿金”的概念，从来就没有“经济赔偿金”这个说法。“经济赔偿金”也不像“代通知金”“N+1”这样的称谓，这些称谓虽然只是业界俗称，不是正式的法律术语，但是它们代表着法律上具体的含义。而“经济赔偿金”既不是业界俗称，也不代表法律上的含义，法律上只有“赔偿金”。

为什么解除劳动合同的补偿金称为“经济补偿”或者“经济补偿金”，而违法解除劳动合同的赔偿金则只称为“赔偿金”，没有“经济”二字?

这得先从“经济”二字的含义说起。根据《现代汉语词典》(第7版)的解释，“经济”的词义颇多，作为形容词时，释义为“耗费较少而获益较大”。根据这一词义，“经济”便有了“基本”的意思，“经济补偿”实际上就是“基本补偿”，通常认为没有对企业的惩罚之意。赔偿金的核心是赔偿，指的是违法方对受害方损失、损坏或伤害的补偿，是对违法者的惩罚，并没有“基本”之意。

当然，无论是“赔偿金”还是“经济赔偿金”，指的都是一个事物，读者诸君知道该概念即可，在实务中不必过于较真。

二、企业应当支付赔偿金的情形

在劳动关系中，企业与员工是管理与被管理的不平等主体，企业极容易利用优势地位做出损害员工合法利益的行为，为了限制企业滥用优势地位，切实保障员工合法权益，劳动法安排了企业承担赔偿责任的制度，以敦促企业合法用工，守法经营。

1. 未签订书面劳动合同的赔偿金

在实践中，大多数企业能够遵守劳动法规定，及时与员工签订书面的劳动合同，但也有一些企业无视法律的规定，不与员工签订劳动合同或者不签订书面的劳动合同。因此，一旦发生劳动争议，员工往往因为拿不出劳动合同，而无法维护自己的合法权益。在《劳动合同法》施行以前，不签订劳动合同的现象甚为普遍，导致劳动争议频发，为了遏制这种现象，矫正企业用工不签订劳动合同的风气，《劳动合同法》严格了劳动合同签订制度，对于不签订劳动合同的企业，予以惩罚。

根据《劳动合同法》第 10 条第 1 款、第 2 款，第 82 条第 1 款规定，企业与员工建立劳动关系，应当自用工之日起 1 个月内签订书面劳动合同，超过 1 个月不满 1 年未与员工签订书面劳动合同的，应当向员工每月支付 2 倍的工资。

2. 未签订无固定期劳动合同的赔偿金

《劳动合同法》第 82 条第 2 款规定，用人单位违反本法规定不与劳动者续订无固定期限劳动合同的，自应当签订无固定期限劳动合同之日起向劳动者每月支付 2 倍的工资。

这里所说的"本法规定"，指的是《劳动合同法》第 14 条第 2 款规定的应当依法签订无固定期限劳动合同的情形。若企业应当依法签订无固定期限劳动合同而未签订，则需要向员工支付 2 倍工资。

3. 违法约定试用期的赔偿金

根据《劳动合同法》第 83 条规定，企业违反本法规定与员工约定试用期且已经实际履行的，由企业以员工试用期满月工资为标准，按已经履行的超过法定试用期的期间向员工支付赔偿金。

其一，这里所说的"本法规定"，指的是《劳动合同法》第 19 条规定的试用期制度，根据该条规定，不同的劳动合同期限有不同的试用期限上限，超过该上限的，则属违法约定。

其二，如果只是违法约定试用期，不一定会产生赔偿金，只有违法约定并且已经实际履行的，对超过法定上限的部分，企业才需要承担赔偿金。

其三，违法约定试用期的赔偿金标准是试用期满后的月工资，该赔偿金是企业向员工额外支付的，并不包括员工已经领取的违法约定的试用期期间的工资。

例 1：张三于 2023 年 3 月 1 日入职甲公司，双方签订了 1 年期限的劳动合同，约定了 3 个月的试用期，试用期月工资 5000 元，转正后月工资 5500 元，4 月 25 日，甲公司书面通知张三从 5 月 1 日起转正，并从转正之日起执行转正后月工资 5500 元。

根据《劳动合同法》第 19 条第 1 款，双方签订 1 年固定期限劳动合同的，试用期不得超过 2 个月。在本案中，甲公司与张三约定的试用期为 3 个月，超过了法定上限 1 个月，但是，甲公司在 5 月 1 日时已经给予张三转正，超过法定上限部分未实际履行。因此，甲公司依法应由劳动行政部门责令改正，但无须向张三支付赔偿金。

例 2：李四于 2023 年 3 月 1 日入职乙公司，双方签订了 1 年期限劳动合同，约定了 3 个月的试用期，试用期月工资 5000 元，转正后月工资 5500 元，6 月 1 日，李四顺利转正，并从转正之日起执行转正后月工资 5500 元。

在本案中，乙公司与李四违法约定试用期且已经实际履行，乙公司应当依法向李四额外支付赔偿金，赔偿金标准为李四转正后的月工资标准，即 5500 元。

4. 企业违法解除或者终止劳动合同的赔偿金（“2N”）

根据《劳动合同法》第 87 条，企业违反本法规定解除或者终止劳动合同的，应当依照本法第 47 条规定的经济补偿标准的 2 倍向员工支付赔偿金，即“2N”。

事实上，真正意义上的违法解除或者终止劳动合同的情形是非常少见的，但在实践中出现了大量关于违法解除或者终止劳动合同的案例。这些案例大多有一个共同特点，就是合同双方对解除或者终止的依据是否合法存在认识差异，往往是企业认为解除合法，而员工认为解除违法，因此申请劳动仲裁进行维权。在这些案例中，有些最终被裁审机构认定为解除合法，有些则被认定为解除违法，由于案件量大，因此出现了大量的违法解除的裁决和判决。

以本书第三章第五节中引用的广州空姐不雅照片解雇案为例。

某航空公司空姐郭某休息时间在飞机上的洗手间内拍摄了一组内衣照片发朋友圈，后被人截图举报。航空公司认为郭某发布不雅照片的行为对公司的品牌形象造成了负面影响，属于严重违反规章制度，而郭某则认为该行为没有达到“严重违反”的程度，因此主张航空公司解雇违法。

该案首先是公司与员工之间就解雇是否违法存在认识偏差，其次是法院之间也存在认识偏差。

一审法院认为郭某的行为有失妥当，但尚不构成情节严重，航空公司据此解除劳动合同属于过度行使内部管理权，该解除行为不符合《劳动合同法》第 39 条之规定，应属违法。二审法院则认为郭某在值勤期间发布自拍不雅照的行为构成严重违反规章制度具有合理性，航空公司据此解除劳动关系，是航空公司依法行使管理权的体现，应认定为合法解除。

不光是企业与员工之间对解除劳动合同是否构成违法在认识上存在差异，连法院也存在差异，在司法实践中这样的判例比比皆是。最终被认定为解除或者终止劳动合同违法的，企业往往需要支付赔偿金，也就是“2N”。

5. 企业未依法支付劳动报酬、经济补偿等从而需加付的赔偿金

根据《劳动合同法》第 85 条规定，用人单位有下列情形之一的，由劳动行政部门责令限期支付劳动报酬、加班费或者经济补偿；劳动报酬低于当地最低工资标准的，应当支付其差额部分；逾期不支付的，责令用人单位按应付金额 50% 以上 100% 以下的标准向劳动者加付赔偿金：

（1）未按照劳动合同的约定或者国家规定及时足额支付劳动者劳动报酬的；

（2）低于当地最低工资标准支付劳动者工资的；

（3）安排加班不支付加班费的；

（4）解除或者终止劳动合同，未依照本法规定向劳动者支付经济补偿的。

HR 实务指南

大量的司法判例实践显示，企业向员工支付赔偿金的现象非常普遍，因此，HR 应充分了解劳动法有关赔偿金的规定，提前做好防范准备，规避支付赔偿金的风险。本书认为可以从以下几个方面进行：

第一，及时签订书面劳动合同。员工入职后 1 个月内必须签订书面劳动合同，为了避免遗忘或者漏签，可以在办理员工入职手续时即签订。符合签订无固定期限劳动合同条件的，及时签订无固定期限劳动合同。

第二，合法约定试用期。一是与同一员工只能约定一次试用期；二是约定试用期不得超过法定上限；三是尽量避免延长试用期。

第三，解除或者终止劳动合同要有可靠的依据。要在法律规定的范围内解除或者终止劳动合同，且应有可靠的依据。例如，如果企业以旷工 3 天构成严重违反劳动纪律为由解雇员工，则通常认为解雇依据是可靠的；如果员工只旷工 1 天被企业解雇，则通常认为处罚过重，最终认定企业为违法解雇，此谓解雇依据不可靠。

三、违法解除或者终止劳动合同赔偿金的计算标准

《劳动合同法》第 87 条规定，用人单位违反本法规定解除或者终止劳动合同的，应当依照本法第 47 条规定的经济补偿标准的 2 倍向劳动者支付赔偿金。

根据这一规定，可以得出违法解除或终止劳动合同赔偿金的计算公式：

$$2N=N\times 2$$

由此可知，“2N”的确定基础是“N”，“N”确定了，“2N”也就确定了。“N”的计算标准已经讨论过，用“N”直接乘以 2 便是赔偿金。

“N”受上年度职工月平均工资 3 倍和不超过 12 个月“双封顶”限制，那么，“2N”以“N”为基础，是否也受“双封顶”限制？在实务中存在不同观点。第一种观点认为不受“双封顶”限制，第二种观点则认为应受“双封顶”限制，第二种观点是实践中的主流观点。

首先，看部分地区的规定。比如，广州市中级人民法院《关于审理劳动人事争议案件若干问题的研讨会纪要》（2014 年 5 月 26 日）第 27 条指出，根据《劳动合同法》第 47 条、第 87 条，经济补偿金受职工月平均工资 3 倍和不超过 12 年的限制，赔偿金则是按经济补偿金标准的 2 倍计算。

其次，看司法判例。上海市第一中级人民法院（2020）沪 01 民终 13049 号民事判决书认为，舒某于 2006 年 6 月 5 日入职甲公司，甲公司于 2018 年 12 月 27 日以舒某违纪为由解除双方劳动合同的行为，应属于违法，甲公司应支付舒某违法解除劳动合同赔偿金。因舒某的月工资高于北京市上年度职工月平均工资 3 倍，故应按 2017 年度北京市职工月平均工资 8467 元的 3 倍计算，该公司应支付舒某违法解除劳动合同赔偿金 609,624 元（8467 元 / 月 ×3 倍 × 舒某工作年限折算封顶 12 个月 ×2 倍）。

本书认为，违法解除或终止劳动合同赔偿金的计算应受“双封顶”限制。《劳动合同法》第 87 条规定赔偿金的计算公式是“本法第四十七条规定的经济补偿标准的二倍”，那么，确定赔偿金的唯一基础就是经济补偿金，经济补偿金封顶，赔偿金自然也就封顶。

案例 149

违法解除劳动合同赔偿金，受 12 个月封顶限制吗？

广东省高级人民法院（2021）粤民申 4525 号

姚某于 1993 年 10 月 11 日入职某公司，双方签订的最后一次劳动合同期限是从 2008 年 1 月 1 日起至无固定期限。2019 年 1 月 4 日，该公司以“严重失职，假借职权营私舞弊，未经允许与本公司进行关联交易”等理由解除了与姚某的劳动合同。姚某被解除劳动合同前 12 个月的平均工资为 25,394.9 元，解除时当地上年度职工月平均工资为 8348 元。姚某申请劳动仲裁，主张某公司支付违法解除劳动合同赔偿金 1,277,244 元（25,044 元 / 月 ×25.5 个月 ×2 倍）。

审理结果

本案经过一裁两审，姚某仍不服，向广东省高级人民法院申请再审。

广东省高级人民法院认为，对于月工资超过本地区上年度职工月平均工资 3 倍的劳动者的经济补偿，立法上采取了“双封顶”的特殊计算方式，即计算基数按本地区职工月平均工资的 3 倍确定，支付年限最高不超过 12 年；而违法解除劳动合同赔偿金的计算方式为经济补偿的数额乘以 2，《劳动合同法实施条例》第 25 条属于计算违法解除劳动合同赔偿金工作年限的一般规定，而针对月工资超过本地区上年度职工月平均工资 3 倍的劳动者的特殊情况，若该劳动者的工作年限自用工之日起算超过 12 年，则违法解除劳动合同赔偿金的支付年限依然最高不得超过 12 年。

案例简评

本案可谓一波三折，笔者认为，对于讨论违法解除或者终止劳动合同赔偿金是否受“双封顶”限制，本案很有典型意义，有必要简要叙述裁审过程。

姚某申请劳动仲裁主张某公司应支付赔偿金 1,277,244 元（25,044 元 / 月 ×25.5 个月 ×2 倍），劳动仲裁委认定该公司解除劳动合同违法，因此支持姚某的请求，但是姚某的月工资超过深圳市上年度职工月平均工资 8348 元的 3 倍，应受“双封顶”限制，因此裁决某公司支付姚某赔偿金 601,056 元（25,044 元 / 月 ×12 个月 ×2 倍）。

这里有个细节，姚某离职前 12 个月的平均工资为 25,394.9 元，判决书显示姚某申请劳动仲裁时按当时深圳市职工月平均工资的 3 倍 25,044 元计算，是姚某主动放弃了超过职工月平均工资 3 倍的部分，还是劳动仲裁委对姚某进行了 3 倍封顶？笔者不得而知。

双方对裁决结果均不服，诉至法院。一审法院判决某公司向姚某支付违法解除劳动合同赔偿金 1,277,244 元（8348 元 ×3×25.5 个月 ×2 倍）。由此可知，一审法院采用了“单封顶”原则，即计算基数封顶，工作年限不封顶。姚某申请劳动仲裁时主动以当地职工月平均工资的 3 倍作为计算基数，也就是说姚某在主张权利时就主动用了“单封顶”，那么，这个“单封顶”是一审法院认为应当“单封顶”，还是基于姚某在诉讼请求中放弃了超过职工月平均工资 3 倍的部分，视为姚某对自身权利处分才适用的“单封顶”？笔者也不得而知。笔者猜测一审法院应该是认为不应适用“双封顶”原则，因此采用了“单封顶”进行下判。

后双方诉至二审法院后，二审改判某公司应支付赔偿金 601,056 元（25,044 元 / 月 ×12 个月 ×2 倍）。很明显，二审法院认为本案应该受“双封顶”限制。

最后，本案到了广东省高级人民法院，广东省高级人民法院也认为本案应受“双封顶”限制。

至此，本案结束。

本案从仲裁认为“双封顶”，到一审认为“单封顶”，再到二审又改为“双封顶”，最后到广东省高级人民法院维持了“双封顶”。这个过程正说明了违法解除或者终止劳动合同赔偿金是否受“双封顶”限制，在司法实践中存在争议。

本书倾向赞同“单封顶”规则。本书观点如下：

其一，计算基数应按职工月平均工资的 3 倍封顶，即按姚某离职时当地职工月平均工资 8348 元的 3 倍即 25,044 元封顶。

其二，计算年限应分段确定是否封顶。关于 2008 年以后的工作年限，由于计算基数封顶，所以计算年限也应封顶。关于 2008 年以前的工作年限，《劳动合同法实施条例》第 25 条规定了赔偿金的计算年限自用工之日起计算，并没有规定 12 个月封顶，原劳动部《违反和解除劳动合同的经济补偿办法》也没有规定违法解除劳动合同的，计算年限封顶，因此本书认为 2008 年之前的工作年限，不应适用 12 个月封顶。

需要提示的是，在 2008 年以前是没有“2N”的。劳动法律师、广州市律师协会劳动与社会保障法律专业委员会主任蔡飞认为，这里强调赔偿金自用工之日起起算，而不是自《劳动合同法》实施之日起起算，是因为在《劳动合同法》实施前，没有“2N”，这个规定是为了避免司法的混乱，以免有人认为赔偿金只能从 2008 年起算。

本书认为，由于姚某 2008 年之后的工作年限不满 12 年，因此 2008 年以后的赔偿金计算年限客观上不封顶，而 2008 年以前的工作年限也不封顶。因此，某公司应向姚某支付违法解除劳动合同赔偿金 1,277,244 元（8348 元 / 月 ×3 倍 ×25.5 个月 ×2 倍）。

四、违法解除或者终止劳动合同赔偿金的几个疑难问题解析

关于违法解除或者终止劳动合同的赔偿金问题，在实务中仍有不少疑难问题亟须解决，本书抛砖引玉，提出以下几点与读者诸君共同探讨。

1. 违法解除或者终止既包括违反实体法也包括违反程序法

《劳动合同法》第 87 条所说的“违反本法规定”，指的是企业没有根据《劳动合同法》的规定解除或者终止劳动合同，简单地说就是解除或者终止劳动合同没有法律依据，既包括实体规定，也包括程序规定。

以第 43 条为例，该条是关于解除劳动合同时应当通知工会的程序规定，即便企业解除劳动合同在实体上是合法的，如果没有履行通知工会这一法定程序，就很可能会被认定为违法解除。

比如，北京市第二中级人民法院（2018）京 02 民终 6175 号民事判决书认为，用人单位单方面解除劳动合同，应当事先将理由通知工会，用人单位违反法律、行政法规规定或者劳动合同约定的，工会有权要求用人单位纠正，用人单位应当研究工会的意见，并将处理结果书面通知工会。工会依法维护劳动者的合法权益，对用人单位履行劳动合同的情况进行监督。在该案中，应当指出，张某确实存在

出具虚假病假条的情况，根据甲公司的规章制度，甲公司完全可以据此解除双方之间的劳动关系，但在工会存在的情况下，甲公司应当按照法律规定的程序处理。由于甲公司并未就单方面解除张某一事事先通知工会，并征得工会同意，因此甲公司的解除行为存在程序违法。

2. 劳动合同期满终止是否包括第二次期满终止

企业依据《劳动合同法》第 44 条第 1 项劳动合同期满终止劳动合同的，在司法实践中一般要区分是第一次劳动合同期满还是第二次劳动合同期满，如果是第二次期满，主流观点认为企业不得单方面终止，否则构成违法终止，需支付违法终止劳动合同的赔偿金。这个问题本书在前文中已经详细论述，此处不再赘述。

3. "2N"与"N"及"N+1"只能得其一

违法解除或者终止劳动合同的赔偿金与解除劳动合同的经济补偿金互斥，要么主张解除或者终止劳动合同的经济补偿金，要么主张违法解除或者终止劳动合同的赔偿金，只能得其一。《劳动合同法实施条例》第 25 条规定，用人单位违反《劳动合同法》的规定解除或者终止劳动合同，依照《劳动合同法》第 87 条的规定支付了赔偿金的，不再支付经济补偿。

另外，"代通知金"与经济补偿金是"捆绑销售"的，不"单售"，经济补偿金与赔偿金互斥，不可双得，"代通知金"自然也与赔偿金互斥，不可双得。

比如，福建省高级人民法院（2019）闽民申 3774 号民事裁定书认为，甲公司违法解除与李某的劳动合同关系，甲公司应按经济补偿金的 2 倍向李某支付赔偿金 2900 元，根据《劳动合同法实施条例》第 25 条，用人单位违反《劳动合同法》的规定解除或者终止劳动合同，依照《劳动合同法》第 87 条的规定支付了赔偿金的，不再支付经济补偿，现李某同时主张经济补偿金与赔偿金，于法不符，法院不予支持。

4. "2N"应从用工之日起算

《劳动合同法实施条例》第 25 条规定，赔偿金的计算年限自用工之日起计算。用工之日既包括 2008 年 1 月 1 日以后，也包括 2008 年 1 月 1 日以前。如前所述，2008 年以前没有"2N"规定。

例如，张三于 2005 年 2 月 1 日入职甲公司，于 2023 年 7 月 20 日被甲公司单方面解除劳动合同，最终认定为甲公司违法解除劳动合同。张三被解除时的 12 个月平均工资为 6000 元，则甲公司应当支付给张三的赔偿金是从 2005 年 2 月 1 日起算，折算工作年限后再乘以 2（“2N”），即 6000 元 / 月 ×18.5 个月 ×2 倍 =222,000 元。

又如，人民法院案例库 2023-16-2-186-003 号案例认为，《劳动合同法》第 87 条、《劳动合同法实施条例》第 25 条旨在通过提高用人单位的违法解除劳动合同的成本，在一定程度上遏制用人单位违法解除劳动合同的行为。从立法目的、条文的本意来看，均应解释为用人单位违法解除劳动合同的应 2 倍向劳动者支付赔偿金，赔偿金应从用工之日起计算。

5. 员工主张“2N”以不继续履行劳动合同为前提

《劳动合同法》第 48 条规定，用人单位违反本法规定解除或者终止劳动合同，劳动者要求继续履行劳动合同的，用人单位应当继续履行，劳动者不要求继续履行劳动合同或者劳动合同已经不能继续履行的，用人单位应当依照本法第 87 条规定支付赔偿金。

由此可知，员工被企业违法解除或者终止劳动合同后，可以主张恢复劳动关系，继续履行劳动合同，也可以主张企业支付“2N”，只能“二选一”并且选择权在员工手上，员工不能既主张“2N”又主张继续履行劳动合同。只有在员工不主张继续履行劳动合同或者客观上劳动合同不能继续履行的情况下，企业才需要支付“2N”。

比如，广东省高级人民法院（2018）粤民再 274 号民事判决书认为，根据《劳动合同法》第 48 条，在用人单位违法解除或终止劳动合同的情况下，劳动者可以要求继续履行劳动合同，也可以主张违法解除劳动合同的赔偿金，选择权在劳动者手中。

6. 员工主张赔偿的数额少于“2N”时，应以员工主张数额为准

在实践中经常会有这种情况，员工不懂劳动法，主张企业违法解除或者终止劳动合同，但是只主张了经济补偿金或者相当于经济补偿金数额的赔偿金。在这种情况下，如果员工没有当庭变更仲裁请求，裁审机构一般在认定违法解除或者终止劳动合同的同时，确认员工主张的赔偿或者补偿数额不超过法律规定，予以支持。员工未主张的那部分，则视为员工对自身权利的处分。假设该员工日后发现主张数额少于“2N”，想再主张补差，根据“一事不再理”原则，劳动仲裁委员会不予受理。

人力资源和社会保障部、最高人民法院《关于劳动人事争议仲裁与诉讼衔接有关问题的意见（一）》（人社部发〔2022〕9号）第5条第1款指出，劳动者请求用人单位支付违法解除或者终止劳动合同赔偿金，劳动人事争议仲裁委员会、人民法院经审查认为用人单位系合法解除劳动合同应当支付经济补偿的，可以依法裁决或者判决用人单位支付经济补偿。

比如，平凉市中级人民法院（2022）甘08民终1609号民事判决书认为，郑某要求甲公司支付赔偿金有事实及法律依据，但仲裁机构裁决由甲公司支付郑某经济补偿金27,860.1元，郑某没有对此提起诉讼，且在庭审中明确表示接受由甲公司支付经济补偿金27,860.1元的裁决结果，系郑某对自身权利的处分行为，不违反法律规定，法院应予准许。

五、企业应当向员工承担赔偿责任的情形

企业应当支付赔偿金与企业应当承担赔偿责任不同。前者是法定赔偿金，即法律规定企业应当支付的赔偿金，只要法律规定的情形出现，企业即应支付赔偿金，不以给员工造成了损害结果为前提；后者是以企业给员工造成了损害为前提才需承担的赔偿责任。

《劳动合同法》第7章规定了企业给员工造成损害应当依法赔偿的诸多情形，主要有以下几种情形：

1. 企业规章制度违法

《劳动合同法》第80条规定，用人单位直接涉及劳动者切身利益的规章制度违反法律、法规规定的，由劳动行政部门责令改正，给予警告；给劳动者造成损害的，应当承担赔偿责任。

其一，企业承担赔偿责任的前提条件是给员工造成了损害，如果企业没有造成损害，仅是规章制度违法，则只需承担行政责任，即由劳动行政部门责令改正，给予警告，而无须向员工赔偿。

其二，这里只规定了企业应当承担赔偿责任，对于赔多少，怎么计算，则没有明确规定，通常来说，以给员工造成的实际损害进行计算或者由裁审机构酌定。

2. 劳动合同缺少必备条款或者劳动合同文本未交给员工

《劳动合同法》第 81 条规定，用人单位提供的劳动合同文本未载明本法规定的劳动合同必备条款或者用人单位未将劳动合同文本交付劳动者的，由劳动行政部门责令改正；给劳动者造成损害的，应当承担赔偿责任。

因此，如只是劳动合同文本缺少必备条款或者未将劳动合同文本交付给员工，企业不需向员工承担赔偿，只有给员工造成了损害，才需承担赔偿责任。

案例 150

劳动合同未给员工一份，法院判企业支付未签合同 2 倍工资

上海市闵行区人民法院（2017）沪 0112 民初 14379 号

夏某于 2016 年 7 月 27 日入职甲公司从事物流岗位，12 月 29 日，甲公司认为夏某在仓库吸烟，要求夏某请辞，12 月 30 日，夏某递交了员工离职交接表并离职。2017 年 4 月 6 日，夏某申请劳动仲裁，主张甲公司支付未签劳动合同 2 倍工资差额等权利，获劳动仲裁委支持。甲公司不服，诉至法院。甲公司诉称，双方之间曾签订过书面劳动合同，双方曾在书面劳动合同上分别盖章、签字，其中一份还约定了劳动合同的期限、劳动报酬等，甲公司未将劳动合同文本交付夏某一份是由于工作人员疏忽，甲公司不应支付未签劳动合同 2 倍工资。夏某辩称，自己与甲公司从未签订过劳动合同，自己仅在甲公司给的两份空白合同上签字，甲公司提交的合同是公司事后自行修改的虚假合同。

审理结果

法院认为，建立劳动关系，应当订立书面劳动合同，劳动合同文本由用人单位和劳动者各执一份。由此可见，订立劳动合同的过程不仅包括双方达成合意，签署合同文本的过程，也包括将劳动合同文本交付给劳动者的过程。在本案中，甲公司是最后持有两份劳动合同的一方，本应向劳动者交付其一，然而甲公司并未向夏某交付劳动合同，理由是工作人员疏忽，对此，法院难以认同。

法院最终判决甲公司向夏某支付 2016 年 8 月 27 日至 12 月 30 日的未签订劳动合同 2 倍工资差额 9062.07 元。

案例简评

看完这个案例，笔者直呼判得太好了。

在实务中大量存在这样的现象，企业与员工签订劳动合同后，往往不给员工一份劳动合同，如果员工诉企业未签劳动合同主张2倍工资，企业再将劳动合同拿出来，此时裁审机构往往不会支持员工的2倍工资请求。更有甚者，把空白劳动合同或者散页合同（没有盖骑缝章的多张A4纸）给员工签名，将员工签名的合同收上来后，再自行填写内容，或者等到双方发生争议时再填写对企业有利的内容；如果签订的是散页合同，则随时可以将未签名的合同页更改内容后随意调换。

大量的司法判例认为，只要签订了劳动合同就不支持2倍工资，至于劳动合同文本给没给员工一份，则不影响"已签"事实的认定。裁审机构普遍认为，"签没签"和"给没给"是两个问题，只要签了，未签2倍工资就没有了，至于劳动合同文本没给员工一份，应根据《劳动合同法》第16条、第81条处理。确实，这样的判法才是符合法律规定的。

然而，劳动法对于企业没有把劳动合同文本给员工一份的情形，仅规定"给劳动者造成损害的，应当承担赔偿责任"，而怎样才算"造成损害"，员工往往难以举证，若举证不了，就只能按没有损害论处，客观上就是企业不给员工劳动合同文本也没有责任。有些企业正是了解了这一点，才肆无忌惮地不将签订的劳动合同给员工一份。比如，当员工诉企业时，企业会把合同的某些条款改成对己方有利的表述，且需两份一起改，如果给了员工一份，那就改不了了。在这种场景下，员工很难举证企业给自己造成了损害。

在劳动法对于企业没把劳动合同文本给员工一份没有严格规定责任的立法缺失的情况下，本案将"给没给"纳入"签没签"的环节去进行认定，虽然略有瑕疵，在大量的司法判例中显得特立独行，但确实给企业敲响了警钟，起到了引导和督促企业遵守劳动法规定将劳动合同文本给员工一份的社会效果。

3. 收取员工财物，扣押员工证件或档案，要求员工提供担保等

《劳动合同法》第84条规定企业不得扣押员工身份证等证件，不得向员工收取财物或者要求提供担保，不得在员工离职时扣押劳动者档案或者其他物品，企业违反这些规定给员工造成损害的，应当承担赔偿责任。

比如，荆门市中级人民法院（2023）鄂08民终1085号民事裁定书认为，双

方劳动关系于 2022 年 6 月 6 日解除，甲医院于 2022 年 9 月 13 日才归还向某相关证件，超出了合理期限。向某在证件未归还的情形下，无法向新用人单位出示医师执业证书、医师资格证书，严重影响新用人单位对向某职业能力的判断，必然影响向某再次就业。故甲医院应对未及时退还证件导致的损失承担赔偿责任。

4. 因企业原因致使劳动合同无效

《劳动合同法》第 86 条规定，因企业的过错，劳动合同被确认无效并且给员工造成损害的，企业应当承担赔偿责任。

其一，劳动合同被确认无效的原因是企业的过错，如果是员工过错导致劳动合同无效，则企业无须承担赔偿责任。

其二，必须是劳动合同被确认无效，即全部无效，不包括部分无效。

其三，劳动合同无效应由劳动仲裁委或者法院确认，其他任何组织或者个人均无权认定劳动合同的效力。

其四，只有劳动合同被确认无效并且给员工造成了损害，企业才需要承担赔偿责任，因此，劳动合同无效并不必然会导致企业产生赔偿责任，若没有给员工造成损害，则企业无须赔偿。

上述理解同样适用于员工过错导致劳动合同被确认无效的情形，若员工给企业造成了损害，则员工需向企业承担赔偿责任。

5. 企业严重违法用工

《劳动合同法》第 88 条规定企业对员工有暴力、威胁、非法限制人身自由、侮辱、体罚、殴打、非法搜查、拘禁、违章指挥、强令冒险作业等严重违法用工行为，给员工造成损害的，应当承担赔偿责任。

6. 企业未向员工出具离职证明

《劳动合同法》第 50 条第 1 款、第 89 条规定企业应当在解除或者终止劳动合同时出具解除或者终止劳动合同的书面证明，企业未出具该证明，给员工造成损害的，应当承担赔偿责任。

案例 151

企业未出具离职证明，员工可以要求赔偿损失吗？

最高人民法院公报 2020 年第 4 期

蔡某于 2014 年 2 月入职甲公司，2015 年 4 月 28 日，蔡某因个人原因辞职而解除双方劳动关系。蔡某在职期间，应甲公司要求，将一级建造师证等证书交给了甲公司。蔡某离职后，甲公司一直未将扣押的证书退还蔡某，也未给蔡某开具离职证明。后双方成讼，蔡某诉称，其从甲公司离职后，由于甲公司未及时退还证书，未及时出具离职证明，其离职后未找到工作，因为所有的招聘单位都要求蔡某提供岗位相关证书、上家单位离职证明等。

审理结果

法院认为，用人单位不及时为劳动者办理离职手续，未向劳动者出具解除或者终止劳动合同的书面证明，导致劳动者在再次就业时无法办理相关入职手续或者无法出示相关证件，而不能顺利就业的，损害了劳动者再就业的权益，应依照法律规定给予赔偿。在本案中，双方劳动关系于 2015 年 4 月 28 日解除，甲公司未在法律规定的期限内为蔡某办理离职手续，已经影响蔡某再次就业的权益，应给予蔡某赔偿。法院最终判决甲公司向蔡某赔偿 55,900 元（法院按蔡某离职前 12 个月平均工资 13,975 元 ×4 个月进行酌定）。

7. 企业不具备合法经营资格

《劳动合同法》第 93 条规定，不具备合法经营资格的用人单位非法用工，员工已经付出劳动的，该单位或者其出资人应当依照本法有关规定向员工支付劳动报酬、经济补偿、赔偿金；给员工造成损害的，应当承担赔偿责任。

HR 实务指南

第一，对于规章制度应进行合法性审查。企业制定或者修改规章制度后，应聘请专业的劳动法律师进行合法性审查，对于不合法的条款，应予修正，避免因规章违法给员工造成损害而承担赔偿责任。

第二，劳动合同文本应具备必备条款。详见本书第四章劳动合同的相关讨论。

第三，劳动合同签订后，应将文本交付一份给员工。

第四，企业在招聘新员工时和用工过程中，不得收取或者变相收取员工财物，扣押证件证书，要求提供担保等。

第五，在用工过程中，禁止对员工进行暴力、威胁、侮辱、体罚、违章指挥等违法行为。

第六，离职员工在办理工作交接后，企业应及时为员工出具离职证明。

六、企业应当承担连带赔偿责任的情形

劳动法不但规定了企业应当向员工承担赔偿责任的情形，还规定了企业应当承担连带责任的情形。劳动法所规定的企业连带责任，通常是指企业与其他单位或者个人对员工或者第三人造成损害，与其他单位或个人依法向员工或者第三人承担的连带赔偿责任。

根据《劳动合同法》第 7 章及相关规定，企业应当承担连带赔偿责任的情形如下：

1. 企业招用其他单位的在职员工

《劳动合同法》第 91 条规定，用人单位招用与其他用人单位尚未解除或者终止劳动合同的劳动者，给其他用人单位造成损失的，应当承担连带赔偿责任。

其一，企业可以招用其他单位的在职员工。

根据《劳动合同法》第 39 条第 4 项，劳动者同时与其他用人单位建立劳动关系，对完成本单位的工作任务造成严重影响，或者经用人单位提出，拒不改正的，用人单位可以解除劳动合同。若员工没有对完成本单位工作任务造成严重影响或者用人单位没有提出呢？可见，劳动法并不禁止双重劳动关系，企业是可以招用其他单位的在职员工的。

其二，招用其他单位在职员工并不必然会给其他单位造成损失。

只有侵害了其他单位的利益，给其他单位造成了损失，“本单位”作为实际利益获得者，才需要与员工一起对受害单位承担连带赔偿责任。

根据原劳动部《违反〈劳动法〉有关劳动合同规定的赔偿办法》（劳部发

〔1995〕223 号）第 6 条第 1 款，向原用人单位赔偿的损失包括对生产、经营和工作造成的直接经济损失和获取商业秘密给原用人单位造成的经济损失。

其三，如果企业招用时不知情，通常企业认为无须承担连带赔偿责任。

企业招用员工时需尽到必要的注意义务，通常要求员工提供上家单位的离职证明，以证明员工与上家单位已经解除了劳动关系。如果某员工伪造了上家单位的离职证明，当给上家单位造成损失时，通常认为应由该员工承担赔偿责任，后一单位无须承担连带赔偿责任。

其四，企业承担的连带赔偿责任比例不低于 70%。

根据民法相关规定，承担连带责任的各个责任人对外不分份额、不分先后次序地根据权利人的请求承担责任，在权利人提出请求时，各个责任人不得以超过自己应承担的部分为由而拒绝；但是各个责任人之间是可以按比例划分责任的，若责任人对权利人承担了超过自己应承担的部分，则可以向其他责任人追偿。

原劳动部《违反〈劳动法〉有关劳动合同规定的赔偿办法》第 6 条第 1 款规定，给原用人单位造成经济损失的用人单位，连带赔偿的份额应不低于对原用人单位造成经济损失总额的 70%。

《劳动争议司法解释（一）》第 27 条规定，用人单位招用尚未解除劳动合同的劳动者，原用人单位与劳动者发生的劳动争议，可以列新的用人单位为第三人。原用人单位以新的用人单位侵权为由提起诉讼的，可以列劳动者为第三人。原用人单位以新的用人单位和劳动者共同侵权为由提起诉讼的，新的用人单位和劳动者列为共同被告。

案例 152

企业招用其他单位未离职员工造成损失的，应承担连带赔偿责任

辽宁省沈阳市中级人民法院（2015）沈中民五终字第 00541 号

何某于 2012 年 7 月 6 日入职甲公司担任案场经理，月工资 7000 元，双方签订了《保密协议》，约定何某在职期间不得从事同甲公司业务具有竞争性的业务，不得到与甲公司经营同类业务的其他企业工作等。2013 年 5 月 13 日，何某与同为甲公司员工的魏某、张某等共同出资设立乙公司，与甲公司经营同类业务。2013 年 8 月 5 日，何某离职。甲公司申请劳动仲裁，主张何某、乙公司赔偿损失 300 余万元。

审理结果

法院认为，甲公司员工何某于在职期间即与他人一同出资，注册成立乙公司，且何某的股份占乙公司注册资本的 10%，另外两名股东魏某、张某同为甲公司的员工，3 人的股份占乙公司注册资本的 70%，应认定乙公司对招用与甲公司尚未解除劳动合同的员工为明知，根据《劳动合同法》第 91 条，乙公司应承担连带赔偿责任。

2. 劳务派遣违法

《劳动合同法》第 92 条第 2 款规定，劳务派遣单位、用工单位违反有关劳务派遣规定，用工单位给被派遣劳动者造成损害的，劳务派遣单位与用工单位承担连带赔偿责任。

比如，重庆市高级人民法院（2023）渝民申 141 号民事裁定书认为，李某突发脑溢血后的多次就医记录载明李某“高血压 3 级、很高危”或“高血压 3 级、极高危”，结合鉴定意见，可以认定李某的损害主要系自身基础疾病所致，李某自身应承担主要责任。甲劳务派遣公司、乙公司未尽到必要的用人管理、用工管理义务，存在一定的过错，应承担次要责任。根据《劳动合同法》第 92 条的规定，法院酌情认定由李某自身承担 60% 的主要责任，由甲劳务派遣公司和乙公司连带承担 40% 的次要责任。

3. 个人承包经营违法用工

《劳动合同法》第 94 条规定，个人承包经营违反本法规定招用劳动者，给劳动者造成损害的，发包的组织与个人承包经营者承担连带赔偿责任。《保障农民工工资支付条例》第 19 条第 2 款规定，用人单位允许个人、不具备合法经营资格或者未取得相应资质的单位以用人单位的名义对外经营，导致拖欠所招用农民工工资的，由用人单位清偿，并可以依法进行追偿。

比如，山东省高级人民法院（2022）鲁民申 7345 号民事裁定书认为，张某系由唐某雇用提供劳务，张某与唐某之间系劳务合同关系，张某已经付出劳务，唐某对所欠付劳务费应予支付。张某提供劳务的建设工程项目的总承包单位为乙公司，甲公司为劳务分包单位，甲公司将承包的劳务分包给唐某，唐某系不具备劳务分包资质的自然人，且甲公司将承包的劳务再次进行分包，违反法律规定，构成违法分包。根据《劳动合同法》第 94 条，甲公司将承包的劳务违法分包给唐某，对于唐某招用张某所欠付的工资，甲公司应当承担连带赔偿责任。

七、员工应当向企业承担赔偿责任的情形

劳动法规定了企业应当向员工承担赔偿责任，企业应当向员工或者第三人承担连带赔偿责任的情形，也规定了员工应当向企业承担赔偿责任的情形。具体如下：

1. 员工违法解除劳动合同

《劳动合同法》第 90 条规定，劳动者违反本法规定解除劳动合同，给用人单位造成损失的，应当承担赔偿责任。

员工违法解除劳动合同，通常是指员工违反《劳动合同法》第 37 条，辞职没有提前 30 日（试用期没有提前 3 日）通知企业，最常见的是员工“即辞即走”，这一行为即属于违法解除劳动合同。

在实践中该规定很难适用，因为企业很难举证员工给其造成了损失，如果员工没有造成损失，或者造成了损失但无法举证，企业就只能眼睁睁地看着员工“即辞即走”了。从这个角度来讲，员工虽有违法解除劳动合同之行为，但没有法律后果。

也许有人会说，员工“即辞即走”的，即使已经完成了工作交接，企业也可以不批准员工辞职或者不给员工结清工资。客观地讲，在实务中确实大量存在这样的现象，但从合法用工的角度来讲，在员工已经完成工作交接的情况下，企业不给员工结清工资，则属违法。

2. 员工违反保密义务或者竞业限制

《劳动合同法》第 90 条规定，劳动者违反劳动合同中约定的保密义务或者竞业限制，给用人单位造成损失的，应当承担赔偿责任。具体可见本书第九章有关违反竞业限制约定的讨论。

3．员工原因致使劳动合同无效

《劳动合同法》第 86 条规定，因员工的过错，劳动合同被确认无效并且给企业造成损害的，员工应当承担赔偿责任。

4．员工因工作失误给企业造成经济损失

《工资支付暂行规定》第 16 条规定，因劳动者本人原因给用人单位造成经济损失的，用人单位可按照劳动合同的约定要求其赔偿经济损失。经济损失的赔偿，可从劳动者本人的工资中扣除。但每月扣除的部分不得超过劳动者当月工资的 20%，若扣除后的剩余工资部分低于当地月最低工资标准，则按最低工资标准支付。

《民法典》第 1191 条第 1 款规定，用人单位的工作人员因执行工作任务造成他人损害的，由用人单位承担侵权责任。用人单位承担侵权责任后，可以向有故意或者重大过失的工作人员追偿。

例如，深圳市中级人民法院（2021）粤 03 民终 24084 号民事判决书认为，即使因梁某所在岗位的职责，梁某对甲公司遭受的经济损失存在一定责任，但现有证据尚不足以证实涉案两次生产安全事故主要是梁某的过错造成，甲公司亦负有不可推卸的管理责任。如判令梁某对事故承担赔偿责任，相当于将用人单位的经营风险转嫁给劳动者，于法有悖。在甲公司未能就事故发生原因及实际损失数额加以举证证实的情况下，法院对甲公司主张梁某赔偿损失的请求，不予支持。

又如，深圳市中级人民法院（2020）粤 03 民终 28894 号民事判决书认为，张某驾驶校车在通过无交通信号灯控制路口时，未仔细观察路口左侧安全状况，未按操作规范安全驾驶，造成交通事故，甲学校因此向受害人家属赔偿了 710,000 元。从交通事故的发生情况可知，张某对交通事故的发生负有重大过失，甲学校向张某追偿符合法律规定；但甲学校在运营中需要校车，甲学校因校车行驶受益，校车导致交通事故属于经营风险，甲学校应当承担其中的风险。因此，即使在张某存在重大过失的情况下，甲学校仍应承担大部分的损失。张某入职甲学校多年，月工资收入仅为 3000 余元，综合考虑张某的工作性质及甲学校的管理责任，法院酌定张某应当支付甲学校赔偿金损失 213,000 元（710,000 元 ×30%）。

案例 153

员工存在故意或重大过失造成企业损失，企业可主张赔偿

连云港法院 2022 年度劳动争议十大典型案例

案外人冒充甲公司“执行董事刘某”向该公司会计程某发送 QQ 邮件，声称为了甲公司统一管理使用QQ，让程某加入某QQ群，邮件下方的署名是刘某。程某加入该 QQ 群，在该群中，“执行董事刘某”向程某发出了 125,000 元的转款指令，“你现在从公司尾号 5838 账户上支付 125,000 元整到以上账户，加急支付，所有手续后补，备注用途：保证金”。因甲公司曾有过先转款后补办手续的先例，程某便遵照执行。后因刘某迟迟未安排补办手续，程某电话联系刘某得知被骗，遂报警，公安机关立案侦查。嗣后，甲公司与程某解除了劳动关系并以程某在工作中存在严重失职造成公司重大损失为由，要求程某赔偿公司损失 125,000 元。

审理结果

法院认为，用人单位在劳动用工以及经营过程中产生的风险一般应由用人单位自行承担。劳动者存在个人能力的欠缺或轻微过失造成用人单位损失的，属于用人单位在对劳动者选用上的过失，不应由劳动者承担赔偿责任；但劳动者存在故意、重大过失等造成用人单位损失的，用人单位可以要求劳动者承担赔偿责任。《工资支付暂行规定》第 16 条规定，经济损失的赔偿，可从劳动者本人的工资中扣除。但每月扣除的部分不得超过劳动者当月工资的 20%。本案甲公司陷入网络诈骗，为缺乏规范管理所致，程某在转款事件中未审慎核对转款信息真实性，负有重大过失，应当对甲公司承担相应的赔偿责任。本案综合程某过错程度及收入等情况，酌情判定程某赔偿甲公司损失 12,500 元（125,000 元 ×10%）。

典型意义

用人单位是企业经营活动的责任主体，理应承担企业经营的各种风险，劳动者一般不承担赔偿责任，但劳动者存在故意、重大过失等造成用人单位损失的，用人单位可以要求劳动者承担一定的赔偿责任。关于劳动者承担赔偿责任

的范围如何认定，考虑到劳动关系的特殊性，应当结合劳动者的过错程度、工资收入水平、岗位性质及用人单位有无过失等因素合理界定。本案可以提醒用人单位建立规范的业务管理流程，避免流程不合规导致损失，劳动者也应严谨工作习惯，避免因工作疏忽而承担责任。

08

第八章

女职工“三期”与未成年工保护

“三期”女职工是指处于孕期、产期、哺乳期的在职女性员工，未成年工是指年满 16 周岁未满 18 周岁的员工，未满 16 周岁的，为童工。

劳动法对“三期”女职工和未成年工实施特别保护。对“三期”女职工的保护措施主要体现在休息休假与不得解除劳动合同等方面；对未成年工的保护措施主要体现在不得从事职业危害岗位与安排健康体检等方面。

| 第一节 | “三期”休假及工资待遇

劳动法对“三期”女职工的休假以及工资待遇，进行了较为明确且具体的规定，女职工处于“三期”期间的，享有带薪休假的权利，企业应当照发工资，不得克扣。

一、产前休息时间

根据《女职工劳动保护特别规定》第 6 条第 2 款，对怀孕 7 个月以上的女职工，用人单位不得延长劳动时间或者安排夜班劳动，并应当在劳动时间内安排一定的休息时间。

根据这一规定，“三期”女职工产前休息时间包括两个内容：一是不得安排加班和夜班；二是在劳动时间内应安排一定的工间休息。前者是为了保障“三期”女职工能够正常作息，禁止企业在正常工作时间以外安排加班，同时禁止安排夜班；后者是为了避免“三期”女职工因持续工作时间太长而出现体力不支等情况。本节所讨论的产前休息时间，仅指工间休息时间。根据相关规定，产前休息时间应计入劳动时间，企业应当正常支付工资。

1. 产前休息时间只适用于怀孕 7 个月以上的女职工

只适用于怀孕 7 个月以上的女职工主要是因为怀孕月份大了之后，女职工的身体容易受累，不宜长时间地连续工作，而规定企业安排一定的工间休息时间，是法律对“三期”女职工的特别劳动保护内容之一。

那么，怀孕不满 7 个月但确实需要工间休息的，企业是否必须得给工间休息时间？应当说，法律没有硬性规定一定要给休息时间，企业是可以不给的，不给也不违法。不过，如果员工确实需要休息，企业应该酌情给予休息时间，体现企业对员工的人文关怀。

也有一些地区规定要给休息时间。

例如，《河南省女职工劳动保护特别规定》第 10 条第 4 项规定，怀孕不满 3 个月且妊娠反应严重，或者怀孕 7 个月以上的，不得延长其劳动时间或者安排其从事夜班劳动，并在每日劳动时间内安排不少于 1 小时的休息时间。也就是说，对于怀孕 7 个月以上的女职工，企业必须给予工间休息时间，不需要增加任何附加条件；而对于怀孕 3 个月以上不足 7 个月的女职工，如具妊娠反应严重，属于确实需要休息的情形，企业也应当给予工间休息时间。

又如，《山西省女职工劳动保护条例》第 13 条第 4 项规定，对怀孕 3 个月以内和 7 个月以上的，不得延长劳动时间或者安排夜班劳动，并每日安排 1 小时以上工间休息；有劳动定额的，减轻相应的劳动量。这一规定似乎更加人性化一些，把“怀孕 3 个月以内”也纳入了工间休息的范围，应该是考虑女性在怀孕初期相对比较容易流产才作出如此安排的。

2. 法律没有具体规定休息时间的长短

一定的休息时间是多长时间，法律没有明确规定，由企业自行酌情安排。但有些地区作了比较明确的规定，例如前述山西地区规定“每日安排 1 小时以上”的休息，又如《广东省实施〈女职工劳动保护特别规定〉办法》（粤府令第 227 号）第 10 条第 3 项规定每天安排 1 小时工间休息，工间休息时间视同女职工正常劳动并支付正常工作时间的工资，并不得安排女职工延长工作时间或者从事夜班劳动。

3. 是“应当”给予工间休息，而不是“可以”给予

“应当”就是必须的意思，《女职工劳动保护特别规定》第 6 条第 2 款规定的是“应当在劳动时间内安排一定的休息时间”，指的是企业必须要给予怀孕 7 个月以上的女职工工间休息，而不是可给可不给。

HR 实务指南

针对“三期”女职工的产前休假，HR 可从以下两点进行掌握并给予休假安排：

第一，对于怀孕 7 个月以上的女职工，不得安排加班和夜班。一是对于怀孕

7 个月以上的女职工，在任何情况下都不得安排加班和夜班；二是对于怀孕不满 7 个月的女职工，由于各人的身体体质不同，如果确有需要，经女职工本人提出，也建议企业不安排加班和夜班。

第二，安排工间休息。女职工怀孕 7 个月以上时，行动会极为不便，工作起来较为吃力，企业应安排工间休息。劳动法没有对工间休息的时间进行具体规定，企业可以根据实际生产经营情况以及女职工的身体体质等安排，比如，一天安排 4 次工间休息，上午和下午各 2 次，每次 15 分钟。除此以外，如果是站着或者半站半坐的工作岗位，企业应将怀孕女职工调整到坐着工作的岗位，以缓解怀孕女职工体力上的消耗，达到“休息”的效果。

二、产前检查假

根据《女职工劳动保护特别规定》第 6 条第 3 款，怀孕女职工在劳动时间内进行产前检查，所需时间计入劳动时间，企业应当正常支付工资。

产前检查假到底该休几次，每次休多长时间？国家层级的法律法规对此并没有明确规定。事实上也很难明确规定，因为每个人的体质不同，产前检查的次数也不一样，很难规定产前检查的次数。一般来说，企业可以根据怀孕女职工本人体质情况、所提供的医学证明等因素合理给予。

原卫生部《孕产期保健工作规范》指出，孕期应当至少检查 5 次。其中孕早期至少进行 1 次，孕中期至少 2 次（建议分别在孕 16~20 周、孕 21~24 周各进行 1 次），孕晚期至少 2 次（其中至少在孕 36 周后进行 1 次），发现异常者应当酌情增加检查次数。这里所说的“至少 5 次”指的是产前检查次数的下限，是最低要求，在实践中可以参考。

也有一些地区作出了指导性意见。比如，江苏省人民政府《关于贯彻女职工劳动保护法规有关问题的通知》（1989 年 9 月 15 日）第 1 条第 3 项指出，怀孕女职工的产前检查，定为 11 次，每次半天，应算作劳动时间，并扣除相应的劳动定额。如有特殊情况，根据医务部门证明可增加次数。

本书认为，比较合理的次数是：怀孕 3 个月内，产前检查 1 次，4~6 个月，每月 1 次，7~9 个月，每半个月 1 次，第 10 个月，每周 1 次。原则上每次检查时间为半天，有特殊情况半天无法完成检查的（有些医院无法网上预约，只能到医院去拿号排队），可以根据医院开具的医学证明适当增加到 1 天。

HR 实务指南

劳动法并没有规定产前检查假的具体天数，本书认为，企业应根据怀孕女职工所提供的医学证明给予产前检查假。因每个人的体质不同，产前检查次数可能会有所出入，只要是员工确有必要进行产前检查的，企业均应给予产前检查假，并照发工资。

三、保胎假

1. 保胎假的休假规定

准确地说，保胎假并不是劳动法规定的法定假期，国家层级的劳动法律法规并没有对保胎假作出相关规定。

现行有效的是原国家劳动总局 1982 年 3 月 27 日发布的《国家劳动总局保险福利司关于女职工保胎休息和病假超过六个月后生育时的待遇问题给上海市劳动局的复函》（〔82〕劳险字 2 号），该复函第 1 条指出，经过医师开据证明，国营企业单位的女职工需要保胎休息的，其保胎休息的时间，按照本单位实行的疾病待遇的规定办理。

然而，该复函仅是原国家劳动总局的一个公文，并没有上升到法律法规层面加以规定，该复函的效力并不高。此外，该复函仅适用于国营企业，严格来说，对非国营企业并没有约束力，只是可以参照适用。

也有部分地区对保胎假作出了相关规定。

例如，《广东省实施〈女职工劳动保护特别规定〉办法》第 10 条第 2 项规定，女职工在怀孕期间，经医疗机构诊断确需保胎休息的，保胎休息的时间按照病假处理。

又如，《江西省女职工劳动保护特别规定》（江西省人民政府令第 255 号）第 11 条第 1 款规定，女职工有先兆流产症状或者有习惯性流产史，本人提出保胎休息的，用人单位应当根据医疗机构证明和单位实际情况适当安排。《安徽省女职工劳动保护特别规定》（安徽省人民政府令第 263 号）第 9 条也作出了类似规定。对于有具体规定的地区，企业应当按照当地规定执行。

2. 保胎假的工资待遇

根据国家劳动总局保险福利司《关于女职工保胎休息和病假超过六个月后生

育时的待遇问题给上海市劳动局的复函》的文件精神，女职工保胎休息期间的工资待遇，按照疾病待遇的规定办理。也就是按照病假工资的标准发放保胎假期间的工资待遇。

在实践中，女职工保胎假工资待遇一般按下列原则处理：

（1）女职工提供了相关医学证明，确需请假保胎的，按病假处理，企业给予发放病假工资；

（2）女职工未能提供相关医学证明而确需请假保胎的，企业可以按事假处理，请假期间不予计发工资。

对于有具体规定的地区，依照规定执行。比如广东省规定，女职工在怀孕期间，经医疗机构诊断确需保胎休息的，保胎休息的时间按照病假处理。

HR 实务指南

保胎假并非劳动法规定的法定假期，但由于部分女职工的体质欠佳，确有必要休假保胎。本书认为，女职工若提供了相关医学证明请休保胎假，可按病假处理；若无法提供相关医学证明，则按事假处理。无论如何，怀孕女职工请休保胎假的，企业均应批准。

四、产前假

产前假是指正常产假之外的假期，产前假不是《女职工劳动保护特别规定》第 7 条规定的产前休假 15 天，需将二者区别开来。

1. 产前假的休假规定

国家层级的劳动法律法规并没有规定产前假，因此企业并没有必须安排产前女职工休假的法定义务，通常来说产前女职工也不享有法定的带薪休假待遇。

我国有少部分地区对产前假作了相关规定。

例如，《海南省妇女权益保障若干规定》第 11 条第 2 款规定，孕期妇女经二级以上医疗保健机构证明有习惯性流产史、严重的妊娠综合症、妊娠合并症等可能影响正常生育的，本人提出申请，用人单位应当批准其产前假。

又如，《上海市女职工劳动保护办法》第12条规定，如工作许可，经本人申请，单位批准，可请产前假两个半月。

对产前假作出相关规定的地区，产前假的休假条件一般都以“本人申请、单位批准”为前提。也就是说，如果只是女职工本人申请，而单位不同意，那么产前假无法休成。如果女职工本人不申请，单位更不会主动安排休产前假。

2. 产前假的工资待遇

产前假并非劳动法规定的福利假期，因此劳动法没有规定产前假工资待遇，而是适用各地方的规定执行。

例如，《上海市女职工劳动保护办法》第18条规定，按本规定享受的产前假的工资按本人原工资的80%发给。

又如，《海南省妇女权益保障若干规定》第11条第4款规定，产前假休假期间工资按不低于本人工资收入的80%计发。

对于没有规定产前假的地区，本书认为，可以按照以下原则确定女职工产前假的工资待遇：

（1）企业规章制度有规定或者劳动合同有约定女职工产前假工资待遇的，依照该规定或者约定执行。

（2）没有规定或者约定，女职工提供了相关医学证明以证明可能影响生育确需休产前假的，企业应当批准，可以参照病假工资待遇计发工资。

（3）女职工没有提供相关医学证明，或者提供的医学证明不足以证明可能影响生育的，不属于确需休产前假的情形，企业可以按事假处理，无须计发休假期间的工资。

案例154

产假未休完提前上班，可否主张未休部分的产假待遇？

广州市中级人民法院（2018）粤01民终532号、533号

李某于2014年2月入职甲幼儿园，月平均工资7025.42元。2015年8月12日，李某生育一小孩，社会保险部门核定李某的产假天数113天，生育津贴

12,609.67 元、分娩营养补助费 1546.75 元。李某休产假至 2015 年 11 月 2 日恢复上班，离社会保险部门核定的产假天数尚有 33 天未休。2016 年 8 月 16 日，李某离职。后双方成讼，李某主张甲幼儿园支付生育保险待遇差额 6903 元等权利。

审理结果

一审法院认为，生育津贴与产假工资不可兼得，无论是在李某产假期间还是在产后上班期间，甲幼儿园均已足额发放了工资，至于李某放弃部分产假提前上班，是李某对享有的产假权利的自由支配，不能成为李某获得双重待遇的理由。故对于李某要求甲幼儿园支付剩余保险待遇差额的诉讼请求，法院不予支持。

二审法院认为，关于李某能否主张未休产假期间的产假待遇问题，如同劳动者未休年休假上班可以请求用人单位支付年休假工资报酬一样，女职工未休完产假提前上班的，不应视为女职工已放弃产假的权利，并不能因此免除用人单位支付产假待遇的法定义务。李某未休完产假即上班，李某上班期间所得的工资是因提供劳动所得的劳动报酬，该劳动报酬与产假待遇属不同性质，前者是基于劳动关系的劳动所得，后者是基于女职工生育保险法律关系的待遇，二者并不冲突，不构成重复获利。原审判决以李某未休完产假提前上班属于放弃部分产假为由驳回李某的该项诉讼请求不当，法院予以纠正。

案例简评

本案一审和二审的观点不一样，综合来看，二审法院的观点更为合理，本书亦持此观点。

其一，产假工资与生育津贴不可兼得，是以女职工在休法定产假期间未上班为前提的。女职工在正常休产假的情况下，产假工资与生育津贴由于性质相同，都是为了使女职工因休产假不能正常提供劳动而获得“补偿”，因此二者互斥，只可得其一，不可二者兼得。

其二，劳动报酬与产假工资或生育津贴可以兼得。员工在休产假期间，本来就可以依法获得产假待遇，若员工又在休假期间提前返岗工作，当然可以同时获得劳动报酬，二者并不矛盾，不属于重复获利，不能因为员工提前返岗上班就视为员工放弃了享受产假待遇的权利。试想，如果员工在休产假期间返岗上班，视为员工放弃休假，企业就完全可以利用优势地位，采用各种手段“逼”员工提前上班。员工往往害怕丢工作或者被“穿小鞋”，即使不愿意，也不敢违背，于是就回去上班了。如此，员工的合法权益不能得到保障，显然是不妥当的。

HR 实务指南

第一，区分产前假和产前休假。劳动法没有规定女职工可以休产前假，但规定女职工可以在产前休假 15 天，HR 应对两种假期区分处理。

第二，对于产前假的处理。关于女职工请休产前假，有地方规定的地区，按地方规定处理；无地方规定的地区，建议按病假处理，发放病假工资。

五、产假

产假，顾名思义，是指女职工因生育而请休的假期。关于产假的天数、工资待遇等，我国劳动法实行国家规定和地方规定相结合的方式进行确定。在产假天数方面，除国家规定的基本天数外，各地规定的奖励假差距较大。

1. 产假的休假规定

· 基本产假

早在 1951 年时，我国颁布了《劳动保险条例》（已失效），该条例第 16 条第 1 款规定生育期间女性可以享受 56 天的产假。1988 年，《女职工劳动保护规定》（已失效）施行，将产假提高到了 90 天，同时，关于对难产、多胞胎生育、流产 3 种情形在基本产假天数的基础上给予增加一定天数也作了较为具体的规定。1994 年颁布的《劳动法》（已修改），延续了上述产假天数。2012 年 4 月，国务院颁布《女职工劳动保护特别规定》，将基本产假天数提高到 98 天，一直实施至今。

《女职工劳动保护特别规定》第 7 条第 1 款规定，女职工生育享受 98 天产假，其中产前可以休假 15 天；难产的，增加产假 15 天；生育多胞胎的，每多生育 1 个婴儿，增加产假 15 天。

这是有关产假天数的国家规定，俗称“基本产假”。具体为：

（1）基本产假 98 天，其中产前可以休假 15 天；

（2）难产的，增加产假 15 天；

（3）生育多胞胎的，每多生育 1 个婴儿，增加产假 15 天。

部分地区在国家规定的产假天数的基础上，又增加了一些天数。比如，《广东省实施〈女职工劳动保护特别规定〉办法》第 11 条规定，生育时遇有难产的，增加 30 天产假。

· 晚育假

我国 2001 年颁布的《人口与计划生育法》（已修改）第 25 条规定，公民晚婚晚育，可以获得延长婚假、生育假的奖励或者其他福利待遇。2015 年 12 月 27 日，全国人大常委会在修改这部法律时，将第 25 条修改为“符合法律、法规规定生育子女的夫妻，可以获得延长生育假的奖励或者其他福利待遇”。2021 年 8 月 20 日，全国人大常委会再次修改该法时，保留了这一规定。随后，我国各地区纷纷修改地方规定，删除晚育假。至此，我国全面取消了晚育假。晚育假彻底成为历史。

· 地方奖励假

2015 年修改后的《人口与计划生育法》取消了晚育假，但是第 25 条同时规定了符合规定生育子女的夫妻，可以获得延长生育假奖励或者其他福利待遇。对于具体可以获得多少天的奖励假或者哪些福利待遇，则没有具体规定，而是交给了各地方自行规定，地方奖励假也就由此而来。

地方奖励假各地规定不同。

例如，《广东省人口与计划生育条例》第 30 条第 1 款规定，符合法律、法规规定生育子女的夫妻，女方享受 80 日的奖励假。

又如，《天津市人口与计划生育条例》第 18 条第 2 款规定，符合法律、法规规定生育子女的夫妻，女方在享受国家规定的生育假（产假）的基础上增加生育假（产假）60 日。

由于各地方的奖励产假规定不同，企业 HR 在适用奖励产假时，应以当地最新规定为准。

2. 产假工资待遇

《女职工劳动保护特别规定》第 8 条第 1 款规定，女职工产假期间的生育津贴，对已经参加生育保险的，按照用人单位上年度职工月平均工资的标准由生育保险基金支付；对未参加生育保险的，按照女职工产假前工资的标准由用人单位支付。

那么，女职工的产假工资应该如何计算呢？对此，各地规定则有所不同。

以广东为例，《广东省实施〈女职工劳动保护特别规定〉办法》第 13 条第 2 款规定，女职工原工资标准，是指女职工依法享受产假或者计划生育手术假前 12 个月的月平均工资。前 12 个月的月平均工资按照女职工应得的全部劳动报酬计算，包括计时工资或者计件工资以及奖金、津贴、补贴等货币性收入。前 12 个月的月平均工资低于女职工正常工作时间工资的，按照正常工作时间工资标准计算。女职工享受假期前在用人单位工作未满 12 个月的，按照其实际参加工作的月份数计算。

需要提及的是，云南省人民政府 2024 年 9 月 19 日发布的《云南省女职工劳动保护特别规定》（云南省人民政府令第 232 号）第 11 条规定，“用人单位确因工作需要致使女职工产假或者休假未满规定天数的，应当安排补休；不能安排补休的，应当按照应休未休产假、休假天数工资标准的百分之二百支付工资报酬”。也就是说，在云南地区，如果企业没有安排员工休产假或者没有休够产假天数，应安排补休，否则需支付 2 倍工资。

HR 实务指南

第一，HR 应充分了解掌握企业所在地区的地方规定。由于产假由国家产假和地方奖励假两部分组成，各地所规定的地方奖励假不一样，因此 HR 应了解当地奖励假的规定，以便核定女职工具体的产假天数。此外，产假期间工资照发，不得克扣。

第二，产假工资和生育津贴不可兼得。根据劳动法相关规定，参加了生育保险的企业，由生育保险基金支付生育津贴，未参加生育保险的企业，由企业支付产假工资，从这个角度来看，生育津贴其实就是产假工资，二者只可得其一，女职工不可兼得。

六、流产假

《女职工劳动保护特别规定》第 7 条第 2 款规定，女职工怀孕未满 4 个月流产的，享受 15 天产假；怀孕满 4 个月流产的，享受 42 天产假。可见，国家规定的流产假是分两段计算的，即未满 4 个月和满 4 个月，分别给予 15 天和 42 天的流产假。女职工休流产假期间的工资待遇，与产假相同。

部分地区在国家规定的基础上，作出了更有利于女职工的地方规定，使女职工在流产后身体能够得到更好地休养和保护。

例如，《广东省实施〈女职工劳动保护特别规定〉办法》第 11 条第 2 款规定，女职工怀孕未满 4 个月终止妊娠的，根据医疗机构的意见，享受 15 天至 30 天产假；怀孕 4 个月以上 7 个月以下终止妊娠的，享受 42 天产假；怀孕满 7 个月终止妊娠的，享受 75 天产假。

又如，《黑龙江省女职工劳动保护条例》第 11 条第 1 款第 4 项规定，怀孕未满 3 个月流产的，享受 21 日产假，怀孕满 3 个月流产的，享受 42 日产假。

再如，《江苏省女职工劳动保护特别规定》第 12 条规定，怀孕不满 2 个月流产的，享受不少于 20 天的产假；怀孕满 2 个月不满 3 个月流产的，享受不少于 30 天的产假；怀孕满 3 个月不满 7 个月流产、引产的，享受不少于 42 天的产假；怀孕满 7 个月引产的，享受不少于 98 天的产假。

对于流产假，还可以从以下两点进行扩展理解：

（1）未婚流产是否应享受流产假？

本书认为，未婚流产也可以享受流产假。

首先，《女职工劳动保护特别规定》第 7 条第 2 款规定的流产假享受条件，并没有限定是已婚还是未婚，也没有规定必须是领取了结婚证的合法夫妻的女方流产，因此应理解为流产假适用于所有女性职工，婚姻状况并不是享受流产假的法定要件。

其次，流产假的立法目的，是保障女职工因流产而获得足够的时间恢复身体健康。从这个角度上讲，只要女职工有流产的事实，就应该享受流产假，无论是已婚女职工还是未婚女职工，都应该得到保护。

值得一提的是，1988 年《女职工劳动保护规定》（已失效）第 15 条规定，女职工违反国家有关计划生育规定的，其劳动保护应当按照国家有关计划生育规定办理，不适用本规定。2012 年颁布《女职工劳动保护特别规定》时，将这一条删除了。

（2）多次流产，是否仍可享受流产假？

劳动法并没有规定多次流产不能享受流产假。《女职工劳动保护特别规定》第 7 条第 2 款规定的流产假，以及各地的地方规定，都没有对流产次数作出限制。

流产是一种特殊的"生产"，三孩政策放开之后，劳动法对一对夫妻生育多少个孩子已经没有限制了，那么，既然对正常"生产"没有限制，流产作为一种特殊"生产"也不应有次数限制。

另外，《社会保险法》第 54 条没有限制生育保险待遇领取的次数，该条第 1 款规定，用人单位已经缴纳生育保险费的，其职工享受生育保险待遇，所需资金从生育保险基金中支付。

七、陪产假

1. 陪产假的休假规定

陪产假又称为护理假、陪护假，是指生育女职工的配偶所享受的用于陪护生育女职工的假期。国家层级的劳动法律法规并没有对陪产假作出具体的规定，陪产假通常规定在各地的人口与计划生育条例里。

截至 2023 年 11 月，我国各地区的陪产假天数大概如下：

“简易版”：7~10 天，代表地区：山东、上海；

“标准版”：15 天，全国大部分地区都是 15 天；

“豪华版”：20 天，代表地区：重庆、湖南；

“超级豪华版”：25 天，代表地区：内蒙古、吉林；

“巨无霸版”：30 天或者 1 个月，代表地区：河南、江西。

2. 陪产假的工资待遇

关于陪产假的工资待遇，各地规定基本上都是原工资待遇不变。

比如，《广东省人口与计划生育条例》第 30 条第 1 款规定，符合法律、法规规定生育子女的夫妻，女方享受 80 日的奖励假，男方享受 15 日的陪产假。在规定假期内照发工资，不影响福利待遇和全勤评奖。

案例 155

男职工在妻子生育子女后，依法享受护理假

最高人民法院劳动争议典型案例（2024 年 4 月 30 日发布）

2021 年 5 月 5 日，李某至江苏某服饰公司从事摄影工作。因妻子待产，李某于 2021 年 7 月 2 日起回家陪产未再出勤。李某之子于 7 月 3 日出生。7 月 20 日，李某回到某服饰公司继续工作至 11 月 17 日。11 月 18 日，李某至某服饰公司结算工资时发生冲突。李某申请劳动仲裁，提出某服饰公司应支付护理假工资等请求。后劳动仲裁委终结案件审理，李某诉至法院。

审理结果

法院认为，根据《江苏省人口与计划生育条例》（江苏省人大常委会公告第 72 号）第 24 条第 2 款、第 3 款，符合本条例规定生育子女的夫妻，女方在享受国家规定产假的基础上，延长产假不少于 30 天，男方享受护理假不少于 15 天，假期视为出勤，在规定假期内照发工资。李某在护理假期间视为出勤，某服饰公司应当发放工资。故审理法院支持了李某要求某服饰公司支付 15 天护理假工资等诉讼请求。

典型意义

近年来，各地落实中共中央、国务院《关于优化生育政策促进人口长期均衡发展的决定》（2021 年 6 月 21 日），出台支持优化生育的政策措施。在家庭中，丈夫和妻子共同承担着生儿育女的责任。陪产护理假是男职工在妻子生育期间享有的看护、照料妻子与子女的权利。在本案中，法院判令用人单位支付男职工护理假期间的工资，有助于引导用人单位严格执行国家相关规定，发挥男性在生育中不可或缺的丈夫和父亲的角色作用，强化两性在生育事务中的平等合作，有利于下一代的健康成长、生育支持政策体系的进一步完善及人口的高质量发展。

八、哺乳时间与哺乳假

哺乳时间是指女职工在哺乳期内，企业应当依法给予女职工对婴儿进行授乳的时间。哺乳期一般是指女职工分娩后在婴儿满 1 周岁以前的期间。哺乳时间有两个概念，前者是指每天哺乳的时间，后者是指哺乳的期限。哺乳假则是指女职工产假结束后返岗上班确有困难，经企业批准后可以享受的假期。

1. 哺乳时间

《女职工劳动保护特别规定》第 9 条规定，对哺乳未满 1 周岁婴儿的女职工，用人单位不得延长劳动时间或者安排夜班劳动。用人单位应当在每天的劳动时间内为哺乳期女职工安排 1 小时哺乳时间；女职工生育多胞胎的，每多哺乳 1 个婴儿每天增加 1 小时哺乳时间。

关于哺乳时间，几乎是全国“一刀切”，按照该特别规定第 9 条进行安排，即每天 1 小时（不包括多胞胎，下同）。但也有极少数地区在国家规定的基础上增加哺乳时间，比如，中共郑州市委办公厅、郑州市人民政府办公厅印发的《关于促进 3 岁以下婴幼儿照护服务发展的实施意见》（郑办〔2022〕2 号）指出，婴幼儿 12 个月之前，每天给予女职工不少于 2 小时的哺乳时间。

对哺乳时间，还可以从以下几点进行扩展理解：

（1）**若产妇不是用母乳喂养婴儿，企业是否还需给予哺乳时间？**

关于该问题在实务中确实存在不同意见。

一种意见认为只包括产妇用自己的乳汁进行授乳，这是法律规定企业应给予哺乳时间的意义所在。母亲亲自授乳具有不可替代性，人工喂养则失去了“哺乳”本身的意义，且具有可替代性，人工喂养并不是非要产妇本人亲自喂养。

另一种意见则认为还应包括人工喂养。哺乳的意义不仅仅是母亲用自己的乳汁授乳，还有母亲与婴儿在身体上的互相接触、亲昵，在心理上的互相慰藉，在情感上的互相需要。虽然非母乳喂养具有可替代性，但是母亲与婴儿之间的情感需要身体接触，这是不可替代的。

国务院 1988 年颁布实施的《女职工劳动保护规定》（已失效）第 9 条规定，有不满 1 周岁婴儿的女职工，其所在单位应当在每天的劳动时间内给予其两次哺乳（含人工喂养）时间，每次 30 分钟。这里明确规定了“含人工喂养”，然而，2012 年国务院颁布的《女职工劳动保护特别规定》废止了前述规定，并把“含人工喂养”删除了，规定用人单位应当在每天的劳动时间内为哺乳期女职工安排 1 小时哺乳时间；女职工生育多胞胎的，每多哺乳 1 个婴儿每天增加 1 小时哺乳时间。

由此可见哺乳假不区分喂养方式。

（2）**哺乳时间是否包括路途时间？**

客观上，哺乳女职工从单位到住处往往需要一段时间，长则个把小时（在大城市里有许多人坐公共交通工具进行通勤），短则三五分钟（如住在单位宿舍），哺乳完毕后还要返回单位上班。如果哺乳时间不包括路途时间，那么哺乳时间都将消耗在路上，这可怎么办？

法律规定每天 1 小时的哺乳时间，并没有明确是否包括路途时间。通常认为不包括路途时间，也有部分地区直接规定不包括路途时间，比如《山东省女职工劳动保护办法》（山东省人民政府令第 322 号）第 15 条第 3 款指出，哺乳时间不包括必要的往返路途时间。

那么，离家远的女职工怎么解决哺乳的问题？本书认为有以下几个办法：

第一，每天请 1 小时的事假，加上哺乳本身的 1 小时，有 2 小时，基本上就够用了。

第二，每天晚上班 1 小时，或者早下班 1 小时，或者晚上班半小时并早下班半小时，或者利用中午休息时间上午早下班 1 小时，或者下午晚上班 1 小时，等等。

第三，让家人把孩子送到单位来，女职工在单位安排的母婴室授乳，授乳完毕后再让家人把孩子带回去。

当然，这些所谓的解决办法其实都是无奈之举，本书呼吁广大企业加强对“三期”女职工的关爱，在尽量可能的情况下，适当给予女职工哺乳的路途时间，或者在法定标准的基础上增加哺乳时间，彰显企业的社会责任感。

（3）如果婴儿出生后即为死体，企业是否还应给予哺乳时间？

本书认为，哺乳时间的立法目的，是给刚出生的婴儿哺乳，若婴儿出生后即为死体或者出生一段时间后（仍在法定哺乳期内）夭折，则企业可以不再给予哺乳时间，也不算违法。

（4）哺乳期到底是多久？

《女职工劳动保护规定》第 9 条规定了哺乳期为婴儿满 1 周岁时止，但是新颁布的《女职工劳动保护特别规定》并没有明确规定，该特别规定第 9 条有两款，第 1 款提到了“哺乳未满 1 周岁婴儿”，但该款规定的是“不得延长劳动时间或者安排夜班劳动”，而不是哺乳期限。同样，《劳动法》第 63 条也作了类似规定，也没有明确规定哺乳期就是至婴儿满 1 周岁时止。

因此，严格来说，现行有效的劳动法没有对哺乳期作出明确规定。

在实践中，一般按婴儿满 1 周岁来认定哺乳期，同时以此认定女职工“三期”结束，“三期”期间的特殊劳动保护自婴儿满 1 周岁时消灭。

（5）在哺乳期内换工作，新单位是否应给予哺乳时间？

答案是肯定的。劳动法规定的哺乳期，只看时间上是否已结束，至于在哺乳期内女职工是否换单位，则在所不问；若换单位，则由新单位继续给予哺乳时间，直至哺乳期结束，即婴儿满 1 周岁时止。

2. 哺乳假及其待遇

哺乳假是指女职工产假结束后仍需请假在家哺乳的假期。哺乳假不等于哺乳时间，哺乳时间是指劳动法规定企业必须安排产假刚结束的女职工在每天工作时间内享受 1 小时的时间用于哺乳，该时间计入劳动时间。

与产前假一样，国家层级的劳动法律法规并没有规定哺乳假，因此，哺乳假并不是企业必须安排的法定假期。

我国部分地区对哺乳假作出了相关规定。

例如，《福建省女职工劳动保护条例》第14条第1款规定，女职工产假期满，经本人申请、用人单位同意，可以请哺乳假至婴儿满1周岁。哺乳假期间的工资由双方协商确定，不得低于生育津贴的60%，且不得低于当地最低工资标准。

又如，《广西壮族自治区人口和计划生育条例》第28条规定，符合法律、法规规定生育子女的女职工，产假期满后抚育婴儿有困难的，由本人提出申请，经所在单位同意，可以享受不超过12个月的哺乳假；哺乳假期间，其工资、津贴、补贴按照总额的80%核发；享受哺乳假的职工，不影响晋级、工资调整和工龄计算。

再如，《上海市女职工劳动保护办法》第16条规定，女职工生育后，若有困难且工作许可，由本人提出申请，经单位批准，可请哺乳假6个半月。《上海市实施〈中华人民共和国妇女权益保障法〉办法》（已失效）第23条规定，经二级以上医疗保健机构证明患有产后严重影响母婴身体健康疾病的，本人提出申请，用人单位应当批准其哺乳假。女职工按有关规定享受的哺乳假期间的工资不得低于其原工资性收入的80%；调整工资时，哺乳假视作正常出勤。

上述3个地方规定，均表述为“本人申请，单位批准”，即批准或者不批准，决定权在单位，单位不批准的，女职工不享受哺乳假。

HR 实务指南

第一，哺乳时间一般为1小时，可以分一次安排，也可以分两次安排。劳动法只规定了企业应给予女职工哺乳时间，但没有规定次数，具体可以与女职工协商确定，或者由女职工灵活处理，比如今天一次哺乳1小时，明天又分为两次，每次半小时。

第二，建议在法定哺乳时间基础上额外给予福利时间。无论是分一次安排还是分两次安排，1小时均很仓促。因此本书建议，有条件的企业，或者女职工居住地离企业较远的，企业可以在法定哺乳时间的基础上，额外多给女职工一定的时间作为福利，比如每天多安排1小时或者半小时，体现企业以人为本、关爱员工的人道主义理念。

九、育儿假

2021 年 8 月 20 日，全国人大常委会第二次修改《人口与计划生育法》，其中第 25 条增加一款，作为第 2 款：国家支持有条件的地方设立父母育儿假。至此，育儿假作为一种法定假的假种正式写入法律。

随后，各地纷纷修改人口与计划生育条例及相关规定，增加育儿假。截至 2023 年 11 月，全国大多数地区实施了育儿假。

1. 育儿假的天数

《人口与计划生育法》没有对育儿假的天数进行具体规定，而是交由各地方根据地方经济、社会等实际情况自行规定。

对于育儿假的天数各地规定不同，普遍规定为 10 天，如广东、江苏、福建、湖南、安徽等地；也有些地区规定为 5 天，如北京、上海，其中北京规定为 5 个工作日；还有些地区规定为 15 天，如山西、西藏。

重庆地区则规定，符合法律法规规定生育的职工，在产假或者护理假期满后，经单位批准，夫妻一方可以休育儿假至子女 1 周岁止，或者夫妻双方可以在子女 6 周岁前每年各累计休 5~10 天的育儿假。

2. 育儿假的休假条件

对于休假条件各地规定不同，已经实行育儿假的地区，大多数规定为子女 3 周岁以下的父母，每年分别享受若干天育儿假，不强调生育的子女是否符合法律法规规定。比如，《辽宁省人口与计划生育条例》第 19 条规定，子女不满 3 周岁的夫妻，每年分别享受累计 10 日育儿假。

也有些地区强调只有符合法律法规规定生育的子女才可享受育儿假。比如，《广东省人口与计划生育条例》第 30 条第 2 款规定，符合法律、法规规定生育子女的，在子女 3 周岁以内，父母每年各享受 10 日的育儿假。湖南、山东等地也是类似规定。这就是说，在这些地区里，如果生育的子女不符合法律法规规定，则父母不享受育儿假。

还有部分地区规定为子女 6 周岁以下均可休育儿假。比如，《安徽省人口与计划生育条例》第 32 条第 1 款第 3 项规定，在子女 6 周岁以前，每年给予夫妻各 10 天的育儿假。

3. 育儿假的休假细则

有些地区对育儿假的休假规则进行了细化规定。

例如，广东省人力资源和社会保障厅、广东省卫生健康委员会《关于进一步做好〈广东省人口与计划生育条例〉相关假期贯彻落实工作的通知》（粤人社规〔2023〕1 号）第 3 条指出：

（1）育儿假不可叠加，如有两个以上子女同时在 3 周岁以内，父母双方每年均只能享受 10 日育儿假，直至最小的子女满 3 周岁。

（2）育儿假的请休按周年计算，即以子女周岁作为计算年度。例如，子女 2021 年 5 月 1 日出生，那么自 2021 年 5 月 2 日至 2022 年 5 月 1 日子女满 1 周岁之前，父母双方可以各休 10 日育儿假；2022 年 5 月 2 日至子女满 2 周岁之前，父母双方可以再休 10 日育儿假，以此类推，直至子女满 3 周岁。

（3）在同一计算年度内，育儿假可拆分请休，原则上不超过 2 次。

又如，天津市人民政府办公厅《印发〈关于婚假生育假（产假）陪产假育儿假护理假等假期休假实施办法〉的通知》（津政办规〔2022〕9 号）及天津市卫生健康委员会《〈关于婚假生育假（产假）陪产假育儿假护理假等假期休假的实施办法〉政策解读》指出：

（1）育儿假为工作日，不包括法定节假日和休息日。

（2）育儿假按照夫妻生育的子女数量计算，多子女家庭夫妻的假期天数累计叠加。

（3）休假周期以子女的实际年龄计算。育儿假当年未休的，一般不再延续至下一年。

（4）夫妻离婚的，抚养子女的一方享受育儿假。

（5）养父母、继父母抚育养子女、继子女的，应当享受育儿假。

对于没有规定育儿假休假细则的地区，企业可以根据当地人口与计划生育条例规定的基本规则和天数进行安排育儿假。

4. 育儿假的待遇

员工休育儿假期间，一般视为正常出勤，工资照发，企业不得扣减。例如，《安徽省人口与计划生育条例》第 32 条第 2 款规定，职工在育儿假期间，享受其在职在岗的工资、奖金、福利待遇。又如，《广西壮族自治区人口和计划生育条例》第 27 条第 2 款规定，职工享受育儿假期间的工资、津贴、补贴和奖金，其工作单位不得扣减。

也有部分地区规定略有不同。比如，《广东省人口与计划生育条例》第 30 条第 2 款规定，员工享受育儿假期间的用工成本分担，按照国家和省的有关规定执行，即工资待遇。

5. 员工应休而未休的育儿假可否要求补休或者折算工资

法律规定了符合条件的员工享有育儿假，员工可以在尽量不影响完成工作任务的情况下合理向企业请休，企业如果无特殊生产经营需要，应予批准。然而，在实务中往往会出现应休而未休育儿假的情况，可能是员工忘记在应当休假的期限内请休，也可能是员工请休了但企业因生产经营需要而未批准或者与员工协商一致后不休。

那么，对于员工应休而未休的育儿假，企业应如何处理呢？国家层级的法律法规并没有作出明确规定。

以下为 3 个判例，分别来自北京、上海、广州。

北京市第一中级人民法院（2023）京 01 民终 4089 号民事判决书认为，倪某认为，自己每年度可享受 5 天育儿假，公司未批准自己休假，理应支付未休育儿假的工资补偿。公司认为，法律没有规定不休育儿假有什么法律后果以及是否应该支付相应补偿，所以倪某关于育儿假的请求是缺乏请求权基础的。法院认为，倪某主张的未休育儿假补偿，缺乏相应法律依据，倪某亦未举证证明公司在规章制度中明确规定了未休育儿假补偿，故对于该项上诉请求，法院不予支持。

上海市第二中级人民法院（2023）沪 02 民终 535 号民事判决书认为，高某认为，公司没有向自己宣导育儿假的国家政策，导致自己在 2021 年、2022 年没有享受过育儿假，要求公司给予自己 2021 年、2022 年未休育儿假共计 20 天的工资 17,718 元。法院认为，高某要求公司支付未休育儿假的工资无法律依据，法院不予支持。

广州市中级人民法院（2023）粤 01 民终 8922 号民事判决书认为，虽然李某在生育子女后可享受育儿假，双方均确认李某在解除劳动合同前未休育儿假，但李某请求公司支付未休育儿假工资无相应的法律依据，故法院不予支持。该院

（2023）粤 01 民终 22015 号也是同样的判决。

以上 3 个判例，均不支持对员工应休未休的育儿假进行工资折算或者补偿。其中包括员工主动请休但企业未批准休假的情形。

本书认为，应休而未休的育儿假是否折算工资或者补偿，应视情况而定，不能一概而论地认为“缺乏法律依据”而不予支持。

第一种情况：员工未主动请休育儿假，企业无须安排补休或者折算工资。

该情况可能是员工不知道有育儿假，也可能是员工忘记请休，企业也没有提醒员工请休，客观上导致了员工应休而未休。本书认为，严格来说，育儿假并不是劳动法规定的休息休假，而是人口与计划生育法律法规规定的员工奖励假，员工如果未在特定期限内主动提出休假申请，企业无须承担法律责任。

第二种情况：员工主动请休育儿假，但企业未批准休假或者因生产经营需要未及时安排员工休假，企业应予安排补休或者折算工资。

本书认为，虽然育儿假属于奖励假，但员工也有休假的权利，员工在特定期限内主动请休，企业未批准或者未能安排休假的，过错不在员工，企业应予安排补休；不能安排补休的，应当按照员工正常工作时间工资标准折算工资发放，作为对员工应休未休育儿假的补偿。

有部分地区规定了补休规则。

例如，广东省人力资源和社会保障厅、广东省卫生健康委员会《关于进一步做好〈广东省人口与计划生育条例〉相关假期贯彻落实工作的通知》第 11 条指出，用人单位确因工作需要原因未给职工安排休育儿假，职工提出休假申请的，用人单位应当安排职工补休。

又如，天津市人民政府办公厅《印发〈关于婚假生育假（产假）陪产假育儿假护理假等假期休假实施办法〉的通知》第 10 条指出，因用人单位原因，职工未能及时享受育儿假的，用人单位应当安排职工补休。

十、独生子女父母护理假

独生子女父母护理假是指独生子女父母年满 60 周岁的，在因病住院治疗期间，独生子女每年可累计享受一定天数的独生子女父母护理假。

国家层级的法律法规没有规定独生子女父母护理假，该假期一般规定在各地方的法规或规章里。在规定了父母护理假的地区，该假期的享受条件大多要求独生子女，也有部分地区规定非独生子女也可享受父母护理假。

例如，《湖南省人口与计划生育条例》第 20 条第 2 款规定，独生子女父母年满 60 周岁，因病住院治疗期间，其子女每年可累计享受 15 天的独生子女父母护理假，视为出勤。

又如，《湖北省实施〈中华人民共和国老年人权益保障法〉办法》第 11 条第 3 款规定，对赡养人、扶养人照顾失能或者患病住院老年人的，用人单位应当提供便利，并给予每年累计不少于 10 天的护理时间；对独生子女照顾失能或者患病住院老年人的，每年护理时间应当累计不少于 15 天。

父母护理假的天数一般为 10~15 天，休假期间工资照发。比如，《山西省人口和计划生育条例》第 30 条第 4 项规定，领取《独生子女父母光荣证》的，年满 60 周岁后住院治疗的，子女所在单位应当支持照料陪护，给予子女每年不超过 15 日的照料假，照料假期间，可以享受与在岗人员同等的待遇。

父母护理假并不是法定假种，只是有部分地区规定了这一假期，企业在适用该假时，需根据当地的规定进行。

第二节 “三期”特殊劳动保护

我国法律历来重视女职工的劳动权益保护，出台了一系列的女职工劳动保护相关法律法规，切实保障女职工的身体健康和合法劳动权益。尤其是对于处于“三期”期间的女职工，劳动法更是从工资福利待遇、生育待遇、加班安排、劳动合同解除与终止等方面实行特殊劳动保护。

一、女职工劳动禁忌

女职工劳动禁忌是指劳动法规定企业不得安排女职工从事的劳动内容。女职工劳动禁忌可以分为一般劳动禁忌、经期劳动禁忌和“三期”劳动禁忌。

1. 一般的女职工劳动禁忌

根据《女职工劳动保护特别规定》附录第 1 条，禁止企业安排女职工从事以下范围的劳动：

（1）矿山井下作业；

（2）体力劳动强度分级标准中规定的第四级体力劳动强度的作业；

（3）每小时负重 6 次以上，每次负重超过 20 公斤的作业，或者间断负重，每次负重超过 25 公斤的作业。

以上劳动禁忌适用于所有女性职工，仅以性别划分，不增加其他任何条件，只要是女性职工，就禁止企业安排上述劳动。

2. 经期劳动禁忌

经期又称为生理期，是指女性的月经期间。根据《女职工劳动保护特别规定》附录第 2 条，禁止企业安排在经期期间的女职工从事以下范围的劳动：

（1）冷水作业分级标准中规定的第二级、第三级、第四级冷水作业；

（2）低温作业分级标准中规定的第二级、第三级、第四级低温作业；

（3）体力劳动强度分级标准中规定的第三级、第四级体力劳动强度的作业；

（4）高处作业分级标准中规定的第三级、第四级高处作业。

部分地区在国家规定的劳动禁忌范围之外，作了进一步的补充规定。比如，《河南省女职工劳动保护特别规定》（河南省人民政府令第 186 号）第 9 条规定，对于处于经期的女职工，从事连续站立劳动的，经女职工本人提出，企业应每 2 小时安排 10 分钟工间休息；对患有痛经或者经量过多的女职工，经女职工本人提出，企业应当给予 1 天至 2 天的休息时间；企业应当为在职女职工每人每月发放不低于 35 元的卫生费。

二、“三期”女职工特殊劳动保护

除前述一般劳动禁忌外，劳动法对处于“三期”期间的女职工实行特殊劳动保护，保护力度更大，范围更广。

1. 孕期劳动保护

根据《女职工劳动保护特别规定》附录第 3 条，禁止企业安排处于孕期的女职工从事以下范围的劳动：

（1）作业场所空气中有毒物质浓度超过国家职业卫生标准的作业；

（2）从事抗癌药物、己烯雌酚生产，接触麻醉剂气体等的作业；

（3）非密封源放射性物质的操作，核事故与放射事故的应急处置；

（4）高处作业分级标准中规定的高处作业；

（5）冷水作业分级标准中规定的冷水作业；

（6）低温作业分级标准中规定的低温作业；

（7）高温作业分级标准中规定的第三级、第四级的作业；

（8）噪声作业分级标准中规定的第三级、第四级的作业；

（9）体力劳动强度分级标准中规定的第三级、第四级体力劳动强度的作业；

（10）在密闭空间、高压室作业或者潜水作业，伴有强烈振动的作业，或者需要频繁弯腰、攀高、下蹲的作业。

女职工在孕期不能适应原劳动的，企业应当根据医疗机构的证明，予以减轻劳动量或者安排其他能够适应的劳动。

对怀孕 7 个月以上的女职工，企业不得延长劳动时间或者安排夜班劳动，并应当在劳动时间内安排一定的休息时间。

部分地区对孕期保护作了进一步的补充规定。比如，《山西省女职工劳动保护条例》第 13 条第 4 项规定，对怀孕 3 个月以内和 7 个月以上的，不得延长劳动时间或者安排夜班劳动，并每日安排 1 小时以上工间休息；有劳动定额的，减轻相应的劳动量。

2. 哺乳期劳动保护

根据《女职工劳动保护特别规定》附录第 4 条，禁止企业安排处于哺乳期的女职工从事以下范围的劳动：

（1）作业场所空气中有毒物质浓度超过国家职业卫生标准的作业；

（2）非密封源放射性物质的操作，核事故与放射事故的应急处置；

（3）体力劳动强度分级标准中规定的第三级、第四级体力劳动强度的作业；

（4）作业场所空气中锰、氟、溴、甲醇、有机磷化合物、有机氯化合物等有毒物质浓度超过国家职业卫生标准的作业。

对哺乳未满 1 周岁婴儿的女职工，企业不得延长劳动时间或者安排夜班劳动。

HR 实务指南

劳动法对女职工实施的特别劳动保护，除了“三期”保护，还扩展到了“四期”（“三期”+ 经期）保护和一般保护，企业均应遵守。总体而言，主要是禁止企业安排女职工从事负重、冷水、高空、有毒等工作，以保障女职工的身体健康。

三、“三期”女职工劳动合同解除与终止

1.“三期”劳动合同解除

根据《劳动合同法》第 42 条第 4 项，女职工在孕期、产期、哺乳期的，用人单位不得依照本法第 40 条、第 41 条的规定解除劳动合同。该条规定与《劳动法》第 29 条是一脉相承的。《女职工劳动保护特别规定》第 5 条也规定，用人单位

不得因女职工怀孕、生育、哺乳降低其工资，予以辞退，与其解除劳动或者聘用合同。

（1）企业不得对“三期”女职工进行无过失性辞退和经济性裁员。

《劳动合同法》第 42 条第 4 项提到，企业不得依照《劳动合同法》第 40 条和第 41 条规定解除“三期”女职工的劳动合同，这两条规定分别是指无过失性辞退和经济性裁员。关于这两条规定，本书在前面章节中已经详细论述，此处不再赘述。

（2）员工违反《劳动合同法》第 39 条的，企业可以解除劳动合同。

在实务中，很多人对“三期”女职工的劳动合同解除有误解，习惯性地认为，女职工只要处于“三期”，企业就不能解雇，否则就是违法解雇，甚至包括很多资深的 HR，都是这么认为的。

事实并非如此。劳动法对“三期”女职工劳动合同的解除规定的是有限限制，而非无限限制，“三期”更不是“免炒金牌”。企业仅仅是不得以无过失性辞退（《劳动合同法》第 40 条规定的 3 种情形）和经济性裁员（《劳动合同法》第 41 条）解雇“三期”女职工，除此之外，双方劳动合同是可以解除的，包括双方协商一致解除劳动合同，女职工本人因个人原因辞职，企业违法用工致使女职工被迫解除劳动合同等情形，当然，也包括“三期”女职工违反《劳动合同法》第 39 条，企业单方面解除劳动合同的情形。

（3）企业违法解雇“三期”女职工，是否需赔偿“三期”损失？

关于这个问题，在实践中有不同观点，本书将在下文详细论述。

2.“三期”劳动合同终止

根据《劳动合同法》第 45 条，劳动合同期满，女职工处于“三期”期间的，劳动合同应当续延至相应的情形消失时终止。

可见，关于“三期”女职工劳动合同终止，在《劳动合同法》第 44 条规定的 5 种终止情形中，只有劳动合同期满劳动合同才享有续延至“三期”结束的特殊保护权利，在其他几种终止情形中，“三期”女职工则与普通员工一样，不享有特殊保护权利。

HR 实务指南

第一，企业原则上不得解雇“三期”女职工。所谓原则上，就是指劳动法规定的不得解除或者终止劳动合同的情形，具体是指，不得依据《劳动合同法》第40条、第41条、第45条解除或者终止劳动合同。

第二，“三期”女职工严重违纪时，企业可以解雇。严重违纪主要是指“三期”女职工违反《劳动合同法》第39条规定时，企业可以解雇。由此看来，劳动法对“三期”女职工实行的是有限保护，而非无限保护。

四、“三期”女职工遭违法解雇，可否主张“三期”损失赔偿

在实务中，仍存在违法解雇“三期”女职工的现象，有些是企业解雇时认为是合法的，最终被认定为解雇违法，有些则是企业明知是违法解雇。

那么，如果企业解除劳动合同最后被裁审机构认定为违法，企业应承担哪些法律后果呢？

例 1：张女士是深圳甲公司员工，在休完 98 天产假后，向公司继续请休 80 天的地方奖励产假（广东规定地方奖励产假为 80 天），遭到公司拒绝。公司称，公司规章制度规定女职工产假只能休 98 天，该制度已向张女士公示，公司有权不批准张女士请休的 80 天地方奖励假，后张女士强行休假，公司以张女士连续旷工多日严重违反规章制度为由解除了与张女士的劳动合同。

毋庸置疑，甲公司构成违法解除劳动合同。根据《劳动合同法》第48条，张女士可以主张继续履行劳动合同，也可以主张甲公司支付违法解除劳动合同赔偿金。此外，张女士维权期间的工资损失，也可以向公司主张。

本案的关键在于，张女士被解雇时尚处于“三期”期间，有80天地方奖励假未休，产假结束后还有哺乳期，这些工资待遇损失应如何处理。换句话说，张女士可否在主张继续履行劳动合同或者违法解雇赔偿金的同时，一并主张甲公司赔偿自己应休未休的80天奖励假工资和哺乳期间的折算工资。

例 2：王女士于 2022 年 4 月 1 日入职乙公司，双方签订了 3 年期限的劳动合同，约定试用期 6 个月，同年 7 月 1 日，王女士经检查发现已怀孕，并向乙公司提交了怀孕的医学检查证明，7 月 20 日，乙公司以王女士不符合录用条件为由解除了与王女士的劳动合同。王女士申请劳动仲裁，主张乙公司违法解除劳动合同

的赔偿金以及孕期、产假、哺乳假工资。

例 2 和例 1 有所区别，例 1 是张女士在休产假期间被公司解雇，张女士的“三期”损失是未休完的产假期间的工资以及哺乳假工资，例 2 则是王女士在怀孕期间被公司解雇，王女士的主张比张女士多了孕期的工资。

关于这个问题，在实践中有诸多观点，归纳起来就是可以主张赔偿和不可主张赔偿两种。

观点一：不支持赔偿“三期”损失。

先看两个地方规定。

深圳市中级人民法院《关于审理劳动争议案件的裁判指引》第 101 条规定，用人单位违法解除与“三期”内女职工的劳动合同，女职工要求继续履行劳动合同的，应撤销用人单位解除劳动合同的决定，双方继续履行劳动合同；造成该女职工工资收入损失的，用人单位还应支付违法解除劳动合同期间的工资。女职工未要求继续履行劳动合同或劳动合同已经不能继续履行的，应认定双方劳动合同解除，并依据《劳动合同法》第 48 条和第 87 条的规定，由用人单位支付违法解除劳动合同赔偿金。

惠州市中级人民法院、惠州市劳动人事争议仲裁委员会《关于审理劳动争议案件若干问题的会议纪要》（2012 年 6 月 20 日）第 15 条第 1 款规定，用人单位违法解除与“三期”内女职工的劳动合同，如女职工要求继续履行劳动合同，则应撤销用人单位解除劳动合同的决定，双方继续履行劳动合同。如女职工不要求继续履行劳动合同或劳动合同已经不能履行的，应认定双方劳动合同解除，并依照《劳动合同法》第 87 条的规定，由用人单位支付赔偿金。

上述两个规定内容相同，“三期”女职工被企业违法解雇后，要么选择恢复劳动关系，继续履行劳动合同，要么选择由企业支付违法解除劳动合同赔偿金，只能二选一，“三期”损失和赔偿金不可兼得。

再看司法判例。

深圳市中级人民法院（2021）粤 03 民终 5874 号民事判决书认为，彭某主张公司在自己孕期内违法解除劳动关系，公司应向自己支付产假工资。用人单位向劳动者支付产假工资的前提是双方的劳动关系仍然存续，在本案中，双方签订的劳动合同已于 2020 年 2 月 26 日解除，且彭某未要求继续履行劳动合同并已经以公司违法解除劳动合同为由，要求公司支付违法解除劳动合同的赔偿金，一审法院对彭某的该项请求已经予以支持。因此，在劳动合同解除以后，双方之间不再存在劳动关系，彭某再要求公司向自己支付劳动合同解除以后的产假工资，缺乏依据，法院不予支持。

除深圳地区和惠州地区外，还有一些地区的法院也持上述观点。摘录如下：

北京市第三中级人民法院（2021）京 03 民终 18157 号民事判决书认为，鉴于双方劳动关系已于 2014 年 8 月 4 日解除，故芦某要求公司向自己支付 2014 年 8 月 5 日之后孕期病假工资、产假工资、哺乳期工资的诉讼请求，均缺乏事实及法律依据，法院不予支持。

长沙市中级人民法院（2022）湘 01 民终 1924 号民事判决书认为，双方的劳动关系已于 2020 年 12 月 8 日解除，且已判令公司支付违法解除劳动合同赔偿金，故李某要求公司支付生育津贴、生育医疗费以及哺乳期工资的依据不足，法院不予支持。

观点二：支持赔偿“三期”损失。

先看地方规定。

《广州市中级人民法院民事审判若干问题的解答（劳动争议部分）》（2010）第 15 条指出，女职工在怀孕期间被用人单位解雇，因客观原因，“三期”待遇损失的，产期应按正常工资标准足额支付，哺乳期和孕期可按其本人正常工资的 20% 支付，但不得低于当地最低工资标准。

再看司法判例。

广州市中级人民法院（2022）粤 01 民终 3275 号民事判决书认为，由于公司在李某怀孕期间违法解除与李某的劳动关系，李某无法在孕期、产期和哺乳期期间享受相应的待遇，由此产生的损失，应由公司予以赔偿。原审法院按照李某离职前正常工作期间的月工资标准计算李某的产假工资损失，并按照最低工资标准计算李某的孕期与哺乳期工资损失，同时根据社会保险经办机构的核定计算李某的生育医疗费损失，符合法律规定，法院依法予以维持。

除上述广州地区判例外，其他地区也有判例持这一观点。摘录如下：

临沂市中级人民法院（2019）鲁 13 民终 1089 号民事判决书认为，公司于 2018 年 7 月 30 日违法终止与刘某的劳动合同，应依法赔偿违法终止劳动合同导致的刘某产期、哺乳期间的工资待遇损失。

佛山市中级人民法院（2021）粤 06 民终 18993 号民事判决书认为，公司已知悉江某怀孕的情况仍将江某违法辞退，公司除支付赔偿金外，还应向江某支付孕期、产期、奖励假期的工资待遇。

郑州高新技术产业开发区人民法院（2020）豫 0191 民初 23259 号民事判决书认为，公司明知孔某处于怀孕期间，仍解除劳动合同，违反了《女职工劳动保护特别规定》第 5 条，应支付孔某孕期、哺乳期工资。

观点三：支持产假、哺乳假工资损失，不支持孕期工资损失。

比如，东莞市中级人民法院（2020）粤 19 民终 547 号民事判决书认为，依照《广东省实施〈女职工劳动保护特别规定〉办法》第 11 条的规定，女职工孕期上班才能获得相应的劳动报酬，莫某主张劳动关系解除后至产前的孕期工资，鉴于莫某该段期间并未上班，故该主张缺乏事实和法律依据。产假、哺乳假属于女职工合法权益，用人单位在女职工孕期违法解除劳动合同导致女职工产期、哺乳期工资损失的，依法应予赔偿。

本书倾向于赞同第二种观点。理由如下：

首先，继续履行劳动合同和支付违法解除劳动合同赔偿金“二选一”的制度安排存在漏洞。

如上述例 2，乙公司知道王女士怀孕后，由于王女士接下来要产检、休产假等，企业不好安排工作，还要给王女士发工资，又不能解雇，因此，即使企业明知解雇王女士是违法的，也会毫不犹豫地选择解雇。由于王女士尚在试用期，因此法院判决企业解雇违法，也只是赔偿 1 个月工资（“2N”），即便加上维权期间的工资损失，也比继续留下王女士一直到“三期”结束要“划算”。

如果女职工可以在主张继续履行劳动合同和支付赔偿金之间自由选择，那么“二选一”是没有问题的，但事实上员工往往无从选择，只能选择赔偿金。

很简单，如果企业不需承担违法解雇后的“三期”损失赔偿，企业解雇后就会想办法创造“劳动合同不能继续履行”的条件（如立马招人顶替女职工离职前的工作岗位，故意制造双方不存在基本信任基础的氛围等），导致女职工客观上无法恢复劳动关系或者主观上不愿意再恢复劳动关系，“逼”女职工选择赔偿金，以逃避承担“三期”劳动保护的责任。

笔者这一论断并非凭空想象，笔者曾在 HR 群里做过这样一个调查：当企业发现尚处于试用期的女职工已经怀孕时，企业会怎么做？答案几乎是一边倒，即以试用期不符合录用条件为由解除劳动合同。可见，在实务中，企业明知在这种情况下解雇违法，还是要解雇，“两害相权取其轻”，继续留下该员工会给企业带来更大的用工成本。

笔者当然不主张企业这么操作，更希望企业能够遵守劳动法，承担更多的社会责任。然而，从现在的社会环境来看，这是很难做到的。因此，如果企业违法解雇“三期”女职工不用赔偿“三期”损失，对于工龄不长的女职工，企业就会明知违法也会毅然选择解雇。

其次，女职工“三期”利益理应得到法律保护。

女职工“三期”期间被企业违法解雇的，不仅存在身体上的不便、精力上的不济，被解雇后还要去申请劳动仲裁，填写资料，准备证据，参加庭审等，如此正常维权已经相当困难了，属于弱势中的弱势。如果法律不支持“三期”女职工主张企业同时赔偿“三期”工资损失，除了“帮助”企业作恶以外，更重要的是女职工的合法利益无法得到保护，增加了员工的维权成本，这恰恰是于法相悖的。

当然，“三期”女职工可以聘请律师代为申请劳动仲裁，但目前除深圳地区外，全国都不支持企业承担律师费，得由员工自己承担。

| 第三节 |　产假工资的几个疑难问题解析

关于产假工资的计算和支付，劳动法规定为“原工资待遇不变”，规定得比较粗糙，就何为“原工资待遇不变”，在实务中出现了多种不同理解。因此，如何计算和支付产假工资，还存在一些难点，有些问题尚存争议。

一、产假工资是否等于生育津贴

产假工资是否等于生育津贴？答案是，不等于。

（1）支付主体不同。

生育津贴是指劳动法规定的在女职工因生育而暂时离开工作岗位期间，由职工基本医疗保险统筹基金补贴给企业，专门用来支付女职工生育期间福利待遇的专项补贴。国家建立生育保险制度，宗旨在于通过向生育女职工发放生育津贴以及提供医疗服务待遇，保障她们因生育而暂时丧失劳动能力时的基本生活收入和医疗保健。职工基本医疗保险统筹基金支付生育津贴的前提条件是企业已经参加生育保险，依法缴纳了生育保险费。

根据《社会保险法》第 53 条、第 54 条，生育保险费由企业按照国家规定缴纳，职工不缴纳生育保险费。企业已经缴纳生育保险费的，其职工享受生育保险待遇，生育保险待遇包括生育医疗费用和生育津贴。

而产假工资则是企业在女职工休产假期间按原工资标准发放给女职工的工资。从理论上说，女职工生育期间，企业是不需要支付工资的，而是应由职工基本医疗保险统筹基金支付生育津贴。然而，在实务中存在大量企业没有为员工参加生育保险的情形，为了保障女职工生育期间获得工资待遇的权益，劳动法规定了该工资待遇由企业承担。

因此，如果企业依法缴纳生育保险，女职工符合生育津贴领取条件，这时候，企业支付给女职工的产假工资，其实就是生育津贴。

（2）**领取条件不同。**

以广东为例，企业领取生育津贴需符合以下条件：

①职工累计参加职工生育保险满 1 年；

②职工分娩或施行计划生育手术的上月，正常参加职工生育保险；

③职工分娩或施行计划生育手术的当月至休假结束当月由同一企业单位为其正常缴纳生育保险费用；

④企业已按规定向职工逐月垫付生育津贴；

⑤须符合国家相关法律规定。

而女职工领取产假工资则无须符合上述这些条件，企业参加了生育保险的，由职工基本医疗保险统筹基金支付生育津贴给企业，企业再支付给女职工；企业没有参加生育保险的，则由企业支付产假工资给女职工。从这个角度上讲，上述领取生育津贴的条件，是用于约束企业的，而不是约束女职工的。

（3）**计发方式不同。**

以广东为例，根据《广东省职工生育保险规定》（2022 年修订）第 15 条规定，生育津贴的计发方式是按照企业上年度职工月平均工资除以 30 天再乘以产假天数。计算公式为：生育津贴 = 职工生育或者施行计划生育手术时企业上年度职工月平均工资 ÷30 天 × 规定的假期天数。企业无上年度职二月平均工资的，生育津贴以本单位本年度职工月平均工资为基数计算。

二、产假工资与生育津贴可否兼得

1. 不可兼得原则

如果企业依法缴纳了生育保险费，企业支付给女职工的产假工资，其实就是生育津贴。女职工已经享受生育津贴的，视同企业已经支付了相应数额的工资。据此，产假工资和生育津贴不可兼得。

2.“就高不就低”原则

由于产假工资和生育津贴的计发方式不同，因此二者的数额之间会存在差异。以广东为例，《广东省职工生育保险规定》第 17 条第 2 款规定，生育津贴高于女职工原工资标准的，企业应当将生育津贴余额支付给职工；生育津贴低于女职工原工资标准的，差额部分由企业补足。

也就是说，虽然产假工资和生育津贴不可兼得，但是主流观点认为，为了充分保障生育女职工的合法权益，二者适用“就高不就低”原则，哪个高就按哪个支付。

例如，王女士是甲公司员工，月工资为 8000 元，甲公司为王女士参加了生育保险。甲公司上年度全体职工月平均工资（参保基数）可能高于 8000 元，也可能低于 8000 元，在这种情况下，职工基本医疗保险统筹基金支付给王女士的生育津贴，就会与王女士的实际工资 8000 元有出入。通常认为，如果职工基本医疗保险统筹基金支付的生育津贴低于 8000 元，由甲公司补足差额；如果高于 8000 元，则甲公司应按生育津贴的实际数额支付给王女士，不得截留克扣。

3. 奖励产假不支付生育津贴原则

我国诸多地区的生育保险基金对地方奖励产假的部分是不支付生育津贴的。以广东为例，即使企业为全体职工参加了生育保险，生育保险基金也只是支付基本产假 98 天的生育津贴，地方奖励产假 80 天，则没有生育津贴，该期间由企业支付产假工资。

人力资源和社会保障部《对十二届全国人大五次会议第 8024 号建议的答复》（人社建字〔2017〕28 号）第 2 条也指出，目前，生育保险基金支付生育津贴的期限与《女职工劳动保护特别规定》规定的产假期限一致，各地在本地区计划生育条例中对女职工休生育奖励假期间的工资待遇问题也作出了相应的规定，大多数地方明确由企业发放工资。

总之，女职工休产假期间，工资待遇不受影响，生育保险基金不支付或者支付不足的，由企业兜底承担。

案例 156

产假工资与生育津贴不可“双得”，应“就高不就低”

自贡法院 2022~2023 年度十大典型案例

2020 年 6 月，杨某到某家居城从事家具销售工作，某家居城为杨某办理了社会保险。2022 年 7 月 22 日，因杨某休产假，社保机构拨付了生育津贴 35,766.02 元、生育医疗费 8202.98 元，该款项由某家居城领取。某家居城已支付杨某产假期间的工资 7810 元。2023 年 1 月 1 日，杨某回某家居城上班并于当天辞职。杨某申请劳动仲裁，请求某家居城支付自己2022年4月至6月的最低工资差额960元、拖欠的生育保险保险金36,159元。本案仲裁委认为，本市生育保险待遇支付办法规定，用人单位按照生育津贴与产假工资不重复享受的原则执行，故某家居城被赋予了执行生育津贴和产假工资的选择权。因某家居城已按产假工资执行，该仲裁委遂酌定以杨某上年度月平均工资3536.7元作为基数计算杨某生育保险待遇，并裁决某家居城支付杨某劳动报酬差额960元和生育保险待遇20,787.95元，其他请求不予支持。杨某不服，诉至法院。

审理结果

法院认为，本案的争议焦点在于生育津贴数额如何确定。《社会保险法》第54条规定，女职工有权享受生育津贴，所需资金从生育保险基金中支付，因此，用人单位收到社保机构拨付的生育津贴后，应当全额支付给女职工。某家居城辩称生育保险系自己为杨某购买，生育津贴除发放杨某的部分外，自己也应得到剩余部分。法院认为，用人单位为职工缴纳生育保险费是法定义务，某家居城以此为由扣减杨某生育津贴于法无据。经计算，某家居城还应支付杨某生育保险待遇36,159元。

典型意义

本案是一起保护女职工合法生育权益的典型案件。某家居城领取社保机构拨付的生育津贴后，仅以较低的产假工资进行支付，截留差额，致杨某起诉。在司法实务中，对于女职工应得产假工资还是生育津贴存在两种观点：一是生育津贴与本人产假工资，女职工就高者得；二是不管社保机构拨付多少生育津贴给用人单位，女职工都得本人产假工资。究其原因，是各省市对于女职工生育保险的规定不一。本案从保护女职工生育权益的角度出发，判决用人单位将社保机构拨付的生育津贴全额支付给女职工，符合法律规定原意，对推动社会生育意愿形成有积极意义。

HR实务指南

第一，计算出女职工的产假工资数额。女职工的产假工资一般按女职工休假前 12 个月的平均应发工资计算。

第二，产假工资与生育津贴之间按“就高不就低”原则发放。若生育津贴高于产假工资，直接将生育津贴发放给女职工即可，反之则应补差，采“就高不就低”原则计发女职工的产假待遇。除有特别规定的地区外，女职工在休地方奖励产假期间的工资，由企业按产假工资标准发放。

三、产假工资是否包括加班费

根据《女职工劳动保护特别规定》第 8 条第 1 款的规定，女职工产假工资标准按照女职工产假前工资的标准计发。这里所说的产假前工资标准，通常指按女职工休产假前的 12 个月平均工资计算。

那么，产假工资是否包括加班费？在实践中有不同观点。

第一种观点认为包括加班费。

比如，深圳市中级人民法院《关于〈审理劳动争议案件的裁判指引〉的说明》第 28 条指出，虽然《女职工劳动保护特别规定》第 8 条对于用人单位未为其参加生育保险的女职工产假期间的生育津贴，没有明确是否包含加班工资，但该条文中关于由社会保险部门支付的生育津贴是以女职工所在单位上年度职工月平均工资为标准，而按照通常理解，女职工所在单位上年度职工月平均工资应当是包含加班工资在内的。为保证产假期间女职工的合法权益不因用人单位未为其参保而受到不利影响，且防止发生用人单位不为女职工缴纳生育保险反而因此获利的情况，本裁判指引参照《女职工劳动保护特别规定》第 8 条对于社会保险部门支付生育津贴的标准，规定由用人单位支付的生育津贴也应当包含加班工资在内。

深圳市中级人民法院（2020）粤 03 民终 10317 号民事判决书认为，按照规定倪某享有 98 天的产假和 80 天的生育奖励假。其中，98 天的产假期间津贴，应按倪某休产假前 12 个月包括加班工资在内的平均工资计发，倪某离职前 12 个月的平均工资为 5809 元，按照该标准核算，倪某应得的 98 天产假期间津贴为 18,782 元（5809 元 / 月 ×3 个月 +5809 元 / 月 ÷30 天 ×7 天）；80 天的生育奖励假工资，应按倪某休产假前 12 个月不包括加班工资在内的平均工资计发，双方二审期间均确认倪某休产假前 12 个月不包括加班工资在内的平均工资为 5020 元，法院予以确认，并按照该标准核算倪某应得的 80 天生育奖励假期间工资为 13,052 元（5020

元/月 ×2 个月 +5020 元/月 ÷30 天 ×18 天）。

需要提示的是，上述判例按国家基本产假 98 天和广东省地方奖励产假 80 天区分计算，前者包括加班费，后者则不包括加班费，而不是全部产假均按包括加班费计算。

除深圳地区外的广东省其他地区，规定又有所不同。

广东省高级人民法院、广东省劳动人事争议仲裁委员会《关于劳动人事争议仲裁与诉讼衔接若干意见》（粤高法〔2018〕2 号）第 6 条指出，女职工按照《女职工劳动保护特别规定》第 7 条的规定休产假的，原工资标准按照《广东省实施〈女职工劳动保护特别规定〉办法》第 13 条第 2 款的规定确定。根据《广东省人口与计划生育条例》第 30 条的规定，符合法律、法规规定生育子女的，女方享受 80 日的奖励假，男方享受 15 日的陪产假，在规定假期内照发工资，不影响福利待遇和全勤评奖。奖励假和陪产假期间的工资应按职工正常出勤情况下的应得工资计算，但加班工资、高温津贴、支付周期超过 1 个月或未确定支付周期的劳动报酬除外。

两相对比，深圳地区明确了生育津贴（对应基本产假 98 天）包括加班费；而除深圳地区外的广东省其他地区，仅明确了奖励产假和陪产假不包括加班费，至于基本产假 98 天，则未明确包括还是不包括加班费。但是，在司法实践中一般分段计算，即基本产假 98 天按包括加班费进行计算，广东省地方奖励产假 80 天按不包括加班费计算。

比如，东莞市中级人民法院（2021）粤 19 民终 4890 号民事判决书认为，冯某产假前段的 98 天享受生育津贴，标准为休产假前 12 个月的月平均工资，前 12 个月的月平均工资按照女职工应得的全部劳动报酬计算，包括计时工资或者计件工资以及奖金、津贴、补贴等货币性收入；而冯某产假后段的 80 天为奖励假，工资按正常出勤情况下的应得工资计算，但应当剔除加班工资、高温津贴、支付周期超过 1 个月的劳动报酬等。

第二种观点认为不包括加班费。

比如，天津市第二中级人民法院（2016）津 02 民终 00019 号民事判决书认为，王某自 2015 年 4 月 1 日至 8 月 31 日处于产假期间，甲公司应支付王某该期间的工资，标准以王某基本工资与奖金之和计算，因加班费属于劳动者超出正常工作时间以外的劳动报酬，不属于正常工作的劳动报酬，因此，王某主张加班费包括在内并无依据，法院不予支持。

本书赞同广东地区的做法，即基本产假 98 天的产假工资应按包括加班费进行计算，地方奖励产假部分则按不包括加班费进行计算。

HR 实务指南

在计算女职工产假工资时是否考虑加班费，HR 应了解所在地区的地方规定。有地方规定的，按地方规定计算；没有地方规定的，可以参照广东地区规定，即基本产假 98 天按包括加班费计算，地方奖励产假按不包括加班费计算。

四、产假工资是否包括绩效工资

产假工资是否应包括绩效工资？在实践中存在不同观点。

第一种观点认为产假工资应包括绩效工资。

例如，广州市番禺区人民法院（2021）粤 0113 民初 17642 号民事判决书认为，庞某的月工资标准为“基本工资 2100 元 + 岗位工资 1200 元 + 保密工资 700 元 + 绩效工资 1000 元”，合计 5000 元，交通补贴 8 元 / 天，餐补 10 元 / 天，交通补贴、餐补均是实际出勤工作才需支付。根据双方确认的庞某工资情况，甲公司应按照原工资标准足额支付庞某 2020 年 7 月 1 日至同年 12 月 26 日的工资 29,193.55 元（5000 元 / 月 ×5 个月 +5000 元 / 月 ÷31 日 / 月 ×26 日）。

又如，深圳市中级人民法院（2019）粤 03 民终 18915 号民事判决书认为，根据《广东省实施〈女职工劳动保护特别规定〉办法》第 13 条第 2 款，女职工原工资标准，是指女职工依法享受产假或者计划生育手术假前 12 个月的月平均工资。前 12 个月的月平均工资按照女职工应得的全部劳动报酬计算，包括计时工资或者计件工资以及奖金、津贴、补贴等货币性收入。在本案中，甲公司主张廖某的工资结构包括基本工资、岗位津贴、绩效奖金三部分，甲公司的规章制度规定产假期间仅发放基本工资及岗位津贴，廖某在产假期间未提供实际劳动，未产生绩效，故不应发放绩效奖金，以及产假中的 80 天奖励假期间更不应发放绩效奖金。该主张与前述规定相悖，法院不予支持。

第二种观点则认为产假工资不包括绩效工资。

比如，北京市石景山区人民法院（2017）京0107民初12709号民事判决书认为，康某的生育津贴待遇核准金额为20,539.57元，康某在产假期间的工资差额部分，应当由甲公司予以补足，但绩效工资属于企业对员工的激励奖励性工资，应以员工的工作业绩为基础。由于康某产假期间并未向甲公司提供劳动，故康某产假期间的工资标准应当认定为9100元。结合2016年9月至2017年1月甲公司已支付工资可知，康某每月所得生育津贴及甲公司所支付工资总额已经超过康某的工资标准，故康某要求支付2016年9月10日至2017年1月31日产假工资差额的诉讼请求，缺乏事实依据，法院不予支持。

本书赞同第一种观点，产假工资应包括绩效工资。

本书认为，绩效工资与加班费有所不同，绩效工资往往是依附于正常工作时间的，是正常工作时间的劳动所得，而加班费则是正常工作时间之外的劳动所得，因此，绩效工资理应包括在产假工资之中。

在实务中也有很多企业以绩效工资之名行固定工资之实。比如，甲公司招聘张女士为电子工程师，月工资15,000元，双方劳动合同约定工资为“基本工资3000元+绩效工资10,000元+岗位津贴2000元”，事实上每月均按15,000元发放。若张女士休产假，甲公司按3000元或者5000元计发张女士产假工资，对张女士来说则极为不公平。

反过来说，如果允许企业在计发女职工产假工资时不计入绩效工资，就会引导企业故意作恶，将本来的固定工资恶意拆分出占比极高的绩效工资。比如约定月工资为30,000元，就会被企业故意拆分为“基本工资3000元+绩效工资27,000元”，以便于在员工休产假时按基本工资3000元计发员工产假工资。如此，显然不利于保障员工合法权益，实不可取。

HR实务指南

虽然劳动法没有明确产假工资包括绩效工资，但是，由于绩效工资本质上属于员工正常工作时间劳动所得，因此，本书建议，应将绩效工资纳入产假工资进行计发，一是符合公平原则，二是避免发生劳动争议。

第四节　童工与未成年工保护

由于未成年人正处在成长发育时期，身体各项机能和心智均不成熟，为了保护未成年人的身心健康，促进义务教育制度的实施，维护未成年人的合法权益，我国劳动法对未成年人实行严格的保护制度。

2023 年 6 月 2 日，人力资源和社会保障部办公厅、国务院妇女儿童工作委员会办公室等六部门印发《消除工作场所童工和加强工作场所未成年工特殊劳动保护制度（参考文本）》，用于指导企业制定完善有关规章制度或与未成年工签订劳动合同时参考，切实维护未成年人的合法权益，构建和谐稳定的劳动关系。

一、童工保护制度

1. 我国劳动法明令禁止企业使用童工

童工是指未满 16 周岁，从事有经济收入劳动的未成年人。我国法律禁止企业招用童工从事有经济收入的劳动。

《劳动法》第 15 条明确规定，禁止企业招用未满 16 周岁的未成年人。文艺、体育、特种工艺单位招用未满 16 周岁的未成年人，必须遵守国家有关规定，并保障其接受义务教育的权利。

《禁止使用童工规定》第 2 条第 1 款、第 2 款规定，任何用人单位均不得招用不满 16 周岁的未成年人，禁止任何单位或者个人为不满 16 周岁的未成年人介绍就业。

关于不得使用童工，可以从以下几点进行理解：

（1）不得使用童工是原则。

（2）禁止任何单位或者个人为不满 16 周岁的未成年人介绍就业。不只是不能使用童工，为童工介绍就业也是法律禁止的。

（3）特殊行业履行审批程序后可以招用未满 16 周岁的未成年人。文艺、体育单位经未成年人的父母或者其他监护人同意，可以招用不满 16 周岁的专业文艺工作者、运动员，招用单位应当保障被招用的不满 16 周岁的未成年人的身心健康，保障该未成年人接受义务教育的权利。

（4）学校、其他教育机构以及职业培训机构按照国家有关规定组织不满 16 周岁的未成年人进行不影响未成年人人身安全和身心健康的教育实践劳动、职业技能培训劳动的，不属于使用童工。

2. 企业使用童工的法律责任

为了有效遏制企业使用童工，保护不满 16 周岁的未成年人的身心健康，我国劳动法对企业使用童工的行为规定了极为严厉的法律责任。

· 行政责任

（1）企业使用童工的，由劳动保障行政部门按照每使用 1 名童工每月处 5000 元罚款的标准给予处罚。

（2）在使用有毒物品的作业场所使用童工的，按照《使用有毒物品作业场所劳动保护条例》规定的罚款幅度，或者按照每使用 1 名童工每月处 5000 元罚款的标准，从重处罚。

（3）企业经劳动保障行政部门责令限期改正，逾期仍不将童工送交童工父母或者其他监护人的，从责令限期改正之日起，由劳动保障行政部门按照每使用 1 名童工每月处 10,000 元罚款的标准处罚，并由市场监督管理部门吊销企业营业执照或者由民政部门撤销民办非企业单位登记。

（4）童工伤残或者死亡的，由市场监督管理部门吊销用人单位营业执照或者由民政部门撤销民办非企业单位登记。

（5）使用童工的单位是国家机关、事业单位的，由有关单位依法对直接负责的主管人员和其他直接责任人员给予降级或者撤职的行政处分或者纪律处分。

（6）单位或者个人为不满 16 周岁的未成年人介绍就业的，由劳动保障行政部门按照每介绍 1 人处 5000 元罚款的标准给予处罚。

（7）职业中介机构为不满 16 周岁的未成年人介绍就业的，由劳动保障行政部门吊销职业介绍许可证。

（8）无营业执照、被依法吊销营业执照的单位以及未依法登记、备案的单位使用童工或者介绍童工就业的，依照每使用 1 名童工每月处 5000 元罚款或每介绍 1 人处 5000 元罚款的标准加 1 倍罚款，该非法单位由有关行政主管部门予以取缔。

· 民事责任

（1）企业使用童工的，劳动保障行政部门应责令企业限期将童工送回原居住地交还童工父母或者其他监护人，所需交通和食宿费用全部由企业承担。

（2）童工患病或者受伤的，企业应当负责送到医疗机构治疗，并负担治疗期间的全部医疗和生活费用。

（3）童工伤残或者死亡的，用人单位应当对伤残的童工、死亡童工的直系亲属给予一次性赔偿，一次性赔偿包括童工在治疗期间的费用和一次性赔偿金。

· 刑事责任

（1）《刑法》第 244 条之一规定了雇用童工从事危重劳动罪，该条第 1 款规定，违反劳动管理法规，雇用未满 16 周岁的未成年人从事超强度体力劳动的，或者从事高空、井下作业的，或者在爆炸性、易燃性、放射性、毒害性等危险环境下从事劳动，情节严重的，对直接责任人员，处 3 年以下有期徒刑或者拘役，并处罚金；情节特别严重的，处 3 年以上 7 年以下有期徒刑，并处罚金。

（2）《禁止使用童工规定》第 11 条规定，拐骗童工，强迫童工劳动，使用童工从事高空、井下、放射性、高毒、易燃易爆以及国家规定的第四级体力劳动强度的劳动，使用不满 14 周岁的童工，或者造成童工死亡或者严重伤残的，依照《刑法》关于拐卖儿童罪、强迫劳动罪或者其他罪的规定，依法追究刑事责任。

案例 157

亲戚家孩子暑期来店里帮忙，烧烤店因使用童工被罚 2.5 万元

2023 年 6 月 25 日《华商报》A8 版

苏先生是陕西铜川市一烧烤店老板，2022 年 6 月，苏先生的亲戚王先生将自己 15 岁的女儿送到苏先生的烧烤店里“帮忙”，后被人举报烧烤店招用童工。铜川市劳动监察保障支队接到举报后，前往苏先生的烧烤店展开调查，监察人员询问烧烤店内的员工得知，他们在店内做工一个月工资 1500 元，每个月 10 日发，但是还没有发。经调查，该烧烤店在 2022 年 7 月 18 日至 19 日招用未成年人张一、张三（均化名），时长 2 天，在 7 月 1 日至 7 月 26 日招用未成年人小一（化名）从事服务员工作，时长 26 天，在 6 月 24 日至 7 月 26 日招用未成年人小二（化名）从事服务员工作，时长 33 天。上述员工均未满 16 周岁。

审理结果

因烧烤店违反《禁止使用童工规定》，铜川市劳动监察保障支队向烧烤店现场下达了责令改正决定书，责令烧烤店把孩子送回其父母身边，7月26日，劳动监察保障支队给烧烤店下达了行政处罚事先告知书和行政处罚听证告知书，9月6日，下达了行政处罚决定书，对烧烤店作出罚款2.5万元的行政处罚。因烧烤店未及时缴纳罚款，铜川市人力资源和社会保障局已向法院申请强制执行。

案例简评

此事冲上热搜，瞬间引起公众热议，赞弹皆有，褒贬不一。有人认为烧烤店很冤，亲戚朋友开了口，暑假期间把孩子送到店里“帮忙”，既是锻炼孩子，也是孩子自己挣点零花钱，中国是个人情社会，亲戚朋友间往往抹不开面子，反正自己店里也缺人手，于是就答应了。也有人认为，人情要讲，但法律也要遵守，二者并不矛盾，法律保护的是不满16周岁的未成年人的身心健康，任何组织均不得招用童工，违反法律就要受到惩罚，不能以人情代之。

本书倾向于第二种观点。

其一，烧烤店有使用童工的事实。《华商报》报道，该烧烤店使用了最少5名童工，其中有两名是直接到烧烤店应聘的，并非烧烤店老板的亲戚。即使烧烤店老板不懂劳动法，不知道禁止招用童工的规定，也不能因此免责，烧烤店应承担违法责任。

其二，劳动监察部门作出行政处罚并不无当。从实体上看，劳动监察部门出于对未成年的严格保护，作出处罚决定于法有据；从程序上看，劳动监察部门先是下达了《行政处罚事先告知书》和《行政处罚听证告知书》，如果烧烤店不服，完全可以申请听证或者陈述意见，然而烧烤店没有充分陈述意见或者申请听证，在劳动监察部门作出《行政处罚决定书》后，烧烤店也没有在法定期限内申请行政复议或者提起行政诉讼。

HR 实务指南

我国劳动法禁止企业招用童工，HR在招聘员工时应高度重视，具体可以从以下几个方面掌握：

第一，直接拒绝招用未满 16 周岁人员。从身份证上直接判断，不满 16 周岁的一律不招用。

第二，防止应聘者借用他人身份证入职。通常情况下，大家都知道企业不招用未满 16 周岁的人员，因此有一些不满 16 周岁的人为了找到工作，会借用他人身份证。尤其是在每年 6 月底 7 月初刚放暑假时，HR 要特别注意识别身份证上之人和持证人是否为同一人，避免招到童工。

二、未成年工保护制度

未成年工是指年满 16 周岁未满 18 周岁的劳动者。针对未成年工处于生长发育期的特点和接受义务教育的需要，国家实行未成年工特殊保护制度，采取特别劳动保护措施。

1. 实行登记制度

（1）企业招收使用未成年工的，除符合一般用工要求外，还须向所在地的县级以上劳动行政部门办理登记。劳动行政部门根据规定核发未成年工登记证。

（2）未成年工须持劳动行政部门核发的未成年工登记证上岗。

2. 禁止安排未成年工从事有可能伤害身体的劳动

根据我国法律的相关规定，除特殊行业外，原则上允许企业招用未成年工，但实行特殊劳动保护制度。

根据《劳动法》第 64 条和原劳动和社会保障部《未成年工特殊保护规定》（劳部发〔1994〕498 号）第 3 条，企业不得安排未成年工从事以下范围的劳动：

（1）《生产性粉尘作业危害程度分级》国家标准中第一级以上的接尘作业；

（2）《有毒作业分级》国家标准中第一级以上的有毒作业；

（3）《高处作业分级》国家标准中第二级以上的高处作业；

（4）《冷水作业分级》国家标准中第二级以上的冷水作业；

（5）《高温作业分级》国家标准中第三级以上的高温作业；

（6）《低温作业分级》国家标准中第三级以上的低温作业；

（7）《体力劳动强度分级》国家标准中第四级体力劳动强度的作业；

（8）矿山井下及矿山地面采石作业；

（9）森林业中的伐木、流放及守林作业；

（10）工作场所接触放射性物质的作业；

（11）有易燃易爆、化学性烧伤和热烧伤等危险性大的作业；

（12）地质勘探和资源勘探的野外作业；

（13）潜水、涵洞、涵道作业和海拔3000米以上的高原作业（不包括世居高原者）；

（14）连续负重每小时在6次以上并每次超过20公斤，间断负重每次超过25公斤的作业；

（15）使用凿岩机、捣固机、气镐、气铲、铆钉机、电锤的作业；

（16）工作中需要长时间保持低头、弯腰、上举、下蹲等强迫体位和动作频率每分钟大于50次的流水线作业；

（17）锅炉司炉。

3.定期进行健康检查

（1）企业应按在下列时段对未成年工定期进行健康检查：

①安排工作岗位之前；

②工作满1年；

③年满18周岁，距前一次的体检时间已超过半年。

（2）企业应按法律规定的检查项目对未成年工进行健康检查。

（3）企业应根据未成年工的健康检查结果安排未成年工从事适合的劳动，对不能胜任原劳动岗位的，应根据医务部门的证明，予以减轻劳动量或安排其他劳动。

（4）未成年工的健康检查费用由企业承担。

4.娱乐场所禁止招用未成年工

《娱乐场所管理条例》第24条、第52条规定，娱乐场所不得招用未成年人；娱乐场所招用未成年人的，由劳动保障行政部门责令改正，并按照每招用1名未成年人每月处5000元罚款的标准给予处罚。

案例 158

用人单位招用未成年人须承担相应责任

广东法院 2020 年劳动争议十大典型案例

万某于 2002 年 2 月 1 日出生，2017 年入职某公司担任作业员。2018 年 1 月 5 日 22 时下班后，万某在拿白电油擦手后，打算点烟时，不慎引燃白电油导致被烧伤。万某父亲向某市人力资源和社会保障局提出申请，请求责令某公司支付一次性赔偿。人力资源和社会保障局作出处理决定，责令某公司支付万某一次性赔偿。该公司不服，向市政府申请行政复议。市政府撤销人力资源和社会保障局处理决定并责令人力资源和社会保障局重新作出处理。万某不服行政复议决定，提起诉讼。

审理结果

广东省高级人民法院认为，《禁止使用童工规定》第 2 条第 1 款明确规定用人单位不得招用不满 16 周岁的未成年人。《工伤保险条例》第 66 条第 1 款规定用人单位使用童工造成童工伤残、死亡的，由该单位向童工或者童工的近亲属给予一次性赔偿。本案中万某下班后洗手属于收尾性工作，由于未成年对白电油危害性及如何安全使用认知度不高，用人单位对易燃易爆的高危险白电油的管理和使用缺乏有力监管，故用人单位依法应向万某支付一次性赔偿。广东省高级人民法院最终撤销行政复议决定，同时恢复某市人力资源和社会保障局责令限期改正决定书的法律效力。

典型意义

《禁止使用童工规定》《工伤保险条例》均科以用人单位雇用未成年人的特别严格责任。本案最大限度地保护了未成年人合法权益，具有社会指引作用。

HR 实务指南

第一，尽量不要招用未成年员工。如果不是非招用不可，建议企业尽量不招用未成年员工，以降低管理成本。

第二，如果确实有必要招用，则应严格遵守劳动法规定。一是需向劳动行政部门报备登记；二是禁止安排未成年员工从事不得从事工作岗位；三是按规定安排未成年员工进行健康检查，体检费由企业承担。

09 第九章

保密与竞业限制

在激烈的市场竞争中，企业生产经营方面的商业秘密十分重要。在市场经济条件下，员工对选择职业有着高度的自主权，市场上人才流动频繁，给企业带来了商业秘密被泄露的巨大风险。如果企业没有事先向员工提出保守商业秘密的要求，有些员工就有可能带着企业的商业秘密另谋他职，通过擅自泄露或者使用原企业的商业秘密，谋取更高的个人利益，从而使企业遭受重大的经济损失，甚至有可能会导致一家企业的灭亡。为此，劳动法对商业秘密保护作出了制度安排，赋予了企业要求员工保守商业秘密的相关权利，HR作为保守企业商业秘密的“守门人”，理应熟知劳动法有关商业秘密保护的相关知识，并在劳动关系管理过程中加以运用。

|第一节| 保守商业秘密

劳动法对保守企业商业秘密作了较为具体的制度设计，企业可以根据实际生产经营需要，与员工约定相关保密条款，进而达到自身商业秘密得以保护不被泄露的目的。通常而言，保守商业秘密应从保密内容、保密主体、保密措施、保密期限，以及违反保密约定的相关法律责任等方面进行了解和应用。

一、保密内容

所谓保密内容，指的是员工需要保守的企业秘密。

根据《劳动法》第 22 条和《劳动合同法》第 23 条第 1 款，企业与员工可以在劳动合同中约定保守企业的商业秘密和与知识产权相关的保密事项。据此，劳动法所规定的员工保守企业秘密，指的是保守企业的商业秘密和专利权、商标权、著作权等与知识产权相关的秘密。

事实上，企业与知识产权相关的秘密，也属于企业商业秘密的组成部分，因此，劳动法意义上的保守企业秘密，其实就是指保守企业的商业秘密。

1. 商业秘密的定义

何为商业秘密？《反不正当竞争法》第 9 条第 4 款规定，商业秘密是指不为公众所知悉，具有商业价值并经权利人采取相应保密措施的技术信息、经营信息等商业信息。

通常认为，企业商业秘密包括经营信息和技术秘密。

何为经营信息？最高人民法院《关于审理侵犯商业秘密民事案件适用法律若干问题的规定》（法释〔2020〕7 号）（以下简称《侵犯商业秘密司法解释》）第 1 条第 2 款、第 3 款规定，与经营活动有关的创意、管理、销售、财务、计划、样本、招投标材料、客户信息、数据等信息，人民法院可以认定构成《反不正当竞争法》第 9 条第 4 款所称的经营信息。客户信息，包括客户的名称、地址、联系方式以及交易习惯、意向、内容等信息。

何为技术信息？《侵犯商业秘密司法解释》第 1 条第 1 款规定，与技术有关的结构、原料、组分、配方、材料、样品、样式、植物新品种繁殖材料、工艺、方法或其步骤、算法、数据、计算机程序及其有关文档等信息，人民法院可以认定构成《反不正当竞争法》第 9 条第 4 款所称的技术信息。《深圳经济特区企业技术秘密保护条例》第 4 条对技术秘密给出的定义是，不为公众所知悉、能为企业带来经济利益、具有实用性并经企业采取保密措施的非专利技术和技术信息；第 5 条规定技术和技术信息，包括以物理的、化学的、生物的或者其他形式的载体所表现的设计、工艺、数据、配方、诀窍、程序等形式。

2. 商业秘密的构成要件

如何认定某一事项是否属于企业需要保守的商业秘密？商业秘密有哪些构成要件，或者说具有哪些特征？原国家工商行政管理局《关于商业秘密构成要件问题的答复》（工商公字〔1998〕第 109 号）指出，商业秘密的构成要件有三：一是该信息不为公众所知悉，即该信息是不能从公开渠道直接获取的；二是该信息能为权利人带来经济利益，具有实用性；三是权利人对该信息采取了保密措施。概括地说，不能从公开渠道直接获取的，能为权利人带来经济利益，具有实用性，并经权利人采取保密措施的信息，即为《反不正当竞争法》所保护的商业秘密。

· 秘密性

秘密性指的是某信息不为公众所知悉，不能从公开渠道直接获取的。不为公众所知悉，指的是某信息不为所属领域的相关人员普遍知悉和容易获得。

根据《侵犯商业秘密司法解释》第 4 条第 1 款，具有下列情形之一的，该信息为公众所知悉，不具有秘密性特征：

（1）该信息在所属领域属于一般常识或者行业惯例的；

（2）该信息仅涉及产品的尺寸、结构、材料、部件的简单组合等内容，所属领域的相关人员通过观察上市产品即可直接获得的；

（3）该信息已经在公开出版物或者其他媒体上公开披露的；

（4）该信息已通过公开的报告会、展览等方式公开的；

（5）所属领域的相关人员从其他公开渠道可以获得该信息的。

由此可见，并不是企业所有的商业信息都在保密范围内，都需要员工承担保密义务，只有具有秘密性的信息，才属于保密信息。

· 价值性

价值性指的是该信息具有现实的或者潜在的商业价值，能为企业带来商业利益或者竞争优势，具有实用性。这里所说的商业价值指的是经济价值，不包括精神价值。也就是说，不具有经济价值的信息，不属于商业秘密。

商业秘密的价值性，通常从以下几个方面来理解：

（1）包括现实价值和潜在价值。

价值性最本质的体现就是企业因掌握该商业秘密而获得经济利益或者保持市场竞争优势，既可能是现实的经济利益，也可能是将来可预期的经济利益。原国家工商行政管理局《关于禁止侵犯商业秘密行为的若干规定》（国家工商行政管理局令第 41 号）第 2 条第 3 款指出，能为权利人带来经济利益、具有实用性，是指该信息具有确定的可应用性，能为权利人带来现实的或者潜在的经济利益或者竞争优势。

（2）包括积极信息和消极信息。

无论是积极信息还是消极信息，只要有价值性，就可以构成商业秘密。无论是对生产、销售、科研、开发等生产经营活动直接有用的信息，还是在生产经营活动中有利于节省费用，提高经营效率的信息，如失败的试验报告、顾客名单、设计图纸等，都属于应保护的商业秘密范围。

（3）客观上具有商业价值。

信息是否具有价值性，不能单纯地以企业主观上认为具有价值性进行判断，而是需要在客观上评价该信息是否具有价值性、实用性。客观上不具有商业价值的信息，有可能构成隐私或者其他秘密，但不属于商业秘密。

· 采取了保密措施

采取了保密措施指的是企业对该信息采取了合理且具体的保密措施，第三人不能从公开渠道直接获取，足以使保密义务人知道或者应当知道该信息需要保密。

前述原国家工商行政管理局《关于商业秘密构成要件问题的答复》指出，权利人采取保密措施，包括口头或书面的保密协议、对商业秘密权利人的职工或与商业秘密权利人有业务关系的他人提出保密要求等合理措施。只要权利人提出了保密要求，商业秘密权利人的职工或与商业秘密权利人有业务关系的他人知道或应该知道存在商业秘密，即为权利人采取了合理的保密措施，职工或他人就对权利人承担保密义务。

根据《侵犯商业秘密司法解释》第 6 条，具有下列情形之一，在正常情况下足以防止商业秘密泄露的，属于采取了相应保密措施：

（1）签订保密协议或者在合同中约定保密义务的；

（2）通过章程、培训、规章制度、书面告知等方式，对能够接触、获取商业秘密的员工、前员工、供应商、客户、来访者等提出保密要求的；

（3）对涉密的厂房、车间等生产经营场所限制来访者或者进行区分管理的；

（4）以标记、分类、隔离、加密、封存、限制能够接触或者获取的人员范围等方式，对商业秘密及其载体进行区分和管理的；

（5）对能够接触、获取商业秘密的计算机设备、电子设备、网络设备、存储设备、软件等，采取禁止或者限制使用、访问、存储、复制等措施的；

（6）要求离职员工登记、返还、清除、销毁其接触或者获取的商业秘密及其载体，继续承担保密义务的；

（7）采取其他合理保密措施的。

如何认定企业对商业秘密采取了保密措施，由于在实务中存在不同理解，因此一直是司法实践中的难点。笔者通过中国裁判文书网检索到一则最高人民法院关于如何认定企业采取了保密措施的案例，该案的分析和说理，笔者深以为然。

最高人民法院（2017）最高法民申2964号民事裁定书认为，甲公司制定的《关于保密工作的几项规定》仅有4条，且内容仅原则性要求所有员工保守企业销售、经营、生产技术秘密，无法让该规定针对的对象即所有员工作知悉甲公司作为商业秘密保护的信息范围即保密客体，仅此不属于切实可行的防止技术秘密泄露的措施，在现实中不能起到保密的效果。此外，相关信息作为商业秘密受到保护，必须具备反不正当竞争法规定的要件，包括采取了保密措施，单纯的竞业限制约定不能构成反不正当竞争法所规定的保密措施。因此，乙公司和于某的被诉侵权行为也不能认定为构成侵犯商业秘密行为。

案例159

员工及员工亲属开设8家与原公司同业的公司，是否违反保密义务？

广东省高级人民法院（2019）粤民申10445号

罗某于2016年1月入职甲公司担任地区经理职务，双方签订了《员工保密协议》，其中约定：在本人（罗某）受雇于公司期间，本人将把全部的工作时间和精力投入公司的业务中，未经公司高级管理层书面批准，本人不会向竞争者提供服务，亦不会与公司竞争，本人违反该协议规定的，公司有权采取相应的法律行动追究本人责任。罗某在职期间，罗某本人及罗某妻子黄某、儿子小罗分别开设了 8 家与甲公司有竞争关系的公司，其中 3 家罗某占有股份并担任执行董事兼经理、监事等职，4 家黄某占有股份并担任董事、监事等职，1 家小罗持股 100% 并担任法定代表人。随后，甲公司以罗某严重违反保密协议以及员工手册为由，向罗某发出解除劳动合同通知书，解除了与罗某的劳动合同。双方因此成讼，罗某主张撤销甲公司发出的解除劳动合同通知书，并继续履行劳动合同。

审理结果

广东省高级人民法院认为，罗某自身及罗某近亲属开设的 8 家公司与甲公司的经营范围明显重合，违反了双方签订的《员工保密协议》，从一般日常生活经验来看，确实让甲公司难以相信罗某可以尽职尽责地履行双方之间的劳动合同，双方缺乏继续履行劳动合同的信任基础。综上，法院认定甲公司有权依据《劳动合同》和《员工保密协议》解除与罗某的劳动合同，解除合法有效。

案例简评

罗某在职期间，罗某本人及罗某亲属自营 8 家与甲公司经营业务高度重合的公司，并且担任执行董事、监事、法定代表人等要职。甲公司以罗某违反保密协议为由解除劳动合同，而罗某认为甲公司解除劳动合同违法而主张撤销，要求继续劳动合同，实属罕见。

从法律上说，罗某入职时签署了《员工保密协议》，罗某在职期间罗某本人及罗某亲属却实际经营或者参与经营着 8 家与甲公司经营业务高度重合的公司，其中 4 家是罗某入职甲公司后才成立的，已然严重违反保密协议和忠诚义务，构成严重违反规章制度和劳动纪律。甲公司解除劳动合同，法院判决甲公司解除劳动合同合法，本书深为赞同。

HR 实务指南

第一，确定商业秘密的范围。企业对自身的商业秘密应当有所界定，不能将一切经营信息和技术信息都称为商业秘密，商业秘密应该具有秘密性和价值性。

第二，对商业秘密要采取保护措施。企业若认为某些信息有保护价值，那么企业应该积极地采取相关保护措施，比如与员工签订保密协议，约定竞业限制等。

二、保密义务的主体

劳动法并没有对企业商业秘密的保密主体进行明确规定，通常认为，保密主体限于接触或掌握商业秘密的人员，客观上不接触商业秘密的人员，不属于保密义务主体，无须承担保密义务。

保密义务主体主要包括以下人员：

（1）企业的中高级管理人员。这类人员掌握了大量的企业经营管理信息，是承担保守企业商业秘密义务的主要人员。

（2）研发技术人员。包括但不限于研发开发人员、技术支持人员、设备维修人员、技术设计人员等，这类人员往往掌握了企业的核心技术，也是承担保守企业商业秘密义务的主要人员。

（3）市场开发人员和产品销售人员。这类人员主要掌握企业的客户信息、市场信息、营销策略等。

（4）财务、跟单、采购等人员。这类人员也会接触到大量的企业经营信息，包括企业的财务报表、供应商信息、采购价格等。

（5）其他接触或者掌握企业商业秘密的人员。甚至可能连保安人员都会涉及企业商业秘密，只要对企业商业秘密有知晓，就应当承担保密义务。

如何判断员工是否接触或者掌握了企业的商业秘密？根据《侵犯商业秘密司法解释》第 12 条，人民法院认定员工、前员工是否有渠道或者有机会获取权利人的商业秘密，可以考虑与其有关的下列因素：

（1）职务、职责、权限；

（2）承担的本职工作或者单位分配的任务；

（3）参与和商业秘密有关的生产经营活动的具体情形；

（4）是否保管、使用、存储、复制、控制或者以其他方式接触、获取商业秘密及其载体；

（5）需要考虑的其他因素。

三、保密期限

劳动法并没有对企业商业秘密的保密期限进行明确规定。通常认为，如果企业与员工约定了保密期限，则从其约定；没有约定保密期限或者约定不明确的，只要是符合商业秘密特征的企业经营信息和技术信息，保密义务人就应当保密，这一保密期限是无限制的，直至所保守的商业秘密不能同时具备前述特征时为止。

1. 脱密期

脱密期是指企业可以约定掌握商业秘密的人员在离职之前必须提前通知企业，并为企业再工作一定期限，该期限期满，员工才可以正式离职。在这段时期内，企业可以把员工调至不需保密的部门或者岗位去工作，以确保员工不再接触新的商业秘密，因此，脱密期也可以称为提前通知期。

原劳动部《关于企业职工流动若干问题的通知》（劳部发〔1996〕355 号）第 2 条指出，用人单位与掌握商业秘密的职工在劳动合同中约定保守商业秘密有关事项时，可以约定在劳动合同终止前或该职工提出解除劳动合同后的一定时间内（不超过 6 个月），调整其工作岗位，变更劳动合同中的相关内容。

这就是有关脱密期的规定。根据这一规定，企业可以与员工约定最长不超过 6 个月的脱密期。由于这一规定与《劳动合同法》第 37 条员工因个人原因辞职的 30 日预告期相冲突，在某种程度上存在被认定为限制员工离职的法律风险，因此在实务中极少有企业约定脱密期。尤其是民营企业，笔者从事劳动法咨询多年，约定脱密期的民营企业仅见过一例。可见在实务中脱密期的使用率并不高。

案例 160

双方约定了 6 个月脱密期，员工提前 30 日辞职是否有效？

广西壮族自治区南宁市中级人民法院（2017）桂 01 民终 4281 号

朱某于 2009 年入职甲银行某支行，双方《保密协议书》约定：鉴于乙方（朱某）的工作岗位掌握甲方（银行）保密信息，属于涉密岗位，乙方愿意为保护甲方的保密信息而承担保密义务，乙方提出解除或终止劳动合同时，甲方有权调整乙方到非涉密岗位，乙方的脱密期为 6 个月，乙方提出解除劳动合同的，应按脱密期约定期限提前通知甲方，并服从甲方的岗位调整。2015 年 10 月 28 日，朱某辞职，11 月 5 日，甲银行免去朱某支行副行长职务，并将朱某调至非涉密岗位。由于朱某仍在脱密期内，甲银行未为朱某出具解除劳动合同证明并办理档案和社会保险关系转移手续。双方因此成讼，朱某主张甲银行赔偿迟延转理档案转移手续所造成的损失 15 万元。

审理结果

法院认为，双方《保密协议书》中关于脱密期的约定，性质是劳动者一方对《劳动合同法》第 37 条规定的预告解除权预告期的变更，根据《保密协议书》的约定，朱某同样可以预告解除劳动合同，但预告期为 6 个月，上述约定并未排除朱某享有的权利。此外，预告解除权是劳动者享有的权利，对此用人单位一方并无对应的法定责任，该权利的性质为形成权，用人单位并未因预告期的变更而免除自身法定责任，故法院认定《保密协议书》中关于脱密期的约定合法有效。法院最终判决驳回朱某的诉讼请求。

2. 约定保密期限

企业可以通过签订保密协议的方式与员工约定保密期限。保密期限可以是固定期限，比如约定员工离职后 3 年内需保守企业商业秘密。正如《深圳经济特区企业技术秘密保护条例》第 14 条所规定，企业可以根据技术秘密的生命周期长短、技术成熟程度、技术潜在价值大小和市场需要程度等因素，自行确定其密级和保密期限。

保密期限也可以无固定期限。根据《民法典》的诚实信用原则和员工对企业的忠实义务，保守商业秘密的义务属于法定的义务，企业与员工没有约定保密期限，约定了无固定保密期限或者约定保密期限不明确的，只要该项商业秘密未被公开，仍然具有商业价值，且企业对该项商业秘密采取了合理的保密措施，即属于法律意义上的商业秘密，知悉该商业秘密的单位和个人就应当继续履行保密义务，直到该项商业秘密公开为止，即当事人保密义务的期限与商业秘密的存续期限相同。

案例 161

员工侵害企业商业秘密，法院判员工停止侵权并赔偿损失

最高人民法院（2021）最高法知民终 1687 号

崔某在甲公司从事管理工作，双方签订了保密协议书，约定甲公司的商业秘密的保密性质分为绝密、机密和保密 3 个级别，崔某不得将公司的书面文字资料、数据等以任何方式携带出公司，使用或透露给他人，若违反，应向公司支付违约金并赔偿给公司造成的损失。同时，甲公司员工手册还规定，员工不论因何种原因离职，均应在离职后连续 2 年内继续严格保守公司商业秘密。2019 年 12 月 19 日，崔某离职，离职前双方签订了离职保密协议，约定崔某离职后应继续保守公司商业秘密以及违约责任。经查，在甲公司不知情的情况下，崔某将含有技术信息的文件通过电子邮件发送至私人邮箱，致使相关技术信息脱离甲公司的原始控制，使相关技术信息存在可能被披露和使用的风险，该行为已经构成以盗窃手段获取他人商业秘密。

审理结果

最高人民法院认为，涉案技术信息具有秘密性、价值性、合法性，甲公司亦采取了保密措施，符合商业秘密的法定要件，涉案技术信息应当受到法律保护。在本案中，崔某作为涉案技术信息的负责人，崔某在入职和离职时，甲公司均与崔某明确约定保密义务，要求崔某不得以任何方式泄露公司商业秘密。然而，崔某仍然违反保密义务，将涉案技术信息向外泄露，致使涉案技术信息脱离甲公司的原始控制，崔某应当承担侵权赔偿责任。

最高人民法院最终判决，禁止崔某披露、使用或者允许他人使用甲公司的技术秘密，直至该技术秘密为公众所知悉时为止，崔某应向甲公司赔偿经济损失 25 万元及制止侵权行为的合理开支 1.5 万元。

四、保密费

劳动法并没有对保密费进行明确规定。通常认为，保密义务是劳动合同的附随义务，也是劳动关系建立后员工对企业的忠实义务。从这个角度上讲，员工的保密义务不以约定保密条款为前提，无论双方有没有签订保密协议，员工均需保守企业商业秘密。因此，劳动关系双方是否签订了保密协议或者约定了保密条款，并不影响员工保密义务的履行，同理，双方签订的保密协议或者约定的保密条款，没有约定保密费或者约定了保密费但企业实际上未支付的，也不影响保密协议的法律效力。当然，如果双方保密协议约定了保密费，则企业应当支付；企业不支付的，员工可以通过劳动仲裁或者其他合法渠道进行维权，主张企业支付。

简言之，企业没有必须向员工支付保密费的义务，通常而言，有约定的按约定，没有约定或者约定不明确的，企业可以不支付保密费。

案例 162

员工履行了保密义务，企业是否必须支付保密费？

北京市海淀区人民法院（2022）京 0108 民初 40598 号

孙某于 2021 年 6 月 2 日入职甲公司担任营销总监，双方签订了保密协议书，约定：孙某的保密义务自甲公司对商业秘密采取适当的保密措施，孙某在甲公司的聘期终止时，孙某必须将自己持有的涉及本合同项下甲公司商业秘密的所有资料交还甲公司，孙某若违反保密义务，应当承担违约责任，一次性向甲公司支付违约金 50,000 元。8 月 3 日，孙某离职，甲公司告知孙某“保密协议书随合同的解除失效”。后孙某申请劳动仲裁，主张甲公司支付自己 2021 年 8 月 3 日至 2022 年 7 月 19 日履行了保密协议书的补偿金 61,977 元。孙某诉称，双方签订了保密协议书，约定自己应履行保密义务，若自己违约，则需向甲公司支付违约金 50,000 元，如今，自己履行了保密义务，甲公司应当支付自己履行了保密义务的补偿金。

审理结果

法院认为，根据劳动法相关规定，除服务期协议和竞业限制协议外，用人单位不得与劳动者约定违约金，故双方在保密协议书中约定违约金的条款无效，但劳动者违反保守商业秘密约定给用人单位造成损失的，用人单位可以要求劳动者承担赔偿责任。在本案中，孙某离职时甲公司已经明确告知孙某保密协议书失效，且双方未因孙某掌握公司经营信息约定过竞业限制义务或保密补偿，孙某离职时亦签字确认双方无任何纠纷，现孙某要求甲公司支付履行保密协议书的补偿金，缺乏事实及法律依据，法院不予支持。

五、员工违反保密义务的法律责任

1. 不可约定违约金

企业能否在保密协议中约定员工违反保密义务时承担违约金？答案是，不能。根据《劳动合同法》第 25 条，除了企业提供专业技术培训支付了培训费和员工违反竞业限制约定可以约定违约金外，企业不得与员工约定由员工承担违约金。

单纯的保密协议（不含竞业限制）不属于前述两种可以约定员工承担违约金的情形，因此也不能约定员工承担违约金。

比如，北京市第三中级人民法院（2018）京 03 民终 14898 号民事判决书认为，甲公司主张张某承担违约金责任的合同依据是双方签订的《保守商业秘密协议》约定的保密条款，法院认为双方约定劳动者违反保密义务须承担违约金的条款因违反法律强制性规定应属无效，甲公司主张张某应当承担违反保密义务的违约金责任，缺乏法律依据，法院不予采纳。

案例 163

员工违反保密协议，法院判员工支付违约金

广东省高级人民法院（2020）粤民申 9501 号

闵某于 2019 年 3 月 25 日入职甲公司担任软件工程师职务，双方签订了保密协议，明确约定了保密范围、违约责任和赔偿损失等内容。闵某在职期间，多次通过 QQ、微信等途径向外发送含有部分软件源代码截图的信息，还通过网页外发，相关信息已被广为传播；把公司不是按常规编程方法编辑的核心技术发布到网络上，该技术秘密涉及 4 项专利。甲公司认为闵某的行为违反了保密协议，双方因此成讼，甲公司主张闵某支付违反保密协议的违约金 16,000 余元及所需开发费 320 万元。

审理结果

广东省高级人民法院认为，甲公司与闵某签订了含有保密条款的劳动合同和保密协议，闵某应当保守公司技术秘密，不得泄密，但闵某在工作期间，向QQ群发送了含有公司部分软件源代码的截图，披露了公司的技术秘密。无论闵某真实动机如何或上述行为是否给公司造成了实际损害，违反保密义务的行为人都应当为此承担责任并付出代价，应当向甲公司支付违约金。

通常而言，员工泄露企业商业秘密（指故意或者重大过失泄密，不含一般过失泄密，下同），分为三个层次：第一层次为员工有泄露商业秘密的行为，但企业未能察觉；第二层次为员工有泄露商业秘密的行为且企业已经察觉，但没有给企业造成经济损失或者无法举证造成经济损失；第三层次为员工有泄露商业秘密的行为且企业已经察觉，并能证明已经给企业造成经济损失。

根据《劳动合同法》第25条、第90条以及《劳动法》第102条的规定，法律仅规制第三层次行为，前两个层次行为则不规制。也就是说，员工泄露企业商业秘密，企业必须要同时举证员工泄密行为给企业造成了经济损失，方可追责，且仅能追其“造成经济损失”之责，不能追其违约之责，如果无法举证造成了经济损失，即便是知道了员工有泄密行为，企业也毫无办法，既不能主张员工支付违约金，也无法主张赔偿。简言之，现行劳动法对员工泄露企业商业秘密的惩罚，仅限于“结果犯”（造成了经济损失的结果），而不惩罚“行为犯”（员工有泄露商业秘密的行为）。

以本案为例，闵某身为软件工程师，多次通过QQ、微信、网页等途径向外发送含有部分软件源代码截图的信息，导致在网上广为传播，该技术秘密涉及甲公司的4项专利，属于甲公司重点保护的商业秘密，闵某的行为轻则让甲公司产生经济损失，重则使甲公司破产倒闭。然而，甲公司却无法在短期内举证闵某的泄密行为给公司造成了损失（源代码被泄露后，甲公司无法在短期内获知有哪些企业在使用），更无法举证造成了多大的损失。根据现行劳动法规定，甲公司对闵某的泄密行为毫无办法。本案法院判决闵某支付违约金，对甲公司而言实属侥幸。

2024年10月30日，人力资源和社会保障部网站发表著名劳动法学者、上海财经大学王全兴教授的署名文章《以构建和谐劳动关系促进高质量充分就业》，其中提到修改《劳动合同法》。本书希望，若真修法，能够将对员工泄露商业秘密的惩罚制度由“结果犯”前置到“行为犯”，由规制上述第三次层次行为改为规制第二层次、第三层次行为，对泄密员工实行“双罚制”，允许企业对泄露商业秘密的员工约定违约金，若给企业造成了经济损失，企业还可以同时主张赔偿。

2. 企业可以主张赔偿金

根据《劳动法》第 102 条和《劳动合同法》第 90 条，员工违反劳动合同中约定的保密事项，给企业造成经济损失的，应当依法承担赔偿责任。

这一规定可以从以下两点进行理解：

（1）员工有违反保密义务的事实。

通常来说，签订了保密协议的，按保密协议认定员工是否有违反保密义务的事实；没有签订保密协议的，由企业举证员工有违反保密义务的事实。

（2）员工给企业造成了经济损失。

这里所说的经济损失，一是指直接经济损失，通常不包括间接经济损失；二是指该经济损失可以量化，通常不包括企业声誉受损与企业形象受损等难以量化的损失。

3. 触犯刑法的，应当依法追究刑事责任

根据《刑法》第 219 条第 1 款、第 2 款，有下列侵犯商业秘密行为之一，情节严重的，处 3 年以下有期徒刑，并处或者单处罚金；情节特别严重的，处 3 年以上 10 年以下有期徒刑，并处罚金：

（1）以盗窃、贿赂、欺诈、胁迫、电子侵入或者其他不正当手段获取权利人的商业秘密的；

（2）披露、使用或者允许他人使用以前项手段获取的权利人的商业秘密的；

（3）违反保密义务或者违反权利人有关保守商业秘密的要求，披露、使用或者允许他人使用其所掌握的商业秘密的。

明知前款所列行为，获取、披露、使用或者允许他人使用该商业秘密的，以侵犯商业秘密论。

六、保密协议

保密协议是指企业与知悉企业商业秘密的员工签订的要求员工保守企业商业秘密和与知识产权相关的保密事项的协议。保密协议可以单独签订，也可以在劳动合同中约定保密条款。劳动法并没有规定企业一定要与员工签订保密协议或者约定保密条款，企业可以根据保守商业秘密的需要决定是否与员工签订。保密协议与竞业限制协议均属于企业采取的保守商业秘密的措施。

1. 保密协议的内容

保密协议一般包括以下内容：

· 保密主体

保密主体即知悉企业商业秘密的员工，一些偶尔会接触到商业秘密或者因调岗、工作轮换等有可能会接触到商业秘密的员工，甚至包括因工作原因无意中能够接触到商业秘密的员工，均应纳入保密主体的范围，而不仅限于正在接触或者掌握商业秘密的员工。

· 保密内容

保密内容指的是员工需要保密的具体内容。企业应采用“列举+兜底”的方式，将应该保守的商业秘密内容逐项列入保密协议，对于不能穷尽以及尚未知晓的商业秘密，可以采用“兜底”条款进行约定。

· 保密期限

保密期限指的是员工应当履行保密义务的期限，保密期限分为固定期限和无固定期限。一般来说，保密期限包括员工在职期间和离职之后若干期限，企业可以根据商业秘密的密级和保密的必要性，合理约定保密期限。有些商业秘密可能需要无限期保密，除企业主动向社会公开外，员工需要永久保密。

· 保密费

劳动法没有规定企业与员工签订保密协议就必须向员工支付保密费，因此，企业既可以不约定保密费，也可以在保密协议中约定一定数额的保密费，比如每月 100 元。保密费可以按月支付，也可以每季度或者每半年支付一次。

· 违约责任

企业可以在保密协议中约定员工泄密的行为定义和违反保密协议的法律责任以及赔偿方式，使员工能够明确知晓违反保密协议的法律责任，从而能够自觉地遵守协议约定。

· 生效条款和失效条款

企业应明确保密协议的生效日期和失效条件，当任一失效条件出现时，该保密协议失效。

2. 有了保密管理制度，还需签订保密协议吗

在实务中经常有这样的情况，企业制定了保守商业秘密管理规定，但是又与需要保守商业秘密的员工签订了保密协议。那么，企业有了保密管理制度，还需要与员工签订保密协议吗，或者说，还有必要签订保密协议吗？

事实上，保密管理制度和保密协议既有相同之处，也有区别之处。

相同之处在于，保密管理制度和保密协议都是企业保守商业秘密不被泄露的措施，都对双方具有约束力（主要是约束员工）。

保密管理制度和保密协议的区别，主要有以下几点：

· 意思表示不同

保密管理制度属于规章制度的组成部分，是企业单方面制定的，虽然需经过民主程序并且向员工公示才生效，但本质上还是企业单方意思表示，无须经过员工同意即可生效执行。保密协议则是企业与员工双方合意的结果，是双方的意思表示。

· 约束对象不同

保密管理制度作为企业规章制度的一部分，一经生效，约束的是企业和全体员工。保密协议本质上是一个合同，根据合同相对性原则，仅约束合同当事人，即签订保密协议的企业和员工，对其他员工没有约束力。

· 内容不同

保密管理制度因适用于全体员工，内容往往较为抽象，规定的一般是商业秘密的保密原则以及一些通用规则。保密协议则是约束具体工作岗位的员工，内容往往具体明确，对需要保守的商业秘密的具体内容、范围以及违约行为、责任等往往有具体的描述，且可以根据知悉不同密级、不同范围、不同秘密内容的员工，约定不同的保密条款。

· 法律效力不同

保密管理制度是企业单方意思表示，保密协议则是双方意思表示，通常而言，双方合意的合同的法律效力要高于单方意思表示的规章制度。但是，由于劳动关系双方之间是管理与被管理的关系，企业处于优势地位，因此当保密制度和保密协议发生冲突时，一般以倾向保护员工利益作为标准进行判断，优先适用有利于员工的条款。

根据上述分析，保密管理制度和保密协议其实“各管一块”，并不矛盾。企

业既可以制定保密管理制度，对保守商业秘密作出一般规定，也可以与知悉商业秘密的员工签订保密协议，二者互不冲突。企业也可以只制定保密管理制度，不签订保密协议，或者反之，企业可以根据商业秘密的保护需要自主决定是否与员工签订保密协议。

HR 实务指南

第一，企业应与负有保密义务的员工签订保密协议。企业一是应明确哪些员工应负有保守商业秘密的义务，二是应明确保守商业秘密的内容、范围和期限，三是应通过签订书面保密协议的“仪式感”增强员工的保密意识。

第二，对负有保密义务的员工，企业应在该员工离职时明确提示该员工继续保密。多数情况下，保密协议是在员工入职时签订，也有些是在员工在职期间签订，而员工离职时往往离签订保密协议之日已经过去了一两年甚至好几年，员工也已经淡忘签订了保密协议。因此，企业有必要在员工离职时通过书面形式提示该员工双方签有保密协议，离职后仍需履行保密义务。

第三，企业可以适当在保密协议中约定保密费。劳动法并没有规定企业一定要支付保密费，但是，若双方在保密协议中约定了保密费，则企业必须支付。为了增强员工的保密意识，提高员工保守商业秘密的责任感，企业可以在保密协议中适当约定保密费，并按约发放。

第二节　竞业限制

竞业限制是指知悉原企业商业秘密的员工在解除或者终止劳动合同后的一定期限内不得在与原企业生产同类产品，经营同类业务或与原企业有其他竞争关系的企业任职，也不得自己生产与原企业有竞争关系的同类产品或经营同类业务。竞业限制是企业对员工的一种就业限制权，是企业保守商业秘密不被泄露的措施之一，通常采用与员工签订竞业限制协议的形式来实现对员工的竞业限制。

《劳动合同法》第 23 条第 2 款规定，对负有保密义务的劳动者，用人单位可以在劳动合同或者保密协议中与劳动者约定竞业限制条款，并约定在解除或者终止劳动合同后，在竞业限制期限内按月给予劳动者经济补偿，劳动者违反竞业限制约定的，应当按照约定向用人单位支付违约金。

案例 164

员工违反竞业限制约定，法院判员工赔偿企业 95 万元

北京市第一中级人民法院（2021）京 01 民终 2804 号

陈某于 2016 年 9 月 5 日入职甲公司担任内容平台部高级编辑经理，双方约定了竞业限制条款，期限为 6 个月。陈某若违反竞业限制义务，应向甲公司退还已经支付的竞业限制补偿金并向甲公司支付违约金，标准为按照陈某离职前 12 个月税前月平均工资标准计算的 24 个月工资总额。2019 年 3 月 12 日，陈某离职，离职前 12 个月的平均工资为 5.3 万元。随后，甲公司发现陈某多次在上班时间出现在有竞争关系的乙公司，手拿办公文件走动，并与不同的同事打招呼。甲公司认为陈某已在乙公司上班，违反了竞业限制约定。双方因此成讼，甲公司要求陈某返还已支付的补偿金，并支付竞业限制违约金共 140 余万元。

审理结果

法院认为，陈某在一周内连续多次进入乙公司的办公场所，在上班时间手拿办公文件走动，在电梯中连续两日与不同的同事打招呼聊天，与一般的探访显然不同，陈某在法院口头传唤情况下不予出庭，陈某代理人也不能就此做出合理解释。甲公司与陈某约定如陈某违反竞业限制义务，应向甲公司返还竞业限制补偿，上述约定并不违反法律的强制性规定，应属合法有效。结合劳动者掌握商业秘密的程度、离职前月工资标准、任职年限、违反竞业限制义务的持续时间等予以酌定，陈某应向甲公司支付违反竞业限制义务的违约金95万余元。

一、竞业限制适用主体

竞业限制的制度安排，目的是保护企业的商业秘密不受侵害。基于这一目的，劳动法规定竞业限制的主体仅限于知悉企业商业秘密和核心技术的人员，一方面是没必要将每一名员工都纳入竞业限制的主体，另一方面是企业也无力承受向每一个离职员工都支付一份经济补偿金的经济压力。

比如，最高人民法院劳动争议典型案例（2024年4月30日发布）案例三认为，李某系某公司的推拿师及培训师，不属于公司的高级管理人员及高级技术人员。李某掌握的客户资料是在提供服务过程中必然接触到的基本信息，例如客户名称、联系方式等；李某接触到的产品报价方案对服务的客户公开，潜在的客户经过咨询即可获得；某公司提供的培训课程虽然为自己制作的课件，但课件内的知识多为行业内中医小儿推拿的常识性内容。此外，李某在某公司工作期间通过培训获取的按摩推拿知识及技能也是该行业通用的专业知识及技能。某公司提供的证据仅能证明李某在日常工作中接触到该公司的一般经营信息，而非核心经营信息。在正常履职期间仅接触到用人单位一般经营信息的劳动者不属于《劳动合同法》第24条第1款规定的其他负有保密义务的人员。某公司主张李某属于负有保密义务的竞业限制人员，证据不足。法院判令驳回某公司要求李某支付竞业限制违约金的诉讼请求。

根据《劳动合同法》第24条第1款，竞业限制的人员限于企业的高级管理人员、高级技术人员和其他负有保密义务的人员。这一规定把竞业限制的适用主体划分成三类人员，俗称“两高一密”。

· 高级管理人员

高级管理人员通常是指《公司法》第 265 条第 1 项所规定的公司经理、副经理、财务负责人，上市公司董事会秘书和公司章程规定的其他人员。

这里所说的公司章程规定的其他人员，指的是除了前述法条列举的四类当然的高级管理人员以外，公司还可以通过章程来自定义设置的高级管理人员的具体范围或者具体岗位，如人力资源总监、法务总监等，只要公司章程中有明确定义，裁审机构一般都予以认可。

例如，苏州市中级人民法院（2017）苏 05 民终 10990 号民事判决书认为，肖某、贺某对于肖某在 2009 年 12 月 10 日至 2016 年 1 月 6 日任该公司的人事行政总监职务以及贺某在 2010 年 3 月 8 日至 2015 年 2 月 28 日任该公司的财务总监职务的事实无异议。而且根据公司章程的规定，肖某、贺某所任职务属于公司高级管理人员，肖某、贺某仅就各自任命及任职期限未经执行董事决定而否认各自高级管理人员的身份，且未能提交任何证据反驳自己在上述期间内所任职务。因此法院依法认定肖某、贺某在上述期间内为该公司的高级管理人员。

又如，安徽省高级人民法院（2019）皖民再 27 号民事判决书认为，关于梁某是否为甲公司高级管理人员的问题，甲公司为上市公司，该公司章程第 124 条规定，公司高级管理人员包括公司总经理、副总经理、财务负责人、董事会秘书。梁某担任该公司党委副书记、纪委书记、工会主席等职，且按照高级管理人员考核，并实行年薪制，属于通常意义上的其他公司高级管理人员，但不属于《公司法》第 265 条第 1 项规定的及甲公司章程规定的高级管理人员范畴。

· 高级技术人员

劳动法没有对高级技术人员进行明确的规定，通常认为，高级技术人员指的是企业中获得了高级技术职称或者具有核心技术能力，掌握企业核心技术秘密的人员。

在实务中，关于认定员工是否属于高级技术人员的争议并不多，一是双方对员工是否掌握企业的技术信息争议不大，二是技术人员“高级”也并非承担竞业限制义务的必要条件。即使是普通技术人员，只要知悉企业技术信息或者其他商业秘密，就算不属于高级技术人员，也属于“其他负有保密义务的人员”，同样也是承担竞业限制义务的主体。

· 其他负有保密义务的人员

在企业对员工实施竞业限制制度过程中，高级管理人员和高级技术人员属于

“关键少数”，人数上并不多，但是这两类人员往往掌握着企业最核心的经营信息和技术信息，因此是竞业限制制度所要规范的重点人员。

企业在进行人员区分时，这两类人员一般都很好区分，主要是第三类，即其他负有保密义务的人员。对于什么是其他负有保密义务的人员，劳动法没有明确的定义，在实务中存在不同理解，这也是司法实践中的难题。

简单地说，其他负有保密义务的人员，指的是在企业中知悉或者通过职务便利有机会知悉企业商业秘密的人员。比如，中层和基层管理人员、普通技术人员、销售人员、客服人员、质检人员等。这类人员虽然没有前两类人员重要，并不是企业核心经营信息和技术信息的掌握者，但是，这类人员涉及的人数多且分布广，是企业实施竞业限制制度需要重点盘点的人员。

比如，重庆市高级人民法院（2020）渝民申1349号民事裁定书认为，劳动合同明确约定张某担任甲旅行社重庆分公司的销售部经理，根据常识判断，这一工作岗位应该能够掌握包括客户信息在内的商业秘密，属于“其他负有保密义务的人员”的范畴，且签订《竞业限制协议》系张某与甲旅行社的真实意思表示，该协议的内容也不违反法律、行政法规的强制性规定，合法有效，张某依法负有竞业限制义务。

案例165

车间生产组长是否属于竞业限制人员？

江苏省南京市中级人民法院（2020）苏01民终9632号

仲某于2014年7月2日入职甲生物公司担任酶免生产部乳胶生产组组长，双方签订了保密协议和竞业限制协议，约定竞业限制期限为仲某离职后2年。2019年2月28日，仲裁离职，甲公司向仲某发出竞业限制义务开始履行通知书。2020年1月9日，甲公司发现仲某已入职与甲公司经营同类业务的乙公司，遂向仲某发出告知函，告知仲某违反了竞业限制约定，并要求仲某承担违约责任。双方因此成讼。在庭审中，仲某诉称，自己属于基层生产人员，岗位为酶免生产部乳胶生产组组长，接触的是转码后的原材料的名称，不掌握甲公司的商业秘密，甲公司应当证明仲某属于《劳动合同法》第24条第1款规定的人员。

审理结果

法院认为，仲某担任酶免生产部乳胶生产组组长，根据甲公司提供的仲某在工作中接触到的 BOM- 糖类抗原 19-9 检测试剂盒（化学发光免疫分析法）照片，上面加盖有“受控”二字，且能够清楚看出该试剂盒的具体组成成分，故该试剂盒分析法，应当为甲公司的商业秘密。仲某认为自己不属于竞业限制的人员，但未能提供相反证据予以反驳，法院对仲某的主张不予采纳，仲某应属于负有保密义务的人员，属于竞业限制的人员。

法院最终判决仲某向甲公司支付竞业限制违约金 275,000 元，并继续履行与甲公司的竞业限制协议至竞业限制期满。

案例简评

通过本案可以看出，司法实践对《劳动合同法》第 24 条第 1 款规定的“其他负有保密义务的人员”的认定，并不是仅以员工的工作岗位为标准，而是同时以员工在实际工作中是否知悉或者有机会接触到企业的商业秘密为认定标准。在本案中，仲某虽自称是基层生产人员，但工作内容能够知悉甲公司的商业秘密，法院据此认定仲某为劳动法规定的负有保密义务的人员，属于竞业限制适用主体，于法有据，本书亦为赞同。

HR 实务指南

第一，竞业限制仅限于“两高一密”人员。通常情况下，企业与员工约定竞业限制的，仅限于前述“两高一密”人员，其他人员因不接触商业秘密，没有必要约定竞业限制。

第二，企业与非“两高一密”人员约定了竞业限制且对方已经实际履行了竞业限制义务的，企业仍需支付补偿金。劳动法规定竞业限制的适用主体为“两高一密”人员，但是，如果企业与“两高一密”人员以外的其他员工约定了竞业限制，且该员工实际履行了竞业限制义务，企业就需向该员工支付竞业限制补偿金。这个问题，HR 尤其需要注意。

二、竞业限制期限

《劳动合同法》第 24 条第 2 款规定，在解除或者终止劳动合同后，竞业限制人员到与本单位生产或者经营同类产品，从事同类业务的有竞争关系的其他用人单位，或者自己开业生产或者经营同类产品，从事同类业务的竞业限制期限，不得超过 2 年。

其一，竞业限制期限从解除或者终止劳动合同时起算。通常是将解除或者终止劳动合同的次日作为第 1 日进行计算。

其二，竞业限制期限最长不得超过 2 年，超过部分无效。正如《深圳经济特区企业技术秘密保护条例》第 23 条第 1 款所规定的，竞业限制的期限最长不得超过解除或者终止劳动合同后 2 年，超过 2 年的，超过部分无效。

其三，没有约定竞业限制期限或者约定期限不明的，通常视为无固定期限协议，双方均可随时解除协议，但是应当提前至少 1 个月通知对方。

比如，长沙市中级人民法院（2021）湘 01 民终 808 号民事判决书认为，根据劳动法的相关规定，双方对竞业限制的约定最长不得超过 2 年，超过部分无效。在本案中，双方签订的《保密、竞业禁止协议》中约定刘某竞业限制超过 2 年期限的部分因违反前述规定而归于无效，但该协议系双方真实意思表示，因此该条款部分无效，不影响协议其他部分效力。

案例 166

企业与员工约定竞业限制期限为 3 年的，有效吗？

上海市徐汇区人民法院（2020）沪 0104 民初 14204 号

李某于 2016 年 5 月 25 日入职甲公司，双方签订了劳动合同，其中保密及不竞争协议约定：李某承诺及保证，在甲公司工作期间及离开甲公司后 3 年内，履行竞业限制义务，李某在离开公司后 3 年内将共得到 3 个月的工资补偿（每年年底可得到 1 个月的工资补偿），该工资补偿按照李某离职前 1 个月的工资标准计算。2018 年 7 月 7 日，双方劳动合同解除，李某离职前月平均工资为 32,500 元。7 月 24 日，李某申请劳动仲裁，主张甲公司支付 2018 年 7 月 8 日至 2021 年 7 月 7 日的竞业限制经济补偿金 13 万余元，未获支持。李某诉至法院。

审理结果

法院认为，用人单位在劳动合同中与劳动者约定3年期的竞业限制条款，并约定在解除或终止劳动合同后，在竞业限制期限内共计给予劳动者相当于3个月工资的竞业限制补偿金，劳动者于离职后3年的每年年底领取一次相当于1个月工资标准的竞业限制补偿金，该约定系双方自愿达成，李某亦自愿服从该约定，故双方对此均应遵守，并按约履行。

案例简评

在司法实践中，双方约定竞业限制期限超过2年的，通说观点认为超过2年的部分无效，2年内的部分仍然有效，本书亦此持观点，但也有极少数观点认为超过2年的也同样有效，本案即是如此。

最高人民法院民事审判第一庭编著的《最高人民法院新劳动争议司法解释（一）理解与适用》一书认为，对于竞业限制期限超过2年的条款的效力，应当认定该条款部分无效，即超出2年的期限部分无效，主要理由：第一，竞业限制义务对劳动者的择业自由权和生存权会产生影响，而劳动者的择业自由权和生存权在法益体系中至少不比合同自由位阶低；第二，在劳动合同关系中，劳动者与用人单位缔约谈判的能力并不均衡；第三，如果不认定超出2年期限部分的竞业限制条款无效，就难以通过其他手段达到《劳动合同法》所追求的将竞业限制期限制在合理范围内的立法目的。当然，如果双方事人已经履行完毕超过2年期限的竞业限制义务，劳动者请求用人单位按约定支付经济补偿金，则自然应予支持，此时已无必要以该约定违反强制性规定为由认定无效，而应通过其他手段制裁此种违反强制性规范的行为。

对上述观点，本书深以为然。

HR 实务指南

第一，严格遵守不超过2年的法律规定。既然法律规定了竞业限制期限最长不得超过2年，那么就应遵守法律规定，避免因约定期限超过2年而发生争议。

第二，约定竞业限制期限可以分“两步走”。第一步是与员工在员工入职时或者员工在职期间签订竞业限制协议，其中竞业限制期限可以约定为“竞业限制的期限以公司通知为准，但最长不得超过 2 年”；第二步是在员工离职时，书面告知员工具体的期限，比如 6 个月、9 个月。如此，企业可以在员工离职时根据实际需要确定具体的竞业限制期限。

三、竞业限制经济补偿

由于竞业限制协议的履行在一定程度上限制了员工离职后的就业选择权，进而影响了员工的生存权，因此劳动法规定企业应对实施竞业限制进行补偿，保障员工的合法利益。

《劳动合同法》第 23 条第 2 款规定，对负有保密义务的劳动者，用人单位可以在劳动合同或者保密协议中与劳动者约定竞业限制条款，并约定在解除或者终止劳动合同后，在竞业限制期限内按月给予劳动者经济补偿。

《劳动争议司法解释（一）》第 36 条规定，当事人在劳动合同或者保密协议中约定了竞业限制，但未约定解除或者终止劳动合同后给予劳动者经济补偿，劳动者履行了竞业限制义务，要求用人单位按照劳动者在劳动合同解除或者终止前 12 个月平均工资的 30% 按月支付经济补偿的，人民法院应予支持。月平均工资的 30% 低于劳动合同履行地最低工资标准的，按照劳动合同履行地最低工资标准支付。

对于上述规定可以从以下几点进行理解：

（1）**企业支付竞业限制经济补偿，以员工实际履行竞业限制义务为前提。**换言之，如果仅仅是双方约定了竞业限制，但是员工在离职后并没有实际履行约定的竞业限制义务，则企业无须支付经济补偿。

（2）**未约定竞业限制经济补偿的，按离职前 12 个月平均工资的 30% 计算，且不得低于劳动合同履行地最低工资标准。**竞业限制经济补偿并不是固定按离职前 12 个月平均工资的 30% 计算，只有在双方没有约定补偿标准的情况下，员工主张按该标准计算，法院才支持按该标准计算。那如果双方有约定补偿标准呢？比如，张三离职前 12 个月平均工资为 20,000 元，双方竞业限制协议约定补偿标准为 20%，是否有效？答案是，有效。简言之，在没有地方规定的地区，有约定的按约定，无约定的按 30%。此外，无论有约定还是无约定，竞业限制经济补偿均不得低于劳动合同履行地最低工资标准。

广东省高级人民法院（2023）粤民申 19699 号民事裁定书认为，甲公司与吴某签订竞业限制协议约定，吴某离职后 2 年内，甲公司向其支付竞业限制补偿费 1 元 / 月，若吴某违反该协议，应按违约行为所得的款项数额 10 倍支付违约金，违约所得无法确定的，吴某应向甲公司支付违约金 100 万元。

好家伙！守约每月补偿 1 元，违约赔偿 100 万元，实在是离谱至极。该案经过一裁两审，甲公司最终败诉，吴某无须支付违约金。该公司仍不服，向广东省高级人民法院申请再审，广东省高级人民法院最终驳回其再审申请。

（3）竞业限制经济补偿按月支付。

以上是国家层级的规定。除国家规定外，我国部分地区对竞业限制经济补偿标准还作了地方规定，摘录如下：

上海市高级人民法院《关于适用〈劳动合同法〉若干问题的意见》(沪高法〔2009〕73 号) 第 13 条“当事人对竞业限制条款约定不清的处理” 指出，补偿金数额不明的，双方可以继续就补偿金的标准进行协商，协商不能达成一致的，用人单位应当按照劳动者此前正常工资的 20%~50% 支付。

北京市高级人民法院、北京市劳动人事争议仲裁委员会《关于审理劳动争议案件解答 (一)》第 65 问指出，用人单位与劳动者在劳动合同或保密协议中约定了竞业限制条款，但未就补偿费的给付或具体给付标准进行约定，不应据此认定竞业限制条款无效，双方在劳动关系存续期间或在解除、终止劳动合同时，可以通过协商予以补救，经协商不能达成一致的，可按照双方劳动合同解除或终止前 12 个月平均工资的 30% 确定补偿费数额，但不得低于劳动合同履行地最低工资标准。用人单位明确表示不支付补偿费的，竞业限制条款对劳动者不具有约束力。

《江苏省劳动合同条例》第 28 条第 1 款规定，用人单位对处于竞业限制期限内的离职劳动者应当按月给予经济补偿，月经济补偿额不得低于该劳动者离开用人单位前 12 个月的月平均工资的 1/3。

《深圳经济特区企业技术秘密保护条例》第 24 条规定，竞业限制协议约定的补偿费，按月计算不得少于该员工离开企业前最后 12 个月月平均工资的 1/2。约定补偿费少于上述标准或者没有约定补偿费的，补偿费按照该员工离开企业前最后 12 个月月平均工资的 1/2 计算。

综上可见，北京、上海最低可以按员工离职前工资的 20% 支付竞业限制经济补偿，江苏规定经济补偿的最低标准为员工离职前工资的 1/3，深圳规定得最高，补偿费最低不得低于员工离职前工资的 50%。

不过，由于深圳的规定叫作“企业技术秘密保护条例”，技术秘密并不等同于商业秘密，因此在实践中出现了两种观点。

一种观点认为，只要企业与员工约定了竞业限制，经济补偿就不得低于员工离职前 12 个月平均工资的 50% 且应按月支付，至于竞业限制内容是技术秘密还是经营信息，则在所不问。

另一种观点认为，“企业技术秘密保护”与商业秘密保护，二者是有区别的，后者的范围要比前者大得多，技术秘密只是商业秘密的其中一部分。因此，如果双方约定的是技术秘密的竞业限制，企业支付的经济补偿无疑就不得低于 50% 的相关标准；如果双方约定的竞业限制保密内容并不是技术秘密，而是类似于客户信息、市场销售方案等经营信息，则依然适用《劳动争议司法解释（一）》第 36 条第 1 款规定的 30% 的标准支付经济补偿。

本书赞同第二种观点。

案例 167

员工履行竞业限制义务后，企业可否以主体不适格而拒付补偿金？

北京市第一中级人民法院（2022）京 01 民终 3079 号

刘某于 2015 年 10 月 9 日入职甲公司从事 IT 工程师岗位工作，双方劳动合同约定，刘某离职后 2 年内，除获得甲公司书面同意外，不得以任何方式从事任何与甲公司及关联公司现在所从事或拟从事的业务相竞争的业务或相类似的业务。2019 年 11 月 24 日，刘某离职，离职前 12 个月平均工资的 30% 低于当地最低工资标准。后来，刘某申请劳动仲裁，主张甲公司支付 2019 年 11 月 25 日至 2020 年 12 月 31 日的竞业限制补偿金。甲公司辩称，刘某并不属于竞业限制的人员范围，甲公司无须支付刘某竞业限制补偿金。

审理结果

法院认为，《劳动合同法》是兼具公法性质的社会法，且由于在劳动关系中劳动者处于弱势的受支配地位，故为了保护劳动者的合法权益，限制用人单位的行为界限，该法的很多条文对于用人单位来说是强制性规定。该法第 24 条第 1 款明确限定了竞业限制人员的范围，目的在于防止用人单位滥用支配地位订立不利于劳动者的条款，保护劳动者就业权，因此，该规定的强制性是针对用人单位来说的，而非针对劳动者来说的。对于劳动者来说，如果劳动者订立了带有竞业限制条款的格式劳动合同，并在劳动合同解除之后依约履行了竞业限制义务，则劳动者的信赖利益应受保护；对于用人单位来说，用人单位提供带有竞业限制条款的劳动合同让劳动者签署，却又在劳动者离职并履行了竞业限制义务后，以该劳动者不属于“高级管理人员、高级技术人员和其他负有保密义务的人员”为由拒绝支付竞业限制经济补偿，这显然有违诚实信用原则。

案例简评

在实务中类似于本案的现象时有发生，企业为了“掌握”主动权，甚至恶意限制员工就业权，员工入职时即与员工约定竞业限制，也不区分是否属于“两高一密”人员。等到员工履行了竞业限制义务，向企业主张支付补偿金时，企业又以员工并非劳动法规定的“两高一密”人员为由拒付补偿金。

企业真能如愿吗？答案是否定的。正如本案所述，“两高一密”是用来限制企业的，而不是用来限制员工的。企业与“两高一密”以外的员工约定了竞业限制的，员工可以拒绝履行，企业不得主张违约金；但若员工已实际履行了竞业限制义务，则企业基于诚信原则，应当支付补偿金。本案说理可谓精辟，本书极为赞同。

HR 实务指南

第一，应在竞业限制协议中约定补偿金的计算比例。有地方规定的地区，约定的竞业限制经济补偿比例不得低于地方规定，没有地方规定的地区，通常采用全国标准，即《劳动争议司法解释（一）》第 36 条第 1 款规定的离职前 12 个月平均工资的 30% 且不得低于当地最低工资标准。

第二，在员工离职时应明确告知员工竞业限制补偿金的具体数额。员工离职时，企业应计算出员工离职前 12 个月的平均工资，根据约定的比例计算出具体的补偿数额，并通过书面形式告知离职员工。

第三，竞业限制经济补偿应按月支付。劳动法只规定了按月发放竞业限制经济补偿，但没有规定什么时候发放，企业可以自主决定，既可以随本企业员工工资一起发放，也可以单独发放，但必须按月发放，不得拖欠。

四、竞业限制的违约责任

竞业限制协议一经签订，对双方均有约束力，任何一方违约，双方均应承担相应的法律责任。一般来说，企业的履约义务是按月且足额向员工支付竞业限制经济补偿，员工的履约义务是在约定的期限内不得从事与原企业有竞争关系的职业。双方或者任何一方不履行前述义务，则属于违约，依法应当承担违约责任。

关于竞业限制违约责任，可以从以下几点进行理解：

其一，企业违反约定不支付经济补偿，员工履行了竞业限制义务的，员工可以主张企业支付履约的经济补偿。

其二，员工违反竞业限制约定的，需按照约定向企业支付违约金。《劳动合同法》第 23 条第 2 款规定，劳动者违反竞业限制约定的，应当按照约定向用人单位支付违约金。

其三，员工违反竞业限制约定的，并非“一赔了之”，员工支付了违约金后，是否需要继续履行竞业限制义务，主动权掌握在企业手上。企业认为需要继续履行的，员工应当继续履行。《劳动争议司法解释（一）》第 40 条规定，劳动者违反竞业限制约定，向用人单位支付违约金后，用人单位要求劳动者按照约定继续履行竞业限制义务的，人民法院应予支持。

其四，员工因违反约定给企业造成损失的，企业还可以主张赔偿。《劳动合同法》第 90 条规定，劳动者违反劳动合同中约定的保密义务或者竞业限制，给用人单位造成损失的，应当承担赔偿责任。

案例 168

企业未支付竞业限制经济补偿的，可否主张员工支付违约金？

广州市中级人民法院（2021）粤 01 民终 29294 号

黄某于 2020 年 8 月 14 日入职甲珠宝公司担任实习主播一职，主要工作是珠宝直播带货，双方签订了竞业限制协议，约定竞业限制期限为 6 个月，没有约定竞业限制经济补偿，同时还约定，黄某若违反该协议，需向甲珠宝公司支付违约金 2 万元。黄某于 2021 年 1 月 25 日离职，黄某离职后，甲珠宝公司未按约定向黄某支付竞业限制经济补偿。同年 3 月，黄某入职与甲珠宝公司有竞争关系的乙珠宝公司。双方因此成讼，甲珠宝公司主张黄某支付违反竞业限制协议违约金 2 万元。

审理结果

法院认为，虽然双方签订竞业限制协议没有约定在竞业限制期限内依法给予黄某经济补偿，但经济补偿金是劳动者在竞业限制期内生存的前提条件，给付经济补偿金应自动成为竞业限制条款的内容，故甲珠宝公司应负有向黄某支付经济补偿的义务。在双方解除劳动合同后，甲珠宝公司未给予黄某经济补偿，该竞业限制条款不合理地免除了甲珠宝公司的责任，限制了黄某的主要权利，内容显失公平，对黄某不具有约束力，甲珠宝公司主张黄某应向公司支付违反竞业限制协议违约金于法无据，法院不予支持。

案例简评

对于这个问题应该分三种情形来讨论：一是企业既没有约定补偿，也没有实际支付补偿；二是企业没有约定补偿，但实际上支付了补偿；三是企业约定了补偿，但实际上没有支付补偿。本书认为，第一种情形应认定为约定无效，第二种和第三种情形则为约定有效。

在实务中，竞业限制协议没有约定经济补偿的现象时有发生。有些是企业不了解竞业限制制度，不知道要约定经济补偿；更多的是企业故意不约定，以此逃避支付经济补偿的责任，既不约定补偿也不支付补偿。在这种情况下，若员工违反约定，企业就向员工主张违约金，企业只享受权利不承担义务，对于员工来说，这是明显不公平的。

本案即是如此，竞业限制协议文本由甲珠宝公司提供，与黄某签署，协议未约定经济补偿，客观上甲珠宝公司也没有向黄某支付补偿，属于甲珠宝公司故意免除自己支付经济补偿的责任。在庭审中，甲珠宝公司称未支付经济补偿金并不导致约定失效，因此黄某仍需向甲珠宝公司支付违约金。法院认为甲珠宝公司没有支付经济补偿的行为违反公平原则，认定该协议对黄某不具有约束力，判决黄某无须向甲珠宝公司支付违约金，本书深为赞同。

但是，企业未支付竞业限制经济补偿并不必然导致竞业限制协议无效。也就是说，如果双方约定了补偿，企业只是没有按约定向员工支付，则不影响竞业限制协议的效力，员工依然需要遵守约定，履行竞业限制义务，至于补偿金，员工可以通过诉讼的方式向企业主张支付。

比如，广东省高级人民法院（2020）粤民申11648号民事裁定书认为，刘某属于负有保密义务的人员，双方签订的《保密及竞业限制协议》内容并未违反相关法律法规的规定，系双方的真实意思表示，合法有效。甲公司主张刘某违反《保密及竞业限制协议》系发生在刘某申请离职后办理工作交接时，故刘某以甲公司未向自己支付竞业限制补偿款为由而主张《保密及竞业限制协议》中关于违约金的约定无效，法院不予支持。

五、竞业限制违约金标准

关于员工违反竞业限制约定的违约金标准，法律并未明确规定，通常来说，由裁审机构根据员工掌握商业秘密的程度、离职前月工资标准、任职年限、违反竞业限制义务的持续时间等予以酌定。一般认为，员工违反竞业限制协议所应当支付给企业的违约金，以双方约定的竞业限制经济补偿总额的3~5倍为宜。

《劳动合同法（草案）》公布时，曾在第16条第3款对员工违反竞业限制约定的违约金有过上限规定，该草案认为，“劳动者违反竞业限制约定的，应当向用人单位支付违约金，其数额不得超过用人单位向劳动者支付的竞业限制经济补偿的3倍”。但是，在《劳动合同法》正式公布施行时，又删除了这一规定。

虽然如此，该草案提出的标准，对于在司法实践中认定员工违约金标准，依然有参考意义。当违约金过高或者过低时，若当事人提出增加或者减少违约金的数额，裁审机构可以根据公平合理原则，参照给企业造成损失的大小进行相应调整。最高人民法院《第八次全国法院民事商事审判工作会议(民事部分)纪要》第28条指出，用人单位和劳动者在竞业限制协议中约定的违约金过分高于或者低于实际损失，当事人请求调整违约金数额的，人民法院可以参照最高人民法院《关于适用〈中华人民共和国合同法〉若干问题的解释（二）》（已失效）第29条的规定予以处理，即当事人约定的违约金超过造成损失的30%的，一般可以认定为原《合同法》第114条第2款规定的“过分高于造成的损失”。

例如，北京市第一中级人民法院（2019）京01民终4952号民事判决书认为，甲公司与巴某约定违约金为竞业限制补偿金总额的5倍，法院在考虑巴某的月工资标准、竞业限制期间等因素后，酌减违约金为竞业限制补偿金总额的4倍，巴某再次请求法院酌减违约金，法院不予支持。

又如，北京市海淀区人民法院（2021）京 0108 民初 37047 号民事判决书认为，在该案中，竞业限制期限为劳动合同解除之日起 6 个月内，经济补偿金额税前为 14,325.48 元 / 月，违约金为《竞业限制协议》约定的竞业限制补偿金总额的 5 倍，法院最终酌减违约金为竞业限制补偿金总额的 3.5 倍。

HR 实务指南

劳动法没有规定竞业限制的违约金标准，通常认为以竞业限制补偿金总额的 3~5 倍为宜，本书亦赞同。比如，甲公司与张三约定了 6 个月期限的竞业限制，甲公司每月支付给张三的补偿金为 8000 元，则甲公司可以在竞业限制协议中约定张三违反协议的违约金为 24 万元（8000 元 / 月 ×6 个月 ×5 倍）。

六、竞业限制协议

竞业限制为企业保守商业秘密的一项措施，企业通过与员工签订竞业限制协议或者约定竞业限制条款来实现对员工的竞业限制，没有约定竞业限制条款的，员工离职后可以自由择业，就业选择权不受影响。

1. 竞业限制协议的条款

劳动法没有对竞业限制协议的条款进行明确规定，双方当事人可以根据实际情况约定协议条款。

《深圳经济特区企业技术秘密保护条例》给出了竞业限制协议的主要条款，在实务中可以参照使用。该条例第 22 条规定，竞业限制协议应当以书面形式签订，一般包括竞业限制的范围、地域，竞业限制的期限，补偿费的数额及支付方式，违约责任等主要条款。

2. 竞业限制协议的解除与终止

· 协议期限届满终止

竞业限制协议期限届满，双方合同目的实现，协议所约定的权利义务消灭的，协议自然终止。

· 双方协商一致解除

竞业限制协议本质上是合同，双方签订了竞业限制协议的，员工离职后，协议生效，双方当事人必须履行合同约定的义务，遵守合同的法律效力，任何一方不得因后悔或者难以履行而擅自解除合同。在该协议履行完毕之前，双方经协商一致，可以解除。

· 企业单方面解除

《劳动争议司法解释（一）》第 39 条规定，在竞业限制期限内，用人单位请求解除竞业限制协议的，人民法院应予支持。在解除竞业限制协议时，劳动者请求用人单位额外支付劳动者 3 个月的竞业限制经济补偿的，人民法院应予支持。

也就是说，企业享受随时解除竞业限制协议的权利，只需额外向员工支付 3 个月经济补偿即可。

· 员工单方面解除

《劳动争议司法解释（一）》第 38 条规定，当事人在劳动合同或者保密协议中约定了竞业限制和经济补偿，劳动合同解除或者终止后，因用人单位的原因导致 3 个月未支付经济补偿，劳动者请求解除竞业限制约定的，人民法院应予支持。

相对于企业的单方解除权，员工的解除权就显得很“窘迫”了，只有在企业 3 个月未支付经济补偿的情况下，员工才能请求解除竞业限制协议。劳动法对员工单方面解除竞业限制协议规定得很严格，原因就是让企业能够实现保守商业秘密的目的，保障企业合法权益。

在这个问题上，深圳规定得相对宽松一些。

《深圳经济特区企业技术秘密保护条例》第 25 条规定，用人单位未按月支付竞业限制经济补偿的，劳动者自用人单位违反约定之日起 30 日内，可以要求用人单位一次性支付尚未支付的经济补偿，并继续履行协议；劳动者未在 30 日内要求一次性支付的，可以通知用人单位解除竞业限制协议。

案例 169

学校的英语教师，是否属于竞业限制的适用对象？

安徽省合肥市中级人民法院（2021）皖 01 民终 3423 号

2019 年 9 月 4 日，陈某入职甲学校从事教师工作，双方签订了《竞业限制协议》，约定竞业限制期限为 2 年。2020 年 7 月 27 日，陈某离职。同年 8 月 28 日，陈某登记注册乙教育咨询经营部，对外招收 4~16 岁的儿童和青少年，开展英语课程教学。9 月，甲学校申请劳动仲裁，主张陈某应支付违反竞业限制协议的违约金 3 万余元。甲学校主张陈某掌握了甲学校特有的英语教学教材、产品、软件、计划及有关经营方式等核心要素资源，但未提供证据证明上述信息构成甲学校需要保密的商业信息且为陈某所掌握。

审理结果

法院认为，劳动者负有竞业限制义务，应以劳动者掌握用人单位需要保密的商业信息为前提，陈某是甲学校聘用的英语教师，不属于《劳动合同法》第 24 条第 1 款规定的高级管理人员或高级技术人员。陈某作为英语教师，在实施教学时当然会接触到甲学校的教学教材、授课体系和教学计划等内容，但这属于陈某履行工作岗位职责的必然要求，如以此为由对劳动者实施竞业限制，对劳动者而言过于严苛，亦与《劳动合同法》的规定相悖。故甲学校主张陈某属于其他负有保密义务的人员，依据不足，法院不予采纳。竞业限制客观上限制了劳动者的就业选择权，进而影响了劳动者的生存权，故竞业限制的种类、范围、期限等均须符合法律、法规的规定，不得任意扩大适用范围，双方签订的《竞业限制协议》对陈某不发生法律效力。

HR 实务指南

第一，HR 应拟定竞业限制协议文本。企业既可以单独拟定协议文本，也可以在劳动合同中约定。竞业限制条款应包括竞业限制的范围、地域，竞业限制的期限，补偿费的数额及支付方式，违约责任等。

第二，如果解除竞业限制协议，则必须在员工离职时书面通知员工。对于签订了竞业限制协议的员工，员工离职后则协议启动，开始计算竞业限制的期限。如果在员工离职前企业认为没有必要再对该员工进行竞业限制，则应在该员工离职前书面通知该员工解除协议，尊重员工的择业自由。当然，企业在竞业限制期限内单方面解除协议，也是可以的；但是，协议一旦启动，企业若要再单方面解除，则需额外支付 3 个月的竞业限制经济补偿。

| 第三节 |　竞业限制的几个疑难问题解析

竞业限制制度设计，主要目的是保护企业商业秘密不被泄露，为以员工牺牲就业选择权，企业支付经济补偿作为对价的方式所作出的制度安排。由于现行法律对竞业限制的规定比较粗放，在实务中对竞业限制制度的实施，依然存在诸多难点。

一、竞业限制和保密有何区别

保密和竞业限制均属于企业为了保护商业秘密所采取的措施，竞业限制其实也是保密的一种表现形式。总而言之，二者有以下区别：

（1）义务基础不同。

保密义务是劳动合同的附随义务，凡是接触到企业商业秘密的员工，无论与企业是否签订了保密协议或者约定了保密条款，均负有保密义务。竞业限制则必须约定，没有约定的，员工不承担竞业限制义务。

（2）对员工的限制内容不同。

员工承担保密义务仅限于保守企业商业秘密，并不限制就业选择权，员工离职后可以自由择业。竞业限制限制的是员工的就业选择权，员工离职后一定期限内不得在与原企业生产同类产品，经营同类业务或与原企业有其他竞争关系的企业任职，也不得自己生产与原企业有竞争关系的同类产品或经营同类业务，在就业选择上受到限制。

（3）义务期限不同。

保密义务没有期限限定，一般期限比较长，只要企业商业秘密存在，员工的保密义务就一直存在，包括在职期间和离职之后。竞业限制则最长只能约定 2 年，从员工离职之日起算，约定超过 2 年的，超过部分无效，员工无须再承担竞业限制义务。

（4）有无经济补偿不同。

劳动法没有规定企业一定要向履行保密义务的员工支付保密费，因此，若双方没有特别约定，企业无须支付保密费。竞业限制则需要在约定的期限内按月向员工支付经济补偿，经济补偿的标准是员工离职前 12 个月的平均工资，且不得低于劳动合同履行地的最低工资标准。

（5）适用对象不同。

所有知悉或者能够接触到企业商业秘密的员工都负有保密义务，保密义务不以约定为前提。竞业限制则仅限于企业的高级管理人员、高级技术人员以及其他负有保密义务的人员，适用主体要比保密义务适用主体小得多。

（6）违约责任不同。

员工违反保密义务的，企业只能主张损害赔偿，而不能要求员工支付违约金，且企业需对造成的损失承担举证责任，举证不能的，即使员工有违反保密义务的事实，也无须承担赔偿责任。竞业限制不以造成损害为前提，若员工违反竞业限制协议，就需要按照约定向企业支付违约金，若员工违反竞业限制协议而给企业造成了损害，企业还可以主张损害赔偿。

二、竞业限制与竞业禁止有何区别

很多 HR 分不清楚竞业限制和竞业禁止，要将二者区分清楚，首先得弄清楚二者的概念。最高人民法院（2011）民申字第 122 号民事裁定书认为，竞业限制是指对特定的人从事竞争业务的限制，分为法定的竞业限制和约定的竞业限制。法定的竞业限制主要是指公司法上针对公司董事、高级管理人员设定的竞业限制，属于在职竞业限制。约定的竞业限制，一般是指依据合同法和劳动合同法针对交易相对人或者劳动者通过协议约定的竞业限制，既包括离职竞业限制，也包括在职竞业限制。这里所称的法定的竞业限制，指的就是竞业禁止，而约定的竞业限制，则指的是《劳动合同法》第 24 条所规定的竞业限制。

总而言之，二者有以下区别：

（1）适用组织不同。

竞业禁止制度的法律依据是公司法。根据《公司法》第 2 条，公司是指依照公司法在中国境内设立的有限责任公司和股份有限公司。因此，在适用组织上，竞业禁止只适用于有限责任公司和股份有限公司，其他组织则不适用。竞业限制制度的法律依据是劳动法，所有用人单位都是竞业限制制度的适用组织。根据《劳动合同法》第 2 条，用人单位是指我国境内的企业、个体经济组织、民办非企业单位等，当然也包括公司，甚至还包括国家机关、事业单位、社会团体。从适用组织上看，竞业限制要比竞业禁止宽得多。

（2）适用对象不同。

竞业禁止的适用对象是公司的董事和高级管理人员，其他员工不适用竞业禁止制度。竞业限制的适用对象则是企业的高级管理人员、高级技术人员和其他负有保密义务的人员。后者的适用对象要比前者大得多，后者的适用对象既可以包括公司的董事和高级管理人员，也可以包括接触公司商业秘密的其他员工。

（3）法律依据不同。

竞业禁止是根据《公司法》第 181 条至第 184 条之规定，针对公司董事、高级管理人员设置的法定义务，该法规定，公司的董事、高级管理人员在任职期间，不得利用职务便利为自己或者他人谋取属于任职单位的商业机会，不得自营或者为他人经营与所任职单位同类的业务。竞业禁止义务与董事、高级管理人员的职务密切关联，但董事、高级管理人员在离职后是否还负有该项义务，法律并没有明确的规定，通常认为，董事、高级管理人员在离职后的合理期限内仍负有该项义务。竞业限制则是约定义务，根据《劳动合同法》第 23 条、第 24 条之规定，依企业与员工签订竞业限制协议或者约定竞业限制条款而生效，且约定期限不得超过 2 年。

（4）有无经济补偿不同。

竞业禁止是法律针对公司董事和高级管理人员规定的法定义务。立法者认为，公司的董事和高级管理人员，对公司负有忠实和勤勉义务。忠实义务要求董事和高级管理人员在法律规范与公序良俗允许的范围和程度内，忠诚于公司利益，以最大限度实现和保护公司利益，公平地实施符合公司整体利益的行为；勤勉义务要求二者在从事公司经营管理活动时应当恪尽职守，敬业精进，深思熟虑，达到普通谨慎的同行在同类公司、同类职务、同类相关情形中所应具有的经营管理水平。据此，忠实勤勉义务是公司董事和高级管理人员的当然义务，对二者实行竞业禁止，公司无须支付经济补偿。

竞业限制则依约定而成立，并非员工的法定义务。企业应当依约定支付经济补偿，未约定或者约定不明确的，则按员工离职前 12 个月平均工资的 30% 确定经济补偿数额，且不得低于劳动合同履行地的最低工资标准，经济补偿需按月支付。

三、竞业限制经济补偿可否提前在每月工资中支付

所谓在每月工资中支付，指的是企业与员工签订竞业限制协议后，企业所承担的竞业限制经济补偿提前至员工在职期间的每月工资中支付，员工离职后，企业不再支付竞业限制经济补偿或者补足差额。

对于这一问题，在司法实践中存在争议。

第一种观点认为可以提前在每月工资中支付。

这一观点认为，工资组成包括竞业限制经济补偿的约定没有违反法律、行政法规的效力性强制性规定，若系双方真实意思表示，且能够证明已发，则该约定属合法有效。

先看地方规定。

江苏省高级人民法院、江苏省劳动人事争议仲裁委员会《关于审理劳动人事争议案件的指导意见（二）》（苏高法审委〔2011〕14 号，已废止）第 11 条规定，用人单位与负有保密义务的劳动者约定了竞业限制条款，并在劳动关系存续期间先行给付了合同约定且不低于法定标准的经济补偿，劳动合同解除或终止后，劳动者请求确认该竞业限制条款无效的，不予支持。用人单位在劳动关系存续期间先行给付经济补偿的数额低于法定标准的，应予补足；用人单位在劳动合同解除或终止后超过 1 个月仍未补足的，除劳动者要求履行外，该竞业限制条款对劳动者不具有法律约束力。

再看两个司法判例。

上海市第一中级人民法院（2019）沪 01 民终 14804 号民事判决书认为，双方劳动合同约定，张某离开甲公司及相关联单位后的竞业限制补偿金在张某在职期间的工资中按月发放，金额为 500 元 / 月，张某确认已明确知晓。因此，双方对解除或者终止劳动合同后履行竞业限制义务的补偿金已有约定，且已于在职工资中预期支付。故张某要求甲公司支付 2018 年 12 月 18 日至 2019 年 2 月 25 日竞业限制经济补偿金的诉请，法院不予支持。

北京市第三中级人民法院（2018）京 03 民终 6050 号民事判决书认为，竞业限制经济补偿金是用人单位因限制劳动者离职后的就业范围而对劳动者作出的补偿，该补偿以劳动者在离职后不从事与用人单位相竞争的业务为支付前提，竞业限制协议作为双务合同，补偿通常自劳动者离职之日起按月支付。本案协议约定，劳动者离职后须履行竞业限制义务，但约定补偿在在职期间发放，上述约定未违

反法律、行政法规的效力性强制性规定，且提前发放并不会损害劳动者利益，应属合法有效。

第二种观点则认为不得提前在每月工资中支付。

这一观点认为，劳动法明确规定了竞业限制经济补偿应在员工离职后的竞业限制期限内支付，企业若约定提前至员工在职期间的工资中支付，则违反上述法律规定，应属无效。

先看两个地方规定。

山东省高级人民法院、山东省人力资源和社会保障厅《关于审理劳动人事争议案件若干问题会议纪要》（2019 年 6 月 19 日）第 9 条第 2 款指出，劳动合同解除或者终止后，用人单位未支付竞业限制经济补偿，劳动者因此请求解除竞业限制协议，用人单位以其在劳动关系存续期间向劳动者支付的劳动报酬已包含竞业限制经济补偿进行抗辩的，对用人单位的抗辩不予支持。

天津市人力资源和社会保障局 2018 年 7 月 2 日发布的《天津市贯彻落实〈劳动合同法〉若干问题实施细则》（津人社规字〔2018〕14 号）第 9 条指出，用人单位在劳动合同或者保密协议中与劳动者约定竞业限制条款的，在约定违约金和经济补偿时应遵循公平、公正、适量、对等的原则。用人单位向劳动者支付竞业限制经济补偿的，应当在劳动合同解除或者终止后支付。

再看两个司法判例。

佛山市中级人民法院（2020）粤 06 民终 5329 号民事判决书认为，用人单位要求劳动者履行竞业限制义务的，应当向劳动者支付合理的经济补偿，竞业限制经济补偿金不能包含在工资中，只能在劳动关系结束后，在竞业限制期限内按月给付劳动者。

北京市第三中级人民法院（2020）京 03 民终 1784 号民事判决书认为，用人单位要求劳动者履行竞业限制义务的，应当向劳动者支付合理的经济补偿，竞业限制经济补偿金不能包含在工资中，只能在劳动关系结束后，在竞业限制期限内按月给付劳动者。

有趣的是，笔者在检索案例时发现，同样是出自北京市第三中级人民法院的判例，（2018）京 03 民终 6050 号判决书的判决时间是 2018 年 5 月 22 日，该判决认为竞业限制经济补偿可以提前在员工工资中支付，而（2020）京 03 民终 1784 号判决书的判决时间是 2020 年 4 月 12 日。也就是说，时隔两年后，该院认为竞业限制经济补偿不得提前在员工工资中支付，而两案的合议庭成员均为 3 人，其中有两人参与了两案审判，且两案的审判长为同一人。在司法实践中，同案不同判的事常有，但是同一个法院同一个合议庭（有两名成员相同，且审判长为同一人），就同一案件事实却前后作出两种完全相反的判决，确实让人不太好理解。

本书倾向于第二种观点。竞业限制经济补偿不得提前在员工工资中支付，而应当在员工离职后的竞业限制期限内按月支付。

其一，法律明确规定竞业限制经济补偿应在员工离职后按月支付。根据《劳动合同法》第 23 条第 2 款，竞业限制经济补偿应当在解除或者终止劳动合同后，在竞业限制期限内按月向员工支付。从法条文义上看，该款规定得非常清晰，即必须在员工离职后按月支付，没有例外。如果竞业限制协议约定经济补偿提前至员工在职期间的每月工资中支付，则该约定违反了上述规定，应属无效，员工离职后，企业仍需承担竞业限制经济补偿的支付义务。

其二，若可以提前在工资中支付，则会纵容企业故意拆分工资，使竞业限制经济补偿制度形同虚设。例如，张三是甲公司的电子工程师，月工资为 10,000 元，甲公司为了逃避竞业限制经济补偿，故意将张三的工资拆分为“月工资 9200 元 + 竞业限制经济补偿 800 元”，并在竞业限制协议中约定。从表面上看张三每月到手的工资仍为 10,000 元，但实际上该工资的性质已经变了。这样一来，张三离职后需遵守竞业限制约定，而实际上却没有获得相应的经济补偿，甲公司则无须支付一分钱就实现了对张三就业选择权的限制，以合法手段实现了不法利益。

也许有人会说，员工完全可以不同意工资拆分。这有一定道理，但也不全对，签订竞业限制协议时往往是员工已经入职或者准备入职，上家单位的工作已经辞了，企业完全可以利用优势地位“逼迫”员工同意其工资拆分，员工往往会迫于无奈而签订。

HR 实务指南

企业与员工签订了竞业限制协议的，应在约定的竞业限制期限内按月支付经济补偿，不宜提前在员工在职期间的工资中支付，以避免被认定为提前支付无效而重新支付一次的风险。

四、竞业限制协议没有约定经济补偿应如何处理

在实务中，竞业限制协议没有约定经济补偿或者经济补偿约定不明确的情况时有发生，对此情形，一般需按员工是否已实际履行竞业限制协议分别进行处理。

（1）员工已实际履行协议的。

根据《劳动争议司法解释（一）》第 36 条，当事人在劳动合同或者保密协议中约定了竞业限制，但未约定解除或者终止劳动合同后给予劳动者经济补偿，劳动者履行了竞业限制义务，要求用人单位按照劳动者在劳动合同解除或者终止前 12 个月平均工资的 30% 按月支付经济补偿的，人民法院应予支持。前 12 个月平均工资的 30% 低于劳动合同履行地最低工资标准的，按照劳动合同履行地最低工资标准支付。

据此，即使双方签订的竞业限制协议没有约定经济补偿，只要员工实际履行了竞业限制，就可以主张企业支付经济补偿，标准为员工离职前 12 个月平均工资的 30%，且不得低于劳动合同履行地最低工资标准。

比如，宿迁市中级人民法院（2023）苏 13 民特 86 号民事裁定书认为，陈某入职甲公司从事运营工作，双方进行了竞业限制约定，但相关竞业限制条款并未涉及竞业限制补偿，按照《劳动争议司法解释（一）》第 36 条，在陈某已履行竞业限制义务的前提下，陈某可以要求甲公司按照自己在劳动合同解除或者终止前 12 个月平均工资的 30% 按月支付经济补偿。

（2）员工尚未履行协议的。

竞业限制协议未约定经济补偿，且员工尚未履行协议的，通常认为协议有效，双方均应按照约定履行义务。

但是，如果员工离职后企业没有按月支付经济补偿，则企业有可能被认定为故意免除支付经济补偿的责任，限制员工就业选择权，协议会因违反公平原则而对员工不具有约束力。

比如，吉林省高级人民法院（2021）吉民申 1703 号民事裁定书认为，劳动者与用人单位法律地位平等，劳动者的竞业限制义务与用人单位的经济补偿义务系对等给付关系。在该案中，高某离职后，学校作为用人单位一直未向高某支付经济补偿金，学校在自身已违反竞业限制协议主要义务的情况下，主张高某承担违反竞业限制的违约责任，法院不予支持。

五、竞业限制协议能否约束在职员工

竞业限制协议能否约束在职员工？这又是一个有争议的问题，在实践中存在不同观点。

第一种观点认为竞业限制协议只约束离职员工。

其一，从概念上看。竞业限制是指知悉原企业商业秘密的员工在解除或者终止劳动合同后的一定期限内不得在与原企业生产同类产品，经营同类业务或与原企业有其他竞争关系的企业任职，也不得自己生产与原企业有竞争关系的同类产品或经营同类业务。可见，竞业限制制度是为了限制员工离职后的就业选择权，员工于在职期间则不存在就业选择权。

其二，从法律规定上看。根据《劳动合同法》第 23 条、第 24 条以及《劳动争议司法解释（一）》第 36 条至第 40 条之规定，竞业限制制度适用的是员工离职之后不超过 2 年的期间，员工应当按照约定履行竞业限制义务，企业应当按照约定支付经济补偿，并没有明确规定竞业限制包括员工在职期间。

综上，竞业限制制度只约束离职员工，不约束在职员工。

第二种观点认为竞业限制协议既约束员工离职后的期间，也约束员工在职期间。

其一，从法律规定上看。《劳动合同法》和《劳动争议司法解释（一）》虽然没有对员工在职期间的竞业限制义务进行明确规定，但也未限定竞业限制约定仅限于员工离职后，因此，并不排斥对在职员工的约束。

其二，竞业限制是企业保护商业秘密不被泄露的措施之一，员工离职后尚且需要受到约束不得从事同业工作，根据举轻以明重的原则，员工在职期间更应该限制从事同业工作。正如深圳市中级人民法院《关于〈审理劳动争议案件的裁判指引〉的说明》所指出，劳动者在在职期间遵守竞业限制义务是劳动合同附随的忠实义务，《劳动合同法》第 23 条并未禁止双方约定在职期间的竞业限制义务及相应的违约金，且按照举轻以明重的原则，离职后违反竞业限制义务都需支付违约金，在职期间违反该义务情节更恶劣，更应当支付违约金。

第二种观点是司法实践中的主流观点，本书亦持此观点。

案例 170

员工于在职期间违反竞业限制约定的，企业可否主张违约金?

北京市第一中级人民法院（2018）京 01 民终 4126 号

马某与甲公司于 2015 年 11 月 26 日签订劳动合同和竞业限制协议，约定马某担任产品项目总监，马某于在职期间及劳动合同终止或解除后 12 个月内负有竞业限制义务，“乙方（马某）保证：在未经甲方（公司）事先书面同意的情况下，在甲方任职期间，不从事第二职业（无论是否获取报酬）”。马某于在职期间，为与甲公司存在竞争关系的乙公司提供服务，以乙公司的名义对外开展招投标工作。甲公司认为马某违反竞业限制约定，双方因此成讼，甲公司主张马某支付违约金 100 万元。马某辩称，竞业限制违约金仅适用于劳动合同解除或终止后，并不适用于在职期间，若甲公司认为自己存在有悖忠实义务之行为，则应主张损害赔偿，而无权主张劳动关系存续期间的竞业限制违约金。

审理结果

法院认为，针对用人单位与劳动者约定的竞业限制条款约束的期间，《劳动合同法》第 23 条并未作出局限于劳动合同解除或终止后的规定，故在法律法规并未对劳动者于在职期间负有竞业限制义务作出禁止性规定的情形下，法院认为应当尊重协议双方的意思自治，马某于在职期间应当负有竞业限制义务。法院最终判决马某向甲公司支付违反竞业限制协议的违约金 100 万元。

六、员工退休后，竞业限制协议是否仍有效

员工达到法定退休年龄而离开工作岗位后，在职期间签订的竞业限制协议是否继续有效？在实务中存在不同观点。

第一种观点认为不再有效。

这一观点认为，竞业限制作为保护企业商业秘密的一项措施，约束的是知悉商业秘密的员工离职后的就业选择权。根据我国法律关于退休的立法精神，员工因达到法定退休年龄而离开工作岗位的，退休后应安享晚年，无须再就业。竞业

限制协议是依附于劳动合同而存在的，员工因退休而双方劳动合同终止的，竞业限制协议自然也就终止。员工退休后不再属于劳动年龄内的人员了，竞业限制协议对退休后的人员不再具有约束力。因此，员工在职期间签订的竞业限制协议，随着员工因退休离职而不再有效。

第二种观点则认为继续有效。

这一观点认为，竞业限制的功能主要还是在于在劳动关系终止后保护企业的商业秘密，通过对就业权的限制达到预防商业秘密泄露的目的。员工退休后仍有再就业的能力，亦存在泄露原掌握的商业秘密的可能，竞业限制协议的履行客观上也是必要的。因此，竞业限制协议在员工退休后对员工具有约束力。

有些地区则明确规定了继续有效。

例如，《江苏省劳动合同条例》第 35 条第 2 款规定，劳动合同因劳动者退休而终止的，保密协议、竞业限制约定仍具有约束力。

又如，广州市中级人民法院《关于审理劳动人事争议案件若干问题的研讨会纪要》（2014 年 5 月 26 日）第 15 条指出，劳动者达到法定退休年龄导致劳动合同终止的，劳动合同中的竞业限制条款对退休后的劳动者仍具有约束力，履行了竞业限制义务的劳动者，仍然有权获得竞业限制补偿。

江苏省高级人民法院（2016）苏民申 4066 号民事裁定书认为，王某于 2007 年入职甲公司从事质检和设计工作，双方签订了竞业限制协议。2011 年 6 月 7 日，王某达到法定退休年龄，但仍在甲公司工作。2014 年 3 月 1 日，王某离职。2015 年 4 月 8 日，王某向法院起诉，要求甲公司支付竞业限制经济补偿。法院认为，王某虽已办理了退休，但法律并未禁止劳动者在退休后继续提供自己的劳动并获得报酬，王某在退休后仍在该公司工作，双方所签订的竞业限制条款便仍然具有约束力，王某离职后按协议履行了竞业限制义务，甲公司理应支付补偿金。

第二种观点是司法实践中的主流观点，本书亦持此观点。员工达到法定退休年龄离开工作岗位的，员工于在职期间签订的竞业限制协议仍然有效，在员工离职后对双方仍具有约束力，除该协议解除或者终止外，双方均应履行约定义务。

案例 171

员工退休后，竞业限制协议是否继续有效？

北京市第一中级人民法院（2022）京 01 民终 1908 号

薛某出生于 1957 年 1 月 1 日，在甲公司担任副总经理职务，双方签订了竞业限制协议，约定竞业限制期限为 24 个月，竞业限制经济补偿分 2 次支付。2020 年 1 月 1 日，63 岁的薛某离职，此后，甲公司未向薛某支付竞业限制经济补偿。双方因此成讼，薛某主张甲公司支付自己 24 个月的竞业限制补偿金 50 余万元。甲公司称，薛某作为退休人员，甲公司与薛某之间是劳务关系，本案不应适用劳动法相关规定，而应适用民法相关规定，由于关于退休人员并无竞业限制的要求和规定，因此薛某无须再履行竞业限制的义务，薛某不能享有劳动法律关系中关于竞业限制的相关权利。

审理结果

法院认为，薛某与甲公司签订的竞业限制协议系双方当事人真实意思表示，未违反法律、行政法规强制性规定，该协议在薛某、甲公司签字盖章后即发生法律效力。在薛某达到法定退休年龄后，甲公司聘用薛某担任副总经理职务，双方建立劳务关系，薛某虽非劳动法意义上的劳动者，但法律并未禁止劳务关系中的双方约定保密及竞业限制义务，故甲公司与薛某的关于薛某离职后的竞业限制约定，亦具有法律效力，甲公司与薛某均应当按照竞业限制协议的约定履行各自义务。法院最终判决甲公司向薛某支付竞业限制经济补偿 13 万余元。

七、竞业限制能否约束员工家属

竞业限制的适用对象是否包括员工家属，即能否对员工家属产生约束力？对此，在实务中存在不同观点。归纳之，大概有以下观点。

第一种观点是不能约束员工家属。

这一观点认为，根据《劳动合同法》第 24 条第 1 款之规定，竞业限制的适用对象仅限于企业的高级管理人员、高级技术人员和其他负有保密义务的人员，而这三类人员都必须是与企业存在劳动关系的员工，员工家属不是企业的员工，因此竞业限制适用对象不包括员工家属。

反过来说，如果能约束员工家属，那么：第一，根据权利义务应对等原则，企业应按月向员工家属支付竞业限制经济补偿，企业向员工家属支付经济补偿了吗？如果没有，何以约束员工家属？第二，如果能约束员工家属，除员工的配偶、父母外，员工的旁系亲属是否也应约束并每月支付竞业限制经济补偿？

第二种观点是可以约束员工配偶。

这一观点认为，夫妻之间若没有约定分别财产制，则婚后财产属于夫妻共同所有，如此，夫妻一方的大额投资行为或者利用配偶知悉配偶所在单位商业秘密而从事的就业行为，通常难以认定为仅是一方的行为，而应理解为夫妻双方的财产处分行为。因此，竞业限制不仅需约束员工本人，也应该约束员工配偶。

甚至有观点认为，竞业限制的适用对象不仅应包括员工配偶，还应扩大至员工的父母和兄弟姐妹。

最高人民法院劳动争议典型案例（2024 年 4 月 30 日发布）案例四认为，张某任教学研发中心总经理，负责管理工作，对某体育公司的经营管理有决策权，应按照竞业限制协议等约定履行竞业限制义务。张某之妻作为投资人的某公司，在经营业务上与某体育公司存在竞争关系，属于竞业限制单位。考虑到张某与配偶之间具有紧密的人身和财产关系，在经济利益上具有一致性，且张某配偶的投资行为基本发生在张某从某体育公司离职后，故认定张某违反了竞业限制约定。综合考量劳动者给用人单位造成的损害，劳动者的主观过错程度劳动者的工资收入水平、职务、在职时间、违约期间，用人单位应支付的经济补偿数额以及当地的经济水平等因素，法院酌定张某支付某体育公司违反竞业限制义务的违约金，并判令张某返还竞业限制经济补偿。

本书倾向于赞成第二种观点，但是，应严格审查，审慎认定。

其一，竞业限制仅限于员工配偶，不宜扩大至员工父母、兄弟姐妹等其他亲属。

在民法上，夫妻是财产联系最密切的人，根据《民法典》第 1062 条第 1 款，夫妻在婚姻关系存续期间的工资、奖金、劳务报酬，生产、经营、投资的收益，知识产权的收益等，为夫妻共同财产，归夫妻共同所有。而父母、兄弟姐妹等亲属，则与员工本人财产联系没有那么密切，不宜扩大为员工竞业限制的约束对象。

其二，认定竞业限制约束员工配偶，应予严格审查，审慎认定。

本书虽然倾向于赞成可以将竞业限制的适用对象扩大至员工配偶，但由于员工配偶客观上已经超出了劳动法所规定的 3 类人员，因此必须严格审查。只有当有充分的事实证明员工配偶所从事的职业或者员工自己创业确实与员工竞业限制约定有密切关系，并且竞业限制协议明确约定竞业限制适用于员工配偶时，方可视为员工违反了竞业限制约定，而不宜轻率地认定竞业限制协议可以约束员工配偶。

正如深圳市律师协会劳动法律专业委员会主任、广东卓建律师事务所彭湃律师所言，如劳动者的近亲属参与经营或者投资设立的第三方公司与用人单位的经营范围重合，且劳动者未举证证明劳动者的配偶具有相关从业经历，则可以认定劳动者参与了该同类有竞争性的企业或者经济实体的设立与经营，由此可以反映出，劳动者所应遵守的竞业限制约定包括了对于劳动者家庭成员的约束。

案例 172

竞业限制协议能否约束员工配偶?

上海市高级人民法院（2020）沪民申 1058 号

张某于 2006 年入职甲公司，双方签订了竞业限制协议，约定竞业限制期限为 2 年，从张某离职之日起算。2017 年 8 月 3 日，张某离职，离职前担任甲公司下属某事业部副总经理。后甲公司得知，张某的配偶谢某于 2017 年 7 月 10 日与案外人曹某、王某签订股权转让协议，谢某以 0 元的对价分别受让王某、曹某所持有的乙公司 51%、49% 的股份，并担任乙公司的法定代表人，乙公司与甲公司为同业竞争公司，均从事生物、医药行业。双方因此成讼。

审理结果

上海市高级人民法院认为，张某本人长期从事医药行业工作，张某的配偶谢某未从事过生物、医药行业工作，根本不懂生物、医药，却受让同属医药行业，公司名称涉及“生物科技”的乙公司的全部股份并担任该公司的法定代表人，该行为足以引发合理怀疑，结合张某与谢某之间系夫妻关系，甲公司与乙公司经营范围重叠明显之事实，法院认定张某违反竞业限制义务。

案例简评

在实务中确实存在这样的情形，夫妻一方知悉原单位的商业秘密，为了逃避违约责任，让配偶在择业时入职与原单位有竞争关系的企业，或者让配偶自主创业开办与员工前单位经营同类业务的公司。事实上就是员工本人利用知悉的原单位的商业秘密向第三方企业提供劳动，但是不显示本人之名，配偶因此所获利益，即为夫妻共同财产。

本案即是如此，张某的配偶谢某从未从事过医药、生物行业，却以 0 元价格受让了乙公司 100% 的股份并担任法定代表人，法院认定张某违反竞业限制协议，本书深为赞同。

HR 实务指南

第一，企业应在竞业限制协议中明确约束员工家属。竞业限制能否约束员工家属，这个问题在实践中有争议，但是，即便能约束员工家属，也有一个前提，那就是应在竞业限制协议中明确，如果没有明确，则不可能产生约束员工家属的法律效力。因此，企业若认为确有必要通过竞业限制协议约束员工家属，则必须在协议中明确。

第二，竞业限制协议约束家属应仅限于员工配偶。尽管企业可以在竞业限制协议中约定约束员工家属，但应仅限于约束员工配偶，不宜扩大到其他家属。一是没有必要，二是大概率不会被认定为约定有效。

八、竞业限制可否约束非劳动关系人员

非劳动关系人员，除前面所讨论的员工家属外，还有与企业建立劳务关系的退休人员、第三方劳务派遣公司所派遣的劳务人员、尚未毕业而来企业实习的在校学生、第三方劳务外包人员，等等。

竞业限制能否适用于非劳动关系人员，这又是一个有争议的话题，在实践中存在不同观点。

第一种观点认为竞业限制不约束非劳动关系人员。

持该观点的理由在本节“竞业限制能否约束员工家属”中已经讨论过，此处不再赘述。

第二种观点认为在一定条件成就时，竞业限制可以约束非劳动关系人员。

这一观点认为，竞业限制的立法目的，在于保护企业的商业秘密。因此，适用竞业限制应以知悉企业商业秘密为前提，而不应以双方存在劳动关系为前提。对于为企业提供服务或者在劳务过程中可接触到企业商业秘密的人员，企业有权合理地限制该类人员择业，即便双方不存在劳动关系。

比如，太原市中级人民法院（2020）晋 01 民终 5651 号民事判决书认为，柳某虽不是甲公司的正式职工，属劳务派遣人员，但柳某在甲公司从事软件开发，属于其他负有保密义务的人员。甲公司明知与柳某不存在劳动合同关系，仍与柳某签订《保密及竞业禁止协议》，该协议不违反法律禁止性规定，是双方的真实意思表示，合法有效。

本书赞同第二种观点。

最典型的非劳动关系人员就是劳务派遣员工，根据劳动法相关规定，劳务派遣员工仅限于“三性”（临时性、辅助性和替代性）岗位，然而，“三性”岗位员工依然有可能知悉或者接触到用工单位的商业秘密，成为“其他负有保密义务的人员”。虽然劳务派遣员工的劳动关系不在用工单位，但若禁止用工单位与劳务派遣员工约定竞业限制，用工单位的商业秘密将难以得到有效保护。

案例 173

企业与员工不存在劳动关系的，双方竞业限制协议是否有效？

广东省高级人民法院（2020）粤民申 12040 号

秦某是我国台湾地区居民，于 2014 年 4 月入职甲公司担任研发经理，主要负责所管理部门工作的计划、执行、监督与控制过程，双方签订了劳动合同和《保密（竞业限制）承诺书》，约定竞业限制期限不超过 2 年。秦某在职期间，甲公司未为秦某办理《台港澳人员就业证》，秦某因此未取得就业证。2018 年 4 月 23 日，秦某离职。5 月 14 日，秦某入职乙公司担任研发部经理，同年 7 月，秦某入职丙公司担任工艺设备部工程师。甲公司认为秦某违反了竞业限制协议，诉至法院，主张秦某支付违约金。

审理结果

广东省高级人民法院认为，甲公司和秦某在劳动合同中约定了秦某的工作岗位是研发部的研发经理，且秦某在甲公司申请的多项实用新型专利中作为发明人之一，虽然因为秦某未取得就业证，甲公司与秦某不构成劳动关系，但双方劳动合同及保密协议是双方当事人真实意思表示，双方均清楚理解约定的含义。双方签订了《保密（竞业限制）承诺书》，约定了秦某的竞业限制义务，双方当事人不构成劳动关系不影响秦某获悉了甲公司的技术信息而成为其他负有保密义务的人员，也不影响双方履行竞业限制的义务，因此，秦某需履行竞业限制的义务。

10 第十章

培训与服务期

企业的竞争本质上是人才的竞争，再先进的技术，再优秀的产品，都是人做出来的，所以，人，才是企业的核心生产力。企业要提升市场竞争能力，获得更高的市场份额，加强员工培训，提高员工职业技能，是必不可少的一个环节。培训除日常的职业技能培训外，还包括专业技术培训。专业技术培训由企业出资，员工参加培训，目的是员工学有所成之后，能够继续为企业服务，创造更高的价值。为了防止员工“过河拆桥”，劳动法设计了服务期制度，以保障企业的利益。

| 第一节 | 培　训

培训与开发作为人力资源管理六大模块之一，内容非常丰富，范围也非常广泛。劳动法项下的培训，则仅指一般的职业技能培训和专业技术培训。前者是企业应当给员工提供的常规培训，旨在提高全体或者大部分员工的一般工作技能；后者则是企业与部分员工协商一致由企业出资所提供的专业培训，旨在提高部分员工的核心专业技能。

一、职业培训

职业培训又称为职业技能培训或者职业技术培训，原劳动部、国家经济贸易委员会 1996 年 10 月 30 日发布的《企业职工培训规定》（劳动部发〔1996〕370 号，已废止）第 3 条指出，职工培训是指企业按照工作需要对职工进行的思想政治、职业道德、管理知识、技术业务、操作技能等方面的教育和训练活动。

2018 年 5 月 8 日，国务院发布《关于推行终身职业技能培训制度的意见》（国发〔2018〕11 号），提出构建终身职业技能培训体系的要求，主要包括以就业创业重点群体为主的就业技能培训，以企业职工为主的岗位技能提升培训和企业新型学徒制培训、适应产业转型升级需要的高技能人才培训，面向有创业意愿人员的创业创新培训。

1. 提供职业培训是企业的义务

《劳动法》第 3 条规定，员工应当完成劳动任务，提高职业技能，享有接受职业技能培训的权利。第 68 条第 1 款规定，企业应当建立职业培训制度，按照国家规定提取和使用职业培训经费，根据本单位实际，有计划地对员工进行职业培训。

可见，提供职业培训是企业的义务，员工有接受职业培训的权利，企业向员工提供职业培训的，不得收取费用。事实上，培训与开发作为人力资源管理的重要内容之一，是一项企业与员工“双赢”的内容。企业通过投入一定的培训成本对员工进行培训，提升员工工作技能，进而有更优秀的绩效产出；员工接受培训后，提高了工作能力，可以获得更多的升职加薪的机会。正因如此，职业培训在实务中被大量使用，几乎没有哪个企业不对员工进行职业培训的，只是程度深浅不同罢了。

案例 174

企业安排员工参加职业培训，支出的培训费是否应由企业承担？

河南省高级人民法院（2016）豫民再 425 号

张某于 1999 年 4 月入职甲报社工作。2004 年 1 月 5 日，张某被该报社聘为广告部客户服务中心主任。2005 年 12 月 2 日，张某参加了河南省新闻采编从业人员资格培训班，培训费及资料费 1010 元，该费用由张某支付。2007 年 4 月，张某因工作岗位的变动问题与甲报社产生纠纷未再从事报社广告部的内勤工作。后双方发生争议，张某主张该报社报销自己支付的培训费 1010 元。在庭审中甲报社称，张某属自行参加培训，费用应当自理。

审理结果

河南省高级人民法院认为，根据劳动法相关规定，劳动者享有接受职业技能培训的权利，用人单位应当建立职业培训制度，按照国家规定提取和使用职业培训经费，根据本单位实际，有计划地对劳动者进行职业培训。这说明，对职工进行业务培训，并承担正常的业务培训费用，是用人单位应当履行的义务，甲报社所称张某属自行参加培训，费用应当自理，无事实和法律依据。法院最终判决甲报社向张某支付培训费 1010 元。

在实务中，企业向员工提供职业培训时收取培训费的现象屡见不鲜，背后的最主要原因，就是有些员工在接受了企业一系列的培训后跳槽到其他企业，原企业不但投入的大量培训成本打了水漂，更是替竞争对手“培养”了人才。为防止员工“学完即走”，保障企业利益，于是有些企业想出了收取培训费这种“办法”。

由于此举具有一定的合理性，确实能在一定程度上“解决”企业困扰，因此一直以来颇受企业青睐。

然而，企业向员工收取培训费是违反劳动法规定的。根据《劳动合同法》第9条的规定，企业招用员工，不得要求员工提供担保或者以其他名义向员工收取或者变相收取财物。又根据原劳动部《关于贯彻执行〈中华人民共和国劳动法〉若干问题的意见》（劳部发〔1995〕309号）第24条之规定，企业不得以任何形式向员工收取定金、保证金（物）或抵押金（物），违反此规定的，应由公安部门和劳动行政部门责令企业立即退还给员工本人。

据此，劳动法采用的是“一刀切”的规制形式，在任何情况下，企业均不得收取或变相收取各种费用，或者要求员工提供担保。

综观我国劳动关系大势，有些企业滥用优势地位，想方设法侵害员工权益。劳动法之所以采取“一刀切”的形式禁止企业以任何形式向员工收取财物，正是为了约束企业滥用优势地位，进而保障员工合法权益。至于如何防止员工“学完即走”，企业应在管理上加以完善，提高管理水平，增加福利待遇，而不应以违法侵害员工合法权益为手段。

2. 职业培训的内容

根据《职业教育法》第16条第1款的规定，职业培训包括就业前培训、在职培训、再就业培训及其他职业性培训。在实务中，职业培训一般表现为以下几种形式：

- **岗前培训**

岗前培训，顾名思义，指的是企业在员工正式上岗工作之前对员工进行的培训。岗位培训既包括新员工入职时的培训，也包括在职员工变更工作岗位时针对新岗位所需要的工作技能所进行的培训。岗前培训的内容主要是关于工作岗位的一些基本的应知应会，比如员工日常行为规范、考勤管理规定、工资管理规定、劳动纪律、仪容仪表、职业道德、OA系统的使用以及企业简介等。

- **三级安全培训**

三级安全培训又称为三级安全教育，指的是新入厂员工的厂级安全教育（公司级）、车间级安全教育（部门级）和岗位（班组级）安全教育。三级安全培训是厂矿企业安全生产教育制度的基本形式。企业必须对新员工进行安全生产的入厂教育、车间教育、班组教育，对调换新工种，复工，采取新技术、新工艺、新设备、新材料的员工，必须进行对于新岗位、新操作方法的安全卫生教育，受教育者，经考试合格后，方可上岗操作。

《安全生产法》第28条规定，生产经营单位应当对从业人员进行安全生产教育和培训，保证从业人员具备必要的安全生产知识，熟悉有关的安全生产规章制度和安全操作规程，掌握本岗位的安全操作技能，了解事故应急处理措施，知悉自身在安全生产方面的权利和义务。未经安全生产教育和培训合格的从业人员，不得上岗作业。

安全生产培训一般只适用于工矿企业，非工矿企业若有必要，也可以进行安全生产培训。

·日常培训

日常培训的范围和内容都很宽泛，可以定期进行，也可以不定期进行。培训内容可以针对某一项新工艺、新软件的操作使用，也可以针对一项新技术对相关操作人员进行讲解。培训对象也没有固定的定式，企业可以根据生产经营需要灵活安排。

3. 员工参加职业培训期间视为提供劳动

企业组织员工培训是为了让员工更好地工作，提高工作效率，提升职业技能，增加绩效产出，是企业生产经营的重要组成部分。在受训期间，员工接受企业的管理，准时报到，认真听课，服从安排，完成学习任务。在整个培训过程中，员工对企业具有强烈的人身依附性。因此，职业培训是员工劳动过程的组成部分，参加培训是企业实现用工的一种形式，只要员工准时准点参加了培训，就视为提供了劳动，企业应当依法计发工资。

案例175

企业安排员工休息日参加培训，应当支付加班费

北京市高级人民法院（2016）京民申4706号

刘某于2012年3月5日入职甲幼儿园，从事助理教师工作。10月19日，双方经协商一致签订培训协议，约定刘某参加某培训机构的业务技能培训。根据该培训机构课程安排，2012 年 10 月 27 日至 2013 年 11 月 23 日，刘某共用了 25 个休息日参加了该项培训。随后，刘某申请劳动仲裁，主张幼儿园支付休息日参加培训的加班费 21,000 余元。在庭审中，刘某诉称，该培训是幼儿园安排，自己利用休息日参加培训属于服从幼儿园工作安排，幼儿园理应支付加班费。幼儿园辩称，刘某参加该培训并非幼儿园为了生产经营需要指派刘某参加，幼儿园更未强制刘某必须参加，而是刘某为了提升个人专业技术能力自愿参加，该期间的培训纯属刘某自身获利，与幼儿园经营无任何关联。

审理结果

法院认为，根据刘某所提供的幼儿园认可的《职位说明书》以及《培训签到表》所载明的内容，能够认定刘某在工作期间的休息日参加培训的事实。幼儿园主张刘某个人自愿参加的专业技术培训，而非幼儿园安排的，但幼儿园提交的《员工培训合同》载明幼儿园指派刘某参加此培训，且幼儿园未提交刘某个人申请参加此培训的证据，故法院采信刘某关于幼儿园利用周末时间安排刘某加班培训的主张。法院最终判决该幼儿园向刘某支付休息日加班费 21,000 余元。

HR 实务指南

第一，企业应为员工提供职业培训，提升员工工作技能。职业培训包括新员工入职培训、岗位技能培训、安全教育培训、机器操作培训等，员工有接受职业培训的权利，企业提供职业培训不得向员工收取相关培训费用。

第二，员工接受职业培训视为提供劳动，企业应当计发工资。为员工提供职业培训，是企业生产经营的重要组成部分，除不可向员工收取培训费用外，还应视为员工向企业提供了劳动，企业应予计发工资。

二、不能胜任工作的培训

在实务中，很多企业会通过制定相关规章制度或者通过劳动合同进行约定，定期或者不定期地对员工进行考核，并根据考核结果进行奖惩，以保证每一个员工能够持续地产出良好的绩效。绩效考核结果无法达到大多数员工所能够完成的工作量的员工，为不能胜任工作。关于不能胜任工作的认定，本书在第四章“劳动合同的解除”一节中已经详细讨论，此处不再赘述。

1. 不能胜任工作培训的法律依据

根据《劳动合同法》第40条第2项之规定，对于不能胜任工作的员工，企业可以对该员工进行培训以提升该员工绩效产出，也可以对该员工工作岗位进行调整，该员工经过培训或者调整岗位后仍不能胜任工作的，企业可以提前30日通知员工或者额外支付1个月工资的“代通知金”后，单方面解除劳动合同，并依法支付经济补偿金。

前述规定的培训，并非必经程序，企业可以在调岗和培训之间“二选一”，若选择调岗，则无须再进行培训。企业不可既不调岗也不培训就直接解除劳动合同，这样会被认定为解除劳动合同违法，需支付违法解除劳动合同的赔偿金。

正如《重庆市职工权益保障条例》第38条第3款所规定的，用人单位未对职工进行职业培训，不得以职工不能胜任工作为由解除劳动关系。职工参加职业培训达不到要求或者拒不参加职业培训的除外。

案例176

员工不能胜任工作未经调岗或培训的，企业解雇违法

北京市第一中级人民法院（2023）京01民终699号

满某于2021年8月入职甲公司担任客户经理，约定月工资为10,000元。2022年3月7日，甲公司电话通知满某解除劳动关系，甲公司称解除劳动合同的理由为满某不能胜任工作，但甲公司未提交培训或调岗的证据。为证明满某不能胜任工作，甲公司提交了公司领导、其他工作人员及客户的微信聊天记录，其中涉及工作沟通及对满某的个人评价，满某不认可以上证据。3月9日，甲公司通过微信向满某发送了劳动合同终止协议，满某未同意协议中约定的条件。3月14日，满某申请劳动仲裁，主张甲公司支付违法解除劳动合同赔偿金20,000元。

审理结果

法院认为，甲公司于2022年3月7日向满某做出解除劳动关系的意思表示，主张满某不能胜任工作，经协商一致与满某解除劳动关系，但未举证证明公司解除劳动关系系双方协商一致且解除劳动合同前对满某进行了培训或调岗，满某对此亦不予认可，甲公司应当承担举证不利后果。故法院认为甲公司与满某解除劳动关系不符合法律规定，属于违法解除。

事实上，类似于本案的现象在实务中较为常见。有些是因为企业 HR 不熟悉劳动法，以为只要能够证明员工不能胜任工作即可直接解雇，不知道还需要经过培训或者调岗程序；有些则是领导喜欢“拍脑袋”，看某个员工不顺眼，就随便安个试用期不合格或者不能胜任工作的“罪名”，企图把员工给打发了，殊不知会给企业带来支付赔偿金的风险；还有一些则是企业明知未经培训或者调岗直接解雇属于违法解雇，但由于企业内无合适岗位可调，又不想对员工进行培训徒增成本，或者是出于企业老板强硬的意志必须马上开掉这个人，HR 出于无奈于是快刀斩乱麻直接解雇。无论哪种情形，只要是未经培训或者调岗，即便企业有充分证据证明员工不能胜任工作，也属于违法解雇。本案即是如此。

就 HR 而言，首先要了解法律规定，解雇不能胜任工作的员工必须先经过培训或者调岗，若员工仍不能胜任工作，方可解雇。切忌“拍脑袋”解雇，这将给企业带来赔偿风险。

2. 不能胜任工作培训与员工日常培训的区别

不能胜任工作的培训，与企业对员工所进行的职业培训或者其他日常培训有所不同。对员工的日常培训是普适性的、宽泛的，是对日常工作中普遍会遇到的问题或者新工艺、新设备、新软件的操作使用而进行的培训，旨在提高员工的整体工作技能，提升团队能力；而不胜任工作的岗位培训是有针对性的、有目标性的、一对一的，解决的是员工在工作中出现的问题，如工作方法不当，工作态度懒散等，二者不可混淆。

比如，沈阳市中级人民法院（2017）辽 01 民终 8968 号民事判决书认为，培训课程签到表有包括马某在内的多名管理人员签字，受训人员 2015 年年终绩效评估等级涵盖 A+、A、B+、B、C 等各等级，可见甲公司组织的培训并非针对马某不能胜任工作作出的培训，甲公司提供的证据不足以证明甲公司主张的马某不能胜任本职工作且经培训后仍然不能胜任工作的事实，甲公司应当承担举证不能的不利后果。

在该案中，甲公司认为员工马某不能胜任工作并对马某进行培训，但甲公司提供的培训课程签到表有多名管理人员签名，法院以此认定甲公司提供的培训属于普适性的日常培训，而非针对马某不能胜任工作的针对性培训，据此认定甲公司没有对马某提供实质性的培训内容，最终判决甲公司解除马某劳动合同违法，应当向马某支付违法解除劳动合同赔偿金。

3. 不能胜任工作培训的具体要求

对于不能胜任工作的员工，企业应如何进行培训，要达到多少课时，面授还是上网课，培训哪些内容，培训后是否需要进行考核等，劳动法并没有明确规定，由企业自行掌握。

本书认为，对不能胜任工作的员工进行培训，应满足以下要求：

· 应有实质的培训内容

在实务中，有很多企业对不能胜任工作的员工进行培训，往往是为了应付《劳动合同法》第 40 条第 2 项所规定的培训程序，流于形式，没有实质性内容，并不是真诚地希望通过培训来提升员工的工作能力。

比较常见的有：在网上找一个与员工履行工作职责相关的视频或者网课让员工自学，在网上找一些资料打印出来让员工阅读学习，播放一些提前录制好的相关视频，与员工进行关于绩效改善的谈话，等等。这些都是不可取的。

· 应有针对性和关联性

所谓针对性和关联性，指的是企业所提供的培训应与员工不能胜任工作相关联，针对员工不能胜任的原因“对症下药”，采用“头痛医头，脚痛医脚”的模式，而非“头痛医脚”模式。

总而言之，企业应当针对不能胜任工作的员工的绩效考核结果并结合该岗位的工作职责和应具备的工作技能，对待改善事项提供专门职业技能培训，以培训内容能够真正帮助员工查漏补缺，达到企业所期望的绩效产出水平为评价标准，不得以对员工进行无关联的培训代替不能胜任工作的针对性培训，更不得以对全体员工的普适性培训代替。

· 应有合理的培训时间

劳动法并没有规定对不能胜任工作的员工进行多长时间的培训才算是合格的

培训。本书认为，企业对不能胜任工作的员工进行培训，除应当提供实实在在的培训内容之外，在培训课时方面也应有一定保障，比如可以设定不低于 24 小时的培训课时，而不是随便讲一个或半个小时就草草了事。课时的多少，也能从另一个维度充分地说明企业是否提供了有效的培训。

正如北京市第二中级人民法院（2016）京 02 民终 3518 号民事判决书所述，即便何某存在不能胜任工作的事实，结合某公司在 2014 年 10 月 9 日短短的一天之内，对何某开展绩效改进问题谈话，提出改进意见，进行团队管理和代表辅导等诸多工作，亦不足以证明该公司对何某进行了实质意义上的培训，更不足以证明经过培训何某仍不能胜任工作。

· 应有合理的培训形式

有些企业给不能胜任工作的员工培训纯粹是为了“完成任务”，既没有专人跟进，也没有对培训效果进行考核，甚至连最基本的签到都没有，这是不可取的。

本书认为，培训内容固然重要，但形式也不可忽视，企业既然提供了培训，就得有合理的“仪式感”。当双方发生劳动争议时，企业不但要证明“做了什么”，还要证明“怎么做的”，前者是实体要件，后者是程序要件，“仪式感”同样很重要。如果企业虽然提供了实质性的培训，但是形式上有瑕疵，比如没有受训人签到，也没有培训记录、课后考核记录等，则仅证明“做了什么”是不够的，还得证明“怎么做的”。因此，每次进行培训时，企业都应制作签到表，授课人和受训人分别签到，所培训过的内容，也应有培训记录，并有签名确认。

比如，北京市第二中级人民法院（2016）京 02 民终 806 号民事判决书认为，首先，甲公司虽主张对刘某进行了培训，但实际采取的由刘某向同事或主管提问，向刘某提供学习资料及载有工作步骤的材料等培训方式，并不等同于《劳动合同法》第 40 条第 2 项所规定的培训；其次，甲公司对刘某进行的所谓培训结束后，并未安排刘某重新开展工作，此后亦未对刘某的实际工作和岗位要求之间是否存在差距进行评估，故甲公司认定刘某经培训后仍不能胜任工作，欠缺程序要件，显属不当。

这一案例认为，甲公司不但没有向刘某提供实质培训内容，在安排培训的程序上也存在严重瑕疵，缺少程序要件，因此认定甲公司没有提供刘某不能胜任工作的培训。

案例 177

企业对不能胜任工作的员工进行了合理培训，法院判决解雇合法

上海市第一中级人民法院（2021）沪 01 民终 1039 号

王某于 2010 年 10 月入职甲公司担任加工系统项目部资深自动化工程师一职。2017 年，甲公司对王某进行年度绩效考核，评估结果为不达标，于是甲公司为王某制定了为期3个月的绩效改进计划，确定了具体的绩效差距、改进要求、行动计划、跟进意见以及未达到改进要求的后果，该计划经王某签名确认后实施。2018 年，甲公司又对王某进行了年度绩效考核，评估结果仍为不达标，甲公司又为王某制订了为期 2 个月的第二次绩效改进计划，并经王某签名确认后实施。经过两次绩效改进计划后，对王某的评估结果仍为未达到绩效改进要求，且王某签字确认了该结果。2019 年 11 月 29 日，甲公司以王某不能胜任工作且经培训后仍然不能胜任为由解除了与王某的劳动合同。王某遂申请劳动仲裁，主张甲公司支付违法解除劳动合同赔偿金 25 万元。

审理结果

法院认为，甲公司对王某进行了两个年度的考评，并在王某考评不达标后均给予了绩效改进计划，有针对性地对王某的工作进行了指导及培训，但王某的两次绩效改进计划均显示王某未能达标，甲公司据此根据《劳动合同法》第 40 条第 2 项的规定，以王某不能胜任工作，经过培训后仍不能胜任工作为由解除与王某的劳动合同，并无不当。

HR 实务指南

第一，企业应对不能胜任工作的员工进行调岗或者培训。对于经考核不能胜任工作的员工，企业不得直接解雇，而应经过调岗或者培训这一前置程序。员工经调岗或者培训仍不能胜任的，企业才可以解雇。调岗和培训二选其一即可，培训并非必经程序。

第二，不能胜任工作的培训针对员工本职工作进行。这是与职业技能培训和

专业技术培训的不同之处，企业对不能胜任工作的员工所提供的培训，应针对该员工本职工作所需掌握的职业技能进行，不可偏离培训主题。

三、专业技术培训

所谓专业技术培训，指的是企业为提高员工特定技能的有针对性的培训。例如职业技能提升，包括外语培训、专业技术资格证培训、工艺技术提升等；又如学历提升，包括获取各类院校及培训中心等机构出具的学历证书、结业证书等；再如出国深造，受公司委派出国研修专业技能等。

《劳动合同法》第 22 条和《劳动合同法实施条例》第 16 条对企业对员工提供专业技术培训的相关规则作了比较具体的规定。

1. 专业技术培训与职业培训的区别

笔者在从事劳动法咨询时曾遇到过这样一个案例，甲公司和乙公司是关联企业，所经营的业务有部分重合，两家公司签订了一个合作合同，互相把相关员工送到对方公司培训，培训时间 3~15 天不等，并且向对方支付一定的培训费用，然后把该费用分摊给员工，并与员工约定服务期和违约金。

比如，甲公司于 2023 年 8 月送 5 名技术人员到乙公司参加“专业技术培训”，为期一周，由乙公司的资深工程师进行授课，甲公司向乙公司支付培训费 20,000 元。培训结束后，培训费由 5 名员工支付，每人 4000 元，甲公司以此与 5 名员工签订培训协议，约定服务期 2 年，员工若在服务期内离职，则需按照《劳动合同法》第 22 条第 2 款向甲公司支付违约金。乙公司也用同样的“套路”如法炮制。

这是极端案例，不具有普遍性。但是，这个案例反映出了一个问题就是，如何认定企业提供的培训是普通职业培训还是专业技术培训，二者之间有何区别，应如何区分？这是实践中的难点。

本书认为，专业技术培训和职业培训至少存在以下几点区别，在认定属于何种培训时，可以作为参考。

- **法律规范不同**

职业培训的主要法律依据是《劳动法》第 3 条、第 66 条、第 68 条，专业技术培训的主要法律依据是《劳动合同法》第 22 条和《劳动合同法实施条例》第 16 条，二者的法律依据不同，所规范的内容也不同。

• 培训目的不同

职业培训的培训目的，在于让受训员工了解日常工作所需要的知识和技能，便于开展工作，提高工作效率；专业技术培训的培训目的则是提高特定员工的专业技术水平，使员工掌握岗位所需的专业技术知识，提高员工专业能力。

• 培训对象不同

职业培训属于普及型培训，培训对象往往很宽泛，没有特别限制，可以是全体员工，也可以是某些部门或者某些岗位的员工。专业技术培训是为了让某个或者某部分员工掌握特别的专业技术，提高特定专业技能而提供的培训，一般面向经过企业严格挑选并且双方协商一致达成培训共识的特定员工。

• 培训内容不同

职业培训的培训内容包罗万象，可以是员工所从事工作的一些应知应会，比如员工宿舍规定，工衣工具怎么领取、使用和归还，饭卡使用规则等；也可以是劳动纪律和规章制度，比如上下班怎么打卡，请假如何审批，什么是试用期不符合录用条件，哪些行为属于严重违反规章制度等；还可以是一些工作技能的讲解，比如新工艺、新设备、新软件等的操作使用方法等。专业技术培训的培训内容则是与受训员工专业相关的专业知识，能使不具备相关专业知识或者所具备的专业知识没有达到企业所期望的能力标准的员工，通过专业技术培训后能力能够提高到企业所需要的专业能力标准，因此具有较强的针对性，培训内容较为有深度，不像一般职业培训那么宽泛、粗浅。

• 培训形式不同

职业培训在形式上往往多样化，可以脱产培训，也可以利用空余时间或者在工作中直接培训；可以坐在培训室接受授课老师的讲解，也可以由上级管理人员或者人力资源部门的同事就某个问题或者企业的某项政策进行宣讲；可以定期进行，也可以不定期进行；可以是有计划有安排的培训，也可以是没有计划的临时性培训。职业培训的培训地点一般是企业内部，如培训室、会议室，或者直接在员工的工位上，培训时间也相对较短，多则三五天，少则半小时甚至 10 分钟。

专业技术培训由于培训内容多，培训时间长，有很强的专业性和复杂性，往往需要提前计划，选定受训课程，且通常需要脱产或者半脱产进行，培训的地点也不限于企业内部，往往需要外出，甚至是出国培训。

• 培训费用不同

根据《劳动法》相关规定，员工有接受职业技能培训的权利；国家通过各种途径，采取各种措施，发展职业培训事业，开发员工职业技能，提高员工素质，增强员工就业能力和工作能力；企业应当建立职业培训制度，按照国家规定提取和使用职业培训经费，根据本单位实际，有计划地对员工进行职业培训。又根据《劳动合同法》第 22 条前两款及《劳动合同法实施条例》第 26 条第 2 款的规定，企业为员工提供专项培训费用，对员工进行专业技术培训的，可以与该员工订立协议，约定服务期；员工违反服务期约定的，企业可以按照约定要求员工支付违约金。

可见，二者的培训费用不同。职业培训一般由企业内部组织，客观上无须向第三方支出费用，若企业安排职业培训向第三方支出了培训费用，那么该费用也应由企业承担，不得转嫁到员工身上。专业技术培训则一般需要支付培训费用，由企业以专项培训费用的形式向第三方支付，培训费用包括企业为了对员工进行专业技术培训而支付的有凭证的培训费用、培训期间的差旅费用以及因培训产生的用于该员工的其他直接费用。企业支出的专项培训费用，不得直接转移给员工承担，而应当与员工约定服务期和违约金。

· 能否约定服务期和违约金不同

接受职业培训是员工的权利，企业有向员工提供职业培训的义务，即使企业支出了相关费用或者产生了相应的成本，也不得转移给员工承担，更不得约定服务期和违约金。

根据《劳动合同法》第 22 条前两款的规定，企业提供了专业技术培训的，如果有支出专项培训费用，企业可以依该费用与员工约定服务期和违约金。

案例 178

员工接受职业培训的，企业可否约定服务期并主张违约金？

上海市第二中级人民法院（2022）沪 02 民终 280 号

陈某于 2019 年 7 月入职甲公司从事管理培训生工作，双方签订了《专项培训协议》，其中约定，“甲公司对陈某进行为期 36 个月的专项培训，如陈某在专项培训期间提出离职，应根据陈某在甲公司的服务期限偿付甲公司培训费用。双方确认，甲公司向陈某提供专项培训的费用为人民币 20,000 元。”此外，甲公司还曾安排陈某参加甲公司组织的“2019 未来之星训练营”，陈某主要接受党性教育、企业文化教育、职业通用课程、行业基础知识等方面的学习。

2020 年 3 月 15 日，陈某离职。随后，甲公司申请劳动仲裁，主张陈某支付违反专项培训协议约定的违约金 15,000 余元，未获支持。甲公司诉至法院。

审理结果

法院认为，劳动合同法规定的专业技术培训应有别于企业日常对劳动者进行的职业培训。在用工过程中，用人单位为了提高劳动者的劳动技能和劳动熟练程度，使劳动者更好地为用人单位服务，经常需要对劳动者进行职业培训，此类职业培训也是劳动法赋予用人单位的一项义务，用人单位不能因向劳动者提供了职业培训便要求与劳动者约定服务期和违约责任。本案所涉的“2019 未来之星训练营”培训，从培训的目的、培训的范围、培训的费用来看，该培训系一般职业培训，而非专业技术培训。故陈某与甲公司订立协议约定服务期及违约金，不符合法律规定，甲公司据此主张陈某支付违约金，法院难以支持。

2. 特种作业培训

原国家安全生产监督管理总局《特种作业人员安全技术培训考核管理规定》（国家安全监管总局令第 80 号）第 3 条指出，特种作业是指容易发生事故，对操作者本人、他人的安全健康及设备、设施的安全可能造成重大危害的作业，特种作业人员是指直接从事特种作业的从业人员。特种作业有如电工作业、锅炉作业、制冷作业、爆破作业、起重机械作业等。

特种作业属于特定技能专业，劳动者需要进行专门培训并取得相关上岗证才能上岗作业。《劳动法》第 55 条规定，从事特种作业的劳动者必须经过专门培训并取得特种作业资格。《安全生产法》第 30 条第 1 款规定，生产经营单位的特种作业人员必须按照国家有关规定经专门的安全作业培训，取得相应资格，方可上岗作业。

特种作业培训作为专业技术培训的一种形式，若企业支出了专项培训费用，则可以按照《劳动合同法》第 22 条之规定与受训员工约定服务期和违约金。

HR 实务指南

第一，对接受专业技术培训的员工应“精挑细选”。专业技术培训旨在提高部分员工的核心技能技术，往往是经过企业精心挑选并充分评估确有必要培训才得以确定的员工方可享受。

第二，所提供的专业技术培训应具有针对性。提供专业技术培训往往有非常强的目的性，应针对员工专业技能技术的有效提高进行，一般不宜提供与员工专业不相关的培训。

第三，提供专业技术培训应由企业出资。企业可以与员工签订培训协议，约定服务期，但培训费应由企业垫付，员工通过履行服务期来“偿还”企业所支出的培训费。

|第二节| 服务期

就专业技术培训而言，企业向员工提供了培训费用，并支付了劳动报酬及福利待遇，使员工学到了本事，获得了利益。企业让员工参加专业技术培训的目的，在于员工学成归来后运用学到的本领为企业提供劳动。为了不让员工“学成即走”，使企业的期待落空，劳动法设计了服务期制度，通过约定服务期，可以大体平衡劳动合同双方当事人的利益。

一、什么是服务期

劳动法意义上的服务期，指的是企业为员工提供专项培训费用，对员工进行专业技术培训后，双方签订协议约定员工在培训结束后为企业继续工作的期限。根据《劳动合同法》第22条第1款之规定，服务期属于约定内容，企业以支出一定的培训费用作为代价，要求接受专业技术培训的员工在一定期限内继续为企业提供服务。

1995年1月1日，《劳动法》施行，该法规定了劳动合同制度、职业培训制度、试用期制度等，但是没有规定服务期制度。笔者经检索，发现我国劳动法中最早出现“服务期”一词的，是原劳动部办公厅《关于试用期内解除劳动合同处理依据问题的复函》（劳办发〔1995〕264号，已废止），该复函第3条指出了服务期约定及企业出资为员工提供各类技术培训的违约金计算规则。

2001年11月15日，上海市人民代表大会常务委员会通过了《上海市劳动合同条例》，该条例第14条规定，劳动合同当事人可以对由用人单位出资招用、培训或者提供其他特殊待遇的劳动者的服务期作出约定。上海的这一规定现在看来比较粗糙，只是作了概括性规定，对相关规则并没有具体和细化，但在当时的社会环境和立法环境下，已经很先进了。

随后，“服务期”一词进入我国劳动法的立法视野。比如，浙江省人民政府于2002年11月18日发布的政府规章《浙江省劳动合同办法》（已废止）第16

条第 1 款第 1 项规定，劳动合同可以对员工违反服务期约定的违约行为设定违约金。

2007 年 6 月 29 日，全国人大常委会通过了《劳动合同法》（2012 年修正），该法第 22 条对服务期制度进行了具体明确规定，随后颁布施行的《劳动合同法实施条例》，对专项培训费用作了进一步的细化规定。

至此，我国劳动法意义上的服务期制度正式确立。

二、服务期的适用情形

根据《劳动合同法》第 22 条及《劳动合同法实施条例》第 16 条，服务期的适用情形只有一个，就是企业为员工提供了专项培训费用对员工进行了专业技术培训，其他任何情形，均不得约定服务期。

那么，如何认定企业提供了专业技术培训？职业培训和专业技术培训应如何区分？这在实务中仍是个难点。本书认为，可以从以下几个方面进行理解：

（1）企业实质上提供了专业技术培训内容。

专业技术培训包括专业知识培训和专业技能培训，企业提供的专业技术培训，必须是切切实实地、有针对性地对特定员工提供了实质性培训，不能是一些普通的应知应会的培训，这是与一般职业培训最大的区别。

最高人民法院《关于审理技术合同纠纷案件适用法律若干问题的解释》（2020 年修正）第 36 条规定，《民法典》第 887 条规定的“技术培训合同”，是指当事人一方委托另一方对指定的学员进行特定项目的专业技术训练和技术指导所订立的合同，不包括职业培训、文化学习和按照行业、法人或者非法人组织的计划进行的职工业余教育。

比如，张三是甲公司人力资源主管，为了提高员工张三的专业能力，经双方协商一致，甲公司出资 6000 元为张三向第三方培训机构报名参加了国家二级人力资源管理师培训，这就属于专业技术培训。

同理，如果只是在工作之余，由公司人力资源总监授课，人力资源部全体成员接受培训，那么虽然也提高了受训人员的专业知识和专业技能，但不属于劳动法意义上的专业技术培训，而属于一般职业培训。

（2）培训时间较长。

既然是专业技术培训，自然要有一定的深度。如何体现深度？除了内容的专业性，培训时间也是一个重要指标。劳动法并没有规定必须培训多长时间才能称为专业技术培训，通常而言，专业技术培训的时间短则两三个月，长则一年半载，有些甚至长达两三年。

（3）企业支出了专项培训费用。

企业提供专业技术培训并不必然会支出相关培训费用，也不是支出了培训费用的就一定是专业技术培训。根据《劳动合同法》第22条第1款之规定，企业约定服务期，条件之一便是支出了专项培训费用，不符合这一条件的，即便是提供了专业技术培训，也不得约定服务期。

那么，如何理解和认定专项培训费用？本书认为，可以从以下几个方面进行理解和把握：

（1）企业支出的是专项培训费用。

这里有两个构成要件，一是专项，二是培训费用。

《劳动法》第68条第1款规定了企业应当建立职业培训制度，按照国家规定提取和使用职业培训经费，根据本单位实际，有计划地对员工进行职业培训。原劳动部、原国家经济贸易委员会发布的《企业职工培训规定》（劳动部发〔1996〕370号，已废止）第21条对培训经费的提取方式、提取比例、用途等都作了明确具体的规定。

这里所说的培训经费，是指企业用于开展职业培训而提取和使用的培训费用，企业开展职业培训也是需要经费的。而专业技术培训所支出的专项培训费用，前面冠以"专项"二字，即指专款专用之意，企业拨专款作为向特定员工提供专业技术培训的费用。因此，企业从一般职业培训的经费中支出的费用，不属于专项培训费用。

（2）专项培训费用必须实际支出。

这里所说的实际支出，一是指企业向第三方实际支出了该笔费用，二是指企业以货币形式支出了该笔费用。根据《劳动合同法实施条例》第16条，专项培训费用包括有凭证的培训费用、培训期间的差旅费用以及因培训产生的用于该员工的其他直接费用。

比如，深圳甲公司出资派员工张三去长沙学习模具制造技术，为期2个月，张三在学习结束后去了衡山旅游。那么，张三学习期间的学费、差旅费、交通费等，属于专项培训费用，张三去衡山旅游的交通费、门票费、住宿费等，不属于专项培训费用，应由张三自行承担。同理，在张三接受培训期间的2个月里，甲公司为张三发放的工资、缴纳的社会保险费等，客观上也属于企业支出的费用，但不属于专项培训费用。

《劳动合同法实施条例》第 16 条所规定的“其他直接费用”，指的是员工因参加专业技术培训而支出的合理费用，比如打印复印费、材料费、书本费等。与参加培训无关的费用，不属于其他直接费用。

（3）专项培训费用的数额应该较大。

2008 年 5 月，国务院发布《劳动合同法实施条例（草案）》，其中第 19 条写道，“用人单位一次性或者 12 个月内累计为 1 名劳动者支出超过本单位上年度平均工资 30% 的费用进行培训的，视为提供了劳动合同法第二十二条第一款规定的专项培训费用……”正式条文发布时，这一规定又被删除了。这也说明，立法者曾经试图对专项培训费用的数额作一个下限规定，主要是为防止企业利用优势地位滥用服务期制度，损害员工合法权益。比如支出 2000 元专项培训费用，却约定 5 年服务期。

虽然这个条文最后被删除，但是立法精神还在，专项培训费用的数额应该是较大的，立法者对“数额较大”的定义并未改变，在实务中仍可参考。

综上所述，企业只有提供了专业技术培训并且实际支出了专项培训费用，方符合约定服务期的条件，否则不得约定服务期。

案例 179

企业出资 20 万元送员工出国培训，是否属于提供了专业技术培训？

上海市第一中级人民法院（2020）沪 01 民终 862 号

王某于 2016 年 10 月 12 日入职甲公司担任运营兼执行总裁秘书职务，2017 年 2 月 15 日，双方签订培训服务协议，约定王某参加甲公司组织的未来领导人项目培训，期间培训课程费、交通费、签证费、食宿费等由甲公司承担，培训结束后王某需为甲公司服务 3 年，服务期自培训项目结束日之后第一天起算。随后，王某赴泰国培训，甲公司为王某的上述培训支出签证、机票、住宿、交通等费用和培训费共计 20 万元。2018 年 4 月 8 日，王某因个人原因辞职，5 月 8 日，王某离职。双方因此成讼，甲公司主张王某支付违反服务期约定的违约金 46 万余元。在庭审中，王某辩称，自己参加的培训虽名为“未来领导人培训”，但实质为“在小餐饮店的工作实践”，不属于专业技术培训。

审理结果

法院认为，王某是甲公司经过严格挑选后才被确定至泰国参加未来领导人项目培训活动，该培训活动为专业型和个体型的培训。同时根据培训的内容和目的，该培训活动显然是用人单位为了拓展某项业务，而选送劳动者进行有针对性的学习和训练，以使劳动者掌握从事该新业务所必需的技能，具有较强的针对性，培训的目的是使劳动者能胜任更高层次或更加专业的工作，且用人单位安排劳动者脱产进行学习和进修，培训的时间也较长。综上，王某所参加的培训显然有别于仅为了提高劳动者的日常劳动效率和劳动质量而开展的职业培训，故应该认定王某接受了专业技术培训，王某应当履行自己所负有的服务期义务。结合王某的服务期限，经折算，王某应当支付甲公司违反培训服务期约定的违约金 15 万余元。

HR 实务指南

第一，服务期仅适用于专业技术培训。劳动法仅规定企业向员工提供了专业技术培训的可以约定服务期，并不包括职业培训、不能胜任工作的培训及其他日常培训。

第二，服务期是可以约定，不是应当约定。即便企业向员工提供了专业技术培训，也不必然产生服务期，企业可以与员工约定服务期，也可以不约定，并不是必须约定服务期。

三、服务期期限

服务期期限是指企业因向员工提供了专业技术培训而与员工约定的员工需要在企业继续工作的期限。通常而言，企业与员工约定的服务期期限要符合公平合理的原则，服务期期限长于劳动合同期限的，劳动合同应续延至服务期满，以保障企业期待利益的实现。

1. 约定服务期期限的原则

关于服务期期限的长短，劳动法并没有进行明确规定，应由劳动关系双方自行协商确定。通常情况下，约定服务期应遵循以下原则：

· 服务期期限应公平合理

虽然服务期长短由企业与员工自由约定，但由于专业技术培训是企业出资，因此在大多数情况下，服务期长短是由企业决定的，员工只能接受或者不接受，没有多少议价筹码。

在实务中有这样的情况，企业支出了 3000 元的专项培训费，却与员工约定 5 年甚至更长的服务期，这明显是不合理的，也有违公平原则，与服务期制度的立法精神相悖。正如北京市盈科（深圳）律师事务所段海宇律师所言，服务期不等于"卖身契"，虽然法律对服务期的长短没有限制，但在实践中，一般根据企业出资的多少、培训的重要程度由企业与员工协商确定服务期，一般企业出资越多，约定的服务期越长。

那么，多长的服务期期限才算公平合理呢？

本书认为，服务期以 2~5 年为宜，具体视支出的专项培训费用而定，若不是支出特别大额的培训费用或者有其他正当合理理由，一般不宜超过 5 年。支出费用为 10,000 元左右的，约定 2~3 年的服务期较为合适；支出费用为 20,000 元左右的，约定 3~5 年较为合适；只有支出特别大额的培训费用时（如 50,000 元以上），服务期约定可以超过 5 年。

· 服务期期间升职加薪不受影响

对于服务期内的员工，企业应一视同仁，不因其在服务期内而影响其升职加薪，甚至故意通过限制其升职加薪等"穿小鞋"手段来逼迫或者变相逼迫员工离职，进而主张违约金。这都是不可取且不合法的。

《劳动合同法》第 22 条第 3 款规定，用人单位与劳动者约定服务期的，不影响按照正常的工资调整机制提高劳动者在服务期期间的劳动报酬。

2. 服务期期限可以长于劳动合同期限

根据《劳动合同法实施条例》第 17 条之规定，劳动合同期满，但是双方约定的服务期尚未到期的，则劳动合同续延至服务期满；双方另有约定的，从其约定。

例如，张三于 2022 年 7 月 1 日入职甲公司担任电子工程师职务，双方签订了 3 年固定期限劳动合同。2023 年 10 月，甲公司出资送张三出去参加高级工程师职称考试，支出专项培训费13,000元，双方签订了服务期协议，约定张三的服务期期限为3年，自张三学成归来上班之日起算。2024年1月1日，张三学成归来返岗上班。

在上述例子中，张三的劳动合同至2025年6月30日期满，服务期则至2026年12月31日期满，由于劳动合同期满时服务期尚未到期，故劳动合同续延至2026年12月31日服务期满。

以上续延规则，并非不可更改，若双方约定劳动合同期满时，无须续延至服务期满，则从其约定。

案例180

服务期内劳动合同到期，用人单位可终止劳动合同

北京市2016年劳动人事争议十大典型案例

刘某于2012年6月1日入职某科技公司，从事研发工作，双方签订了3年期限的劳动合同。11月1日，某科技公司与刘某签订《培训协议》，约定将刘某送到国外进行专业技术培训2个月，并约定刘某培训结束后至少再为公司服务5年，如刘某违反服务期约定须向公司支付违约金。2015年4月底，某科技公司告知刘某，因公司业务调整，公司与刘某所签订的劳动合同在2015年5月31日到期后不再延续，刘某无须再继续履行《培训协议》中约定的服务期。刘某认为，自己的劳动合同期限应当延续至服务期届满，某科技公司终止劳动合同的行为属于违法终止，故申请劳动仲裁，要求某科技公司支付违法终止劳动合同赔偿金。劳动仲裁委驳回了刘某的仲裁请求。

案例简评

用人单位提供专项费用并对劳动者进行专业技术培训，使劳动者通过提升技能而获益，这一做法的目的在于确保劳动者经培训后能够在相对较长的时间内为用人单位提供更有价值的劳动，故《劳动合同法》第22条第1款规定，用人单位为劳动者提供专项培训费用，对其进行专业技术培训的，可以与该劳动者签订协议，约定服务期。《劳动合同法实施条例》第17条规定，劳动合同期满，但是用人单位与劳动者依照《劳动合同法》第22条的规定约定的服务期尚未到期的，劳动合同应当续延至服务期满。该条规定是在劳动合同期满的情况下对于劳动者离职的限制性规定，是对用人单位期待利益的保护，故是否续延劳动合同至服务期届满是用人单位的权利而非义务。因此，刘某要求裁决某科技公司属违法终止劳动合同，进而主张违法终止劳动合同赔偿金，系对于法律的误读，法院不予支持。

HR 实务指南

第一，约定服务期应遵循公平原则和合理原则。服务期的长短，应与企业所支出的培训费用成正比，支出培训费越高，服务期越长，反之则越短，应遵循公平原则和合理原则，一般以 2~5 年为宜。比如企业支出了 10,000 元培训费，约定 2~3 年服务期是比较合理的。

第二，服务期长于劳动合同期限的，劳动合同应续延至服务期满。劳动合同期满时，如果双方续签劳动合同，且劳动合同期限长于服务期期限，则不存在续延问题；如果双方不续签劳动合同，企业应书面通知员工劳动合同续延至服务期期限届满。当然，如果企业放弃服务期约定，也可以提前解除服务期约定，但不得要求员工支付违约金。

四、服务期违约责任

由于专项培训费用是企业支出的，企业据此与员工约定服务期，因此，劳动法意义上的服务期违约责任，是单指员工一方违约，企业不存在违约。

《劳动合同法》第 22 条第 2 款规定，劳动者违反服务期约定的，应当按照约定向用人单位支付违约金。违约金的数额不得超过用人单位提供的培训费用。用人单位要求劳动者支付的违约金不得超过服务期尚未履行部分所应分摊的培训费用。

1. 服务期违约金属于补偿性质

根据《劳动合同法》第 22 条第 2 款，员工违反服务期约定的，企业所要求员工支付的违约金数额不得超过企业所支出的培训费用。由此可见，服务期违约金属于补偿性质，而不是惩罚性质。企业支出专项培训费用后，通过约定服务期的方式让员工“还款”，若员工中途违反约定，企业的“还款”目的就会落空。因此约定违约金则可以使企业“还款”目的得以实现。从这个角度来看，服务期违约金具有补偿性质。

2. 服务期违约金的计算规则

《劳动合同法》第22条第2款规定了服务期违约金的计算规则，计算公式为：

服务期违约金 = 支出培训费用 ÷ 服务期总月数 × 未履行的服务期月数

例如，甲公司向员工张三提供了专业技术培训，支出了专项培训费用15,000元，双方签订了服务期协议，约定服务期期限为3年，自张三学成归来上班之日起算。2022年6月1日，张三培训结束返岗上班，2023年9月1日，乙公司出高薪“挖走”张三，张三在甲公司辞职前往乙公司上班。

因张三在服务期期满前因个人原因辞职，违反服务期约定，故甲公司可以要求张三支付违约金。根据服务期协议的约定，张三的服务期期限为3年，即36个月，至张三2023年9月1日离职时止，张三尚有21个月服务期尚未履行，根据相关法律规定和计算公式，甲公司可要求张三支付服务期违约金8750元（15，000元 ÷36个月 ×21个月）。

3. 员工违反服务期约定的情形

员工违反服务期约定的，应当按照约定向企业支付违约金。那么，如何认定员工违反服务期约定呢？通常认为，员工因个人原因辞职和员工违反《劳动合同法》第39条被企业解雇，均属于员工违反服务期约定。

员工辞职是指员工依照《劳动合同法》第37条单方面解除劳动合同。

根据《劳动合同法实施条例》第26条第2款，有下列情形之一，企业与员工解除约定服务期的劳动合同的，员工应当按照约定向企业支付违约金：

（1）劳动者严重违反用人单位的规章制度的；

（2）劳动者严重失职，营私舞弊，给用人单位造成重大损害的；

（3）劳动者同时与其他用人单位建立劳动关系，对完成本单位的工作任务造成严重影响的；

（4）劳动者同时与其他用人单位建立劳动关系，经用人单位提出，拒不改正的；

（5）劳动者以欺诈、胁迫的手段或者乘人之危，使用人单位在违背真实意思的情况下订立或者变更劳动合同的；

（6）劳动者被依法追究刑事责任的。

4. 不属于员工违反服务期约定的情形

根据《劳动合同法实施条例》第 26 条第 1 款之规定，在双方约定的服务期内，企业违法用工导致员工被迫离职的，不属于违反服务期约定，企业不得要求员工支付尚未履行的服务期部分的违约金。

这里所说的企业违法用工，指的是企业违反《劳动合同法》第 38 条规定导致员工被迫单方面解除劳动合同。具体为：

（1）用人单位未按照劳动合同约定向劳动者提供劳动保护或者劳动条件的；

（2）用人单位未及时足额支付劳动报酬的；

（3）用人单位未依法为劳动者缴纳社会保险费的；

（4）用人单位的规章制度违反法律、法规的规定，损害劳动者权益的；

（5）用人单位以欺诈、胁迫的手段或者乘人之危，使劳动者在违背真实意思的情况下订立或者变更劳动合同，致使劳动合同无效的；

（6）用人单位免除自己的法定责任、排除劳动者权利，致使劳动合同无效的；

（7）用人单位违反法律、行政法规强制性规定，致使劳动合同无效的；

（8）用人单位以暴力、威胁或者非法限制人身自由的手段强迫劳动者劳动的；

（9）用人单位违章指挥，强令冒险作业危及劳动者人身安全的。

案例 181

员工服务期内被迫辞职，是否需承担违约金？

北京市第三中级人民法院（2023）京 03 民终 390 号

张某原系甲公司员工，从事飞行员工作。2015 年 7 月，甲公司与张某签订劳动合同，合同期限为 15 年，双方还签订了《飞行员培训服务合同》，约定甲公司向张某提供飞行员专项培训，培训费用为 80 万元，由甲公司承担，服务期限为 15 年，在服务期限内，张某无论以何种原因主动提出解除劳动合同，均须赔偿甲公司损失，赔偿金为200万元，且需偿还甲公司支付的培训费用80万元，并支付违约金80万元。2016年4月，张某取得直升机R22的私人驾驶员执照。2018年8月，张某取得直升机商用驾驶员执照。2019年8月1日，张某提出解除劳动合同。甲公司申请劳动仲裁，主张张某支付培训费、违约金、转会费各200万元，劳动仲裁委员会裁决张某向甲公司支付培训费156万余元。此外，张某申请劳动仲裁，主张甲公司支付所拖欠工资、解除劳动合同经济补偿金等55万余元，未获支持。张某就上述两案诉至法院。

审理结果

法院认为，根据《劳动合同法》第22条第2款，本案中甲公司要求张某支付的培训费用本质上应属违约金性质。用人单位与劳动者约定服务期，并未剥夺或限制劳动者依据《劳动合同法》第38条的规定解除劳动合同的权利。在本案中，张某与甲公司签订的劳动合同及《飞行员培训服务合同》约定了服务期为15年，张某虽在服务期内提出解除劳动合同，但解除事由系甲公司未及时足额支付劳动报酬，张某据此解除劳动合同于法有据，张某对此并无过错。故张某并非因自身违约而违反服务期的约定，张某不构成违反服务期的约定，甲公司不得要求张某支付违约金。

HR实务指南

第一，企业应明确约定违约金。企业向员工提供专业技术培训的，应在服务期协议中明确约定违约金，违约金的数额不得超过企业所支出的培训费用，且不得超过服务期尚未履行部分所应分摊的培训费用。

第二，企业若违法用工导致员工被迫离职，则无法主张违约金。如果企业违反《劳动合同法》第38条导致员工在服务期内单方面被迫解除劳动合同，则员工不构成违约，企业不得向员工主张违约金。

五、服务期协议

服务期协议是指企业与员工协商一致签订的关于支出专项培训费用为员工提

供专业技术培训而约定服务期相关内容的协议。服务期属于约定内容，即使企业支出了专项培训费用给员工提供了专业技术培训，也并非必须要约定服务期。是否约定服务期，由企业与员工协商确定，但是，一旦约定了服务期，就对双方均具有约束力。

在性质上，服务期协议具有劳动法的属性，是劳动合同的组成部分；也具有普通民事合同的属性，遵循双方意思自治原则。

在形式上，既可以以专项合同的形式签订服务期协议，也可以直接在劳动合同中约定服务期条款，劳动法没有对服务期协议的形式作硬性规定。

由于约定服务期是与专业技术培训相关的，因此在实务中往往签订的是《培训协议》《培训与服务期协议》《员工培训合同》等，协议名称并不重要，重要的是协议内容，约定条件是否符合法律规定。

在内容方面，劳动法并没有对服务期协议所应约定的内容进行明确规定，因此企业与员工可以自主确定约定的内容。本书认为，服务期协议通常应具备以下内容：

（1）主体信息。

主体信息即企业信息和员工信息，企业信息包括企业名称、住所、统一社会信用代码、法定代表人或者主要负责人姓名、电话等，员工信息包括员工姓名、身份证号码、家庭住址、电话等。

（2）培训计划或者内容。

培训计划或者内容即企业提供的员工参加专业技术培训的计划或者已经培训的内容，该培训应符合专业技术培训的法定条件。企业提供一般职业培训的，不得约定服务期。

（3）培训费用。

培训费用即企业支出的专项培训费用的数额，以及培训费用包括哪些内容。根据《劳动合同法实施条例》第 16 条，专项培训费用包括有凭证的培训费用、培训期间的差旅费用以及因培训产生的用于该员工的其他直接费用。

（4）培训期间工资待遇。

专业技术培训往往培训时间较长，员工接受培训往往是脱产或者半脱产进行，因此需要约定员工接受培训期间的工资待遇。

根据劳动法相关规定，员工在接受培训期间视为提供劳动，因此应当计发工资，计发标准为员工正常工作时间工资。

通常情况下，对于脱产培训的员工，可以约定只计发固定工资的部分，对于绩效工资、津贴补贴等浮动工资，一般不予计发或者减少发放额度。具体发放标准则由双方协商约定。

（5）服务期期限。

企业与员工要明确约定服务期的期限，以及服务期开始计算的时间或者条件。此外，双方还应明确约定当劳动合同期满，服务期未满时，是续延至服务期满，还是劳动合同期满即服务期满。

（6）违约责任。

违约责任包括员工违反服务期约定的行为定义和违约金的折算规则。违反服务期约定的行为定义，不得超过法律规定的范围。违约金的数额不得超过企业提供的培训费用，折算后不得超过服务期尚未履行部分所应分摊的培训费用。

（7）其他需要约定的内容。

例如，可以约定员工接受培训期间需遵守培训纪律，认真学习，按时完成作业，并取得合格成绩。又如，可以约定员工完成培训后所取得的相关资格证书、结业证书，交由企业保管，待服务期满时归还员工，员工违反服务期约定的，支付违约金之后归还。

案例 182

飞行员接受专业技术培训后辞职，法院判其支付违约金 175 万元

北京市第三中级人民法院（2020）京 03 民终 1826 号

赵某于 2010 年入职甲航空公司从事飞行岗位工作，双方签订了无固定期限劳动合同。2006 年 9 月，甲航空公司出资 88 万余元支持赵某在中国民航大学飞行学院进行飞行理论及飞行技术培训。赵某入职后，接受 B747 初始训练和本场训练，甲航空公司支出培训费 72 万余元。随后，由甲航空公司出资，赵某参加了各种飞行技术相关培训，甲航空公司前后支出培训费用 205 万余元。2018 年 2 月 8 日，赵某向甲航空公司发出《解除劳动关系通知书》解除双方劳动合同，双方因此成讼，甲航空公司主张赵某支付培训费 205 万余元及解除劳动合同的违约金 70 万元。

审理结果

法院认为，赵某作为飞行员，属于特殊岗位的稀缺人才，为了满足此岗位的需要，甲航空公司需对赵某进行专业操作技能和专业知识等方面的专项培训，且甲航空公司提交了相关证据证明公司已为之支出了培训费用。2018 年 2 月 8 日，赵某提前解除了双方的劳动合同，理应合理赔偿甲航空公司培训费损失。法院考虑到行业特点，并根据已查明的案件事实，结合双方劳动关系存续时间、赵某工作经历与级别提升情况，参照民航业培训费的一般标准，酌情确定赵某给付甲航空公司培训费 1,750,000 元。

HR 实务指南

企业向员工提供专业技术培训的，可以签订服务期协议。服务期协议至少应包括培训计划及内容、培训费用、培训期间的工资待遇、服务期期限、违约责任，以及其他需要约定的内容。

|第三节|　服务期的几个疑难问题解析

《劳动合同法》第 22 条对服务期的适用条件、专项培训费用、违约金规则等都作了较为具体的规定，然而，在实务中应用服务期制度时，仍有不少难点，对服务期规则的理解，仍存在不同观点。

一、约定的服务期不明确，违约金怎么计算

在实务中经常发生这样的情况，企业为员工提供了专业技术培训，也支出了专项培训费用，但是双方没有签订专门的服务期协议，或者只是在劳动合同或者其他书面材料中约定了服务期，约定得比较粗糙，没有约定具体的服务期或者约定得不明确。那么，没有约定服务期或者约定服务期不明确的，员工若因辞职或者违反《劳动合同法》第 39 条被企业解除劳动合同，违约金应该怎么计算？对此，在实践中存在不同理解，主要有以下几种观点：

第一种观点：员工无须支付违约金。

这一观点认为，服务期属于约定条款，企业给员工提供了专业技术培训并支出了专项培训费用的，可以约定服务期，但不是必须约定服务期，也就是说，约定服务期是企业的权利。由于违约金的计算是以未履行的服务期部分进行摊分折算的，因此，企业没有约定服务期或者约定服务期不明确的，应倾向于保护员工权益进行解释，员工无须承担违约金。

比如，东莞市中级人民法院（2019）粤 19 民终 4831 号民事判决书认为，甲公司与夏某之间并未约定服务期，故夏某提出辞职并无不当，夏某无须向甲公司支付违约金。

第二种观点：酌情返还培训费。

这一观点认为，虽然双方没有约定服务期或者约定不明确，但是基于企业给员工提供了专业技术培训且实际支出了专项培训费用这一事实，根据公平原则，可以酌定员工返还部分培训费。

比如，潍坊市中级人民法院（2019）鲁 07 民终 5975 号民事判决书认为，鉴于甲医院与丁某未书面约定专项培训服务期，丁某实际接受医院的安排外出培训，医院按照制度规定支付了培训费等，医院安排丁某外出培训的目的在于提升医院的整体医疗服务水平，丁某个人也从中受益，双方虽未签订书面协议约定服务期，但是丁某在培训后较短时间内即离开医院，致使医院的培训目的不能完全实现，故基于公平原则，丁某应当适当返还部分培训费，法院酌情认定由丁某向医院返还培训费 40,000 元。

第三种观点：酌定按 5 年服务期进行核算。

这一观点最早见于原劳动部办公厅 1995 年发的一个复函，原劳动部办公厅《关于试用期内解除劳动合同处理依据问题的复函》（劳办发〔1995〕264 号，已废止）指出，用人单位出资（指有支付货币凭证的情况）对职工进行各类技术培训，职工提出与单位解除劳动关系的，如果试用期满且在合同期内，则用人单位可以要求劳动者支付该项培训费用；没有约定合同期的，按 5 年服务期等分出资金额，以职工已履行的服务期限递减支付。

2016 年 4 月 13 日，人力资源和社会保障部《关于第二批宣布失效和废止文件的通知》（人社部发〔2016〕34 号）废止了该复函。

2004 年 2 月 3 日，天津市高级人民法院印发的《关于审理劳动争议案件有关问题的通知》（津高法〔2004〕13 号）第 9 条指出，劳动者参加用人单位出资培训的，对用人单位已支付的培训费，双方对服务期限或劳动合同履行期间均无约定的，酌定按 5 年服务期限核算。实际上，天津市高级人民法院沿用了原劳动部办公厅复函的精神，该天津规定至今仍有效。

本书倾向于同意第二种观点。理由如下：

其一，企业并没有放弃主张员工支付违约金的权利。企业事实上为员工提供了专业技术培训且实际支出了专项培训费用，企业没有与员工约定服务期或者约定服务期不明确，不等于企业放弃了服务期权利，进而放弃了主张员工支付违约金的权利，因此应理解为企业仍有主张违约金的权利。

其二，不支持企业主张违约金或者返还部分培训费，有违公平原则。企业没有与员工约定服务期或者约定服务期不明确属于程序上的瑕疵，而企业实际上支出了专项培训费用，若一概不支持企业主张违约金或者返还部分培训费，则对企业不公平，因此，应当酌情认定员工适当返还企业所支出的专项培训费用。

其三，应倾向酌定员工少支付违约金或者返还培训费。本书虽然赞同可以酌定员工支付适当的违约金或者返还适当的培训费，但是，企业应具有基本的劳动法知识和应用劳动法的能力，对于未约定服务期或者约定服务期不明确，企业存在过错，应承担过错责任。因此，在酌定员工支付违约金或者返还培训费时，应考虑企业的过错责任，减少员工支付或者返还的数额，不宜按照《劳动合同法》第 22 条第 2 款进行折算。

HR 实务指南

服务期期限是服务期协议的重要内容之一，企业应予明确，不可忽略。若签订服务期协议时遗漏，则可以在事后尽可能与员工协商约定服务期期限，并就协商结果签订补充协议，加以补正。

二、员工违约，企业可否同时主张违约金和培训费

对这一问题，在实践中存在两种不同观点。

第一种观点认为可以同时主张支付违约金和赔偿培训费。

其一，从法条来看，可以同时主张。

原劳动部《关于贯彻执行〈中华人民共和国劳动法〉若干问题的意见》（劳部发〔1995〕309 号）第 23 条指出，用人单位用于劳动者职业技能培训费用的支付和劳动者违约时培训费的赔偿可以在劳动合同中约定，但约定劳动者违约时负担的培训费和赔偿金的标准不得违反原劳动部《违反〈劳动法〉有关劳动合同规定的赔偿办法》（劳部发〔1995〕223 号）等有关规定。

这里用的是“和”而不是“或”，上述意见表述的是“约定劳动者违约时负担的培训费和赔偿金的标准”，是否就表示返还培训费和支付违约金可以同时主张？

上述意见提到了《违反〈劳动法〉有关劳动合同规定的赔偿办法》，该办法第 4 条第 2 项指出，劳动者违反规定或劳动合同的约定解除劳动合同，对用人单位造成损失的，劳动者应赔偿用人单位为自己支付的培训费用，双方另有约定的按约定办理。

这里规定的是企业支出培训费用后，员工违约的，应赔偿损失。这里规定的赔偿损失与《劳动合同法》第 22 条第 2 款规定的违约金，二者并不矛盾，因此企业可以同时主张。

其二，从请求权基础来看，可以同时主张。

服务期协议本质上是一个民事合同，《民法典》第 577 条规定，当事人一方不履行合同义务或者履行合同义务不符合约定的，应当承担继续履行，采取补救措施或者赔偿损失等违约责任。第 585 条第 1 款规定，当事人可以约定一方违约时应当根据违约情况向对方支付一定数额的违约金，也可以约定因违约产生的损失赔偿额的计算方法。违约金的上级概念是违约责任，支付违约金是违约方承担违约责任的一种方式。劳动法项下的违约金则仅限于服务期和竞业限制可以约定，据此，企业依据《劳动合同法》第 22 条第 2 款向违反服务期约定的员工主张违约金，有法律依据。

返还培训费则属于赔偿企业损失的一种方式。企业支付了专项培训费用，并据此约定了服务期，若员工中途违反服务期约定，企业的目的未能实现或者未能完全实现，则员工理应承担未履行的服务期部分分摊的培训费用。

由于二者的请求权基础也不同，因此并不矛盾，企业可以同时主张。

第二种观点认为不可同时主张支付违约金和赔偿培训费。

这一观点认为，根据《劳动合同法》第 22 条第 2 款之规定，违约金的数额不得超过企业提供的培训费用，且不得超过服务期尚未履行部分所应分摊的培训费用。这里所指的违约金，所担保的是企业应获得的服务期履行利益，若中途员工违约，则企业的履行利益无法实现，据此规定了违约金规则。从这个角度来看，服务期违约金本质上就是员工违反服务期约定后向企业赔偿培训费，以弥补企业支出培训费的损失。因此，员工支付违约金后，企业的损失已经得到补偿，企业不得再主张员工赔偿培训费。

例如，《山东省人力资源和社会保障厅、山东省劳动人事争议仲裁委员会 2015 年度劳动人事争议典型案例》案例六认为，用人单位可以要求劳动者支付违约金，但无权再要求劳动者返还公司支付的培训费用，且违约金不得超过服务期尚未履行部分所应分摊的培训费用，因此，用人单位不可以同时要求返还培训费和支付违约金。

又如，北京市第三中级人民法院（2020）京 03 民终 1826 号民事判决书认为，航空公司在要求赵某支付培训费用补偿的同时，另行要求赵某支付违约金，构成重复主张，在酌情支持航空公司关于培训费诉讼请求的情况下，法院对航空公司要求支付的违约金不再重复予以支持。

本书赞同第二种观点。

案例 183

员工违反服务期约定，被判支付违约金和赔偿培训费

江苏省泗洪县人民法院（2016）苏 1324 民初 1784 号

周某于 2004 年 2 月入职甲医院，2010 年 3 月，双方签订服务合同，约定甲医院送周某至省人民医院进修，为期 1 年，进修费用由甲医院代缴，并约定周某在进修结束后为甲医院工作 5 年，若周某违约，应赔偿违约金 50,000 元及进修期间支出的所有费用。2011 年 3 月，周某进修结束并取得毕业证书，回到甲医院工作。2014 年 7 月，周某向甲医院提出辞职，并于 9 月 1 日离职。双方因此成讼，甲医院主张周某支付培训费 4171.2 元、违约金 4171.2 元。

审理结果

法院认为，甲医院为被告周某提供专项培训费用支持周某到省人民医院进修，应是对周某进行的专业技术培训，甲医院可以与周某就服务期进行约定并签订协议。周某在服务期未满的情况下即离开甲医院，应属违约行为，根据《劳动合同法》相关规定，周某应当按照约定向甲医院支付违约金。另外，甲医院主张周某支付进修期间的培训费用，因合同约定进修费用由甲医院代为垫付，如周某违约应予以赔偿，故甲医院主张周某支付未履行期限分摊的培训费用符合合同约定，应予以支持。

法院最终判决周某一次性返还甲医院垫付的培训费用 4171.2 元，一次性支付甲医院违约金 4171.2 元。

三、在试用期约定服务期，员工于试用期辞职的是否需支付违约金

关于该问题，以前无须支付违约金，2016 年 4 月以后，员工在试用期辞职的，属于违反服务期约定，仍需支付违约金。

能否约定服务期并且主张违约金，只看两点：一是企业是否提供了专业技术培训；二是企业是否支出了专项培训费用。当同时满足这两点时，企业就可以约定服务期，员工违反服务期约定的，企业可以主张违约金。因此，约定服务期是不是在试用期，在所不问。

该问题之所以成为实务中的一个问题，源于前述原劳动部办公厅《关于试用期内解除劳动合同处理依据问题的复函》。该复函指出，用人单位出资（指有支付货币凭证的情况）对职工进行各类技术培训，职工提出与单位解除劳动关系的，如果在试用期内，则用人单位不得要求劳动者支付该项培训费用。同时还指出了试用期满后解除劳动合同时企业向员工主张支付的培训费的计算规则。

也就是说，企业为试用期内的员工提供各类技术培训（《劳动合同法》所称专业技术培训）并支出了培训费的，若员工在试用期内辞职，则企业不得要求员工支付培训费（《劳动合同法》所称违约金）。

不过，该复函已于 2016 年 4 月被人力资源和社会保障部废止。

因此，双方约定了服务期的，若员工违反服务期约定，企业可以主张员工支付违约金，不再区分是否在试用期内。

尽管如此，对试用期员工提供专业技术培训仍有风险。在应对策略上，正如笔者的良师益友郑州旅游职业学院郭杰教授所言，企业可以采取以下措施避免相关法律风险：

首先，尽量避免在试用期期间提供专业技术培训。在试用期期间，企业对员工各方面情况还不完全了解，甚至对员工是否愿意继续提供劳动也无法作出准确判断。在此种情况下，企业不宜贸然为员工提供专业技术培训。

其次，企业如果经过考察评估之后认为员工确有潜力，而且企业也急需该类人才，那么企业可以与员工协商，提前对员工进行试用期考核，完成试用期考核过程，然后再签订服务期协议。

最后，企业可以通过民事债权债务的方式予以变通处理，即企业与员工签订借款协议，约定专业技术培训所需费用由企业通过借款形式先支付给员工，并约定员工完成培训后只有为企业服务达到规定年限，企业才可对员工的该项借款予以豁免，通过这种方式也可以间接达到约定服务期的目的。

对郭教授的上述观点，笔者深以为然。

HR 实务指南

考虑到试用期员工不稳定，企业应尽量避免向试用期员工或者工龄较短的员工（如入职不满 1 年）提供专业技术培训，以免因为试用期不符合录用条件解雇员工或者员工因为不适应工作辞职而发生服务期违约纠纷。

四、企业提供落户指标等特殊待遇，能否约定服务期

在“北上广深”等一线城市，企业为了吸引人才，留住人才，往往利用自身资源或者支出相应的费用，为员工解决入户问题，提供或者购买住房等，作为招募人才和留住人才的交换条件。尤其是在北京，户口和住房都是稀缺资源，一些有能力的企业，往往就以此吸引人才。为了防止员工获得资源后即跳槽离职，企业往往会与员工签订相关的服务期协议，约定员工必须在企业服务若干年，否则应支付违约金或者赔偿金。

那么，企业能否因提供了稀缺资源而与员工约定服务期，进而主张违约金？在实务中有不同观点。

第一种观点：可以约定服务期。

其一，从《劳动合同法》第 22 条第 1 款的文义来看，该款仅规定了企业提供了专业技术培训且支出了专项培训费用的，可以约定服务期，并没有明确企业向员工提供了其他特殊待遇的不能约定服务期。因此，企业提供了专业技术培训以外的特殊待遇并约定服务期的，并不违反法律禁止性规定，应属有效。

其二，从专项培训费用的相当性和合理性来看，企业提供专业技术培训，属于特殊待遇，企业帮助员工解决落户问题或者提供住房购买资源，也属于特殊待遇，二者均属于使员工获利的稀缺资源。如果前者能够约定服务期，那么根据相当性和合理性原则，后者也应该能够约定服务期。

第二种观点：不得约定服务期。

同样是从《劳动合同法》第 22 条第 1 款的文义来看，该款仅规定了企业提供了专业技术培训且支出了专项培训费用的可以约定服务期，是封闭式规定，没有“等”字，也没有但书。因此，在劳动法项下，可以约定服务期的，仅提供专业技术培训这一种情形，不得进行扩大解读。又根据《劳动合同法》第 25 条规定，禁止企业在违反专业技术培训服务期约定和竞业限制约定以外，约定员工承担违

约金。因此，除提供专业技术培训外，企业不得与员工约定服务期，当然也不得主张违约金。

第三种观点：不得主张违约金，但可主张赔偿损失。

若企业提供解决员工落户等特殊待遇，同时约定一定年限的服务期，那么员工违反服务期约定的，需赔偿企业损失。

持这一观点的代表地区是北京。北京市高级人民法院、北京市劳动人事争议仲裁委员会《关于审理劳动争议案件解答（一）》第 82 问指出，用人单位为其招用的劳动者办理了本市户口，双方据此约定了服务期和违约金，用人单位以双方约定为依据要求劳动者支付违约金的，不应予以支持，确因劳动者违反了诚实信用原则，给用人单位造成损失的，劳动者应当予以赔偿。

本书倾向于同意第三种观点。理由如下：

其一，约定赔偿损失不违反劳动法规定。

《劳动合同法》第 25 条仅规定了禁止企业在违反专业技术培训服务期约定和竞业限制约定以外约定员工承担违约金，并没有规定不得约定员工赔偿损失，因此约定赔偿损失不违反劳动法规定。

其二，企业主张赔偿损失需进行举证。

企业主张违约金的，只需证明员工违反了服务期约定，不需证明员工给企业造成了损失。企业主张赔偿损失的，则不仅要证明员工违约，还要举证员工违约造成了企业经济损失，且该损失与员工违约有直接因果关系；若不能举证，则不得主张损失赔偿。

其三，允许企业主张赔偿损失，符合公平原则。

由于企业提供了落户北京的指标，员工得以实现落户梦想。如果员工不诚信，刚拿到北京户口，就“提桶跑路”，而法院却判决双方约定服务期因违反劳动法规定而无效，那么企业的合同将变成一张废纸，损失也无法得到赔偿，很显然，这是于法相悖的。

案例 184

员工取得北京户口后辞职，违反诚信原则被法院判赔 30 万元

北京市第一中级人民法院（2021）京 01 民终 9633 号

金某于 2019 年 1 月入职北京甲公司担任软件开发工程师职务。8 月 26 日，双方签订了《诚信协议》，约定甲公司向金某提供落户北京的指标，金某在甲公司最少服务 5 年，若中途辞职、自动离职，金某需一次性支付赔偿金 50 万元。随后，甲公司、金某与北京市乙区人力资源和社会保障局签订了《服务协议》，甲公司为金某办理了落户北京的手续。2021 年 3 月 5 日，金某向甲公司提出辞职，4 月 2 日，金某离职。5 月 8 日，甲公司申请劳动仲裁，主张金某支付赔偿金 50 万元，劳动仲裁委裁决金某向甲公司支付赔偿金 30 万元。双方均不服，诉至法院。

审理结果

法院认为，诚实信用原则是公民从事民事活动应当遵循的基本原则，诚实信用原则要求当事人应当秉持诚实，恪守承诺。“诚信”亦是公民应当践行的中国特色社会主义核心价值观的重要组成部分，是社会主义职业道德的基本内容和要求。

近年来，北京市先后出台多种政策严格控制特大城市人口规模，严格规范户口审批管理。用人单位为争取“落户指标”以吸引人才，增强竞争力，客观上需要付出相当的人力、物力成本，用人单位的经营业绩、所处的行业、规模、纳税数额、一定时期内引进人才的成功率或者人才流失率等因素客观上影响或制约用人单位可以再次获得的“落户指标”的数量。双方签订的《诚信协议》，明确了甲公司在为金某办理落户过程中需要投入大量的人力、物力，而且双方约定的赔偿金的赔偿范围包括北京落户指标占用成本、人才招聘及引进成本、培训成本、工作岗位空缺造成的损害及影响、接替员工的招聘成本等，金某作为完全民事行为能力人应当对此有清醒的认识，应当知道自己提前离职所导致的《诚信协议》不能履行会对甲公司产生损害，造成损失。

金某并非被迫签订《诚信协议》，金某本可以依据劳动合同的内容保持与甲公司之间的劳动关系，并有依法提出离职或辞职的权利。金某在另行签订了

《诚信协议》确认甲公司为自己办理落户事宜，承诺了服务期，并明确了相关赔偿责任的情形下，依然违反承诺，显然对于违反承诺可能导致的赔偿责任以及因此可能取得的利益已经进行了衡量。金某系因个人原因提出的离职，金某应当承担《诚信协议》不能履行给甲公司造成的损失。

HR 实务指南

企业应尽量在劳动法规定的范围内与员工约定服务期，以避免约定无效的风险。确有必要在劳动法规定之外约定服务期的（如前述北京户口案），应对双方权利义务进行具体约定，并做好承担约定无效的法律风险的准备。

11 第十一章 特殊用工

在企业劳动用工管理过程中，除了一般的全日制用工形式以外，还有可能涉及特殊用工形式，形成以全日制用工形式为主，多种特殊用工形式为辅的多层次、多元化用工模式，以解决企业不同的用工需要。特殊用工形式主要包括劳务派遣、非全日制用工、退休人员返聘、在校学生入企实习等。劳动法对特殊用工形式作出了相关的制度安排，HR 应予了解掌握，并在企业实际劳动用工管理中加以运用。

| 第一节 | 劳务派遣

劳务派遣，是指依法成立的劳务派遣单位根据用工单位的用工需求，将与自己存在劳动关系的员工派至用工单位工作，用工单位向劳务派遣单位支付有关费用的一种用工形式。劳务派遣单位与员工存在劳动关系，是劳动法意义上的用人单位，用工单位则是实际用工的单位，与员工不存在劳动关系，三者之间的关系可以简单理解为“有劳动关系的没用工，用工的没劳动关系”。

自 20 世纪 90 年代以来，劳务派遣在我国开始被大量使用，当时劳动法对劳务派遣的规范却是空白。正因为劳动法对劳务派遣还没有进行规范和限制，大量的企业为降低用工成本，逃避劳动法责任，任意使用劳务派遣工，使劳务派遣范围不断扩大，派遣员工人数也不断增加。甚至在某些行业和企业中，劳务派遣员工已经占到一半以上，成为用工的主流形式，一些长年有稳定需求的工作岗位，也使用劳务派遣工。社会上，一些人嗅到了商机，纷纷开设劳务派遣公司，与企业形成利益共同体，大肆实行派遣用工。

立法者认为，如果再不对这一用工形式加以规范，任其发展，劳务派遣很有可能在不久的将来成为所有企业用工的常态，劳动关系的基础将受到严重的挑战，劳动者的合法权益将无法得到应有的保障，社会公平也将难以维护和实现。

2008 年 1 月 1 日《劳动合同法》实施后，立法者将劳务派遣纳入法律规范，以专节形式对劳务派遣进行规制，足以说明劳务派遣制度之重要性。随后出台的《劳动合同法实施条例》更是用专章对劳务派遣制度进一步明确和细化。

2012 年 12 月 28 日，全国人大常委会审议并通过了《关于修改〈中华人民共和国劳动合同法〉的决定》，对劳务派遣制度进行了大量修改，提高了劳务派遣的准入门槛，规范了劳务派遣经营行为，以及明确规定了同工同酬、“三性”岗位、用工比例等具体规则。修改后的《劳动合同法》于 2013 年 7 月 1 日起施行。

2013 年 12 月 20 日，人力资源和社会保障部通过了部门规章《劳务派遣暂行规定》，对劳务派遣的用工范围、用工比例、劳务派遣协议、跨地区劳务派遣的社会保险，以及劳务派遣用工过程中劳动合同的签订、解除、终止等问题进行了详细的规制。至此，我国劳务派遣制度全面建立。

一、劳务派遣的“三性”岗位

劳务派遣作为一种补充用工形式，劳动法对劳务派遣用工有严格的限制，主要是为了防止劳务派遣单位和用工单位通过劳务派遣制度侵害员工合法权益。

1.“三性”岗位的定义与适用

“三性”岗位是指临时性、辅助性或者替代性的工作岗位。《劳务派遣暂行规定》第 3 条第 1 款、第 2 款规定，用工单位只能在临时性、辅助性或者替代性的工作岗位上使用被派遣劳动者，其中：

（1）临时性工作岗位是指存续时间不超过 6 个月的岗位；

（2）辅助性工作岗位是指为主营业务岗位提供服务的非主营业务岗位；

（3）替代性工作岗位是指用工单位的劳动者因脱产学习、休假等原因无法工作的一定期间内，可以由其他劳动者替代工作的岗位。

值得一提的是，劳动法并没有要求对于劳务派遣用工所规定的“三性”同时具备，而是只需具备其中“一性”即可。

此外，《劳务派遣暂行规定》第 3 条第 3 款还规定，用工单位决定使用被派遣劳动者的辅助性岗位，应当经职工代表大会或者全体职工讨论，提出方案和意见，与工会或者职工代表平等协商确定，并在用工单位内公示。

2. 用工单位违反“三性”岗位之辨析

劳动法明确规定了劳务派遣用工仅适用于“三性”岗位，那么，如果用工单位和劳务派遣单位违反“三性”岗位规定，将员工安排在用工单位的主营业务岗位并长期工作，该派遣员工是与劳务派遣公司构成劳动关系还是与用工单位构成劳动关系？在实务中存在不同观点。

第一种观点认为，违反“三性”岗位规定不改变劳务派遣性质，该派遣员工仍与劳务派遣公司构成劳动关系。

这一观点认为，虽然用工单位和劳务派遣单位违反劳动法规定，将员工安排至用工单位的主营业务岗位，但本质上还是劳务派遣，该员工仍与劳务派遣单位构成劳动关系，而不与用工单位形成劳动关系。至于违反“三性”岗位规定，则依照《劳动合同法》第 92 条承担行政责任，即由劳动行政部门责令劳务派遣单位、用工单位限期改正，逾期不改正的，以每人 5000 元以上 10,000 元以下的标准处以罚款，对劳务派遣单位，吊销劳务派遣业务经营许可证。

比如，安徽省高级人民法院（2018）皖民申 1320 号民事裁定书认为，《劳动合同法》对违反“三性”岗位规定后，劳务派遣协议和劳动合同的效力并没有作出规定，用工单位违反“三性”岗位规定的行为会导致行政责任的承担，可通过行政处罚来矫正该违法行为。因此，吴某认为接受劳务派遣的单位违反“三性”岗位规定，导致劳务派遣协议和劳动合同无效的主张，无法律依据。

第二种观点则认为，违反“三性”岗位规定改变了劳务派遣的性质，应认定该派遣员工与用工单位构成劳动关系。

这一观点认为，用工单位违反“三性”岗位规定，实则规避了用人单位所应当承担的法律责任，以劳务派遣之名行劳动合同用工之实，改变了劳务派遣的性质，违反了劳务派遣的立法宗旨，故意架空了劳务派遣制度，应认定该派遣员工与用工单位构成劳动关系。

比如，有法官认为，被派遣劳动者在用工单位从事主营业务或是工作存续时间超过 6 个月而未重新派遣的，不符合劳务派遣的法律规定，不应当以劳务派遣性质认定劳动者与用工单位的法律关系。由于劳务派遣人员在用工单位从事主营业务岗位，并受用工单位管理，且该派遣员工提供的劳务系用工单位业务的组成部分，故该派遣员工与用工单位的劳动关系成立。

本书赞同第一种观点。即便用工单位、劳务派遣单位违反了“三性”岗位规定，亦不改变劳务派遣用工的性质，被派遣员工仍与劳务派遣单位构成劳动关系。

案例 185

劳务派遣岗位违反“三性”岗位规定，被派遣员工与用工单位是否构成劳动关系？

云南省高级人民法院（2019）云民申 2401 号

甲劳务派遣公司与乙公司有劳务派遣合作关系，甲劳务派遣公司于 2014 年 1 月与李某签订劳动合同，约定工种为派遣至乙公司的营销员，同日，李某进入乙公司工作，岗位为风格经理，后调整为支撑经理。2016 年 12 月 31 日，甲劳务派遣公司与李某解除了劳动合同。同时，丙公司经乙公司与李某联系劳动合同签订事宜。2017 年 4 月 1 日，丙公司与李某签订了劳动合同，甲劳务派遣公司认可 2017 年 1 月至 4 月李某仍系甲劳务派遣公司劳务派遣员工。李某申请劳动仲裁，主张确认自己与乙公司存在事实劳动关系等权利，未获支持。李某诉至法院。

审理结果

法院认为，用人单位、劳务派遣单位违反《劳动合同法》第 66 条第 1 款在超出“临时性、辅助性或者替代性”岗位上使用劳务派遣用工，并不导致被派遣劳动者与劳务派遣单位所签订的劳动合同无效，《劳动合同法》第 92 条第 2 款对此情形明确了相应的法律责任，可由劳动行政部门责令改正或罚款。李某主张本案用人单位违反“临时性、辅助性或者替代性”规定而导致劳务派遣协议和劳动合同无效，无法律依据。

HR 实务指南

企业在使用劳务派遣员工时，应严格遵守“三性”岗位规定，仅将被派遣员工安排在临时性、辅助性、替代性岗位，避免因违反“三性”岗位规定而被劳动行政部门处罚。

二、劳务派遣的用工比例

劳务派遣是一种补充用工形式，虽然能在促进就业，满足企业用工需求方面发挥积极作用，但是应严格控制劳务派遣的用工数量，避免劳务派遣成为企业用工的主要形式，因此，劳动法对劳务派遣用工比例进行限制。

《劳动合同法》第 66 条第 3 款规定，用工单位应当严格控制劳务派遣用工数量，不得超过其用工总量的一定比例，具体比例由国务院劳动行政部门规定。

《劳务派遣暂行规定》第 4 条规定，用工单位应当严格控制劳务派遣用工数量，使用的被派遣劳动者数量不得超过其用工总量的 10%。用工总量是指用工单位签订劳动合同人数与使用的被派遣劳动者人数之和。计算劳务派遣用工比例的用工单位是指依照《劳动合同法》及《劳动合同法实施条例》可以与劳动者签订劳动合同的用人单位。

根据上述规定，可以从以下几点进行理解把握：

（1）如何理解用工单位。

这里所说的用工单位，指的是一个独立的用工主体。独立用工主体与公司法上的法人有所不同，一个独立的用工主体可能是一家企业，也可能是一家企业的其中一个分支机构，而法人是一个具有民事权利能力和民事行为能力，依法独立享有民事权利和承担民事义务的组织。

《劳动合同法实施条例》第 4 条规定，《劳动合同法》规定的用人单位设立的分支机构，依法取得营业执照或者登记证书的，可以作为用人单位与劳动者签订劳动合同；未依法取得营业执照或者登记证书的，受用人单位委托可以与劳动者签订劳动合同。

例 1：甲公司是一个没有分支机构的公司，是一个独立的用工主体，在计算劳务派遣用工比例时，按不超过甲公司用工总量的 10% 进行确定。

例 2：乙公司是一个有多个分支机构的公司，在确定乙公司分支机构是否属于独立用工主体时，则看分支机构是否已取得了营业执照或者登记证书。若已取得，则可以与员工签订劳动合同，无须总公司授权，在这种情况下，分支机构就是一个独立的用工主体，计算方法为“派遣用工比例 = 派遣用工 ÷ 该分支机构用工总量”。若未取得，则看分支机构是否经过总公司授权有独立的用工权。若已授权，则分支机构是一个独立的用工主体，计算方法同上；若未授权，则总公司和分支机构一起作为一个用工单位，计算方法为“派遣用工比例 =（总公司派遣用工 + 分支机构派遣用工）÷（总公司用工总量 + 分支机构用工总量）”。

（2）如何理解计算公式。

根据劳动法相关规定，可以得出以下公式：

劳务派遣员工 ÷（劳务派遣员工 + 直接签订劳动合同的员工）≤ 10%

劳务派遣员工是指用工单位的被派遣员工总量，包括“三性”岗位用工，也包括违反“三性”岗位规定而派遣的非“三性”岗位用工。直接签订劳动合同的员工是指用工单位直接招用并签订劳动合同的员工总量。不超过 10% 是指小于等于 10%。

（3）如何理解计算周期。

劳动法只规定了劳务派遣用工比例，没有规定用工比例的计算周期。在实务中存在两种理解：一种是任何一个时间点上劳务派遣用工比例不得超过 10%，另一种是在一个周期内（如一个自然年度内）劳务派遣用工比例平均不得超过 10%。

本书倾向于第一种理解，即任何一个时间点上劳务派遣用工比例不得超过 10%。

那么，如果用工单位违反上述劳务派遣用工比例规定，使用劳务派遣用工超过 10%，会有什么法律后果？与前述违反“三性”岗位规定一样，依照《劳动合同法》第 92 条第 2 款承担行政责任。如果企业是上市公司或者准备上市，在使用劳务派遣用工时，则需特别注意不可违反法律规定。

案例 186

劳务派遣用工超过用工总量 10%，用工单位被举报违法

辽宁省高级人民法院（2020）辽行申 109 号

赵某与甲人力资源服务有限公司签订有劳动合同，并于 2016 年 11 月 15 日至 12 月 15 日被派遣到乙公司从事包装工作。2018 年 6 月 19 日，赵某向当地的市人力资源和社会保障局举报乙公司违反劳务派遣员工不能超过 10% 的规定。市人力资源和社会保障局受理举报后，通知乙公司到该局说明情况，乙公司向市人力资源和社会保障局提交了劳务派遣用工的相关材料，市人力资源和社会保障局认为乙公司存在违反《劳务派遣暂行规定》第 4 条第 1 款派遣员工不得超过用工总量 10% 的规定的情况，故口头责令乙公司整改。后乙公司向市人力资源和社会保障局提供了解除劳动关系证明书，市人力资源和社会保障局执法中心认为乙公司已整改到位。赵某不服，遂向省人力资源和社会保障厅申请行政复议，复议机关作出了予以维持决定，赵某仍不服，诉至法院。

审理结果

辽宁省高级人民法院认为，乙公司存在被派遣劳动者数量超过用工总量 10% 的情况，人力资源和社会保障局责令乙公司进行整改，并依法对乙公司整改后的相关劳动关系证明书进行了审查。经审查，市人力资源和社会保障局认为乙公司已经整改到位，赵某认为证明乙公司整改到位的相关证据不是真实的，

但未能提交相关证据进行否定，法院不予支持并无不当。赵某对劳动保障监察举报告知书提出的其他异议同样缺少证据支持，省人力资源和社会保障厅经复议维持了劳动保障监察举报告知书，符合法律规定。原判并无不当，法院予以维持。

HR 实务指南

使用劳务派遣员工的企业，应严格遵守法律规定的用工比例。企业没有分支机构的，劳务派遣员工数量不得超过企业用工总量的 10%；有分支机构的，则需区分是否为独立的用工主体，并确定劳务派遣员工的比例。

三、劳务派遣的同工同酬原则

同工同酬是指技术和劳动熟练程度相同的员工在从事同种工作时，不分性别、年龄、民族、户籍等差别，只要能提供相同的劳动量，即获得相同的劳动报酬。同工同酬是劳动法的一项基本原则，是劳动法规定的工资分配应当遵循按劳分配原则，旨在消除劳动报酬分配中对性别、年龄、身份等的歧视，维护平等和公平的价值理念。因此，同工同酬原则体现着企业在用工过程中贯彻按劳分配原则，付出了同等的劳动就应得到同等劳动报酬的价值取向。

《劳动法》第 46 条第 1 款规定，工资分配应当遵循按劳分配原则，实行同工同酬。原劳动部办公厅《关于〈劳动法〉若干条文的说明》（劳办发〔1994〕289 号）第 46 条第 3 款指出，同工同酬是指用人单位对于从事相同工作，付出等量劳动且取得相同劳绩的劳动者，应支付同等的劳动报酬。

《劳动合同法》第 63 条第 1 款规定，被派遣劳动者享有与用工单位的劳动者同工同酬的权利。用工单位应当按照同工同酬原则，对被派遣劳动者与本单位同类岗位的劳动者实行相同的劳动报酬分配办法。用工单位无同类岗位劳动者的，参照用工单位所在地相同或者相近岗位劳动者的劳动报酬确定。

讨论同工同酬，需先讨论同工和同酬这两个概念。同工包括从事相同工作、提供等量劳动和取得相同业绩三个要素，同酬则包含适用相同的报酬标准和获得相同的报酬数额两个方面内容。同工是同酬的前提，同酬是同工的结果。

根据《劳动合同法》第 62 条第 1 款及《劳务派遣暂行规定》的相关规定，用工单位应从以下几个方面体现对劳务派遣员工的同工同酬原则：

（1）执行国家劳动标准，提供相应的劳动条件和劳动保护；

（2）告知被派遣劳动者的工作要求和劳动报酬，向被派遣劳动者提供与工作岗位相关的福利待遇，按照同工同酬原则确定劳动报酬数额和支付方式，包括基本工资、绩效工资、全勤奖、工龄工资及其他福利等，不得歧视被派遣劳动者；

（3）支付加班费、绩效奖金，提供与工作岗位相关的福利待遇；

（4）对在岗被派遣劳动者进行工作岗位所必需的培训；

（5）连续用工的，实行正常的工资调整机制。

案例 187

劳务派遣员工同工不同酬，能否主张公司补工资差额？

辽宁省高级人民法院（2021）辽民申 9166 号

刘某于 2016 年 1 月到甲劳务派遣公司工作，2016 年 1 月至 2017 年 10 月被甲劳务派遣公司派遣到乙公司从事设备电气检修工作，2017 年 11 月被派遣到丙公司工作，月工资均由甲劳务派遣公司按月发放到刘某的银行账户，刘某在申请劳动仲裁前未对工资数额提出异议。2019 年 3 月 4 日，刘某申请劳动仲裁，主张甲劳务派遣公司支付同工同酬差额工资 19 万余元，未获支持。刘某诉至法院。

审理结果

法院认为，工资待遇首先应当遵守按劳分配原则，在其他条件均相同的情况下，被派遣劳动者享有与用工单位的劳动者同工同酬的权利，而不应当因为身份问题受到歧视。由于被派遣劳动者在学历程度、等级资格、能力水平、熟练程度、个体差异等方面不可能完全一样，因此要求绝对的同工同酬既不公平也不现实。在对同工同酬的理解和把握上，法院认为在最低工资、劳动安全保障费用、有毒有害等特殊工作环境的津贴等方面，应当绝对保障同工同酬，而对于奖励福利、附加报酬等，应当允许用人单位依据管理制度和实际情况灵活掌握。同时，在同一个岗位工作的劳动者，无论是正常员工还是被派遣劳动者，他们的工资均由基本工资、绩效工资、工龄工资等组成，需要根据劳动者的工作效率和工作质量来确定工资。在这些因素的影响下，劳动者的工资一般不会完全相同，有时甚至有很大差别，这符合按劳分配的原则。在本案中，刘某到派遣单位工作，对于用人单位支付的工资一直未提出异议。虽然刘某称不同岗位的劳动者之间工资存在差异，相同岗位的劳动者之间工资也不尽相同，但这属于企业依照规章管理制度和实际岗位可以自主调节的工资薪酬的范围，只要不违反法律强制性规定，不能据此认定上述工资的支付存在的差异系源于身份的歧视，亦不能反映刘某所主张的同工不同酬的情形。

HR 实务指南

第一，非工作能力类的薪酬项目，应实行绝对的同工同酬。比如高温津贴、全勤奖、学历补贴、工龄工资等，这些薪酬项目往往与员工能力无关，理应做到同工同酬，不因劳务派遣而有所区别。

第二，工作能力类的薪酬项目，应做到相对同工同酬。比如基本工资、绩效工资、岗位工资等，这些薪酬项目与员工能力相关，企业可以根据员工的绩效产出、工作表现、工作效率等不同而有所区别，实行相对的同工同酬即可。

四、劳务派遣的退工规定

退工又称退回，指的是用工单位由于法定条件出现或者经三方协商一致，将被派遣员工退回劳务派遣单位。由于用工单位与被派遣员工不属于劳动关系，在被派遣员工出现严重违纪等情况下，用工单位无法解除与被派遣员工的劳动合同，因此劳动法作出了可以将被派遣员工退回劳务派遣单位的制度安排。

1. 劳务派遣退工的事由

根据《劳动合同法》第 65 条和《劳务派遣暂行规定》第 12 条，用工单位可以退工的法定事由有：

（1）被派遣员工在试用期间被用工单位证明不符合录用条件的；

（2）被派遣员工严重违反用工单位的规章制度的；

（3）被派遣员工严重失职，营私舞弊，给用工单位造成重大损害的；

（4）被派遣员工同时与其他用人单位建立劳动关系，对完成用工单位的工作任务造成严重影响的；

（5）被派遣员工同时与其他用人单位建立劳动关系，经用工单位提出，拒不改正的；

（6）被派遣员工以欺诈、胁迫的手段或者乘人之危，使对方在违背真实意思的情况下签订或者变更劳动合同，致使劳动合同无效的（不包括部分无效）；

（7）被派遣员工被依法追究刑事责任的；

（8）被派遣员工患病或者非因工负伤，在规定的医疗期满后不能从事原工作，也不能从事由用工单位另行安排的工作的；

（9）被派遣员工不能胜任工作，经过培训或者调整工作岗位，仍不能胜任工作的；

（10）劳动合同签订时所依据的客观情况发生重大变化，致使劳动合同无法履行，经用工单位与被派遣员工协商，未能就变更劳动合同内容达成协议的；

（11）用工单位依照《劳动合同法》第 41 条进行经济性裁员的；

（12）用工单位被依法宣告破产，吊销营业执照，责令关闭，撤销，决定提前解散或者经营期限届满不再继续经营的；

（13）劳务派遣协议期满终止的。

除上述情形外，经劳务派遣单位、用工单位、被派遣员工三方协商一致，用工单位也可以将被派遣员工退回劳务派遣单位。

2. 劳务派遣退工的限制

根据《劳务派遣暂行规定》第 13 条，被派遣员工有以下情形时，在派遣期限届满前，用工单位不得以客观情况发生重大变化或经济性裁员为由将被派遣员工退回劳务派遣单位，派遣期限届满的，应当延续至相应情形消失时方可退回：

（1）从事接触职业病危害作业的被派遣员工未进行离岗前职业健康检查，或者疑似职业病病人在诊断或者医学观察期间的；

（2）被派遣员工在用工单位患职业病或者因工负伤并被确认丧失或者部分丧失劳动能力的；

（3）被派遣员工患病或者非因工负伤，在规定的医疗期内的；

（4）被派遣女职工在孕期、产期、哺乳期的；

（5）被派遣员工在用工单位连续工作满 15 年，且距法定退休年龄不足 5 年的；

（6）法律、行政法规规定的其他情形。

HR 实务指南

第一，企业应严格遵守劳务派遣退工规定。企业需将被派遣员工退回劳务派遣单位的，应符合退工的法定事由，尽量减少在法定事由之外作出退工行为，避免发生纠纷。

第二，对受特殊保护的被派遣员工实行退工保护。对法律规定的受特殊保护的被派遣员工，在派遣期限届满前，企业不得以客观情况发生重大变化或经济性裁员为由将被派遣员工退回劳务派遣单位。

第三，三方协商一致的，可以退工。经企业（用工单位）、劳务派遣单位、被派遣员工三方协商一致，企业可以将被派遣员工退回劳务派遣单位，而不受前述规定的限制。

五、劳务派遣员工劳动合同的解除与终止

1. 劳动合同的解除与终止

劳务派遣劳动合同的解除，分为协商一致解除、被派遣员工单方解除和劳务派遣单位单方解除三类情形。

· 协商一致解除

根据《劳动合同法》第 65 条第 1 款，被派遣员工可以与劳务派遣单位协商一致解除劳动合同。

· 被派遣员工单方解除

根据《劳动合同法》第 65 条第 1 款和《劳务派遣暂行规定》第 14 条，被派遣员工可以依照《劳动合同法》第 37 条和第 38 条单方解除劳动合同。其中《劳动合同法》第 37 条指的是被派遣员工提前通知劳务派遣公司后可以解除劳动合同，第 38 条指的是用工单位或者劳务派遣公司违法用工而导致被派遣员工被迫解除劳

动合同。关于依照《劳动合同法》第 37 条、第 38 条解除劳动合同，本书在第四章“劳动合同解除”一节中已作具体论述，同样适用于被派遣员工，此处不再赘述。

·劳务派遣单位单方解除

根据《劳动合同法》第 65 条第 2 款和《劳务派遣暂行规定》第 15 条第 1 款，有以下情形之一时，劳务派遣单位可以单方解除劳动合同：

（1）符合上述用工单位可以退工的情形中第 1~9 种情形之一的；

（2）被派遣员工因《劳务派遣暂行规定》第 12 条规定被用工单位退回，劳务派遣单位重新派遣时维持或者提高劳动合同约定条件，被派遣员工不同意的。

在劳务派遣用工制度中，有关劳动合同的终止，与企业劳动合同用工的劳动合同终止基本相同，具体可参见本书第四章“劳动合同的终止”一节的相关内容，此处不再赘述。

2. 经济补偿金

根据《劳务派遣暂行规定》第 17 条的规定，劳务派遣单位因《劳动合同法》第 46 条或者本规定第 15 条、第 16 条规定的情形，与被派遣劳动者解除或者终止劳动合同的，应当依法向被派遣劳动者支付经济补偿。

案例 188

劳务派遣违法退工，劳务派遣单位与用工单位承担连带责任

红河哈尼族彝族自治州中级人民法院（2017）云 25 民终 804 号

杨某于 2012 年 7 月 1 日与甲劳务派遣公司签订劳动合同，随后，甲劳务派遣公司将杨某派遣至乙公司工作。2015 年 12 月，乙公司与甲劳务派遣公司的《劳务派遣协议》期限尚未届满时，乙公司将杨某退回甲劳务派遣公司，甲劳务派遣公司与杨某终止了劳动合同关系。经查，杨某在离职前的 2015 年 1 月至 11 月实际领取的月平均工资为 962.24 元。杨某申请劳动仲裁，主张甲劳务派遣公司和乙公司连带支付解除劳动合同经济补偿金等权利。双方因此成讼。

审理结果

法院认为，甲劳务派遣公司与乙公司签订了《劳务派遣协议》，约定由甲劳务派遣公司向乙公司提供劳务派遣用工服务，杨某又与甲劳务派遣公司签订了《劳动合同书》，约定由甲劳务派遣公司将杨某派往乙公司工作，三方形成了劳务派遣的用工关系，甲劳务派遣公司为用人单位，乙公司为用工单位。在本案中，乙公司在与甲劳务派遣公司签订的《劳务派遣协议》尚未届满的情况下违反法律规定将劳动者杨某退回甲劳务派遣公司，而后甲劳务派遣公司以接收不了那么多劳动者为由，在与杨某签订的《劳动合同书》仍未期满的情况下解除了与杨某的劳动合同。用工单位乙公司和用人单位甲劳务派遣公司对于杨某被违法终止劳动合同均存在过错，两公司的行为给杨某造成了损害，为了保护被派遣劳动者的合法劳动权益，甲劳务派遣公司与乙公司应对杨某的损失承担连带赔（补）偿责任。

六、劳务派遣的其他规定

除上述规定外，劳动法对劳务派遣还有一些其他有别于劳动合同用工的相关规定。主要如下：

（1）劳务派遣单位应当依法与被派遣劳动者签订2年以上的固定期限书面劳动合同。

（2）被派遣劳动者被退回后在无工作期间，劳务派遣单位应当按照不低于所在地人民政府规定的最低工资标准，向被派遣劳动者按月支付报酬。

（3）用工单位不得将被派遣劳动者再派遣到其他用人单位。

（4）劳务派遣单位跨地区派遣劳动者的，被派遣劳动者享有的劳动报酬和劳动条件，按照用工单位所在地的标准执行。

（5）用人单位不得设立劳务派遣单位向本单位或者所属单位派遣劳动者。

案例 189

劳务派遣单位是否有义务与被派遣员工签订无固定期限劳动合同?

天津市高级人民法院（2020）津民申1784号

王某于2013年4月1日与甲人力资源管理顾问公司签订劳动合同，合同期限自2013年4月1日起至2015年3月31日止，随后甲公司将王某派遣至乙医院。2015 年 3 月 1 日，王某与甲公司经协商同意变更劳动合同，约定合同固定期限变更为 4 年，自 2013 年 4 月 1 日起至 2017 年 3 月 31 日止。2017 年 3 月 25 日，双方再次变更劳动合同，载明“本人自愿将合同期限变更为自 2013 年 4 月 1 日至 2019 年 3 月 31 日”。2019 年 3 月 28 日，王某向甲公司和乙医院提出签订无固定期限劳动合同。3 月 31 日，甲公司向王某发出终止劳动合同告知函，双方劳动合同于当日终止。王某申请劳动仲裁，主张甲公司支付违法终止劳动合同赔偿金等权利，双方因此成讼。

审理结果

法院认为，考虑到劳务派遣用工的特殊性，《劳动合同法》在“特别规定”一章中对劳务派遣进行了不同于劳动合同用工的特别规定，但是在劳动合同期限上仅规定劳务派遣单位应当与被派遣劳动者订立 2 年以上的固定期限劳动合同，并无劳务派遣单位应与被派遣劳动者签订无固定期限劳动合同的强制性规定。故在本案中，在劳动合同到期后，甲公司终止劳动合同关系并无不当。

案例简评

在符合《劳动合同法》第 14 条第 2 款的前提下，劳务派遣员工是否有权要求劳务派遣单位签订无固定期限劳动合同？在司法实践中存在争议。

第一种观点认为劳务派遣员工不适用无固定期限劳动合同制度。

这一观点认为，《劳动合同法》第 66 条第 1 款规定用工单位只能在“三性”岗位使用劳务派遣员工，签订无固定期限劳动合同则是一种相对稳定的用工方式，与劳务派遣的产生背景和立法宗旨不符。《劳动合同法》第 58 条第 2 款表明劳务派遣项下签订的劳动合同应为固定期限的，除双方协商一致，否则劳务派遣员工不适用签订无固定期限劳动合同的规定。本案即持此观点。

第二种观点则认为劳务派遣员工同样适用无固定期限劳动合同制度。

这一观点认为，劳务派遣虽有自身特殊性，但仍属《劳动合同法》框架下。劳务派遣单位与劳务派遣员工是劳动关系，且《劳动合同法》第 14 条并未将劳务派遣排除在外，故对劳务派遣员工此项权利应予保护。

比如，湖北省高级人民法院（2021）鄂民申 3102 号民事裁定书认为，劳务派遣单位作为用人单位，与其他用人单位并无本质区别，劳务派遣单位与派遣员工之间劳动合同的长期性、稳定性并不影响接受派遣单位的岗位性质。劳动法相关规定通过强调签订 2 年期限以上的劳动合同，克服劳务派遣工作的临时性、短期性及变动性，防止劳务派遣短工化倾向，使派遣员工在具有稳定劳动合同保障的情况下能够通过员工培训在不同被派遣单位间实现灵活切换，从而保护被派遣劳动者的利益。因此 2 年期限系规定劳务派遣劳动合同的最短期限，而非限定该类劳动合同的最长期限及种类，故劳务派遣单位应履行包括符合条件时签订无固定期限劳动合同等法定义务。

本书赞同第二种观点。劳务派遣员工同样适用《劳动合同法》第 14 条第 2 款所规定的签订无固定期限劳动合同制度，在法定条件成就时，劳务派遣单位应当与被派遣员工签订无固定期限劳动合同。

第二节 非全日制用工

非全日制劳动是灵活就业的一种重要形式。近年来，我国非全日制劳动用工形式呈现迅速发展的趋势，特别是在餐饮、超市、社区服务等领域，使用非全日制用工形式的用人单位越来越多。非全日制用工形式，既适应企业降低人工成本，推进灵活用工的客观需要，又促进了失业人员再就业，有利于缓解劳动力市场供求失衡的矛盾，减少失业现象。

1995 年《劳动法》施行时，仅以全日制劳动关系为模式进行设计和规范，没有涉及非全日制劳动关系。2008 年《劳动合同法》施行，把非全日制用工纳入《劳动合同法》的调整范围，以专节对非全日制用工作出了制度安排，有利于完善我国的劳动合同制度，切实维护非全日制劳动者的合法权益。

一、非全日制用工的工作时间制度

根据《劳动合同法》第 68 条的规定，非全日制用工，是指以小时计酬为主，劳动者在同一用人单位一般平均每日工作时间不超过 4 小时，每周工作时间累计不超过 24 小时的用工形式。

较之原劳动和社会保障部于 2003 年发布实施的《关于非全日制用工若干问题的意见》（劳社部发〔2003〕12 号）第 1 条第 1 款所规定的“平均每日工作时间不超过 5 小时累计每周工作时间不超过 30 小时”，《劳动合同法》缩短了非全日制用工劳动者在同一家用人单位的平均每日工作时间和累计每周工作时间，更好地保护了非全日制用工劳动者的合法权益。

由于《劳动合同法》比《关于非全日制用工若干问题的意见》的法律效力高，因此自 2008 年 1 月 1 日以后，关于非全日制用工的工作时间的界定应当以劳动合同法的规定为准。

根据上述规定，对非全日制用工的工作时间可以从以下两点进行理解：

（1）以小时计酬为主，并不排除计件制。

非全日制用工能否以按计件来计发工资，在实务中一直有争议。事实上，劳动法只规定了“以小时计酬为主”，这里用了“为主”，有“主”自然就有“辅”，照此文意，既可以理解为以日、周计酬为辅，也可以理解为以计件计酬为辅。因此本书认为，劳动法并没有排除非全日制用工以计件计酬，在计酬时既可以计时，也可以计件。当然，由于计件计酬容易发生争议，且不好计算，本书只是认为可以以计件计酬，但不鼓励以计件计酬。

（2）工作时间每日不超过 4 小时，每周不超过 24 小时。

关于工作时间的法条表述是“一般平均每日工作时间不超过 4 小时，每周工作时间累计不超过 24 小时”，这里有两个关键词需要引起注意，一个是“一般”，另一个是“平均”。

什么是“一般”？《现代汉语词典》（第 7 版）的解释是“普通，通常”，指的是通常情况下每日工作时间不超过 4 小时。那要是超过了呢，怎么办？有三种处理方式：

①平均不超。某日超过 4 小时是可以的，因为“一般”后面还有“平均”，“平均”不强调每天必须不超过 4 小时，而是强调每周的工作时间总量不超过 24 小时。比如员工今天工作了 6 小时，明天工作 2 小时，或者明天工作 3 小时，后天工作 3 小时，如此则符合“平均”要件。

②少量超。可以每日都超过 4 小时，但只是少量超过，比如每日工作 5 小时，一周工作 5 日，每周累计工作时间为 25 小时，通常也认为属于非全日制，企业只需按实际工作时间计酬即可。

③大量超。每日大量超过 4 小时，且每周累计工作时间也大量超过 24 小时的，在这种情况下，通常会被认定为全日制用工。在实务中这种现象较为常见，最典型的就是以非全日制用工之名行全日制用工之实，双方签订非全日制用工的劳动合同，然后每天安排员工工作 8 小时，每周 5 天，这是不能认定为非全日制用工的，应认定为全日制用工，企业需承担全日制用工的法律责任。

例 1：张三是甲公司实行非全日制用工的员工，甲公司安排张三每日工作 5 小时，每周工作 6 天，每周累计工作时间为 30 小时。虽然张三的工作时间超过了非全日制用工的法定工作时间，但由于少量超过，通常认为仍属非全日制用工，甲公司只需按张三的实际工作时间计酬即可。

例 2：甲公司安排张三每日工作 7 小时，每周工作 5 天，每周累计工作时间为 35 小时。如果只是偶尔一周如此，其他周的工作时间仍在法定范围内，则通常仍按非全日制用工进行认定；如果每周工作时间都如此，即每周都工作 5 天，每天 7 小时，则属于大量超过非全日制用工的法定工作时间，本质上更接近全日制用工，通常会认定为全日制用工。

例 3：甲公司安排张三每日工作 10 小时，每周工作 6 天，毋庸置疑，这是全日制用工，不仅如此，对超过全日制用工正常工作时间的部分，甲公司需向张三支付加班费。

案例 190

每周上班 6 天，每天 11 小时，属于非全日制用工吗？

北京市第三中级人民法院（2022）京 03 民终 1016 号

杨某于 2011 年入职甲温泉商务会馆公司，双方先后签订了 3 份非全日制劳动合同，最后一份合同期限至 2020 年 1 月 15 日。杨某的工作时间为每天 13:00~24:00，每周休息一天但需要向公司申请。杨某月工资不固定，无底薪，全部为提成工资，甲公司未为杨某缴纳社会保险费。合同到期后，甲公司要求与杨某签订劳务合同，杨某提出签订无固定期限劳动合同，双方协商未果。2021 年 3 月，杨某以甲公司未为自己缴纳社会保险费为由提出辞职。杨某申请劳动仲裁，仲裁委裁决甲公司向杨某支付解除劳动关系经济补偿金、未签订无固定期限劳动合同 2 倍工资差额、未休年休假工资等共计 67,000 余元。甲公司诉至法院，甲公司称，杨某自入职以来双方一直签订非全日制劳动合同，非全日制用工双方当事人任何一方都可以随时通知对方终止用工，用人单位不应向劳动者支付经济补偿。

审理结果

法院认为，双方在仲裁期间以及本案庭审中对于用工形式的陈述及杨某提交的证据显示，杨某日工作时长 11 小时，每周工作至少 6 天，甲公司按月支付工资，双方实际用工形式不符合法律规定的非全日制用工形式，故法院采信杨某关于双方为全日制用工形式的主张。法院最终判决甲公司向杨某支付被迫解除劳动合同经济补偿金、未签订无固定期劳动合同 2 倍工资差额等 64,000 余元。

HR 实务指南

劳动法对非全日制用工的工作时间有明确规定，企业在进行非全日制用工时，应严格遵守法律规定，即平均每日工作时间不超过 4 小时，每周工作时间累计不超过 24 小时，避免因用工时间过长而被认定为全日制用工，更不得以非全日制用工之名行全日制用工之实，这是劳动法不允许的。

二、非全日制用工的劳动合同制度

相对全日制用工制度而言，非全日制用工的劳动合同制度有其特殊性，主要体现在以下几个方面：

1. 可以订立口头合同

根据劳动法相关规定，全日制用工的，双方必须签订书面劳动合同，否则企业需承担未签订劳动合同的 2 倍工资，而非全日制用工则不强调必须签订书面劳动合同，订立口头合同也是可以的。

就企业用工风险防范而言，本书认为，企业对非全日制用工的员工，也应签订书面劳动合同，主要是为防止发生争议时双方产生分歧。对于企业而言，签订书面合同并不会增加用工成本，反而能降低用工风险，减少劳动争议的发生。

2. 员工可以与多个企业订立劳动合同

这是关于多重劳动关系的规定，从事非全日制用工的员工可以与多家单位建立劳动关系。根据《劳动合同法》第 69 条第 2 款，从事非全日制用工的劳动者可以与一个或者一个以上用人单位订立劳动合同；但是，后订立的劳动合同不得影响先订立的劳动合同的履行。

事实上，劳动法对全日制用工也没有禁止双重劳动关系，两者相比，存在以下区别：

- **建立劳动关系的重数不同**

根据《劳动合同法》第 39 条第 4 项，通常认为全日制用工最多只能建立两重劳动关系，即一个主职（全日制用工）一个兼职（非全日制用工），而不可与三个以上用人单位建立劳动关系。非全日制用工则通常认为可以建立三重以上的劳动关系。

· 企业对员工多重劳动关系的可干涉程度不同

虽然劳动法对全日制用工没有禁止双重劳动关系，但是赋予了企业较大的干涉权，从事全日制用工的员工如果建立第二重劳动关系，对完成本企业的工作任务造成严重影响或者经本企业提出后拒不改正，企业可以解雇该员工。非全日制用工则只强调后订立的劳动合同不得影响先订立的劳动合同的履行，双方当事人均可随时终止用工且企业无须支付经济补偿，因此没有对解除劳动合同限制得很严格。

案例 191

对于是否属于非全日制用工，由谁来承担举证责任？

北京市第二中级人民法院（2017）京 02 民终 9270 号

庞某于 2016 年 4 月 7 日入职甲公司担任销售部业务员，双方未签订书面劳动合同，工作期间由庞某个人自行缴纳养老保险费，庞某在该公司实际工作到 2016 年 12 月初。随后，庞某申请劳动仲裁，主张甲公司支付未签订劳动合同的 2 倍工资差额 55,210 元，获支持。甲公司诉至法院。甲公司诉称，庞某是在看到甲公司在网上发布的招聘非全日制工作人员的招聘信息后应聘并入职的，公司在面试时已经明确告知了庞某临时用工条件，庞某也明确表示同意，据此，甲公司与庞某之间属于非全日制劳动关系，双方之间可以订立口头协议，公司无须向庞某支付未签订劳动合同的 2 倍工资差额。庞某辩称，自己在甲公司工作期间每天工作 8 小时，每周一至周六工作，工资支付周期为自然月，双方为全日制劳动关系。

审理结果

法院认为，甲公司主张庞某为非全日制工作人员，每天工作 4 小时，庞某称自己系全日制工作，每天工作 8 小时，双方对此各执一词。庞某就自己的主张提交了考勤表照片、谈话录音及书面整理材料予以证明，甲公司虽对上述证据不予认可，但仅提交了单方制作的计时表作为证据，该证据上无庞某签字确认，庞某亦表示不予认可。同时，甲公司未能就所称招聘条件明确为非全日制工作人员提供任何证据，在此情形下，甲公司作为用人单位应当对双方之间的用工性质承担主要举证责任。综合双方举证情况，并结合甲公司以月为周期向庞某发放工资的事实，法院认为甲公司应承担举证不能的法律后果，认定双方属于全日制劳动关系。

HR 实务指南

第一，企业应与非全日制用工人员签订书面劳动合同。虽然劳动法没有规定企业必须与非全日制用工人员签订书面劳动合同，但为了明确双方的权利义务，减少纠纷发生，本书建议企业应签订书面劳动合同。

第二，非全日制用工人员可以建立多个劳动关系，企业无权制止。非全日制用工人员本来就是兼职，劳动法没有赋予企业制止非全日制用工人员建立多重劳动关系的权利，但是非全日制用工人员后签订的劳动合同不得影响先签订的劳动合同的履行。

三、非全日制用工的工资制度

劳动法规定了非全日制用工的特殊工资制度，企业在使用非全日制员工时，应注意与全日制员工进行区分，并严格遵守相关工资制度。非全日制用工工资制度的特殊性主要表现在以下几个方面：

1. 工资形式以小时计酬为主

非全日制用工的计酬方式灵活多样，劳动法规定以小时计酬为主，但不局限于以小时计酬，还可以以日、周为单位计酬。鉴于非全日制用工具有临时性与工作时间短等特点，无论是按日计酬还是按周或者按月计酬，都存在一些客观障碍，容易产生纠纷，因此劳动法规定以小时计酬为主。

2. 不得低于小时最低工资标准

《劳动合同法》第 72 条第 1 款规定，非全日制用工小时计酬标准不得低于用人单位所在地人民政府规定的最低小时工资标准。《最低工资规定》第5条规定，最低工资标准一般采取月最低工资标准和小时最低工资标准的形式。月最低工资标准适用于全日制就业劳动者，小时最低工资标准适用于非全日制就业劳动者。

以深圳为例。深圳市人力资源和社会保障局于2021年11月22日发布的《关于调整本市最低工资标准的通知》（深人社规〔2021〕8号）指出，自2022年1月1日起，本市全日制就业劳动者月最低工资标准为2360元/月，非全日制就业劳动者小时最低工资标准为22.2元/小时。

通常情况下，非全日制用工的小时最低工资标准要比全日制用工折算后的小时最低工资标准要高。以深圳为例，全日制用工折算后的小时最低工资为2360元 ÷21.75天 ÷8小时/天=13.56元/小时，非全日制用工的小时最低工资22.2元/小时高于此数。

3. 工资支付周期最长不得超过15日

根据《劳动合同法》第72条第2款，非全日制用工劳动报酬结算支付周期最长不得超过15日。

案例192

工资支付周期超过15日，还能认定为非全日制用工吗?

北京市第二中级人民法院（2023）京02民终10712号

甲公司分别于2012年4月、2015年4月与吝某签订非全日制用工合同，约定吝某工作时间为每天4小时，劳动报酬为每小时18.7元。2017年7月1日，双方签订全日制用工合同，约定对吝某执行综合工时制度，月基本工资1890元。2022年6月，吝某以甲公司未足额支付劳动报酬等为由提出解除劳动合同。其间，2012年1月至2014年3月每月中旬有一笔“工资”进入吝某账户，2014年4月至2017年7月每月有两笔“工资”进入吝某账户，2017年8月至2022年6月每月有一笔“工资”进入吝某账户，甲公司认可该事实真实性。随后，吝某申请劳动仲裁，主张确认甲公司与其在2010年3月至2022年6月存在全日制劳动关系，甲公司应向其支付解除劳动合同经济补偿金及应休未休年休假工资等。

审理结果

法院认为，第一，根据银行流水反映的甲公司劳动报酬结算支付周期可知，在 2012 年 1 月至 2014 年 3 月甲公司每月仅支付 1 次工资，与支付周期不超过 15 日的规定不符；第二，在 2014 年 4 月至 2017 年 7 月，甲公司于每月中旬分两次支付上个自然月工资，仅说明甲公司在每月相近的两天内将上月工资拆分成两笔分别支付，与法律所要求的“结算支付周期最长不得超过十五日”的要求不符；第三，根据双方签订的劳动合同，双方在 2017 年 7 月 1 日至 2022 年 6 月 28 日存在全日制劳动关系。综上，法院根据实际用工特征，认定双方在 2010 年 3 月 1 日至 2017 年 6 月 30 日存在全日制劳动关系。

在实务中，有不少 HR 对非全日制用工有误解，认为只要企业与员工签订了非全日制用工合同，就能按照非全日制用工来认定双方的用工关系，从而达到“规避”全日制用工的法律责任（不用缴纳社会保险和住房公积金，可以随时终止用工且无须支付经济补偿金等）的目的。

然而事实并非如此。为了防止企业以非全日制用工之名行全日制用工之实，裁审机构在审查是否属于非全日制用工时，往往不只审查双方签订的合同，还会审查员工的工作时间是否符合法律规定，工资支付周期是否超过 15 日等实质要件，不符合非全日制用工规定的，则难以认定为非全日制用工。本案即是如此。

那么，是否只要按月发放工资，就一定不属于非全日制用工？非也。裁审机构在审查是否为非全日制用工时，主要是根据用工性质和工作时间综合判断，如果员工的实际工作时间在非全日制用工的法定范围内，那么即使是按月发放工资，通常也会认为仍属于非全日制用工。

比如，金华市中级人民法院（2015）浙金民终字第 1983 号民事判决书认为，非全日制用工的认定，主要系基于用工性质和工作时间。周某的工作虽系非全日制用工，但工作本身较为稳定，且每日、每月的工作时间基本固定，按月发放工资符合惯例且双方均未就工资发放周期问题提出异议，故并不能因为按月发放工资而认定系全日制用工。向劳动行政部门备案系用人单位录用劳动者从事非全日制工作的后续问题，不属于认定属于非全日制用工的前提条件。社保费用由谁缴纳与认定用工性质并无直接关联。

四、非全日制用工的其他特别规定

1. 双方均可随时终止用工

非全日制用工双方当事人任何一方都可以随时通知对方终止用工。这里所说的终止用工，既包括劳动合同届满而导致的终止，也包括劳动合同没有届满而解除劳动合同的情形。

2. 企业终止用工无须支付经济补偿金

非全日制用工双方均可随时通知对方终止用工，无论哪一方先提出终止，企业均无须向员工支付经济补偿金。

3. 不得约定试用期

由于非全日制用工的特殊性，为了更好地保护劳动者合法权益，劳动法明确禁止非全日制用工约定试用期。根据《劳动合同法》第 70 条的规定，非全日制用工双方当事人不得约定试用期。

4. 可以不参加社会保险，但工伤保险除外

在参加社会保险方面，对从事非全日制用工的员工，企业可以不为该员工参加基本养老保险、基本医疗保险、生育保险、失业保险，但必须参加工伤保险。

《社会保险法》第 10 条第 2 款、第 23 条第 2 款规定，未在用人单位参加基本养老保险和基本医疗保险的非全日制从业人员可以参加基本养老保险和职工医疗保险，由个人缴纳保险费用。原劳动和社会保障部《关于非全日制用工若干问题的意见》第 11~13 条指出，从事非全日制工作的劳动者应当参加基本养老保险，原则上参照个体工商户的参保办法执行，并可以以个人身份参加基本医疗保险；用人单位应当为非全日制劳动者缴纳工伤保险费。《实施〈中华人民共和国社会保险法〉若干规定》第 9 条规定，职工（包括非全日制从业人员）在两个或者两个以上用人单位同时就业的，各用人单位应当分别为职工缴纳工伤保险费。职工发生工伤，由职工受到伤害时工作的单位依法承担工伤保险责任。

5. 非全日制用工一般没有加班费

关于非全日制用工超过法律规定的工作时间企业是否需支付加班费，国家层

级的劳动法并没有明确规定。主流观点认为，非全日制用工没有加班费，但员工在法定节假日上班的，企业仍需支付加班费。本书亦持此观点。

通常认为，从事非全日制用工的员工，如果工作时间少量超过或者偶尔超过法定的工作时间，则一般只需按照实际工作的工时数进行计酬即可；如果大量超过法定的工作时间，则一般会被认定为全日制用工，企业应当承担全日制用工的法律责任。

部分地区则明确规定了非全日制用工不计付加班费。摘录如下：

《天津市工资支付规定》（津劳局〔2003〕440 号）第 21 条：实行日薪制和非全日制用工小时工资制的劳动者，若周六、周日提供了劳动，视为正常工作，不享受加班工资待遇。若在法定休假日提供了劳动，则用人单位应按规定支付加班工资。

《北京市工资支付规定》（2007 年修改）第 18 条第 2 款：用人单位招用非全日制工作的劳动者，可以不执行本规定第 14 条的规定，但用人单位安排其在法定休假日工作的，其小时工资不得低于本市规定的非全日制从业人员法定休假日小时最低工资标准。

《湖北省高级人民法院民事审判工作座谈会会议纪要》（2013 年 9 月 1 日）第 24 条：考虑到非全日制用工和不定时工作制的特殊性，原则上非全日制用工和不定时工作制不宜认定存在加班费，但双方当事人在劳动合同中对支付加班费有约定的，依照当事人的约定处理。

案例 193

非全日制员工超时上班，企业是否需支付加班费？

广西壮族自治区桂林市中级人民法院（2017）桂 03 民终 284 号

2014 年 5 月 1 日，甲公司与黄某签订非全日制用工合同，约定黄某从事保安工作，每日工作不超过 4 小时，每周累计不超过 24 小时，工作时间为轮班性质，即一天上午班（8 时至 12 时），一天下午班（12 时至 18 时），半月薪酬为 600 元，甲公司未为黄某参加社会保险。2015 年 12 月，双方因加班费等争议成讼，黄某主张甲公司支付加班工资 15,460 元（其中法定节假日加班工资 1650 元、休息日加班工资 10,000 元、超时加班工资 3810 元）。经法院查明，2014 年 12 月

15 日至 2015 年 4 月 30 日日历天数为 137 天（19 周零 4 天），其中法定节假日 7 天（含壮族三月三放假 2 天），春节 3 天假期已休，黄某每 2 天工作时间为 10 小时。

审理结果

法院认为，第一，关于法定节假日加班工资 1650 元，2014 年 12 月 15 日至 2015 年 4 月 30 日法定节假日 7 天（含壮族三月三放假 2 天），黄某春节 3 天假期已休，因黄某每 2 天工作时间为 10 小时，故黄某的法定节假日加班工资应为（7 天 −3 天）×10 小时 /2 天 ×10 元 / 小时 ×3 = 600 元；第二，关于休息日加班工资 10,000 元，2014 年 12 月 15 日至 2015 年 4 月 30 日为 19 周零 4 天，故黄某的休息日加班工资为 19×2 天 ×10 小时 /2 天 ×10 元 / 小时 ×2 = 3800 元；第三，关于延时加班工资 3810 元，2014 年 12 月 15 日至 2015 年 4 月 30 日日历天数为 137 天，故黄某的延时加班工资应为 [（137 天 −7 天节假日 −38 天休息日）×10 小时 /2 天 −（137 天 −7 天节假日 −38 天休息日）×4 小时 / 天]×10 元 / 小时 ×1.5 = 1380 元。

案例简评

本案的裁判观点与本书观点有所不同，本案不但支持了从事非全日制用工的员工在法定节假日上班的加班费，还支持了平时延长工作时间和在休息日上班的加班费，计算公式采用全日制用工的“1.5 倍、2 倍、3 倍”规则，对于超过双方约定的工作时间的部分，按加班处理。

通常情况下，非全日制用工的员工如果工作时间远远超出非全日制用工的法定工作时间，一般会主张确认属于全日制用工；员工没有主张确认的，裁审机构一般按双方约定的小时工资乘以员工实际工作的工时数进行计算，对超出约定工作时间的部分，不会采用“1.5 倍、2 倍、3 倍”来计算加班费。

本案的裁判观点，也正说明了司法实践对于非全日制用工是否计算加班费的问题，仍存在不同理解。

HR 实务指南

劳动法对非全日制用工制度进行了与全日制用工有所不同的诸多特别规定，主要规定在《劳动合同法》第 68~72 条，使用非全日制用工制度的企业，对前述法律规定应予充分了解掌握。

第三节 在校学生实习

在校学生一般是指高等学校招收的专科本科生和研究生，也包括中等专业学校、技工学校、职业学校等中等职业学校学生。学校为了使本校学生对所学专业的理论知识学以致用，理论与实践相结合，同时也为了使学生毕业后能够更为顺利地就业，往往会安排在校学生到企业去实习，学校、企业、学生会签订三方协议，实习期限通常两个月到一年不等。

就企业用工而言，在校学生实习是一种辅助的用工形式，尤其是在大中型企业，每年大批量引入在校学生入企实习，几乎是一项常态的用工模式。由于在校学生实习处于劳动关系与非劳动关系之间，许多 HR 对在校学生实习存在认识不足的问题，本节将对在校学生实习相关知识进行介绍和讨论。

一、在校学生实习的分类

1. 勤工俭学

勤工俭学是指学校组织的或学生个人从事的在课余时间参加劳动，且获得一定报酬的活动。狭义的勤工俭学指的是学校组织在校学生利用课余时间所进行的勤工俭学活动，广义的勤工俭学既包括学校组织的，也包括学生个人利用课余时间所从事的兼职活动。本节仅讨论狭义的勤工俭学，对学生未在学校组织下个人所从事的兼职活动，不作讨论。

参加勤工俭学的在校学生，有可能是因为家庭比较困难，利用课余时间赚点生活费，也有可能是为了多积累社会实践经验，增长见识，以便毕业后更好地融入社会，顺利就业。

教育部、财政部 2018 年联合发布的《高等学校学生勤工助学管理办法》（2018 年修订）（教财〔2018〕12 号）第 4~6 条指出，勤工助学活动是指学生在学校的组织下利用课余时间，通过劳动取得合法报酬，用于改善学习和生活条件的实践活动。勤工助学是学校学生资助工作的重要组成部分，是提高学生综合素质和资助家庭经济困难学生的有效途径，是实现全程育人、全方位育人的有效平台。勤工助学活动应坚持"立足校园、服务社会"的宗旨，按照学有余力、自愿申请、信息公开、扶困优先、竞争上岗、遵纪守法的原则，由学校在不影响正常教学秩序和学生正常学习的前提下有组织地开展。勤工助学活动由学校统一组织和管理。

2. 职业学校学生实习

教育部等八部门2021年发布的《职业学校学生实习管理规定》（教职成〔2021〕4号）第2条前3款指出，职业学校学生实习，是指实施全日制学历教育的中职学校、高职专科学校、高职本科学校学生按照专业培养目标要求和人才培养方案安排，由职业学校安排或者经职业学校批准自行到企（事）业等单位进行职业道德和技术技能培养的实践性教育教学活动，包括认识实习和岗位实习。认识实习指学生由职业学校组织到实习单位参观、观摩和体验，形成对实习单位和相关岗位的初步认识的活动。岗位实习指具备一定实践岗位工作能力的学生，在专业人员指导下，辅助或相对独立参与实际工作的活动。第3条指出，职业学校组织学生实习的本质是教学活动，是实践教学的重要环节。组织开展学生实习应坚持立德树人、德技并修，遵循学生成长规律和职业能力形成规律，理论与实践相结合，提升学生技能水平，锤炼学生意志品质，服务学生全面发展。同时，应纳入人才培养方案，科学组织，依法依规实施，切实保护学生合法权益，促进学生高质量就业创业。

职业学校学生实习，既可以与企业签订三方协议，把学生送至企业进行实习，也可以在建在校内或园区的生产性实训基地、厂中校、校中厂、虚拟仿真实训基地等实习。

3. 就业前实习

顾名思义，就业前实习是指在校学生在临近毕业，尚未取得毕业证书的一定期间内，由学校组织安排到企业进行实习的一种实习活动。以本科生为例，一般是在进入大四以后入企实习，一边实习一边完成毕业论文或者毕业设计，时间为3个月到1年不等。

就业前入企实习在现实中非常普遍。学生临近毕业，已经基本完成了专业理论的学习，毕业前以就业为目的，由学校组织进入企业实习。就业前入企实习一般需由学校、企业、学生签订三方协议，约定三方的相关权利义务以及实习期限。

实习期满后，三方协议终止，若学生愿意留下继续工作，则企业与毕业生建立劳动关系，签订劳动合同，实行正常用工，学校不再干预毕业生的就业选择。

就业前实习与勤工俭学和职业学校学生实习有所不同。勤工俭学和职业学校学生实习一般时间较短，可能是 1 周，也可能是 2 个月，并且可能发生在学生在读期间的任何阶段；就业前实习则一般时间较长，短则 3 个月长则 1 年，且一般仅发生在临近毕业的最后一年。

就业前实习和执业前实习也不一样。执业前实习又称职业实习，一般是指实习人员与用人单位建立劳动关系，根据法律法规的要求在用人单位通过实践进行一定的专业训练。例如，《律师执业管理办法》第 6 条第 1 款第 1 项规定，申请律师执业的必备条件之一是在律师事务所实习满 1 年。又如，《专利代理条例》第 11 条规定，专利代理师执业应当取得专利代理师资格证，在专利代理机构实习满 1 年，并在一家专利代理机构从业。可见，律师、专利代理师等职业，在执业之前需要先进行职业实习，职业实习的前提是与用人单位建立劳动关系。就业前实习则是针对未毕业的在校学生，就业前实习不以建立劳动关系为前提。

案例 194

在校大学生入企实习并签订就业协议，法院判不属于劳动关系

甘肃省天水市中级人民法院（2015）天民三终字第 44 号

董某是甲大学尚未毕业的大学生，2013 年 12 月董某持学校推荐函到乙公司应聘，推荐函载明，“董某系甲大学 2010 级学生，学校将于 2014 年 7 月统一进行派遣、档案移转等业务，如贵单位录用该生，请将签订的就业协议尽快寄我院就业指导中心，以便办理相关手续”。12 月 16 日，董某通过面试入职乙公司从事行政部经理助理工作，每月工资 800 元，双方未签订劳动合同。2014 年 4 月 5 日，董某将学校发放的《全国普通高等学校本专科毕业生就业协议书》交给乙公司，乙公司在该协议书上填写“同意推荐”并盖章。后董某因请假时间太长被乙公司辞退。董某申请劳动仲裁，主张乙公司支付未签订劳动合同的 2 倍工资差额、违法解除劳动关系经济补偿等权利。

审理结果

法院认为，根据《高等教育法》第 56 条第 1 款，高等学校的学生在课余时间可以参加社会服务和勤工助学活动，但不得影响学业任务的完成，同时根据《关于贯彻执行〈中华人民共和国劳动法〉若干问题的意见》第 12 条的规定可以看出，高等学校的在校学生可以利用课余时间参加社会服务和勤工助学活动。这种社会服务或勤工助学活动强调的是要利用课余时间，并不得影响学业，而且上述法律和意见并没有许可即将毕业的大学生提前就业。高校在校大学生完全离开学校，在异地工作的行为，不仅扰乱了全日制大学本科学生的相关学制管理规定，还会给在读学生的思想造成混乱，同时会给学校管理形成负面影响，甚至影响到学生的毕业素质，因此，法院认为这样的行为不能予以支持。法院最终判决董某与乙公司不构成劳动关系。

二、在校学生实习的用工关系认定

在校学生实习的用工关系认定一直是个有争议的话题，也是众多 HR 在劳动关系管理过程中“踩坑”最多的地方之一。企业招用未毕业的在校生实习，在用工关系上通常有劳务关系和劳动关系两种，我国法律没有对在校生成为劳动关系主体进行禁止性规定。

通常情况下，学生的本职是学习，在校生并不具备劳动法意义上的劳动者主体资格，在校生入企实习不属于企业一般用工，因此双方的用工关系不按劳动关系认定，企业无须承担劳动法意义上的用工责任。但也不是绝对，如果双方符合原劳动和社会保障部《关于确立劳动关系有关事项的通知》（劳社部发〔2005〕12 号）第 1 条所规定的劳动关系的“三要素”，也会认定为存在劳动关系。

到底是认定为劳务关系还是劳动关系，通常综合以下几个方面进行判断：

（1）实习生是否由学校组织安排入企实习。

这是判断是否成立劳动关系的重要要件之一，在校学生如果是受学校组织安排进入企业实习，学校、企业、学生签订了三方协议，通常难以认定为劳动关系。

（2）实习生实习时是否已年满 18 周岁。

根据我国法律相关规定，年满 18 周岁的公民是完全民事行为能力人，是劳动法意义上的劳动者适格主体；16 周岁以上的未成年人，以自己的劳动收入为主要生活来源的，视为完全民事行为能力人，也属于劳动者适格主体。裁审机构在审查实习生用工关系时，实习生是否年满 18 周岁即是否属于劳动者适格主体，是其中的考量因素之一。

（3）实习生实习期间所提供的劳动是否属于用人单位的业务组成部分。

所谓提供劳动，指的是在校生不是纯粹地进行社会实践，而是被企业直接用工，这种情况通常会被认定为劳动关系。在实务中这种现象也很常见，企业以员工实习之名行一般用工之实，以逃避劳动法责任。

（4）实习生对企业的人身依附性是否强烈。

在企业正常用工过程中，员工往往对企业具有强烈的人身依附性，双方是管理与被管理的关系。实习生也一样，如果实习生人身依附性强烈，需要像企业的员工一样遵守规章制度和劳动纪律，接受企业安排的工作任务等，则双方之间更容易被认定为劳动关系。

（5）实习生是否按时按额领取工资。

应考量实习生是否像企业员工一样，每月领取相当数额的工资，有迟到、早退、请假的，根据规章制度扣除工资。

除上述几点外，企业是否为实习生参加了社会保险，实习生是否接受用人单位的其他工作安排，是否享受与企业员工一样的福利待遇等，也是认定双方用工关系的考量因素。

比如，北京市第一中级人民法院（2016）京 01 民终 7344 号民事判决书认为，肖某入职甲公司时，该公司要求肖某提交个人资料，填写入职登记表，为肖某建立员工档案，发放工牌，开通公司邮箱 /QQ 群，可以证明肖某入职甲公司办理了正式的入职手续；甲公司按月对肖某进行考勤管理，按同定周期及固定数额向肖某支付劳动报酬并且为肖某缴纳社会保险的行为均显示双方之间具有密切的人身隶属关系。此外，该公司对肖某出具的工资收入证明及解雇通知书亦明确载明肖某系该公司员工。因此，法院依法确认双方之间系劳动关系。

概言之，认定实习生与用人单位属于劳务关系还是劳动关系，需要根据查明的事实进行综合判断。需要注意的是，裁审机构认定用工关系，并不只是审查形式，还会审查实质。比如，双方是否签订了劳动合同属于形式要件，而劳动关系“三要素”则是实质要件，即使没有签订劳动合同，或者签订的是没有冠以劳动合同之名的其他协议，也不影响裁审机构对用工实质的审查与判断。

以下为关于在校学生实习用工关系的相关规定。

原劳动部《关于贯彻执行〈中华人民共和国劳动法〉若干问题的意见》第 12

条指出，在校生利用业余时间勤工助学，不视为就业，未建立劳动关系，可以不签订劳动合同。

中山市中级人民法院《关于审理劳动争议案件若干问题的参考意见》（2011 年 11 月 1 日）指出，在校学生在勤工俭学或实习（见习）期间，与所在单位发生争议的，不属于劳动争议，按劳务关系处理。

内蒙古自治区高级人民法院、内蒙古自治区劳动人事争议仲裁委员会《关于劳动人事争议案件适用法律若干问题的指导意见》（内高法〔2015〕193 号）第 6 条指出，在校学生在用人单位进行实习，应当根据具体事实进行判断，对完成学校的社会实习安排或自行从事社会实践活动的实习，不认定劳动关系。但用人单位与在校学生之间名为实习，实为劳动关系的除外。

案例 195

企业与临近毕业的大学生签订了劳动合同，是否构成劳动关系？

《最高人民法院公报》2010 年第 6 期

郭某是某大学 2008 届毕业生，于 2008 年 7 月毕业。2007 年 10 月 26 日，郭某向甲公司进行求职登记，登记自己为某学校 2008 届毕业生，2007 年是实习年。2007 年 10 月 30 日，双方签订劳动合同，合同期限为 3 年，约定试用期 60 天。2008 年 7 月 21 日，甲公司申请劳动仲裁，请求确认双方劳动关系不成立，劳动争议仲裁委员会认为郭某系在校学生，不具有劳动关系的主体资格，该案不属于劳动争议处理范围，决定终结仲裁活动。双方因此成讼。

审理结果

法院认为，实习是以学习为目的，到相关单位参加社会实践，没有工资，不存在由实习生与相关单位签订劳动合同，明确岗位、报酬、福利待遇等情形。在本案中，郭某虽于 2008 年 7 月毕业，但郭某在 2007 年 10 月 26 日明确向甲公司表达了求职就业愿望，并进行了求职登记，在求职人员登记表中登记为 2008 届毕业生，2007 年是郭某实习年。2007 年 10 月 30 日，郭某与甲公司自愿签订了劳动合同。甲公司对郭某的情况完全知情，双方在此基础上就应聘、录用达成一致意见，签订了劳动合同，而且明确了岗位、报酬，该情形不应视为实习。郭某与甲公司签订劳动合同时已年满 19 周岁，符合劳动法规定的就业年龄，具备与用工单位建立劳动关系的行为能力和责任能力，根据原劳动部《关于贯彻执行〈中华人民共和国劳动法〉若干问题的意见》第 12 条不能推定出在校生不具备劳动关系的主体资格。

三、三方协议（学校、企业、学生）

三方协议是指中等专业学校或者高等院校将尚未毕业的在校学生，安排到相关单位去实习，由学生所在学校、实习单位、在校学生本人三方就实习事宜所签订的明确各方权利义务的书面协议。实习是学生学业完成的一个组成部分，旨在让学生将在校期间所学的理论知识，通过入企实习加以实践，培养学生理论与实践相结合的综合能力。

《职业学校学生实习管理规定》与《职业学校学生岗位实习三方协议（示范文本）》一并发布，企业安排在校学生实习时，可以参考该示范文本，签订三方协议。

通常而言，三方协议应包括以下内容：

（1）各方主体信息，即学校、企业的名称、住所、统一社会信用代码、联系人、联系电话等，以及实习学生的姓名、身份证号、家庭住址、联系电话等。如果实习学生是未成年人，还应包括监护人的相关信息。

（2）实习基本信息。主要包括实习岗位、实习地点、实习时间（期限）、工作时间、实习报酬（金额、支付方式、支付时间等）、食宿条件、学校指导老师及联系电话、企业指导人员及联系电话等。

（3）各方权利义务。这是三方协议最主要的内容，主要是明确各方可享有的权利和应履行的义务。

（4）协议的解除与终止。三方协议应明确协议解除和终止的条件，包括法定条件和约定条件。

（5）违约责任。三方协议应明确三方任何一方违反三方协议约定所应承担的法律责任。

除上述内容外，三方协议还可以将三方协商一致的其他内容，在三方协议中载明。三方协议通常一式三份，各方各执一份。

在实务中，并非只有签订了三方协议才算是实习，通常认为，未毕业的在校学生与企业签订实习协议，没有学校的参与的，也可以认定为实习，双方形成劳务关系，而不构成劳动关系。

HR 实务指南

在企业招用在校学生入企实习时，有诸多实务技巧和注意事项需要 HR 去了解掌握，企业最少应做到以下几点：

第一，招用的实习生一定是尚未毕业的在校学生。除签订三方协议外，如果企业自行招聘的自称未毕业的在校生，HR 需要注意分辨，避免双方被认定为劳动关系。

第二，签订三方协议或者实习协议。劳动法并不禁止在校学生与企业建立劳动关系，也就是说，在校生既可以与企业建立劳动关系，签订劳动合同，也可以与企业建立劳务关系，签订实习协议。为了避免被认定为劳动关系，企业应与实习学生签订三方协议或者实习协议。

第三，明确实习期限。实习期限一般不超过一年，且应在实习生取得毕业证之前结束实习，企业应避免实习期届满晚于取得毕业证之日，更不得以实习之名行劳动关系之实。实习期满或者实习生取得毕业证的，应及时结束实习，若需要继续用工，则应建立劳动关系，签订劳动合同。

第四，参加工伤保险或者购买商业意外保险。如果是在广东、江苏等地区，在校生入企实习的，可以直接在社会保险系统按特定人员参加工伤保险。在没有规定特定人员工伤保险的地区，企业可以向商业保险公司购买意外保险，以转移实习生发生工伤后的赔付风险。

第四节 退休人员返聘

退休是指员工因年老或因工、因病致残，完全丧失或者大部分丧失而退出工作岗位。退休人员返聘是指企业招用超过法定退休年龄人员与其形成用工关系的行为。实务中存在大量的退休人员返聘现象，有在岗退休后继续留下工作的，也有招用时就已经超过法定退休年龄的。退休人员返聘属于特殊用工，企业在返聘退休人员时，应了解并遵守有关退休人员用工的相关规定。

国务院《关于渐进式延迟法定退休年龄的办法》第 6 条第 1 款规定，“用人单位招用超过法定退休年龄的劳动者，应当保障劳动者获得劳动报酬、休息休假、劳动安全卫生、工伤保障等基本权益”。

一、退休年龄

1. 退休年龄的分类

根据国务院 1978 年发布的《关于工人退休、退职的暂行办法》、原劳动和社会保障部《关于制止和纠正违反国家规定办理企业职工提前退休有关问题的通知》（劳社部发〔1999〕8 号）及相关规定，我国退休年龄分为以下四类。

（1）一般退休。一般退休又称为法定退休年龄，原劳动和社会保障部办公厅《关于企业职工“法定退休年龄”涵义的复函》（劳社厅函〔2001〕125 号，已废止）指出，“国家法定的企业职工退休年龄”，是指国家法律规定的正常退休年龄，即“男年满 60 周岁，女工人年满 50 周岁，女干部年满 55 周岁”。

（2）特殊工种人员退休。指的是从事井下、高空、高温、特别繁重体力劳动或者其他有害身体健康的工作的，男性年满 55 周岁、女性年满 45 周岁。

（3）因病退休。指的是因病或非因工致残，由医院证明并经劳动鉴定委员会确认属于完全丧失劳动能力的，男性年满 50 周岁、女性年满 45 周岁。

（4）因工致残退休。指的是职工因工致残的，由医院证明并经劳动能力鉴定委员会确定完全丧失劳动能力的。

其中第三类和第四类所称“完全丧失劳动能力”，其标准适用原劳动和社会保障部《职工非因工伤残或因病丧失劳动能力程度鉴定标准（试行）》（劳社部发〔2002〕8 号）规定以及《职工工伤与职业病致残程度鉴定》(GB/T 16180—1996)（已废止）中的 1 级至 4 级标准。

准确地说，第四类并不属于劳动法意义上的退休范围，根据《工伤保险条例》第 35 条规定，职工因工致残被鉴定为一级至四级伤残的，保留劳动关系，退出工作岗位，工伤职工达到退休年龄并办理退休手续后，停发伤残津贴，按照国家有关规定享受基本养老保险待遇。因此，因工致残而离开工作岗位的职工，并不是劳动法意义上的退休。

由此可见，我国退休年龄有广义和狭义之分，广义退休年龄指的是前述四类情形，狭义退休则仅指一般退休情形，即男性年满 60 周岁、女工人年满 50 周岁、女干部年满 55 周岁。本节所讨论的退休人员及其返聘，采狭义退休年龄概念。

2. 我国将实施延迟退休年龄新政策

2024 年 7 月 18 日，党的二十届三中全会通过的《中共中央关于进一步全面深化改革 推进中国式现代化的决定》指出，积极应对人口老龄化，完善发展养老事业和养老产业政策机制，按照自愿、弹性原则，稳妥有序推进渐进式延迟法定退休年龄改革。

2024 年 9 月 13 日，第十四届全国人民代表大会常务委员会第十一次会议通过了《关于实施渐进式延迟法定退休年龄的决定》，该决定指出，自 2025 年 1 月 1 日起，启动延迟男、女职工的法定退休年龄，用 15 年时间，逐步将男职工的法定退休年龄从原 60 周岁延迟至 63 周岁，将女职工的法定退休年龄从原 50 周岁、55 周岁分别延迟至 55 周岁、58 周岁。

“延迟退休”政策实施后，上述四类退休年龄也将发生改变，具体需以国家最新出台的相关制度为准（见表 11-4-1）。

表 11-4-1　男职工延迟法定退休年龄对照

延迟法定退休年龄每 4 个月延迟 1 个月				延迟法定退休年龄每 4 个月延迟 1 个月			
出生时间	改革后退休年龄	改革后退休时间	延迟月数	出生时间	改革后退休年龄	改革后退休时间	延迟月数
1965 年 1 月	60 岁 1 个月	2025 年 2 月	1	1967 年 1 月	60 岁 7 个月	2027 年 8 月	7
1965 年 2 月		2025 年 3 月		1967 年 2 月		2027 年 9 月	
1965 年 3 月		2025 年 4 月		1967 年 3 月		2027 年 10 月	
1965 年 4 月		2025 年 5 月		1967 年 4 月		2027 年 11 月	
1965 年 5 月	60 岁 2 个月	2025 年 7 月	2	1967 年 5 月	60 岁 8 个月	2028 年 1 月	8
1965 年 6 月		2025 年 8 月		1967 年 6 月		2028 年 2 月	
1965 年 7 月		2025 年 9 月		1967 年 7 月		2028 年 3 月	
1965 年 8 月		2025 年 10 月		1967 年 8 月		2028 年 4 月	
1965 年 9 月	60 岁 3 个月	2025 年 12 月	3	1967 年 9 月	60 岁 9 个月	2028 年 6 月	9
1965 年 10 月		2026 年 1 月		1967 年 10 月		2028 年 7 月	
1965 年 11 月		2026 年 2 月		1967 年 11 月		2028 年 8 月	
1965 年 12 月		2026 年 3 月		1967 年 12 月		2028 年 9 月	
1966 年 1 月	60 岁 4 个月	2026 年 5 月	4	1968 年 1 月	60 岁 10 个月	2028 年 11 月	10
1966 年 2 月		2026 年 6 月		1968 年 2 月		2028 年 12 月	
1966 年 3 月		2026 年 7 月		1968 年 3 月		2029 年 1 月	
1966 年 4 月		2026 年 8 月		1968 年 4 月		2029 年 2 月	
1966 年 5 月	60 岁 5 个月	2026 年 10 月	5	1968 年 5 月	60 岁 11 个月	2029 年 4 月	11
1966 年 6 月		2026 年 11 月		1968 年 6 月		2029 年 5 月	
1966 年 7 月		2026 年 12 月		1968 年 7 月		2029 年 6 月	
1966 年 8 月		2027 年 1 月		1968 年 8 月		2029 年 7 月	
1966 年 9 月	60 岁 6 个月	2027 年 3 月	6	1968 年 9 月	61 岁	2029 年 9 月	12
1966 年 10 月		2027 年 4 月		1968 年 10 月		2029 年 10 月	
1966 年 11 月		2027 年 5 月		1968 年 11 月		2029 年 11 月	
1966 年 12 月		2027 年 6 月		1968 年 12 月		2029 年 12 月	

续表

延迟法定退休年龄每 4 个月延迟 1 个月				延迟法定退休年龄每 4 个月延迟 1 个月			
出生时间	改革后退休年龄	改革后退休时间	延迟月数	出生时间	改革后退休年龄	改革后退休时间	延迟月数
1969 年 1 月	61 岁 1 个月	2030 年 2 月	13	1971 年 1 月	61 岁 7 个月	2032 年 8 月	19
1969 年 2 月		2030 年 3 月		1971 年 2 月		2032 年 9 月	
1969 年 3 月		2030 年 4 月		1971 年 3 月		2032 年 10 月	
1969 年 4 月		2030 年 5 月		1971 年 4 月		2032 年 11 月	
1969 年 5 月	61 岁 2 个月	2030 年 7 月	14	1971 年 5 月	61 岁 8 个月	2033 年 1 月	20
1969 年 6 月		2030 年 8 月		1971 年 6 月		2033 年 2 月	
1969 年 7 月		2030 年 9 月		1971 年 7 月		2033 年 3 月	
1969 年 8 月		2030 年 10 月		1971 年 8 月		2033 年 4 月	
1969 年 9 月	61 岁 3 个月	2030 年 12 月	15	1971 年 9 月	61 岁 9 个月	2033 年 6 月	21
1969 年 10 月		2031 年 1 月		1971 年 10 月		2033 年 7 月	
1969 年 11 月		2031 年 2 月		1971 年 11 月		2033 年 8 月	
1969 年 12 月		2031 年 3 月		1971 年 12 月		2033 年 9 月	
1970 年 1 月	61 岁 4 个月	2031 年 5 月	16	1972 年 1 月	61 岁 10 个月	2033 年 11 月	22
1970 年 2 月		2031 年 6 月		1972 年 2 月		2033 年 12 月	
1970 年 3 月		2031 年 7 月		1972 年 3 月		2034 年 1 月	
1970 年 4 月		2031 年 8 月		1972 年 4 月		2034 年 2 月	
1970 年 5 月	61 岁 5 个月	2031 年 10 月	17	1972 年 5 月	61 岁 11 个月	2034 年 4 月	23
1970 年 6 月		2031 年 11 月		1972 年 6 月		2034 年 5 月	
1970 年 7 月		2031 年 12 月		1972 年 7 月		2034 年 6 月	
1970 年 8 月		2032 年 1 月		1972 年 8 月		2034 年 7 月	
1970 年 9 月	61 岁 6 个月	2032 年 3 月	18	1972 年 9 月	62 岁	2034 年 9 月	24
1970 年 10 月		2032 年 4 月		1972 年 10 月		2034 年 10 月	
1970 年 11 月		2032 年 5 月		1972 年 11 月		2034 年 11 月	
1970 年 12 月		2032 年 6 月		1972 年 12 月		2034 年 12 月	

续表

延迟法定退休年龄每4个月延迟1个月				延迟法定退休年龄每4个月延迟1个月			
出生时间	改革后退休年龄	改革后退休时间	延迟月数	出生时间	改革后退休年龄	改革后退休时间	延迟月数
1973年1月	62岁1个月	2035年2月	25	1975年1月	62岁7个月	2037年8月	31
1973年2月		2035年3月		1975年2月		2037年9月	
1973年3月		2035年4月		1975年3月		2037年10月	
1973年4月		2035年5月		1975年4月		2037年11月	
1973年5月	62岁2个月	2035年7月	26	1975年5月	62岁8个月	2038年1月	32
1973年6月		2035年8月		1975年6月		2038年2月	
1973年7月		2035年9月		1975年7月		2038年3月	
1973年8月		2035年10月		1975年8月		2038年4月	
1973年9月	62岁3个月	2035年12月	27	1975年9月	62岁9个月	2038年6月	33
1973年10月		2036年1月		1975年10月		2038年7月	
1973年11月		2036年2月		1975年11月		2038年8月	
1973年12月		2036年3月		1975年12月		2038年9月	
1974年1月	62岁4个月	2036年5月	28	1976年1月	62岁10个月	2038年11月	34
1974年2月		2036年6月		1976年2月		2038年12月	
1974年3月		2036年7月		1976年3月		2039年1月	
1974年4月		2036年8月		1976年4月		2039年2月	
1974年5月	62岁5个月	2036年10月	29	1976年5月	62岁11个月	2039年4月	35
1974年6月		2036年11月		1976年6月		2039年5月	
1974年7月		2036年12月		1976年7月		2039年6月	
1974年8月		2037年1月		1976年8月		2039年7月	
1974年9月	62岁6个月	2037年3月	30	1976年9月	63岁	2039年9月	36
1974年10月		2037年4月		1976年10月		2039年10月	
1974年11月		2037年5月		1976年11月		2039年11月	
1974年12月		2037年6月		1976年12月		2039年12月	

原法定退休年龄 55 周岁的女职工延迟法定退休年龄对照表

延迟法定退休年龄每 4 个月延迟 1 个月				延迟法定退休年龄每 4 个月延迟 1 个月			
出生时间	改革后退休年龄	改革后退休时间	延迟月数	出生时间	改革后退休年龄	改革后退休时间	延迟月数
1970 年 1 月	55 岁 1 个月	2025 年 2 月	1	1972 年 1 月	55 岁 7 个月	2027 年 8 月	7
1970 年 2 月		2025 年 3 月		1972 年 2 月		2027 年 9 月	
1970 年 3 月		2025 年 4 月		1972 年 3 月		2027 年 10 月	
1970 年 4 月		2025 年 5 月		1972 年 4 月		2027 年 11 月	
1970 年 5 月	55 岁 2 个月	2025 年 7 月	2	1972 年 5 月	55 岁 8 个月	2028 年 1 月	8
1970 年 6 月		2025 年 8 月		1972 年 6 月		2028 年 2 月	
1970 年 7 月		2025 年 9 月		1972 年 7 月		2028 年 3 月	
1970 年 8 月		2025 年 10 月		1972 年 8 月		2028 年 4 月	
1970 年 9 月	55 岁 3 个月	2025 年 12 月	3	1972 年 9 月	55 岁 9 个月	2028 年 6 月	9
1970 年 10 月		2026 年 1 月		1972 年 10 月		2028 年 7 月	
1970 年 11 月		2026 年 2 月		1972 年 11 月		2028 年 8 月	
1970 年 12 月		2026 年 3 月		1972 年 12 月		2028 年 9 月	
1971 年 1 月	55 岁 4 个月	2026 年 5 月	4	1973 年 1 月	55 岁 10 个月	2028 年 11 月	10
1971 年 2 月		2026 年 6 月		1973 年 2 月		2028 年 12 月	
1971 年 3 月		2026 年 7 月		1973 年 3 月		2029 年 1 月	
1971 年 4 月		2026 年 8 月		1973 年 4 月		2029 年 2 月	
1971 年 5 月	55 岁 5 个月	2026 年 10 月	5	1973 年 5 月	55 岁 11 个月	2029 年 4 月	11
1971 年 6 月		2026 年 11 月		1973 年 6 月		2029 年 5 月	
1971 年 7 月		2026 年 12 月		1973 年 7 月		2029 年 6 月	
1971 年 8 月		2027 年 1 月		1973 年 8 月		2029 年 7 月	
1971 年 9 月	55 岁 6 个月	2027 年 3 月	6	1973 年 9 月	56 岁	2029 年 9 月	12
1971 年 10 月		2027 年 4 月		1973 年 10 月		2029 年 10 月	
1971 年 11 月		2027 年 5 月		1973 年 11 月		2029 年 11 月	
1971 年 12 月		2027 年 6 月		1973 年 12 月		2029 年 12 月	

续表

延迟法定退休年龄每 4 个月延迟 1 个月				延迟法定退休年龄每 4 个月延迟 1 个月			
出生时间	改革后退休年龄	改革后退休时间	延迟月数	出生时间	改革后退休年龄	改革后退休时间	延迟月数
1974 年 1 月	56 岁 1 个月	2030 年 2 月	13	1976 年 1 月	56 岁 7 个月	2032 年 8 月	19
1974 年 2 月		2030 年 3 月		1976 年 2 月		2032 年 9 月	
1974 年 3 月		2030 年 4 月		1976 年 3 月		2032 年 10 月	
1974 年 4 月		2030 年 5 月		1976 年 4 月		2032 年 11 月	
1974 年 5 月	56 岁 2 个月	2030 年 7 月	14	1976 年 5 月	56 岁 8 个月	2033 年 1 月	20
1974 年 6 月		2030 年 8 月		1976 年 6 月		2033 年 2 月	
1974 年 7 月		2030 年 9 月		1976 年 7 月		2033 年 3 月	
1974 年 8 月		2030 年 10 月		1976 年 8 月		2033 年 4 月	
1974 年 9 月	56 岁 3 个月	2030 年 12 月	15	1976 年 9 月	56 岁 9 个月	2033 年 6 月	21
1974 年 10 月		2031 年 1 月		1976 年 10 月		2033 年 7 月	
1974 年 11 月		2031 年 2 月		1976 年 11 月		2033 年 8 月	
1974 年 12 月		2031 年 3 月		1976 年 12 月		2033 年 9 月	
1975 年 1 月	56 岁 4 个月	2031 年 5 月	16	1977 年 1 月	56 岁 10 个月	2033 年 11 月	22
1975 年 2 月		2031 年 6 月		1977 年 2 月		2033 年 12 月	
1975 年 3 月		2031 年 7 月		1977 年 3 月		2034 年 1 月	
1975 年 4 月		2031 年 8 月		1977 年 4 月		2034 年 2 月	
1975 年 5 月	56 岁 5 个月	2031 年 10 月	17	1977 年 5 月	56 岁 11 个月	2034 年 4 月	23
1975 年 6 月		2031 年 11 月		1977 年 6 月		2034 年 5 月	
1975 年 7 月		2031 年 12 月		1977 年 7 月		2034 年 6 月	
1975 年 8 月		2032 年 1 月		1977 年 8 月		2034 年 7 月	
1975 年 9 月	56 岁 6 个月	2032 年 3 月	18	1977 年 9 月	57 岁	2034 年 9 月	24
1975 年 10 月		2032 年 4 月		1977 年 10 月		2034 年 10 月	
1975 年 11 月		2032 年 5 月		1977 年 11 月		2034 年 11 月	
1975 年 12 月		2032 年 6 月		1977 年 12 月		2034 年 12 月	

续表

延迟法定退休年龄每4个月延迟1个月				延迟法定退休年龄每4个月延迟1个月			
出生时间	改革后退休年龄	改革后退休时间	延迟月数	出生时间	改革后退休年龄	改革后退休时间	延迟月数
1978年1月	57岁1个月	2035年2月	25	1980年1月	57岁7个月	2037年8月	31
1978年2月		2035年3月		1980年2月		2037年9月	
1978年3月		2035年4月		1980年3月		2037年10月	
1978年4月		2035年5月		1980年4月		2037年11月	
1978年5月	57岁2个月	2035年7月	26	1980年5月	57岁8个月	2038年1月	32
1978年6月		2035年8月		1980年6月		2038年2月	
1978年7月		2035年9月		1980年7月		2038年3月	
1978年8月		2035年10月		1980年8月		2038年4月	
1978年9月	57岁3个月	2035年12月	27	1980年9月	57岁9个月	2038年6月	33
1978年10月		2036年1月		1980年10月		2038年7月	
1978年11月		2036年2月		1980年11月		2038年8月	
1978年12月		2036年3月		1980年12月		2038年9月	
1979年1月	57岁4个月	2036年5月	28	1981年1月	57岁10个月	2038年11月	34
1979年2月		2036年6月		1981年2月		2038年12月	
1979年3月		2036年7月		1981年3月		2039年1月	
1979年4月		2036年8月		1981年4月		2039年2月	
1979年5月	57岁5个月	2036年10月	29	1981年5月	57岁11个月	2039年4月	35
1979年6月		2036年11月		1981年6月		2039年5月	
1979年7月		2036年12月		1981年7月		2039年6月	
1979年8月		2037年1月		1981年8月		2039年7月	
1979年9月	57岁6个月	2037年3月	30	1981年9月	58岁	2039年9月	36
1979年10月		2037年4月		1981年10月		2039年10月	
1979年11月		2037年5月		1981年11月		2039年11月	
1979年12月		2037年6月		1981年12月		2039年12月	

原法定退休年龄50周岁的女职工延迟法定退休年龄对照表

延迟法定退休年龄每2个月延迟1个月				延迟法定退休年龄每2个月延迟1个月			
出生时间	改革后退休年龄	改革后退休时间	延迟月数	出生时间	改革后退休年龄	改革后退休时间	延迟月数
1975年1月	50岁1个月	2025年2月	1	1977年1月	51岁1个月	2028年2月	13
1975年2月		2025年3月		1977年2月		2028年3月	
1975年3月	50岁2个月	2025年5月	2	1977年3月	51岁2个月	2028年5月	14
1975年4月		2025年6月		1977年4月		2028年6月	
1975年5月	50岁3个月	2025年8月	3	1977年5月	51岁3个月	2028年8月	15
1975年6月		2025年9月		1977年6月		2028年9月	
1975年7月	50岁4个月	2025年11月	4	1977年7月	51岁4个月	2028年11月	16
1975年8月		2025年12月		1977年8月		2028年12月	
1975年9月	50岁5个月	2026年2月	5	1977年9月	51岁5个月	2029年2月	17
1975年10月		2026年3月		1977年10月		2029年3月	
1975年11月	50岁6个月	2026年5月	6	1977年11月	51岁6个月	2029年5月	18
1975年12月		2026年6月		1977年12月		2029年6月	
1976年1月	50岁7个月	2026年8月	7	1978年1月	51岁7个月	2029年8月	19
1976年2月		2026年9月		1978年2月		2029年9月	
1976年3月	50岁8个月	2026年11月	8	1978年3月	51岁8个月	2029年11月	20
1976年4月		2026年12月		1978年4月		2029年12月	
1976年5月	50岁9个月	2027年2月	9	1978年5月	51岁9个月	2030年2月	21
1976年6月		2027年3月		1978年6月		2030年3月	
1976年7月	50岁10个月	2027年5月	10	1978年7月	51岁10个月	2030年5月	22
1976年8月		2027年6月		1978年8月		2030年6月	
1976年9月	50岁11个月	2027年8月	11	1978年9月	51岁11个月	2030年8月	23
1976年10月		2027年9月		1978年10月		2030年9月	
1976年11月	51岁	2027年11月	12	1978年11月	52岁	2030年11月	24
1976年12月		2027年12月		1978年12月		2030年12月	

续表

延迟法定退休年龄每 2 个月延迟 1 个月				延迟法定退休年龄每 2 个月延迟 1 个月			
出生时间	改革后退休年龄	改革后退休时间	延迟月数	出生时间	改革后退休年龄	改革后退休时间	延迟月数
1979 年 1 月	52 岁 1 个月	2031 年 2 月	25	1981 年 1 月	53 岁 1 个月	2034 年 2 月	37
1979 年 2 月		2031 年 3 月		1981 年 2 月		2034 年 3 月	
1979 年 3 月	52 岁 2 个月	2031 年 5 月	26	1981 年 3 月	53 岁 2 个月	2034 年 5 月	38
1979 年 4 月		2031 年 6 月		1981 年 4 月		2034 年 6 月	
1979 年 5 月	52 岁 3 个月	2031 年 8 月	27	1981 年 5 月	53 岁 3 个月	2034 年 8 月	39
1979 年 6 月		2031 年 9 月		1981 年 6 月		2034 年 9 月	
1979 年 7 月	52 岁 4 个月	2031 年 11 月	28	1981 年 7 月	53 岁 4 个月	2034 年 11 月	40
1979 年 8 月		2031 年 12 月		1981 年 8 月		2034 年 12 月	
1979 年 9 月	52 岁 5 个月	2032 年 2 月	29	1981 年 9 月	53 岁 5 个月	2035 年 2 月	41
1979 年 10 月		2032 年 3 月		1981 年 10 月		2035 年 3 月	
1979 年 11 月	52 岁 6 个月	2032 年 5 月	30	1981 年 11 月	53 岁 6 个月	2035 年 5 月	42
1979 年 12 月		2032 年 6 月		1981 年 12 月		2035 年 6 月	
1980 年 1 月	52 岁 7 个月	2032 年 8 月	31	1982 年 1 月	53 岁 7 个月	2035 年 8 月	43
1980 年 2 月		2032 年 9 月		1982 年 2 月		2035 年 9 月	
1980 年 3 月	52 岁 8 个月	2032 年 11 月	32	1982 年 3 月	53 岁 8 个月	2035 年 11 月	44
1980 年 4 月		2032 年 12 月		1982 年 4 月		2035 年 12 月	
1980 年 5 月	52 岁 9 个月	2033 年 2 月	33	1982 年 5 月	53 岁 9 个月	2036 年 2 月	45
1980 年 6 月		2033 年 3 月		1982 年 6 月		2036 年 3 月	
1980 年 7 月	52 岁 10 个月	2033 年 5 月	34	1982 年 7 月	53 岁 10 个月	2036 年 5 月	46
1980 年 8 月		2033 年 6 月		1982 年 8 月		2036 年 6 月	
1980 年 9 月	52 岁 11 个月	2033 年 8 月	35	1982 年 9 月	53 岁 11 个月	2036 年 8 月	47
1980 年 10 月		2033 年 9 月		1982 年 10 月		2036 年 9 月	
1980 年 11 月	53 岁	2033 年 11 月	36	1982 年 11 月	54 岁	2036 年 11 月	48
1980 年 12 月		2033 年 12 月		1982 年 12 月		2036 年 12 月	

续表

延迟法定退休年龄每 2 个月延迟 1 个月				延迟法定退休年龄每 2 个月延迟 1 个月			
出生时间	改革后退休年龄	改革后退休时间	延迟月数	出生时间	改革后退休年龄	改革后退休时间	延迟月数
1983 年 1 月	54 岁 1 个月	2037 年 2 月	49	1984 年 1 月	54 岁 7 个月	2038 年 8 月	55
1983 年 2 月		2037 年 3 月		1984 年 2 月		2038 年 9 月	
1983 年 3 月	54 岁 2 个月	2037 年 5 月	50	1984 年 3 月	54 岁 8 个月	2038 年 11 月	56
1983 年 4 月		2037 年 6 月		1984 年 4 月		2038 年 12 月	
1983 年 5 月	54 岁 3 个月	2037 年 8 月	51	1984 年 5 月	54 岁 9 个月	2039 年 2 月	57
1983 年 6 月		2037 年 9 月		1984 年 6 月		2039 年 3 月	
1983 年 7 月	54 岁 4 个月	2037 年 11 月	52	1984 年 7 月	54 岁 10 个月	2039 年 5 月	58
1983 年 8 月		2037 年 12 月		1984 年 8 月		2039 年 6 月	
1983 年 9 月	54 岁 5 个月	2038 年 2 月	53	1984 年 9 月	54 岁 11 个月	2039 年 8 月	59
1983 年 10 月		2038 年 3 月		1984 年 10 月		2039 年 9 月	
1983 年 11 月	54 岁 6 个月	2038 年 5 月	54	1984 年 11 月	55 岁	2039 年 11 月	60
1983 年 12 月		2038 年 6 月		1984 年 12 月		2039 年 12 月	

数据来源：国务院网站（2024 年 9 月 13 日）。

二、企业与退休人员的用工关系辨析

企业招用已超过法定退休年龄的人员，到底属于何种用工关系？实践中一直存在重大争议。归纳起来主要有劳动关系和劳务关系两类观点，其中劳务关系似乎更为主流一些。

· 特定条件下属于劳动关系

这里所称的特定条件，最少包括以下两种情形，不同的情形又有不同的观点。

（1）员工达到法定退休年龄时未享受养老保险待遇或者领取养老金，企业继续用工的，应认定为劳动关系。

这一观点认为，员工达到法定退休年龄时是否享受养老保险待遇，是划分劳动关系和劳务关系的标准，能享受的，属于劳务关系，不能享受的，则属于劳动关系。也就是说，“已经依法享受养老保险待遇或领取退休金”是劳务关系的认定前提，“达到法定退休年龄”并不作为劳务关系的认定前提，因此，员工虽已达到法定退休年龄，但如果没有享受养老保险待遇或领取退休金，依然与企业构成劳动关系。

这一观点确实有一定道理。

《劳动争议司法解释（一）》只是规定了“用人单位与其招用的已经依法享受养老保险待遇或者领取退休金的人员发生用工争议而提起诉讼的”按劳务关系处理，这条规定相对模糊，那要是没有享受养老保险待遇或者领取退休金呢，是不是就可以认定为劳动关系？也没明说。

徐仁华老师认为，能否从该解释规定进行反推，得出“劳动者虽未开始依法享受基本养老保险待遇但达到法定退休年龄”，劳动者继续在用人单位工作的，这种情况下双方构成劳动关系？当然不是，要准确界定劳务关系和劳动关系的界限，切忌脱离法律规定和客观实际将劳动关系泛化。

最高人民法院《关于审理劳动争议案件适用法律问题的解释（二）（征求意见稿）》第6条规定，“达到法定退休年龄但是尚未享受基本养老保险待遇的劳动者为用人单位提供劳动，劳动者请求参照适用劳动法律法规处理劳动报酬、工作时间、休息休假、劳动保护、职业危害防护以及工伤保险待遇等争议的，人民法院应予支持”。

这条规定给《劳动争议司法解释（一）》打了个“补丁”，明确了对未享受养老保险待遇或者领取退休金这个人群的司法态度。其一，“参照”适用劳动法规定，没有说直接适用或者直接认定为劳动关系；其二，需劳动者请求，若没请求，就不能参照适用了；其三，没有规定适用解除劳动关系经济补偿金和赔偿金。综合来说，立法者想保护这个人群，但又不愿意用完整的劳动关系去保护，因此采用了这种不完整劳动关系“折中”态度，本书对此深为赞同。

先看两个之前的规定。

最高人民法院民一庭《关于达到或者超过法定退休年龄的劳动者（含农民工）与用人单位之间劳动关系终止的确定标准问题的答复》（〔2015〕民一他字第6号）指出，对于达到或者超过法定退休年龄的劳动者（含农民工）与用人单位之间劳动合同关系的终止，应当以劳动者是否享受养老保险待遇或者领取退休金为标准。

天津市高级人民法院《天津法院劳动争议案件审理指南》指出，已经享受基本养老保险待遇或者退休金的人员与用人单位之间形成实际用工关系的，按照劳务关系处理。因用人单位原因致使已经达到法定退休年龄的劳动者尚未享受基本养老保险待遇或者尚未领取退休金，劳动者与原用人单位之间形成实际用工关系的，按照劳动关系处理。

再看个司法判例。

三亚市中级人民法院（2017）琼02民终236号民事判决书认为，劳动者达到法定退休年龄，但劳动者并未依法享受养老保险待遇或领取退休金，用人单位继续聘用劳动者工作的，双方的劳动关系继续，不应理解为劳动关系自动转为劳务关系，劳动者达到法定退休年龄，且劳动者已依法享受养老保险待遇或领取退休金的，此后双方的用工关系才按劳务关系处理。具体到本案，甲公司没有证据证明清某已依法享受养老保险待遇或领取退休金，故双方的用工关系仍为劳动关系。

（2）企业招用退休人员，符合劳动关系特征的，应认定为劳动关系，是否享受养老待遇并非认定是否为劳动关系的必要条件。

这一观点认为，企业招用退休人员，双方建立的用工关系只要符合原劳动和社会保障部《关于确立劳动关系有关事项的通知》第1条所规定劳动关系“三要素”，即应认定为劳动关系，并不以员工是否已依法享受养老保险待遇或者领取退休金为前提。这一观点被称为“特殊劳动关系”。

比如，黑龙江省高级人民法院（2016）黑民申750号民事裁定书认为，我国相关法律法规和司法解释对超过法定退休年龄人员与用人单位建立劳动关系没有禁止性规定，本案中，吴某被甲公司聘用从事门卫工作，吴某在工作中接受甲公司的劳动管理、接受支付的劳动报酬，因此吴某与甲公司之间符合法律规定的劳动关系建立的条件，原审法院认定吴某与甲公司之间存在劳动关系无误，本案不必适用有关享受基本养老保险待遇是否为劳动合同终止条件的规定。

又如，南通市中级人民法院（2023）苏06民终2851号民事判决书认为，对于用人单位招用已达到退休年龄但并未享有养老保险待遇或领取退休金的人员，法律并未规定劳动关系中劳动者的年龄不得高于法定退休年龄，只要未违反法律禁止性规定的有劳动能力的人员，就可以成为劳动关系中的劳动者。本案中，何某于2012年7月进入甲牧场从事挤奶工工作，2017年6月，何某达到法定退休年龄后仍继续在甲牧场工作，但并未办理退休手续或享受养老保险待遇，故何某仍可以成为劳动关系中的劳动者。

· 属于劳务关系

这一观点认为，员工达到法定退休年龄后，即丧失了劳动法意义上的劳动者主体资格，与企业之间不再构成劳动关系，不再受劳动法调整，双方之间属于劳务关系，受民法调整。

根据《劳动合同法实施条例》第 21 条规定，劳动者达到法定退休年龄的，劳动合同终止。据此，“达到法定退休年龄”是劳动合同终止的唯一条件，没有但书，没有例外，而员工是否享受养老保险待遇或者领取退休金，在所不问。

人力资源和社会保障部《对十三届全国人大二次会议第 6979 号建议的答复》（人社建字〔2019〕37 号）、《对十二届全国人大五次会议第 1796 号建议的答复》（人社建字〔2017〕13 号）、《对十二届全国人大四次会议第 4419 号建议的答复》（人社建字〔2016〕69 号）等文件，均认为企业招用退休人员不构成劳动关系。

我国多个地区也持此观点。比如，浙江省高级人民法院民事审判第一庭、浙江省劳动人事争议仲裁院《关于审理劳动争议案件关于审理劳动争议案件若干问题的解答（二）》指出，劳动者超过法定退休年龄，仍接受单位聘用的，其与聘用单位之间构成劳务关系。

来看两个司法判例。

青岛市中级人民法院（2022）鲁 02 民终 1912 号民事判决书认为，根据《劳动合同法实施条例》第 21 条规定，劳动者达到法定退休年龄的，劳动合同终止，本案中，董某与甲公司的用工关系自董某达到法定退休年龄时劳动关系终止，此后双方形成劳务关系。

上海市第一中级人民法院（2020）沪 01 民终 9773 号民事判决书认为，根据《劳动合同法实施条例》第 21 条规定，劳动者达到法定退休年龄，劳动合同终止。何某到甲公司处工作时已超过法定退休年龄，已不符合法律规定的劳动者的主体资格，故其与甲公司之间的法律关系不应认定为劳动关系，而应认定为劳务关系。

案例 196

超过法定退休年龄继续在原单位提供劳动，能否认定为劳动关系？

司法部“中国普法”微信公众号 2024 年 5 月 5 日推送

张某（女）系 1972 年出生。某物业公司与某幼儿园签订物业管理服务合同，张某于 2016 年被某物业公司派遣至某幼儿园从事保育员工作，工作至 2023 年 2 月 24 日。某物业公司为张某缴纳 2016 年 11 月至 2021 年 11 月社会保险。2021 年 11 月，张某将自己的社会保险转移至济南某医疗器械公司，由该公司从 2021 年 12 月至 2022 年 8 月为张某缴纳社会保险。2021 年 12 月至 2022 年 2 月，某物业公司应承担的社会保险费，以银行转账的方式支付给张某。张某于 2022 年 11 月 23 日申请劳动仲裁，劳动仲裁委不予受理。张某诉至法院，请求确认其与某物业公司自 2022 年 9 月至 2023 年 2 月 24 日存在劳动关系。

审理结果

法院认为，张某于 2016 年被某物业公司派遣至某幼儿园从事保育员工作，工作至 2023 年 2 月 24 日。某物业公司为张某缴纳 2016 年 11 月至 2021 年 11 月的社会保险。2021 年 11 月，张某将自己的社会保险转移至济南某医疗器械公司，由该公司从 2021 年 12 月至 2022 年 8 月为其缴纳社会保险。张某于 1972 年 2 月 2 日出生，于 2022 年 2 月 2 日达到法定退休年龄。本案中，张某于 2022 年 2 月 2 日达到法定退休年龄，自入职起某物业公司一直为张某缴纳社会保险，在张某将自己的社会保险转移至济南某医疗器械公司后，某物业公司应承担的社会保险费，以银行转账的方式，已支付给张某，故其不能办理退休手续系张某个人原因，某物业公司并没有过错。因此，张某与某物业公司劳动合同已于 2022 年 2 月 2 日自动终止，其虽在某幼儿园继续工作，但双方系劳务关系，不是劳动关系。

法官说法

1. 劳动者达到法定退休年龄，劳动关系是否会自动终止

从《社会保险法》第 16 条、《劳动合同法实施条例》第 21 条规定可以看出，达到法定退休年龄劳动合同自动终止的前提是用人单位已依法为劳动者缴纳养老保险，使得劳动者开始享受养老保险待遇，或者劳动者虽达到退休年龄但未享受养老保险待遇并非用人单位的原因。对于已经达到法定退休年龄但未享受养老保险待遇或领取退休金的人员与用人单位之间的关系，法院应审查劳动者无法享受养老保险待遇的具体原因是否与用人单位有关，不能仅以劳动者达到退休年龄而继续用工就认定劳动关系。

2. 入职时已经超过法定退休年龄，能否认定劳动关系

根据《劳动合同法实施条例》第 21 条，用人单位与劳动者均符合劳动关系的主体资格是构成劳动关系的前提条件。入职时达到法定退休年龄的劳动者，不论是否享受养老保险待遇，均不是劳动关系的适格主体，入职时已经超过法定退休年龄，双方之间构成劳务关系。

三、招用退休人员的法律风险

企业招用退休人员，是存在一定法律风险的，主要体现在确认劳动关系而承担劳动关系用工风险和发生工伤后承担工伤赔偿风险两个方面。

1. 劳动关系用工风险

实务中存在大量这样的现象：企业为了节省用工成本而招用退休人员，以为双方属于劳务关系，发生争议后，员工主张确认双方属于劳动关系而被裁审机构支持，企业最终承担劳动关系所带来的用工风险，不但没有节约成本，反而事与愿违，使用工成本更大。

例如，甲公司招用 61 岁的张三担任保安员，双方签订了劳务合同，约定张三月工资 3000 元，包吃包住，每天上班 12 小时，实行两班倒，全年无休。两年后，张三离职，随后进行维权确认其与甲公司之间构成劳动关系，并主张甲公司支付其在职期间的加班费 30,000 元。

在司法实践中，如果张三能够证明其年满 60 周岁以后没有享受养老保险待遇或者领取退休金，那么被认定双方构成劳动关系的判例比比皆是。一旦被认定为劳动关系，甲公司需承担劳动法责任，包括需承担加班费、经济补偿金或者赔偿金、补缴社会保险等，这就与甲公司当初为了节约用工成本而招用张三的初衷背道而驰。

2. 工伤赔偿风险

有这样一个咨询案件：甲公司于 2019 年 2 月招用 53 岁的周女士担任员工食堂厨工，双方签订了退休人员返聘协议。11 月 19 日，周某在上班途中发生交通事故导致多处骨折，交警认定周某对本次事故不负责任。经周某申请，当地人力资源和社会保障局认定周某为工伤，劳动能力鉴定为八级。甲公司不服，向县政府申请行政复议，县政府维持了人力资源和社会保障局的工伤认定决定，县政府认为，《工伤保险条例》没有明确将超过法定退休年龄的劳动者排除在适用范围之外，因此，劳动者是否超过法定退休年龄，并不必然影响工伤认定。

企业招用退休人员所面临的第二个法律风险就是工伤赔偿风险。由于该人员属于退休人员，企业往往会想当然地认为无须参加社会保险（包括工伤保险），因此没有为其参加工伤保险。由于客观上该员工没有参加工伤保险，若因工受伤，最终又被认定为工伤的，企业需承担工伤保险的全部赔偿责任。

案例 197

76 岁大爷上班时突发疾病死亡，法院认定其与企业属于劳动关系

山东省高级人民法院（2015）鲁民提字第 526 号

徐某出生于 1935 年 12 月，于 2006 年 10 月入职甲公司从事值班保卫工作，入职时徐某已经 70 岁高龄了。2013 年 1 月 23 日，徐某与该公司另一名员工正在办公室烤炉子取暖谈话时突发心脏病，经抢救无效死亡。关于徐某与甲公司是否存在劳动关系（本案申请工伤认定需以存在劳动关系为前提），徐某家属与甲公司各执一词，双方因此成讼。甲公司认为，徐某患病死亡时已年满 76 周岁，劳动法虽未禁止用人单位聘用超过法定退休年龄的劳动者，但仅意味劳动者的劳动权不因超过法定退休年龄而丧失，劳动权的存在并不等同于符合劳动关系成立的主体要件，因此，劳动者达到法定退休年龄后，双方不再存在劳动法律关系，双方之间的劳动不属于劳动法确定的劳动关系，形成的只能是劳务关系，不属于劳动法调整的范围。

审理结果

法院认为，劳动法并未限制劳动者的年龄上限，对达到法定退休年龄仍然从事劳动的人员，法律法规并未作出禁止性规定，徐某为该公司提供劳动，其劳动报酬由该公司支付，并服从该公司的管理安排，虽已年满60周岁，但相关法律法规并未禁止60周岁后不能与用人单位建立劳动关系，因此，徐某与该公司均符合劳动法律法规规定的主体资格，徐某可成为劳动关系中的劳动者。

值得一提的是，本案历经两级法院审理判决后，甲公司不服，向山东省高级人民法院申请再审。山东省高级人民法院提审了本案，最终认定徐某与甲公司属于劳动关系。

四、企业招用退休人员的操作指引

通过上述分析，已经明确了招用退休人员所可能产生的法律风险，企业可以通过完善招用退休人员的操作流程来降低用工风险。

1. 甄别退休人员

所谓甄别退休人员，其实就是对所招用的退休人员进行筛选。筛选的标准除要求身体健康等招聘条件外，应特别留意该人员是否享受养老保险待遇或者领取退休金。若该人员未享受养老保险待遇或者领取退休金，企业在招用时则需特别慎重，因为很可能会面临被认定为属于劳动关系而承担劳动关系用工责任。若该人员已享受养老保险待遇或者领取退休金，则大可放心招用，对于企业招用已享受养老保险待遇或者领取退休金的退休人员，双方属于劳务关系，目前全国范围内均无争议。

2. 签订劳务合同

无论所招用的退休人员是否已享受养老保险待遇或者领取退休金，企业均需及时签订劳务合同。

在职员工达到法定退休年龄时，根据《劳动合同法》第44条第2项和《劳动合同法实施条例》第21条，终止双方劳动合同并让其离职退休。企业若继续返聘该员工，则需另行签订劳务合同，员工无须离职离岗，终止劳动合同和签订劳务合同无缝衔接即可。

需要注意的是，员工在职退休企业继续返聘的，必须在其达到法定退休年龄时发出终止劳动合同和签订劳务合同，这个“仪式”非常重要，很容易被忽略，切忌在员工达到法定退休年龄时“两不找”（企业不找员工，员工也不找企业），员工继续上班，企业继续用工，发生争议时双方“扯皮”。

正如前文南通市中级人民法院（2023）苏06民终2851号案例，法院认为“何某达到法定退休年龄后仍继续在单位工作，但并未办理退休手续或享受养老保险待遇，故何某仍可以成为劳动关系中的劳动者。”最终被认定为双方仍属劳动关系，该单位仍需承担劳动关系的用工责任。

若是企业在招用时，该人员已退休，则直接签订劳务合同即可。

3. 参加工伤保险或者意外商业保险

由于退休人员不再属于法定劳动年龄的劳动者，不属于社会保险的参保对象，企业无须为其参加社会保险。但是，为了规避工伤风险，企业有必要为招用的退休人员参加工伤保险或者其他相关保险。比如，广东、重庆、江苏等地就已发布包括退休人员在内的特定人员参加工伤保险的相关规定，当退休人员发生工伤时，可以依照《工伤保险条例》及相关规定享受工伤保险待遇，从而转移了企业承担工伤赔偿责任的风险。关于退休人员参加工伤保险，本书将在第十四章“工伤保险”一节中进行讨论，此处不再赘述。

然而，我国大部分地区还没有类似上述地区的规定，本书认为，企业可以通过向商业保险公司购买意外险、雇主责任险等商业保险来转移退休人员的工伤风险，降低企业用工成本。

| 第五节 |　非法用工

非法用工表现为三种情形：第一种是不合格用工主体实施了合格用工行为；第二种是合格用工主体实施了不合格的用工行为；第三种是不合格用工主体实施了不合格用工行为。在现实中，存在形形色色的非法用工现象，为了充分保障劳动者合法权益，打击非法用工行为，我国劳动立法突破了劳动关系的边界，将非法用工纳入劳动法来调整。

一、非法用工的界定

何为非法用工，劳动法并没有进行具体定义，仅作了相对定义。

《工伤保险条例》第 66 条第 1 款规定："无营业执照或者未经依法登记、备案的单位以及被依法吊销营业执照或者撤销登记、备案的单位的职工受到事故伤害或者患职业病的……；用人单位不得使用童工……"

人力资源和社会保障部 2011 年 1 月 1 日起施行的《非法用工单位伤亡人员一次性赔偿办法》（人力资源和社会保障部令第 9 号）第 2 条第 1 款规定，该办法所称非法用工单位伤亡人员是指无营业执照或者未经依法登记、备案的单位以及被依法吊销营业执照或者撤销登记、备案的单位受到事故伤害或者患职业病的职工，或者用人单位使用童工造成的伤残、死亡童工。

根据上述规定，劳动法项下的非法用工可以分为以下三类。

1. 不合格的用工主体实施的合格用工行为

用工主体不合格即无照经营，指的是用工方不具备用人单位合法经营资格。由于用工主体不合格，所以，即便是其实施了合格的用工行为，也属于非法用工。

劳动法意义上的用工主体资格，是指使用劳动力所必须具备的法定前提条件，包括用人权利能力和用人行为能力两个方面。根据《劳动合同法》第 2 条规定，用人单位是指我国境内的企业、个体经济组织、民办非企业单位等组织，以及与劳动者建立劳动关系的国家机关、事业单位、社会团体。用人单位具有用工主体资格，承担用工主体责任。用人单位以办理了营业执照或者依法进行了登记、备案并持续有效为取得用工主体资格的条件，否则则属于非法用工。

据此，用工主体不合格包括以下 4 种情形：

（1）用工主体未办理营业执照；

（2）用工主体未经依法登记或备案；

（3）用工主体被依法吊销营业执照；

（4）用工主体被依法撤销登记或备案。

国务院《无照经营查处取缔办法》（2011 年修订，已废止）第 4 条对无照经营作了更为具体的规定：

（1）应当取得而未依法取得许可证或者其他批准文件和营业执照，擅自从事经营活动的无照经营行为；

（2）无须取得许可证或者其他批准文件即可取得营业执照而未依法取得营业执照，擅自从事经营活动的无照经营行为；

（3）已经依法取得许可证或者其他批准文件，但未依法取得营业执照，擅自从事经营活动的无照经营行为；

（4）已经办理注销登记或者被吊销营业执照，以及营业执照有效期届满后未按照规定重新办理登记手续，擅自继续从事经营活动的无照经营行为。

需要注意的是，用工主体不合格仅指无照经营，并不包括违法经营。比如，用人单位超出经营范围经营的，属于违法经营，但不属于无照经营，因此不属于不合格用工主体。

2. 合格的用工主体实施的不合格用工行为

不合格用工行为主要是指企业招用了童工，不包括未成年工。劳动法规定企业禁止使用童工，否则构成非法用工。关于禁止使用童工，本书在第八章第四节中已作讨论，此处不再赘述。

3. 不合格的用工主体实施的不合格用工行为

此为“双不合格”，根据举轻以明重原则，“单不合格”尚且属于非法用工，“双不合格”更是属于非法用工。

本节仅就第一类情形即不合格用工主体对合格员工实施用工的行为进行讨论。

二、非法用工的用工关系认定

关于非法用工单位与员工之间是否构成劳动关系，实务中存在两种不同观点。

第一种观点认为非法用工不构成劳动关系。

根据原劳动和社会保障部《关于确立劳动关系有关事项的通知》第 1 条的规定，认定用人单位与员工之间是否存在劳动关系，适用“三要素”原则，其中之一便是双方应当主体适格，非法用工单位因不具备合法的用工主体资格，因此双方不构成劳动关系，不受劳动法调整，双方构成劳务关系，受民法调整。

第二种观点认为非法用工仍构成劳动关系。

非法用工单位除主体不合格外，其用工形式客观上与一般劳动关系中的用工并无不同，除营业资质存在瑕疵外，其就是一个不折不扣的用人单位，非法用工单位与员工之间是实质的劳动关系。

本书认为，“一刀切”地认定为劳动关系或非劳动关系均有瑕疵，逻辑上难以自洽，应认定为拟制劳动关系较为妥当。所谓拟制劳动关系，即视为劳动关系之意，本不属于劳动关系，为了更周全地保护员工权益，将非法用工单位与员工拟制为劳动关系并受劳动法调整，更为恰当。事实上，为了打击非法用工，切实保障员工合法权益，我国法律就非法用工单位与员工之间发生的用工争议，也在参照一般劳动关系由该单位或其出资人承担用工主体责任。

案例 198

未办理营业执照的单位，与员工是否构成劳动关系？

广东省江门市中级人民法院（2015）江中法民四终字第 247 号

2014 年 2 月，李某雇用陈某在其准备成立的甲代理记账经营部任职会计员，李某没有为陈某缴纳社会保险费。8 月 1 日，李某电话通知解聘陈某，此时该经营部尚未办理注册登记。2015 年 9 月 1 日，陈某向当地人力资源和社会保障局投诉，要求甲经营部补缴其在职期间（2014 年 2 月至 7 月）的社会保险费。人力资源和社会保障局受理后，经审查认为陈某要求补缴社会保险费的期间用工主体不存在，决定撤销立案处理。后陈某将李某诉至法院，主张确认陈某与李某所经营的甲经营部存在劳动关系、李某向陈某支付未签订劳动合同2倍工资差额等权利。

审理结果

法院认为，李某作为甲经营部的出资人，应作为义务主体，陈某长期从事服务工作，并非短暂一次性提供劳务，李某本人已确认其所从事工作内容为其经营部业务的一部分，李某对陈某安排工作任务，对陈某形成监督管理，李某的经营部为陈某提供劳动场所，并向陈某按月发放劳动报酬，李某主张系其个人雇用陈某，但未提交书面雇佣协议，亦没有证据能够证明其在招用陈某时曾明确告知陈某系由其个人雇用，也没有证据证明个人雇用的情形已得到陈某同意，故甲经营部属无营业执照经营生产单位，陈某作为李某非法用工关系中的相对方，已经付出劳动，并不存在任何过错，不应因非法用工主体的违法行为而导致其不受法律的保护。综上，陈某与李某所经营的甲经营部之间用工关系符合劳动关系的实质内容，应认定陈某与甲经营部之间存在劳动关系。

三、非法用工的法律责任

非法用工纳入劳动法调整，不合格的用工主体实施用工行为的，应承担法律责任。劳动法对非法用工的用工责任主要有以下规定：

《劳动合同法》第93条规定，对不具备合法经营资格的用人单位的违法犯罪行为，依法追究法律责任；劳动者已经付出劳动的，该单位或者其出资人应当依照本法有关规定向劳动者支付劳动报酬、经济补偿、赔偿金；给劳动者造成损害的，应当承担赔偿责任。还包括《工伤保险条例》第66条和《非法用工单位伤亡人员一次性赔偿办法》所规定的工伤赔偿责任。

《劳动争议司法解释（一）》第29条规定，劳动者与未办理营业执照、营业执照被吊销或者营业期限届满仍继续经营的用人单位发生争议的，应当将用人单位或者其出资人列为当事人。

概言之，非法用工的用工责任有以下4项：

（1）构成犯罪的，追究刑事责任；

（2）向员工支付工资、经济补偿金、赔偿金的责任；

（3）给员工造成损害的，承担赔偿责任；

（4）员工发生工伤的，承担工伤赔偿责任。

除国家层级的规定外，部分地区还作了地方规定。

比如，安徽省高级人民法院《关于审理劳动争议案件若干问题的指导意见》第 3 条指出，未办理营业执照、营业执照被吊销或者营业期限届满仍继续经营的用人单位与劳动者之间的用工争议，按劳动争议处理，由该单位或者其出资人承担劳动法上的责任。

又如，北京市高级人民法院、北京市劳动人事争议仲裁委员会《关于审理劳动争议案件解答（一）》第 28 问指出，劳动者向未办理营业执照、被吊销营业执照或者营业期限届满仍继续经营的用人单位提供劳动，劳动者有权依照《劳动合同法》的规定向用人单位主张权利，用人单位不存在或者无力承担责任时，出资人应当依法承担相应责任。

四、非法用工的工伤赔偿责任

虽然非法用工单位与员工是否属于劳动关系，在司法实践中尚存争议，但是，对员工工伤待遇的保障无争议，非法用工单位的员工因工受伤的，由该单位及其出资人承担工伤赔偿责任，在不强调双方是否存在劳动关系的前提下，最大限度地保障劳动者享受的工伤待遇权利。

《非法用工单位伤亡人员一次性赔偿办法》第 2 条、第 3 条规定，非法用工单位“必须按照本办法的规定向伤残职工或者死亡职工的近亲属、伤残童工或者死亡童工的近亲属给予一次性赔偿”，“一次性赔偿包括受到事故伤害或者患职业病的职工或童工在治疗期间的费用和一次性赔偿金”。这一规定明确和细化了非法用工单位所招用的员工发生工伤时，所应承担的赔偿责任，给因工受伤的员工提供明确的维权法律依据，保障自身合法权益。

最高人民法院《关于审理工伤保险行政案件若干问题的规定》第 3 条第 1 款第 4 项、第 5 项规定，社会保险行政部门认定下列单位为承担工伤保险责任单位的，人民法院应予支持：用工单位违反法律、法规规定将承包业务转包给不具备用工主体资格的组织或者自然人，该组织或者自然人聘用的职工从事承包业务时因工伤亡的，用工单位为承担工伤保险责任的单位；个人挂靠其他单位对外经营，其聘用的人员因工伤亡的，被挂靠单位为承担工伤保险责任的单位。

我国部分地区也对此作了相关规定。

比如，广东省高级人民法院《关于审理劳动争议案件疑难问题的解答》第 11 条指出，非法用工单位伤亡人员能否直接向人民法院起诉要求用工单位支付一次性赔偿：非法用工单位伤亡人员（含死亡职工的近亲属）依据相关行政部门出具的非法用工处理意见要求单位支付一次性赔偿的，予以支持。非法用工单位伤亡人员不能提供相关行政部门出具的非法用工处理意见，人民法院可以根据查明的事实及《非法用工单位伤亡人员一次性赔偿办法》的规定认定非法用工关系是否成立，并据此认定非法用工单位应承担的赔偿责任。该文件已于 2020 年 12 月 31 日废止，但其精神仍值得借鉴参考。

案例 199

烧烤店未领取营业执照，员工发生工伤谁来承担责任?

安徽省合肥市包河区人民法院（2017）皖 0111 民初 2476 号

胡某于 2016 年 2 月入职甲烧烤店工作，烧烤店未办理工商注册登记，双方未签订书面劳动合同，亦未为胡某参加社会保险。同年 9 月 29 日凌晨，胡某下班后驾驶电动车回家途中与一辆大货车相撞，胡某经抢救无效于当日死亡。当地公安交警部门认定事故双方承担同等责任。因烧烤店未领取营业执照，胡某家属与烧烤店出资人卢某、蒋某协商赔偿事宜，未果，遂申请劳动仲裁，劳动仲裁委以卢某、蒋某二人主体不适格为由驳回胡某家属的请求。胡某家属将卢某、蒋某二人诉至法院。

审理结果

法院认为，胡某生前从 2016 年 2 月开始一直在该烧烤店工作，烧烤店老板卢某安排胡某工作并发放工资，虽烧烤店未办理工商营业执照，胡某与该烧烤店形成了非法用工关系。卢某系实际经营者，蒋某与卢某系夫妻关系，系共同经营该烧烤店，应当作为共同被告参加诉讼，故卢某、蒋某二人诉讼主体适格。胡某系非法用工的劳动者，没有办理工伤保险，故其应当享受的工伤保险待遇由非法用工出资人即卢某、蒋某承担。法院最终判决卢某、蒋某向胡某家属赔偿丧葬补助金、一次性工亡补助金等 65 万余元。

12

第十二章

民主管理

民主管理是指企业单位的职工依照有关法律法规和政策规定，参与单位决策、管理和监督的活动，实现各方共同参与的劳动关系协商协调机制之一。企业民主管理的基本形式是职工代表大会，推进厂务公开，支持职工参与企业管理，维护职工合法权益，构建和谐劳动关系，促进企业持续健康发展。

|第一节| 职工代表大会

根据中共中央纪律检查委员会、中共中央组织部、中华全国总工会等六部门于 2012 年 2 月 13 日发布施行的《企业民主管理规定》第 3 条第 1 款、第 2 款第 1 句的规定，职工代表大会（含职工大会）是职工行使民主管理权力的机构，是企业民主管理的基本形式。职工代表大会是企业民主管理的基本形式，企业应当按照合法、有序、公开、公正的原则，建立以职工代表大会为基本形式的民主管理制度，实行厂务公开，推行民主管理。

一、职工代表大会制度

职工代表大会由全体职工选举的职工代表组成，其主体是全体职工，他们代表全体职工行使民主管理权力，表达全体职工的意志，体现大多数职工的利益。法律规定了职工代表大会的各项制度。

1. 职工代表大会的组织制度

· 职工代表大会的组成

职工代表大会的代表由工人、技术人员、管理人员、企业领导人员和其他方面的职工组成。其中，企业中层以上管理人员和领导人员一般不得超过职工代表总人数的 20%，有女职工和劳务派遣职工的企业，职工代表中应当有适当比例的女职工和劳务派遣职工代表。

职工代表大会根据需要，可以设立若干专门委员会或者小组，负责办理职工代表大会交办的事项。专门委员会及小组成员人选必须经职工代表大会审议通过。

· 召开职工代表大会的人数

企业可以根据职工人数确定召开职工代表大会。企业召开职工代表大会的，职工代表人数按照不少于全体职工人数的 5% 确定，且不得少于 30 人。职工代表人数超过 100 人的，超出的代表人数可以由企业与工会协商确定。

·职工代表大会的任期

职工代表大会每届任期为 3~5 年，具体任期由职工代表大会根据本企业的实际情况确定。职工代表大会因故需要提前或者延期换届的，应当由职工代表大会或者其授权的机构决定。

2. 职工代表大会的职权

根据《企业民主管理规定》第 13 条的规定，职工代表大会主要行使以下职权：

（1）听取企业主要负责人关于企业发展规划、年度生产经营管理情况，企业改革和制定重要规章制度情况，企业用工、劳动合同和集体合同签订履行情况，企业安全生产情况，企业缴纳社会保险费和住房公积金情况等的报告，提出意见和建议。

（2）审议企业制定、修改或者决定的有关劳动报酬、工作时间、休息休假、劳动安全卫生、保险福利、职工培训、劳动纪律以及劳动定额管理等直接涉及劳动者切身利益的规章制度或者重大事项方案，提出意见和建议。

（3）审议通过集体合同草案，按照国家有关规定提取的职工福利基金使用方案、住房公积金和社会保险费缴纳比例和时间的调整方案，劳动模范的推荐人选等重大事项。

（4）选举或者罢免职工董事、职工监事，选举依法进入破产程序企业的债权人会议和债权人委员会中的职工代表，根据授权推荐或者选举企业经营管理人员。

（5）审查监督企业执行劳动法律法规和劳动规章制度情况，民主评议企业领导人员，并提出奖惩建议。

此外，部分地区还对职工代表大会的职权进行了更加细化的规定。比如，《江西省职工代表大会条例》（2021 年修正）对职工代表大会的职权细化为国有企业、集体企业、非公有制企业、事业单位等，不同类型单位的职工代表大会行使的职权略有区别。

3. 职工代表大会的工作制度

（1）职工代表大会每年至少召开 1 次，职工代表大会全体会议必须有 2/3 以上的职工代表出席。

（2）职工代表大会议题和议案应当由企业工会听取职工意见后与企业协商

确定，并在会议召开 7 日前以书面形式送达职工代表。

（3）职工代表大会可以设主席团主持会议，主席团成员由企业工会与职工代表大会各团或者各组协商提出候选人名单，经职工代表大会预备会议表决通过，其中，工人、技术人员、管理人员不少于 50%。

（4）职工代表大会选举和表决相关事项，必须按照少数服从多数的原则，经全体职工代表的过半数通过，对重要事项的表决，应当采用无记名投票的方式分项表决。

（5）职工代表大会在其职权范围内依法审议通过的决议和事项具有约束力，非经职工代表大会同意不得变更或撤销。企业应当提请职工代表大会审议、通过、决定的事项，未按照法定程序审议、通过或者决定的无效。

二、职工代表

职工代表是指由企业全体职工在民主选举的基础上产生的，代表职工与企业就劳动报酬、工作时间、休息休假、劳动安全卫生、保险福利等事项进行平等协商或签订集体合同的职工。

1. 职工代表的选举和罢免

职工代表应当以班组、工段、车间、科室等为基本选举单位由职工直接选举产生。规模较大、管理层次较多的企业的职工代表，可以由下一级职工代表大会代表选举产生。

选举、罢免职工代表，应当召开选举单位全体职工会议，会议应有 2/3 以上职工参加，选举、罢免职工代表的决定，应经全体职工的过半数通过方为有效。

职工代表实行常任制，职工代表任期与职工代表大会届期一致，可以连选连任。职工代表出现缺额时，原选举单位应按规定的条件和程序及时补选。

2. 职工代表的职责

职工代表承担以下职责：

（1）讨论本企业涉及职工利益的有关事项，向全体职工负责并报告工作；

（2）听取企业工作报告，监督企业的工作；

（3）广泛听取职工意见，及时向企业提出工作建议；

（4）必要时提请召开职工大会。

3. 职工代表的权利

职工代表享有下列权利：

（1）选举权、被选举权和表决权；

（2）参加职工代表大会及其工作机构组织的民主管理活动；

（3）对企业领导人员进行评议和质询；

（4）在职工代表大会闭会期间对企业执行职工代表大会决议情况进行监督、检查。

4. 职工代表的义务

职工代表应当履行以下义务：

（1）遵守法律法规、企业规章制度，提高自身素质，积极参与企业民主管理；

（2）依法履行职工代表职责，听取职工对企业生产经营管理等方面的意见和建议，以及涉及职工切身利益问题的意见和要求，并客观真实地向企业反映；

（3）参加企业职工代表大会组织的各项活动，执行职工代表大会通过的决议，完成职工代表大会交办的工作；

（4）向选举单位的职工报告参加职工代表大会活动和履行职责情况，接受职工的评议和监督；

（5）保守企业的商业秘密和与知识产权相关的保密事项。

三、职工董事和监事

根据《企业民主管理规定》第36条和《公司法》相关规定，公司制企业应当依法建立职工董事和职工监事制度，支持职工代表大会选举产生的职工代表作为董事会、监事会成员参与公司决策、管理和监督，代表和维护职工合法权益。有限责任公司董事会成员3人以上，其成员中应当有公司职工代表。职工人数300人以上的有限责任公司，除依法设监事会并有公司职工代表的外，其董事会成员中可以有公司职工代表。董事会中的职工代表由公司职工通过职工代表大会、职工大会或者其他形式民主选举产生。监事会应当包括适当比例的公司职工代表，其中职工代表的比例不得低于1/3，具体比例由公司章程规定。监事会中的职工代表由公司职工通过职工代表大会、职工大会或者其他形式民主选举产生。

1. 职工董事和监事的选举和罢免

职工董事、职工监事候选人由公司工会根据自荐、推荐情况，在充分听取职工意见的基础上提名，经职工代表大会全体代表的过半数通过方可当选，并报上一级工会组织备案。工会主席、副主席应当作为职工董事、职工监事候选人人选。

公司高级管理人员和监事不得兼任职工董事；公司高级管理人员和董事不得兼任职工监事。

职工董事、职工监事不履行职责或者有严重过错的，经 1/3 以上的职工代表联名提议，职工代表大会全体代表的过半数通过可以罢免。

职工董事、职工监事出现空缺时，由公司工会依照相关规定提出替补人选，提请职工代表大会民主选举产生。

2. 职工董事和监事的任期

职工董事、职工监事的任期与公司其他董事、监事的任期相同，可以连选连任。

3. 职工董事的权利

职工董事依法行使以下权利：

（1）参加董事会会议，行使董事的发言权和表决权；

（2）就涉及职工切身利益的规章制度或者重大事项，提请召开董事会会议，反映职工的合理要求，维护职工合法权益；

（3）列席与其职责相关的公司行政办公会议和有关生产经营工作的重要会议；

（4）要求公司工会、公司有关部门和机构通报有关情况并提供相关资料；

（5）法律法规和公司章程规定的其他权利。

4. 职工监事的权利

职工监事依法行使以下权利：

（1）参加监事会会议，行使监事的发言权和表决权；

（2）就涉及职工切身利益的规章制度或者重大事项，提议召开监事会会议；

（3）监督公司的财务情况和公司董事、高级管理人员执行公司职务的行为；

监督检查公司对涉及职工切身利益的法律法规、公司规章制度贯彻执行情况；劳动合同和集体合同的履行情况；

（4）列席董事会会议，并对董事会决议事项提出质询或者建议；列席与其职责相关的公司行政办公会议和有关生产经营工作的重要会议；

（5）要求公司工会、公司有关部门和机构通报有关情况并提供相关资料；

（6）法律法规和公司章程规定的其他权利。

5. 职工董事和监事的义务

职工董事、职工监事应当履行以下义务：

（1）遵守法律法规，遵守公司章程及各项规章制度，保守公司秘密，认真履行职责；

（2）定期听取职工的意见和建议，在董事会、监事会上真实、准确、全面地反映职工的意见和建议；

（3）定期向职工代表大会述职和报告工作，执行职工代表大会的有关决议，在董事会、监事会会议上，对职工代表大会作出决议的事项，应当按照职工代表大会的相关决议发表意见，行使表决权；

（4）法律法规和公司章程规定的其他义务。

6. 职工董事和监事的保障

公司应当保障职工董事、职工监事依照法律法规和公司章程开展工作，为职工董事、职工监事履行职责提供必要的工作条件。职工董事、职工监事在任职期间，除法定情形外，公司不得与其解除劳动合同。

四、厂务公开

厂务公开是指企业将重大决策、生产经营管理的重要问题，涉及职工切身利益的问题以及与企业领导班子建设和党风廉政建设密切相关的问题，根据有关法律法规规定，通过职工代表大会、厂务公开栏等多种形式，向企业广大职工公开，使职工及时了解厂情，更好地参与企业决策、管理和监督。企业应当建立和实行厂务公开制度，按照一定程序向职工公开，听取职工意见，接受职工监督。

根据《企业民主管理规定》第 34 条规定，企业应当向职工公开以下事项：

（1）经营管理的基本情况；

（2）招用职工及签订劳动合同的情况；

（3）集体合同文本和劳动规章制度的内容；

（4）奖励处罚职工、单方解除劳动合同的情况以及裁员的方案和结果，评选劳动模范和优秀职工的条件、名额和结果；

（5）劳动安全卫生标准、安全事故发生情况及处理结果；

（6）社会保险以及企业年金的缴费情况；

（7）职工教育经费提取、使用和职工培训计划及执行的情况；

（8）劳动争议及处理结果情况。

案例 200

规章制度经职工代表大会审议通过后，一定合法有效吗？

山东法院 2023 年度十大劳动争议典型案例

宋某系某物流公司驾驶员。该公司安全管理激励方案规定了驾驶员激励机制：全责、主责负激励 12,000 元，同责负激励 6000 元，次责负激励 3000 元。有责事故驾驶员负激励后予以辞退，驾驶员无过错对驾驶员不予负激励，无责不予负激励。2022 年 7 月 3 日，宋某驾驶重型半挂牵引车时，与案外人李某驾驶的电动二轮车发生碰撞，造成李某死亡。经交警部门认定李某承担主要责任，宋某承担次要责任。8 月 31 日，某物流公司向宋某发送《通知函》，内容为“根据公司安全管理激励方案，有责事故驾驶员负激励后予以辞退，驾驶员无过错对驾驶员不予负激励，无责不予负激励。现通知您到公司人力资源部办理离职手续，否则公司将按自离处理”。因案涉争议，宋某请求某物流公司支付违法解除劳动合同赔偿金。

审理结果

法院认为，某物流公司安全管理激励方案不具有法律效力，据此解除与宋某的劳动合同违法。激励方案中关于负激励的规定，实质上是克扣工人工资及罚款性质，违反了《劳动法》第 50 条和《劳动合同法》第 25 条的规定，应属无效。通常驾驶员在交通事故中负次要责任的，属于一般过失，该物流公司系专门从事道路交通运输的公司，其在运输过程中潜在的安全风险是在所难免的。宋某作为驾驶员，本职岗位就是事故高风险岗位，在交通事故中系次要责任，不属于严重违反用人单位规章制度的情形，某物流公司据此解除与宋某的劳动合同，违反法律规定。法院最终判决某物流公司向宋某支付2022年7月、8月工资3500元及赔偿金5万余元。

典型意义

关于职工代表大会审议通过决议的效力问题。职工代表大会审议通过决议的需兼顾实体公正与程序公正。公司在制定、修改直接涉及员工切身利益的规章制度或者重大事项时，应当经过职工代表大会或者全体职工讨论。本案中，某物流公司制定有关驾驶人员的“负激励”管理方案，涉及驾驶员切身利益，但在决议时没有驾驶员参与，实体上不合理。而且该方案通过职工代表大会决议产生，但在职工代表大会决议上签名的职工与培训会签到表上职工的名字无一重合，无法确定决议上签名的职工代表是否为公司职工，程序上存在瑕疵，因此该决议对员工不发生法律效力。

激励方案中关于负激励规定的效力问题。激励方案名为负激励，实质上是克扣员工工资和罚款，侵害了劳动者合法权益，违反了劳动法律的强制性规定。本案中，激励方案对交通事故中（包括轻微事故）负次要责任的驾驶员也要予以“负激励”，属于不合理地免除或者减轻自身责任、加重对方责任、限制对方主要权利的情形，应属无效。用人单位依此为据解除劳动合同的，应当向劳动者承担违法解除劳动合同的法律责任。

第二节 工 会

《工会法》和《中国工会章程》指出，中国工会是中国共产党领导的职工自愿结合的工人阶级群众组织，是会员和职工利益的代表。工会作为职工群众组织，其代表职工的利益，依法维护职工的合法权益。

2021 年 12 月 24 日，全国人大常委会通过了关于修改《工会法》的决定，新修改的《工会法》于 2022 年 1 月 1 日起施行。本次修改，一是突出坚持党的领导，进一步完善指导思想，充分体现工会组织的政治性；二是积极回应新时代社会主要矛盾变化，拓展工会基本职责；三是落实党中央关于产业工人队伍建设改革的决策部署，明确产业工人队伍建设改革的法律地位；四是适应经济社会和职工队伍发展变化，进一步完善职工建会入会权利。

一、工会的组织系统

我国工会有严格的组织系统，工会各级组织按照民主集中制原则建立，中华全国总工会及其各工会组织代表职工的利益，依法维护职工的合法权益。维护职工合法权益、竭诚服务职工群众是工会的基本职责，在维护全国人民总体利益的同时，代表和维护职工的合法利益。通过平等协商和集体合同制度等，推动健全劳动关系协调机制，维护职工劳动权益，构建和谐劳动关系。

1. 工会的组织体系

我国工会组织由中华全国总工会、地方各级总工会、产业工会以及基层工会构成。

全国建立统一的中华全国总工会。

县级以上地方建立地方各级工会，比如湖南省总工会、都安瑶族自治县总工会。

同一行业或者性质相近的几个行业，可以根据需要建立全国的或者地方的产业工会。比如中国海员建设工会全国委员会、江苏省服务业工会联合会、深圳市钟表行业协会工会委员会。

2. 企业工会

企业工会即企业工会委员会，是中华全国总工会的基层组织，是基层工会组织委员会的一种组织形式。

《工会法》第 11 条第 1 款规定，用人单位有会员 25 人以上的，应当建立基层工会委员会；不足 25 人的，可以单独建立基层工会委员会，也可以由两个以上单位的会员联合建立基层工会委员会，还可以选举组织会员一人，组织会员开展活动。女职工人数较多的，可以建立工会女职工委员会，在同级工会领导下开展工作；女职工人数较少的，可以在工会委员会中设女职工委员。

企业工会委员会每届任期 3 年或者 5 年，具体任期由会员大会或者会员代表大会决定。任期届满，应当如期召开会议，进行换届选举。在特殊情况下，经上一级工会批准，可以提前或者延期举行。

3. 会员大会（会员代表大会）

企业工会委员会定期召开会员大会或者会员代表大会，讨论决定工会工作的重大问题。经企业工会委员会或者 1/3 以上的工会会员提议，可以临时召开会员大会或者会员代表大会。工会会员在 100 人以下的企业工会应当召开会员大会。

企业工会会员大会或者会员代表大会的职权是：

（1）审议和批准企业工会委员会的工作报告；

（2）审议和批准企业工会委员会的经费收支情况报告和经费审查委员会的工作报告；

（3）选举企业工会委员会和经费审查委员会；

（4）撤换或者罢免其所选举的代表或者工会委员会组成人员；

（5）讨论决定工会工作的重大问题。

会员代表大会的代表实行常任制，任期与本企业工会委员会相同。

二、工会组织的性质

1. 工会组织具有社会团体法人资格

《工会法》第 15 条和《中国工会章程》第 25 条规定，中华全国总工会、地方总工会、产业工会具有社会团体法人资格，基层工会组织具备《民法典》规定的法人条件的，依法取得社会团体法人资格，工会主席为法定代表人。

企业工会作为基层工会组织，取得社会团体法人资格需要向民政部门申请社会团体法人登记，未经登记的，不具有法人资格。比如，笔者通过天眼查检索到，华为投资控股有限公司工会委员会、深圳市腾讯计算机系统有限公司工会委员会等，属于具有社会团体法人资格的企业工会组织。

进行了社会团体法人资格登记的企业工会，属于民法上的法人，具有独立的民事权利能力和民事行为能力，应当依法设立独立经费账户，独立享有财产权、债权等民事权利，独立承担民事责任。

2. 工会组织的独立性

《劳动合同法》第 5 条确立了健全协调劳动关系的三方机制，这就说明，企业工会组织既不是政府的附属机构，也不是依附于企业的职能部门，而是一个独立的组织，可以在法律规定的范围内依照工会章程独立自主地开展工作。

三、企业工会的组建

《工会法》第 3 条第 1 款规定，在中国境内的企业、事业单位、机关、社会组织中以工资收入为主要生活来源的劳动者，不分民族、种族、性别、职业、宗教信仰、教育程度，都有依法参加和组织工会的权利，任何组织和个人不得阻挠和限制。

在实体条件上，《工会法》第 11 条第 1 款规定有会员 25 人以上的企业，应当建立企业工会委员会，不足 25 人的，不强调应当建立工会。但是，由于工会组织是一种群众自治性组织，在现实中有很多企业虽然人数众多，但事实上并没有建立工会。

根据中华全国总工会《工会基层组织选举工作条例》（总工发〔2016〕27 号）及相关规定，企业组建工会组织的程序如下所述。

（1）成立工会筹备组。

筹备组一般为 3~5 人，可设组长、副组长、成员。建立党组织的，可以由企业党组织提出工会筹备组成员名单，未建立党组织的，可以由上一级工会与企业及职工共同协商确定筹备组成员名单。筹备组成员一般由企业党组织代表和职工代表组成，根据工作需要，上级工会可以派人参加。筹备组在同级党组织和上一级工会的领导下负责工会筹备期间的各项工作。

（2）递交申请报告。

筹备组向上级工会或者所在地街镇总工会递交关于成立企业工会的书面请示报告，并上报筹备组成员，上级工会进行书面批复。

（3）建会宣传。

筹备组在筹建工作中，要根据企业的特点和实际，广泛深入地向职工宣传工会的性质、地位、作用、任务及会员的权利和义务，宣传组建工会的目的、意义，使职工了解企业工会是职工利益的代表，组建工会是职工的法定权利。

（4）发展会员。

通过建会宣传，企业职工自愿申请入会，员工自愿入会申请书、工会会员申请登记表和工会会员信息采集表由筹备组批准。工会组建完成后，向会员发放会员证。

（5）建立工会小组。

工会小组一般以车间、部门、科室等为单位建立，大型企业以分支机构为单位，成立工会分会。

工会小组应民主推选工会小组长。

（6）推荐有关候选人。

筹备组通过会员自荐、10 名以上会员或代表联名推荐、工会分会或工会小组推荐、本届工会委员会或工会筹备组推荐、同级党组织推荐、上级工会推荐等方式，征集工会委员会委员、经费审查委员会委员、女职工委员会委员候选人。候选人的推荐要听取工会小组及职工群众意见。

企业出资人（含合伙人）及其近亲属、法定代表人、行政主要负责人不得提名为工会委员会成员候选人。企业行政副职、股权激励性质的持股员工、人力资源部门负责人，外籍及我国港澳台地区职工等提名为工会委员候选人的，应征求同级党组织和上一级工会意见。

（7）召开会员大会或会员代表大会。

在筹备工作基本就绪后，筹备组应组织召开会员大会或会员代表大会。

①确定参会人员。

会员 100 人以下的召开会员大会，会员 100 人以上的召开会员大会或会员代表大会。

会员 100~200 人的，设代表 30~40 人；会员 201~1000 人的，设代表 40~60 人。会员代表的选举一般以工会小组为选举单位进行。[1]

②递交工会成立请示。

向上级工会递交关于召开第一届会员（代表）大会第一次会议的请示，上级工会进行书面批复。

③召开会员（代表）大会，按照民主程序选举工会委员会委员和经费审查委员会委员。

参加选举的人数为应到会人数的 2/3 以上时，方可进行选举。被选举人获得应到会人数的过半数赞成票时，始得当选。获得半数赞成票的被选举人人数超过应选名额时，得赞成票多的当选。

工会委员会委员名额（单数）及要求：会员 25~200 人，设委员 3~7 人；会员 201~1000 人的，设委员 7~15 人，其中主席 1 名，委员若干人，人数多的可设副主席。工会委员会委员实行差额选举。候选人中应有适当比例的劳模（先进工作者）、一线职工和女职工代表。

经费审查委员会委员名额及要求：经选举产生，其中主任 1 人。基层工会的主席、分管财务和资产的副主席、财务和资产管理部门的人员，不得担任同级工会经费审查委员会委员。

根据主持词及本单位实际情况完成大会法定流程：

a. 审议通过大会选举办法；

b. 审议通过工会委员会和经费审查委员会候选人名单；

c. 审议通过大会总监票人和监票人名单；

d. 选举工会委员会委员和经费审查委员会委员；

e. 宣读计票结果报告单；

f. 宣读选举结果。

④召开工会委员会委员会议。

a. 选举产生工会委员会主席、副主席。

b. 协商产生女职工委员会委员和主任。女职工委员会委员名额及要求：有女会员 10 人以上的建立女职工委员会，其中主任 1 名（可以由工会委员会委员中

---

1 会员代表的组成应以一线职工为主，体现广泛性和代表性。中层正职以上管理人员和领导人员一般不得超过会员代表总数的 20%。女职工、青年职工、劳动模范、先进工作者等会员代表应占一定比例。

的女性兼任），女会员不足 10 人的只需设女职工委员 1 名。

⑤召开经费审查委员会委员会议，选举产生经费审查委员会主任。

⑥主持人宣布选举结果。

（8）选举结果上报。

会员大会或者会员代表大会召开后，应将选举结果向上级工会报批，上报工会组织信息采集表，上级工会下发选举结果批复。

（9）工会成立公示。

企业工会成立后，应通过公开张贴、OA 办公系统等方式，向全体职工和全体工会会员公示本企业工会的成立，并公布工会主席、副主席，经费审查委员会主任、委员，女职工委员会主任、委员的名单，以及工会各工作委员会的组成和分工等情况。

（10）注册登记。

相关工作结束后，所有资料归档保存［上级工会的批复、会员信息、会员（代表）大会资料、选票等］，建立工会工作档案，人员变动时做好交接工作，并可以向民政部门申请注册登记。

①刻制公章。凭工会组织成立批复至公章刻制店刻工会委员会公章。

②办理工会法人资格登记。凭成立批准与选举结果批复文件填表办理工会法人资格登记证。

③开设银行账户。开设工会独立账户凭工会法人资格登记证自行去任意一家商业银行设立工会账户。

四、企业工会主席

2008 年 7 月 25 日，中华全国总工会发布《企业工会主席产生办法（试行）》，在 2001 年《工会法》的基础上，从任职条件、候选人产生、民主选择以及管理与待遇几个维度对工会主席的产生进行了较为具体详细的规定。

1. 工会主席的产生

·工会主席的任职条件

根据上述规定，企业工会主席的任职条件分为积极条件和消极条件。担任企业工会主席，应具备下列条件：

①政治立场坚定，热爱工会工作；

②具有与履行职责相应的文化程度、法律法规和生产经营管理知识；

③作风民主，密切联系群众，热心为会员和职工服务；

④有较强的组织协调能力。

企业行政负责人（含行政副职）、合伙人及其近亲属，人力资源部门负责人，外籍职工不得作为本企业工会主席候选人。

· 工会主席候选人的产生

企业工会换届或新建立工会组织，应当成立由上一级工会、企业党组织和会员代表组成的领导小组，负责工会主席候选人提名和选举工作。

企业工会主席候选人应以工会分会或工会小组为单位酝酿推荐，或由全体会员以无记名投票方式推荐，上届工会委员会、上一级工会或工会筹备组根据多数会员的意见，提出候选人名单。

企业工会主席候选人应多于应选人。

企业党组织和上级工会应对企业工会主席候选人进行考察，对不符合任职条件的予以调整。

企业工会主席候选人应进行公示，公示期为 7 天。公示按姓氏笔画排序。

企业工会主席候选人应报经企业党组织和上一级工会审批。

上级工会可以向非公有制企业工会、联合基层工会推荐本企业以外人员作为工会主席候选人。

· 民主选举产生工会主席

企业工会主席产生均应依法履行民主选举程序，经会员民主选举方能任职。选举企业工会主席应召开会员大会或会员代表大会，采取无记名投票方式进行。因故未出席会议的选举人，不得委托他人代为投票。

企业工会主席可以由会员大会或会员代表大会直接选举产生，也可以由企业工会委员会选举产生；可以与企业工会委员会委员同时进行选举，也可以单独选举。

会员大会或会员代表大会选举企业工会主席，参加选举人数为应到会人数 2/3 以上时，方可进行选举。企业工会主席候选人获得赞成票超过应到会有选举权人数半数的始得当选。

任何组织和任何个人不得妨碍民主选举工作，不得阻挠有选举权和被选举权的会员到场，不得以私下串联、胁迫他人等非组织行为强迫选举人选举或者不选举某个人，不得以任何方式追查选举人的投票意向。

企业工会主席出现空缺，应在3个月内进行补选。补选前应征得同级党组织和上一级工会的同意，暂由一名副主席或委员主持工作，一般期限不得超过3个月。

2. 工会主席的任期

《工会法》第16条规定，基层工会委员会每届任期3年或者5年，各级地方总工会委员会和产业工会委员会每届任期5年。

3. 工会主席的权益保护

·工会主席的管理与待遇

①企业工会主席一般应按企业副职级管理人员条件选配并享受相应待遇；

②公司制企业工会主席应依法进入董事会；

③企业应依法保障兼职工会主席的工作时间及相应待遇。

·工会主席的劳动权益特别保护

①企业工会主席任期未满，企业不得随意调动其工作，不得随意解除其劳动合同，因工作需要调动时，应当征得本级工会委员会和上一级工会同意，依法履行民主程序。

②工会专职主席自任职之日起，其劳动合同期限自动延长，延长期限相当于其任职期间；非专职主席自任职之日起，其尚未履行的劳动合同期限短于任期的，劳动合同期限自动延长至任期期满。任职期间个人有严重过失或者达到法定退休年龄的除外。

五、企业工会的经费和资产

《工会法》和《中国工会章程》均对工会的经费和资产用专章进行了规定。

1. 企业工会经费的来源和用途

·企业工会经费的来源

根据《工会法》规定，工会经费的来源：

①工会会员缴纳的会费；

②企业、事业单位、机关、社会组织按全部职工工资总额的2%向工会拨缴

的经费或者建会筹备金；

③工会所属的企业、事业单位上缴的收入；

④人民政府和企业、事业单位、机关、社会组织的补助；

⑤其他收入。

· 企业工会经费的用途

根据法律规定，具备社会团体法人资格的工会应当依法设立独立经费账户，工会应当根据经费独立原则，建立预算、决算和经费审查监督制度，工会经费主要用于为职工服务和开展工会活动。

企业工会经费收支情况应当由同级工会经费审查委员会审查，并且定期向会员大会或者会员代表大会报告，接受监督。工会会员大会或者会员代表大会有权对经费使用情况提出意见。

· 企业拒不拨缴工会经费的法律后果

根据《工会法》规定，企业无正当理由拖延或者拒不拨缴工会经费，企业工会或者上级工会可以向当地人民法院申请支付令；拒不执行支付令的，工会可以依法申请人民法院强制执行。

2. 工会的资产

工会资产（含工会经费，下同）是社会团体资产，工会资产和国家及企业拨给工会的不动产和拨付资金形成的资产受法律保护，任何单位和个人不得侵占、挪用和任意调拨，不经批准，不得改变工会所属企业的隶属关系和产权关系。工会组织合并，其资产归合并后的工会所有，工会组织撤销或者解散，其资产由上级工会处置。

六、工会的工作职能

根据工会法和劳动法相关规定，企业工会的工作职能主要包括以下四个方面。

1. 参与企业劳动用工重大事项协商

根据《工会法》第 39 条第 1 款的规定，企业研究经营管理和发展的重大问题应当听取工会的意见，召开会议讨论有关工资、福利、劳动安全卫生、工作时间、休息休假、女职工保护和社会保险等涉及职工切身利益的问题，必须有工会代表参加。

根据《劳动合同法》第4条的规定，企业在制定、修改或者决定有关劳动报酬、工作时间、休息休假、劳动安全卫生、保险福利、职工培训、劳动纪律以及劳动定额管理等直接涉及员工切身利益的规章制度或者重大事项时，应当经职工代表大会或者全体职工讨论，提出方案和意见，与工会或者职工代表平等协商确定，在规章制度和重大事项决定实施过程中，工会或者职工认为不适当的，有权向企业提出，通过协商予以修改完善。

根据《社会保险法》第9条的规定，工会依法维护职工的合法权益，有权参与社会保险重大事项的研究，参加社会保险监督委员会，对与职工社会保险权益有关的事项进行监督。

2. 与企业协商签订集体合同

工会通过平等协商和集体合同制度等，推动健全劳动关系协调机制，维护职工劳动权益，构建和谐劳动关系。

根据《劳动合同法》第51条、第52条的规定，由企业工会代表企业职工一方，可以就劳动报酬、工作时间、休息休假、劳动安全卫生、保险福利、女职工权益保护、工资调整机制等事项与企业通过平等协商，签订集体合同或者专项集体合同。

3. 监督劳动合同的履行

根据《劳动合同法》第78条及《工会法》规定，工会依法维护劳动者的合法权益，监督劳动合同的签订和履行。

具体而言，工会监督劳动合同履行主要包括以下几个方面：

（1）帮助、指导员工与企业签订劳动合同；

（2）企业侵犯员工劳动权益的，工会可以依法要求企业予以改正并承担责任；

（3）企业处分员工，工会认为不适当的，有权提出意见；

（4）企业单方面解雇员工时，应当事先将理由通知工会，工会认为企业违反法律、法规和有关合同，要求重新研究处理时，企业应当研究工会的意见，并将处理结果书面通知工会；

（5）员工工资按时足额发放，不得拖欠或者克扣；

（6）企业提供劳动安全卫生条件应符合法律规定；

（7）违反劳动法随意延长劳动时间的，工会可以要求企业采取措施予以改正；

（8）企业不得侵犯女职工和未成年工的特殊权益；

（9）其他严重侵犯员工劳动权益的，工会可以要求企业予以改正。

4. 协助员工维权

根据《劳动合同法》第 56 条、第 78 条的规定，员工合法权益受到侵害，需申请仲裁、提起诉讼的，工会依法给予支持和帮助，因履行集体合同发生争议，经协商解决不成的，工会可以依法申请仲裁、提起诉讼。

案例 201

解雇员工没有通知工会，法院判企业解雇违法

广东省深圳市中级人民法院（2021）粤 03 民终 16700 号

刘某于 2016 年 7 月入职甲公司担任采购经理职务，双方签订了劳动合同，刘某签名的《廉政建设目标责任书》规定，禁止利用岗位职务的便利谋取不正当利益和损害公司利益，禁止商业贿赂，禁止索取与公司有业务往来对方当事人的任何钱物、接受与公司有业务往来对方当事人的礼物馈赠或宴请等，若有违反，公司给予扣发奖金、解雇等处罚。2020 年 6 月至 7 月，刘某在为公司采购过程中，向卖家索要乳牙盒并将价格均摊到为公司采购的物品中。2020 年 9 月 11 日，公司以严重违反规章制度为由解雇了刘某。刘某申请劳动仲裁，主张甲公司支付违法解除劳动合同赔偿金7万余元。经查，甲公司建立了工会组织，但解雇刘某时未事先通知工会，亦未在起诉前补正相关程序。

审理结果

法院认为，虽然刘某存在利用不正当方式谋取私人利益的行为，甲公司向刘某发出《解除劳动合同通知书》，但甲公司未提交充分有效证据证明其已按照法律规定程序事先通知工会或在起诉前已补正相关程序，故甲公司属违法解除劳动合同。法院最终判决甲公司向刘某支付违法解除劳动合同赔偿金 7 万余元。

案例简评

坦白说，甲公司这“学费”交得有点冤，吃了不懂劳动法的亏。本案也给广大 HR 朋友提了个醒，解雇员工一定要记得通知工会。

首先，《劳动合同法》第 43 条中规定，用人单位单方解除劳动合同，应当事先将理由通知工会。这里用的是“应当”，就是必须要通知工会，而不是可通知可不通知。

其次，根据《劳动争议司法解释（一）》第 47 条规定，建立了工会组织的用人单位解除劳动合同符合《劳动合同法》第 39 条、第 40 条规定，但未按照《劳动合同法》第 43 条规定事先通知工会，劳动者以用人单位违法解除劳动合同为由请求用人单位支付赔偿金的，人民法院应予支持，但起诉前用人单位已经补正有关程序的除外。也就是说，企业是有多次机会可以通知工会的，解雇前、解雇后仲裁前、仲裁后一审前，都有机会通知，只要在起诉前补正，都会被认定为有效。

本案中，甲公司已经成立工会，在解雇刘某时没有通知工会，直至一审时也没补正通知工会的程序，虽然刘某的行为已经构成严重违纪，但由于甲公司解雇程序违法，最终被认定为解雇违法。

第三节　集体合同

集体合同制度是当今国际上普遍采用的调整劳动关系的一项重要法律制度，我国 1995 年施行的《劳动法》首次从法律制度的层面规定了集体合同制度，该制度实施以来，对于保障员工的合法权益，调整和协调劳动关系发挥了重要的作用。2004 年，原劳动和社会保障部发布《集体合同规定》，对集体合同的内容、协商程序等作了详细具体的规定。2008 年《劳动合同法》施行，更是以专节对集体合同制度进行了规定。

一、集体合同的类型

集体合同的具体内容，可能涉及劳动关系的各个方面，也可能只涉及劳动关系的某个方面，还可能只涉及某个行业或者某个区域。随着社会经济的发展，各方面的问题也逐渐展现，想要一劳永逸地在一个集体合同中解决所有问题越来越不可能。为了减少协商谈判所需要的社会成本，也为了更有针对性、更有效地解决劳动关系某一个方面、某一个行业或者某一个区域的问题，工会在推进集体合同制度的实践中订立不同类型的集体合同，成为一种普遍形式。

基于上述特点，劳动法针对集体合同所涉及的行业、区域、内容等不同，对集体合同进行了分类。根据《劳动合同法》和《集体合同规定》相关规定，集体合同分为一般集体合同、专项集体合同、行业性集体合同、区域性集体合同四种类型。

1. 一般集体合同

一般集体合同，是指用人单位与本单位职工根据法律、法规、规章的规定，就劳动报酬、工作时间、休息休假、劳动安全卫生、职业培训、保险福利等事项，通过集体协商签订的书面协议。

2. 专项集体合同

专项集体合同，是指用人单位与本单位职工根据法律、法规、规章的规定，就集体协商的某项内容签订的专项书面协议。《劳动合同法》第52条规定，企业职工一方与用人单位可以订立劳动安全卫生、女职工权益保护、工资调整机制等专项集体合同。

以工资调整机制为例。所谓工资集体协商，是指职工代表与企业代表依法就企业内部工资分配制度、工资分配形式、工资收入水平进行平等协商，并在协商一致的基础上签订工资协议的一种制度安排。在企业工资集体协商过程中，职工一方明显处于弱势，代表企业利益的一方往往组织严密，具有很强的专业素质，而代表职工利益的一方往往是由选举、任命等方式临时产生，缺乏谈判的动力与技能，致使工资谈判常常走过场，难有实际效果。为此，企业职工一方需要借助有组织的工会力量，能够真正与企业一方平等协商，订立工资调整机制方面的专项集体合同。

3. 行业性集体合同

行业性集体合同，主要是指在一定行业内，由地方工会或者行业性工会联合会与相应行业内企业方面代表，就劳动报酬、工作时间、休息休假、劳动安全卫生、保险福利等事项进行平等协商，所签订的集体合同。

《劳动合同法》第53条规定，在县级以下区域内，建筑业、采矿业、餐饮服务业等行业可以由工会与企业方面代表订立行业性集体合同。

比如，据新华网2019年2月25日报道，北京市快递行业工会联合会与北京市快递协会签订《北京市快递行业2019年度劳动保护专项集体合同》，对职工的劳动安全教育和培训、劳动保护、劳动条件改善等方面内容达成一致，双方共同遵守执行。

4. 区域性集体合同

区域性集体合同，是指在某个县、区、乡、镇、街道、村等一定区域内，由区域性工会联合会与相应经济组织或区域内企业，就劳动报酬、工作时间、休息休假、劳动安全卫生、保险福利等事项进行平等协商，所签订的集体合同。

《劳动合同法》第53条规定，在县级以下区域内，建筑业、采矿业、餐饮服务业等行业可以由工会与企业方面代表订立区域性集体合同。

二、集体合同的内容

集体合同的具体内容，可能涉及劳动关系的各个方面，也可能只涉及劳动关系的某一个方面，集体合同的类型不同，所协商的内容不同，所签订的集体合同内容就不一样，因此，企业职工一方与用人单位可以就劳动报酬、工作时间、休息休假、劳动安全卫生保险福利等事项中的一项或者数项订立集体合同。

《集体合同规定》第 8 条规定，集体协商双方可以就下列多项或某项内容进行集体协商，签订集体合同或专项集体合同：

（1）劳动报酬；

（2）工作时间；

（3）休息休假；

（4）劳动安全与卫生；

（5）补充保险和福利；

（6）女职工和未成年工特殊保护；

（7）职业技能培训；

（8）劳动合同管理；

（9）奖惩；

（10）裁员；

（11）集体合同期限；

（12）变更、解除集体合同的程序；

（13）履行集体合同发生争议时的协商处理办法；

（14）违反集体合同的责任；

（15）双方认为应当协商的其他内容。

此外，《劳动合同法》第 55 条规定，集体合同中劳动报酬和劳动条件等标准不得低于当地人民政府规定的最低标准，用人单位与劳动者订立的劳动合同中劳动报酬和劳动条件等标准不得低于集体合同规定的标准。

三、集体合同的签订

1. 集体合同的签订主体

用人单位与本单位职工通过集体协商的形式签订集体合同或专项集体合同，

建筑业、采矿业、餐饮服务业等行业一般由工会与企业方面代表签订行业性集体合同或者订立区域性集体合同。

据此，集体合同的签订主体，一方是用人单位或者企业方面代表，一方是工会或者职工推举的代表。其中，职工一方主要包括以下三类主体代表：

· 企业工会组织

建立了工会组织的企业，工会组织作为全体职工的利益维护者，代表全体职工与企业就劳动关系中的某一项或者多项内容与企业进行平等协商，签订集体合同或者专项集体合同。《劳动合同法》第 51 条规定，集体合同由工会代表企业职工一方与用人单位订立。

· 职工推举的代表

没有建立工会的企业，职工可以推举职工代表与企业进行协商，并签订集体合同或者专项集体合同。《劳动合同法》第 51 条和《集体合同规定》第 20 条规定，尚未建立工会的用人单位，由上级工会指导职工推举的代表与用人单位订立，职工代表由本单位职工民主推荐，并经本单位半数以上职工同意。

· 行业和区域工会组织

《劳动合同法》第 53 条规定，在县级以下区域内，建筑业、采矿业、餐饮服务业等行业可以由工会与企业方面代表订立行业性集体合同或者订立区域性集体合同。

通常情况下，签订行业性集体合同的，应由地方工会或者行业性工会联合会代表职工一方与相应行业内的企业方面代表签订，签订区域性集体合同的，应由区域性工会联合会代表职工一方与相应经济组织或者区域内企业签订。

2. 集体合同的签订原则

《集体合同规定》第 5 条规定，进行集体协商，签订集体合同或专项集体合同，应当遵循下列原则：

（1）遵守法律、法规、规章及国家有关规定；

（2）相互尊重，平等协商；

（3）诚实守信，公平合作；

（4）兼顾双方合法权益；

（5）不得采取过激行为。

3. 集体合同的签订程序

· 确定集体协商代表

集体协商代表是指按照法定程序产生并有权代表本方利益进行集体协商的人员。集体协商双方的代表人数应当对等，每方至少 3 人，并各确定 1 名首席代表。

· 集体协商

（1）协商前准备。

根据《集体合同规定》第 33 条规定，协商代表在协商前应进行下列准备工作：

a. 熟悉与集体协商内容有关的法律、法规、规章和制度；

b. 了解与集体协商内容有关的情况和资料，收集用人单位和职工对协商意向所持的意见；

c. 拟定集体协商议题，集体协商议题可由提出协商一方起草，也可由双方指派代表共同起草；

d. 确定集体协商的时间、地点等事项；

e. 共同确定一名非协商代表担任集体协商记录员。记录员应保持中立、公正，并为集体协商双方保密。

（2）提出集体协商要求。

《集体合同规定》第 32 条规定，集体协商任何一方均可就签订集体合同或专项集体合同以及相关事宜，以书面形式向对方提出进行集体协商的要求。一方提出进行集体协商要求的，另一方应当在收到集体协商要求之日起 20 日内以书面形式给予回应，无正当理由不得拒绝进行集体协商。

（3）召开集体协商会议。

双方确定集体协商后，应当召开集体协商会议，就集体协商所确定的议题进行协商讨论，通过集体合同草案。

集体协商会议由双方首席代表轮流主持，并按下列程序进行：

a. 宣布议程和会议纪律；

b. 一方首席代表提出协商的具体内容和要求，另一方首席代表就对方的要求作出回应；

c. 协商双方就商谈事项发表各自意见，开展充分讨论；

d. 双方首席代表归纳意见。达成一致的，应当形成集体合同草案或专项集体合同草案，由双方首席代表签字。

（4）签订集体合同或者专项集体合同。

经双方协商代表协商一致的集体合同草案或专项集体合同草案应当提交职工代表大会或者全体职工讨论。职工代表大会或者全体职工讨论集体合同草案或专项集体合同草案，应当有2/3以上职工代表或者职工出席，且须经全体职工代表半数以上或者全体职工半数以上同意，集体合同草案或专项集体合同草案方获通过。

集体合同草案或专项集体合同草案经职工代表大会或者职工大会通过后，由集体协商双方首席代表签字，双方首席代表签字后，集体合同或专项集体合同正式成立。

4. 集体合同的期限

集体合同或专项集体合同期限一般为1年至3年，期满或双方约定的终止条件出现，即行终止。集体合同或专项集体合同期满前3个月内，任何一方均可向对方提出重新签订或续订的要求。

四、集体合同的生效

与劳动合同不同的是，劳动法规定了集体合同经双方签订后还需要经过报送审查方能生效。

1. 报送与登记

根据《劳动合同法》第54条和《集体合同规定》第42条的规定，集体合同或专项集体合同签订或变更后，应当自双方首席代表签字之日起10日内，由用人单位一方将文本一式三份报送劳动保障行政部门审查。劳动保障行政部门对报送的集体合同或专项集体合同应当办理登记手续。

2. 审查

劳动保障行政部门应当对报送的集体合同或专项集体合同的下列事项进行合法性审查：

（1）集体协商双方的主体资格是否符合法律、法规和规章规定；

（2）集体协商程序是否违反法律、法规、规章规定；

（3）集体合同或专项集体合同内容是否与国家规定相抵触。

劳动保障行政部门对集体合同或专项集体合同有异议的，应当自收到文本之日起 15 日内将加盖劳动保障行政部门印章的《审查意见书》送达双方协商代表。《审查意见书》应当载明以下内容：

（1）集体合同或专项集体合同当事人双方的名称、地址；

（2）劳动保障行政部门收到集体合同或专项集体合同的时间；

（3）审查意见；

（4）作出审查意见的时间。

3. 生效

劳动保障行政部门自收到文本之日起 15 日内未提出异议的，集体合同或专项集体合同即行生效。

4. 公布

生效的集体合同或专项集体合同，应当自其生效之日起由协商代表及时以适当的形式向本方全体人员公布。

依法订立的集体合同对用人单位和劳动者具有约束力。行业性、区域性集体合同对当地本行业、本区域的用人单位和劳动者具有约束力。

五、集体合同的变更与解除

1. 集体合同的变更和解除情形

· 协商一致变更或解除

双方协商代表协商一致，可以变更或解除集体合同或专项集体合同。

· 单方变更或解除

《集体合同规定》第 40 条规定，有下列情形之一的，可以变更或解除集体合同或专项集体合同：

①用人单位因被兼并、解散、破产等原因，致使集体合同或专项集体合同无法履行的；

②因不可抗力等原因致使集体合同或专项集体合同无法履行或部分无法履

行的；

③集体合同或专项集体合同约定的变更或解除条件出现的；

④法律、法规、规章规定的其他情形。

2. 集体合同变更或解除的程序

《集体合同规定》第 41 条规定，变更或解除集体合同或专项集体合同适用该规定的集体协商程序。由此可见，《劳动法》对集体合同的单方变更或解除进行了严格限制，并不像劳动合同的解除放得那么宽，主要是集体合同涉及的是职工群体，保护的是职工群体最基本的利益。集体合同需要进行变更或者解除的，必须严格遵守集体协商程序。

六、集体合同争议处理

《劳动法》第 84 条和《劳动合同法》第 56 条规定，集体合同争议分为签订争议和履行争议。

1. 签订争议

因签订集体合同发生争议，当事人先行协商解决，协商不成的，当地劳动行政部门可以组织有关各方协调处理。

2. 履行争议

因履行集体合同发生争议，当事人先行协商解决；协商不成的，可以向劳动争议仲裁委员会申请仲裁；对仲裁裁决不服的，可以自收到仲裁裁决书之日起 15 日内向人民法院提起诉讼。

七、集体合同与劳动合同的区别

集体合同与劳动合同既有联系又有区别，联系在于二者都具有保障职工合法权益的功能，都是用来调整劳动关系的，二者互为补充，但二者之间又存在明显区别，不能相互替代，更不能等同。

归纳言之，集体合同与劳动合同主要存在以下区别：

（1）目的不同。

劳动法作出集体合同制度安排，目的是维护某个职工群体的合法权益，或是一个企业内的全体职工，或是一个区域内的职工，或是一个行业内的职工，以促进企业与职工的共同发展。签订劳动合同的目的则在于确立企业与某个职工个体之间的劳动关系，明确双方之间具体的权利和义务。

（2）签订主体不同。

集体合同或者专项集体合同是由企业工会组织或者全体职工推举的代表与企业签订，行业性集体合同一般由地方工会或者行业性工会联合会代表职工一方与相应行业内的企业方面代表签订，区域性集体合同一般由区域性工会联合会代表职工一方与相应经济组织或者区域内企业签订。劳动合同则是由职工本人与企业直接签订。

（3）内容不同。

集体合同的内容往往是有关全体职工的劳动报酬、工作时间、休息休假、劳动安全卫生、保险福利等事项，可以就某一项内容签订专项集体合同，也可以就多项内容签订一般集体合同。劳动合同则必须具备《劳动合同法》第 17 条第 1 款规定的合同条款，即必备条款，否则需承担法律责任。

（4）适用范围不同。

集体合同或专项集体合同，适用于企业的全体职工，即一份合同适用于企业的每一名职工，行业性集体合同和区域性集体合同，分别适用于该行业内和该区域内的每一名职工。劳动合同则只适用于签订合同的职工个人，对其他职工没有约束力。

（5）签订程序不同。

集体合同是由工会或职工代表与企业通过法定程序进行集体协商，讨论集体合同草案，双方协商代表签订集体合同草案，经职工代表大会或者全体职工讨论通过。劳动合同则是由职工本人与用人单位就合同内容协商一致后直接签订。

（6）生效条件不同。

集体合同签订后，需将合同文本报送劳动保障行政部门进行合法性审查，经审查无异议的，集体合同才能生效。劳动合同则无须审查，通常情况下，双方一经签订即生效。

（7）法律效力不同。

集体合同的法律效力高于劳动合同，它是企业订立劳动合同的重要依据。劳动合同只对职工个人有效，职工与企业签订的劳动合同条款的标准不得低于集体合同的规定，两者出现不一致时，应以集体合同规定的条款为准，但如果劳动合同中约定的劳动条件和劳动报酬的标准高于集体合同中规定的标准，企业应当按照劳动合同的规定为职工提供劳动条件和劳动报酬。

（8）变更和解除的条件不同。

劳动法对集体合同的变更和解除规定了严格的程序，变更或解除集体合同，需经过集体协商程序 ，除法定情形出现外，禁止单方面变更或者解除。劳动合同的变更和解除则相对宽松得多，没有集体合同限制得那么严格，在解除程序上也与集体合同不同。

案例 202

集体合同不能代替劳动合同，企业应支付未签劳动合同 2 倍工资

四川省高级人民法院（2016）川民再 531 号

胡某于 2013 年 8 月 6 日入职甲公司从事包装工作，双方未签订书面劳动合同。甲公司分别于 2013 年、2014 年与公司职工代表签订了工资专项集体合同，并报送给县人力资源和社会保障局、县总工会审批备案执行，甲公司将该集体合同在不同的会议上全文向全体职工进行了宣读。2014 年 5 月 25 日，甲公司解雇了胡某。胡某申请劳动仲裁，主张甲公司支付未签劳动合同 2 倍工资 28,800 元。

审理结果

本案历经一裁两审，均认为甲公司与职工代表所签订的工资专项集体合同可以代替与胡某的劳动合同，因此未支持胡某的诉讼请求。

二审法院认为，用人单位与劳动者签订劳动合同的目的是保护劳动者的合法权利，甲公司与其企业工会代表签订的工资专项集体合同包含了劳动者的劳动报酬、工作时间、休息休假、劳动安全卫生、保险福利等事项，并报送县人力资源和社会保障局、县总工会审批执行，并在公司各会议上将全文予以宣读，甲公司虽未再与劳动者单独签订劳动合同，但集体合同的内容充分保障了劳动者的合法权利。因此，胡某请求甲公司支付因未与其单独签订劳动合同而支付惩罚性工资的理由不成立，不予支持。

胡某不服，向四川省高级人民法院申请再审，四川省高级人民法院提审了本案。

四川省高级人民法院认为，集体合同是代表劳动者的工会与用人单位或其团体达成的协议，劳动合同是单个劳动者与用人单位达成的协议，集体合同不能完全替代劳动合同的签订，用人单位不能以签订集体合同为由拒绝与劳动者签订个体劳动合同。

四川省高级人民法院最终判决，撤销一审、二审法院判决，甲公司应当向胡某支付未签订劳动合同 2 倍工资差额 1.7 万余元。

13

第十三章

劳动争议处理

劳动争议是指企业与员工在劳动合同履行过程中因对工资福利、工作时间、休息休假、劳动合同解除与终止等方面存在分歧而产生的纠纷。在企业劳动关系管理过程中，无论如何完善规章制度，如何采取措施加以预防，发生劳动争议都在所难免。为了更好地解决和处理劳动争议，我国颁布了以《劳动争议调解仲裁法》为主导的一系列法律、法规和规章，形成了劳动争议处理的基本法律体系。

《劳动法》第十章、《劳动争议调解仲裁法》确立了我国劳动争议的处理机制，劳动争议的解决流程是协商和解、调解、仲裁、诉讼，其中协商和解属于当事人双方达成的协议，没有调裁审机构的介入，不属于正式的争议解决程序。调解、仲裁、诉讼是《劳动法》规定的必经程序，根据我国《民事诉讼法》的规定，民事诉讼实行两审终审制。据此，我国劳动争议处理实行“一调一裁两审”制。

|第一节| 和解与调解

我国向来推崇以和为贵、和气生财，追求相互团结、相互包容、友好相处的和善关系，即便是由于双方利益的冲突而产生纠纷，也希望通过和解、调解的方式解决。劳动争议亦是如此，企业与员工由于利益主张的不同而发生劳动争议，劳动法也是鼓励双方相互谅解、各让一步进行和解、调解解决纠纷，从而达到大事化小、小事化了的友好局面，构建和谐劳动关系。

一、和解

劳动争议和解又称为劳动争议协商和解，是指当事人之间就已经发生的劳动纠纷在平等自愿的基础上进行协商并达成一致，自行解决争议的一种方式。《劳动争议调解仲裁法》第 4 条规定，发生劳动争议，劳动者可以与用人单位协商，也可以请工会或者第三方共同与用人单位协商，达成和解协议。

1. 和解的基本原则

根据《企业劳动争议协商调解规定》，发生劳动争议，一方当事人可以通过与另一方当事人约见、面谈等方式协商解决，劳动者可以要求所在企业工会参与或者协助其与企业进行协商，工会也可以主动参与劳动争议的协商处理，维护劳动者合法权益。劳动者可以委托其他组织或者个人作为其代表进行协商。

当事人不愿协商、协商不成或者达成和解协议后，一方当事人在约定的期限内不履行和解协议的，可以依法向调解委员会或者乡镇、街道劳动就业社会保障服务所（中心）等其他依法设立的调解组织申请调解，也可以依法向劳动争议仲裁委员会申请仲裁。

上述规定可以归纳出以下协商和解原则：

（1）协商和解遵循平等原则、自愿原则、合法原则；

（2）协商并非必经程序，当事人不愿意协商的，可以不协商；

（3）协商一致的，应签订和解协议。

2. 不同阶段达成和解协议的规则

劳动争议和解贯穿劳动争议的全过程，既可以发生在进入劳动仲裁程序之前，也可以发生在进入劳动仲裁程序之后。和解协议发生在不同阶段时，在规则上有所区别。

第一阶段：进入劳动仲裁程序之前双方和解。

发生争议时，双方均尚未申请劳动仲裁，还属于双方当事人之间的纠纷，若双方达成和解协议且履行完毕的，则纠纷结束。

第二阶段：在劳动仲裁期间双方和解。

双方有一方已经申请劳动仲裁，进入了正式的仲裁程序，双方达成和解协议后，有两个选择：一是经劳动仲裁委员会就和解内容进行审查后出具调解书，二是双方签订和解协议后由申请人向劳动仲裁委员会撤回仲裁申请，二选一即可。所不同的是，经劳动仲裁委员会出具的调解书具有强制执行力，双方签订的和解协议则没有强制执行力。

第三阶段：在一审期间双方和解。

双方争议已经经过劳动仲裁程序，双方或者其中一方不服裁决结果，已经向一审法院提起诉讼，在一审期间双方达成和解协议，也有两个选择：一是经一审法院就和解内容审查后出具调解书，二是双方签订和解协议后原告向法院申请撤诉，二选一即可。与第二阶段所不同的是，原告撤诉后，仲裁裁决生效，任何一方不履行和解协议，另一方可以向法院申请执行仲裁裁决，也可以就和解协议向法院起诉。

最高人民法院《关于人民法院对经劳动争议仲裁裁决的纠纷准予撤诉或驳回起诉后劳动争议仲裁裁决从何时起生效的解释》（法释〔2000〕18号）第1条规定，当事人不服劳动争议仲裁裁决向人民法院起诉后又申请撤诉，经人民法院审查准予撤诉的，原仲裁裁决自人民法院裁定送达当事人之日起发生法律效力。

第四阶段：在二审期间双方和解。

二审期间当事人双方达成和解的，双方可以经二审法院就和解内容审查后出具调解书，也可以由上诉人经法院准许后撤回上诉。撤回上诉后，一审判决生效，一方不履行和解协议的，另一方可以向法院申请执行一审判决。

3. 和解协议

无论哪个阶段达成和解，均需签订书面和解协议，所谓白纸黑字，对双方均具有约束力。《企业劳动争议协商调解规定》第 11 条第 1 款规定，协商达成一致，应当签订书面和解协议，和解协议对双方当事人具有约束力，当事人应当履行。

· 和解协议的内容

劳动法并没有对劳动争议和解协议的内容进行明确规定。通常来说，和解协议应具备以下内容：

①主体信息。企业信息包括企业名称、住所、法定代表人或者主要负责人姓名、统一社会信用代码、电话等，员工信息包括姓名、身份证号码、电话等。

②和解原则。一般包括平等自愿、诚实信用、协商一致原则。

③和解的具体事项。双方就某一事项或者某些事项争议达成的和解。

④和解金额和支付。双方达成和解由一方向另一方支付一定数额的金钱，以及支付方式、支付时间等。

⑤违约责任。若一方未履行协议约定的义务，守约方可以主张对方承担的违约责任。

⑥落款。双方签字或盖章，签订协议的日期等。

· 和解协议的特点

劳动争议和解协议具有以下特点：

①对协议当事人具有法律约束力；

②和解协议不具有强制执行力，当事人一方不履行协议约定的，守约方不得就和解协议向人民法院申请强制执行；

③和解协议不得申请司法确认。

HR 实务指南

第一，双方已协商一致达成和解的，应签订和解协议。双方根据自愿原则就劳动争议纠纷经协商一致达成和解的，应签订书面和解协议，防止日后任何一方反悔。

第二，和解协议不具有强制执行力。任何一方不履行和解协议约定的，守约方可以向法院起诉获得救济，不可直接向法院申请执行和解协议约定的内容。

二、调解

劳动争议调解，是指发生劳动争议的双方或多方当事人就争议的实体权利、义务，在人民法院、劳动仲裁委员会、人民调解委员会及具有劳动争议调解职能的第三方调解组织的主持下，自愿进行协商，进而达成各方达成协议、解决纠纷的办法。

1. 调解组织

劳动争议调解可分为裁审中的调解和裁审外的调解，裁审中的调解指的是劳动仲裁委或者人民法院在裁审过程中所进行的调解，裁审外的调解指的是劳动争议进入劳动仲裁程序前，由具有劳动争议调解职能的第三方调解组织所主持进行的调解。因此，调解组织也有广义和狭义之分，广义的调解组织包括劳动仲裁委和人民法院等，狭义的调解组织则仅指《劳动争议调解仲裁法》第 10 条规定的三类调解组织。

《劳动争议调解仲裁法》第 10 条第 1 款规定，劳动争议调解组织包括企业劳动争议调解委员会、依法设立的基层人事调解组织、在乡镇及街道设立的具有劳动争议调解职能的组织。

其中，企业劳动争议调解委员会由职工代表和企业代表组成，职工代表由工会成员担任或者由全体职工推举产生，企业代表由企业负责人指定，企业劳动争议调解委员会主任由工会成员或者双方推举的人员担任。

2. 调解程序

- **申请调解的形式**

调解是解决劳动争议的法定形式之一，为了使调解员能够准确了解发生争议的事实情况和争议的矛盾焦点，便于解决争议，达成调解协议，发生劳动争议的当事人申请调解，需要通过一定的表达方式，让调解员知道自己的请求的理由。

《劳动争议调解仲裁法》第 12 条规定，当事人申请劳动争议调解可以书面申请，也可以口头申请，口头申请的，调解组织应当当场记录申请人基本情况、申请调解的争议事项、理由和时间。

· **调解的期限**

调解不是解决劳动争议的必经程序，调解的目的是要用灵活简便、及时高效的机制和方式，尽快解决劳动争议，进而达到定分止争、节约司法资源的良好社会效果。

根据《劳动争议调解仲裁法》和《企业劳动争议协商调解规定》，自劳动争议调解组织收到调解申请之日起 15 日内未达成调解协议的，当事人可以依法申请仲裁，但是，双方当事人同意延期的，可以延长。

也就是说，劳动法规定的调解期限原则上上限为 15 日，在 15 日内双方未能达成调解协议的，视为调解不成，当事人任何一方均可向劳动仲裁委员会申请劳动仲裁。

· **调解的结果**

以调解组织调解双方达成协议的，为调解成功，调解组织应当制作调解协议书。调解协议书是劳动争议双方在第三方调解组织的主持下达成调解的书面证明，是一项重要的法律文书。

根据《企业劳动争议协商调解规定》第 26 条，调解协议书应当写明双方当事人基本情况、调解请求事项、调解的结果和协议履行期限、履行方式等。调解协议书由双方当事人签名或者盖章，经调解员签名并加盖调解委员会印章后生效。调解协议书一式三份，双方当事人和调解委员会各执一份。

3. 调解协议的法律效力

· **对双方当事人具有法律约束力**

如前所述，调解协议书由双方当事人签名或者盖章，经调解员签名并加盖调解委员会印章后生效，对双方当事人具有法律约束力，当事人应当按照约定履行，一方当事人在约定的期限内不履行调解协议的，另一方当事人可以依法申请劳动仲裁。

《劳动争议司法解释（一）》第 51 条第 2 款规定，当事人在《劳动争议调解仲裁法》第 10 条规定的调解组织主持下达成的具有劳动权利义务内容的调解协议，具有劳动合同的约束力，可以作为人民法院裁判的根据。

· **经过司法确认的调解协议具有强制执行力**

根据《人民调解法》第 33 条和《劳动争议司法解释（一）》第 52 条之规定，当事人在人民调解委员会主持下仅就给付义务达成的调解协议，双方当事人认为有必要的，可以自调解协议生效之日起30日内共同向人民调解委员会所在地的基层人民法院申请司法确认，人民法院应当及时对调解协议进行审查，依法确认调解协议的效力。人民法院依法确认调解协议有效，一方当事人拒绝履行或者未全部履行的，对方当事人可以向法院申请强制执行。

人力资源和社会保障部、最高人民法院《关于劳动人事争议仲裁与诉讼衔接有关问题的意见（一）》也指出，经依法设立的调解组织调解达成的调解协议生效后，当事人可以共同向有管辖权的人民法院申请确认调解协议效力。

案例203

调解组织出具的调解协议，对协议当事人具有约束力

上海市第二中级人民法院（2019）沪02民终8200号

刘某于2018年3月17日入职甲公司从事样衣工工作。10月18日，刘某以甲公司未签订劳动合同、未及时足额支付劳动报酬为由向甲公司邮寄解除劳动合同通知书。10月22日，刘某向乙劳动争议调解委员会申请调解并达成调解协议，约定甲公司向刘某支付未签订劳动合同2倍工资等为25,000元。协议签订后，甲公司仅支付刘某1000元。刘某申请劳动仲裁，劳动仲裁委员会支持了刘某的部分请求，刘某不服，诉至法院。刘某认为因甲公司没有按照协议履行，其根据《劳动争议调解仲裁法》第15条规定申请仲裁，劳动仲裁委员会作出的裁决书覆盖调解协议书的效力，因此调解协议书无效。

审理结果

法院认为，人民调解委员会通过说服、疏导等方式，促使当事人在平等协商基础上自愿达成的调解协议，是当事人的真实意思表示，对双方都具有约束力。但需要说明的是，人民调解委员会并非司法部门，在其主持下达成的调解协议，并不具有强制执行力。当事人可以通过向法院申请确认该调解协议，在一方不履行调解协议时，依据法院出具的调解书申请强制执行。刘某就劳动关系存续期间的工资等劳动权益已经人民调解委员会主持与甲公司达成了调解协议，此系其依法处分自己的权利，依法有效，刘某主张该协议无效缺乏依据。同时，民事主体在依法处分自己的民事权利时应当充分考量，一旦达成调解协议即应当按约履行，现刘某仅以甲公司未及时履行协议为由欲推翻该协议，缺乏依据，法院不予支持。《劳动争议调解仲裁法》第 15 条规定一方不履行调解协议时可以申请仲裁，然而仲裁委员会在案件审理期间亦不能随意否定双方当事人事先已达成的合意。

4. 调解书的法律效力

调解文书分为调解协议和调解书，前者是指经《劳动争议调解仲裁法》第 10 条规定的三类调解组织调解成功后，调解组织所出具的调解文书；后者是指经裁审机构调解成功后所出具的调解文书。在劳动争议纠纷案件调解中，裁审机构指的是劳动仲裁委员会和人民法院。

根据《企业劳动争议协商调解规定》第 27 条第 2 款，达成调解协议的双方当事人可以自调解协议生效之日起 15 日内共同向劳动仲裁委员会提出仲裁审查申请，劳动仲裁委员会受理后，应当对调解协议进行审查，并根据《劳动人事争议仲裁办案规则》第 56 条，对程序和内容合法有效的调解协议，出具调解书。

《劳动争议调解仲裁法》第 42 条第 1 款、第 2 款、第 3 款规定，仲裁庭在作出裁决前，应当先行调解，调解达成协议的，仲裁庭应当制作调解书。调解书由仲裁员签名，加盖劳动争议仲裁委员会印章，送达双方当事人，调解书经双方当事人签收后，发生法律效力。

《劳动争议司法解释（一）》第 11 条规定，劳动争议仲裁机构作出的调解书已经发生法律效力，一方当事人反悔提起诉讼的，人民法院不予受理，已经受理的，裁定驳回起诉。

与人民调解组织出具的调解协议不同的是，经劳动仲裁委员会或者人民法院出具的调解书，除了对双方当事人具有约束力外，无须双方当事人申请司法确认即具有强制执行力，任何一方当事人拒绝履行或未全部履行的，对方当事人可以直接向法院申请强制执行。

HR 实务指南

第一，调解协议具有一般合同效力。经人民调解组织调解出具的调解协议，具有一般合同的效力，对协议当事人具有约束力。

第二，调解协议可申请仲裁审查或者司法确认。双方当事人可以向劳动仲裁委员会申请仲裁审查并出具调解书，或者向法院申请司法确认，通过转换成劳动仲裁调解书或者法院裁定书，使调解协议具有强制执行力。

第三，裁审机构出具的调解书具有强制执行力。经劳动仲裁委员会或者人民法院调解并出具的调解书，具有强制执行力，任何一方不履行调解书内容的，另一方可以直接向法院申请强制执行。

三、支付令

支付令是人民法院根据债权人的申请，督促债务人履行债务的程序，是《民事诉讼法》规定的一种法律制度。我国劳动法对解决劳动争议也引入了支付令制度。由于涉及调解协议效力问题，本书将支付令制度放在本节进行讨论。

1. 支付令在解决劳动争议中的适用

《劳动合同法》第 30 条第 2 款规定，用人单位拖欠或者未足额支付劳动报酬的，劳动者可以依法向当地人民法院申请支付令，人民法院应当依法发出支付令。《劳动争议调解仲裁法》第 16 条规定，因支付拖欠劳动报酬、工伤医疗费、经济补偿或者赔偿金事项达成调解协议，用人单位在协议约定期限内不履行的，劳动者可以持调解协议书依法向人民法院申请支付令。人民法院应当依法发出支付令。

根据上述两个法条规定，劳动法项下的支付令主要解决以下两个问题：

- **企业拖欠员工工资问题**

实务中，企业拖欠员工工资的现象较为普遍，虽然劳动法赋予了员工单方面解除劳动合同的权利（《劳动合同法》第 38 条），然而，被迫解除劳动合同的成本其实很高，大多数情况下，员工被迫解除了劳动合同，企业还是不给钱，员工被迫申请劳动仲裁。

在劳动法律关系中，员工往往处于弱势地位，尤其是许多底层员工，文化程度有限，对劳动法也知之甚少，维权不知从何处入手，不清楚申请劳动仲裁的程序；仲裁之后可能还有诉讼，时间太长，聘请律师又费用太高，无形中提高了员工维权的成本。

基于上述情形，为了保护员工合法权益，立法者将民事诉讼中的支付令制度引入劳动法，用于解决企业欠薪问题，赋予了员工快捷进入司法救济程序的途径，而免于仲裁和诉讼。

· 调解协议的效力问题

如前所述，劳动争议双方经过调解组织调解达成的调解协议，未经劳动争议仲裁委员会审查并出具调解书，也未经人民法院司法确认的，不具有强制执行力。

那么，调解协议便陷入了很尴尬的境地，如果说调解协议没有法律效力，那么《劳动争议调解仲裁法》以专章规定的劳动争议调解便失去了意义；如果说调解协议有法律效力，又不具有强制执行力，若一方违约不履行协议约定，守约方只能选择去申请劳动仲裁，那不如一开始就直接申请劳动仲裁更方便。

为了解决这一问题，立法者通过引入支付令制度来强化调解的效力，降低员工维权的成本。根据上述规定，员工可以就企业不履行因支付拖欠劳动报酬、工伤医疗费、经济补偿或者赔偿金事项达成调解协议，直接向人民法院申请支付令，企业如果不能提出抗辩理由，则应执行支付令。

2. 申请支付令的程序

劳动法没有对员工申请支付令的程序进行规定，因此适用民事诉讼法的相关程序规定。根据《民事诉讼法》第 225 条，债权人请求债务人给付金钱、有价证券，债权人与债务人没有其他债务纠纷且支付令能够送达债务人的，可以向有管辖权的基层人民法院申请支付令。

申请支付令应当遵循以下程序：

（1）向法院提交申请书。

根据法律规定，申请书应当写明请求给付金钱或者有价证券的数量和所根据的事实、证据。由于员工申请支付令的前提是劳动争议双方在第三方调解组织的主持下达成了调解协议，因此，员工一般只需提供调解协议书即可。

（2）向有管辖权的基层法院申请。

根据法律规定，劳动争议案件由用人单位所在地或者劳动合同履行地的基层人民法院管辖。申请支付令也应当适用这一管辖制度，员工可以向前述两地的基层法院提出申请。

（3）法院受理。

员工提出申请后，人民法院应当在 5 日内通知员工是否受理。符合法律规定的受理条件的，法院应当受理，不符合受理条件，法院应当不受理，并向申请人说明理由。

（4）审查和决定。

法院受理申请后，应当对员工提交的调解协议及相关材料进行审查。经审查认为调解协议合法的，应当在 15 日内向企业发出支付令；认为调解协议不合法的（如违反法律法规规定、损害他人利益等），则裁定驳回申请。

（5）企业清偿债务或者提出书异议。

法院向企业发出支付令的，企业应当在收到支付令之日起 15 日内清偿债务，即拖欠的员工工资或者调解协议约定的调解金额。企业对支付令有异议的，可以向发出支付令的人民法院提出书面异议，法院经审查认为异议成立的，则裁定终结督促程序，并通知双方当事人，支付令失效。

（6）申请执行。

如果企业收到支付令没有在 15 日内提出书面异议，又不履行支付令的，员工可以向法院申请执行，法院应当按照《民事诉讼法》规定的执行程序强制执行。

｜第二节｜　劳动仲裁

劳动仲裁，即劳动争议仲裁，指的是劳动争议仲裁委员会根据当事人的申请，依法对双方所发生的劳动争议在事实上作出判断、在权利义务上作出裁决的一种法律制度。

根据《劳动法》第 79 条和《劳动争议调解仲裁法》第 5 条，发生劳动争议，当事人不愿协商、协商不成或者达成和解协议后不履行的，可以向调解组织申请调解；不愿调解、调解不成或者达成调解协议后不履行的，可以向劳动争议仲裁委员会申请仲裁；对仲裁裁决不服的，除法律另有规定的外，可以向人民法院提起诉讼。

一、劳动仲裁的受理范围

《劳动法》规定了劳动争议的受理范围，我国境内的用人单位与员工发生劳动争议，向劳动争议仲裁委员会申请劳动仲裁，劳动争议仲裁委员会应当受理，反之则不受理，当事人只能通过其他途径解决。

1. 劳动争议案件受理的审查标准

通常而言，劳动争议仲裁委员会审查当事人提交的仲裁申请是否属于受理范围，主要从以下三个方面进行审查：

第一，争议双方是否为劳动关系适格主体，即发生争议的双方是否为存在劳动关系的用人单位和员工；

第二，双方发生的争议是否属于劳动争议，只要是劳动争议，劳动争议仲裁委员会就应当受理，反之则不予受理；

第三，本劳动争议仲裁委员会是否有管辖权。

以上三个方面同时具备的，劳动争议仲裁委员会应予受理。

2. 属于劳动仲裁受理范围的情形

《劳动争议调解仲裁法》第2条规定了劳动仲裁的受理范围，具体包括：

（1）因确认劳动关系发生的争议；

（2）因订立、履行、变更、解除和终止劳动合同发生的争议；

（3）因除名、辞退和辞职、离职发生的争议；

（4）因工作时间、休息休假、社会保险、福利、培训以及劳动保护发生的争议；

（5）因劳动报酬、工伤医疗费、经济补偿或者赔偿金等发生的争议；

（6）法律、法规规定的其他劳动争议。

案例204

企业确认不存在劳动关系，是否属于劳动争议受理范围？

广东省江门市中级人民法院（2017）粤07民终1619号

2016年8月，马某来到甲物业公司应聘保安职位，因工作需要，甲物业公司要求马某提交其本人的体检报告才能办理马某的入职，后因其一直没有向甲物业公司提交体检报告，故甲物业公司没有办理马某的入职手续，也没有与其签订劳动合同。2016年10月4日，马某猝死在甲物业公司负责管理的某小区收楼部保安亭，当日晚上8时，甲物业公司在当地有关部门为马某办理社保增员登记手续，并扣缴了相关的社会保险费。随后，马某家属向当地人力资源和社会保障局申请工伤认定。2017年1月9日，甲物业公司申请劳动仲裁，主张确认甲物业公司与马某不存在劳动关系。劳动仲裁委员会不予受理，甲物业公司诉至法院。

审理结果

法院认为，本案的争议焦点在于甲物业公司提出的确认与马某不存在劳动关系的诉讼是否符合人民法院民事案件受案范围。依照《劳动争议调解仲裁法》的规定，《劳动争议调解仲裁法》将因确认劳动关系发生的争议纳入劳动争议范畴，可以适用仲裁相关规则，但没有将用人单位单独提起的确认不存在劳动关系的请求纳入劳动争议范围。实际上，《劳动法》《劳动合同法》等劳动相关法律法规也未将用人单位单独提起的确认不存在劳动关系的诉讼纳入劳动争议处理范畴。法院最终裁定驳回甲物业公司的起诉。

3. 不属于劳动争议的情形

《劳动争议司法解释（一）》第 2 条规定了以下纠纷不属于劳动争议：

（1）劳动者请求社会保险经办机构发放社会保险金的纠纷；

（2）劳动者与用人单位因住房制度改革产生的公有住房转让纠纷；

（3）劳动者对劳动能力鉴定委员会的伤残等级鉴定结论或者对职业病诊断鉴定委员会的职业病诊断鉴定结论的异议纠纷；

（4）家庭或者个人与家政服务人员之间的纠纷；

（5）个体工匠与帮工、学徒之间的纠纷；

（6）农村承包经营户与受雇人之间的纠纷。

有些地区还对不属于劳动争议的情形进行了更为细化的规定。

比如，深圳市中级人民法院《关于审理劳动争议案件的裁判指引》指出，以下争议不属于劳动争议：

（1）劳动者与用人单位因住房公积金发生的争议；

（2）要求用人单位按月支付的独生子女保健费和奖励金以及在退休时一次性支付的上年度职工平均工资的 30% 待遇而产生的争议；

（3）用人单位以劳动者泄露商业秘密要求其承担侵权责任的；

（4）劳动者要求对用人单位的规章制度予以纠正的；

（5）劳动者因用人单位代扣代缴个人所得税产生的争议，用人单位已举证证明代扣代缴的税款已缴交给税务机关，劳动者对代扣代缴的税款金额有异议的。

除此以外，以下主体发生的争议也不属于劳动争议：

（1）实施《公务员法》的机关与其实行聘任制的公务员；

（2）事业单位与其编制内工作人员；

（3）社团组织与工作人员；

（4）军队聘用单位与工作人员。

对于大部分的劳动争议案件，是否属于受理范围，都能够准确判断。但是，有一部分的案件，是否属于劳动争议受理范围，在实践中却存在争议。以员工主张补缴社会保险费为例，主流观点认为不属于受理范围，但也有极少部分观点认为属于受理范围。

比如，西安市阎良区人民法院（2023）陕 0114 执 235 号结案通知书载明，法院依据已经发生法律效力的西安市阎良区劳动争议仲裁委员会阎劳人仲案字（2022）第 362 号裁决书，被执行人西安某公司应向申请执行人孙某补缴 2020 年

8月26日至2022年2月的社会保险(用人单位应缴部分、个人应缴部分由各自承担,具体数额以社保经办机构核算为准),被执行人西安某公司履行了生效法律文书确定的义务,生效法律文书确定的内容已全部执行完毕。

据笔者了解,在陕西地区,员工请求企业补缴社会保险的,劳动争议仲裁委员会一般会予以受理。

又如,新疆维吾尔自治区高级人民法院伊犁哈萨克自治州分院(2019)新40民终172号民事判决书认为,关于陕某请求某煤矿补缴2011年3月至2016年6月5日的社会保险的问题,2014年12月31日前的诉求已超过仲裁时效,不予支持,对于2015年4月19日至2015年12月31日、2016年5月1日至2016年6月5日的社会保险由县社会保险管理部门核算后由该煤矿进行补缴。

案例205

员工主张补缴社会保险,是否属于劳动争议受理范围?

最高人民法院(2017)最高法民申1121号

侯某于1986年入职甲公司,2003年4月后未再回单位提供劳动,甲公司为侯某缴纳了1993年1月至2001年6月的养老保险,另为其缴纳了2004年5月至2014年6月的医疗保险。2014年5月,甲公司依法破产,10月14日,甲公司为侯某出具终止(解除)劳动合同证明书。9月9日,侯某申请劳动仲裁,要求甲公司补缴2003年4月至2014年6月养老、工伤、失业、生育保险。

审理结果

最高人民法院认为,并非所有的社会保险争议都属于人民法院受理劳动争议案件的范围,对于已经由用人单位为劳动者办理了社会保险手续,但因用人单位欠缴、拒缴社会保险费或者劳动者对缴费年限、缴费基数有异议等发生的争议,因《社会保险费征缴暂行条例》《劳动保障监察条例》等行政法规赋予了劳动行政部门对用人单位为劳动者办理社会保险的专属管理权、监察权和处罚权,用人单位、劳动者和社会保险机构就欠费发生争议,是征收与缴纳之间的纠纷,属于行政管理的范畴,带有社会管理的性质,不是单一的劳动者与用人单位之间的社会保险争议。因此,此类纠纷应由社会保险管理部门解决处理,不属于人民法院受理劳动争议案件的受案范围。

本案中，侯某诉请甲公司补缴除医疗保险以外的养老、工伤、生育、失业四种社会保险，但用人单位已为其办理了医疗、养老、失业、工伤、生育社会保险手续，其享有以上社会保险账户。据此，侯某关于补缴社会保险的诉讼请求属于已经由用人单位办理了社会保险手续，但因用人单位欠缴保险费引发的争议，不属于司法解释所规定的人民法院应予受理的情形，故本案一、二审法院认定侯某的该项诉讼请求不属于人民法院受理劳动争议案件的范围，适用法律并无不当。

二、劳动仲裁活动的参加人

2022 年 9 月 1 日实施的国家标准《劳动人事争议仲裁术语》（GB/T 40550—2021）第 7.4 条指出，仲裁参加人是指维护劳动人事争议当事人合法权益，依法参加劳动人事争议仲裁活动，享受仲裁权利、承担仲裁义务的组织或者自然人，主要包括申请人、被申请人、第三人等当事人和仲裁代理人。

在劳动仲裁活动中，针对不同的情形，参加仲裁活动的人有所不同，根据劳动法规定，以下劳动争议的情形以及人员是劳动仲裁活动的参加人：

（1）一般争议：发生劳动争议的劳动者和用人单位，为劳动争议仲裁案件的双方当事人。这是最为普遍、最为常见的参加仲裁活动的当事人情形。

（2）集体争议：发生劳动者一方在 10 人以上并有共同请求的争议的，劳动者可以推举 3~5 人为代表参加仲裁活动。代表人参加仲裁的行为对其所代表的当事人发生效力，但代表人变更、放弃仲裁请求或者承认对方当事人的仲裁请求，进行和解，必须经被代表的当事人同意。

（3）劳务派遣：劳务派遣单位或者用工单位与员工发生劳动争议的，劳务派遣单位和用工单位为共同当事人。

（4）第三人：与劳动争议案件的处理结果有利害关系的第三人，可以申请参加仲裁活动或者由劳动争议仲裁委员会通知其参加仲裁活动。

（5）非法用工当事人：发生争议的用人单位未办理营业执照、被吊销营业执照、营业执照到期继续经营，被责令关闭、被撤销以及用人单位解散、歇业，不能承担相关责任的，应当将用人单位和其出资人，开办单位或者主管部门作为共同当事人。

（6）工会：因履行集体合同发生的劳动争议，经协商解决不成的，工会可以依法申请仲裁。

（7）近亲属：劳动者死亡的，由其近亲属或者代理人参加仲裁活动。

（8）委托代理人：当事人可以委托代理人参加仲裁活动。委托他人参加仲裁活动，应当向劳动争议仲裁委员会提交有委托人签名或者盖章的委托书，委托书应当载明委托事项和权限。

（9）法定（指定）代理人：丧失或者部分丧失民事行为能力的劳动者，由其法定代理人代为参加仲裁活动，无法定代理人的，由劳动争议仲裁委员会为其指定代理人。

三、劳动争议申请仲裁的时效

劳动争议仲裁时效，是指当事人因劳动争议纠纷要求保护其合法权利，必须在法定的期限内向劳动争议仲裁委员会提出仲裁申请，否则，法律规定消灭其申请仲裁权利的一种时效制度。《劳动争议调解仲裁法》规定了劳动争议申请仲裁的时效，确立了劳动仲裁时效的 4 个规则，分别为一般时效规则、时效中断规则、时效中止规则和特别时效规则。

早在 1995 年时，《劳动法》就规定了劳动仲裁的时效，该法第 82 条规定，提出仲裁要求的一方应当自劳动争议发生之日起 60 日内向劳动争议仲裁委员会提出书面申请。经过多年的实践和应用，60 日的时效确实太短了，可能会导致当事人未能及时主张权利，因仲裁时效经过而无法使自己的合法权益得到保护。因此，2008 年施行的《劳动争议调解仲裁法》在充分考虑了员工普遍法律意识淡薄、维权意识较低的实际情况后，将《劳动法》规定的 60 日一般时效延长至一年，同时还规定了时效中止规则、时效中断规则和特别时效规则，提高了对员工合法权益的保护宽度和深度。

案例 206

代理律师未提出仲裁时效抗辩致败诉，律所应否赔偿委托人损失？

辽宁省沈阳市中级人民法院（2023）辽 01 民终 21327 号

姜某于 2018 年 11 月 23 日入职甲公司，双方未签订劳动合同，2021 年 7 月，姜某申请劳动仲裁，主张甲公司支付未签劳动合同 2 倍工资 7 万余元。甲公司委托乙律师事务所王律师代理该案，双方签订了委托代理合同。该案经过一裁两审，最终判决甲公司支付未签劳动合同 2 倍工资 71,510 元。案件进行过程中，王律师没有向劳动仲裁委提出过时效抗辩。随后，甲公司将乙律所诉至法院，主张乙律所赔偿损失 71,510 元。甲公司诉称，姜某的诉请已经远超仲裁时效，本应驳回其诉请，但因王律师未提过时效抗辩，导致甲公司败诉，乙律所应予赔偿其损失。

审理结果

法院认为，根据《民法典》第 929 条第 1 款第 1 句，有偿的委托合同，因受托人的过错造成委托人损失的，委托人可以请求赔偿损失。现甲公司以委托代理人未提出诉讼时效抗辩从而导致劳动争议案件败诉为由要求乙律所赔偿损失，但甲公司所提交的证据无法证明败诉系因代理律师未提出诉讼时效而导致，也未提供证据证明该合同中约定了败诉应退款、赔偿，更未能证明其在诉讼中要求乙律所提出某种观点，乙律所未予提出，现甲公司要求乙律所退款、赔偿一事既无事实依据，亦无法律依据，法院对甲公司的请求不予支持。

案例简评

在该案中，即使代理律师提出了时效抗辩，甲公司也未必能胜诉，但是，代理律师提没提出是一回事，提出了能不能获得胜诉是另一回事。对于律师来说，提出时效抗辩属于基本的法律常识，是作为一个律师最基本的应知应会。代理律师提供有偿法律服务，应具备的基本法律常识而不具备，或者未尽必要的注意义务，至少属于重大过失。

本案中，姜某 2018 年 11 月 23 日入职，其获得未签劳动合同 2 倍工资的最后时间是 2019 年 11 月 23 日，那么，根据劳动仲裁一年时效规定，姜某主张未签劳动合同 2 倍工资的最后时间是 2020 年 11 月 23 日，而姜某申请劳动仲裁的时间是 2021 年 7 月，确实已经过了仲裁时效。所以，甲公司这 7 万多元的赔偿，与代理律师未提出时效抗辩具有直接的因果关系。

1. 仲裁的一般时效

《劳动争议调解仲裁法》第 27 条第 1 款规定，劳动争议申请仲裁的时效期间为 1 年，仲裁时效期间从当事人知道或者应当知道其权利被侵害之日起计算。这一规定称为一般时效。

其一，这里所说的1年，指的是按自然日计算的1年整。

其二，仲裁时效期间的起算是从当事人知道或者应当知道其权利被侵害之日起计算。

其三，根据《民法典》第201条、第203条，按照年、月、日计算期间的，开始的当日不计入，自下一日开始计算；最后一日的截止时间为24时，有业务时间的，停止业务活动的时间为截止时间；最后一日是法定休假日的，以法定休假日结束的次日为期间的最后一日。据此确定了仲裁时效期间的起算点和终止点。

案例207

确认存在劳动关系，受劳动仲裁时效限制吗？

山东省高级人民法院（2021）鲁民终1253号

鞠某原在乙公司工作，1993年3月底调入甲公司，4月5日，鞠某到甲公司报到，并在该公司下属销售服务公司工作至2006年。2005年12月3日，甲公司的销售服务公司被吊销营业执照，不再继续经营，随后，甲公司对销售服务公司的职工进行安置，在此次安置中，甲公司未为鞠某安排新的工作岗位，也未办理离职手续，甲公司一直未为鞠某缴纳社会保险费。2019年12月，鞠某申请劳动仲裁，要求确认其与甲公司1993年4月至今存在劳动关系，后鞠某撤回仲裁申请。2020年7月28日，鞠某再次申请劳动仲裁，劳动仲裁委不予受理。鞠某诉至法院。

审理结果

法院认为，根据《劳动争议调解仲裁法》第27条，劳动争议申请仲裁的时效期间为1年，仲裁时效期间从当事人知道或者应当知道其权利被侵害之日起计算。本案鞠某应当在2006年，即在调入甲公司从事新的工作岗位，也未向鞠某支付基本生活费及缴纳社会保险时，就已经知道其权利受到了侵害，而鞠某直至2019年12月才开始主张权利，已超过仲裁时效，故法院不支持其要求确认劳动关系的主张。

确认劳动关系是否适用 1 年仲裁时效？在司法实践中存在争议。

第一种观点认为，确认劳动关系属于确认之诉，不受仲裁时效限制。

比如，北京市第三中级人民法院（2019）京 03 民终 5200 号民事判决书认为，仲裁时效的立法目的在于消灭因权利人不行使权利而导致的法律关系的不稳定状态，只有请求权性质的民事权利才适用时效，主要适用于债权及债权以外的财产权请求权，而劳动者要求确认劳动关系的请求，属于确认之诉，不应当适用时效的相关规定，故对甲公司关于马某请求确认劳动关系已超过仲裁时效的意见，法院不予采信。

上海市第二中级人民法院（2021）沪 02 民终 10721 号民事判决书、北京市高级人民法院（2021）京民申 1493 号民事裁定书、安徽省淮南市中级人民法院（2023）皖 04 民终 116 号民事判决书等亦持此观点。

第二种观点则认为，确认劳动关系应受仲裁时效限制。

比如，广东省高级人民法院（2021）粤民申 10534 号民事裁定书认为，方某自认于 1992 年 7 月辞职离开了甲公司转到了新的用人单位，此时方某即知道或应当知道其权利被侵害，应从当时起计算的 1 年内提出仲裁申请，但至今已过去了 28 年，其间并未出现仲裁中断、中止的法定事由，所以，方某主张确认劳动关系已超过了我国法律规定的仲裁时效。

天津市第一中级人民法院（2022）津 01 民终 10554 号民事判决书、山东省高级人民法院（2021）鲁民申 6771 号民事裁定书、新疆维吾尔自治区高级人民法院（2023）新民申 514 号民事裁定书、广西壮族自治区高级人民法院（2022）桂民申 5881 号民事裁定书、山西省高级人民法院（2021）晋民申 3779 号民事裁定书等亦持此观点。

应当说，在司法实践中两种观点似乎平分秋色，不分伯仲，且各有各的道理。本书倾向于赞同第一种观点，确认劳动关系属于确认之诉，不应受仲裁时效限制。

2. 仲裁时效的中断

根据《劳动争议调解仲裁法》第 27 条第 2 款和《劳动人事争议仲裁办案规则》第 27 条，因当事人一方向对方当事人主张权利，或者向有关部门请求权利救济，或者对方当事人同意履行义务而中断，从中断时起，仲裁时效期间重新计算。

根据这一规定，引起仲裁时效中断的情形可以分为以下三类。

（1）当事人一方向对方当事人主张权利。

当事人一方向对方当事人主张权利，就意味着当事人已经在积极行使自己的权利，依法应当发生仲裁时效中断的法律后果。通常认为，当事人一方有以下行为之一的，属于向对方当事人主张权利：

①当事人一方直接与对方当事人沟通协商，要求其履行义务；

②当事人一方向对方当事人送交主张权利的相关文书，如律师函、声明等，对方当事人签收或者有其他证据证明该文书已经到达对方当事人；

③当事人一方通过电子邮件、传真、短信、微信等向对方当事人主张权利，且该送达方式能够到达或者应当到达对方当事人的；

④当事人双方或者一方向企业劳动争议调解委员会、依法设立的基层人民调解组织、乡镇（街道）设立的具有劳动争议调解职能的组织等第三方调解组织申请调解的；

⑤当事人一方向人民法院起诉或者申请支付令的；

⑥对方当事人下落不明的，通过公告向对方当事人主张相关权利的；

⑦其他可以将主张权利的意思表示送达或者告知对方当事人的形式。

（2）当事人一方向有关部门请求权利救济。

这里说的有关部门，一般是指有权处理劳动争议的相关部门。通常认为，当事人有以下行为之一的，属于向有关部门请求权利救济：

①已经申请劳动仲裁的；

②已经向劳动监察投诉主张相关权利的；

③已经向社会保险部门申请补缴社会保险的；

④已经向企业所在地的村委会、居委会或者乡镇政府、街道办等相关部门或者组织投诉主张相关权利的。

（3）对方当事人同意履行义务。

对方当事人同意履行义务，指的是对方当事人作出同意履行义务的意思表示或者自愿履行义务，这也是引起仲裁时效中断的法定情形之一。

案例 208

员工信访、投诉等，能否引起劳动仲裁时效中断？

山东省高级人民法院（2017）鲁民申 361 号

马某于 1989 年入职甲公司担任主管会计，1997 年 5 月，甲公司与马某解除劳动关系，并支付了马某 20,000 元。2013 年 7 月，马某申请劳动仲裁，主张甲公司支付违法解除劳动合同赔偿金，未获受理。马某诉至法院，被驳回起诉。2015 年 4 月，马某又申请劳动仲裁，再次未获受理，马某再次诉至法院。庭审中甲公司称，本案已过仲裁时效，马某则称，自其离开甲公司后，从未放弃过权利救济，一直向单位及有关部门反映情况，向政府有关部门上访，并要求处理。

审理结果

山东省高级人民法院认为，根据《劳动争议调解仲裁法》和最高人民法院《关于审理民事案件适用诉讼时效制度若干问题的规定》，发生纠纷后，权利人应当按照纠纷的性质及所要解决的问题向有权解决纠纷的部门或者单位提出诉求才能引起诉讼时效的中断，而不是向任意单位提出诉求均能导致诉讼时效的中断。本案是因解除劳动合同引起的劳动争议纠纷，而我国现行法律法规规定的有权解决劳动争议纠纷的部门或单位是劳动争议调解委员会、劳动争议仲裁委员会、劳动监察部门、工会组织以及法院等，其他部门不具有解决劳动争议纠纷的职权，马某自己提供的其提出诉求的有关部门主要是当地党委、政府、检察院、信访局、律师事务所等，上述机关部门均不属于有权解决劳动争议纠纷的单位，所以原判决认定马某提出的诉求不能引起诉讼时效的中断是具有法律依据的。

3. 仲裁时效的中止

根据前述法律规定，有以下情形之一，当事人不能在规定的仲裁时效期间申请仲裁的，仲裁时效中止，从中止时效的原因消除之日起，仲裁时效期间继续计算：

（1）因不可抗力的；

（2）无民事行为能力或者限制民事行为能力员工的法定代理人未确定的；

（3）有其他正当理由的。

劳动仲裁时效中断与中止不一样，时效中断后是时效重新计算，时效中止则是指劳动仲裁时效正在进行中，由于出现了上述中止事由而停止计算，待时效中止的障碍消除时，仲裁时效继续计算。

4. 仲裁的特别时效

除前述 3 种仲裁时效规则外，《劳动争议调解仲裁法》规定了特别仲裁时效规则，该法第27条第4款规定，劳动关系存续期间因拖欠劳动报酬发生争议的，劳动者申请仲裁不受1年仲裁时效期间的限制，但是，劳动关系终止的，应当自劳动关系终止之日起1年内提出。

这一规定可以从以下两点进行理解。

（1）因拖欠劳动报酬发生争议不受仲裁时效限制。

实务中，拖欠工资的现象屡见不鲜，有些员工觉得自己离职后不好找工作，希望与企业继续维持劳动关系，即便企业拖欠工资，也不敢主张权利。如果统一适用1年仲裁时效，难以保护员工的合法利益。因此立法者设计了这一条款，对于企业拖欠劳动报酬的，只要员工一直在职，双方劳动关系一直存续，则不适用1年仲裁时效，这一制度设计充分保障了员工的合法权益。

需要提示的是，不受时效限制的仅限于因拖欠劳动报酬发生争议这一种情形，不包括除此之外的任何争议情形。

（2）离职后受1年仲裁时效限制。

员工离职后，则不再存在丢工作的顾虑，无须再继续维系双方劳动关系继续存续，因此立法者认为，即便是拖欠劳动报酬，员工若离职后申请劳动仲裁，则应在离职后1年内提出，受1年仲裁时效限制。

据此也可以得出一般仲裁时效和特别仲裁时效的区别，主要有以下两点：

①时效起算点不同。两者的时效期间均为1年，但一般仲裁时效的起算点是“从当事人知道或者应当知道其权利被侵害之日”，特别仲裁时效则是“自劳动关系终止之日”。

②仲裁受理范围不同。一般仲裁时效的仲裁受理范围是所有符合法定受理范围的劳动争议，特别仲裁时效则仅限于拖欠劳动报酬，不包括其他劳动争议。

案例209

加班费的仲裁时效应当如何认定？

人力资源和社会保障部、最高人民法院《劳动人事争议典型案例（第二批）》

张某于2016年7月入职某建筑公司从事施工管理工作，2019年2月离职。工作期间，张某存在加班情形，但某建筑公司未支付其加班费。2019年12月，张某申请劳动仲裁，请求裁决某建筑公司依法支付其加班费 46,293 元，某建筑公司以张某的请求超过仲裁时效为由抗辩。张某不服仲裁裁决，诉至法院。

审理结果

法院认为，仲裁时效分为普通仲裁时效和特别仲裁时效，在劳动关系存续期间因拖欠劳动报酬发生劳动争议的，应当适用特别仲裁时效，即劳动关系存续期间的拖欠劳动报酬仲裁时效不受“知道或者应当知道权利被侵害之日起 1 年”的限制，但是劳动关系终止的，应当自劳动关系终止之日起 1 年内提出。加班费属于劳动报酬，相关争议处理中应当适用特别仲裁时效。本案中，张某与某建筑公司的劳动合同于 2019 年 2 月解除，其支付加班费的请求应自劳动合同解除之日起 1 年内提出，张某于 2019 年 12 月提出仲裁申请，其请求并未超过仲裁时效。

典型意义

时效，是指权利人不行使权利的事实状态持续经过法定期间，其权利即发生效力减损的制度。作为权利行使尤其是救济权行使期间的一种，时效既与当事人的实体权利密切相关，又与当事人通过相应的程序救济其权益密不可分。获取劳动报酬权是劳动权益中最基本、最重要的权益，考虑劳动者在劳动关系存续期间的弱势地位，法律对于拖欠劳动报酬争议设置了特别仲裁时效，对于有效保护劳动者权益具有重要意义。

四、劳动争议仲裁管辖

劳动争议仲裁管辖是指确定劳动争议仲裁委员会审理劳动争议案件的分工和权限，以明确当事人应当向哪个劳动争议仲裁机构申请仲裁、哪个劳动争议仲裁机构应当受理。

1. 一般地域管辖

《劳动争议调解仲裁法》规定了劳动争议仲裁的一般地域管辖原则。该法第 21 条第 2 款规定，劳动争议由劳动合同履行地或者用人单位所在地的劳动争议仲裁委员会管辖，双方当事人分别向劳动合同履行地和用人单位所在地的劳动争议仲裁委员会申请仲裁的，由劳动合同履行地的劳动争议仲裁委员会管辖。

《劳动人事争议仲裁办案规则》第 8 条第 1 款规定，劳动合同履行地为劳动者实际工作场所地，用人单位所在地为用人单位注册、登记地或者主要办事机构所在地。用人单位未经注册、登记的，其出资人、开办单位或者主管部门所在地为用人单位所在地。

其一，劳动合同履行地和用人单位所在地的劳动争议仲裁委员会均有管辖权。

大多数情况下，劳动合同履行地和用人单位所在地是同一地。比如深圳某公司的所在地是深圳市宝安区松岗街道，张三在该公司担任财务部会计员，上班的地方即该公司所在的松岗街道。如果双方发生劳动争议，深圳市宝安区劳动人事争议仲裁委员会享有管辖权，双方均可向该委申请劳动仲裁。

但是，现实中也有少部分不在同一地。如前例，张三是该公司位于郑州市二七区的郑州办事处的销售人员，长期在郑州工作，负责河南地区的市场开发和产品销售，那么，劳动合同履行地是郑州，用人单位所在地是深圳的松岗街道，二者并不在同一地。若双方发生劳动争议，郑州市二七区劳动人事争议仲裁委员会和深圳市宝安区劳动人事争议仲裁委员会均享有管辖权，当事人可以向两个仲裁机构中的任意一个申请劳动仲裁，即“二选一”。

其二，双方分别向两地申请劳动仲裁时，应由劳动合同履行地的劳动争议仲裁委员会管辖。

与前面“二选一”不同，如果双方分别向劳动合同履行地和用人单位所在地的劳动争议仲裁委员会申请仲裁，由劳动合同履行地的劳动争议仲裁委员会优先管辖。这一点与接下来本书要讨论的诉讼管辖不同，诉讼管辖是多个享有管辖权的法院谁先立案谁管辖，无优先管辖一说。

立法者作出这一制度安排主要是保护员工利益，劳动合同履行地优先管辖往往对员工维权更具有便利性，时间成本和交通成本更低。

2. 特别管辖

特别管辖主要体现在级别管辖和特别地域管辖两个方面。由于各地劳动争议仲裁委员会的设置和对管辖权的分工不同，因此在一般地域管辖的基础上，规定了一些特别管辖原则。

以深圳为例，深圳市人力资源和社会保障局官方网站公布的《深圳市、区劳动人事争议仲裁委员会管辖划分》指出，注册地在福田、罗湖、南山、盐田行政区域内的中央、各省、自治区、直辖市驻深用人单位，市属实施《公务员法》的机关、参照公务员法管理的机关（单位）、事业单位、社会团体，深圳市投资控股有限公司、深业集团及其控股企业，以及认缴注册资本在人民币 1000 万元以上（含 1000 万元）的企业或民办非企业单位和与之建立劳动关系的劳动者发生的劳动争议，由深圳市劳动人事争议仲裁委员会管辖。

3. 选择管辖

如前所述，双方分别向劳动合同履行地和用人单位所在地的劳动争议仲裁委员会申请仲裁，由劳动合同履行地的劳动争议仲裁委员会优先管辖。但是，有多个劳动合同履行地的，由最先受理的劳动争议仲裁委员会管辖。这就是选择管辖。

4. 移送管辖

移送管辖，是指劳动争议仲裁委员会受理了不属于其管辖范围的仲裁案件，发现不属于其管辖范围的，应当移送至有管辖权的劳动争议仲裁委员会，并书面通知当事人。对移送案件，受移送的劳动争议仲裁委员会应当依法受理。

5. 指定管辖

根据移送管辖，受移送的劳动争议仲裁委员会认为移送的案件按照规定不属于其管辖，或者劳动争议仲裁委员会之间因管辖争议协商不成的，应当报请共同的上一级劳动争议仲裁委员会主管部门指定管辖。

6. 管辖异议

劳动争议仲裁进行过程中，若当事人认为受理案件的劳动争议仲裁委员会无管辖权而提出管辖异议，应当在答辩期满前书面提出。劳动争议仲裁委员会应当审查当事人提出的管辖异议，异议成立的，将案件移送至有管辖权的劳动争议仲裁委员会并书面通知当事人；异议不成立的，应当书面决定驳回。

五、劳动争议仲裁程序

劳动争议仲裁程序是指发生劳动争议时，当事人一方按照法定的劳动争议仲裁程序向有管辖权的劳动争议仲裁委员会就相关权利申请劳动仲裁所应遵循的相关程序。《劳动争议调解仲裁法》和《劳动人事争议仲裁办案规则》都以专章对劳动争议仲裁程序进行了详细具体的规定。

实务中，大多数情况都是员工提出劳动仲裁申请，只有极少数的劳动争议案件，是企业提出仲裁申请。在法律层面，劳动关系双方均可提出仲裁申请。提出仲裁申请的一方为申请人，对方为被申请人，申请人和被申请人均可以是一人，也可以是多人。

1. 申请与受理

·提出劳动仲裁申请

发生劳动争议，申请人应当在法律规定的仲裁时效内向有管辖权的劳动争议仲裁委员会申请劳动仲裁，主张相关权利。申请劳动仲裁应当以书面形式，并按照被申请人人数提交副本。

书写仲裁申请确有困难的，可以口头申请，由劳动争议仲裁委员会记入笔录，经申请人签名、盖章或者捺印确认。

劳动仲裁申请书应当载明下列事项：

（1）劳动者的姓名、性别、出生日期、身份证件号码、住所、通讯地址和联系电话，用人单位的名称、住所、通讯地址、联系电话和法定代表人或者主要负责人的姓名、职务；

（2）仲裁请求和所根据的事实、理由；

（3）证据和证据来源，证人姓名和住所。

其中，证人并不是必需的，若申请人需要申请证人出庭作证，则需在提交仲裁申请材料时向劳动争议仲裁委员会提交证人出庭作证申请书。实务中，大多数劳动仲裁案件是没有证人或者无须证人出庭作证的。

对于仲裁申请书不规范或者材料不齐备的，劳动争议仲裁委员会应当当场或者在5日内一次性告知申请人需要补正的全部材料。

劳动争议仲裁委员会收取当事人提交的材料应当出具收件回执。

·受理仲裁申请

劳动争议仲裁委员会受理劳动争议仲裁申请，分为一般受理和特别受理两种情形。

（1）一般情形下的受理。

劳动争议仲裁委员会应对申请人提前的仲裁申请材料进行审查，符合以下条件的，应当在收到仲裁申请之日起 5 个工作日内向申请人出具受理通知书：

①属于《劳动争议调解仲裁法》和《劳动人事争议仲裁办案规则》规定的争议范围；

②有明确的仲裁请求和事实理由；

③申请人是与本案有直接利害关系的自然人、法人或者其他组织，有明确的被申请人；

④属于本劳动争议仲裁委员会管辖范围。

对不符合上述第 1~3 项规定之一的仲裁申请，劳动争议仲裁委员会不予受理，并在收到仲裁申请之日起 5 日内向申请人出具不予受理通知书；对不符合上述第 4 项规定的仲裁申请，劳动争议仲裁委员会应当在收到仲裁申请之日起 5 日内，向申请人作出书面说明并告知申请人向有管辖权的劳动争议仲裁委员会申请仲裁。

通常情况下，大多数劳动仲裁申请，劳动争议仲裁委员会在收到材料后，都能当场作出受理或者不受理的决定，只有极少数案件，当场无法作出决定，则需要在收取仲裁申请材料后 5 个工作日内作出受理或者不受理决定，并出具受理或者不受理通知书送达给申请人。

劳动争议仲裁委员会受理案件后，发现不应当受理的，除属于《劳动人事争议仲裁办案规则》第 9 条规定的移送管辖或者指定管辖情形外，应当撤销案件，并自决定撤销案件后 5 日内，以决定书的形式通知当事人。

（2）特别情形下的受理。

除一般受理情形外，法律还规定了被申请人提出反申请和申请人增加或者变更仲裁请求两种特别情形的受理规则，并根据不同情况区分为合并处理和另案处理两种方式，主要是避免争议案件被拖延，不能得到及时处理。

①被申请人提出反申请的受理。

被申请人在收到申请人的仲裁申请书副本后，可以在答辩期间提出反申请，劳动争议仲裁委员会应当自收到被申请人反申请之日起 5 日内决定是否受理并通知被申请人。决定受理的，劳动争议仲裁委员会可以将反申请和申请合并处理。

被申请人在答辩期满后提出反申请的，应当另案处理，劳动争议仲裁委员会应当书面告知被申请人另行申请仲裁。反申请不属于《劳动人事争议仲裁办案规则》规定应当受理的，劳动争议仲裁委员会应当向被申请人出具不予受理通知书。

②申请人增加或者变更仲裁请求的受理。

申请人在举证期限届满前，可以提出增加或者变更仲裁请求，仲裁庭应当对申请人增加或者变更的仲裁请求进行审查，经审查认为应当受理的，应当通知被申请人并给予答辩期，被申请人明确表示放弃答辩期的除外。

申请人在举证期限届满后提出增加或者变更仲裁请求的，应当另行申请仲裁。

·送达仲裁申请书副本

劳动争议仲裁委员会受理仲裁申请后，应当在 5 日内将仲裁申请书副本送达被申请人。被申请人为多人的，则按人数分别送达仲裁申请书副本。

·提交证据

承担举证责任的当事人应当在劳动争议仲裁委员会指定的期限内提供有关证据。当事人在该期限内提供证据确有困难的，可以向劳动争议仲裁委员会申请延长期限，劳动争议仲裁委员会根据当事人的申请可以适当延长。

当事人逾期提供证据的，劳动争议仲裁委员会应当责令其说明理由，拒不说明理由或者理由不成立的，劳动争议仲裁委员会可以根据不同情形不予采纳该证据，或者采纳该证据但予以训诫。

·提交答辩书

被申请人收到仲裁申请书副本后，应当在 10 日内向劳动争议仲裁委员会提交答辩书。劳动争议仲裁委员会收到答辩书后，应当在 5 日内将答辩书副本送达申请人。被申请人逾期未提交答辩书的，不影响仲裁程序的进行。

也就是说，被申请人并不是必须要提交答辩书，不提交的，也不会影响仲裁程序的进行。实践中，有经验的律师经常会评估提前提交答辩书的利弊，若提前提交对己方不利（比如，对方从答辩书上看出了我方的应对方法，就会提前有针对性地做好充分的应对准备），则不提前提交，而是选择当庭提交书面答辩书或者当庭口头答辩。如果没有不利影响，则会提前提交答辩书，仲裁庭和申请人都可以提前看到被申请人的答辩，庭审时可以节约时间，提高庭审效率。

2. 开庭审理

·开庭前准备

（1）仲裁庭组成。

仲裁庭组成分为合议庭和独任庭两种形式。合议庭和独任庭分别是指由 3 名仲裁员组庭审理和由 1 名仲裁员独任审理。

合议庭又分为一般合议庭和三方合议庭。后者是指审理履行集体合同争议的仲裁案件，应当由 3 名分别代表政府的人力资源社会保障部门、代表职工的工会组织和代表企业的企业代表组织三方的仲裁员组庭。前者是指由 3 名仲裁员组成的合议庭，设首席仲裁员。根据《劳动人事争议仲裁组织规则》第 13 条第 1 款，处理下列争议案件应当组成合议庭：

① 10 人以上并有共同请求的争议案件；

②履行集体合同发生的争议案件；

③有重大影响或者疑难复杂的争议案件；

④劳动争议仲裁委员会认为应当由 3 名仲裁员组庭处理的其他争议案件。

劳动争议仲裁委员会决定简易处理的，可以指定 1 名仲裁员独任仲裁，并应当告知当事人。争议案件符合下列情形之一的，可以简易处理：

①事实清楚、权利义务关系明确、争议不大的；

②标的额不超过本省、自治区、直辖市上年度职工年平均工资的；

③双方当事人同意简易处理的。

（2）通知当事人。

劳动争议仲裁委员会应当在受理仲裁申请之日起 5 日内组成仲裁庭并将仲裁庭的组成情况书面通知当事人。

仲裁庭应当在开庭 5 日前，将开庭日期、地点书面通知双方当事人。当事人有正当理由的，可以在开庭 3 日前请求延期开庭，是否延期，由劳动争议仲裁委员会根据实际情况决定。

· 开庭审理

（1）按时到庭参加庭审。

当事人应当按照开庭通知上所载的开庭地点、时间等按时到庭参加仲裁庭审。

申请人无正当理由拒不到庭或者未经仲裁庭同意中途退庭的，可以按撤回仲裁申请处理，申请人重新申请仲裁的，劳动争议仲裁委员会不予受理。

被申请人无正当理由拒不到庭或者未经仲裁庭同意中途退庭的，仲裁庭可以继续开庭审理，并缺席裁决。

（2）核实仲裁参加人身份。

仲裁庭应当核实当事人或者其代理人的身份信息，庭审参加人应当出示身份证件。委托执业律师或者其他符合法律规定的人代理当事人参加庭审的，应当向仲裁庭提交授权委托书。

（3）宣读仲裁庭纪律。

仲裁庭应当宣读仲裁庭纪律，仲裁庭纪律一般为：

①仲裁庭开庭期间，所有人员必须服从仲裁员的指挥。

②仲裁庭内要着装整洁，不得随意走动。

③仲裁庭内要保持肃静，开庭时不得鼓掌、喧哗和吵闹，不得使用任何通讯工具，不得进行其他妨碍仲裁的活动。

④未经仲裁庭许可，仲裁参加人不得发言和提问。

⑤旁听人员不得发言和提问。

⑥未经仲裁庭许可不准记录、录音、录像或摄影。

⑦对违反仲裁庭纪律、扰乱仲裁庭审秩序或干扰仲裁活动的人员，由仲裁员予以劝告、劝诫、警告；警告后仍不改正的，仲裁员有权责令其退出仲裁庭或决定休庭；情节严重的，仲裁员有权报请中止案件审理；涉嫌违法犯罪的，依法移送公安司法机关处理。

（4）宣布开庭。

比如，“深圳市劳动人事争议仲裁委员会受理张三诉深圳市某某有限公司劳动争议一案，现在开庭！”

（5）告知组庭成员并询问是否申请回避。

开庭审理时，由仲裁员宣布开庭、案由和仲裁员、记录人员名单，告知当事人有关权利义务。

仲裁庭应当询问当事人对组庭人员是否申请回避。如果当事人认为本庭组成人员与本案有利害关系，可能影响到本案的公正审理，可以申请本庭组成人员回避。

（6）陈述仲裁请求与答辩。

申请人逐项陈述仲裁请求，并说明事实和理由。通常情况下，申请人之前提交过书面的仲裁申请书，仲裁请求已经在申请书上载明，为了节约庭审时间，可以用“与仲裁申请书一致”来概括，无须重复陈述一遍。

被申请人对仲裁请求逐项答辩。若之前已经提交过书面答辩书或者当庭提交了书面答辩书，可以用“与被申请人提交的书面答辩书一致”来概括，在答辩书以外有补充答辩的，可以当庭补充答辩。

申请人当庭增加或者变更仲裁请求的，被申请人若认为当庭答辩有困难的，可以向仲裁庭提出给予答辩期，若可以当庭答辩，则放弃答辩期直接答辩。申请人当庭撤回部分仲裁请求的，因仲裁请求不再存在，被申请人对撤回部分可以不予答辩。

（7）举证与质证。

仲裁庭应就申请人仲裁请求的事实和理由及被申请人的答辩意见，组织当事人就各自提交的证据进行举证和质证。质证时，各方当事人应当围绕证据的真实性、合法性、关联性，针对证据证明力及证明力的大小，进行质疑、说明和辩驳。

（8）仲裁庭调查。

仲裁员根据当事人的陈述与答辩、举证与质证，针对尚未清晰或者需要了解清楚的内容进行逐一询问调查，直至调查清楚为止。

通常情况下，仲裁庭调查提问至少应包括以下内容：

①员工的入职时间、工作岗位或者工种；

②双方是否签订书面劳动合同，合同期限何时至何时；

③劳动合同的解除时间；

④劳动合同的解除原因；

⑤员工的工资情况（工资标准、结构、发放时间、发放方式等）；

⑥工资发放到什么时候，发放了多少；

⑦员工离职前 12 个月平均工资。

仲裁庭调查提问不限数量，也不限提问内容，只要是仲裁员认为与本案有关需要了解清楚的，都可以向当事人提问，进行调查了解。

（9）辩论。

仲裁庭应当组织当事人就各方质证情况和仲裁庭调查情况，围绕存在争议的内容进行辩论。

（10）最后意见。

当事人辩论完毕，仲裁庭应当征询当事人最后意见。

（11）调解。

仲裁庭调解是解决劳动争议的法定程序，贯穿整个仲裁活动过程，既可以在开庭前组织当事人调解，也可以在庭审开始时调解，还可以在庭审中、庭审完毕后调解，甚至在开庭之后、作出裁决之前都可以调解。

当事人有选择调解或者不调解的权利。当事人各方愿意调解的，可以由当事人各方或者一方提出调解方案，也可以由仲裁员提出调解方案，当事人就调解方案进行磋商，“讨价还价”，达成一致意见且调解方案不违反法律法规规定的，由仲裁庭制作调解书并加盖劳动争议仲裁委员会印章，调解书经各方当事人签收后生效。

（12）闭庭。

仲裁庭应将开庭情况记入庭审笔录，庭审完毕后，打印出来交由各方当事人校阅，确认内容无误后在每一页笔录下方签名。当事人认为笔录内容与庭审时自己陈述的内容不一致或者有遗漏的，可以申请仲裁庭更正。

3. 裁决

经仲裁庭主持各方当事人调解，未能达成一致意见的，或者达成一致意见后调解书送达前一方当事人反悔的，仲裁庭应当及时作出裁决，并及时将裁决书送达各方当事人。

裁决书应当载明仲裁请求、争议事实、裁决理由、裁决结果、当事人权利和裁决日期。裁决书由仲裁员签名，加盖劳动争议仲裁委员会印章。对裁决持不同意见的仲裁员，可以签名，也可以不签名。

· 仲裁庭制

劳动争议仲裁委员会裁决劳动争议案件实行仲裁庭制。裁决应当按照多数仲裁员的意见作出，少数仲裁员的不同意见应当记入笔录。仲裁庭不能形成多数意见时，裁决应当按照首席仲裁员的意见作出。

· 及时裁决

根据《劳动争议调解仲裁法》第43条第1款，仲裁庭裁决劳动争议案件，应当自劳动争议仲裁委员会受理仲裁申请之日起45日内结束。案情复杂需要延期的，经劳动争议仲裁委员会主任批准，可以延期并书面通知当事人，但是延长期限不得超过15日。逾期未作出仲裁裁决的，当事人可以就该劳动争议事项向人民法院提起诉讼。

实务中，很多劳动争议仲裁委员会存在人少案多的情况，往往很难在上述法定期限内完成案件审理并作出裁决，当事人可以根据劳动争议仲裁委员会的排庭情况继续等待，也可以在超过上述期限时直接向人民法院起诉。

· 先行裁决

仲裁庭裁决劳动争议案件时，其中一部分事实已经清楚，可以就该部分先行裁决。

· 补正

对裁决书中的文字、计算错误或者仲裁庭已经裁决但在裁决书中遗漏的事项，仲裁庭应当及时制作决定书予以补正并送达当事人。

六、终局裁决

终局裁决是劳动争议仲裁机构作出的仲裁裁决的一种，其特点是限制企业一方向法院提起诉讼，只允许员工一方向法院提起诉讼。《劳动争议调解仲裁法》第 47 条规定了我国劳动争议解决机制的“一裁终局”模式。

1. 终局裁决的适用情形

根据《劳动争议调解仲裁法》第 47 条规定，以下两类情形争议适用终局裁决：

（1）追索劳动报酬、工伤医疗费、经济补偿或者赔偿金，不超过当地月最低工资标准 12 个月金额的争议；

（2）因执行国家的劳动标准在工作时间、休息休假、社会保险等方面发生的争议。

对于这一规定，应从以下几点进行理解：

其一，对“不超过当地月最低工资标准 12 个月金额”的理解。

一是指裁决金额，不是指申请人仲裁请求的金额（标的额）；二是指单项裁决金额，并非多项裁决金额之和。《劳动人事争议仲裁办案规则》第 50 条第 1 款规定，仲裁庭裁决案件时，申请人追索劳动报酬、工伤医疗费、经济补偿或者赔偿金，如果仲裁裁决涉及数项，对单项裁决数额不超过当地月最低工资标准 12 个月金额的事项，应当适用终局裁决。

例如，张三是深圳某公司员工，于 2023 年 12 月被公司解雇，随即申请劳动仲裁，主张公司支付拖欠劳动报酬 60,000 元、违法解除劳动合同赔偿金 32,000 元，仲裁庭裁决某公司向张三支付拖欠劳动报酬 26,000 元、赔偿金 23,000 元。张三被解雇时，深圳市最低工资标准为 2360 元 / 月，12 个月数额即为 2360 × 12=28,320 元。张三所主张的劳动报酬和赔偿金单项未超过 28,320 元，因此本案裁决为终局裁决。

其二，对“劳动报酬、工伤医疗费、经济补偿或者赔偿金”的理解。

人力资源和社会保障部、最高人民法院《关于劳动人事争议仲裁与诉讼衔接有关问题的意见（一）》对前述第 1 项规定的“劳动报酬、工伤医疗费、经济补偿或者赔偿金”进行了细化规定，该意见指出，仲裁裁决涉及下列事项，对单项裁决金额不超过当地月最低工资标准 12 个月金额的，劳动人事争议劳动争议仲裁委员会应当适用终局裁决：

（1）劳动者在法定标准工作时间内提供正常劳动的工资；

（2）停工留薪期工资或者病假工资；

（3）用人单位未提前通知劳动者解除劳动合同的 1 个月工资；

（4）工伤医疗费；

（5）竞业限制的经济补偿；

（6）解除或者终止劳动合同的经济补偿；

（7）《劳动合同法》第 82 条规定的第二倍工资；

（8）违法约定试用期的赔偿金；

（9）违法解除或者终止劳动合同的赔偿金；

（10）其他劳动报酬、经济补偿或者赔偿金。

此外，部分地区对终局裁决还作出了进一步的细化规定。

比如，《深圳市劳动人事争议仲裁委员会终局裁决适用规则（试行）》（深劳人仲委〔2024〕2 号）指出，年终奖、律师费、高温补贴、“代通知金”等，单项裁决金额不超过深圳市月最低工资标准 12 个月金额的，适用终局裁决。

2. 终局裁决的认定标准

《劳动争议司法解释（一）》第 18 条第 1 句规定，仲裁裁决的类型以仲裁裁决书确定为准。

3. 同时涉及终局裁决与非终局裁决的处理

仲裁庭裁决案件时，裁决内容同时涉及终局裁决和非终局裁决的，应当分别制作裁决书，并告知当事人相应的救济权利。

4. 不得适用终局裁决的情形

裁决事项涉及确认劳动关系的，劳动争议仲裁委员会就同一案件应当作出非终局裁决。人力资源和社会保障部调解仲裁司、最高人民法院民一庭负责人就《关于劳动人事争议仲裁与诉讼衔接有关问题的意见（一）》有关内容回答记者提问时指出，考虑到劳动关系是当事人诸多权利义务的前提和基础，此类案件案情相对复杂，权利义务关系并不明确，因此不适用终局裁决。

七、对劳动争议仲裁裁决不服的救济

1. 对非终局裁决不服的救济

非终局裁决又称为普通裁决，是指终局裁决以外的仲裁裁决。当事人对非终局裁决不服的，可以自收到仲裁裁决书之日起 15 日内向人民法院提起诉讼。当事人双方或者任何一方起诉的，仲裁裁决不生效，案件进入诉讼阶段。起诉期限届满不起诉的，裁决书发生法律效力。

15 日为自然日，从收到仲裁裁决书的次日起算，最后一日为法定休假日的，顺延至第一个工作日为最后一日。

2. 对终局裁决不服的救济

终局裁决有条件限制了企业的诉权，但对员工则没有限制。

员工对终局裁决不服的，可以自收到仲裁裁决书之日起 15 日内向人民法院提起诉讼。也就是说，对员工而言，终局裁决与非终局裁决是没有区别的。

企业对终局裁决不服的，不能起诉。但是，如果有证据证明终局裁决有下列情形之一，可以自收到仲裁裁决书之日起 30 日内向劳动争议仲裁委员会所在地的中级人民法院申请撤销裁决：

（1）适用法律、法规确有错误的；

（2）劳动争议仲裁委员会无管辖权的；

（3）违反法定程序的；

（4）裁决所根据的证据是伪造的；

（5）对方当事人隐瞒了足以影响公正裁决的证据的；

（6）仲裁员在仲裁该案时有索贿受贿、徇私舞弊、枉法裁决行为的。

仲裁裁决被人民法院裁定撤销的，当事人可以自收到裁定书之日起 15 日内就该劳动争议事项向人民法院提起诉讼。

需要提示的是，实务中能够成功撤销劳动仲裁裁决的比例非常低。以深圳为例，根据深圳市中级人民法院与深圳市劳动人事争议仲裁委员会联合发布的《深圳市劳动争议裁审工作白皮书（2013—2017 年）》，2013~2017 年，全市仲裁机构以终局裁决方式办结案件 25025 件，用人单位向人民法院申请撤销 3888 件，被人民法院裁定撤销的 114 件，占申请撤裁案件总量的比重（法院撤裁率）为 2.9%，占仲裁终局裁决案件总量的比重（仲裁撤裁率）为 0.46%。这一数据虽然较旧，但仍能说明实务中劳动仲裁裁决撤裁率低的事实。

案例 210

对仲裁裁决不服，能对劳动仲裁委员会提起行政诉讼吗？

北京市海淀区人民法院（2019）京 0108 行初 188 号

段某于 2016 年 3 月向北京市海淀区劳动争议仲裁委员会提出申请，请求确认其与北京某有限公司存在劳动关系，支付医药费、误工费及工伤认定，海淀区劳动仲裁委向其出具不予受理通知书。2018 年 9 月 12 日，段某再次向海淀区劳动仲裁委提出申请，提出上述仲裁请求，海淀区劳动仲裁委以缺乏事实和法律依据，作出了不予支持裁决书。段某认为海淀区劳动仲裁委的行为违反了有关法律规定，存在严重错误判断，故诉至法院，请求撤销前述不予受理通知书和裁决书。

审理结果

法院认为，公民、法人或者其他组织认为行政机关和行政机关工作人员的行政行为侵犯其合法权益，有权依法向人民法院提起行政诉讼，其起诉应当属于人民法院受案范围和受诉人民法院管辖，符合法定的起诉条件。海淀区劳动仲裁委并非国家行政机关，段某两次向海淀区劳动仲裁委提出仲裁申请，海淀区劳动仲裁委分别作出不予受理案件通知书及裁决书，上述行为系海淀区劳动仲裁委依据相关法律规定作出的仲裁行为，不属于人民法院行政诉讼受案范围。

第三节 诉 讼

劳动争议诉讼，是指劳动争议仲裁的当事人双方或者其中一方对仲裁裁决不服，向有管辖权的人民法院提起诉讼，人民法院依法进行审理的民事诉讼。劳动争议进入诉讼程序后，适用民法和民事诉讼法的相关规定。但是，相对普通民事纠纷而言，劳动争议案件的处理有其特殊性，需要企业 HR 特别注意。

一、提起劳动争议诉讼的条件

劳动争议诉讼与普通民事纠纷诉讼不同。根据《民事诉讼法》第 122 条规定，普通民事纠纷的起诉条件有四个：一是原告是与本案有直接利害关系的公民、法人和其他组织，二是有明确的被告，三是有具体的诉讼请求和事实、理由，四是属于人民法院受理民事诉讼的范围和受诉人民法院管辖。劳动争议的起诉除应当符合上述条件外，还应当符合以下两个条件。

1. 主体条件

根据《劳动争议调解仲裁法》，对劳动仲裁非终局裁决不服的，双方当事人都可以向法院起诉，员工对终局裁决不服的，可以向法院起诉，企业不得起诉。企业向法院申请撤销仲裁裁决并被法院裁定撤销的，可以向法院起诉。

2. 时间条件

符合上述主体条件的，应当在收到劳动仲裁裁决书或者收到撤销仲裁裁定书后 15 日内向有管辖权的基层人民法院起诉。15 日为自然日，从收到仲裁裁决书的次日起算，最后一日为法定休假日的，顺延至第一个工作日为最后一日。

比如，吉安市中级人民法院（2019）赣 08 民终 746 号民事裁定书认为，某公司于 2019 年 2 月 1 日收到劳动仲裁裁决书，依规定，其提起诉讼期限于 2019 年

2月16日届满，因2019年2月16日是星期六，故顺延至2019年2月18日，该公司于2019年2月18日向法院提起诉讼，未超过诉讼期限。

案例211

收到劳动仲裁裁决书后超过15日，还能向法院起诉吗?

江苏省高级人民法院（2021）苏民再231号

沈某与甲公司发生劳动争议，向劳动仲裁部门申请仲裁，2019年7月29日，劳动仲裁委作出仲裁决定书，载明“申请人沈某与被申请人甲公司劳动争议一案于2019年7月29日起终止审理，当事人可自接收到决定之日起15日内直接向人民法院提起诉讼”，劳动仲裁委于2019年8月1日向沈某送达了该份决定书。2019年9月2日，沈某再次申请仲裁，劳动仲裁委发出一事不再理告知书，告知沈某基于同一事实、理由和仲裁请求又申请仲裁的，劳动仲裁委不予受理。2019年9月3日，沈某向法院提起诉讼。

审理结果

两审法院认为，当事人对劳动争议仲裁委员会作出的处理决定不服的，应当自收到仲裁裁决文书之日起15日内向人民法院提起诉讼，本案中，劳动仲裁委于2019年8月1日向沈某送达了决定书，沈某的起诉时间为2019年9月3日，超过提起诉讼的法定期限，沈某的起诉应予驳回。

沈某向江苏省高级人民法院申请再审。江苏省高级人民法院认为，《劳动争议调解仲裁法》第50条规定，当事人对除一裁终局以外的其他劳动争议案件的仲裁裁决不服的，可以自收到仲裁裁决书之日起15日内向人民法院提起诉讼；期满不起诉的，裁决书发生法律效力。该规定的15日时效应仅限于当事人对仲裁裁决不服提起的诉讼，不应包括当事人收到仲裁委作出的终止审理仲裁决定书后，向人民法院提起的诉讼，当事人收到仲裁委作出的终止审理仲裁决定书后，向人民法院提起诉讼，不受15日时效的限制。江苏省高级人民法院裁定，撤销一审和二审法院的裁定，指令一审法院对本案进行审理。

对“15 日内起诉”的问题，实务中很多人存在认识误区，容易想当然地理解为收到劳动仲裁委的裁决书、决定书、不予受理通知书等文书之日起 15 日内要向法院提起诉讼，过了 15 日则不得再起诉。其实不然，根据《劳动争议调解仲裁法》的规定，有受 15 日起诉期限限制和不受 15 日起诉期限限制两类情形。

受 15 日起诉期限限制的情形有：

（1）当事人对“一裁终局”以外的其他劳动争议案件的仲裁裁决不服的，可以自收到仲裁裁决书之日起 15 日内向人民法院提起诉讼；期满不起诉的，裁决书发生法律效力。

（2）员工对“一裁终局”的仲裁裁决不服的，可以自收到仲裁裁决书之日起 15 日内向人民法院提起诉讼。注意，“一裁终局”裁决只有员工可以起诉，企业不可起诉。

（3）企业对“一裁终局”裁决不服向中级人民法院申请撤销，仲裁裁决被法院裁定撤销的，当事人可以自收到裁定书之日起 15 日内就该劳动争议事项向人民法院提起诉讼。

不受 15 日起诉期限限制的情形有：

（1）对劳动争议仲裁委员会不予受理或者逾期未作出决定的，申请人可以就该劳动争议事项向人民法院提起诉讼。

（2）劳动仲裁委超过审理期限未作出仲裁裁决的，当事人可以就该劳动争议事项向人民法院提起诉讼。审理期限是指仲裁庭应当自受理仲裁申请之日起 45 日内结束，案情复杂需要延期的，经批准延长至最长 60 日。

前述案例中，劳动仲裁委作出终止审理仲裁决定书，并不属于受 15 日起诉期限限制的情形，法院应予审理。

3. 仲裁程序前置条件

《劳动法》第 79 条和《劳动争议调解仲裁法》第 5 条规定了劳动争议案件处理程序为“调解—仲裁—诉讼”，体现“仲裁前置”的原则，当事人解决劳动争议，必须先经过劳动仲裁程序，只有对仲裁裁决不服的才可以向人民法院提起诉讼（企业对终局裁决不服的除外），未经过劳动仲裁程序而直接向人民法院提起劳动争议诉讼的，法院不予受理。

“仲裁前置”是一般原则，但是有一个例外，即员工以企业的工资欠条为证据直接向法院起诉，无须仲裁前置。《劳动争议司法解释（一）》第 15 条规定，劳动者以用人单位的工资欠条为证据直接提起诉讼，诉讼请求不涉及劳动关系其他争议的，视为拖欠劳动报酬争议，人民法院按照普通民事纠纷受理。

案例 212

员工持企业工资欠条，无须经过劳动仲裁程序即可向法院起诉

内蒙古自治区呼和浩特市中级人民法院（2021）内 01 民终 6248 号

2019 年 1 月 11 日，甲足球俱乐部给李某出具《欠条》一份，载明“甲足球俱乐部尚欠一线运动员李某 2018 年赛季绩效工资及中甲联赛赢球奖金共计 295,200 元，我俱乐部承诺于 2019 年 2 月 28 日之前向李某支付上述所欠款项”。甲足球俱乐部在欠条上加盖了公章。因甲足球俱乐部未向李某支付上述欠款，李某遂向法院提起诉讼，请求其返还欠条所载的工资奖金 295，200 元。

审理结果

法院认为，甲足球俱乐部拖欠李某工资及奖金未予发放，并为李某出具欠条，根据《劳动争议司法解释（一）》第 15 条，李某以《欠条》为证据直接提起诉讼，法院按照普通民事纠纷受理，无须经过劳动仲裁前置程序，对李某要求该足球俱乐部支付 295,200 元工资奖金的诉请，法院予以支持。

HR 实务指南

第一，充分理解并严格遵守“15 日内起诉”规则。HR 应牢记，对劳动仲裁裁决结果不服的，应在收到裁决书之日起 15 日内起诉；申请撤销仲裁裁决并被法院裁定撤销的，应在收到法院裁定书之日起 15 日内起诉。15 日为自然日，最后一日为周六、周日是或者法定节假日的，顺延至第一个工作日。

第二，了解掌握不受“15 日内起诉”限制的情形。若遇劳动仲裁委不予受理、逾期未作出决定、超过审理期限未作出裁决等情形，则不受“15 日内起诉”限制。

二、劳动争议诉讼的管辖

根据《劳动争议司法解释（一）》第 3 条、第 4 条，劳动争议案件由用人单位所在地或者劳动合同履行地的基层人民法院管辖，劳动合同履行地不明确的，由用人单位所在地的基层人民法院管辖，双方当事人就同一仲裁裁决分别向有管辖权的人民法院起诉的，后受理的人民法院应当将案件移送给先受理的人民法院。

上述规定可以从以下两个方面进行理解。

1. 原则上只有两地的基层人民法院享有管辖权

用人单位所在地或者劳动合同履行地的基层人民法院。在大多数情况下，用人单位所在地或者劳动合同履行地是在同一个地方，客观上只有一家法院享有管辖权。但是，如果两地不在一个地方的，则两地的基层人民法院均享有管辖权。

之所以是"原则上"，是因为劳动合同履行地有可能是两个或两个以上，在这种情况下，所有的劳动合同履行地的基层人民法院，均享有管辖权。

案例 213

劳动合同约定劳动争议管辖法院，有效吗？

最高人民法院（2020）最高法民辖 27 号

2015 年 8 月，在山东泰安工作生活的高某入职北京某劳务派遣公司，并被派遣到泰安市泰山区工作，双方签订了书面劳动合同，约定高某的工作地点为泰山区，并约定劳动争议管辖法院为北京市海淀区人民法院。2018 年 2 月，劳务公司单方面解除与高某的劳动合同。高某诉至泰安市泰山区人民法院，劳务公司向该院提出管辖权异议，被驳回。劳务公司上诉，泰山市中级人民法院认为管辖法院约定有效，遂将案件移送至北京市海淀区人民法院。海淀区人民法院层报至最高人民法院指定管辖。

审理结果

最高人民法院认为，根据《民事诉讼法》规定，协议管辖的适用领域为合同或者其他财产权益纠纷，这里的合同纠纷包括因合同订立、履行、变更、解除、违约等所产生的纠纷，其他财产权益纠纷包括因物权、知识产权中的财产权而产生的民事纠纷，因身份关系产生民事纠纷的不能协议选择管辖法院。劳动争议案件涉及的法律关系为用人单位与劳动者之间的劳动关系，具有人身属性，不适用协议管辖的有关规定。故而本案中劳动合同中所约定的管辖条款无效。

2. 先立案的法院享有管辖权

这一点与劳动仲裁不同。在仲裁阶段，双方当事人分别向劳动合同履行地和用人单位所在地的劳动争议仲裁委员会申请仲裁的，由劳动合同履行地的劳动争议仲裁委员会管辖。有多个劳动合同履行地的，由先受理的劳动争议仲裁委员会管辖。诉讼阶段则不再适用优先管辖原则，而是“谁先受理谁管辖”，后受理的法院应当将案件移送给先受理的法院。

案例 214

两地法院同日立案相差 90 秒，要从南京跑到北京开庭

江苏省南京市中级人民法院（2020）苏 01 民辖终 45 号

张某于 2015 年 5 月入职南京甲公司营销中心工作，双方劳动合同约定张某的工作地点为“全国”，事实上张某的劳动合同履行地为北京市石景山区，后甲公司解雇了张某。张某向北京市石景山区劳动争议仲裁委员会申请劳动仲裁，双方均对仲裁裁决不服，张某和甲公司分别向北京市石景山区人民法院和南京市溧水区人民法院起诉，石景山区人民法院的立案受理时间为 2019 年 8 月 21 日 11 时 11 分 28 秒，溧水区人民法院的立案受理时间为 2019 年 8 月 21 日 11 时 12 分 58 秒，两家法院的立案受理时间仅相差 90 秒。

审理结果

南京市中级人民法院认为，甲公司、张某对北京市石景山区劳动人事争议仲裁委员会作出的仲裁裁决均不服，甲公司向南京市溧水区人民法院起诉（2019 年 8 月 21 日 11 时 12 分 58 秒立案受理），张某向北京市石景山区人民法院起诉（2019 年 8 月 21 日 11 时 11 分 28 秒立案受理），因北京市石景山区人民法院先立案受理案涉双方劳动争议纠纷一案，故南京市溧水区人民法院将本案移送北京市石景山区人民法院处理并无不当，法院依法应予维持。

案例简评

由于立案晚了 90 秒，甲公司要从南京跑到 1000 多公里以外的北京去开庭，本案判决书公开后，劳动法实务圈对此案一直津津乐道，各大劳动法微信公众号争相转发，纷纷讨论抢管辖的重要性。事实上，有经验的劳动法律师往往会想到，当两地法院均有管辖权时，就必须要考虑“抢管辖”的问题，在收到仲裁裁决书后，若对裁决不服，应在第一时间选择自己所在地的基层人民法院进行起诉，避免管辖权落入对方之手。

笔者在检索案例时还看到最高人民法院（2015）民立他字第 58 号裁定案例。甲公司与辛某发生劳动争议，辛某向北京市东城区劳动仲裁委员会申请仲裁，裁决后，双方均不服裁决结果，甲公司于 2015 年 7 月 6 日向上海市徐汇区人民法院提交起诉状并进入诉前调解程序，后因甲公司不同意诉前调解，该案于 7 月 9 日立案，而辛某则于 7 月 9 日向北京市东城区人民法院提交起诉状，甲公司提出管辖权异议，认为徐汇区人民法院立案在先，该案应移送徐汇区人民法院并案审理。该案经北京市高级人民法院报请最高人民法院指定管辖。

最高人民法院认为，劳动争议案件由用人单位所在地或者劳动合同履行地的基层人民法院管辖，北京市东城区人民法院作为劳动合同履行地的基层人民法院，上海市徐汇区人民法院作为用人单位所在地的基层人民法院，对案件均享有管辖权。在当事人双方就同一仲裁裁决分别向有管辖权的人民法院起诉的，为了便于查清案件事实，保证裁判的统一性，宜由同一法院并案审理。考虑到劳动合同履行地及劳动者一方住所地在北京市，双方亦是先由东城区劳动仲裁委员会进行仲裁，为方便劳动者诉讼，便于法院查明案件事实，由北京市东城区人民法院并案审理为宜。本案最终由最高人民法院指定北京市东城区人民法院管辖。

最高人民法院从法、理、情三个维度就本案指定管辖进行说理，可谓入木三分，本书深为赞同。

三、民事起诉状

民事起诉状，是指公民、法人或者其他组织作为原告在自己的民事权益受到侵害或者与他人发生争议时，为维护自己的民事权益，按照法定程序向人民法院提起民事诉讼，要求法院依法裁判所使用的书面请求文书。根据《民事诉讼法》第 124 条规定，起诉状应当记明下列事项：

（1）原告的姓名、性别、年龄、民族、职业、工作单位、住所、联系方式，法人或者其他组织的名称、住所和法定代表人或者主要负责人的姓名、职务、联系方式；

（2）被告的姓名、性别、工作单位、住所等信息，法人或者其他组织的名称、住所等信息；

（3）诉讼请求和所根据的事实与理由；

（4）证据和证据来源，证人姓名和住所。

结合劳动争议的特点，民事起诉状由以下内容构成：

· 首部

起诉状的首部应写明当事人的基本情况。当事人一般包括三类，原告、被告、第三人。员工起诉的，员工是原告，用人单位是被告，反之亦然。双方均起诉的，双方互为原告、被告。有第三人的，可列第三人。

· 诉讼请求

原告应在起诉状中列明请求法院解决的争议事项。由于劳动争议案件在进入诉讼程序前已经经过了劳动仲裁程序，因此，劳动争议的诉讼请求相较于普通民事诉讼而言，有其特殊性，通常而言，劳动争议诉讼请求应注意以下事项：

（1）原则上不得增加请求事项。

劳动争议当事人因不服劳动仲裁裁决而提起诉讼的，诉讼请求原则上不得超过申请劳动仲裁时的请求。

例如，张三在申请仲裁时请求企业支付违法解除劳动合同赔偿金 50,000 元、加班费 10,000 元、拖欠工资 60,000 元，仲裁庭支持了拖欠工资 60,000 元，驳回了其他仲裁请求。那么，张三可以就赔偿金、加班费两项请求或者其中一项请求提起诉讼。若张三在诉讼时增加应休未休年休假工资折算 5000 元的请求，由于这一请求未经劳动仲裁程序前置，属于独立的劳动争议，法院不予受理，应当告知当事人向劳动争议仲裁机构申请仲裁。同理，企业若对仲裁庭支持张三拖欠工资 60,000 元的裁决结果不服，也可以向法院提起诉讼。

（2）例外可以增加的诉讼请求。

根据《劳动争议司法解释（一）》第 14 条，人民法院受理劳动争议案件后，当事人增加诉讼请求的，如该诉讼请求与讼争的劳动争议具有不可分性，应当合并审理。这是例外可以在诉讼时增加请求的情形，判断标准是与讼争的劳动争议具有不可分性。

何为不可分性，劳动法没有明确规定。最高人民法院民事审判第一庭编著的《最高人民法院新劳动争议司法解释（一）理解与适用》一书认为，如果增加的诉讼请求与仲裁的事项是基于同一法律关系或者事实而产生，相互间有依附性、不可分性，就可以一并审理。惠州市中级人民法院、惠州市劳动人事争议仲裁委员会《关于审理劳动争议案件若干问题的会议纪要（试行）》（2012 年 6 月 20 日）第 9 条，也作出了类似的规定。本书亦持此观点。

以下述司法判例为例分析新增诉讼请求相关问题。

南京市中级人民法院（2019）苏 01 民终 2541 号民事判决书认为，劳动争议仲裁委员会作出的不予受理通知书中载明，丁某的仲裁请求为要求该公司支付赔偿金，现其在一审中增加继续履行劳动合同的诉讼请求，均系基于该公司与其解除劳动合同的行为，该诉讼请求与讼争的劳动争议具有不可分性，应当合并审理。另外，丁某要求该公司支付所扣工资、加班费、高温津贴等诉讼请求，属于新增加的诉讼请求，且系独立的诉讼请求，亦未经仲裁前置程序处理，法院不予处理。

案例 215

劳动争议诉讼请求超出仲裁请求，法院应如何处理？

江苏省高级人民法院（2020）苏民申 1850 号

杨某系甲公司员工，2018 年 5 月 22 日，甲公司在杨某不知情的情况下为其办理了退工停保手续，由乙公司为杨某办理了用工参保手续，社会保险缴纳主体变更后，杨某继续在甲公司工作，工作岗位、工作地点、工资发放、劳动管理等均无任何变化。10 月 8 日，杨某申请劳动仲裁，主张甲公司支付因违法解除劳动合同赔偿金、加班费等。一审期间，杨某在仲裁请求的基础上增加了要求甲公司支付经济补偿金的请求。甲公司称，杨某申请仲裁时，未提出劳动者单方解除劳动合同的经济补偿请求，直至仲裁庭审时，杨某当庭提出解除劳动合同，杨某未按法律规定履行提前告知义务，甲公司不应支付经济补偿金。

审理结果

江苏省高级人民法院认为，杨某主张甲公司支付经济补偿金与赔偿金的请求与讼争的劳动争议具有不可分性，杨某因甲公司的过错非自愿提出解除劳动合同，属于用人单位应当向劳动者支付经济补偿金的法定情形，两审法院判决甲公司向杨某支付经济补偿金，并无不当。

（3）可以减少诉讼请求。

如前例，仲裁庭驳回了张三主张赔偿金、加班费两项仲裁请求，若张三对两项裁决结果不服，则可以就两项请求提起诉讼，若仅对其中一项裁决结果不服，则可以就该项请求提起诉讼。也就是说，张三并非必须就仲裁未支持的请求一并提起诉讼，而是可以就对裁决不服的事项提起诉讼，客观上表现为减少诉讼请求。

从法理角度讲，减少诉讼请求是当事人对自身权利的处分。正如《最高人民法院新劳动争议司法解释（一）理解与适用》一书中所言，按照民事诉讼法的理论，对于当事人的起诉人民法院采取“不告不理”的原则，人民法院对案件的审理范围以当事人诉讼请求的内容为限，对于当事人起诉时未提出诉讼请求的内容不属于人民法院审理范围。

（4）不得提出反诉。

反诉是指在一个已经开始的民事诉讼程序中，本诉的被告以本诉原告为被告，向受诉法院提出的与本诉有牵连的独立的反请求，目的在于排斥、吞并、消灭本诉的诉讼请求。根据《民事诉讼法》第54条的规定，本诉的被告可以向本诉的原告提起反诉。

然而，上述规定只适用于普通民事纠纷案件，不适用于劳动争议案件。如前文所述，劳动争议诉讼需“仲裁前置”，由于反诉本质上是一个独立的诉，进入诉讼程序后被告再提出反诉的，违反“仲裁前置”原则，因此，劳动争议诉讼中，被告提出反诉的，法院不予受理。法院应当告知当事人先向劳动争议仲裁委员会申请仲裁，对仲裁裁决不服且符合法律规定的起诉条件的，可以向法院起诉。

案例 216

劳动争议诉讼期间被告提出反诉，应如何处理？

安徽省凤台县人民法院（2019）皖 0421 民初 3615 号

2016 年 5 月，甲公司员工李某下班回家途中发生交通事故，交警部门认定双方负事故同等责任。2018 年 12 月，李某被认定为工伤，劳动能力鉴定为八级伤残。2019 年 5 月，李某为追索工伤保险待遇，申请劳动仲裁，主张停工留薪期工资、医疗费、护理费等，获部分支持。裁决后，甲公司不服，提起诉讼，李某未起诉。在一审诉讼期间，李某向法院提交反诉状，请求与申请仲裁时请求大致相同。

审理结果

法院认为，李某的“反诉”请求均已在仲裁时提出，其针对仲裁裁决未支持的一次性就业补助金 82,026 元和医疗费 60,558 元提出的“反诉”请求，属于对仲裁裁决不服的情形，李某提交反诉状的时间超过了法律规定的 15 日的起诉期限，属于放弃自己的诉讼权利，在李某不能提起诉讼的情况下，对其提出的反诉自然也不应当予以受理。

· 事实和理由

这部分内容相当重要，是民事起诉状的核心，承载着原告诉讼请求的具体成因、客观事实以及法律依据，决定着案件的走向和结局。因此，原告在陈述事实和理由时，应当遵循客观、合法、有理有据的原则，同时也应简明扼要，直击要点，忌长篇大论且偏离重点。

· 结尾

结尾处应写明致哪个法院，比如，此致深圳市宝安区人民法院。具状人是自然人的，应手工签名并捺指印，当事人是企业或者其他组织的，应由负责人签名并加盖单位公章。日期填写也应准确。

四、劳动争议诉讼程序

劳动争议诉讼程序与普通民事诉讼程序大同小异，以下简单介绍。

1. 提起诉讼

原告不服劳动仲裁裁决向有管辖权的基层人民法院提起诉讼，应当提交民事起诉状、证据材料等，并按照被告人数提出副本。如果需要申请证人出庭作证，需同时提交证人出庭作证申请书及证人身份信息。

根据《民事诉讼法》第 122 条，起诉必须符合下列条件：

（1）原告是与本案有直接利害关系的公民、法人和其他组织；

（2）有明确的被告；

（3）有具体的诉讼请求和事实、理由；

（4）属于人民法院受理民事诉讼的范围和受诉人民法院管辖。

2. 受理

人民法院收到起诉状后，应当进行审查，对符合上述规定的起诉，必须受理。符合起诉条件的，应当在 7 日内立案，并通知当事人，不符合起诉条件的，应当在 7 日内作出裁定书，不予受理，原告对裁定不服的，可以提起上诉。

3. 交纳诉讼费

劳动争议的诉讼费无论标的额多少，统一为普通程序每件 10 元，简易程序每件 5 元。根据《诉讼费用交纳办法》，原告自接到人民法院交纳诉讼费用通知次日起 7 日内交纳案件受理费，即诉讼费。上诉案件的案件受理费由上诉人向人民法院提交上诉状时预交。双方当事人都提起上诉的，分别预交。上诉人在上诉期内未预交诉讼费用的，人民法院应当通知其在 7 日内预交。

4. 审理前的准备

（1）人民法院应当在立案之日起 5 日内将起诉状副本发送被告，被告应当在收到起诉状副本之日起 15 日内提出答辩状，被告不提出答辩状的，不影响人民法院审理。

（2）人民法院应当在收到答辩状之日起 5 日内将答辩状副本发送原告。

（3）人民法院对决定受理的案件，应当在受理案件通知书和应诉通知书中向当事人告知有关的诉讼权利义务，或者口头告知。

（4）审判人员确定后，应当在 3 日内告知当事人。

5．开庭审理

（1）人民法院应当在开庭 3 日前通知当事人和其他诉讼参与人。公开审理的，应当公告当事人姓名、案由和开庭的时间、地点。

（2）诉讼庭审程序与仲裁庭审程序基本一致。

6．调解

诉讼阶段调解程序与仲裁阶段调解程序基本一致。调解成功的，法院制作调解书，送达当事人后生效，调解不成的，法院应当及时作出判决。

7．判决

判决书应当写明判决结果和作出该判决的理由，由审判人员、书记员署名，加盖人民法院印章。

（1）判决书内容。包括：

①案由、诉讼请求、争议的事实和理由；

②判决认定的事实和理由、适用的法律和理由；

③判决结果和诉讼费用的负担；

④上诉期间和上诉的法院。

（2）审限。法院适用普通程序审理的，应当在立案之日起 6 个月内审结，有特殊情况需要延长的，经法院院长批准，可以延长 6 个月，还需要延长的，报请上级人民法院批准。适用简易程序审理的，应当在立案之日起 3 个月内审结，有特殊情况需要延长的，经法院院长批准，可以延长 1 个月。

8．提起上诉

当事人任何一方不服第一审判决的，有权在判决书送达之日起 15 日内向上一级人民法院提起上诉。双方均逾期未上诉的，一审判决即发生法律效力。

我国民事诉讼实行二审终审制，二审法院作出的判决为终审判决，一经作出即发生法律效力。

9. 申请再审

再审程序属于审判监督程序，不属于普通审判程序。当事人对已经发生法律效力的判决、裁定，认为有错误的，可以向上一级人民法院申请再审，当事人申请再审的，不停止原判决、裁定的执行。

| 第四节 | 举证与质证

举证指的是当事人就自己的主张向法院提出证据。质证是指当事人、诉讼代理人及第三人在法庭的主持下，对当事人及第三人提出的证据就其真实性、合法性、关联性以及证明力的有无、大小予以说明和质辩的活动或过程。根据《劳动争议调解仲裁法》第 6 条、《民事诉讼法》第 67 条、第 71 条，发生劳动争议，当事人对自己提出的主张，有责任提供证据，证据应当在法庭上出示，并由当事人互相质证。

在劳动争议案件中，举证与质证贯穿裁审的整个过程，通常包括劳动仲裁、一审和二审三个阶段。

一、证据种类

民事诉讼中的证据简称民事证据，是指在民事诉讼中能够证明案件真实情况的各种资料，是民事诉讼中法院认定案件事实作出裁判的根据。劳动争议中的证据，是指在劳动争议发生之后，在劳动仲裁和诉讼中能够证明案件真实情况的各种资料。在劳动争议案件中，除法律有特别规定外，遵循“谁主张，谁举证”的原则，当事人如果想证明自己的主张，就需要向裁审机构提供相应的证据。

根据《民事诉讼法》第 66 条，民事证据包括以下八种类型。

1. 当事人的陈述

当事人的陈述是指当事人在诉讼中就本案的事实向劳动仲裁庭或者人民法院所作的陈述。基于趋利避害的特性，当事人的事实陈述往往容易夹带虚假成分，为了追求胜诉结果，当事人可能向裁审机构作出一些不真实的陈述，这是当事人陈述的特点，裁审机构在采用该证据时，往往会结合其他证据一并综合判断。

2. 书证

书证是指以文字、符号、图形等形式所记载的内容或表达的思想来证明案件事实的证据。比如，员工入职表、劳动合同、录用通知书、保密与竞业限制协议等。书证内容的物质载体并不限于纸质材料，非纸质类的物质亦可成为载体，如木、石、金属等。劳动争议案件中，书证是最常见的证据材料之一，同时，书证也是民事诉讼中的证据之王。

3. 物证

物证是指以物的外形、性状、质地、规格等证明案件争议事实的证据。比如，销售提成款争议中的合同标的物、双方对所有权有争议的物品等。

4. 视听资料

视听资料是指利用录音、录像等技术手段反映的声音、图像以及电子计算机储存的数据证明案件事实的证据。最常见的视听资料如录像带、录音带、胶卷、储存于硬盘或者光盘中的电脑数据等。

5. 电子数据

电子数据又称为电子证据，是指基于电子技术生成、以数字化形式存在于磁盘、磁带等载体，其内容可与载体分离，并可多次复制到其他载体的，能够证明案件事实的证据。最常见的是电子劳动合同、微信聊天记录、电子邮件等。

看个司法判例。深圳市福田区人民法院（2019）粤 0304 民初 34978 号民事判决书认为，关于微信聊天记录，该证据属于电子证据，是甲公司通过技术手段提取数据制作而成，虽经过公证，但在没有原始载体予以核对的情况下，无法确认其真实性和完整性，法院难以采纳。

6. 证人证言

证人是指了解案件情况并向裁审机构或者当事人提供证词的人，证言是指证人将其了解的案件事实向裁审机构所作的陈述或者证词。在劳动争议案件中，证人证言的使用率并不高，只是偶尔会有申请证人出庭作证的情况。

看个司法判例。江苏省高级人民法院（2019）苏民申 5132 号民事裁定书认为，甲公司以葛某对公司值班经理及分管领导进行辱骂，严重违反人力资源管理制度及劳动合同为由，解除与葛某的劳动合同关系，并非认定葛某“睡岗”达到严重违反用人单位规章制度的程度，对此，甲公司提交了相关证人证言并申请证人出庭作证，虽然甲公司的证人均为其公司员工，但各证人对于同一事实的陈述基本一致，且能够与甲公司提交的对于葛某此前因“睡岗”而被处罚的证据相互印证，故法院认定葛某的违纪行为达到情节严重的程度，甲公司解除与葛某的劳动关系符合相关法律规定。

7. 鉴定意见

鉴定意见分为裁审中的鉴定和裁审外的鉴定，前者是指在劳动争议仲裁或者诉讼过程中，经当事人申请，由裁审机构指定或者委托专门的鉴定机构或者具有专门知识的人对争议的专门性问题所进行的鉴定；后者则是指未经裁审机构委托或者指定所进行的鉴定。劳动争议案件中，比较常见的鉴定意见如签名笔迹鉴定、企业公章真伪鉴定等。

8. 勘验笔录

勘验笔录是指劳动仲裁或者诉讼过程中，勘验人员受司法机关指派对案件有关的现场进行调查、勘验所作的记录。勘验笔录在劳动争议裁审过程中使用率并不高。

二、举证责任

举证责任又称证明责任，是指劳动争议仲裁或者诉讼过程中当事人对自己的主张提供相关证据加以证明的义务。

《劳动争议调解仲裁法》第 6 条规定，发生劳动争议，当事人对自己提出的主张，有责任提供证据，与争议事项有关的证据属于用人单位掌握管理的，用人单位应当提供；用人单位不提供的，应当承担不利后果。最高人民法院《关于适用〈中华人民共和国民事诉讼法〉的解释》（法释〔2022〕11 号）（以下简称《民事诉讼法司法解释》）第 90 条规定，当事人对自己提出的诉讼请求所依据的事实或者反驳对方诉讼请求所依据的事实，应当提供证据加以证明，但法律另有规定的除外。在作出判决前，当事人未能提供证据或者证据不足以证明其事实主张的，由负有举证证明责任的当事人承担不利的后果。

根据上述规定，劳动争议中的举证责任分配适用一般举证原则和举证倒置原则。

1. 一般举证原则

一般举证原则即“谁主张，谁举证”原则，是举证责任分配的基本原则。当事人对自己提出的主张，有提供证据加以证明的义务。未能提供证据或者证据不足以证明其事实主张的，需承担举证不能的不利后果。

2. 举证倒置原则

举证倒置原则属于特别举证原则，指的是在某些法定情形下，把应由提出事实主张的当事人所承担的举证责任分配给对方当事人，用于否认该事实的存在提供证据。

在劳动争议案件中，举证倒置原则一般体现为本应由员工方就事实主张提供证据的，由于一些特殊情况，将举证责任分配给企业方，由企业方对否认该事实提供证据加以证明。

比如，上述《劳动争议调解仲裁法》第 6 条所规定的“与争议事项有关的证据属于用人单位掌握管理的，用人单位应当提供，用人单位不提供的，应当承担不利后果”。

又如，《劳动争议司法解释（一）》第 42 条规定，劳动者主张加班费的，应当就加班事实的存在承担举证责任，但劳动者有证据证明用人单位掌握加班事实存在的证据，用人单位不提供的，由用人单位承担不利后果。

再如，《劳动争议司法解释（一）》第 44 条规定，因用人单位作出的开除、除名、辞退、解除劳动合同、减少劳动报酬、计算劳动者工作年限等决定而发生的劳动争议，用人单位负举证责任。

案例 217

处理加班费争议，如何分配举证责任？

人力资源和社会保障部、最高人民法院《劳动人事争议典型案例（第二批）》

林某于 2020 年 1 月入职甲教育咨询公司，月工资 6000 元。同年 7 月，林某因个人原因提出解除劳动合同，并申请劳动仲裁，主张甲公司支付加班费 1 万元。林某称其工作期间每周工作 6 天，并提交了某打卡软件打卡记录（显示林某及甲公司均实名认证，林某每周一至周六打卡；每天打卡两次，第一次打卡时间为早 9 时左右，第二次打卡时间为下午 6 时左右；打卡地点均为甲公司所在位置，存在个别日期未打卡情形）、工资支付记录打印件（显示曾因事假扣发工资，扣发日期及天数与打卡记录一致，未显示加班费支付情况）。甲公司不认可上述证据的真实性，主张林某每周工作 5 天，但未提交考勤记录、工资支付记录。劳动仲裁委支持了林某的主张，裁决甲公司向其支付加班费 1 万元。该裁决为终局裁决。

案例分析

本案的争议焦点是如何分配林某与甲公司的举证责任。根据《劳动争议调解仲裁法》第 6 条和《劳动争议司法解释（一）》第 42 条规定，主张加班费的劳动者有责任按照“谁主张，谁举证”的原则，就加班事实的存在提供证据，或者就相关证据属于用人单位掌握管理提供证据，用人单位应当提供而不提供有关证据的，可以推定劳动者加班事实存在。

本案中，虽然林某提交的工资支付记录为打印件，但与实名认证的 App 打卡记录互相印证，能够证明甲公司掌握加班事实存在的证据。甲公司虽然不认可上述证据的真实性，但未提交反证或者作出合理解释，应承担不利后果，故劳动争议仲裁委员会依法裁决甲公司支付林某加班费。

典型意义

我国劳动法律将保护劳动者的合法权益作为立法宗旨之一，在实体和程序方面都作出了相应规定。在加班费争议处理中，要充分考虑劳动者举证能力不足的实际情况，根据“谁主张，谁举证”原则、证明妨碍规则，结合具体案情合理分配用人单位与劳动者的举证责任。

三、举证期限

举证期限又称举证时限，是指在劳动争议仲裁和诉讼过程中负有举证责任的当事人应该在当事人双方约定并经裁审机构认可或者由裁审机构指定的期限内，向裁审机构提交证据材料，逾期举证将丧失要求裁审机构接受证据或者丧失请求裁审机构在审理时组织质证权利的一种裁审期间制度。

1. 劳动争议仲裁阶段的举证期限

根据《劳动人事争议仲裁办案规则》第 15 条规定，承担举证责任的当事人应当在仲裁委员会指定的期限内提供有关证据。当事人在该期限内提供证据确有困难的，可以向仲裁委员会申请延长期限，仲裁委员会根据当事人的申请适当延长。当事人逾期提供证据的，仲裁委员会应当责令其说明理由；拒不说明理由或者理由不成立的，仲裁委员会可以根据不同情形不予采纳该证据，或者采纳该证据但予以训诫。

对上述规定，可以从以下三个方面进行理解：

其一，一般举证期限。上述规定中所称的指定的期限，在实务中各地劳动争议仲裁委员会略有不同，大多数地区的劳动争议仲裁委员会一般是指定 10 个工作日作为举证期，从当事人收到劳动争议仲裁委员会送达的举证通知的次日起算，最后一日遇到法假节假日或者周六、周日的，则顺延至第一个工作日为最后一日。

其二，延长期限。当事人无法在劳动争议仲裁委员会所指定的举证期限提供证据，且有正当理由的，可以向劳动争议仲裁委员会申请延长期限，但是否延长，由劳动争议仲裁委员会决定。

其三，逾期举证。当事人超过举证期限提供证据的，属于破坏了正常的仲裁程序，劳动争议仲裁委员会应当根据上述规定区分处理。对方劳动争议仲裁委员会若决定采纳该证据，对方当事人也可以拒绝质证，但是，如果对认定案件事实密切相关的，劳动争议仲裁委员会可以依职权要求对方当事人质证。

2. 劳动争议诉讼阶段的举证期限

劳动争议诉讼阶段的举证期限适用《民事诉讼法》的相关规定，根据《民事诉讼法司法解释》规定，人民法院应当在审理前的准备阶段确定当事人的举证期限，举证期限可以由当事人协商，并经人民法院准许。人民法院确定举证期限，第一审普通程序案件不得少于 15 日，简易程序最长不得超过 15 日。通常情况下，人民法院向当事人送达的《举证通知书》会明确告知当事人法院指定的举证期限及相关权利义务，当事人只需在该期限内向法院提交证据即可。

HR 实务指南

HR 需特别留意举证期限，应在法院指定的举证期限内向法院提交证据材料。法院受理案件后，通常会向双方当事人送达一系列的诉讼材料，如当事人权利义务告知书、举证通知书等。举证期限通常会在举证通知书中明确，当事人应在该期限内提交证据材料。

四、证据提交规则

1. 在举证期限内提交证据

当事人应当在举证期限内向裁审机构提交证据，上文已作讨论。

2. 提交证据的份数

大多数情况下，劳动争议案件的当事人只有两个，一方当事人向裁审机构提交证据的份数为两份，一份给裁审机构，另一份则由裁审机构向对方当事人送达。如果对方当事人为多人的，则相应增加证据份数，证据份数用公式表示为“对方当事人人数 +1”，其中“1”为裁审机构的那份。

3. 证据原件或原始载体规则

当事人向裁审机构提交的证据种类不同，对证据原件或者原始载体的要求也不同，通常情况下，应当遵守以下规则：

（1）书证。当事人提交的证据为书证的，只需提交证据的复印件，开庭时应当携带证据原件以备查看和出示；书证应当复印在A4纸上，复印件应当内容清楚，不得模糊，可以单面复印，也可以双面复印。

（2）物证。提交物证的，方便携带的物证可以在开庭时携带，物证不宜携带或者客观上无法携带的，以拍照、录像等方式进行固化，提交照片或者录像即可；照片可以打印在A4纸上，要求内容清楚，录像可以刻录成光盘提交。

（3）电子数据。提交电子数据证据的，可能将电子数据资料截屏、拍照、数据导出等方式进行固化，并打印在A4纸上进行提交，打印件要求内容清楚，开庭时应当携带电子数据的原始载体以备查看和出示。

（4）视听资料。提交视听资料的，应当刻录成光盘进行提交；视听资料为录音的，还应一并提交录音内容的文字材料。

以上证据材料，如果有经过鉴定、公证的，应当将鉴定报告、公证文书等复印件一并提交。

（5）证人证言。当事人需要证人出庭作证的，需在举证期限内向裁审机构提出书面申请，并提交证人的身份证明；证人应当出庭作证，确有困难不能出庭的，经裁审机构同意，可以通过书面证言、录像等方式作证。

4. 制作证据清单

当事人提交证据，通常分为证据目录和证据材料两个部分。证据目录即证据清单，通常包括证据序号、证据名称、证明目的以及页码，证据目录需提交人签名，并注明提交日期。证据材料则是按照证据目录的序号进行排序，并编写页码，证据材料的页码应与证据目录上的页码相一致。

五、质证

民事案件中的质证是指一方当事人对另一方当事人提交的证据在真实性、合法性以及与待证事实的关联性进行质证，并针对证据有无证明力和证明力大小进行说明和辩论。质证的目的在于通过与举证方就所举证据及其证明对象的辩论，最终使仲裁庭或者法庭作出对己方有利的事实认定。

1. 质证的原则和技巧

质证时，应就对方提交的证据的真实性、合法性、关联性和证明对象明确发表意见。通常情况下，当事人发表质证意见需遵循以下原则：

（1）对不能否认的证据应当及时予以认可，以获得仲裁庭或者法庭的信任。比如，员工提交的《解除劳动合同通知书》，该通知书由企业向员工发出，企业在质证时应予以认可。

（2）对于能够通过调查取得或核实的证据，虽然存在一定瑕疵，但在充分评估风险后应当予以确认。比如，银行转账凭证复印件，虽然对方当事人未提交原件，存在一定瑕疵，但综合全案判断该证据应为真实，质证时则予以确认。

（3）对于对方存在明显瑕疵的证据，应当果断予以否认，并向仲裁庭或者法庭简要说明理由。比如，对方提交了微信聊天记录，但未能提供原始载体供查看，则应予以否认。

（4）质证策略应当与辩论意见保持高度一致，做到前后逻辑自洽。

（5）全面查证对方提交的证据，充分挖掘举证方提交证据中的全部信息并进行辨识。

（6）质证意见应逻辑简单、观点明确，与己方主张保持高度一致。

（7）质证时应当简短、果断、坚定，忌犹豫不决或者模棱两可。

（8）对于有疑问的视听资料，可以要求提供原始载体当庭播放。

2. 质证流程

发表质证意见时，应按以下流程进行：

第一步：围绕该证据的真实性、合法性、关联性以及证明目的发表认可或者不认可的意见。比如，员工作为举证方提交的证据——《解除劳动合同通知书》，该通知书由企业开具并向员工送达，载明员工因严重违反规章制度而被解除劳动合同，员工提交该证据的证明目的是企业解除劳动合同违法，企业作为质证方，发表质证意见可以是“真实性、合法性、关联性认可，证明目的不认可”。

第二步：对不认可的部分，应简要说明理由。如上例，企业陈述理由可以是“该员工自某年某月某日起未履行请假手续连续缺勤旷工超过 × 个工作日，经单位催告后仍不到岗上班，已构成严重违反规章制度，单位解除劳动合同合法”。

|第五节| 执　行

劳动争议案件的执行程序，适用《民事诉讼法》有关执行程序的规定。根据《民事诉讼法》规定，负有履行义务的当事人对生效法律文书所确定的义务，应当在法律规定的期限内履行，逾期不履行的，另一方当事人可以向人民法院申请强制执行。

一、申请执行的条件

当事人向人民法院申请强制执行，只有在具备一定条件的情况下，才能启动执行程序。就劳动争议案件而言，申请执行的条件主要有以下四个方面：

（1）据以申请执行的法律文书已经发生法律效力，并且是具有给付内容的法律文书。

包括以下五种法律文书。

①仲裁裁决书：非终局裁决的，当事人收到裁决书后满 15 日未向法院起诉的，裁决书发生法律效力；终局裁决的，自裁决书作出之日起发生法律效力，但员工一方在收到裁决书后 15 日内向法院起诉的除外。

②仲裁调解书：经仲裁庭调解并出具加盖劳动争议仲裁委员会印章的调解书，经双方当事人签收后发生法律效力。

③调解协议经司法确认后的裁定书：劳动争议双方经具有调解职能的第三方调解组织调解后达成调解协议，双方就调解协议向法院申请司法确认并被法院裁定确认调解协议有效的，自裁定书送达双方后发生法律效力。当事人据以申请执行的生效法律文书并不是调解协议，而是法院的裁定书。

④一审判决书：当事人收到法院送达的判决书后满 15 日未提起上诉的，判决书发生法律效力。

⑤二审判决书：判决书自作出之日起发生法律效力。我国民事诉讼实行二审终审制，当事人不服二审判决申请再审的，不影响二审判决书的法律效力。

需要注意的是，上述法律文书必须有确定的给付内容。换言之，如果法律文书没有给付内容，也就不涉及强制执行的问题了；如果给付的内容不确定，事实上义务人也将无法履行。

比如，仲裁裁决确认双方存在劳动关系，该裁决书生效后，属于没有给付内容的法律文书。

看个司法判例。最高人民法院（2018）最高法执监 89 号执行裁定书认为，虽然执行和解协议是双方当事人在执行程序中真实意思表示，但该协议是否履行，如何履行等完全取决于各方当事人，其与生效的法律文书具有本质区别。法律文书是否具有强制执行力应遵循法定原则，只有法律、司法解释有明确规定的，该法律文书才具有强制执行力。就本案而言，各方当事人自行达成的执行和解协议，不属于法定执行依据范畴，上述执行和解协议均不具有强制执行效力。

（2）义务人在生效法律文书确定的期限内未履行义务。

如果执行双方在执行中达成执行和解，一方当事人在和解协议指定的期限内未履行义务的，且另一方当事人可以向法院申请强制执行原生效法律文书。

劳动争议案件中，大部分的义务人都是企业，比如支付拖欠的工资、解除劳动合同经济补偿等，都是企业向员工支付，企业在生效法律文书确定的期限内未履行给付义务的，员工可以向法院申请强制执行。

（3）权利人应在法定的执行期间内提出申请。

根据《民事诉讼法》规定，申请执行的期间为 2 年。法律文书发生法律效力后，承担给付义务的一方当事人没有在法律文书确定的期限内履行义务的，另一方当事人必须在法定的申请执行期间即 2 年内向法院提出执行申请，这是对执行申请的时间限制，目的在于督促义务人及时履行义务，保障权利人的利益。

2 年期间从法律文书规定履行期间的最后一日起计算，法律文书规定分期履行的，从规定的每次履行期间的最后一日起计算，法律文书未规定履行期间的，从法律文书生效之日起计算。

（4）向有管辖权的法院提出申请。

根据《民事诉讼法》规定，发生法律效力的民事判决、裁定，由第一审人民法院或者与第一审人民法院同级的被执行的财产所在地人民法院执行，其他法律文书由被执行人住所地或者被执行的财产所在地人民法院执行。可见，当事人只能向对法律文书执行有管辖权的法院申请强制执行。

具体到劳动争议的执行案件，当事人一方申请执行已发生法律效力的仲裁裁决书或者仲裁调解书的，可向被执行人住所地或者被执行的财产所在地的基层法院申请执行，申请执行已发生法律效力的判决书的，可向该案件的一审法院提出执行申请。

案例 218

企业败诉后不履行生效判决，员工申请强制执行实现债权

广东省深圳市宝安区人民法院（2022）粤 0306 执 8223 号

董某于 2018 年 6 月入职甲公司担任拆迁主管职务，于 2020 年 1 月 15 日离职，双方发生争议，董某主张甲公司支付违法解除劳动合同赔偿金等 7 万余元。本案经一裁两审，法院最终判决甲公司向董某支付违法解除劳动合同赔偿金等 7 万余元。判决生效后，甲公司没有履行生效判决，董某遂向法院申请强制执行。

处理结果

在执行过程中，执行法院依法将被执行人甲公司名下银行存款 72,431.08 元扣划至法院账户，其中用于支付申请执行人董某执行款 70,752.08 元，用于支付案件保全费 719 元、执行费 960 元。申请执行人董某基于执行依据的权利全部得到了实现，申请执行费已由被执行人甲公司交纳，法院依法予以执行结案。

二、不予执行

法律赋予人民法院对已经生效的仲裁裁决书、调解书在执行程序中进行审查的职权，是司法最终审查原则的具体体现，法院在收到仲裁裁决、调解书不予执行申请后，应在实体和程序上严格把关，认真研究，慎重处理，如果裁定不予执行，则仲裁裁决书、调解书失去强制执行力，从而否定了其法律效力。

根据《劳动争议司法解释（一）》第 24 条，当事人申请法院执行劳动争议仲裁机构作出的发生法律效力的裁决书、调解书，被申请人提出证据证明劳动争议仲裁裁决书、调解书有下列情形之一，经法院审查核实，法院可以根据《民事诉讼法》的规定裁定不予执行；同时，法院在不予执行的裁定书中，应当告知当事人在收到裁定书之次日起 30 日内，可以就该劳动争议事项向法院提起诉讼：

（1）裁决的事项不属于劳动争议仲裁范围；

（2）劳动争议仲裁机构无权仲裁的；

（3）适用法律、法规确有错误的；

（4）违反法定程序的；

（5）裁决所根据的证据是伪造的；

（6）对方当事人隐瞒了足以影响公正裁决的证据的；

（7）仲裁员在仲裁该案时有索贿受贿、徇私舞弊、枉法裁决行为的；

（8）法院认定执行该劳动争议仲裁裁决违背社会公共利益的。

上述规定是当事人申请执行的“负面清单”，当事人向法院申请执行，除必须符合申请执行的条件外，还需要符合上述规定，不得出现“负面清单”中的情形，否则法院将裁定不予执行。

三、先予执行

劳动仲裁庭审理劳动争议案件，从受理到作出仲裁裁决，从裁决生效或者当事人对裁决不服起诉至法院，再到当事人履行或者强制执行，需要一个漫长的过程，少则两三个月，长则一年半载甚至两三年也有可能。在这段时间里，有些员工可能因为经济困难，难以维持正常的生活需要，陷入困境，又或者，因员工遭受工伤造成严重的身体伤害急需住院治疗，由于医疗费数额太大而无法负担，不能得到及时治疗，最终造成严重后果。为此，《劳动法》规定了先予执行裁决制度。

劳动仲裁先予执行裁决制度，是指劳动争议仲裁委员会在劳动争议案件终结裁决作出前，要求企业预先支付员工一方工资、工伤医疗费、经济补偿或者赔偿金的裁决。

《劳动争议调解仲裁法》第 44 条规定，仲裁庭对追索劳动报酬、工伤医疗费、经济补偿或者赔偿金的案件，根据一方当事人的申请，当事人之间权利义务关系明确且不先予执行将严重影响申请人的生活的，可以裁决先予执行，移送人民法院执行。劳动者申请先予执行的，可以不提供担保。

《劳动争议司法解释（一）》第 10 条第 1 款规定，当事人不服劳动争议仲裁机构作出的预先支付劳动者劳动报酬、工伤医疗费、经济补偿或者赔偿金的裁决，依法提起诉讼的，人民法院不予受理。

上述规定可以从以下几个方面进行理解：

其一，仅对特定类型的案件可能申请先予执行。特定类型案件是指追索劳动报酬、工伤医疗费、经济补偿或者赔偿金的案件，其他类型的案件不适用先予执行制度。在民事诉讼程序中，对于当事人因追索赡养费、扶养费、抚养费、抚恤金、医疗费用或者劳动报酬，以及因情况紧急需要先予执行的，法院可以裁定先予执行。劳动法引入了先予执行制度，主要是满足申请人的迫切需要，解决一部分员工的燃眉之急。

其二，必须是根据当事人申请。如果当事人没有申请，仲裁庭不能依职权主动作出先予执行的裁决。

其三，必须是当事人之间权利义务关系明确的。该案件的事实清楚，当事人之间的是非责任显而易见。若双方之间权利义务尚存重大争议，则不适用先予执行制度。

其四，必须是不先予执行将严重影响申请人的生活。申请人是依靠被申请人履行义务来维持正常生活，如果不裁定先予执行，申请人的正常生活将受到严重影响，难以维持。

其五，员工申请先予执行可以不提供担保。在一般民事执行案件中，提供担保的目的是保护被申请人的合法利益，防止申请人因申请错误使被申请人遭受损失时，被申请人的赔偿能够得到有效保障。但在劳动争议仲裁案件中，员工申请先予执行，就是因为生活困难，若再要求提供担保，那无疑是雪上加霜，不符合常理。

其六，先予执行不可诉。对劳动争议仲裁委员会作出的先予执行裁决，当事人不服该裁决提起诉讼，法院不予受理。

案例 219

员工追索工伤医疗费，法院判决先予执行

江苏省丹阳市人民法院（2020）苏 1181 民初 1460 号

周某于 2019 年 2 月入职甲公司工作，甲公司未为其参加工伤保险。同年 10 月，甲公司承接了乙公司的废气处理工程项目，周某被派往项目处工作。2019 年 12 月 19 日，周某在工作时不慎从脚手架跌落受伤，即送往丙医院救治。

2019 年 12 月 30 日，乙公司向周某家属出具告知书，言明周某是甲公司派至乙公司项目现场工作，其受伤已被当地人力资源和社会保障局认定为工伤，周某仍在住院治疗，已产生医疗费 38 万余元，甲公司支付了 20 万元，周某垫付了 5 万余元，尚欠缴医疗费 12 万余元。周某以甲公司和乙公司作为共同被告诉至法院，请求判令两被告先行支付医疗费、拖欠丙医院的医疗费及后续医疗费。

审理结果

法院认为，对追索工伤医疗费的案件，可以裁决先予执行，周某所受伤害已经劳动行政部门认定为工伤，其应当享受工伤保险待遇。因甲公司未为其缴纳工伤保险费，故相关工伤保险待遇应由甲公司支付，为了让周某及时得到医治，现其先就医疗费部分主张权利，符合法律规定，法院予以支持。法院最终判决甲公司向周某支付其垫付的医疗费 5 万余元、拖欠丙医院的医疗费 12 万余元。

四、申请执行所需材料

根据《民事诉讼法》及相关规定，劳动争议的执行案件，当事人申请执行至少需要提交以下材料。

1. 强制执行申请书原件

强制执行申请书需载明以下内容：

（1）申请执行人和被执行人信息：当事人是自然人的，应写明姓名、性别、出生日期、民族、籍贯、住址、电话等；当事人是单位的，应写明单位名称、社会统一信用代码、法定代表人或者主要负责人姓名、住所、电话等。

（2）执行依据：比如，深南劳人仲案（2023）××× 号。

（3）请求事项：

①支付 ×× 款项 ×× 元；

②支付迟延履行利息 ×× 元；

③执行人承担本案的执行费用。

（4）事实与理由：被申请人拒不履行生效判决 / 调解书 / 仲裁裁决书。

（5）落款：申请执行人签名或者盖章及日期。

2. 当事人主体资格证明材料

当事人是自然人的，一般需提交居民身份证、户口簿、护照等有效证件复印件；当事人是法人或者其他组织的，一般需提交法定代表人或者主要负责人身份证明书原件、法定代表人或者主要负责人身份证复印件、营业执照复印件或者工商注册登记查询证明。

3. 委托代理材料

当事人委托他人办理执行的，需要提交委托代理材料。自然人当事人亲自办理的，以及法人组织的法定代表人办理的，一般无须提交委托代理材料。

（1）授权委托书原件：需注明是一般授权还是特别授权以及相应权限，但不得代领执行款项。

（2）代理人资格证明材料：

①律师代理的，应提交律师事务所函原件、律师证复印件。

②基层法律服务工作者代理的，应提交基层法律服务所出具的介绍信原件、法律服务工作者执业证复印件、当事人的委托书。

③近亲属或者监护人代理的，应提交户口簿复印件或者有关部门出具的亲属关系证明原件、代理人身份证复印件。

④本单位员工代理的，应提交加盖单位公章的员工工作证明书原件、代理人身份证复印件。员工工作证明书一般是指在本单位工作的证明、双方签订的劳动合同、在本单位参加社会保险的记录等。

4. 申请强制执行的依据

（1）法院生效判决书、裁定书或调解书原件。

（2）仲裁机构出具的仲裁裁决书或调解书原件及仲裁机构出具的关于仲裁生效和送达情况的函的原件。

除上述材料外，还需要提交管辖证明材料、收款账户确认书、诉讼文书送达地址确认书、诚信诉讼承诺书等，各地法院要求略有不同，具体可以查询执行法院官网或者电话咨询。

14 第十四章 社会保险

社会保险是指国家对员工在患病、伤残、失业、工伤、年老以及其他生活困难情况下，给予物质帮助的制度。职工社会保险包括基本养老保险、基本医疗保险、失业保险、工伤保险、生育保险，俗称“五险”。我国《宪法》规定，公民在年老、疾病或者丧失劳动能力的情况下，有从国家和社会获得物质帮助的权利。我国已颁布实施以《社会保险法》为核心的一系列社会保险法律法规，保障员工享受社会保险待遇的相关权利。

第一节 社会保险概述

1. 社会保障体系

社会保障是指为了使社会成员共同享受社会经济发展的成果，运用国家和社会的力量，通过国民收入的分配和再分配，给社会成员提供基本生活保障的一种制度。现代社会保障体系一般由社会救助、社会保险、社会福利和社会优抚构成，它们各自承担不同的保障任务，有着不同的保障作用。

社会救助是指国家和社会对由于各种情况而陷入生存困难的公民，给予财物接济和生活扶助，以保障其最低生活需要的制度。社会救助属于社会保障体系的最低层次，其目的是缓解生活困难。

社会福利是指国家面对广大社会成员举办各种公共福利设施、发放津贴补助、提供社会服务等改善社会成员物质和文化生活的一切措施。社会福利是社会保障的最高层次，是社会成员生活的良好状态。

社会优抚是指国家和社会对有特殊贡献者及其家属提供褒扬和优惠性质的物质帮助，以保障其生活不低于当地一般生活水平的制度。社会优抚的目的是优待和抚恤，其对象是军人及其家属。社会优抚是社会保障的特殊构成部分，属于针对特殊阶层的社会保障。

2. 社会保险制度

社会保险是以国家通过立法手段，以保险形式实行的，对因丧失劳动能力或者劳动机会而不能劳动或者暂时中断劳动的劳动者提供一定的物质帮助或相应的补偿，使之能继续享有基本生活水平，从而保证劳动者的生存、发展和延续的社会保障制度。社会保险在整个社会保障体系中居于核心地位，它是实现社会保障制度的基本纲领。

我国社会保险制度体系主要分为职工社会保险和城乡居民社会保险两大分支。职工社会保险包括基本养老保险、基本医疗保险、工伤保险、失业保险、生育保险五个险种，即“五险”。其中，基本养老保险和基本医疗保险又覆盖了灵活就业人员。所谓灵活就业人员，指的是不具有稳定劳动关系的适龄人员，实行自愿参加，并非强制。城乡居民社会保险的参加对象是年满 16 周岁（不含在校学生），非国家机关和事业单位工作人员及不属于职工基本养老保险制度覆盖范围的城乡居民。

本书所述社会保险，仅指职工在用人单位参加的社会保险，即“五险”，不包括灵活就业人员所参加的社会保险和城乡居民社会保险。

《社会保险法》第 2 条规定，国家建立基本养老保险、基本医疗保险、工伤保险、失业保险、生育保险等社会保险制度，保障公民在年老、疾病、工伤、失业、生育等情况下依法从国家和社会获得物质帮助的权利。

需要提示的是，实务中有很多人认为社会保障即社会保险，二者是等同的。实则不然，社会保障是一个庞大的系统，兼顾了公民社会生活保障的各个方面，社会保险则只是社会保障的一个分支系统，发挥该分支系统的保障功能。

3. 社会保险费征缴

《社会保险法》第 4 条和《社会保险费征缴暂行条例》第 4 条规定，我国境内的用人单位和个人应当依法缴纳社会保险费，缴费单位、缴费个人应当按时足额缴纳社会保险费。可见，劳动法对社会保险费征缴具有强制性，缴纳社会保险费是企业和职工的法定义务。

企业必须向当地社会保险经办机构办理社会保险登记，参加社会保险，必须按月向社会保险经办机构申报应缴纳的社会保险费数额，经社会保险经办机构核定后，在规定的期限内缴纳社会保险费。缴费单位和缴费个人应当以货币形式全额缴纳社会保险费。缴费个人应当缴纳的社会保险费，由所在单位从其本人工资中代扣代缴。

其中，职工基本养老保险、职工基本医疗保险和失业保险，这三个险种的保险费由企业和职工按照法律规定的比例共同缴纳，生育保险和工伤保险的保险费由企业承担，职工个人不缴纳。

案例 220

员工因工死亡后才参加工伤保险，社保机构拒付工伤保险待遇

广东省佛山市中级人民法院（2018）粤 06 行终 193 号

杜某于 2016 年 7 月 1 日入职甲公司，甲公司没有为杜某参加社会保险。2016 年 7 月 7 日上午 8 时 53 分，杜某下班后驾驶摩托车从单位回家途中发生交通事故当场死亡，当地交通警察大队作出《道路交通事故认定书》，认定杜某承担事故同等责任。2016 年 7 月 11 日，甲公司为杜某参加了“五险”，缴费起止时间为 2016 年 7 月 1 日至 2017 年 5 月 31 日。10 月 28 日，当地人力资源和社会保障局认定杜某受到的事故伤害为工伤。2017 年 6 月 20 日，甲公司及杜某家属向当地社保部门申报杜某工伤保险待遇，社保部门作出《不予支付工伤保险待遇决定书》决定不予支付杜某的工亡待遇。甲公司诉至法院。

审理结果

法院认为，用人单位依法为职工参加工伤保险，职工参保期间发生工伤事故，工伤保险基金按照规定的项目和标准支付职工工伤保险待遇；用人单位应当参加工伤保险而未参加或者未按时缴纳工伤保险费的，由用人单位按照规定向职工支付工伤保险待遇；用人单位按照规定补缴应当缴纳的工伤保险费后，工伤保险基金按照规定支付职工参加工伤保险之后新发生的费用。

本案中，杜某遭遇工伤事故时，甲公司没有为杜某参加工伤保险并缴纳工伤保险费，之后甲公司为杜某补缴了 2016 年 7 月 1 日至 2016 年 7 月 7 日的工伤保险费，但是，杜某遭遇交通事故死亡，不可能在甲公司补缴工伤保险费之后产生新的费用，因此，杜某的工伤保险待遇依法应由甲公司支付。

案例简评

本书赞同法院判决。根据劳动法相关法律规定，用人单位应当为职工参加工伤保险，按时足额缴纳工伤保险费；未参加或者未按时缴纳工伤保险费，职工发生工伤的，由该用人单位按照工伤保险法律法规规定的工伤保险待遇项目和标准向职工支付；用人单位按照规定补缴应当缴纳的工伤保险费和滞纳金后，由工伤保险基金和用人单位按照规定支付新发生的费用。

本案中，杜某入职时甲公司没有为其参加工伤保险，杜某发生工亡后“临时抱佛脚”为其参加工伤保险，当地社保部门拒绝支付工亡待遇符合法律规定。换句话说，如果发生工伤后企业才参加工伤保险也能够享受工伤保险待遇，那么就可能导致大量的企业故意不参加工伤保险，当有职工发生工伤后再参加，如此一来，工伤保险制度将形同虚设。显然，这不符合工伤保险立法本意，对积极参加工伤保险的企业来说也是不公平的。

4. 企业违反社会保险法的法律责任

如前所述，企业和职工有缴纳社会保险费的法定义务，企业就应严格按照法律规定缴纳社会保险费，职工个人承担的部分，从职工工资中代扣代缴。企业违反社会保险法相关规定，需承担相应的法律后果，受到相应的惩罚，主要表现在以下几个方面。

（1）违反社会保险登记的法律责任。

用人单位不办理社会保险登记的，由社会保险行政部门责令限期改正，逾期不改正的，对用人单位处应缴社会保险费数额1倍以上3倍以下的罚款，对其直接负责的主管人员和其他直接责任人员处500元以上3000元以下的罚款。

（2）违反社会保险费缴纳申报的法律责任。

用人单位未按规定申报应当缴纳的社会保险费数额的，按照该单位上月缴费数额的110%确定应当缴纳数额，没有上月缴费数额的，由社会保险经办机构暂按该单位的经营状况、职工人数等有关情况确定应缴数额，用人单位补办申报手续并按核定数额缴纳社会保险费后，由社会保险经办机构按照规定结算。

（3）未按时足额缴纳社会保险费的法律责任。

用人单位未按时足额缴纳社会保险费的，由社会保险费征收机构责令限期缴纳或者补足，并自欠缴之日起，按日加收5‰的滞纳金，逾期仍不缴纳的，由有关行政部门处欠缴数额1倍以上3倍以下的罚款。

（4）承担支付员工被迫离职经济补偿金的法律责任。

根据《劳动合同法》第38条、第46条规定，用人单位未依法为劳动者缴纳社会保险费的，劳动者可以解除劳动合同，用人单位应当依法支付经济补偿金。

（5）支付社会保险待遇的法律责任。

用人单位未依法为劳动者参加社会保险，按时足额缴纳社会保险费，导致劳动者不能享受工伤、失业、生育、医疗等社会保险待遇的，劳动者可以要求用人单位根据劳动法规定支付上述待遇或者相应赔偿。

比如，东莞市中级人民法院 (2021) 粤 19 民终 12622 号民事判决书认为，甲公司未为当事人购买失业保险，导致当事人无法享受失业保险待遇，对失业保险金损失，根据 2013 年《广东省失业保险条例》第 42 条的规定，应由甲公司向祝某承担赔偿责任。

HR 实务指南

第一，企业应为员工参加社会保险。依法参加社会保险，按时缴纳社会保险费，是法律强制性规定，企业应当遵守。没有参加社会保险的，应承担相应的法律责任。

第二，企业应在员工入职前或者入职时参加社会保险。通常而言，企业都是在员工入职当天或者入职后为其参加社会保险，但是，我国部分地区规定工伤保险在参保后次日生效，因此，在条件允许的情况下，企业应在员工入职（用工之日）的前一日参加工伤保险，如果无法做到，则应尽量在员工入职当天参加工伤保险，避免因“先受伤后参保”而被社保部门拒付工伤保险待遇。

第二节 职工基本养老保险

基本养老保险是指按照国家统一政策规定强制实施的为保障广大离退休人员基本生活需要的一种养老保险制度。社会养老保险制度包括职工养老保险制度、灵活就业人员社会养老保险制度和城乡居民社会养老保险制度。职工养老保险是指用人单位根据社会保险法相关规定为本单位职工所参加的，以保障职工因达到法定退休年龄退出工作岗位后的基本生活需要的养老保险，通常包括基本养老保险、地方补充养老保险、企业年金等多层次的养老保险。为与灵活就业人员社会养老保险和城乡居民社会养老保险以及职工基本养老保险以外的其他养老保险区分，本书仅讨论职工基本养老保险。

一、征缴范围

《社会保险费征缴暂行条例》第 3 条规定，基本养老保险费的征缴范围：国有企业、城镇集体企业、外商投资企业、城镇私营企业和其他城镇企业及其职工，实行企业化管理的事业单位及其职工。

《社会保险法》第 10 条第 1 款规定，职工应当参加基本养老保险，由用人单位和职工共同缴纳基本养老保险费。

关于基本养老保险费的征缴范围，有些地区作了更为具体的规定。比如，《深圳经济特区社会养老保险条例》第 4 条第 1 款规定，职工应当参加基本养老保险，由职工和与其形成劳动关系的深圳经济特区内企业、国家机关、事业单位、社会团体、民办非企业单位、个体经济组织以及其他社会组织按照规定的标准共同缴纳基本养老保险费。

二、缴费基数和比例

1. 缴费基数

根据《社会保险法》第 12 条的规定，用人单位每月缴纳职工基本养老保险费的基数为本单位职工工资总额。通常来说，新成立用人单位的首月职工基本养老保险的缴费基数为其首月工资总额。

《职工基本养老保险个人账户管理暂行办法》（劳办发〔1997〕116 号）指出，职工本人一般以上一年度本人月平均工资为个人缴费工资基数。月平均工资按国家统计局规定列入工资总额统计的项目计算，包括工资、奖金、津贴、补贴等收入。新招职工（包括研究生、大学生、大中专毕业生等）以起薪当月工资收入作为缴费工资基数；从第二年起，按上一年实发工资的月平均工资作为缴费工资基数。

此外，职工基本养老保险缴费基数还应遵守上限和下限的规定。《职工基本养老保险个人账户管理暂行办法》指出，职工本人月平均工资低于当地职工平均工资 60% 的，按当地职工月平均工资的 60% 缴费，超过当地职工月平均工资 300% 的，按当地职工月平均工资 300% 缴费，超过部分不记入缴费工资基数，也不记入计发养老金的基数。由于各地职工月平均工资通常每年都会调整，因此，职工基本养老保险缴费基数的上限和下限数额往往会每年随之调整，HR 需特别留意。

例 1：张三于 2022 年 1 月 1 日入职甲公司工作，2022 年度的月平均工资为 9000 元，当地职工月平均工资为 8000 元，那么，张三 2023 年度的职工基本养老保险缴费基数为 9000 元。

例 2：李四于 2022 年 1 月 1 日入职甲公司工作，2022 年度的月平均工资为 4000 元，当地职工月平均工资为 8000 元，那么，由于李四 2022 年度的月平均工资低于当地职工月平均工资的 60% 即 4800 元，李四 2023 年度的职工基本养老保险应按当地职工月平均工资的 60% 即 4800 元缴纳。

例 3：王五于 2022 年 1 月 1 日入职甲公司工作，2022 年度的月平均工资为 28,000 元，当地职工月平均工资为 8000 元，那么，由于王五 2022 年度的月平均工资超过当地职工月平均工资的 300% 即 24,000 元，王五 2023 年度的职工基本养老保险应按当地职工月平均工资的 300% 即 24,000 元缴纳。

例 4：陈六于 2023 年 7 月大学毕业后入职甲公司工作，双方约定月工资 7500 元，当地职工月平均工资为 8000 元，那么，陈六 2023 年度的职工基本养老保险缴费基数为7500元，从2024年起，陈六的职工基本养老保险基数按其上一年实发工资的月平均工资确定。

2. 缴费比例

职工基本养老保险的缴费比例分为用人单位缴费比例和职工个人缴费比例。用人单位缴费比例各省级地区不同，但上限不超过20%，职工个人缴费比例则全国统一为8%。

·用人单位缴费比例

国务院《关于建立统一的企业职工基本养老保险制度的决定》（国发〔1997〕26号）指出，企业缴纳基本养老保险费的比例，一般不得超过企业工资总额的20%，具体比例由省、自治区、直辖市人民政府确定。少数省、自治区、直辖市因离退休人数较多、养老保险负担过重，确需超过企业工资总额的20%的，应报人力资源和社会保障部、财政部审批。

也就是说，国家层面的政策只对用人单位缴费比例的上限作了政策性指引，并没有作统一缴费比例的规定，而是由各地省级政府进行具体规定。

比如，国家税务总局广东省税务局、广东省人力资源和社会保障厅、国家税务总局深圳市税务局2024年3月21日发布《关于2024年企业职工基本养老保险费申报缴纳的通告》指出，自2024年4月起，全省参保用人单位（含有雇工的个体工商户）按缴费比例15%申报缴纳企业职工基本养老保险费。

·职工个人缴费比例

国务院《关于完善企业职工基本养老保险制度的决定》（国发〔2005〕38号）指出，从2006年1月1日起，个人账户的规模统一由本人缴费工资的11%调整为8%，全部由个人缴费形成，单位缴费不再划入个人账户。

至此，我国职工基本养老保险职工个人缴费比例全国统一为8%。

三、基本养老金

基本养老金是指在职工年老或者丧失劳动能力后，根据他们对社会所作的贡献和所具备的享受养老保险资格或者退休条件，由基本养老保险基金以货币形式支付的经济待遇，主要功能是保障职工退休后的基本生活。

1. 基本养老金的组成

根据《社会保险法》第 15 条第 1 款，基本养老金由统筹养老金和个人账户养老金组成，俗称“两个账户”。部分地区还有一些地方规定，比如深圳市，养老保险待遇可能还包括过渡性养老金、调节金、地方补充养老保险待遇等。

用人单位应当按照国家规定的本单位职工工资总额的比例缴纳基本养老保险费，记入基本养老保险统筹基金。职工应当按照国家规定的本人工资的比例缴纳基本养老保险费，记入个人账户。

2. 基本养老金的确定

基本养老金根据个人累计缴费年限、缴费工资、当地职工平均工资、个人账户金额、城镇人口平均预期寿命等因素确定。

国务院《关于完善企业职工基本养老保险制度的决定》指出了基本养老金的计发办法，笔者根据“新人、老人、中人”进行区分。具体如下：

- **“新人”基本养老金计算办法**

国务院《关于建立统一的企业职工基本养老保险制度的决定》实施后参加工作、缴费年限（含视同缴费年限，下同）累计满 15 年的人员，退休后按月发给基本养老金。退休时的基础养老金月标准以当地上年度在岗职工月平均工资和本人指数化月平均缴费工资的平均值为基数，缴费每满 1 年发给 1%。个人账户养老金月标准为个人账户储存额除以计发月数，计发月数根据职工退休时城镇人口平均预期寿命、本人退休年龄、利息等因素确定。

- **“中人”基本养老金计算办法**

国务院《关于建立统一的企业职工基本养老保险制度的决定》实施前参加工作，国务院《关于完善企业职工基本养老保险制度的决定》实施后退休且缴费年限累计满 15 年的人员，在发给基础养老金和个人账户养老金的基础上，再发给过渡性养老金。

国务院《关于完善企业职工基本养老保险制度的决定》还同时指出，各省、自治区、直辖市人民政府要按照待遇水平合理衔接、新老政策平稳过渡的原则，在认真测算的基础上，制定具体的过渡办法，并报劳动保障部（现人力资源和社会保障部）、财政部备案。由此可见，国家实行过渡性养老金，实则为了保障新老政策平稳过渡，使基本养老金制度改革能够顺利进行。

看个司法判例。江苏省高级人民法院（2020）苏行申 2263 号民事裁定书认为，李某于 2010 年 11 月在无锡市参加企业职工基本养老保险，2016 年 4 月申请将辽宁省参保的基本养老保险关系及个人账户储存额转入江苏省无锡市，2018 年 10 月达到退休年龄并提交申请办理退休待遇审核。根据规定，李某办理退休手续时应适用江苏省的相关规定核定退休待遇，其中，过渡性养老金的核定应适用《江苏省企业职工基本养老保险规定》第 21 条之规定，过渡性养老金按照参保人员 1995 年年底前的缴费工资和缴费年限，推算出 1995 年前全部缴费年限的储存额，再除以 120 按月计发。本案中，无锡社保中心按照《江苏省企业职工基本养老保险规定》的上述规定为李某核定过渡性养老金，计算方式以及数额并无不当。

·“老人”基本养老金计算办法

国务院《关于完善企业职工基本养老保险制度的决定》实施前已经离退休的人员，仍按国家原来的规定发给基本养老金，同时执行基本养老金调整办法。

四、职工基本养老保险待遇

1. 享受职工基本养老保险待遇的条件

《社会保险法》第 16 条规定了职工享受基本养老保险待遇的条件，具体为：

·达到了法定退休年龄

所谓退休，是指根据国家有关规定，职工因年老或者因工、因病致残完全丧失劳动能力而退出工作岗位。我国职工的法定退休年龄，一般是根据国务院 1978 年发布的《关于工人退休、退职的暂行办法》确定，除特殊规定外，男职工年满 60 周岁、女职工年满 50 周岁、女干部年满 55 周岁的，应该退休。

根据全国人大常委会 2024 年 9 月 13 日发布的《关于实施渐进式延迟法定退休年龄的决定》，自 2025 年 1 月 1 日起，我国职工退休年龄将实施渐进式延迟法定退休年龄制度，即男职工延迟至 63 周岁、女职工将分别延迟至 55 周岁和 58 周岁退休。

·缴纳养老保险费累计满 15 年

“累计”是相对“连续”而言的，指的是职工在我国各地区参加养老保险合并计算满 15 年。关于累计缴费满 15 年，需要特别注意以下几点：

（1）养老保险累计缴费的范围。

既包括用人单位为职工参加养老保险的缴费年限，也包括灵活就业人员参加养老保险的缴费年限，但不包括城乡居民社会养老保险的缴费年限。

（2）同一时间缴纳多份养老保险费的，只能计算一份。

由于我国社会保险目前还未能做到“全国一账通”，实务中经常出现同一参保人在全国多个地区参保的现象，发生同一人在同一时间在不同地区参加职工基本养老保险或者灵活就业人员养老保险时，在计算养老保险时只计算一份。

比如，2024 年 5 月，张三在广州、长沙、北京三地同时参保，缴纳社会保险费，这种情况下，张三的养老保险缴费年限只计算一地，即 1 个月，而不是三地累计，即 3 个月，多参保的两地，按规定退费。

同时，职工在同一时间同时参加职工养老保险和城乡居民养老保险的，只计算职工养老保险的缴费年限。人力资源和社会保障部、财政部《城乡养老保险制度衔接暂行办法》（人社部发〔2014〕17 号）第 7 条规定，参保人员若在同一年度内同时参加城镇职工养老保险和城乡居民养老保险的，其重复缴费时段（按月计算）只计算城镇职工养老保险缴费年限，并将城乡居民养老保险重复缴费时段相应个人缴费和集体补助退还本人。

（3）15 年是最低缴费年限。

实务中经常有人认为，养老保险只要缴够 15 年就不用再参保了，“坐等退休拿钱”。这种理解是错误的，对职工来说，只要还在劳动年龄内在用人单位工作，就有持续缴纳社会保险费的法定义务，而不是缴满了 15 年就可以不缴了。“15 年”只是享受职工养老保险待遇的最低缴费年限，缴费不满 15 年的，不能享受职工养老保险待遇，而不是缴满了 15 年就不用缴费了。

根据 2024 年 9 月 13 日全国人大常委会批准的《国务院关于渐进式延迟法定退休年龄的办法》第 2 条规定，从 2030 年 1 月 1 日起，我国职工基本养老保险最低缴费年限将由 15 年逐步提高至 20 年，每年提高 6 个月（见表 14–2–1）。

表 14–2–1　提高最低缴费年限情况

年份	当年最低缴费年限
2025	15 年
2026	15 年
2027	15 年
2028	15 年
2029	15 年

续表

年份	当年最低缴费年限
2030	15 年 +6 个月
2031	16 年
2032	16 年 +6 个月
2033	17 年
2034	17 年 +6 个月
2035	18 年
2036	18 年 +6 个月
2037	19 年
2038	19 年 +6 个月
2039	20 年

2. 养老保险待遇的内容

根据《社会保险法》第 16 条第 1 款的规定，参加基本养老保险的个人，符合前述享受基本养老保险待遇条件的，按月领取基本养老金。

根据《社会保险法》第 17 条的规定，参加基本养老保险的个人，因病或者非因工死亡的，其遗属可以领取丧葬补助金和抚恤金；在未达到法定退休年龄时因病或者非因工致残完全丧失劳动能力的，可以领取病残津贴。

案例 221

企业未参加养老保险，员工主张赔偿养老保险损失获法院支持

江苏省南通市中级人民法院（2019）苏 06 民终 2807 号

刘某（女）于 2008 年 9 月入职甲学校工作，2016 年 6 月 2 日，刘某年满 50 周岁，达到法定退休年龄，但继续在甲学校工作。后甲学校通知刘某不再聘用，2019 年 1 月 29 日，刘某离职。上述期间，甲学校没有为刘某参加社会保险。2018 年 12 月 25 日，当地社会保险事业管理处向刘某出具《证明》一份，主要内容为刘某未在当地参加企业职工养老保险，未缴纳养老保险费。刘某申请劳动仲裁，主张甲学校承担其养老保险待遇损失等权利，劳动仲裁委以刘某已达到退休年龄不属于劳动争议受案范围为由不予受理，刘某诉至法院。

审理结果

法院认为，根据江苏省高级人民法院、江苏省劳动人事争议仲裁委员会《关于审理劳动人事争议案件的指导意见（二）》第 20 条规定之精神，劳动者达到退休年龄时，因用人单位应缴未缴养老保险致使劳动者养老保险缴费年限未达到按月领取退休金条件的，如果劳动者在同一用人单位连续工作年限未满 15 年的，自用人单位依法应当为劳动者办理社会保险之日起，用人单位应按照每满一年发给相当于一个月当地上一年度职工月平均工资标准一次性支付劳动者养老保险待遇赔偿。本案中，刘某 2008 年 9 月至 2019 年 1 月 29 日在甲学校工作，甲学校未为刘某办理社会保险手续，刘某已达到法定退休年龄，无法补办，且未能享受社会保险待遇，故刘某要求甲学校赔偿养老保险待遇损失，于法有据，法院予以支持。

五、退休时养老保险缴费未满 15 年怎么办

实务中经常会发生这样的情况，职工已经达到了法定退休年龄，可是养老保险却没有缴满 15 年，不符合享受基本养老保险待遇的条件，无法领取养老金。那怎么办呢？

在 2011 年 7 月 1 日《社会保险法》施行之前，适用的是国务院《关于完善企业职工基本养老保险制度的决定》的规定，该文指出，本决定实施后达到退休年龄但缴费年限累计不满 15 年的人员，不发给基础养老金，个人账户储存额一次性支付给本人，终止基本养老保险关系。由于“缴满 15 年”是享受养老金的硬性规定，因此有些地区就出台了一些“变通”规定，比如，在满足一定的条件时，可以一次性缴满 15 年，按月领取养老金。

2011 年 7 月 1 日《社会保险法》施行，则改变了这一格局，对退休时缴费不满 15 年的职工作出了新的规定，不再是“一刀切”不发给养老金，而是规定了多种解决方案，供职工选择。

1．延长缴费至满 15 年，按月领取养老金

根据《社会保险法》第 16 条第 2 款，参加基本养老保险的个人，达到法定退

休年龄时累计缴费不足 15 年的，可以缴费至满 15 年，按月领取基本养老金。

人力资源和社会保障部《实施〈中华人民共和国社会保险法〉若干规定》（以下简称《实施社保法若干规定》）第 2 条规定，参加职工基本养老保险的个人达到法定退休年龄时，累计缴费不足 15 年的，可以延长缴费至满 15 年，《社会保险法》实施前参保、延长缴费 5 年后仍不足 15 年的，可以一次性缴费至满 15 年。

例如，张三（男）2024 年 5 月年满 60 周岁，达到法定退休年龄，但其养老保险累计缴费为 108 个月（9 年），离 15 年（180 个月）还差 6 年（72 个月），那么，张三可以选择延长缴费，按月缴纳社会保险费，缴至 65 周岁时，累计缴费为 168 个月，仍然差 12 个月才满 180 个月，这时，张三可以一次性缴费至满 15 年，按月领取养老金。

2. 转入城乡居民基本养老保险，享受养老保险待遇

根据《社会保险法》第 16 条第 2 款，参加基本养老保险的个人，达到法定退休年龄时累计缴费不足 15 年的，可以转入新型农村社会养老保险或者城镇居民社会养老保险，按照国务院规定享受相应的养老保险待遇。

《实施社保法若干规定》第 3 条第 1 款规定，参加职工基本养老保险的个人达到法定退休年龄后，累计缴费不足 15 年（含延长缴费）的，可以申请转入户籍所在地新型农村社会养老保险或者城镇居民社会养老保险，享受相应的养老保险待遇。

这里所说的新型农村社会养老保险和城镇居民社会养老保险，在 2014 年时国务院《关于建立统一的城乡居民基本养老保险制度的意见》（国发〔2014〕8 号）已将两种社会养老保险合并为城乡居民基本养老保险。

如上例。张三也可以选择不继续延长缴费，而是选择转入城乡居民社会养老保险，按照城乡居民社会保险的相关规定享受养老保险待遇。

3. 一次性取出个人账户储存额，终止职工基本养老保险关系

《实施社保法若干规定》第 3 条第 2 款规定，参加职工基本养老保险的个人达到法定退休年龄后，累计缴费不足 15 年（含延长缴费），且未转入新型农村社会养老保险或者城镇居民社会养老保险的，个人可以书面申请终止职工基本养老保险关系。社会保险经办机构收到申请后，应当书面告知其转入新型农村社会养老保险或者城镇居民社会养老保险的权利以及终止职工基本养老保险关系的后

果，经本人书面确认后，终止其职工基本养老保险关系，并将个人账户储存额一次性支付给本人。

如上例。张三既不想延长缴费，也不想转入城乡居民社会养老保险，那么他还可以选择一次性取出养老保险账户的个人账户储存额，终止职工基本养老保险关系。

4. 补缴至满 15 年，按月领取基本养老金

相对前三种解决方案而言，补缴养老保险至满 15 年属于特殊解决方案，需要满足以下三个硬性条件：

第一，补缴的期间应为双方劳动关系存续期间；

第二，通常情况下，只能补缴 2 年，自主张补缴之日起倒推 2 年，超过 2 年的一般不予补缴，有劳动仲裁或者诉讼的胜诉文书除外；

第三，补缴超过 2 年的社会保险一般需要企业同意，否则不予补缴，有劳动仲裁或者诉讼的胜诉文书除外。

如前所述，缴纳社会保险费是用人单位和职工的法定义务。然而，实务中却有许多没有缴纳社会保险费的现象，导致员工退休时无法享受养老保险待遇。在这种情况下，职工往往可以选择主张企业补缴。

当然，补缴社会保险也是有一定限制的。通常而言，职工可以主张 2 年内的社会保险，超过 2 年的，一般不予补缴。《劳动保障监察条例》第 20 条第 1 款规定，违反劳动保障法律、法规或者规章的行为在 2 年内未被劳动保障行政部门发现，也未被举报、投诉的，劳动保障行政部门不再查处。这是关于职工权利保护期的规定。权利保护期，也称追诉期，简单地说，职工若要主张用人单位未参加社保的权利，其保护期是 2 年，计算方式是从职工主张权利之日起倒推 2 年，超过 2 年的，法律不再保护，行政管理部门不再查处。也就是说，职工主张补缴 2 年内的社会保险，企业负严格的举证责任，若企业不能举证已为职工依法缴纳社会保险费，则必须要补缴，而超过 2 年的社会保险，企业不再负严格举证责任，企业如果不愿意补，则通常认为可以不补。

《人力资源社会保障部对十二届全国人大五次会议第 5063 号建议的答复》（人社建字〔2017〕105 号）指出，为维护参保人员社会保险权益，强化征缴清欠工作，经办机构接到超过《劳动保障监察条例》第 20 条第 1 款 2 年的追诉期投诉后，一般也按程序进行受理，对能够提供佐证材料的，尽量满足参保者诉求，予以解决，以减少企业职工临近退休时要求企业足额补缴欠费的问题发生。

这段文字通常理解为，对于职工主张补缴超过2年的社会保险，如果确实能够举证该补缴期间与企业存在劳动关系且企业未依法为其参加社会保险，在企业与职工双方同意的情况下，社会保险经办机构则予以补缴。那么，如果企业不同意补缴呢？通常是不予补缴的，职工若想实现补缴，则往往需要通过劳动仲裁或者诉讼，获得胜诉裁决（判决）后提交给社会保险经办机构，方能补缴。

例1：张三于2003年3月入职甲公司，一直工作至2024年5月达到法定退休年龄退休，张三在入职甲公司之前没有参加过社会保险，入职甲公司后，甲公司也未为张三参加社会保险，直至2012年5月时才为张三参加社会保险，至其退休时，累计缴费年限为12年，离最低缴费年限15年还差3年。张三若主张补缴2012年5月以前的社会保险，则一般认为超过了“倒推2年”而不予补缴。

例2：李四于2003年3月入职甲公司，一直工作到2022年2月，李四在入职甲公司之前没有参加过社会保险，入职甲公司后，甲公司也未为李四参加社会保险，直至2012年5月时才为李四参加社会保险。2022年2月李四从甲公司离职，随后入职乙公司，一直工作至2024年5月达到法定退休年龄退休，李四在乙公司工作期间，乙公司未为李四参加社会保险。李四退休时，社会保险未缴满15年，那么，李四可以主张乙公司为其补缴2年的社会保险（2022年6月至2024年5月），补缴后仍然不满15年的，李四可以延长缴费至满15年，按月领取养老金。

案例222

员工主张补缴16年前的养老保险，获法院支持

广州铁路运输中级法院（2017）粤71行终193号

冼某于1990年4月至2000年3月在甲公司工作，其间，甲公司未按时足额为其缴纳社会保险费。2016年7月26日，冼某向当地人力资源和社会保障局递交《投诉劳动保障违法行为登记表》，请求人力资源和社会保障局责令甲公司依法为其申报其在职期间应当缴纳的社会保险费。人力资源和社会保障局决定不予受理，理由是冼某投诉的违法行为终止于2000年3月，依照《劳动保障监察条例》第20条规定，超出劳动保障违法行为查处的2年期限，不再

查处。冼某不服，将人力资源和社会保障局诉至法院。

审理结果

法院认为，根据《社会保险法》，用人单位应当自行申报、按时足额缴纳社会保险费，非因不可抗力等法定事由不得缓缴、减免，用人单位未按时足额缴纳社会保险费的，由社会保险费征收机构责令其限期缴纳或者补足。社会保险行政部门处理相关投诉时所适用的法律法规不只是《劳动保障监察条例》，社会保险行政部门应对有关社会保险权益受侵害的投诉作出正确区分后，充分考虑社会保险的基本保障属性，准确适用相关法律法规进行处理。因此，用人单位负有为劳动者参加社会保险，缴纳社会保险费的法定义务，非因不可抗力等法定事由不得缓缴、减免。对于用人单位未按时足额缴纳社会保险费的，社会保险经办机构责令其限期缴纳或者补足并无期限限制。

法院最终判决，撤销人力资源和社会保障局不予受理决定，对冼某关于补缴养老保险的投诉事项重新作出处理。

六、养老保险关系的转移接续

考虑到很多人跨地区（指省级地区，下同）就业，职工在不同地区参加社会保险，国家实行养老保险转移接续制度，基本养老保险关系随本人转移。《社会保险法》第 19 条规定，个人跨统筹地区就业的，其基本养老保险关系随本人转移，缴费年限累计计算。个人达到法定退休年龄时，基本养老金分段计算、统一支付。

1. 养老保险关系转移接续的特殊规定

根据《城镇企业职工基本养老保险关系转移接续暂行办法》（国办发〔2009〕66 号）第 5 条第 2 项，参保人员未返回户籍所在地就业参保的，由新参保地的社保经办机构为其及时办理转移接续手续。但对男性年满 50 周岁和女性年满 40 周岁的，应在原参保地继续保留基本养老保险关系，同时在新参保地建立临时基本养老保险缴费账户，记录单位和个人全部缴费。参保人员再次跨省流动就业或在新参保地达到待遇领取条件时，将临时基本养老保险缴费账户中的全部缴费本息，转移归集到原参保地或待遇领取地。

上述规定实质可理解为以下三点：

第一，原则上，职工跨地区（不含户籍地）就业的，新参保地应“接收”其养老保险转移，建立养老保险账户。

例1：张三是重庆人，今年28岁，在长沙工作5年并参加社会保险，今年张三离开长沙到广州工作，并在广州参加社会保险，那么，广州的社会保险经办机构应为张三建立社会保险账户，接受其参保，征缴社会保险费。

第二，超龄人员跨地区就业的，只能建立临时养老保险账户。

例2：李四是重庆人，今年52岁，在长沙工作5年并参加社会保险，今年李四离开长沙到广州工作，并在广州参加社会保险，那么，由于李四在广州参保时已经超过了50周岁，因此广州的社会保险经办机构只能为其建立临时基本养老保险账户，接受李四与其用人单位缴纳社会保险费。

第三，临时养老保险账户是必须要转出的。

例3：同例2，如果李四在60周岁前一直在广州参保，那么，李四年满60周岁退休时，必须将在广州建立的临时养老保险账户的余额转出，广州不接受李四在广州办理退休手续并领取养老金。当然，如果李四在60周岁前又跨地区就业，比如到了济南工作，并在济南参加社会保险，那么，广州的养老保险则转移到济南，在济南建立临时养老保险账户，接受李四和其用人单位缴纳社会保险费。

现在解释一下普通养老保险账户和临时养老保险账户的区别。简单地说，普通账户有“退休功能”，在参保地（不含户籍地）累计缴纳养老保险费满10年，即可在参保地办理退休，领取养老金，而临时账户则没有“退休功能”，原因是，对于“男年满50周岁、女年满40周岁”的人而言，客观上无法达到在参保地累计缴纳养老保险费满10年这一退休条件，因此，建立临时养老保险账户的参保地，是不接受参保要办理退休手续的。

2. 养老保险待遇领取地的确定

如前所述，在同一参保地累计缴纳养老保险费不满10年的参保人员，不得在该参保地办理退休手续，那么，这些人应该在哪里办理退休呢？

《城镇企业职工基本养老保险关系转移接续暂行办法》第6条规定，跨省流动就业的参保人员达到待遇领取条件时，按下列规定确定其待遇领取地：

- **当然户籍地**

基本养老保险关系在户籍所在地的，由户籍所在地负责办理待遇领取手续，享受基本养老保险待遇。

例 1：张三是重庆人，一直在重庆工作并缴纳社会保险费，2024 年 5 月张三年满 60 周岁达到法定退休年龄，在重庆办理退休手续，领取养老金。

· 最后 10 年地

基本养老保险关系不在户籍所在地，而在其基本养老保险关系所在地累计缴费年限满 10 年的，在该地办理待遇领取手续，享受当地基本养老保险待遇。

例 2：张三是重庆人，至 2024 年 5 月张三年满 60 周岁达到法定退休年龄时，其参保状况是重庆 6 个月、长沙 5 年、北京 2 年、深圳 1 年 2 个月、广州 10 年 3 个月，根据这一规定，张三的最后参保地是广州，且在广州累计参保满 10 年，张三可以在广州办理退休手续，其他各地的参保年限则转移到广州合并计算养老保险待遇。

· 上个 10 年地

基本养老保险关系不在户籍所在地，且在其基本养老保险关系所在地累计缴费年限不满 10 年的，将其基本养老保险关系转回上一个缴费年限满 10 年的原参保地办理待遇领取手续，享受基本养老保险待遇。

例 3：张三是重庆人，至 2024 年 5 月张三年满 60 周岁达到法定退休年龄时，其参保状况是重庆 6 个月、广州 10 年 3 个月、长沙 5 年、北京 2 年、深圳 1 年 2 个月，根据这一规定，张三的最后参保地是深圳，但是在深圳累计参保年限不满 10 年，无法在深圳办理退休，因此张三需将养老保险关系转回到上一个缴费年限满 10 年的参保地（广州），在广州办理退休手续，其他各地的参保年限则转移到广州合并计算养老保险待遇。

· 兜底户籍地

基本养老保险关系不在户籍所在地，且在每个参保地的累计缴费年限均不满 10 年的，将其基本养老保险关系及相应资金归集到户籍所在地，由户籍所在地按规定办理待遇领取手续，享受基本养老保险待遇。

例 4：张三是重庆人，至 2024 年 5 月张三年满 60 周岁达到法定退休年龄时，其参保状况是重庆 6 个月、广州 8 年 3 个月、长沙 5 年、北京 2 年、深圳 1 年 2 个月，根据这一规定，张三所有参保地的参保年限均不满 10 年，张三只能将基本养老保险关系转移到户籍地重庆，在重庆办理退休手续，其他各地的参保年限则转移到重庆合并计算养老保险待遇。

案例 223

女职工参保时年满 40 周岁，不得在该参保地办理退休手续

上海市第三中级人民法院（2017）沪 03 行终 250 号

熊某（女）出生于 1966 年 4 月，2016 年 8 月其户籍由湖南省迁入上海市，同年 9 月，熊某向上海市社保中心提出申请，要求按灵活就业人员身份参保缴费。市社保中心经审查发现，熊某于 1996 年 1 月在湖南省建立基本养老保险账户并缴费至 1997 年 7 月，2011 年 7 月熊某按外省市户籍身份在上海市缴纳社会保险，因熊某当时已满 40 周岁，故建立临时账户，2016 年 5 月熊某当时所在单位为其办理社保关系转出，转出时熊某在上海市累计缴费 58 个月。上海市社保中心认为，根据《城镇企业职工基本养老保险关系转移接续暂行办法》第 5 条第 2 项规定，熊某应至基本养老保险关系所在地即原户籍地湖南省办理相应手续，其要求在上海市办理参保缴费的申请不能办理。熊某不服，诉至法院。

审理结果

法院认为，根据《城镇企业职工基本养老保险关系转移接续暂行办法》第 5 条第 2 项规定，熊某主张将原户籍所在地即湖南省的基本养老保险关系转移接续至上海市，希望在上海市办理退休手续并领取基本养老金，上海市社保中心根据上述规定认定熊某年满 40 周岁应在原参保地继续保留基本养老关系，不符合将其基本养老保险关系转移接续至上海市的条件，上海市社保中心所作不予办理回执，并无不当。

七、大龄失业人员可参加职工基本养老保险

2024 年 10 月 26 日，人力资源和社会保障部、财政部、国家税务总局联合发布《关于大龄领取失业保险金人员参加企业职工基本养老保险有关问题的通知》（人社部发〔2024〕76 号），自 2025 年 1 月 1 日起，支持大龄领取失业保险金人员参加企业职工基本养老保险。这一政策的出台，是在国家实行延迟退休政策的背景下，为减轻大龄失业人员的经济负担而制定的配套措施，旨在加强大龄失业人员的保障力度，使大龄失业人员在退休前的最后阶段仍有基本的养老保障。

1. 大龄领取失业保险金人员的范围

该通知所称大龄领取失业保险金人员是指领取失业保险金且距离法定退休年龄不足 1 年的失业人员，含领取失业保险金期满仍未就业且距离法定退休年龄不足 1 年而继续发放失业保险金至法定退休年龄的失业人员。

2. 养老保险费的支付标准

大龄领取失业保险金人员在失业保险金领取地以个人身份参加企业职工基本养老保险并缴费，其中按当地灵活就业人员最低缴费标准的部分由失业保险基金支付，从“失业保险待遇支出”科目列支。也就是说，大龄领取失业保险金人员如果按灵活就业人员最低缴费标准缴纳职工基本养老保险费，其个人是不需支付该费用的。

3. 停缴职工基本养老保险费的情形

大龄领取失业保险金人员达到法定退休年龄时，或出现法定停止领取失业保险金情形的，停止享受由失业保险基金缴纳企业职工基本养老保险费。

第三节　职工基本医疗保险

职工基本医疗保险是指以社会保险形式建立的，为参保职工提供的患病或者非因工负伤所需治疗期间以及非因工致残的医疗费用资助的一种保险制度。我国社会保险制度的基本医疗保险，包括职工基本医疗保险和城乡居民基本医疗保险两大类，本书仅讨论职工基本医疗保险制度。

一、征缴范围

《社会保险费征缴暂行条例》第 3 条第 2 款规定，基本医疗保险费的征缴范围为国有企业、城镇集体企业、外商投资企业、城镇私营企业和其他城镇企业及其职工，国家机关及其工作人员，事业单位及其职工，民办非企业单位及其职工，社会团体及其专职人员。

《社会保险法》第 23 条第 1 款规定，职工应当参加职工基本医疗保险，由用人单位和职工按照国家规定共同缴纳基本医疗保险费。

二、缴费基数和比例

国务院《关于建立城镇职工基本医疗保险制度的决定》（国发〔1998〕44 号）指出，基本医疗保险费由用人单位和职工共同缴纳。用人单位缴费率应控制在职工工资总额的 6% 左右，职工缴费率一般为本人工资收入的 2%。随着经济发展，用人单位和职工缴费率可作相应调整。

1. 缴费基数

根据上述决定，职工基本医疗保险的缴费基数为，企业以职工工资总额进行确定，职工个人以其本人工资收入进行确定。也就是说，应按照职工的实际应得工资作为职工基本医疗保险基数进行缴费。

部分地区还作出了细化规定。

比如，《深圳市医疗保障办法》规定，用人单位的缴费基数为本单位职工缴费工资总额，个人缴费基数为本人月工资收入。缴费基数设定上下限，职工本人月工资收入超过本市上上年度全口径城镇单位就业人员月平均工资 300% 的，按照 300% 确定上限，低于本市上上年度全口径城镇单位就业人员月平均工资 60% 的，按照 60% 确定下限。

2. 缴费比例

截至目前，国家没有对职工基本医疗保险的缴费比例作出统一规定，只是在国务院《关于建立城镇职工基本医疗保险制度的决定》作出了原则性规定，即用人单位缴费在 6% 左右，职工个人一般为 2%。具体的缴费比例则由各地区自行规定。

以深圳为例。《深圳市医疗保障办法》规定，职工基本医疗保险根据缴费及对应待遇分设一档和二档两种形式，职工参加职工基本医疗保险一档的，以缴费基数的 8% 按月缴费，其中用人单位缴交 6%，个人缴交 2%，职工参加职工基本医疗保险二档的，以缴费基数的 2% 按月缴费，其中用人单位缴交 1.5%，个人缴交 0.5%。

HR 实务指南

关于职工基本医疗保险的缴费基数和缴费比例，由于各地规定不同，HR 应充分了解掌握所在地区的地方规定，并按照地方规定的基数和比例进行缴纳职工基本医疗保险费。

三、职工基本医疗保险待遇

1. 享受职工基本医疗保险待遇的条件

• 在职职工医疗保险待遇

一般情况下，用人单位和职工依法参加医疗保险，按时足额缴纳医疗保险费后，自次月1日起职工可享受医疗保险待遇。未按时足额缴纳或中断缴纳医疗保险费的，自未足额缴纳或中断缴纳的次月1日起，职工停止享受医疗保险待遇。

享受医疗保险待遇的具体条件，一般由各地方进行规定。

比如，《深圳市医疗保障办法》第28条规定，参保人自办理参保手续并足额缴纳基本医疗保险费次月1日起享受本办法规定的医疗保险待遇。

又如，山东省医疗保障局、山东省财政厅、山东省税务局《关于进一步规范基本医疗保险参保缴费与待遇支付有关问题的通知》（鲁医保发〔2021〕54号）指出，用人单位应当按照国家规定依法办理职工基本医疗保险参保登记，参保职工自缴费的次月起，享受职工基本医疗保险待遇。参保单位因故中断缴纳基本医疗保险费的，自中断缴费的次月起暂停支付其职工的基本医疗保险待遇；参保单位自补齐欠费和滞纳金的次月起，恢复其职工的基本医疗保险待遇。

案例224

企业未参加职工医疗保险，应承担职工因病治疗的医药费

广东省高级人民法院（2020）粤民再330号

杨某于2009年11月入职甲公司担任清洁工一职，甲公司未为杨某参加社会保险。从2013年1月起，杨某在A省B市参加了新型农村合作医疗保险。2015年6月29日，杨某称因膝盖疾病导致下肢瘫痪，向甲公司请假。杨某自2015年7月8日至2016年2月16日在多个医疗机构治疗，产生医药费共计6.5万余元。双方因此成讼，杨某主张甲公司支付医疗费差额。

审理结果

两审法院均未支持杨某的请求，杨某仍不服，向检察机关申诉，广东省人民检察院向广东省高级人民法院提出抗诉，广东省高级人民法院提审了本案。

广东省高级人民法院认为，用人单位和劳动者必须依法参加医疗保险，缴纳医疗保险费，否则用人单位应向劳动者赔偿未为其办理社会保险手续，且社会保险经办机构不能补办导致其无法享受社会保险待遇而遭受的损失。杨某主张的本可在本市职工基本医疗保险与其已享受的新型农村合作医疗保险之间的报销差额，属于因甲公司未为其办理社会保险手续所遭受的损失，再审法院予以支持。

· **退休人员医疗保险待遇**

通常而言，退休人员享受基本医疗保险待遇，需达到一定的缴费年限。《社会保险法》第 27 条规定，参加职工基本医疗保险的个人，达到法定退休年龄时累计缴费达到国家规定年限的，退休后不再缴纳基本医疗保险费，按照国家规定享受基本医疗保险待遇；未达到国家规定年限的，可以缴费至国家规定年限。

关于缴费年限，各地规定有所不同。比如，前述山东省《关于进一步规范基本医疗保险参保缴费与待遇支付有关问题的通知》指出，参保职工享受退休人员基本医疗保险待遇累计最低缴费年限为，男职工为 30 年、女职工为 25 年。

2. 职工医疗保险待遇的标准

国务院《关于建立城镇职工基本医疗保险制度的决定》指出，基本医疗保险基金由统筹基金和个人账户构成，职工个人缴纳的基本医疗保险费，全部计入个人账户，用人单位缴纳的基本医疗保险费分为两部分，一部分用于建立统筹基金，一部分划入个人账户。

《实施〈中华人民共和国社会保险法〉若干规定》第 8 条规定，参保人员在协议医疗机构发生的医疗费用，符合基本医疗保险药品目录、诊疗项目、医疗服务设施标准的，按照国家规定从基本医疗保险基金中支付。参保人员确需急诊、抢救的，可以在非协议医疗机构就医；因抢救必须使用的药品可以适当放宽范围。参保人员急诊、抢救的医疗服务具体管理办法由统筹地区根据当地实际情况制定。

职工医疗保险待遇的标准，各地规定有所不同。

比如，《北京市基本医疗保险规定》（2005 年修订）规定，基本医疗保险统筹基金和个人账户划定各自支付范围，分别核算，不得互相挤占。符合基本医疗保险基金支付范围的医疗费用，由基本医疗保险统筹基金和个人账户分别支付。其中，个人账户支付的医疗费用为：门诊、急诊的医疗费用；到定点零售药店购药的费用；基本医疗保险统筹基金起付标准以下的医疗费用；超过基本医疗保险统筹基金起付标准，按照比例应当由个人负担的医疗费用。个人账户不足支付部分由本人自付。基本医疗保险统筹基金支付的医疗费用为：住院治疗的医疗费用；急诊抢救留观并收入住院治疗的，其住院前留观 7 日内的医疗费用；恶性肿瘤放射治疗和化学治疗、肾透析、肾移植后服抗排异药的门诊医疗费用。

四、职工医疗保险关系的转移接续

职工基本医疗保险关系是指社会保险经办机构与参加医疗保险的职工之间建立的权利义务关系，实质上就是参保职工履行缴费义务后能够享受到法律规定的基本医疗保险待遇的一种权利。

《社会保险法》第 32 条规定，个人跨统筹地区就业的，其基本医疗保险关系随本人转移，缴费年限累计计算。

第四节 工伤保险

工伤保险，是指国家通过立法建立的，以社会统筹方式筹集基金，对在工作过程中遭受事故伤害，或者因从事有损健康的工作患职业病而丧失劳动能力的职工，以及对因工死亡职工的遗属提供物质帮助的制度。工伤保险制度是社会保险制度的一个重要组成部分，是世界上最早产生、最早进行国家立法，也是最成熟的社会保险险种。

早在 1951 年，我国颁布《劳动保险条例》，对建立职工工伤保险制度就作出了原则性的规定，职工因工负伤时的医药费、医疗期间工资、因工残废抚恤金、因工残废补助费等都进行了较具体的规定。1995 年 1 月 1 日《劳动法》施行，该法第 70 条、第 73 条规定，职工在工伤等情况下获得帮助和补偿，因工伤残或者患职业病的，享受社会保险待遇。2003 年，国务院颁布《工伤保险条例》，对工伤保险制度进行了全面且具体的规定，依法保障职工因工负伤或者患职业病应依法享受工伤保险待遇的权利。2010 年 10 月 28 日，全国人大常委会通过了《社会保险法》，该法以专章对工伤保险制度进行了规定，涵盖了工伤保险缴费、工伤保险待遇、工伤认定排除事由、工伤治疗期间工资福利待遇等各个方面。同年 12 月 20 日，国务院对《工伤保险条例》进行了修订，工伤保险参保范围进一步扩大，参保人数不断增加，加大了对工伤职工享受相关待遇的保障力度。

为了妥善处理工伤保险行政纠纷，依法审理工伤保险行政案件，统一司法裁判尺度，最高人民法院按照“依法保障工伤职工权益、大力促进社会公平正义”要求，于 2014 年出台了最高人民法院《关于审理工伤保险行政案件若干问题的规定》，对工伤保险行政案件的审理提供了审判依据。人力资源和社会保障部也分别于 2013 年、2016 年出台了《关于执行〈工伤保险条例〉若干问题的意见》和《关于执行〈工伤保险条例〉若干问题的意见（二）》，从劳动行政部门的角度对工伤认定、工伤待遇等问题进行了细化规定，与最高人民法院的相关规定有效衔接。此外，我国各地区还制定了地方规定，在国家工伤保险制度的框架下，根据各地社会经济环境等因素，对工伤保险制度进行了带有地区属性的规定。

如今，我国工伤保险制度形成了法律、行政法规、司法解释、部门规定以及地方规定等多层次、多元化、多维度的制度格局，为职工工伤的认定、治疗、待遇等各个方面提供了全面保障。

一、工伤保险费的缴纳

1. 工伤保险费的征缴范围

根据《工伤保险条例》第 2 条第 1 款，中华人民共和国境内的企业、事业单位、社会团体、民办非企业单位、基金会、律师事务所、会计师事务所等组织和有雇工的个体工商户应当按规定参加工伤保险，为本单位全部职工或者雇工缴纳工伤保险费。

用人单位为职工缴纳工伤保险费是法律强制性规定。除此以外，有部分地区规定了用人单位可以为非劳动关系的特定用工人员参加工伤保险，扩大了工伤保险参加人员的范围。当特定人员发生工伤时，依照《工伤保险条例》相关规定享受工伤保险待遇。

以广东省为例。于 2021 年 4 月 1 日起执行的广东省人力资源和社会保障厅、广东省财政厅、国家税务总局广东省税务局《关于单位从业的超过法定退休年龄劳动者等特定人员参加工伤保险的办法（试行）》（粤人社规〔2020〕55 号）指出，在从业单位工作的超过法定退休年龄人员等八类特定人员，按照属地管理和自愿参保原则，从业单位可在生产经营所在地为其从业人员办理单项参加工伤保险手续，按规定缴纳工伤保险费，享受工伤保险待遇。

该办法已于 2024 年 5 月 8 日更新为广东省人力资源和社会保障厅、广东省财政厅、国家税务总局广东省税务局《关于单位从业的灵活就业劳动者等特定人员参加工伤保险的办法》，将原来可参加工伤保险的 8 类特定人员拓展到了 10 类，扩大了可以参加工伤保险的特定人员范围。

据此，广东地区的企业若招用退休人员，可以为其单项参加工伤保险，当退休人员因工受伤时，可以依照《工伤保险条例》及相关规定享受工伤保险待遇，从而转移了企业承担工伤赔偿责任的风险。

除广东地区外，江苏、重庆等地也都作出了类似规定，企业招用退休人员的，可以单项参加工伤保险，具体可见《江苏省超过法定退休年龄人员和实习生参加工伤保险办法》（苏人社规〔2020〕6 号）、《重庆市人力资源和社会保障局、重庆市财政局、国家税务总局重庆市税务局关于做好超龄等从业人员参加工伤保险有关工作的通知》（渝人社发〔2023〕70 号）等地方文件。

需要提示的是，与用人单位建立了劳动关系的职工，用人单位必须为职工参加工伤保险，而非劳动关系的特定人员，则不强制参加，用人单位可以为其参加工伤保险，也可以不参加。

案例 225

企业购买了商业保险，员工工伤后可否折抵工伤保险待遇？

广西壮族自治区高级人民法院（2022）桂民终 1100 号

2019 年 4 月 19 日，甲船务公司与郭某签订合同并登船工作，合同约定郭某为水手兼船员，郭某在船工作期间，甲船务公司未为郭某缴纳工伤保险费，但向 A 保险公司投保了雇主责任商业保险。6 月 5 日，郭某在工作过程中不慎从梯子上滑倒落地造成受伤，随后被送医治疗，甲船务公司为其垫付医疗费。经申请，当地人力资源和社会保障局认为郭某为工伤，经劳动能力鉴定委员会鉴定郭某为伤残八级。后双方协商和解，甲船务公司一次性支付郭某工伤待遇 40 万元，扣除甲船务公司垫付的 4 万元，还应支付郭某 36 万元。应甲船务公司要求，A 保险公司将理赔款 36 万元汇入郭某银行账户，剩余部分汇入甲船务公司银行账户。随后，郭某以其未获得工伤保险待遇为由起诉甲船务公司，双方因此成讼。

审理结果

法院认为，甲船务公司投保的商业保险系为了分散其作为用人单位在船舶工作期间应承担的赔偿责任而进行投保，投保人及被保险人均是甲船务公司，属于以其对船员依法应负的赔偿责任为保险标的责任保险，而非以船员的生命或身体作为保险标的人身保险。因郭某与 A 保险公司之间并无保险合同关系且郭某不是甲船务公司投保的商业保险的被保险人，A 保险公司向郭某支付的 36 万元，系甲船务公司获得其责任保险赔付后，由 A 保险公司代其向郭某支付的赔偿款。根据双方和解协议约定，甲船务公司应支付给郭某工伤款 36 万元，甲船务公司已经履行完毕，郭某主张甲船务公司应赔偿其工伤保险待遇，法院不予支持。

2. 职工个人不缴费

在"五险"中，基本养老保险、基本医疗保险、失业保险三个险种，是由用人单位和职工按法律规定的比例共同缴费的，而工伤保险、生育保险两个险种则是由用人单位缴费，职工个人不需缴费。《社会保险法》第 33 条规定，职工应当参加工伤保险，由用人单位缴纳工伤保险费，职工不缴纳工伤保险费。

根据规定，用人单位依法缴纳工伤保险费的，职工发生工伤后，可依法享受相关工伤保险待遇，用人单位没有缴纳或者未及时足额缴纳工伤保险费的，职工发生工伤后，职工可依法享受的工伤保险待遇，由用人单位全额承担。

3. 缴费基数和比例

· 缴费基数

《社会保险法》第 35 条规定，用人单位应当按照本单位职工工资总额，根据社会保险经办机构确定的费率缴纳工伤保险费。

· 缴费比例

2015 年，人力资源和社会保障部、财政部发布《关于调整工伤保险费率政策的通知》（人社部发〔2015〕71 号）指出，按照《国民经济行业分类》（GB/ T 4754—2011）对行业的划分，根据不同行业的工伤风险程度，由低到高，依次将行业工伤风险类别划分为一类至八类，分别按该行业用人单位职工工资总额的 0.2%、0.4%、0.7%、0.9%、1.1%、1.3%、1.6%、1.9% 确定工伤保险费的缴费比例。

有些地区还规定了低于上述工伤保险缴费标准，比如，深圳市人力资源和社会保障局、深圳市财政局、国家税务总局深圳市税务局 2022 年 4 月 28 日发布的《深圳市工伤保险行业基准费率标准过渡方案》指出，一类至八类行业分别按该行业用人单位职工工资总额的 0.14%、0.28%、0.49%、0.63%、0.66%、0.78%、0.96%、1.14% 确定工伤保险费的缴费比例。

以上是工伤保险基本费率，基本费率按行业进行确定，具有一定的稳定性，不会轻易变动。除基本费率外，部分地区还规定了浮动费率。

所谓浮动费率，是指当地的社会保险经办机构依照当地的规定，在用人单位按行业基准费率缴纳工伤保险费的基础上，根据用人单位上年度的工伤保险费收支率和工伤事故率等因素，核定其在本年度应当浮动的工伤保险缴费比例。

比如，上述《深圳市工伤保险行业基准费率标准过渡方案》指出，按照国家规定，通过费率浮动的办法，确定每个行业内的工伤保险费率档次，一类行业分为三个档次，即在基准费率的基础上，可向上浮动至 120%、150%，二类至八类行业分为五个档次，即在基准费率的基础上，可分别向上浮动至 120%、150% 或向下浮动至 80%、50%。

二、申请工伤认定的条件

工伤认定是劳动行政部门依据法律的授权对职工因事故伤害（或者患职业病）是否属于工伤或者视同工伤给予定性的行政确认行为。通常情况下，工伤认定是依申请而进行的，“不申请，不认定”是工伤认定程序的特点。

工伤认定条件分为实体条件和程序条件，当事人申请工伤认定，需要符合法律所规定的工伤认定实体条件和程序条件。

需要特别提示的是，申请工伤认定并不以用人单位参加了工伤保险为前提，即使用人单位没有参加工伤保险，没有按时足额缴纳工伤保险费，职工发生工伤时，依然可以申请工伤认定，社会保险行政部门应予受理并作出认定结论。

1. 实体条件

· 申请工伤认定的主体

原则上，申请工伤认定应以双方存在劳动关系为前提，申请工伤认定的主体应当是劳动关系的一方当事人，即用人单位或者受伤害职工。

《工伤保险条例》第 17 条规定，职工发生事故伤害或者按照职业病防治法规定被诊断、鉴定为职业病，用人单位未在事故伤害发生之日或者被诊断、鉴定为职业病之日起 30 日内提出工伤认定申请的，工伤职工或者其近亲属、工会组织在事故伤害发生之日或者被诊断、鉴定为职业病之日起 1 年内，可以直接提出工伤认定申请。

也就是说，职工受伤害后，其所在单位有向社会保险部门申请工伤认定的法定义务，所在单位不申请的，职工本人可以申请工伤认定，职工死亡的，可由其近亲属申请，无近亲属或者找不到其近亲属的，可以由工会组织代为申请工伤认定。

在特定情况下，非劳动关系的人员也可以申请工伤认定。

最高人民法院《关于审理工伤保险行政案件若干问题的规定》第 3 条第 1 款第 4 项、第 5 项规定，用工单位违反法律、法规规定将承包业务转包给不具备用工主体资格的组织或者自然人，该组织或者自然人聘用的职工从事承包业务时因工伤亡的，以及个人挂靠其他单位对外经营，其聘用的人员因工伤亡的，受伤害人员可以向社会保险行政部门申请工伤认定。在这些特定情况下，受伤害人员申请工伤认定，不以双方存在劳动关系为前提。

此外，根据上述广东省《关于单位从业的灵活就业劳动者等特定人员参加工伤保险的办法》的规定，特定人员受到伤害的，也可以申请工伤认定，但这些特定人员往往与用人单位不存在劳动关系。

·相关人员有受到伤害的事实

这是申请工伤认定的前提。申请工伤认定，必须要有伤害发生，这里所说的伤害，既包括非职业病的伤害，也包括患职业病。这里所说的相关人员，既包括建立了劳动关系的职工，也包括上述非劳动关系的人员。为方便表述，本书统一使用“职工”的称谓。

此外，申请工伤认定并不强调职工所受伤害与工作有因果关系。很多人认为，申请工伤认定必须要符合《工伤保险条例》所规定的认定工伤或者视同工伤的情形，即职工所受伤害需与工作存在因果关系方能申请工伤认定，这是个认识误区。事实上，职工只要受到伤害的，当事人就可以申请工伤认定。至于是不是与工作有因果关系，那是能不能认定为工伤的条件，而不是申请工伤认定的条件。

曾有这样一件工伤认定案件。员工张三周末休息日在宿舍睡觉时，从上铺铁架床滚落地上摔伤，经送医诊断为左小腿骨折，张三坚持说这是工伤，企业需支付他工伤治疗期间工资、伤残赔偿金等30万元，无论如何解释，他都坚持其所受伤害为工伤，之后备齐材料向当地人力资源和社会保障局申请工伤认定，最终人力资源和社会保障局作出不予认定工伤决定，张三不服，诉至法院，最后的结果也是非工伤。

HR实务指南

其一，申请工伤认定并不强调职工所受伤害必须与工作有因果关系。

其二，有些伤害是明显认不了工伤的，若职工认为是工伤，为了杜绝双方扯皮，降低沟通成本，企业有必要备齐材料向人力资源和社会保障局申请认定，最终认定为非工伤，职工本人及其家属就不会迁怒于企业，若职工不服，则会以人力资源和社会保障局为被告向法院提起行政诉讼，企业作为第三人参加诉讼即可。

2. 程序条件

· 在法定时限内提出申请

根据《工伤保险条例》第17条第1款、第2款，职工发生事故伤害或者按照《职业病防治法》规定被诊断、鉴定为职业病，所在单位应当自事故伤害发生之日或者被诊断、鉴定为职业病之日起30日内，向统筹地区社会保险行政部门提出工伤认定申请。遇有特殊情况，经报社会保险行政部门同意，申请时限可以适当延长。用人单位未按前述规定提出工伤认定申请的，工伤职工或者其近亲属、工会组织在事故伤害发生之日或者被诊断、鉴定为职业病之日起1年内，可以直接提出工伤认定申请。

申请工伤认定的两个关键时限点：30日，1年。

（1）职工受伤后，用人单位应在30日内提出工伤认定申请。

那么，如果超过了30日，用人单位就不能申请了吗？实务中有两种不同观点。一种观点认为只要超过了30日且没有申请延长或者申请延长未获社会保险行政部门同意的，用人单位就丧失了申请工伤认定的权利，社会保险行政部门应不予受理，只能由职工或者其近亲属提出申请。广东广信君达（东莞）律师事务所卢庆波律师即持此观点。另一种观点则认为超过了30日仍可申请工伤认定，社会保险行政部门对该申请也应当及时受理，以避免用人单位负担更多原本可以由工伤保险基金承担的费用。北京浩天（重庆）律师事务所张永刚律师即持此观点。

本书赞同第二种观点，即便是超过了30日，用人单位仍可申请工伤认定，社会保险行政部门仍应受理。只是，在用人单位提出申请前所发生的相关医药费，工伤保险基金不予支付，而由用人单位承担。

比如，2021年12月16日发布的《广东省工伤保险待遇审核支付有关问题的规定》（粤人社规〔2021〕33号）第7条指出，参保单位未按照《工伤保险条例》第17条第1款规定的时限内提出工伤认定申请的，社会保险经办机构应依法向工伤职工支付提出工伤认定申请之后的工伤保险待遇，在提出工伤认定申请之日前（不含当日）发生的符合《工伤保险条例》规定的工伤医疗费、住院伙食补助费、转外就医的交通食宿费不予审核支付。

（2）用人单位没有申请工伤认定的，职工应在受伤后1年内提出工伤认定申请。

这是申请工伤认定的最后时限。一方面，将职工申请工伤认定的时限设定为1年，主要是为了保障职工的申请权利；另一方面，也不宜设定得时限过长，容易导致职工“躺在权利上睡觉”，且时间过长不利于社会保险行政部门对是否属于工伤作出准确判断。通常情况下，职工受伤超过1年以后，社会保险行政部门不会再认定为工伤。

但是也有例外。最高人民法院《关于审理工伤保险行政案件若干问题的规定》第7条规定，由于不属于职工或者其近亲属自身原因超过工伤认定申请期限的，被耽误的时间不计算在工伤认定申请期限内。有下列情形之一耽误申请时间的，应当认定为不属于职工或者其近亲属自身原因：不可抗力；人身自由受到限制；属于用人单位原因；社会保险行政部门登记制度不完善；当事人对是否存在劳动关系申请仲裁、提起民事诉讼。

那么，如果确实是超过了1年没有申请工伤认定，且不属于上述所规定的例外情形，受伤职工该如何主张权利？答案是，可以向用人单位主张侵权损害赔偿，当然，由用人单位承担赔偿，工伤保险基金不予支付。

·向社会保险行政部门提出工伤认定申请

根据《工伤认定办法》第4条，申请工伤认定应向统筹地区社会保险行政部门提出。实务中，即向用人单位所在地的县级人力资源和社会保障局或者其下属社保站提出。

比如，在深圳市宝安区松岗街道的用人单位，申请工伤认定应向深圳市社会保险基金管理局宝安分局松岗管理站（以下简称松岗社保站）递交材料，而无须前往宝安区分局递交。

又如，在广东省乐昌市（县级市）的用人单位，申请工伤认定应向乐昌市人力资源和社会保障局递交材料。

·递交工伤认定的相关材料

根据《工伤认定办法》第6条，提出工伤认定申请应当填写《工伤认定申请表》，并提交劳动、聘用合同文本复印件或者与用人单位存在劳动关系（包括事实劳动关系）、人事关系的其他证明材料，以及医疗机构出具的受伤后诊断证明书或者职业病诊断证明书（或者职业病诊断鉴定书）。

职工或者其近亲属认为是工伤，用人单位认为不是工伤的，由用人单位承担举证责任。

三、应当认定工伤的情形

《工伤保险条例》第 14 条规定，职工有下列情形之一的，应当认定为工伤：

（1）在工作时间和工作场所内，因工作原因受到事故伤害的；

（2）工作时间前后在工作场所内，从事与工作有关的预备性或者收尾性工作受到事故伤害的；

（3）在工作时间和工作场所内，因履行工作职责受到暴力等意外伤害的；

（4）患职业病的；

（5）因工外出期间，由于工作原因受到伤害或者发生事故下落不明的；

（6）在上下班途中，受到非本人主要责任的交通事故或者城市轨道交通、客运轮渡、火车事故伤害的；

（7）法律、行政法规规定应当认定为工伤的其他情形。

最高人民法院《关于审理工伤保险行政案件若干问题的规定》第 4 条规定，社会保险行政部门认定下列情形为工伤的，人民法院应予支持：

（1）职工在工作时间和工作场所内受到伤害，用人单位或者社会保险行政部门没有证据证明是非工作原因导致的；

（2）职工参加用人单位组织或者受用人单位指派参加其他单位组织的活动受到伤害的；

（3）在工作时间内，职工来往于多个与其工作职责相关的工作场所之间的合理区域因工受到伤害的；

（4）其他与履行工作职责相关，在工作时间及合理区域内受到伤害的。

《国务院法制办公室对〈关于职工参加单位组织的体育活动受到伤害能否认定为工伤的请示〉的复函》（国法秘函〔2005〕311 号）指出，作为单位的工作安排，职工参加体育训练活动而受到伤害的，应当依照《工伤保险条例》第 14 条第 1 项中关于“因工作原因受到事故伤害的”的规定，认定为工伤。

1.“三工”规则

职工在工作时间和工作场所内，因工作原因受到事故伤害，应当认定为工伤，俗称“三工”。这是工伤最基本的含义，也是应当认定为工伤的最基本的情形。这一规定可以拆分为四个要件进行理解。

· 工作时间

工作时间应按照法律法规的规定及企业要求职工工作的时间进行把握，既包括正常工作时间，也包括加班时间。在工作场所内，职工从事与工作有关的准备性或者收尾性工作所需的时间，以及其他因工作需要的必要工间休息时间、职工在家办公或者加班的时间等，均属于工作时间。

案例 226

法官在家加班猝死，能认定为工伤吗？

广州市司法局“广州普法”微信公众号 2019 年 9 月 27 日推文

2017 年 8 月 11 日，甲人民法院法官杨某下班后，像往常一样将工作案卷带回家，因为平时工作量较大，回家加班是常态。杨某工作直至凌晨，第二天早晨 6 点左右起床继续整理案卷材料，写案件判决。7 点，他上厕所时突然晕倒，被紧急送往医院，不幸抢救无效于当日死亡。杨某妻子雷某向当地人力资源和社会保障局申请工伤认定，人力资源和社会保障局以杨某发病是否发生在加班工作期间缺乏相关证据证明、难以确定客观事实，以及杨某晕倒地点是在家中厕所为由，主张不是在工作岗位发病，不予认定为工伤。雷某诉至法院。

审理结果

法院认为，《工伤保险条例》第 15 条第 1 款规定的工作岗位，强调更多的不是工作处所和位置，而是岗位职责、工作任务，职工为了单位的利益，在家加班工作期间，理应属于“工作时间和工作岗位”，同样，为了单位的利益，将工作带回家，占用个人时间继续工作，其间突发疾病死亡的，其权利理应受到保护。也就是说，能否认定为工伤，需要看发病期间是否为“在家加班工作期间”。本案中，杨某在家中完成工作任务时突发疾病猝死，能否认定其属于视同工伤，应充分考虑其工作量及工作难度等诸多因素。法院最终判决撤销人力资源和社会保障局不予认定工伤决定，人力资源和社会保障局应当重新作出行政行为。

案例简评

本案的争议焦点是杨某当时是否在工作，也就是是否属于工作时间。笔者没有看到案件材料，难以作出判断。就上述案件信息而言，笔者认为法院判决值得商榷，人力资源和社会保障局的观点似乎更可取一些。若有证据能够充分证明杨某当时确实是在工作，那当然是属于工作时间，认定工伤是没有障碍的。然而，本案似乎没有充分证据证明杨某当时确实是在工作，头一天晚上工作至凌晨，也就是晚上 12 点以后，第二天早上 6 点又起床工作，似乎也不太符合普通人所理解的作息时间，且杨某晕倒的地点是家中厕所，人力资源和社会保障局认为缺乏相关证据证明杨某当时是工作，似乎更具有合理性。

本书认为，在尽量可能的情况下，倾斜保护劳动者，保障劳动者的合法利益，既是劳动法的立法精神，也是工伤保险立法的宗旨。但是，也不能过于扩大，在没有充分证据的情况下，仅单纯地依靠带案件材料回家便认定其在家期间都是工作时间（睡觉时间除外），这就过于牵强了。

· 工作场所

国际劳工组织发布的 1981 年《职业安全和卫生及工作环境公约》（我国全国人大常委会于 2006 年 10 月 31 日批准）第 3 条指出，“工作场所”一词涵盖工人因工作需要在场或前往，并在雇主直接或间接控制之下的一切地点。

在工伤认定中对于工作场所的认定，也应按照这一解释的基本精神去理解和把握。具体而言，工作场所既包括职工日常完成工作任务所在的场所，也包括完成企业临时指派的工作所涉及的场所，还包括职工来往于多个与其工作职责相关的工作场所之间的合理区域等。

最高人民法院《关于审理工伤保险行政案件若干问题的规定》第 4 条第 3 项规定，在工作时间内，职工来往于多个与其工作职责相关的工作场所之间的合理区域因工受到伤害的，社会保险行政部门认定下列情形为工伤的，人民法院应予支持。

有些地区还对此作了较为明确的规定。比如，《天津市高级人民法院关于审理工伤认定行政案件若干问题座谈会纪要》（津高法〔2005〕164 号）指出，对于事故伤害发生的工作场所的认定，一般应根据职工的工作职责、工作性质、工作需要、工作纪律等方面综合考虑，凡与职工工作职责相关的区域以及自然延伸的合理区域均应视为工作场所。

案例 227

工伤认定中，工作场所应如何界定？

最高人民法院指导性案例 40 号

孙某系甲公司员工，2003 年 6 月 10 日上午受甲公司负责人指派去北京机场接人，其从甲公司所在地某商业中心八楼下楼，欲到商业中心院内停放的红旗轿车处去开车，当行至一楼门口台阶处时，孙某脚下一滑，从四层台阶处摔倒在地面上，造成四肢不能活动，经医院诊断为颈髓过伸位损伤合并颈部神经根牵拉伤、上唇挫裂伤、左手臂擦伤、左腿皮擦伤。孙某向当地劳动行政部门提出工伤认定申请，劳动行政部门决定不认定孙某摔伤事故为工伤事故。孙某不服，遂提起行政诉讼。

审理结果

法院认为，《工伤保险条例》第 14 条第 1 项规定的“工作场所”，是指与职工工作职责相关的场所，在有多个工作场所的情形下，还应包括职工来往于多个工作场所之间的合理区域。本案中，位于商业中心八楼的甲公司办公室，是孙某的工作场所，而其完成去机场接人的工作任务需驾驶的汽车停车处，是孙某的另一处工作场所，汽车停在商业中心一楼的门外，孙某要完成开车任务，必须从商业中心八楼下到一楼门外停车处，故从商业中心八楼到停车处是孙某来往于两个工作场所之间的合理区域，也应当认定为孙某的工作场所。劳动行政部门认为孙某摔伤地点不属于其工作场所，系将完成工作任务的合理路线排除在工作场所之外，既不符合立法本意，也有悖于生活常识。

案例简评

本案为最高人民法院指导性案例，对各级法院审理类似案件时具有指导作用。根据最高人民法院《关于案例指导工作的规定》（法发〔2010〕51 号）规定，最高人民法院发布的指导性案例，各级人民法院审判类似案例时应当参照。

单纯从《工伤保险条例》规定看，本案判决亦无瑕疵，适用法律法规正确，本书极为赞同。在工伤认定中，对工作场所的理解，不应局限于职工正常完成工作任务的场所，而应扩大到为了完成企业临时指派的工作任务所需的场所以及其他为了履行工作职责的合理场所。

· 工作原因

工作原因，是指职工受伤与其从事本职工作之间存在关联关系。实务中关于工作原因的认定非常复杂，需要综合各方证据进行综合判断，是工伤认定中争议最多的问题之一。比如，职工在工作期间上厕所摔伤，中午下班后去单位饭堂吃饭时摔伤等，在实践中通常都认为是工作时间的延伸，与从事本职工作之间具有关联性，因此属于工伤。

比如，最高人民法院（2019）最高法行申 12301 号行政裁定书认为，陈某为甲公司员工，其以 2016 年 5 月 2 日被同事廖某操作的泵车臂架压伤右手拇指，致开放性粉碎性骨折为由，向当地人力资源和社会保障局申请工伤认定，并提供了当地医院诊断证明、入院记录、出院记录等证据。人力资源和社会保障局认定陈某受到的伤害属于工伤，并无不当。

又如，上海市闵行区人民法院（2018）沪 0112 行初 776 号行政判决书认为，甲公司将某商品住宅项目工地上的木工工作包给李某等人完成，具体的工作时间由李某负责安排，李某及其木工工友均确认 4 月 5 日晚上计划加班，甲公司未指定就餐地点，允许员工外出就餐，李某当日 18 时许吃晚饭的地点位于工地附近，属于合理的就餐地点，因此，其就餐完毕回工地加班途中发生交通事故受伤属于工作场所及工作原因的合理延伸，发生事故的时间属于工作时间。

那么，如果无法明确是否因为工作原因，应如何处理呢？

最高人民法院《关于审理工伤保险行政案件若干问题的规定》第 4 条第 1 项规定，职工在工作时间和工作场所内受到伤害，用人单位或者社会保险行政部门没有证据证明是非工作原因导致的，社会保险行政部门认定为工伤的，人民法院应予支持。

案例 228

员工上班期间被“骂死”，算不算工伤？

浙江省高级人民法院（2020）浙行申 883 号

戴某在甲物业公司从事保安工作，其工作岗位是某住宅小区的保安岗亭，甲公司为戴某参加了工伤保险。根据甲公司规定，小区业主的贵重物品不能放在保安岗亭。2016 年 10 月 8 日 17 时 3 分 55 秒，戴某正在小区保安岗亭上班，该小区业主刘某将一份纸质资料放在保安岗亭后离开，戴某不同意，2016年10月8日17时7分6秒返回岗亭且紧随戴某进入岗亭，双方发生肢体冲突，2016年10月8日17时7分36秒刘某在岗亭内有举起材料摔下来的动作，2016年10月8日17时7分56秒刘某再次离开岗亭，2016年10月8日17时10分8秒刘某与保安队长来到岗亭，2016年10月8日17时10分42秒至12分17秒刘某不停言语并不时用手指向岗亭方向，13分30秒岗亭外数名保安进入岗亭，随后有保安打"120"救护车用担架将戴某抬上救护车运走，经医院诊断为"脑干出血，左侧基底节区出血破溃入脑室，蛛血，肺部感染"，经抢救，戴某于11月10日死亡。戴某家属汪某申请工伤认定，当地人力资源和社会保障局作出不予认定工伤决定，汪某诉至法院。

审理结果

浙江省高级人民法院认为，其一，戴某系在与人发生争执后突发疾病，经住院抢救于一个月后死亡，已超过48小时，不符合《工伤保险条例》第15条第1项规定的"48小时"情形；其二，尽管业主刘某在戴某工作期间与其发生争吵，但没有证据证明戴某在此过程中遭受暴力等意外伤害，由于戴某的死亡并非工作原因受到事故伤害所致，亦非履行工作职责受到暴力等意外伤害所致，故其不属于《工伤保险条例》规定的应当认定为工伤的情形。人力资源和社会保障局经调查后作出不予认定工伤决定，并无不当。

· 受到事故伤害

此处所称的事故伤害，是指职工由于工作原因直接或者间接造成的伤害。事故伤害由"事故"和"伤害"两个要素构成，前者指的是发生了事故，比如火灾事故、安全生产事故、机器伤害事故、急性中毒事故等，强调的是由于职工自身以外的事件，因此不包括员工由于自身身体原因突发疾病等事件；后者指的是职工因事故而受到了身体上的伤害，发生了事故不等于职工会受到伤害，只有受到了伤害，才满足"受到事故伤害"的要求。事故伤害的范围很宽，在工伤认定中，几乎包含了职工在工作时间和工作场所内所受到的一切事故伤害。

案例 229

职工上班时间被同事当场打死，是否属于工伤？

河南省许昌市中级人民法院（2018）豫 10 行终 47 号

刘某和孙某均是甲公司员工，是工友关系，二人有私人恩怨。2017 年 4 月 17 日 7 时许，刘某正在甲公司车间内上班作业，孙某使用钢管对刘某头部多次打击，刘某当场死亡。案发后，公安机关已立案侦查，并将犯罪嫌疑人孙某抓获归案。刘某家属陈某向当地人力资源和社会保障局申请工伤认定，人力资源和社会保障局不予认定刘某为工伤。陈某诉至法院。陈某诉称，被害人刘某在当日 7 时许即到工作场所工作，从事订架工作，符合“工作时间、工作场所、与工作有关”的“三工”原则（厂内实施的计件工，不区分工作时间），因此应认定为工伤。人力资源和社会保障局辩称，刘某在工作时间和工作场所被孙某打死，其死亡事故属于刑事案件，不符合《工伤保险条例》所规定的工伤和视同工伤的情形。

审理结果

法院认为，刘某受到暴力伤害死亡的情况，属于孙某臆测情形下实施的违法犯罪行为，与刘某履行订架的工作职责无关。因此，刘某受害死亡的情形，不符合《工伤保险条例》所规定的工伤和视同工伤的情形。

2. 从事预备性和收尾性工作

工作时间前后在工作场所内，职工从事与工作有关的预备性或者收尾性工作受到事故伤害的，应当认定为工伤。这里所说的预备性或者收尾性工作，指的是法律规定的或者企业要求的工作时间开始之前的一段合理时间内，或者工作时间结束之后的一段合理时间内，职工在工作场所内从事本职工作或者企业指派的其他工作有关的准备或者收尾工作。

这一规定可以拆分为五个要件进行理解：

（1）工作时间前后。这里所说的前后，指的是合理时间，何为合理时间，法律没有规定，需要综合准备工作和收尾工作的合理性进行判断。

（2）在工作场所内。关于工作场所，前文已作讨论，此处不再赘述。

（3）从事预备性或者收尾性工作。预备性工作，比如提前备料、准备工具、擦拭机器、打扫卫生等。收尾性工作，比如清理场地、整理材料、收拾工具等延续性工作。

（4）与工作有关。这是这一规定的核心要件，这旦所说的“与工作有关”，包括但不限于履行工作职责、完成工作任务等。若从事与工作无关的事务，即便是受到伤害，也不适用这一规定。

（5）受到事故伤害。前文已述，此处不再赘述。

例如，张三是甲公司的机器操作工，甲公司的上班时间是早上 8 时，张三每天提前 15 分钟到车间把机器开起来热机，某日张三在开机器时不慎被夹伤左手，张三受伤符合前述五个要件，应当认定为工伤。

3. 因履行工作职责受到暴力等意外伤害

职工在工作时间和工作场所内，因履行工作职责受到暴力等意外伤害的，应当认定为工伤。这一规定可以拆分为四个要件进行理解：

（1）工作原因。前文已述。

（2）工作场所。前文已述。

（3）履行工作职责。例如，张三和李四均是甲公司员工，两人因工作上的问题发生争执，进而大打出手，两人互殴，导致双方均受伤，因两人打架不属于履行工作职责，通常认为不属于工伤。这时，同车间的员工王五路过，看到两人在打架，于是上前劝架，结果被张三失手打伤，那么，王五属于履行工作职责受到暴力伤害，应当认定为工伤。

（4）受到暴力等意外伤害。其一，这里所说的受到意外伤害与前文所提到的受到事故伤害有所不同，受到暴力等意外伤害，往往指的是第三人对职工所加以的人为伤害，不包括机器伤害、安全生产事故等伤害。其二，受到意外伤害包括但不限于暴力，其他人为伤害也属于意外伤害。

案例 230

员工之间因工作发生争执被打伤，是否属于工伤？

最高人民法院（2020）最高法行再 68 号

刘三在甲建工总公司承建的 A 时代中心工地工作，2014 年 12 月 19 日，A

时代中心工程施工现场，刘三与塔吊指挥人员刘四商议使用塔吊机吊运建筑材料过程中，两人发生争执并相互斗殴，后刘四用匕首将刘三眼部刺伤。经医院诊断为左眼球破裂伤。刘三申请工伤认定，某市人力资源和社会保障局认定其为工伤。甲公司不服，向某省人力资源和社会保障厅申请行政复议，某省人力资源和社会保障厅认为刘三受伤系与他人口角之争后产生的恩怨所致，其受伤不属于因履行工作职责受到的暴力伤害，遂撤销某市人力资源和社会保障局的认定工伤决定。刘三诉至法院。

审理结果

一审法院认为（刘三属于工伤），刘三所受暴力伤害系其在工作时间、工作岗位因工作受到他人故意伤害所致，符合“在工作时间和工作场所内，因履行工作职责受到暴力等意外伤害”的规定，应当认定为工伤，某省人力资源和社会保障厅辩称上述暴力伤害系“私人恩怨”导致缺乏相关证据予以证明，法院不予支持。

二审法院认为（刘三不属于工伤），刘三是在工作时间和工作场所内，受到刘四暴力伤害致伤，刘三与刘四之间的纠纷虽然起因于工作，但该暴力伤害的直接原因是其与刘四发生冲突后的个人暴力侵害行为，与其从事的本职工作和应履行的工作职责无直接关联。履行职责发生争议时，劳动者应以恢复正常履行工作职责状态为目的，并以适度的方法和手段达到该目的，行为不应超过合理、必要的限度，否则劳动者的严重不当的行为会阻却履行工作职责与受到暴力伤害之间的因果关系，导致其不被认定为“因履行工作职责”。

二审法院撤销了一审判决。刘三不服，向最高人民法院申请再审，最高人民法院提审了本案。

最高人民法院认为（刘三属于工伤），本案情形是否应当适用《工伤保险条例》第 14 条第 3 项的关键不在于职工所受暴力等意外伤害的具体表现形式，而在于暴力伤害与履行工作职责之间的关联性是否足以达到认定工伤的程度。根据已经认定的相关证据，刘三与刘四在涉案纠纷发生前并不认识，二人并无个人恩怨，涉案伤害事件发生的起因是，刘三在工作中需使用塔吊机吊运钢材，在催促过程中与塔吊指挥人员刘四发生争执，在双方第一次争执打斗未造成严重伤害的情况下，刘四为报复刘三返回宿舍取刀后将其刺伤。从伤害事件发生的初始因素来看，刘三是在履行其工作职责，虽然刘三处理工作纠纷的方式方法欠妥，但从客观行为上看，刘三在经过第一次打斗后并无与刘四继续争执的相关表现，其在笔录中自述找刘四的目的是配合其完成工作任务，说明刘三始终具有完成工作职责的主观意愿。二人之间的争执打斗系工作引起，刘四心生怨气产生犯意致刘三受伤，且前后两次争执打斗时间连续、地点均在工作场所之内，具有较为明显的连贯性。换言之，刘三的伤害后果是工作原因与刘四的故意伤害行为共同导致，其中刘四的故意伤害行为虽是直接原因，但刘三受伤与工作原因之间亦具有因果关系，不能将刘四刺伤刘三归因于私人恩怨而否认刘三因履行工作职责受到暴力伤害，故甲公司和某省人力资源和社会保障厅关于“刘三受伤系私人恩怨所致不应认定为工伤”的答辩理由，法院不予支持。

4. 患职业病

职工患职业病的，应当认定为工伤。根据《职业病防治法》第 2 条第 2 款，职业病是指企业、事业单位和个体经济组织等用人单位的劳动者在职业活动中，因接触粉尘、放射性物质和其他有毒、有害因素而引起的疾病。

5. 因工外出期间受伤或者下落不明

职工因工外出期间，由于工作而受到伤害或者发生事故下落不明的，应当认定为工伤。这一规定可以拆分为四个要件进行理解：

（1）因工外出。这里所说的“外出”，一般分为两种情形。一种情形是离开了本单位但仍在本地区域内的临时外出，比如，因供应商的司机送货过来找不到路，采购员张三出去500米外引路。另一种情形则是离开了本行政区到外地，比如，深圳甲公司业务员李四受甲公司指派到长沙出差洽谈业务。通常认为，职工离开本地到外地，须经单位指派。

（2）外出期间受伤。与前述事故伤害、暴力等意外伤害不同，这里只强调受伤，并不强调受伤的类型，因此，这里所说的“受伤”，包括受到事故伤害、暴力伤害以及其他伤害。

（3）发生事故下落不明。比如，张三在受单位指派出差外地期间，途中遭遇山体滑坡，救援人员没有找到张三的尸体，张三下落不明。

（4）因工作原因。最高人民法院《关于审理工伤保险行政案件若干问题的规定》第 5 条第 2 款规定，职工因工外出期间从事与工作或者受用人单位指派外出学习、开会无关的个人活动受到伤害，社会保险行政部门不认定为工伤的，人民法院应予支持。

以上四个要件中，其中第 2 项和第 3 项属于“二选一”，因此，同时满足第 1、2、4 项或者第 1、3、4 项时，应当认定为工伤。

案例 231

职工出差时叫按摩师上门服务猝死，算不算工伤？

广东省惠州市中级人民法院（2017）粤 13 行终 111 号

赵某是甲公司的业务厂长。2016 年 8 月，甲公司派赵某出差至外地洽谈党参收购业务，2016 年 9 月 9 日 20 时 49 分许，赵某给某洗脚城打电话，称其疲劳，需要按摩师到其入住的宾馆为其按摩。洗脚城安排员工胡某前往该宾馆为赵某按摩。胡某与赵某简单交谈后，胡某上厕所，从厕所出来见赵某躺在床上似打鼾，喊了两三声，赵某没有回答，胡某过去给赵某按摩，赵某一直没有反应。21 时 14 分许，胡某给洗脚城打电话汇报情况，并通知了宾馆管理人员，后赵某送医抢救无效死亡。甲公司申请工伤认定，当地人力资源和社会保障局作出不予认定工伤决定。甲公司遂诉至法院。

审理结果

一审法院认为（赵某不属于工伤），从赵某死亡当天活动轨迹来看，其在当天上午洽谈党参收购业务后就到麻将馆打麻将至中午 14 时，15 时 20 分许吃完饭后，又去打麻将直到 18 时许才回到宾馆，因感到疲劳而自己联络当地洗脚城安排员工到宾馆其房间进行按摩服务，其突发疾病亦发生在接受按摩服务过程中，故在事故发生时，赵某并未在从事与工作或者用人单位指派任务相关的活动，其死亡事故不符合《工伤保险条例》应当认定工伤或者视同工伤的其他情形。

二审法院认为（赵某属于工伤），其一，赵某是在因公出差期间死亡，因公出差期间没有违反法律禁止性规定；其二，公安派出所对赵某死亡事故了解了事故经过，其没有违法行为；其三，赵某是因公外出期间死亡，其死亡原因心源性猝死，急性心肌梗死，窒息死亡。因此，赵某的死亡符合《广东省工伤保险条例》第 10 条第 1 项应当视同工伤的情形，符合职工受用人单位指派或者因工作需要在工作场所以外从事与工作职责有关的活动期间，合乎情理。

案例简评

本书倾向于一审法院的观点。且不说一审法院判得对不对，单从二审法院的说理看，也是值得商榷的。二审法院的判决依据是《广东省工伤保险条例》第10条第1项，即“职工在工作时间和工作岗位，突发疾病死亡或者在48小时之内经抢救无效死亡的，视同工伤”，这项规定并不适用于职工“因工外出期间”的情形，而本案赵某是在因工外出期间死亡，二审法院属于适用法律错误。

相比之下，一审法院的说理更让人信服。首先，赵某是在因工外出期间死亡，因此排除“突发疾病48小时死亡”的适用。其次，根据已经查明的事实，赵某确实是因工出差洽谈党参收购业务，但是在其死亡当天，几乎打了一天的麻将，晚上叫了按摩师上门按摩，无论是打麻将还是按摩，都没有证据证明是属于甲公司指派的工作内容或者因工作原因，因此亦不符合“因工外出期间受到伤害”的情形。一审法院认为赵某死亡不属于工伤，更接近法律规定。

6. 上下班途中

· 认定为工伤的要件

职工在上下班途中，受到非本人主要责任的交通事故或者城市轨道交通、客运轮渡、火车事故伤害的，应当认定为工伤。关于上下班途中的工伤认定，是近几年工伤认定中争议最多的话题之一。

最高人民法院《关于审理工伤保险行政案件若干问题的规定》第6条规定，对社会保险行政部门认定下列情形为“上下班途中”的，人民法院应予支持：在合理时间内往返于工作地与住所地、经常居住地、单位宿舍的合理路线的上下班途中；在合理时间内往返于工作地与配偶、父母、子女居住地的合理路线的上下班途中；从事属于日常工作生活所需要的活动，且在合理时间和合理路线的上下班途中；在合理时间内其他合理路线的上下班途中。

人力资源和社会保障部办公厅《关于工伤保险有关规定处理意见的函》（人社厅函〔2011〕339号）指出，“上下班途中”是指合理的上下班时间和合理的上下班路途；“非本人主要责任”事故包括非本人主要责任的交通事故和非本人主要责任的城市轨道交通、客运轮渡和火车事故；“非本人主要责任”事故认定应以公安机关交通管理、交通运输、铁道等部门或司法机关，以及法律、行政法规授权组织出具的相关法律文书为依据；“交通事故”是指《道路交通安全法》第119条规定的车辆在道路上因过错或者意外造成的人身伤亡或者财产损失事件。

上述规定可以拆分为以下四个要件进行理解：

（1）在上班或者下班途中受到伤害。职工以上下班为目的并在合理时间和合理路线内受到伤害，包括职工按正常工作时间上下班的途中，也包括职工加班加点后上下班的途中。通常认为还包括职工迟到、早退的上下班途中。

（2）受到交通事故伤害。

（3）受到公共交通工具事故伤害。所谓受到城市轨道交通、客运轮渡、火车事故伤害，指的是职工在上下班途中受到非因车辆所引起的交通事故的其他交通工具的伤害，也可成就本要件。其他交通工具包括城市轨道交通、客运轮渡、火车，但不包括受到航空事故伤害。

（4）非本人主要责任。包括本人无责任、本人负次要责任以及双方负同等责任三种情形。责任认定以公安交警部门出具的认定书为准。《道路交通安全法》第 73 条规定，公安机关交通管理部门应当根据交通事故现场勘验、检查、调查情况和有关的检验、鉴定意见，及时制作交通事故认定书，作为处理交通事故的证据。交通事故认定书应当载明交通事故的基本事实、成因和当事人的责任，并送达当事人。

以上四个要件中，第 2 项和第 3 项是“二选一”，同时满足第 1、2、4 项或者第 1、3、4 项时，应当认定为工伤。

案例 232

员工提前下班途中发生车祸死亡，算不算工伤？

广东省高级人民法院（2016）粤行申 1339 号

王某是甲公司保安。2015 年 7 月 28 日，王某当日上中班（15:00 至 23:00），晚班保安来接班后，王某于 22:10 时左右打卡下班。在下班途中发生交通事故，王某骑自行车与一辆正在行驶的汽车相撞，王某多处受伤，后被送往医院救治，于 8 月 1 日经抢救无效死亡，死亡原因为“多器官功能衰竭”。8 月 18 日，公安交警支队出具《道路交通事故认定书》，认定事故责任为王某负次要责任。随后，王某妻子罗某向当地人力资源和社会保障局申请工伤认定，人力资源和社会保障局作出不予认定工伤决定。人力资源和社会保障局认为，王某的正常上班时间至当日 23 时，王某未经单位同意于 22: 25 时左右骑自行车离开单位，不属于上下班时间，因此王某的死亡不符合“上下班途中”的规定。罗某诉至法院。

审理结果

广东省高级人民法院认为，王某案发当日正上中班，甲公司规定的下班时间是当日 23 时，而发生交通事故的时间是当日 22 时 25 分，故王某提前下班时间至少超过 35 分钟，罗某未能提供相反证据证实王某提前下班系经过甲公司批准或已跟同事完成正常交接班，王某提前下班属于擅自离岗行为，王某作为保安人员在工作时间擅自提前离岗超过半小时以上，已超出了常人认为的正常、合理的“下班”时间，人力资源和社会保障局将案涉事故伤害不予认定为工伤并无不当。

· 早退途中受伤是否属于工伤的辨析

职工未经企业同意提前下班（早退），回家途中发生交通事故受伤是否属于工伤（假设“上下班途中”工伤认定的其他要件均成就）？这在实践中存在争议。

第一种观点认为不属于工伤。

这一观点认为，职工未经单位同意提前下班，擅自离岗，其行为违反单位劳动纪律，损害单位利益，不属于“上下班途中”的合理时间，不应让单位在不知情的情况下承担责任，蒙受损失。

比如，上海市第二中级人民法院（2015）沪二中行终字第 662 号行政判决书认为，职工提前离开单位是否能够认定为“下班”应当根据单位是否有规章制度以及规章制度的执行情况，结合职工的工作性质等综合加以考量。本案中，徐某系计时制工作，其在单位有严格考勤制度的情况下未履行请假手续擅自提前离岗，且未提供证据证明其提前离岗有正当理由，故涉案交通事故并非发生在合理时间内的上下班途中。人力资源和社会保障局不予认定为工伤处理正确。

又如，四平市中级人民法院（2016）吉 03 行终 295 号行政判决书认为，甲公司作为正规的物流公司，对员工的管理具有相应的规定，张某的正常下班时间是早上 7 时 30 分，张某提前下班的时间是凌晨 1 时许，此时无论是张某自身的精神状态还是路途的光线情况都会增加张某骑摩托车返回家中的危险性，故张某于凌晨 1 时许提前回家不能视为合理的下班时间，张某在非合理时间内回家途中发生交通事故，不符合最高人民法院《关于审理工伤保险行政案件若干问题的规定》

第 6 条的规定，不应认定为工伤。

第二种观点则认为仍属工伤。

这一观点认为，员工未经单位同意提前下班，虽然其行为违反劳动纪律，也可能在某种程度上损害单位利益，但这仅仅是单位内部管理问题，并未改变其“上下班途中”的本质，因而不影响工伤认定。

比如，徐州市中级人民法院（2015）徐行终字第 00114 号行政判决书认为，各方当事人对李某在工作期间早退后发生交通事故的事实均没有异议，争议焦点在于李某工作期间早退，在回家途中发生交通事故是否应认定为工伤。工伤认定应遵循职工无过错原则，李某虽然工作期间早退，违反了甲公司的管理规定，但其只要符合《工伤保险条例》第 14 条第 6 项之规定且排除第 16 条规定的三种情形即可认定为工伤。人力资源和社会保障局认定李某的受伤为工伤，处理正确。

又如，绍兴市中级人民法院（2017）浙 06 行 57 号行政判决书认为，甲公司上班时间为白班 7:30 至 19:30、晚班 19:30 至 7:30，不存在工作完成后可下班的规定，黄某当天上晚班，完成工作任务后于凌晨 5 时许提前下班骑自行车回家，途中发生非黄某主要责任的交通事故伤害至黄某抢救无效死亡，人力资源和社会保障局认定黄某系下班途中发生交通事故受到伤害，并对其认定为工伤，处理正确。

本书倾向于第二种观点。理由如下：

其一，对职工上下班途中“合理时间”的理解。根据最高人民法院《关于审理工伤保险行政案件若干问题的规定》规定，可以将“上下班途中”解读为三个要素，一是目的要素，职工必须以上下班为目的；二是时间要素，即必须是在职工上下班的合理时间内；三是空间要素，即必须是职工在上下班的合理路线内。三个要素相互关联，浑然一体，不可分割。职工在未经单位同意擅自离岗下班，其行为属于违反单位的劳动纪律，但并没有改变其“上下班途中”的本质，早退下班也是下班，仍属上下班途中的“合理时间”。

其二，工伤认定应遵循“无过错责任”原则。在我国民事立法和损害赔偿理论中，损害赔偿的归责原则可以分为过错责任、过错推定责任、无过错责任和公平责任四个原则。工伤认定的归责原则是无过错责任原则，职工发生伤害的，只要符合工伤保险法律法规规定的工伤认定情形或视同工伤情形，都应当认定为工伤，单位应当承担工伤责任，至于在事件中职工有没有违反相关规章制度、有没有过错、过错在谁、过错比例多少等，则在所不问。根据这一原则，职工提前下班违反单位劳动纪律，属于单位内部管理问题，单位有权根据职工的违章违纪情节进行相应的处罚，但是，不得因为职工违章违纪，剥夺职工认定工伤和享受工伤待遇的权利。对此，从国务院法制办公室《对〈关于职工违反企业内部规定在下班途中受到机动车伤害能否认定为工伤的请示〉的复函》（国法秘函〔2005〕315 号）中也得到了印证。

四、视同工伤的情形

视同工伤即视为工伤之意，与认定工伤没有区别，职工被视同工伤的，享受与认定工伤相同的工伤保险待遇。

《工伤保险条例》第 15 条第 1 款规定，职工有下列情形之一的，视同工伤：

（1）在工作时间和工作岗位，突发疾病死亡或者在 48 小时之内经抢救无效死亡的；

（2）在抢险救灾等维护国家利益、公共利益活动中受到伤害的；

（3）职工原在军队服役，因战、因公负伤致残，已取得革命伤残军人证，到用人单位后旧伤复发的。

1.“48 小时”规则

职工在工作时间和工作岗位，突发疾病死亡或者在 48 小时之内经抢救无效死亡的，视同工伤。

这一规定可以拆分为四个要件进行理解：

（1）在工作时间；

（2）在工作岗位；

（3）突发疾病死亡；

（4）突发疾病在 48 小时之内经抢救无效死亡。

同时满足第 1、2、3 项或者第 1、2、4 项时，视同工伤。

案例 233

员工突发疾病后家属放弃治疗致 48 小时内死亡，算工伤吗？

上海市第一中级人民法院（2020）沪 01 行终 168 号

郝某是甲公司员工，2018 年 12 月 5 日 16 时许，郝某在工作时突然晕倒，后送医治疗。2018 年 12 月 7 日，医院宣布郝某于当日 14 时 8 分死亡，主要死亡原因为猝死（心源性可能）。在抢救过程中，医院向家属告知，随时有心跳呼吸停止可能，家属商量后要求放弃所有抢救措施，减少病人痛苦，家属签字“根据病人的病情强烈要求停止一切治疗措施（包括盐水呼吸机）并承担法律后果”。随后，郝某妻子张某申请工伤认定，当地人力资源和社会保障局认定郝某为工伤。甲公司不服，诉至法院。甲公司认为，在郝某仍有生命特征的情况下，其家属要求医生强制拔管，放弃治疗，郝某家属签订的承诺书及“110”报警记录可以证明其死亡属于家属非法剥夺生命权导致，不属于因医院抢救无效的正常死亡，不属于应当认定工伤的情形。

审理结果

法院认为，在郝某多次被医院下病危通知、随时存在死亡风险、基本无治疗痊愈希望的情形下，其家属结合郝某身体状况、病例记载及医生建议对风险进行合理评估，在不存在公安机关认定的违法犯罪行为且不存在主观故意、重大过错并愿意自担后果的情形下，家属作出的放弃治疗决定于法不悖，亦符合情理，既符合《工伤保险条例》维护劳动者合法权益的立法目的，亦可减少因劳动者死亡无法认定工伤，继而无法获取工伤保险导致的一系列社会矛盾。家属对患者放弃治疗情形在医疗实践中亦属常见，无须苛责。

案例简评

本案荣获全国法院系统 2020 年度优秀案例分析二等奖。

从本案的说理和判决看，确实在情在理，对于家属的“拔管”行为，难以苛责，本书不持异议。然而，本案的社会效果仍需两说。最大限度地保护职工工伤利益，是我国工伤保险立法的宗旨，无须多言。但也要考虑到，是否会有人为了获得巨额利益（工亡待遇）而产生道德风险？这也是裁判者要关注的重点。既然法条规定了"48小时"，就不可人为地将死亡时间缩短至48小时之内，立法者制定规则，就是用来遵守的。一旦允许人为操作破坏规则，就会有人钻法律空子，把原本超过48小时死亡甚至不会死亡，缩短至48小时以内死亡。如果需要"特事特办"，那得等修改《工伤保险条例》，在修法之前，就得按照法律规定来，裁判者的自由裁量权不应超过法律规定。

2. 维护社会公共利益受到伤害

职工在抢险救灾等维护国家利益、公共利益活动中受到伤害的，视同工伤。这里只列举了"抢险救灾"一种情形，其后用了"等"字。何为"等"，《新华字典》的解释是"类，群：表示列举未完"。据此，这一规定中"等"字的含义，应理解为只要具备"维护国家利益、公共利益活动中受到伤害"这一要件，则视同工伤，而不仅限于"抢险救灾"这一种情形。

案例234

员工见义勇为勇斗歹徒受伤，属于工伤

最高人民法院指导性案例94号

罗某是甲公司保安。2011年12月24日，某大厦附近有人对一过往行人实施抢劫，正在上班的罗某听到呼喊声后立即拦住了抢劫者的去路，在与其搏斗的过程中，不慎从台阶上摔下，经医院诊断为粉碎性骨折。事发后，当地社会管理综合治理委员会发布了《关于表彰罗某同志见义勇为行为的通报》。经罗某申请，当地人力资源和社会保障局认定罗某为工伤。甲公司不服，遂提起行政诉讼。其诉称，罗某见义勇为系维护个人利益，与《工伤保险条例》第15条规定的维护国家利益、公共利益有明显区别，人力资源和社会保障局依据此条规定认定罗某为工伤，属适用法律错误。人力资源和社会保障局辩称，罗某见义勇为行为应得到社会褒扬，其所受之伤属于视同因工受伤。

审理结果

法院认为，罗某不顾个人安危与违法犯罪行为作斗争，既保护了个人财产及生命的安全，也维护了社会的治安管理秩序和法律的尊严，应当予以大力提倡和鼓励，虽然罗某不是在工作地点、因工作原因受到伤害，但其受伤符合《工伤保险条例》规定的维护国家利益、公共利益活动中受到伤害视同工伤的情形。

3. 残废军人旧伤复发

职工原在军队服役，因战、因公负伤致残，已取得革命伤残军人证，到用人单位后旧伤复发的，视同工伤。我国工伤保险立法之所以这样规定，主要是职工原在军队服役期间因公负伤致残，退役后到用人单位参加工作，工伤保险基金应该支付伤残军人旧伤复发后新发生的费用及相应的长期性待遇，使退役军人继续享受抚恤优待。

五、不予认定工伤的情形

《工伤保险条例》第 16 条规定，职工故意犯罪的、醉酒或者吸毒的、自残或者自杀的，不得认定为工伤或者视同工伤。这是关于排除工伤认定的规定，立法者认为，对于利用工作机会实施故意犯罪、自残或自杀，以及因醉酒或吸毒而受到伤害的，其后果由职工自己承担，不属于工伤保险的范围。

1. 故意犯罪

根据《刑法》的规定，自然人犯罪包括故意犯罪和过失犯罪。排除工伤认定仅限于故意犯罪，职工故意犯罪造成自身伤亡的，应由职工本人承担相应的法律后果。若职工是过失犯罪导致自身受到伤害且符合《工伤保险条例》规定的认定工伤或者视同工伤情形的，仍可以认定为工伤或者视同工伤。

2. 醉酒或者吸毒

- **醉酒**

职工因醉酒导致的伤亡，是指职工饮用含有酒精的饮料达到醉酒的状态，在酒精作用期间从事工作受到事故伤害。

最高人民法院《关于审理工伤保险行政案件若干问题的规定》第 1 条规定，人民法院审理工伤认定行政案件，在认定是否存在《工伤保险条例》第 16 条第 2 项“醉酒或者吸毒”情形时，应当以有权机构出具的事故责任认定书、结论性意见和人民法院生效裁判等法律文书为依据，但有相反证据足以推翻事故责任认定书和结论性意见的除外。

《实施〈中华人民共和国社会保险法〉若干规定》第10条规定，醉酒标准按照《车辆驾驶人员血液、呼气酒精含量阈值与检验》（GB 19522—2004，现已修订为GB 19522—2010）执行，公安机关交通管理部门、医疗机构等有关单位依法出具的检测结论、诊断证明等材料，可以作为认定醉酒的依据。

案例235

员工陪客户喝酒后死亡，算不算工伤？

四川省高级人民法院（2017）川行再4号

文某是甲酒店员工。2012年2月，文某被甲酒店安排到乙酒店工作，工作岗位是总经理助理，主要负责该酒店日常事务管理。2014年4月3日下午18时许，文某和乙酒店总经理黄某在该酒店餐厅宴请客户。餐后，文某安排客人至五楼的茶楼进行棋牌娱乐，随后离开，在酒店客房公区进行检查工作。4日早上9时许，乙酒店员工发现文某在550号客房内死亡。经鉴定，死者血中乙醇含量为78mg/100ml，属酒后状态，死亡时间距最后一餐1小时左右，系酒后食物逆流至气管及支气管，导致窒息死亡。随后，文某妻子林某向当地人力资源和社会保障局申请工伤认定，人力资源和社会保障局认为林某非因工死亡，不予认定林某为工伤。林某诉至法院。

审理结果

本案可谓是一波三折，最终由四川省高级人民法院一锤定音，文某死亡属于工伤。

法院认为，文某担任乙酒店总经理助理，其工作职责是负责酒店日常事务管理，其工作性质决定了需要应酬客户，文某死亡属于《工伤保险条例》第14条第1项规定的“在工作时间和工作场所内，因工作原因受到事故伤害”的情形。人力资源和社会保障局认为“文某饮酒死亡既非发生在工作时间和工作场所，也不属于完成工作所必需的，喝酒与工作没有必然联系，陪客户喝酒不属于工作范畴，而陪酒并不是正常的工作范围”，与本案实际情况不符，属于认定事实不清，适用法律不当，应予撤销。

· 吸毒

吸毒对吸毒者的身心危害极大，吸毒后，人的控制力降低。职工因吸毒造成本人伤亡的，不得认定为工伤。

3. 自残或自杀

自残是指职工伤害自己的身体并造成伤害结果的行为，自杀是指职工通过各种方法和手段结束自己生命的行为。职工自残或者自杀，其行为目的都不是工作，所以，职工因自残或者自杀而造成伤亡的，不得认定为工伤。

案例 236

员工在厕所喝下洁厕剂受伤 ，算不算工伤?

重庆市高级人民法院（2019）渝行申 222 号

陶某于 2015 年 9 月 25 日入职甲超市担任营业员职务，主要工作内容是负责超市生鲜部干货的上货、摆放陈列、检除坏的干货商品等。2017 年 2 月 26 日 14 时 40 分左右，陶某在上班期间，在超市女厕所内喝下洁厕剂受伤，受伤部位为胃部、肠道、头皮，随即送医治疗，诊断为洁厕剂中毒。伤愈后，陶某多次到甲超市哭闹，要求超市对其进行赔偿。2018 年 2 月 6 日，甲超市向当地人力资源和社会保障局申请工伤认定。人力资源和社会保障局认为，陶某受伤符合《工伤保险条例》第 14 条第 1 项规定的“在工作时间和工作场所内，因工作原因受到事故伤害”的情形，遂认定陶某为工伤。甲超市不服，诉至法院。

审理结果

重庆市高级人民法院认为，陶某在甲超市上班期间，在超市女厕所内喝下洁厕剂受伤，其受伤虽然发生在工作时间和工作地点，但其受伤属于自伤自残身体的行为，不属于因工作原因受到的伤害，不应认定为工伤。

六、劳动能力鉴定

劳动能力鉴定，是指法定机构根据相关规定在评定伤残等级时，通过医学检查对劳动功能障碍程度（伤残程度）和生活自理障碍程度作出的技术性鉴定结论。

劳动能力鉴定分为工伤（含视同工伤，下同）和非工伤两个类型。前者是指法定机构对职工在职业活动中因工负伤或者患职业病后，根据国家工伤保险法规规定作出的鉴定结论，其鉴定依据是国家标准《劳动能力鉴定　职工工伤与职业病致残等级》（GB/ T 16180—2014）。后者是指法定机构依据《职工非因工伤残或因病丧失劳动能力程度鉴定标准（试行）》对非因工伤残或者因病丧失劳动能力所作出的鉴定结论。本节仅讨论职工工伤劳动能力鉴定，不讨论非工伤的劳动能力鉴定。

1. 进行劳动能力鉴定的条件

《工伤保险条例》第 21 条规定，职工发生工伤，经治疗伤情相对稳定后存在残疾、影响劳动能力的，应当进行劳动能力鉴定。

由此可见，工伤职工进行劳动能力鉴定应符合以下条件：

（1）经过治疗后，伤情处于相对稳定的状态，主要是便于劳动能力鉴定机构聘请的医疗专家对伤情进行辨别、鉴定。

（2）已经申请了工伤认定，并已经被认定为工伤。

（3）造成了身体上的残疾，对以后的工作、生活将产生直接影响，伤残程度已经影响到职工本人的劳动能力。如果仅是一些轻微的皮外伤，则可以无须做鉴定，当然，是否做鉴定，由职工本人决定，职工本人决定不做鉴定的，一般需到社会保险经办机构签署自愿不做劳动能力鉴定保证书。

2. 劳动能力鉴定等级

《工伤保险条例》第 22 条规定，劳动能力鉴定是指劳动功能障碍程度和生活自理障碍程度的等级鉴定。劳动功能障碍分为 10 个伤残等级，最重的为一级，最轻的为十级。生活自理障碍分为生活完全不能自理、生活大部分不能自理和生活部分不能自理三个等级。

3. 劳动能力鉴定的申请主体

《工伤保险条例》第 23 条规定，劳动能力鉴定由用人单位、工伤职工或者其近亲属向设区的市级劳动能力鉴定委员会提出申请。

这里所说的近亲属，包括工伤职工的配偶、子女、父母、兄弟姐妹、祖父母、外祖父母。

4. 申请劳动能力鉴定的材料

根据《工伤保险条例》第 23 条的规定，申请劳动能力鉴定需提供工伤认定决定和职工工伤医疗的有关资料。

工伤认定决定是指由社会保险行政部门根据国家相关法律法规规定，确定职工受伤或者患职业病属于工伤范围而作出的认定工伤的书面决定。如果没有被认定为工伤，则不得做工伤的劳动能力鉴定。

工伤医疗材料是指职工受到事故伤害或者患职业病被认定为工伤，到医疗机构进行治疗过程中，由医院记载的有关负伤职工的病情、病志、治疗情况等资料。

七、工伤保险待遇

工伤保险待遇，是指职工受到事故伤害或者患职业病后，获得医疗救治和经济补偿的一种社会保险制度，保障职工工伤期间的治疗和工资待遇以及伤残待遇。经工伤认定的职工，享受工伤保险待遇。

参加了工伤保险的用人单位，职工工伤待遇由工伤保险基金和用人单位按照规定分别承担，没有参加工伤保险的用人单位，职工工伤待遇由用人单位承担。

1. 工伤医疗待遇

工伤医疗待遇，是指工伤职工进行治疗所享受的医疗待遇，是工伤职工的一项最基本的待遇。根据《工伤保险条例》第 30 条的规定，工伤医疗待遇主要包括治疗工伤所需医药费、住院费、住院期间的伙食补助费、外地就医所需的交通费、食宿费等。工伤医疗待遇从工伤保险基金按照规定支付。

2. 辅助器具费

根据《工伤保险条例》第 32 条的规定，工伤职工因日常生活或者就业需要，经劳动能力鉴定委员会确认，可以安装假肢、矫形器、假眼、假牙和配置轮椅等辅助器具，所需费用按照国家规定的标准从工伤保险基金支付。

3. 停工留薪期工资待遇

根据《工伤保险条例》第 33 条的规定，职工因工作遭受事故伤害或者患职业病需要暂停工作接受工伤医疗的，在停工留薪期内，原工资福利待遇不变，由所在单位按月支付。停工留薪期一般不超过 12 个月。伤情严重或者情况特殊，经设区的市级劳动能力鉴定委员会确认，可以适当延长，但延长不得超过 12 个月。工伤职工评定伤残等级后，停发原待遇，按照本章的有关规定享受伤残待遇。工伤职工在停工留薪期满后仍需治疗的，继续享受工伤医疗待遇。

需要提示的是，通常认为停工留薪期工资包含加班费。比如，深圳市中级人民法院《关于审理工伤保险待遇案件的裁判指引》（深中法发〔2015〕12 号）指出，停工留薪期原工资福利待遇按劳动者工伤前 12 个月的包含加班工资在内的平均工资福利待遇标准确定。

4. 生活护理费

根据《工伤保险条例》第 33 条第 3 款、第 34 条的规定，生活不能自理的工伤职工在停工留薪期需要护理的，由所在单位负责。工伤职工已经评定伤残等级并经劳动能力鉴定委员会确认需要生活护理的，从工伤保险基金按月支付生活护理费。生活护理费按照生活完全不能自理、生活大部分不能自理或者生活部分不能自理 3 个不同等级支付，其标准分别为统筹地区上年度职工月平均工资的 50%、40% 或者 30%。

5. 伤残待遇

工伤伤残待遇指的是职工发生事故伤害或者患职业病被社会保险行政部门认定为工伤后，被劳动能力鉴定机构鉴定为一定伤残等级的，职工依法享受的伤残待遇。

· 一次性伤残补助金

职工因工致残，按伤残等级享受一次性伤残补助金，标准为：一级伤残为 27 个月的本人工资，二级为 25 个月，三级为 23 个月，四级为 21 个月，五级为 18 个月，六级为 16 个月，七级为 13 个月，八级为 11 个月，九级为 9 个月，十级为 7 个月。一次性伤残补助金从工伤保险基金中支付，劳动能力鉴定结论出来后即支付。

· 伤残津贴

职工因工致残被鉴定为一级至四级伤残的，保留劳动关系，退出工作岗位，从工伤保险基金按月支付伤残津贴，标准为：一级伤残为本人工资的 90%，二级 85%，三级 80%，四级 75%。并由用人单位和职工个人以伤残津贴为基数，缴纳基本医疗保险费。

职工因工致残被鉴定为五级、六级伤残的，保留与用人单位的劳动关系，由用人单位安排适当工作。难以安排工作的，由用人单位按月发给伤残津贴，标准为：五级伤残为本人工资的 70%，六级 60%，并由用人单位按照规定为其缴纳应缴纳的各项社会保险费。

伤残津贴实际金额低于当地最低工资标准的，由用人单位补足差额。

工伤职工达到退休年龄并办理退休手续后，停发伤残津贴，按照国家有关规定享受基本养老保险待遇。基本养老保险待遇低于伤残津贴的，由工伤保险基金补足差额。

· 一次性工伤医疗补助金和一次性伤残就业补助金

职工因工致残被鉴定为五级、六级伤残的，经工伤职工本人提出，该职工可以与用人单位解除或者终止劳动关系，由工伤保险基金支付一次性工伤医疗补助金，由用人单位支付一次性伤残就业补助金。

职工因工致残被鉴定为七级至十级伤残的，劳动、聘用合同期满终止，或者职工本人提出解除劳动、聘用合同的，由工伤保险基金支付一次性工伤医疗补助金，由用人单位支付一次性伤残就业补助金。

一次性工伤医疗补助金和一次性伤残就业补助金的具体标准由省、自治区、直辖市人民政府规定。

以广东为例。根据《广东省工伤保险条例》规定，一次性医疗补助金标准为：五级伤残为 10 个月的本人工资，六级 8 个月，七级 6 个月，八级 4 个月，九级 2 个月，十级 1 个月。一次性伤残就业补助金标准为：五级伤残为 50 个月的本人工资，六级 40 个月，七级 25 个月，八级 15 个月，九级 8 个月，十级 4 个月。

6. 工亡待遇

《工伤保险条例》第 39 条规定，职工因工死亡，其近亲属按照下列规定从工伤保险基金领取工亡待遇：

（1）丧葬补助金。6 个月的统筹地区上年度职工月平均工资。

（2）供养亲属抚恤金。按照职工本人工资的一定比例发给由因工死亡职工生前提供主要生活来源、无劳动能力的亲属。标准为：配偶每月 40%，其他亲属每人每月 30%，孤寡老人或者孤儿每人每月在上述标准的基础上增加 10%。核定的各供养亲属的抚恤金之和不应高于因工死亡职工生前的工资。

（3）一次性工亡补助金。标准为上一年度全国城镇居民人均可支配收入的 20 倍。2024 年 1 月 17 日，国家统计局公布 2023 年全国城镇居民人均可支配收入 51,821 元，2024 年的一次性工亡补助金为 1,036,420 元（51,821 元 ×20 倍）。

第五节　失业保险

失业保险是指国家对劳动年龄内、有就业能力并有就业愿望的劳动者，非本人原因而失去工作，无法获得维持生活所需的工资收入，在一定期间内由国家和社会为其提供基本生活保障的社会保险制度。国家建立失业保险制度，主要目的是保障失业人员在失业期间的基本生活需要，促进失业人员再就业，是对失业人员失去工资收入期间的一种临时补偿。只要符合失业保险领取条件的，失业人员可以向社会保险经办机构提出申请，社保经办机构依法支付失业保险金。失业保险作为社会保险的组成部分，要求 HR 对失业保险制度进行了解掌握。

我国劳动法有关失业保险的立法，主要是《社会保险法》第五章和国务院于 1999 年颁布的《失业保险条例》，以及各地区制定的地方失业保险法规和规章。

2017 年 11 月 10 日，人力资源和社会保障部在其官方网站发布《失业保险条例（修订草案征求意见稿）》，向社会公开征求修订意见。该修订草案对原条例作了较大修改，比如，扩大了失业保险的征缴范围，降低了失业保险的缴费比例，提高了失业保险水平等。然而，该修订草案最后并没有正式发布实施，因此，现在主要适用的还是 1999 年版的条例版本。

此外，我国诸多地区也制定了地方失业保险相关规定，有部分地区在近两年还作了修改。比如，浙江省人大常委会于 2022 年 7 月 29 日修正了《浙江省失业保险条例》，广东省人大常委会于 2022 年 6 月 1 日修正了《广东省失业保险条例》，云南、湖南、福建、天津、黑龙江等地也都在近两三年作了修改。

一、失业保险费的缴纳

1. 失业保险费的征缴范围

《社会保险费征缴暂行条例》第 3 条第 3 款规定，失业保险费的征缴范围：国有企业、城镇集体企业、外商投资企业、城镇私营企业和其他城镇企业及其职工，事业单位及其职工。

《社会保险法》第44条规定，职工应当参加失业保险，由用人单位和职工按照国家规定共同缴纳失业保险费。

2. 缴费基数和比例

《失业保险条例》第6条规定，城镇企业事业单位按照本单位工资总额的2%缴纳失业保险费，城镇企业事业单位职工按照本人工资的1%缴纳失业保险费。

2015年2月，人力资源和社会保障部、财政部发布《关于调整失业保险费率有关问题的通知》（人社部发〔2015〕24号）指出，从2015年3月1日起，失业保险费率暂由现行条例规定的3%降至2%，单位和个人缴费的具体比例由各省级人民政府确定，在省级行政区域内，单位及职工的费率应当统一。

2016年4月，人力资源和社会保障部、财政部发布《关于阶段性降低社会保险费率的通知》（人社部发〔2016〕36号）指出，从2016年5月1日起，失业保险总费率在2015年已降低1个百分点基础上可以阶段性降至1%~1.5%，其中个人费率不超过0.5%，降低费率的期限暂按2年执行，具体方案由各省（区、市）确定。

2023年3月29日，人力资源和社会保障部、财政部、国家税务总局联合发出《关于阶段性降低失业保险、工伤保险费率有关问题的通知》（人社部发〔2023〕19号）指出，自2023年5月1日起，继续实施阶段性降低失业保险费率至1%的政策，实施期限延长至2024年年底。

二、失业保险待遇

1. 享受失业保险待遇的条件

《社会保险法》第45条规定，失业人员符合下列条件的，从失业保险基金中领取失业保险金：

（1）失业前用人单位和本人已经缴纳失业保险费满1年。

这里说的1年，指的是累计缴纳失业保险费满1年，且可以是在同一统筹地区的不同用人单位缴费的累计。

（2）非因本人意愿中断就业。

非因本人意愿中断就业又称非自愿离职，是指非职工本人主观意愿离开工作岗位。若是职工自愿离职的，一般来说责任不在单位，而在职工本身。非自愿离职则往往是职工被迫离开工作岗位，比如，劳动合同期满企业不续签、员工严重违反规章制度被企业解雇、企业与员工协商一致解除劳动合同、企业实行经济性裁员解雇员工等，均属于员工“非因本人意愿中断就业”。

（3）已经进行失业登记，并有求职要求。

员工因非自愿离职后，需向当地人社部门进行失业登记，并提出求职需求。

以上是领取失业保险金的准入条件，三个条件必须同时满足，方可领取失业保险金。

2. 失业保险待遇的内容

根据《失业保险条例》第 10 条的规定，失业保险待遇包括以下内容：

（1）失业保险金；

（2）医疗补助金；

（3）领取失业保险金期间死亡的失业人员，其近亲属可以领取失业人员的丧葬补助金和其供养的配偶、直系亲属的抚恤金；

（4）接受职业培训、职业介绍的补贴。

3. 失业保险金的标准

《社会保险法》第 47 条规定，失业保险金的标准由省级人民政府确定，不得低于城市居民最低生活保障标准。

失业保险待遇标准各地有所不同。比如，《广东省失业保险条例》《浙江省失业保险条例》等规定，失业保险金按照失业保险金当地最低工资标准的 90% 按月计发，且不得低于当地城市居民最低生活保障标准，《福建省失业保险条例》规定按职工累计缴纳失业保险的年限确定为当地最低工资标准的 70% 至 80%，《湖南省实施〈失业保险条例〉办法》规定为当地最低工资的 80%。

4. 失业保险待遇的领取期限

《社会保险法》第 46 条规定了失业保险的领取期限，分别为：

（1）失业人员失业前用人单位和本人累计缴费满 1 年不足 5 年的，领取失业保险金的期限最长为 12 个月；

（2）累计缴费满 5 年不足 10 年的，领取失业保险金的期限最长为 18 个月；

（3）累计缴费 10 年以上的，领取失业保险金的期限最长为 24 个月。

重新就业后，再次失业的，缴费时间重新计算，领取失业保险金的期限与前次失业应当领取而尚未领取的失业保险金的期限合并计算，最长不超过24个月。

部分地区对失业保险待遇的领取期限还作了地方规定。

比如,《广东省失业保险条例》(2022年修正)第17条规定,失业人员缴费时间1年至4年的,每满1年,失业保险金领取期限为1个月；4年以上的,超过4年的部分,每满半年,失业保险金领取期限增加1个月,失业保险金领取期限最长为24个月。

根据国务院《关于渐进式延迟法定退休年龄的办法》第7条规定，自2025年1月1日起，“对领取失业保险金且距法定退休年龄不足一年的人员，领取失业保险金年限延长至法定退休年龄，在实施渐进式延迟法定退休年龄期间，由失业保险基金按照规定为其缴纳养老保险费”。

5. 停止发放失业保险待遇的事由

《社会保险法》第51条规定了对失业人员停止发放失业保险待遇的事由，失业人员在领取失业保险金期间有下列情形之一的，停止领取失业保险金，并同时停止享受其他失业保险待遇：

（1）重新就业的；

（2）应征服兵役的；

（3）移居境外的；

（4）享受基本养老保险待遇的；

（5）无正当理由，拒不接受当地政府指定部门或者机构介绍的适当工作或者提供的培训的。

案例237

员工退休，可否享受失业保险待遇？

重庆市渝中区人民法院（2018）渝0103民初11157号

钱某（女）出生于1968年1月20日，于2013年8月1日入职甲公司工作，甲公司为其参加了职工社会保险。2018年1月20日，钱某达到法定退休年龄，甲公司于当日与其终止了劳动合同。2018 年 1 月 19 日，甲公司为钱某办理社会保险变更手续，变更原因为“辞职”。2018 年 3 月 13 日，甲公司向当地就业局出具情况说明，载明甲公司在为钱某办理社保停缴时误报为辞职，实际原因为在职转退休。2018 年 3 月 19 日，甲公司再次向当地就业局出具情况说明，载明钱某停缴社保的实际原因为达到法定退休年龄劳动合同依法终止。2018 年 3 月 20 日，钱某申请劳动仲裁，主张甲公司赔偿其失业保险金 18,900 元。

审理结果

法院认为，根据《重庆市失业保险条例》第 20 条的规定，失业人员在领取失业保险金期间达到法定退休年龄或享受基本养老保险待遇的，停止领取失业保险金，并同时停止享受其他失业保险待遇。因钱某于 2018 年 1 月 20 日达到法定退休年龄，双方终止劳动合同，因此钱某不符合法律规定的领取失业保险待遇的条件，钱某的诉讼请求无法律依据，法院不予支持。

三、失业保险关系的转移

《社会保险法》第 52 条规定，职工跨统筹地区就业的，其失业保险关系随本人转移，缴费年限累计计算。

《失业保险金申领发放办法》第 24 条规定，失业人员跨统筹地区转移的，凭失业保险关系迁出地经办机构出具的证明材料到迁入地经办机构领取失业保险金。

HR 实务指南

失业保险除国家层面的法律法规规定外，各地区还有地方规定，HR 应在了解掌握国家规定的同时，还应关注企业所在地区的地方规定，熟悉当地有关失业保险费的缴纳规定、失业保险待遇的内容和相关数额，并在处理员工非自愿离职时告知员工。

|第六节| 生育保险

生育保险是指女职工因生育而暂时中断劳动，由国家或者单位为其提供生活保障和物质帮助的一种社会保险制度。其宗旨在于通过向生育女职工提供生育津贴、产假以及医疗服务等方面的待遇，保障她们因生育而暂时丧失劳动能力时的基本经济收入和医疗保健，帮助生育女职工恢复劳动能力，重返工作岗位，并使婴儿得到必要的照顾和哺育，从而体现国家和社会对妇女在这一特殊时期给予的支持和爱护。

一、生育保险与医疗保险的合并

2017 年 1 月 19 日，国务院办公厅印发《生育保险和职工基本医疗保险合并实施试点方案》（国办发〔2017〕6 号）指出，根据全国人民代表大会常务委员会《关于授权国务院在河北省邯郸市等 12 个试点城市行政区域暂时调整适用〈中华人民共和国社会保险法〉有关规定的决定》，生育保险基金并入职工基本医疗保险基金，统一征缴，并在邯郸市、沈阳市、珠海市等 12 个城市开展试点工作，试点期间，可按照用人单位参加生育保险和职工基本医疗保险的缴费比例之和确定新的用人单位职工基本医疗保险费率，个人不缴纳生育保险费。

2019 年 3 月 6 日，国务院办公厅印发《关于全面推进生育保险和职工基本医疗保险合并实施的意见》（国办发〔2019〕10 号）指出，全面推进生育保险和职工基本医疗保险合并实施，是保障职工社会保险待遇、增强基金共济能力、提升经办服务水平的重要举措。

也许在不久的将来，生育保险和职业医疗保险将合并实施，“五险”变成“四险”。

二、生育保险费的缴纳

1. 生育保险费的征缴范围

原劳动部 1994 年发布的《企业职工生育保险试行办法》（劳部发〔1994〕504 号）指出，生育保险适用于城镇企业及其职工。

《社会保险法》第 53 条规定，职工应当参加生育保险，由用人单位按照国家规定缴纳生育保险费，职工不缴纳生育保险费。

部分地区对生育保险费的征缴范围还作了地方规定。

比如，《广东省职工生育保险规定》（2022 年修订）（广东省人民政府令第 298 号）第 3 条规定，本省行政区域内的下列单位和人员应当参加生育保险：国家机关、企业、事业单位、社会团体、民办非企业单位、基金会、律师事务所、会计师事务所等组织及其在职职工；有非军籍职工的军队、武警部队所属用人单位及其非军籍职工；有雇工的个体工商户及其雇工；法律、行政法规、部门规章规定的其他单位和人员。

2. 缴费基数和比例

如前所述，职工个人不缴纳生育保险费。对于企业缴纳生育保险费的缴费基数和比例，国家没有统一规定，由各地方自行规定。

比如，《广东省职工生育保险规定》（2022 年修订）规定，生育保险费和职工基本医疗保险费合并缴纳，用人单位缴费基数为本单位职工基本医疗保险缴费基数，缴费比例为原参加生育保险和职工基本医疗保险的缴费比例之和。

三、生育保险待遇

根据《社会保险法》第 54 条，用人单位已经缴纳生育保险费的，其职工享受生育保险待遇，职工未就业配偶按照国家规定享受生育医疗费用待遇，所需资金从生育保险基金中支付。生育保险待遇包括生育医疗费用和生育津贴。

根据《企业职工生育保险试行办法》规定，生育保险待遇包括以下内容：

（1）女职工产假期间的生育津贴；

（2）女职工生育的检查费、接生费、手术费、住院费和医药费；

（3）女职工生育出院后，因生育引起疾病的医疗费。

用人单位没有为职工缴纳生育保险费的，职工的生育保险待遇由用人单位承担。

有关生育津贴和产假工资及相关待遇，请参见本书第八章的相关内容。